CATÁSTROFE

CB059833

CATÁSTROFE

NIALL FERGUSON

CATÁSTROFE

Uma história dos desastres – das guerras às pandemias – e o nosso fracasso em aprender como lidar com eles

Tradução
Petê Rissatti

CRÍTICA

Copyright © Niall Ferguson, 2021
Copyright © Editora Planeta do Brasil, 2021
Copyright © Petê Rissatti
Título original: *Doom: The Politics of Catastrophe*
Todos os direitos reservados.

PREPARAÇÃO: Denise Morgado
REVISÃO: Eliana Rocha e Nine Editorial
DIAGRAMAÇÃO: Nine Editorial
CAPA: Daniel Justi

DADOS INTERNACIONAIS DE CATALOGAÇÃO NA PUBLICAÇÃO (CIP)
ANGÉLICA ILACQUA CRB-8/7057

Ferguson, Niall
  Catástrofe: uma história dos desastres - das guerras às pandemias - e o nosso fracasso em aprender como lidar com eles / Niall Ferguson; tradução de Petê Rissatti. São Paulo: Planeta, 2021.
  544 p.

ISBN 978-65-5535-481-2
Título original: Doom: The Politics of Catastrophe

1. Desastres – História 2. Covid-19 (Doença) 3. Desastres - Aspectos políticos I. Título II. Rissatti, Petê

21-3382   CDD 904

Índice para catálogo sistemático:
1. Desastres - História

Ao escolher este livro, você está apoiando o manejo responsável das florestas do mundo

2021
Todos os direitos desta edição reservados à
EDITORA PLANETA DO BRASIL LTDA.
Rua Bela Cintra 986, 4º andar – Consolação
São Paulo – SP CEP 01415-002
www.planetadelivros.com.br
faleconosco@editoraplaneta.com.br

Para
Felix, Freya, Lachlan, Thomas e Campbell

SUMÁRIO

LISTA DE ILUSTRAÇÕES 13

INTRODUÇÃO 17
Esta não é uma história de nossa perplexa praga pós-moderna, nem uma história geral sobre pandemias. Esta é uma história geral de catástrofes – de todos os tipos de desastres, do geológico ao geopolítico, do biológico ao tecnológico. Pois de que outra forma devemos ver nosso desastre – ou qualquer outro – de uma perspectiva adequada?

CAPÍTULO 1 34
O SIGNIFICADO DA MORTE
Embora na era moderna a expectativa de vida tenha melhorado bastante, a morte continua inevitável e é, em termos absolutos, mais comum do que nunca. No entanto, nos tornamos alienados da morte. Em última análise, não apenas nós, como indivíduos, estamos condenados, mas também a própria raça humana. Todas as religiões do mundo e várias ideologias seculares têm procurado fazer essa escatologia parecer mais iminente (e imanente) do que realmente é. O que de fato devemos temer é um grande desastre, não o dia do juízo final. Dos grandes desastres da história da humanidade, os maiores foram pandemias e guerras.

CAPÍTULO 2 56
CICLOS E TRAGÉDIAS

A catástrofe é, de maneira inata, imprevisível porque a maioria dos desastres (de terremotos a guerras) não é normal e, portanto, previsivelmente distribuída. As teorias cíclicas da história não podem contorná-los. Os desastres são mais como tragédias: aqueles que tentam prevê-los dificilmente serão ouvidos. Além de prever mais desastres do que realmente acontecem, as Cassandras enfrentam uma série desconcertante de vieses cognitivos. No final, diante da incerteza, a maioria das pessoas simplesmente decide ignorar a possibilidade de que, como indivíduos, serão vítimas de uma catástrofe. "Os sinos do inferno fazem tililim para você, não para mim", uma canção cantada por soldados britânicos na Primeira Guerra Mundial é a melodia característica da humanidade.

CAPÍTULO 3 80
RINOCERONTES CINZA, CISNES NEGROS E DRAGÕES-REIS

Os desastres são frequentemente previstos (rinocerontes cinza), mas mesmo alguns desastres previstos podem parecer completamente inesperados quando ocorrem (cisnes negros). Alguns têm consequências além da mortalidade excessiva que os diferenciam (dragões-reis). Os desastres não são "naturais" ou "provocados pelo homem". A decisão de localizar assentamentos perto de zonas de desastre em potencial – perto de um vulcão, em uma falha geológica, próximo a um rio sujeito a fortes inundações – é o que torna a maioria dos desastres naturais, em alguns aspectos, causada pelo homem. Considerando a perda de vidas, mais desastres graves acontecem na Ásia do que em outros lugares. O grande desastre norte-americano não foi, para os padrões asiáticos, tão desastroso.

CAPÍTULO 4 115
O MUNDO EM REDE

O determinante decisivo da escala de um desastre é se há ou não contágio. A estrutura da rede social é, portanto, tão importante quanto as propriedades inatas de um patógeno ou qualquer outra coisa (como uma ideia) que possa ser disseminada por vírus. As pessoas descobriram a eficácia das quarentenas, do distanciamento social e de outras medidas agora chamadas de "intervenções não farmacêuticas" muito antes de compreenderem a verdadeira natureza das doenças que procuravam combater – da varíola à peste bubônica. A essência de tais medidas é modificar as estruturas da rede para torná-las menores em um mundo já pequeno. Essas modificações podem ser adaptações espontâneas, mas geralmente precisam ser ordenadas hierarquicamente.

CAPÍTULO 5 150
A ILUSÃO DA CIÊNCIA

O século XIX foi uma época de grandes avanços, principalmente na bacteriologia. Mas não devemos sucumbir a uma interpretação *Whig* da história médica. O império forçou o ritmo das pesquisas em doenças infecciosas, mas também forçou o ritmo da globalização da economia mundial, criando oportunidades para doenças, nem todas submetidas a vacinação ou terapia. A gripe de 1918 foi uma revelação sombria dos limites da ciência. Avanços em nossa compreensão dos riscos podem ser compensados pela maior integração e fragilidade da rede.

CAPÍTULO 6 184
A PSICOLOGIA DA INCOMPETÊNCIA POLÍTICA

Temos tendência a atribuir grande parte da responsabilidade por desastres políticos, bem como militares, a líderes incompetentes. O argumento defendido pelo economista indiano Amartya Sen é de que a fome era causada por governos irresponsáveis e falhas de mercado evitáveis, não pela escassez de alimentos em si, e que a democracia era o melhor remédio para a fome. Essa teoria pode muito bem explicar algumas das piores fomes no século e meio entre os anos 1840 e 1990. Mas por que a lei de Amartya Sen deveria se aplicar apenas à fome? Por que não aos desastres que os homens mais provocaram, como as guerras? É um paradoxo que a transição de impérios para Estados-nações mais ou menos democráticos tenha sido acompanhada de tanta morte e destruição.

CAPÍTULO 7 221
DA GRIPE *BOOGIE WOOGIE* AO EBOLA NA CIDADE

Em 1957, a resposta racional a uma nova cepa mortal de gripe parecia ser uma combinação de imunidade coletiva e vacinação seletiva. Não houve distanciamento social nem fechamentos de escolas, apesar do fato de a gripe asiática em 1957 ter sido tão perigosa quanto a Covid-19 em 2020. O sucesso da resposta de Eisenhower refletiu não apenas a agilidade do governo federal norte-americano daquela época, mas também o contexto da Guerra Fria de uma cooperação internacional muito melhorada em questões de saúde pública. No entanto, os sucessos das décadas de 1950, 1960 e 1970 foram enganosos. O HIV/aids revelou as fraquezas das agências nacionais e internacionais. Assim, de maneiras diferentes, surgiram o Sars, o Mers e o ebola.

CAPÍTULO 8 258
A GEOMETRIA FRACTAL DO DESASTRE

Acidentes vão acontecer, do *Titanic* ao desafiador Chernobyl. Os pequenos desastres são como microcosmos dos grandes, mas, por serem menos complexos, podemos entendê-los mais facilmente. A característica comum de todos os desastres, sejam navios afundando ou explosões de reatores nucleares, é a combinação de falha do operador e administrativa. Muitas vezes, o ponto de falha em um desastre não está no topo (a "ponta cega") ou no ponto de contato (a "ponta afiada"), mas dentro da gerência intermediária – um tema favorito do físico Richard Feynman e um *insight* com aplicabilidade geral.

CAPÍTULO 9 291
AS PRAGAS

Como tantas pandemias anteriores, a Covid-19 é originária da China. No entanto, o impacto variado da doença nos demais países do mundo confundiu as expectativas. Longe de estarem bem-preparados para uma pandemia, os Estados Unidos e o Reino Unido se deram mal. Foram países como Taiwan e Coreia do Sul que aprenderam as lições certas com o Sars e o Mers. Era tentador culpar as angústias anglo-americanas pela incompetência dos líderes populistas. No entanto, algo mais profundo deu errado. A burocracia da saúde pública em cada caso falhou. E o papel das plataformas de internet na divulgação de notícias falsas sobre a Covid-19 levou a adaptações inadequadas e, às vezes, francamente prejudiciais ao comportamento público.

CAPÍTULO 10 325
AS CONSEQUÊNCIAS ECONÔMICAS DA PRAGA

A mudança da complacência para o pânico em meados de março de 2020 levou a *lockdowns* economicamente esmagadores em muitos países. Foram as soluções certas para o problema causado pela Covid-19? Provavelmente, a resposta é não, e tentar um retorno à normalidade naquele verão não foi uma atitude inteligente dos Estados Unidos (a estúpida reabertura) sem testes e rastreamentos adequados. O resultado previsível foi uma segunda onda menor e uma recuperação "em ritmo de tartaruga". Menos previsível foi a erupção política quase revolucionária sobre a questão do racismo, que tinha semelhanças impressionantes com os movimentos de massa precipitados por pandemias anteriores.

CAPÍTULO 11................ 351
O PROBLEMA DOS TRÊS CORPOS

A crise da Covid-19 é amplamente considerada como uma condenação do declínio dos Estados Unidos em relação à China. Isso provavelmente está errado. Os impérios de nosso tempo – Estados Unidos, China e União Europeia – bagunçaram a pandemia de maneiras diferentes. Mas é difícil ver por que os países que lidaram bem com isso estariam ansiosos para se juntar ao panóptico imperial de Xi Jinping. Em vários aspectos, a crise mostrou a persistência do poder americano: em termos financeiros, na corrida por uma vacina e na competição tecnológica. Os rumores da catástrofe norte-americana mais uma vez são exagerados. Talvez, por causa desse exagero, o risco de uma guerra não apenas fria, mas quente, esteja aumentando.

CONCLUSÃO **384**
CHOQUES FUTUROS

Não temos como saber qual será o próximo desastre. Nosso objetivo modesto deve ser tornar nossas sociedades e nossos sistemas políticos mais resilientes – e idealmente antifrágeis – do que são atualmente. Isso requer uma compreensão melhor da estrutura da rede e da disfunção burocrática do que a que possuímos atualmente. Aqueles que consentiriam com um novo totalitarismo de vigilância onipresente em nome da segurança pública não perceberam que alguns dos piores desastres descritos neste livro foram causados por regimes totalitários.

POSFÁCIO **402**
AGRADECIMENTOS **411**
NOTAS **413**

LISTA DE ILUSTRAÇÕES

Albrecht Dürer, *Os quatro cavaleiros do Apocalipse* (1498): Museu Britânico.
"Agora é o fim – pereça o mundo!" O elenco de *Beyond the Fringe* se prepara para o fim dos tempos: David Hurn, MAGNUM Photos, Amgueddfa Cymru/National Museum Wales.
Expectativa de vida 1868-2015: Nosso mundo em dados.
Ilustração em xilogravura da profecia de Cassandra sobre a queda de Troia (à esquerda) e sua morte (à direita), da tradução de Heinrich Steinhöwel do *De mulieribus claris*, de Giovanni Boccaccio, impresso por Johann Zainer em Ulm, aprox. 1474: Projeto de Proveniência Penn.
A representação de L. F. Richardson sobre o número de conflitos de cada magnitude em comparação com o número dos que morreram em cada um, de suas estatísticas de disputas mortais (Pittsburgh: Boxwood Press, 1960).
Locais e magnitudes do terremoto, 1900-2017: Pesquisa Geológica dos Estados Unidos.

A rede de rotas de peregrinação e comércio que conectava cidades europeias e asiáticas no século XIV: Gómez e Verdú, "Teoria das Redes", figura 1.

A cólera chega a Nova York enquanto a ciência dorme. "É hora de dormir?", por Kendrick, 1883: Imagens de Granger/Bridgeman.

"A maneira como os alemães faziam em Chateau-Thierry" e "A maneira como os residentes da Carolina do Norte fazem em casa". Conselho de Saúde do Estado da Carolina do Norte, *Boletim de Saúde* 34 n°. 10 (outubro de 1919): Bibliotecas UNC, https://exhibits.lib.unc.edu/items/show/5559.

A "contagem líquida de corpos" britânica-alemã, de fevereiro de 1915 a outubro de 1918: Departamento de Guerra, *Estatísticas do Esforço Militar do Império Britânico durante a Grande Guerra, 1914-1920* (Londres: HMSO, 1922), pp. 358-362.

A pandemia de 1957-1958 nos Estados Unidos, mortes semanais por pneumonia e a gripe em 108 cidades dos Estados Unidos: D.A. Henderson *et al.*, "Public Health and Medical Responses", p. 269.

Maurice Hilleman dirige-se à sua equipe de pesquisa que estuda o vírus da gripe asiática no Instituto de Pesquisa do Exército Walter Reed, Silver Springs, Maryland, 1957: Ed Clark/The LIFE Picture Collection, via Getty Images.

O Hindenburg em chamas no mastro de atracação em Lakehurst, Nova Jersey, 6 de maio de 1937: Nationaal Archief.

O incidente e a temperatura de anel de vedação: Feynman, *What Do You Care?*, p. 136

Níveis de deposição de césio-137 em toda a Europa após o desastre nuclear de Chernobyl, 10 de maio de 1986: Izrael *et al.*, "Atlas of Cesium-137 Contamination", p. 5.

Passageiros voam de Wuhan antes do *lockdown* da cidade em 23 de janeiro. Em janeiro, dezenove voos partiram de Wuhan para Nova York ou São Francisco. De acordo com a VariFlight, os voos estavam quase lotados. Cerca de 85% dos passageiros infectados não foram detectados: *The New York Times*, 22 de março de 2020.

Excesso de mortalidade semanal observada e esperada nos Estados Unidos (todas as causas), 2017-2020: Centros de Controle e Prevenção de Doenças.

A Covid-19 em perspectiva comparativa: Petersen *et al.*, "Comparing Sars-CoV-2".

Paciente 31 foi um sul-coreano que causou um superespalhamento da Covid-19 a milhares de outras pessoas: Reuters.

A taxa de desemprego nos Estados Unidos desde 1948: Banco da Reserva Federal de St. Louis.

A única questão bipartidária: porcentagens de republicanos e democratas que dizem ter uma opinião "desfavorável" sobre a China: Pew Research Center, 30 de julho de 2020.

Dólares americanos, taxas de câmbio efetivas ponderadas pelo comércio nominal e real desde o fim dos anos 1960: Banco de Compensações Internacionais.

INTRODUÇÃO

Contudo, és feliz se comigo comparado!
O presente apenas te incomoda
Enquanto eu, oh! Quando para trás olho,
Para as perspectivas sombrias
E quando olho para a frente
Vejo apenas o medo!

— Robert Burns, "A um rato"

CONFISSÕES DE UM SUPERTRANSMISSOR

Nunca em nossa vida, ao que parece, houve maior incerteza sobre o futuro — e maior ignorância em relação ao passado. No início de 2020, poucas pessoas perceberam a importância das notícias que saíram de Wuhan sobre o novo coronavírus. Quando falei e escrevi publicamente sobre a probabilidade crescente de uma pandemia global, em 26 de janeiro de 2020,[1] fui considerado excêntrico (certamente pela maioria dos delegados do Fórum Econômico Mundial, em Davos, que pareciam alheios ao perigo). O que se sabia tradicionalmente à época, de Fox News a *The Washington Post*, era que o coronavírus representava uma ameaça menor para os norte-americanos do que a onda usual de gripe no inverno. Em 2 de fevereiro, escrevi: "Estamos lidando agora com uma epidemia no país mais populoso do mundo, que tem uma chance significativa de se tornar uma pandemia global... O desafio é... resistir a esse estranho fatalismo que leva a maioria de nós a não cancelar nossos planos de viagem e não usar máscaras desconfortáveis, mesmo quando um vírus perigoso está se espalhando exponencialmente".[2] Olhando para trás, leio essas frases como uma confissão velada. Em janeiro e fevereiro, eu estava viajando loucamente, como fiz na maior parte dos vinte anos anteriores. Em janeiro, voei de Londres para Dallas, de Dallas para São Francisco, e de lá para Hong Kong (8 de janeiro), Taipei (10 de janeiro), Cingapura (13 de janeiro), Zurique (19 de janeiro), de volta para São Francisco (24 de janeiro), e depois para Fort Lauderdale (27 de janeiro). Usei máscara uma ou duas vezes, mas a achei insuportável depois de uma hora e a arranquei. No decorrer de fevereiro, voei quase com a mesma frequência, embora não tão longe: para Nova York, Sun Valley, Bozeman, Washington, D.C. e Lyford Cay. Você pode se perguntar que tipo de vida era essa. Costumava brincar que o circuito de palestras havia me transformado em um "homem internacional de história". Só mais tarde percebi que talvez eu tenha sido um dos "supertransmissores", cujas agendas de viagens hiperativas estavam espalhando o vírus da Ásia para o restante do mundo.

Minha coluna de jornal semanal no primeiro semestre de 2020 tornou-se uma espécie de diário da peste, embora eu nunca tenha mencionado o fato de que estive doente durante a maior parte de fevereiro, com uma tosse dolorosa da qual não conseguia me livrar. (Para concluir as palestras, confiei muito no uísque.) "Preocupe-se com seus avós", escrevi em 29 de fevereiro. "A taxa de mortalidade para pessoas na casa dos 80 anos está acima de 14%, enquanto é próxima de zero para aqueles com menos de 40 anos. Omiti dados menos reconfortantes sobre homens asmáticos na casa dos 50 anos. Também deixei de fora o fato de que fui ao médico duas vezes, apenas para saber que – como mais ou menos em todos os lugares dos Estados Unidos naquela época – não havia testes disponíveis para Covid-19. Tudo o que eu sabia é que era sério, e não apenas para mim e minha família:

> Aqueles que alegremente dizem "Não é pior do que uma gripe" não entenderam o que está acontecendo...

A incerteza cerca a doença porque é muito difícil detectá-la em seus estágios iniciais, quando muitos portadores estão infectados e assintomáticos. Não sabemos ao certo quantas pessoas estão infectadas, então não sabemos exatamente seu número de reprodução e sua taxa de mortalidade. Não há vacina e não há cura.[3]

Em outro artigo, publicado no *Wall Street Journal*, em 8 de março, escrevi: "Se os Estados Unidos tiverem proporcionalmente tantos casos quanto a Coreia do Sul, logo haverá cerca de 46 mil casos e mais de 300 mortes – ou 1.200 mortes se a taxa de mortalidade dos Estados Unidos for tão alta quanto a da Itália".[4] Naquela época, o total de casos confirmados nos Estados Unidos era de apenas 541 pessoas; mortes, 22. Passamos de 46 mil casos em 24 de março e 1.200 mortes em 25 de março, pouco mais de duas semanas depois.[5] Em 15 de março, observei: "O aeroporto John F. Kennedy estava lotado ontem com pessoas fazendo o que, desde tempos imemoriais, faziam em tempos de peste: fugir da cidade grande (e espalhar o vírus)... Estamos entrando na fase de pânico da pandemia".[6] Foi no mesmo dia em que eu mesmo voei, com minha esposa e meus dois filhos mais novos, da Califórnia para Montana. Estou aqui desde então.

Escrevi e pensei um pouco mais no primeiro semestre de 2020. Por que essa preocupação intensa? A resposta é que, embora minha área de concentração seja em história financeira, estou profundamente interessado no papel da doença na história, desde que estudei a epidemia de cólera em Hamburgo em 1892, na graduação, há mais de trinta anos. O estudo meticulosamente detalhado de Richard Evans desse episódio me apresentou à ideia de que a mortalidade causada por um patógeno mortal é, em parte, um reflexo da ordem social e política que ele ataca. Foi a estrutura de classes, tanto quanto a bactéria *Vibrio cholerae*, que matou pessoas em Hamburgo, argumentou Evans, porque o poder entrincheirado dos proprietários da cidade tinha sido um obstáculo insuperável para melhorar os sistemas municipais antiquados de água e esgoto. A taxa de mortalidade dos pobres era treze vezes maior do que a dos ricos.[7] Fazendo pesquisas para *O horror da guerra* alguns anos depois, fiquei pasmo com as estatísticas que sugeriam que o exército alemão havia entrado em colapso em 1918, em parte por causa de um surto de doença, possivelmente resultante da pandemia de gripe espanhola.[8] *A guerra do mundo* investigou, de forma mais profunda, a história da pandemia de 1918-1919, mostrando como a Primeira Guerra Mundial terminou com duas pandemias – não apenas a gripe, mas também o contágio ideológico do bolchevismo.[9]

O trabalho que desenvolvi sobre os impérios nos anos 2000 também envolveu excursões na história das doenças contagiosas. Nenhum relato da colonização europeia no Novo Mundo poderia ter omitido o papel que a doença desempenhou ao "diminuir a quantidade de índios para abrir espaço para os *ingleses*", como John Archdale, governador da Carolina na década de 1690, observou de forma cruel. (O título do segundo capítulo do meu livro *Império* era "Peste branca".) Também fiquei muito impressionado com o terrível número de doenças tropicais que assolou os soldados britânicos estacionados longe de casa. As chances de um homem sobreviver a uma missão em Serra Leoa eram lamentavelmente baixas: uma em cada duas.[10] *Civilização* dedicou um capítulo inteiro ao papel da medicina moderna na expansão da colonização e do governo ocidental, mostrando como os regimes coloniais melhoraram significativamente nosso conhecimento e nossa capacidade de controlar doenças contagiosas, sem ignorar os métodos brutais frequentemente empregados.[11] *A grande degeneração* alertou explicitamente sobre nossa crescente vulnerabilidade à "... mutação aleatória de vírus como a gripe",[12] enquanto *A praça e a torre* é essencialmente uma história do mundo baseada na percepção de que "as estruturas de rede são tão importantes quanto os vírus para determinar a velocidade e a extensão de um contágio".[13]

Enquanto escrevo (no início de setembro de 2020), a pandemia provocada pela Covid-19 está longe de acabar. Houve quase 26 milhões de casos confirmados, uma fração do número total infectado com o vírus Sars-CoV-2, a julgar por números de soroprevalência em todo o mundo.[14] O número de mortos chega a 900 mil, o que certamente é uma estimativa subestimada, já que as estatísticas de vários países grandes (principalmente Irã e Rússia) não são confiáveis. E a contagem cumulativa de corpos continua a aumentar globalmente a uma taxa de mais de 6% por semana – isso sem falar do número de pessoas cuja saúde foi permanentemente prejudicada, o que ninguém ainda estimou. Parece cada vez mais provável que Lorde Rees, o astrônomo real britânico, ganhe sua aposta com o psicólogo de Harvard Steven Pinker de que "bioterror ou erro biológico levará a um milhão de vítimas em um único evento dentro de um período de seis meses, começando no máximo em 31 de dezembro de 2020".[15] Alguns epidemiologistas argumentaram que, sem um distanciamento social drástico e *lockdowns* [bloqueios totais de atividades], o número final de mortes poderia ter ficado entre 30 e 40 milhões.[16] Por conta das restrições governamentais e mudanças no comportamento da sociedade como um todo, certamente não será tão alto. No entanto, precisamente essas "intervenções não farmacêuticas" infligiram um choque na economia mundial muito maior do que o causado pela crise financeira de 2008-2009 – potencialmente tão grande quanto o choque da Grande Depressão.

Por que escrever história agora, quando a história ainda não acabou? A resposta é que esta não é uma história de nossa perplexa praga pós-moderna, embora dois dos capítulos posteriores (9 e 10) ofereçam um esboço preliminar dela. Esta é uma história geral de catástrofes – não apenas pandemias, mas todos os tipos de desastres, desde o geológico (terremotos) ao geopolítico (guerras), do biológico (pandemias) ao tecnológico (acidentes nucleares). Ataques de asteroides, erupções vulcânicas, eventos climáticos extremos, fome, acidentes catastróficos, depressões, revoluções, guerras e genocídios: toda a vida – e muitas mortes – estão aqui. Pois de que outra forma devemos ver nosso desastre – ou qualquer outro – de uma perspectiva adequada?

O FASCÍNIO DA CATÁSTROFE

O ponto de partida do livro é que não podemos estudar a história das catástrofes, naturais ou provocadas pelo homem – embora a dicotomia, como veremos, seja um tanto falsa – à parte da história da economia, da sociedade, da cultura e da política. Os desastres raramente são eventos inteiramente exógenos, com exceção de uma colisão maciça de meteoros, que não acontece há sessenta e seis milhões de anos, ou de uma invasão alienígena, que nunca aconteceu. Mesmo um terremoto catastrófico é tão catastrófico quanto a extensão da urbanização ao longo da linha de falha – ou da linha costeira, se ele provocar um *tsunami*. Uma pandemia é composta por um novo patógeno e pelos tecidos sociais que ela ataca. Não conseguiremos entender a escala do contágio estudando apenas o próprio vírus, porque ele infectará apenas quantas pessoas os tecidos sociais permitirem.[17] Ao mesmo tempo, uma catástrofe expõe as sociedades e os Estados que ela atinge. É um momento de verdade, de revelação, expondo alguns como frágeis, outros como resilientes e outros como "antifrágeis" – capazes não apenas de resistir ao desastre, mas de serem fortalecidos por ele.[18]

Os desastres têm profundas consequências econômicas, culturais e políticas, muitas delas contraintuitivas.

Todas as sociedades vivem sob incerteza. Mesmo as primeiras civilizações das quais temos registro estavam agudamente cientes da vulnerabilidade de *Homo sapiens*. Desde que os seres humanos começaram a registrar seus pensamentos na arte e na literatura, a possibilidade de um evento de extinção ou "tempo final" tornou-se grande. Como explica o capítulo 1, a perspectiva do Apocalipse – de um dia do juízo final espetacular – tem sido central para a teologia cristã desde que o próprio Jesus o profetizou. Maomé incorporou ao islã o espetacular desfecho descrito no Livro do Apocalipse. Encontramos visões semelhantes de destruição mesmo nas religiões mais cíclicas do hinduísmo e do budismo – e de fato na antiga mitologia nórdica. Frequentemente, às vezes inconscientemente, nós, humanos modernos, interpretamos os desastres que encontramos ou vivenciamos em termos escatológicos. De fato, em algumas ideologias seculares, notadamente no marxismo, um apocalipse secular, no qual o capitalismo desmorona sob o peso de suas contradições, é algo tão devotadamente desejável quanto o "arrebatamento" dos evangélicos. Há algo familiar na veemência com que os profetas mais radicais das desastrosas mudanças climáticas exigem drásticas penitências econômicas para evitar o fim do mundo.

Encontrei a palavra *doom* [título original desta obra e que significa colapso, catástrofe, ruína, juízo final] pela primeira vez quando menino, na África Oriental, onde era a marca de um *spray* inseticida popular, hoje em dia ocasionalmente usado para fins religiosos.[19] A palavra tem origem no inglês antigo *dóm*, saxão antigo *dóm*e e no nórdico antigo *dómr*, significando um julgamento formal ou sentença, geralmente da variedade adversa. "Tudo o que não pode ser evitado é a condenação do destino", disse Ricardo III. "Vai essa fileira estender-se até o amanhecer do dia do juízo final?", pergunta Macbeth. Tememos o juízo final, é claro. No entanto, também somos fascinados por ele – daí a abundante literatura sobre o assunto "os últimos dias da humanidade" (o título irônico da grande peça satírica de Karl Kraus sobre a Primeira Guerra Mundial). A ficção científica e o cinema retrataram nosso colapso como espécie inúmeras vezes: uma pandemia letal é apenas uma das muitas maneiras pelas quais a humanidade foi exterminada no âmbito do entretenimento popular. Foi revelador que, durante a primeira fase da Covid-19, durante os *lockdowns* nos Estados Unidos, um dos filmes mais assistidos na Netflix tenha sido *Contágio*, de 2011, do diretor Steven Soderbergh, sobre uma pandemia (muito pior).[20] Flagrei-me assistindo novamente ao drama da BBC, *Survivors*, de 1975, e lendo a trilogia *MaddAddão*, de Margaret Atwood, com um fascínio apavorado. O juízo final é fascinante.

No entanto, o que devemos temer não é o fim do mundo – que invariavelmente decepciona os milenaristas por não ocorrer dentro do prazo –, mas grandes desastres aos quais a maioria de nós sobrevive. Eles podem assumir várias formas. Variam enormemente em escala. E, mesmo que tenham sido previstos, causam um tipo de pandemônio bem distinto. A realidade petrificante mas esquálida da catástrofe raramente é capturada na literatura. Uma rara exceção é o relato profundamente cínico de Louis-Ferdinand Céline da invasão alemã da França, em 1914, no livro (de 1932). "Quando não se tem imaginação, morrer é pouca coisa", observa Céline. "Quando se tem, morrer é demasiado."[21] Poucos autores capturaram melhor o caos de um grande desastre e o puro terror e desorientação da experiência do indivíduo. A França sobreviveu às terríveis baixas da fase inicial da Primeira Guerra Mundial. No entanto, o retrato cínico e traumatizado de Céline da vida francesa na pobreza, desde os postos avançados da África Equatorial Francesa até os subúrbios de Paris, parece prever a calamidade ainda maior que estava por vir em 1940.

Estranha derrota foi o título que o historiador Marc Bloch deu ao relato do colapso da França no verão de 1940.[22] Houve muitas estranhas derrotas na história –, desastres que não eram difíceis de prever e ainda assim precipitaram o colapso. Em muitos aspectos, as experiências americanas e britânicas com a Covid-19 tiveram, em suas diferentes maneiras, estranhas derrotas, inteligíveis apenas como falhas colossais dos governos em fazer os preparativos adequados para um desastre que sempre souberam ser uma contingência provável. Seria fácil atribuir esse fracasso quase inteiramente à fanfarronice populista. Em termos de mortalidade excessiva, a Bélgica se saiu mal, se não tiver sido a pior. A primeira-ministra era uma liberal, Sophie Wilmès.

Por que algumas sociedades e alguns Estados respondem à catástrofe de maneira muito melhor que outros? Por que alguns se desfazem, a maioria se mantém unida e alguns surgem mais fortes? Por que a política às vezes causa catástrofes? Essas são as questões centrais mostradas em *Catástrofe*. As respostas estão longe de ser óbvias.

A INCERTEZA DA CATÁSTROFE

Se os desastres fossem previsíveis, a vida seria muito menos desconcertante! Durante séculos, os escritores procuraram extrair a previsibilidade do processo histórico por meio de várias teorias cíclicas – religiosas, demográficas, geracionais e monetárias. No capítulo 2, considero essa questão e pergunto o quanto eles podem realmente nos ajudar a antecipar e, se não evitar, pelo menos mitigar a próxima calamidade. A resposta é: não muito. O problema é que os que acreditam nessas teorias, ou em qualquer outra forma de percepção que não seja amplamente compreendida, invariavelmente se encontram na posição de Cassandra. Enxergam o futuro, ou pensam que enxergam, mas não conseguem convencer as pessoas ao seu redor. Nessa questão, muitos desastres são verdadeiras tragédias, no sentido clássico do termo. O profeta do caos não pode persuadir o coro cético. O rei não pode ser salvo de seu inimigo.

Mas há um bom motivo por que as Cassandras não conseguem persuadir: a incapacidade de atribuir precisão a suas profecias. Quando exatamente acontecerá o desastre? Eles geralmente não conseguem dizer. É verdade que alguns desastres são "surpresas previsíveis", como "rinocerontes cinza" que vemos vindo em nossa direção.[23] No entanto, às vezes, no momento em que atacam, esses rinocerontes cinza se metamorfoseiam em "cisnes negros" – eventos aparentemente desconcertantes que "ninguém poderia ter previsto". Isso se deve ao fato de muitos eventos "cisne negro" – pandemias, terremotos, guerras e crises financeiras – serem regidos por leis de potência, em vez de uma distribuição de probabilidade normal do tipo que nossos cérebros compreendem com mais agilidade. Não existe uma pandemia média ou um terremoto médio; existem alguns muito grandes e outros muito pequenos, e não há maneira confiável de prever quando virá um muito grande.[24] Em tempos normais, minha família e eu moramos perto da falha geológica de San Andreas. Sabemos que "o grande" pode acontecer a qualquer momento, mas o quanto é grande e exatamente quando acontecerá, ninguém pode dizer. Isso também vale para desastres provocados pelo homem, como guerras e revoluções (que com frequência são mais desastrosas do que não são), bem como crises financeiras – desastres econômicos que têm baixas taxas de mortalidade, mas, muitas vezes, consequências comparativamente perturbadoras. Uma característica definidora da história, como mostra o capítulo 3, é que existem muito mais "cisnes negros" – para não mencionar os "dragões-reis", eventos tão grandes em escala que estão além até mesmo de uma distribuição de lei de poder[25] – do que um mundo normalmente distribuído nos levaria a esperar. Todos esses eventos estão no reino da incerteza, não do risco calculável. Além disso, o mundo que construímos se tornou, com o tempo, um sistema cada vez mais complexo, sujeito a todos os tipos de comportamento estocástico, relacionamentos não lineares e distribuições de "cauda gorda". Um desastre como uma pandemia não é um evento único e discreto. Invariavelmente, leva a outras formas de desastre – econômico, social e político. Pode haver, e frequentemente há, reações em cadeia de desastres. Quanto mais conectado o mundo se torna, mais vemos isso acontecer (capítulo 4).

Infelizmente, nosso cérebro não evoluiu de forma a nos equipar para compreender ou tolerar um mundo de cisnes negros, dragões-reis, complexidade e caos. Seria maravilhoso se o avanço da ciência tivesse nos libertado de pelo menos algumas das formas irracionais de pensar que caracterizavam os mundos antigo e medieval. ("Nós pecamos. É o julgamento de Deus.") Mas outras formas de pensamento mágico cresceram mesmo com a diminuição da crença religiosa. "Este desastre expõe a conspiração" é uma resposta cada vez mais comum a qualquer evento adverso. Depois, há aquela vaga deferência à "ciência", que prova, em uma inspeção mais próxima, ser uma nova forma de superstição. "Temos um modelo, entendemos este risco" é uma frase que foi pronunciada mais de uma vez antes de várias calamidades recentes, como se simulações de computador fossem feitas com as variáveis ascendentes que constituem a ciência. Em sucessão ao seminal *Religião e o declínio da magia*, do historiador de Oxford Keith Thomas, o capítulo 5 sugere que devemos nos preparar para escrever *Science and the Revival of Magic* [*Ciência e o renascimento da magia*].[26]

A gestão de desastres torna-se ainda mais difícil pelo fato de que nossos sistemas políticos promovem cada vez mais a papéis de liderança indivíduos que parecem especialmente alheios aos desafios descritos nos parágrafos anteriores: previsores *subprime* em vez de superprevisores. A psicologia da incompetência militar foi objeto de um excelente estudo.[27] Menos foi escrito em um nível geral sobre a psicologia da incompetência política, assunto do capítulo 6. Sabemos que os políticos raramente procuram conhecimento especializado sem algum motivo oculto.[28] Sabemos, também, que o conhecimento especializado inconveniente é facilmente deixado de lado. Mas podemos identificar formas gerais de negligência política no campo da preparação e mitigação de desastres? Cinco categorias vêm à mente:

1. Falha em aprender com a história.
2. Falta de imaginação.
3. Tendência a lutar a última guerra ou crise.
4. Ameaça subestimada.
5. Procrastinação ou a espera por uma certeza que nunca virá.

O "problema de conjectura" de Henry Kissinger – que ele formulou no contexto da estratégia nuclear – captura as assimetrias da tomada de decisão sob incerteza, especialmente em uma democracia:

> Cada líder político pode escolher entre fazer a avaliação que exige menos esforço ou fazer uma avaliação que exige mais esforço. Se fizer a avaliação que exige menos, com o passar do tempo pode acabar descobrindo que ele estava errado e então terá de pagar um preço alto. Se agir com base em uma suposição, nunca será capaz de provar que seu esforço foi necessário, mas poderá se poupar de muito sofrimento mais tarde... Se agir cedo, não poderá saber se foi necessário. Se esperar, poderá ter sorte ou azar. É um dilema terrível.[29]

Os líderes raramente são recompensados pelo que fizeram para evitar desastres, pois a não ocorrência de um desastre raramente é motivo de celebração e gratidão, e com mais frequência são culpados pela dor dos remédios profiláticos que recomendaram. O contraste entre o estilo de liderança atual e a presidência de Dwight Eisenhower faz parte do capítulo 7.

No entanto, nem todas as falhas são falhas de liderança. Frequentemente, o verdadeiro ponto de falha está mais abaixo na hierarquia organizacional. Como o físico Richard Feynman provou após a destruição do ônibus espacial *Challenger*, em janeiro de 1986, o lapso fatal não foi a impaciência da Casa Branca para que um lançamento bem-sucedido coincidisse com um discurso presidencial, mas a insistência dos burocratas de nível médio da NASA de que o risco de falha catastrófica que seus engenheiros estimaram em 1 em 100 era, na verdade, 1 em 10 mil.[30] Isso, tanto quanto os erros crassos do topo, acaba sendo uma característica de muitos desastres modernos. Existe, como disse o congressista republicano Tom Davis após o furacão Katrina, uma "vasta divisão entre a criação e a implementação de políticas".[31] Essas desconexões podem ser encontradas em desastres de qualquer escala, de um navio naufragado a um império em colapso, sugerindo que existe uma "geometria fractal do desastre" (capítulo 8).

O comportamento das pessoas comuns – seja em redes descentralizadas ou multidões acéfalas – pode ser ainda mais importante do que as decisões de líderes ou ordens emitidas por governos no caso de um desastre. O que leva algumas pessoas a se adaptarem racionalmente a uma nova ameaça, outras a agirem passivamente como espectadores e outras a entrarem em negação ou revolta? E por que um desastre natural pode acabar provocando um político quando pessoas descontentes se transformam em uma multidão revolucionária? A resposta, sugiro, está na mudança da estrutura da esfera pública, pois um desastre é vivenciado diretamente por apenas uma minoria de pessoas. Todo mundo fica sabendo disso por meio de alguma rede de comunicação. Mesmo no século XVII, a incipiente imprensa popular podia semear confusão na mente das pessoas, como Daniel Defoe descobriu quando pesquisou a praga de 1665, em Londres. O advento da internet ampliou muito o potencial de disseminação de informação incorreta e desinformação, a ponto de podermos falar de pragas gêmeas em 2020: uma causada por um vírus biológico, a outra por equívocos e falsidades virais ainda mais contagiosas. Esse problema poderia ter sido menos sério em 2020 se reformas significativas das leis e regulamentos que regem as grandes empresas de tecnologia tivessem sido implementadas. Apesar da ampla evidência após 2016 de que o *status quo* era insustentável, quase nada foi feito.

NÃO É O FIM DA HISTÓRIA MÉDICA

Temos tendência a pensar em epidemias e pandemias de maneira restrita, em termos de impactos de determinados patógenos nas populações humanas. No entanto, são os tecidos sociais e as capacidades do Estado que o patógeno encontra que determinam a magnitude do impacto de uma pandemia. As taxas de mortalidade por infecção não estão inscritas no ácido ribonucleico de um coronavírus. Elas variam de um lugar para outro e de tempos em tempos, por razões que são tanto sociais e políticas quanto genéticas.

Durante a maior parte da história, a ignorância da ciência médica deixou as comunidades mais ou menos indefesas contra novas cepas de doenças. E quanto maior e mais integrada comercialmente uma sociedade, maior a probabilidade de sofrer uma pandemia, como os gregos e romanos descobriram para sua ruína. Foi precisamente a existência de rotas comerciais trans-eurasianas que permitiu à bactéria *Y. pestis* matar tantos europeus do século XIV. Da mesma forma, a expansão europeia no exterior, começando cerca de um século e meio depois, levou ao chamado "intercâmbio colombiano": patógenos trazidos pelos europeus devastaram as populações indígenas americanas. Os europeus, então, trouxeram de volta a sífilis do Novo Mundo, e, ao enviar africanos escravizados para o Caribe e as Américas, levaram a malária e a febre amarela para esses lugares. No fim do século XIX, os impérios europeus podiam alegar que estavam vencendo as doenças contagiosas. No entanto, os fracassos do fim do século em lidar com as crises de saúde pública, como o retorno da peste bubônica, tornaram-se fontes de queixas para os nacionalistas indígenas, assim como os surtos de cólera em portos e cidades industriais alimentaram os moinhos de progressistas e socialdemocratas em casa. Na década de 1950, as pandemias ainda eram vistas como uma característica recorrente da ordem global.

O fim do século XX foi uma época de aparente progresso. Mesmo enquanto tramavam uma guerra biológica uns contra os outros, a União Soviética e os Estados Unidos colaboraram para erradicar a varíola e competiram para conter a malária. Entre os anos 1950 e 1980, grandes avanços foram feitos em vários campos da saúde pública, da vacinação ao saneamento. Na verdade, no fim do século XX, parecia para alguns que a ameaça de uma pandemia havia diminuído. Com a ascensão do ensaio clínico randomizado controlado como o padrão para a pesquisa médica, chegamos, ou assim parecia, ao "fim da história médica".[32] Claro que não chegamos. Começando com a pandemia de HIV/ aids, uma sucessão de novos vírus expôs a vulnerabilidade de um mundo cada vez mais conectado.

Recebemos inúmeros avisos de que o perigo mais claro e presente da humanidade eram um novo patógeno e a pandemia global que ele poderia causar. No entanto, de alguma forma, esses avisos não se traduziram em uma ação rápida e eficaz na maioria dos países, quando o rinoceronte cinza se tornou um cisne negro em janeiro de 2020. Na China, o Estado unipartidário respondeu ao surto do novo coronavírus da mesma forma que seu homólogo soviético respondeu ao desastre nuclear de Chernobyl em 1986: com mentiras. Nos Estados Unidos, um presidente populista, ecoado pelos noticiários da TV a cabo, primeiro considerou a ameaça uma mera gripe sazonal, depois interveio erraticamente na resposta de seu governo. Mas o verdadeiro escândalo foi o fracasso abjeto das agências governamentais, cujo único trabalho era a biodefesa. Na Grã-Bretanha, o padrão era semelhante. Na Europa, as aspirações federalistas (e a noção eurocética de um superestado europeu) foram inicialmente expostas como vazias à medida que cada país buscava se salvar, reafirmando as fronteiras nacionais e procurando acumular equipamentos médicos escassos. A conversa sobre uma "comunidade do destino" europeia (*Schicksalsgemeinschaft*) foi retomada apenas quando estava claro que a Alemanha não sofreria o destino da Itália. Em cada caso, o desastre foi um momento de revelação não apenas da virulência do patógeno, mas também dos defeitos da política em questão, pois o mesmo vírus foi muito menos devastador em Taiwan e na Coreia do Sul, para citar duas democracias do Leste Asiático, cuja preparação provou estar à altura do desafio. O capítulo 9 procura explicar por que isso aconteceu e o papel prejudicial que o paralelo "infodêmico" de notícias falsas e teorias da conspiração desempenhou. O capítulo 10 considera as consequências econômicas da pandemia e oferece uma explicação para o comportamento aparentemente paradoxal dos mercados financeiros em face do maior choque macroeconômico desde a Grande Depressão. Finalmente, o capítulo 11 considera as consequências geopolíticas da pandemia e lança dúvidas provisórias sobre a visão popular de que a China será a principal beneficiária, e os Estados Unidos, o principal perdedor da Covid-19.

O CAMINHO DE ELON

Que lições gerais podemos aprender com o estudo histórico das catástrofes?

Primeiramente, pode ser simplesmente impossível prever a maioria dos desastres. De terremotos a guerras e crises financeiras, as maiores rupturas da história foram caracterizadas por distribuições aleatórias ou de lei de poder. Eles pertencem ao domínio da incerteza, não do risco.

Em segundo lugar, o desastre assume muitas formas para o processarmos com abordagens convencionais de mitigação de risco. Assim que focamos nossas mentes na ameaça da *jihad* salafista, nos encontramos em uma crise financeira originada em hipotecas *subprime*. Assim que reaprendemos que tais choques econômicos costumam levar a reações políticas populistas, um novo coronavírus está causando estragos. O que virá a seguir? Não conseguimos saber. Para cada calamidade potencial, existe pelo menos uma Cassandra plausível. Nem todas as profecias podem ser acatadas. Nos últimos anos, podemos ter permitido que um risco – nomeadamente as alterações climáticas – desviasse nossa atenção dos outros riscos. Em janeiro, mesmo enquanto uma pandemia global estava começando – com voos carregados de pessoas infectadas deixando Wuhan para destinos em todo o mundo –, as discussões no Fórum Econômico Mundial se concentraram quase que inteiramente em questões de responsabilidade ambiental, justiça social e governança (ASG), com ênfase no A, de "ambiental". Como ficará claro, vejo os perigos decorrentes da escalada das temperaturas globais como reais e potencialmente catastróficos, mas as mudanças climáticas não podem ser a única ameaça para a qual devemos nos preparar. O reconhecimento da multiplicidade de ameaças que enfrentamos e da extrema incerteza de sua incidência encorajaria uma resposta mais flexível aos desastres. Não por acaso, os Estados que se saíram melhor em 2020 incluíram três – notavelmente Taiwan e Coreia do Sul (e inicialmente Israel) – que enfrentam várias ameaças, até mesmo uma ameaça existencial vinda de um vizinho.

Terceiro, nem todos os desastres são globais. No entanto, quanto mais interligada a sociedade humana se torna, maior o potencial de contágio, e não apenas da variedade biológica. Uma sociedade em rede precisa ter disjuntores bem projetados que possam reduzir rapidamente a conectividade da rede em uma crise, sem atomizar e paralisar completamente a sociedade. Além disso, qualquer desastre é amplificado ou amortecido por fluxos de informação. A desinformação em 2020 – por exemplo, notícias virais falsas sobre terapias falsas – piorou a Covid-19 em muitos lugares. Em contrapartida, a gestão eficaz dos fluxos de informações sobre as pessoas infectadas e seus contatos ajudou a conter a pandemia em alguns países bem administrados.

Quarto, como mostra o capítulo 9, a Covid-19 expôs uma grave falha na burocracia da saúde pública nos Estados Unidos e em vários outros países. Era tentador – e muitos jornalistas sucumbiram à tentação de – colocar toda a culpa pelo excesso de mortalidade causado pela pandemia no presidente. Esse foi o tipo de erro de que Tolstói zombou em *Guerra e paz*: a tendência a atribuir importância excessiva no processo histórico aos líderes individuais.

Na realidade, houve vários pontos de falha em 2020, desde o secretário adjunto para preparação e resposta do Departamento de Saúde e Serviços Humanos ao governador de Nova York e ao prefeito da cidade de Nova York até a mídia tradicional e social. No papel, os Estados Unidos estavam prontos para uma pandemia – mais bem preparados e com mais recursos do que qualquer país do mundo. Quase tão bem preparados – no papel – estava o governo britânico. No entanto, quando, em janeiro, relatórios da China deixaram claro que o novo coronavírus, agora conhecido como Sars-CoV-2, era contagioso e letal, houve uma falha desastrosa em agir, em ambos os lados do Atlântico. O epidemiologista norte-americano Larry Brilliant, uma figura-chave na campanha para erradicar a varíola, disse por muitos anos que a fórmula para lidar com uma doença infecciosa é "detecção precoce, resposta precoce".[33] Em Washington e Londres, acontecia exatamente o contrário. Um tipo diferente de ameaça produziria uma reação igualmente lenta e ineficaz? Se os problemas expostos pela pandemia não forem específicos da burocracia da saúde pública, mas problemas gerais do estado administrativo, provavelmente produziria.

Finalmente, há uma tendência ao longo da história, em tempos de forte estresse social, de impulsos ideológicos religiosos ou quase religiosos impedirem respostas racionais. Todos nós tínhamos pensado anteriormente no perigo de uma pandemia, mas mais como entretenimento (*Contágio*) do que como uma realidade potencial. Mesmo agora, quando outros cenários de ficção científica estão se tornando realidade – não apenas o aumento das temperaturas e a instabilidade climática, mas também o aumento e a expansão do estado de vigilância chinês, para citar apenas dois –, lutamos para reagir de forma coerente e consequente. No verão de 2020, milhões de norte-americanos foram às ruas de quase trezentas cidades protestar ruidosamente e às vezes com violência contra a brutalidade policial e o racismo sistêmico. Por mais chocante que seja o incidente que precipitou os protestos, esse foi um comportamento arriscado em meio a uma pandemia de doença respiratória altamente contagiosa. Ao mesmo tempo, a precaução rudimentar de usar máscara tornou-se um símbolo de filiação partidária. O fato de, em algumas partes do país, a compra de armas parecer mais popular que o uso de máscaras atestava o potencial de um desastre de ordem e saúde públicas.

A Covid-19 não é o último desastre que enfrentaremos em nossa vida. É apenas o mais recente, após uma onda de terrorismo islâmico, uma crise financeira global, uma onda de falências de Estados, surtos de migração não regulamentada e a assim chamada recessão democrática. O próximo provavelmente não será um desastre atribuível à mudança climática, já que raramente temos o desastre que esperamos, mas alguma outra ameaça que a maioria de nós está ignorando. Talvez seja uma cepa da peste bubônica resistente a antibióticos ou um ataque cibernético russo e chinês maciço aos Estados Unidos e seus aliados. Talvez seja um avanço na nanotecnologia ou na engenharia genética com consequências desastrosas e não intencionais.[34] Ou talvez a inteligência artificial cumpra os pressentimentos de Elon Musk, reduzindo uma humanidade intelectualmente ultrapassada ao *status* de "um carregador de *boot* biológico para superinteligência digital". Musk notabilizou-se em 2020 por rejeitar a ameaça representada pela Covid-19. ("O pânico do coronavírus é burro", tuitou em 6 de março). Ele também argumentou que "os humanos resolverão a sustentabilidade ambiental" e que até a própria morte – a ameaça existencial para cada indivíduo – pode ser superada com alguma combinação de edição de DNA e armazenamento de dados neurológicos. No entanto, Musk é, em outros aspectos, pessimista sobre nosso futuro como espécie civilizada na Terra:

> A civilização existe há... sete mil anos ou algo assim. Se contarmos desde a primeira vez em que houve alguma escrita, algum símbolo gravado, além de pinturas rupestres, é um tempo muito pequeno considerando que o universo tem 13,8 bilhões de anos... E tem sido... uma espécie de montanha-russa, na frente da civilização... Há uma certa probabilidade irredutível de que algo nos aconteça, apesar das nossas melhores intenções, apesar de tudo o que tentamos fazer. Em certo ponto, existe uma probabilidade de que alguma força externa ou algum erro interno não forçado faça com que a civilização seja destruída ou suficientemente prejudicada de tal forma que não possa mais se estender a outro planeta.[35]

Para Musk, a escolha é essencialmente entre "a singularidade", no sentido de progresso imparável da IA, ou o fim da civilização ("Essas são as duas possibilidades"). Daí sua advertência contrária de que "o maior problema que o mundo enfrentará em vinte anos é o colapso da população". Daí sua proposta de colonizar Marte.

Simplesmente não podemos saber qual de todos os desastres futuros possíveis – discutidos mais detalhadamente na conclusão – ocorrerá e quando. Tudo o que podemos fazer é aprender com a história a construir estruturas sociais e políticas que sejam no mínimo resilientes e, na melhor das hipóteses, antifrágeis, como evitar a queda no caos autoflagelante que tantas vezes caracteriza as sociedades oprimidas por desastres e como resistir ao canto de sereia que propõe um governo totalitário, ou governo mundial, como necessário para a proteção de nossa espécie infeliz e do nosso mundo vulnerável.

1

O SIGNIFICADO DA MORTE

Mas a morte, essa justiceira cruel, é inexorável nos seus prazos.
—*Hamlet*

TODOS ESTAMOS CONDENADOS

"Estamos condenados." Esta fala, proferida pela Cassandra da Caledônia da *sitcom* da televisão britânica *Dad's Army*, o soldado James Frazer, era uma das piadas correntes da minha juventude. O truque era dizer isso no momento mais incongruente possível – quando o leite acabasse ou você perdesse o último ônibus para casa. Há uma cena maravilhosa em um episódio ("Convidados indesejados"), quando Frazer – interpretado pelo grande John Laurie – conta aos outros membros de seu pelotão da Guarda Nacional uma história horripilante sobre uma maldição. Quando jovem, ele ficara ancorado em uma pequena ilha perto de Samoa, onde – de acordo com seu amigo Jethro – havia um templo em ruínas, ao lado do qual ficava um ídolo decorado com um rubi gigante "do tamanho de um ovo de pato". Eles partiram para roubar o rubi, abrindo caminho pela densa floresta. Mas, assim que Jethro colocou as mãos sobre ele, foram confrontados por um feiticeiro, que amaldiçoou Jethro com as palavras "MORTE! O RUBI TRARÁ A MORTE PARA VOCÊ! MO-R-TE".

SOLDADO PIKE: A maldição se tornou realidade, sr. Frazer?
SOLDADO FRAZER: Sim, filho, sim. Ele morreu... ano passado... tinha 86 anos.

Estamos todos condenados, se não necessariamente amaldiçoados. Devo estar morto, no mais tardar, em 2056. Minha expectativa de vida adicional aos 56 anos e 2 meses é, de acordo com a Administração da Previdência Social, 26,2 anos, o que me levaria a 82, quatro anos menos do que o amigo amaldiçoado de Frazer. De forma mais encorajadora, a Secretaria de Estatísticas Nacionais do Reino Unido dá a um homem da minha idade dois anos adicionais, com uma chance em quatro de chegar a 92. Para ver se eu poderia melhorar esses números, consultei a calculadora de expectativa de vida dos cem anos, que baseia sua estimativa em um questionário detalhado sobre o estilo de vida e a história familiar de uma pessoa. A calculadora me disse que provavelmente não chegaria a um século, mas tinha uma chance real de viver mais 36 anos.[1] Claro, a história pode ser outra se eu tiver pegado Covid-19, uma doença que tem uma taxa de mortalidade de 1% ou 2% para a minha faixa etária, e talvez um pouco mais alta se levarmos em consideração minha asma leve.

Morrer aos 56 anos certamente seria uma decepção, mas seria um bom resultado para os padrões da maioria dos 107 bilhões de seres humanos que já viveram. No Reino Unido, onde nasci, a expectativa de vida ao nascer não chegava a 56 até 1920, exatamente cem anos atrás. A média de todo o período de 1543 a 1863 foi de pouco menos de 40 anos. E o Reino Unido destacou-se por sua longevidade. As estimativas para o mundo como um todo colocam a expectativa de vida abaixo de 30 anos até 1900, quando chegou a 32, e abaixo de 50 até 1960. A expectativa de vida dos índios era de apenas 23 anos em 1911. A expectativa de vida na Rússia caiu para o ponto mais baixo de 20 em 1920. Houve uma tendência ascendente sustentada ao longo do século passado – a expectativa de vida ao nascer praticamente dobrou entre 1913 e 2006 –, mas com vários contratempos. A expectativa de vida na Somália hoje é de 56 anos: a minha idade.[2] Lá ainda é baixa, em parte porque a mortalidade infantil é muito alta. Cerca de 12,2% das crianças nascidas na Somália morrem antes de atingirem a idade de 5 anos; 2,5% morrem entre as idades de 5 e 14 anos.[3]

Quando tento colocar minha experiência da condição humana em perspectiva, penso no poeta jacobino John Donne (1572-1631), que viveu até os

59 anos. No espaço de dezesseis anos, Anne Donne deu à luz doze filhos. Três deles – Francisco, Nicolau e Maria – morreram antes dos 10 anos. A própria Anne morreu depois de dar à luz o décimo segundo filho, este natimorto. Depois que sua filha favorita, Lucy, morreu e ele mesmo quase a seguiu até o túmulo, Donne escreveu seu "Devoções para ocasiões emergentes" (1624), que contém a maior de todas as exortações para lamentar os mortos: "A morte de cada *homem* diminui-*me*, porque eu faço parte da *humanidade*; eis porque nunca pergunto por quem dobram os *sinos*: é por *mim*".

O artista napolitano Salvator Rosa pintou talvez o mais comovente de todo o *memento mori*, intitulado simplesmente *L'umana fragilità* (*A fragilidade humana*). Foi inspirado por um surto de peste bubônica que atingiu sua cidade natal, Nápoles, em 1655, ceifando a vida de seu filho pequeno, Rosalvo, além de levar embora o irmão de Salvator, sua irmã, o marido dela e cinco de seus filhos. Com um sorriso horrendo, um esqueleto alado sai da escuridão atrás da amante de Rosa, Lucrécia, para reivindicar seu filho, ainda quando ele está fazendo sua primeira tentativa de escrever. O estado de espírito do artista de coração partido se resume imortalmente nas oito palavras latinas que o bebê, guiado pela figura esquelética, inscreveu na tela:

Conceptio culpa
Nasci pena
Labor vita
Necesse Mori

"A concepção é pecado, o nascimento é dor, a vida é labuta, a morte é inevitável." Ainda me lembro de ter ficado pasmo quando, em minha primeira visita ao Museu Fitzwilliam, em Cambridge, li essas palavras. Ali estava a condição humana, reduzida ao seu sombrio essencial. Segundo todos os relatos, Rosa era um homem alegre, que também escreveu e atuou em peças satíricas e mascaradas. Mais ou menos na época da morte de seu filho, no entanto, ele escreveu a um amigo: "Desta vez, o céu me atingiu de uma maneira que me mostra que todos os remédios humanos são inúteis e que a menor dor que sinto é quando digo que eu choro enquanto escrevo".[4] Ele próprio morreu de hidropisia aos 58 anos.

A morte era onipresente no mundo medieval e no início da modernidade de uma forma que temos dificuldade de imaginar. Como Philippe Ariès afirmou em *O homem diante da morte*, ela foi "domada" por ser, como o casamento e até mesmo o parto, um rito social de passagem, compartilhado com a família e a comunidade e seguido por ritos funerários e de luto que ofereciam consolos familiares aos enlutados. A partir do século XVII, porém, as posturas mudaram. À medida que a mortalidade se tornava mais desconcertante, mesmo quando suas causas eram mais bem compreendidas, as sociedades ocidentais começaram a criar uma certa distância entre os vivos e os mortos. Enquanto os vitorianos sentimentalizavam e romantizavam excessivamente a morte – criando na literatura "belas mortes" que tinham cada vez menos relação com a coisa real –, o século XX negou o "fim da vida". Surgiu o que Ariès chamou de "um tipo absolutamente novo de morrer", que transfere os moribundos para hospitais e asilos e garante que o momento da expiração fique discretamente escondido atrás de telas.[5] Os norte-americanos evitam o verbo "morrer". As pessoas "passam." Evelyn Waugh satirizou cruelmente esse jeito norte-americano de morte em *O bem-amado* (1948), inspirado por uma infeliz estada em Hollywood.

No entanto, o modo de morte britânico é apenas um pouco melhor. Em *O sentido da vida*, a morte é uma enorme gafe. O Ceifador – John Cleese, envolto em uma capa preta – chega a uma pitoresca casa de campo inglesa onde três casais estão no meio de um jantar:

CEIFADOR: Eu sou a morte.
DEBBIE: Ora, isso não é extraordinário? Estávamos conversando sobre a morte apenas cinco minutos atrás…
CEIFADOR: Silêncio! Vim buscar vocês.
ANGELA: Você quer dizer… para…
CEIFADOR: Levar vocês embora. Esse é o meu propósito. Eu sou a morte.
GEOFFREY: Bem, isso lança um tom bem melancólico sobre a noite, não é?...
DEBBIE: Posso lhe fazer uma pergunta?
CEIFADOR: Qual?
DEBBIE: Como podemos todos ter morrido ao mesmo tempo?
CEIFADOR: (*Após longa pausa, aponta o dedo para a travessa*) A *mousse* de salmão.
GEOFFREY: Querida, você não usou salmão enlatado, usou?
ANGELA: Ai, que vergonha.

O ESCHATON IMINENTE

A cada ano, em todo o mundo, cerca de 59 milhões de pessoas morrem – quase toda a população do mundo na época em que o rei Davi governava os israelitas. Em outras palavras, cerca de 160 mil pessoas morrem a cada dia – o equivalente a uma Oxford ou três Palo Alto. Cerca de 60% dos que morrem têm 65 anos ou mais. No primeiro semestre de 2020, cerca de 510 mil pessoas em todo o mundo morreram dessa nova doença, a Covid-19. Cada morte é uma tragédia, como veremos. Mas, mesmo que nenhuma dessas pessoas tivesse morrido de qualquer maneira – o que é improvável, dado o perfil da idade dos mortos –, isso representa apenas um aumento modesto (1,8%) no total de mortes esperadas para o primeiro semestre de 2020. Em 2018, 2,84 milhões de norte-americanos morreram, então cerca de 236 mil morreram por mês e 7.800 por dia. Três quartos dos que morreram tinham 65 anos ou mais. De longe, as maiores causas de morte foram as doenças cardíacas e o câncer, responsáveis por 44% do total. Na primeira metade de 2020, de acordo com o Centro de Controle e Prevenção de Doenças, havia 130.122 mortes norte-americanas registradas como "envolvendo Covid19". No entanto, o excesso de mortalidade total (acima do normal) por todas as causas foi próximo a 170 mil. Se nenhuma dessas pessoas tivesse morrido de qualquer maneira – mais uma vez improvável –, isso representaria um aumento de 11% nas mortes naquele período acima do padrão oriundas das médias recentes.

Estamos todos condenados, então, mesmo que os cientistas médicos consigam estender ainda mais a expectativa de vida – como alguns preveem, além de um século. Apesar da busca contínua por soluções para o problema de que a vida é uma condição terminal,[6] a imortalidade continua sendo um sonho – ou, como Jorge Luis Borges insinuou no conto "O imortal", um pesadelo.[7] Mas também estamos condenados, coletivamente, como espécie? A resposta é sim.

A vida – como nossa mãe, formada em física, nunca se cansava de lembrar a mim e minha irmã – é um acidente cósmico, visão também defendida por físicos mais conhecidos, como Murray Gell-Mann.[8] Nosso universo começou 13,7 bilhões de anos atrás, no que os físicos chamam de Big Bang. Em nosso planeta, com a ajuda de raios ultravioleta e relâmpagos, os elementos químicos da vida se desenvolveram, levando à primeira célula viva 3,5 a 4 bilhões de anos atrás. Ao longo do 1,2 bilhão de anos seguinte, a reprodução sexuada por organismos multicelulares simples desencadeou ondas de inovação evolutiva.

Há cerca de seis milhões de anos, uma mutação genética nos chimpanzés deu origem aos primeiros macacos semelhantes aos humanos. O *Homo sapiens* apareceu muito recentemente, duzentos a cem mil anos atrás, dominou outros tipos humanos há cerca de trinta mil anos e se espalhou para a maior parte do planeta por volta de treze mil anos atrás.[9] Muitas coisas tinham de estar certas para chegarmos a esse ponto. Mas as condições "Cachinhos Dourados" em que prosperamos não podem durar indefinidamente. Até o momento, cerca de 99,9% de todas as espécies que já habitaram a Terra se extinguiram.

Em outras palavras, para citar Nick Bostrom e Milan M. Ćirković, "a extinção de espécies inteligentes já aconteceu na Terra, sugerindo que seria ingênuo pensar que isso pode não acontecer novamente".[10] Mesmo se evitarmos o destino dos dinossauros e dos dodôs, "em cerca de 3,5 bilhões de anos, a crescente luminosidade do sol terá essencialmente esterilizado a biosfera da Terra, mas o fim da vida complexa na Terra está programada para chegar mais cedo, talvez 0,9-1,5 bilhão de anos a partir de agora", uma vez que as condições, então, terão se tornado intoleráveis para qualquer ser semelhante a nós. "Este é o destino-padrão para a vida em nosso planeta."[11] É concebível que possamos ser capazes de encontrar outro planeta habitável se resolvermos o problema da viagem intergaláctica, que envolve distâncias quase inimaginavelmente vastas. Mesmo assim, ficaremos sem tempo, já que as últimas estrelas morrerão em aproximadamente cem trilhões de anos a partir de agora, após o que a própria matéria se desintegrará em seus constituintes básicos.

O pensamento de que, como espécie, podemos ter cerca de um bilhão de anos restantes na Terra deve ser reconfortante. E, no entanto, muitos de nós parecem desejar que o dia do juízo final chegue muito antes disso. O "fim dos tempos", ou eschaton (do grego *eskhatos*), é uma característica da maioria das principais religiões do mundo, incluindo a mais antiga, o zoroastrismo. O Bahman Yasht prevê não apenas quebras de safra e uma decadência moral geral, mas também "uma nuvem preta [que] escurece todo o céu" e uma chuva de "criaturas nocivas". Embora a escatologia hindu assuma vastos ciclos de tempo, espera-se que aquele atualmente em curso, Kali Yuga, termine violentamente, quando Kalki, a encarnação final de Vishnu, descer em um cavalo branco à frente de um exército para "estabelecer a justiça sobre a terra". No budismo, também existem cenas apocalípticas. Gautama Buda profetizou que, após cinco mil anos, seus ensinamentos seriam esquecidos, levando à degeneração moral da humanidade. Um bodisatva chamado Maitreya, então, apareceria e redescobriria o ensinamento do *dharma*, após o qual o mundo seria destruído pelos raios mortais de sete sóis. A mitologia nórdica também tem seu *Ragnarök* (crepúsculo dos deuses), no qual um grande inverno devastador (*Fimbulvetr*) mergulhará o mundo na escuridão e no desespero. Os deuses lutarão até a morte com as forças do caos, gigantes do fogo e outras criaturas mágicas (*Jötunn*). No final, o oceano submergirá completamente o mundo. (Os devotos de Wagner viram uma versão disso em seu *Crepúsculo dos deuses*.)

Em cada uma dessas religiões, a destruição é o prelúdio do renascimento. As religiões abraâmicas, ao contrário, têm uma cosmologia linear: o fim dos dias realmente é o fim. O judaísmo prevê uma era messiânica com o retorno da diáspora judaica exilada a Israel, a vinda do messias e a ressurreição dos mortos. O cristianismo – a fé estabelecida pelos seguidores de um homem que afirmava ser o messias – oferece uma versão muito mais rica do eschaton. Antes da segunda vinda de Cristo (*parúsia*), como o próprio Jesus disse aos seus seguidores, haveria um tempo de "grande tribulação" (Mateus 24: 15-22), "aflição" (Marcos 13: 19) ou "dias de vingança" (Lucas 21: 10-33 oferece a maior parte dos detalhes dos Evangelhos). O Apocalipse de São João oferece talvez a mais impressionante de todas as visões de condenação – de uma guerra no céu entre Miguel, seus anjos e Satanás, e um interlúdio em que ele seria derrubado e amarrado por mil anos, após o qual Cristo reinaria por um milênio com mártires ressuscitados ao seu lado, apenas para a Prostituta da Babilônia, embriagada com o sangue dos santos, aparecer em cima de uma besta escarlate, e uma grande batalha ser travada no Armagedom. Depois disso, Satanás seria libertado, então lançado em um lago de enxofre ardente e, finalmente, os mortos seriam julgados por Cristo e os indignos lançados no lago de fogo. A descrição dos quatro cavaleiros do Apocalipse é surpreendente:

> Depois, vi o Cordeiro abrir o primeiro selo e ouvi um dos quatro Animais clamar com voz de trovão: Vem! Vi aparecer então um cavalo branco. O seu cavaleiro tinha um arco; foi-lhe dada uma coroa e ele partiu como vencedor para tornar a vencer.
>
> Quando abriu o segundo selo, ouvi o segundo Animal clamar: Vem! Partiu então outro cavalo, vermelho. A quem o montava foi dado tirar a paz da Terra, de modo os homens se matassem uns aos outros; e foi-lhe dada uma grande espada.

Quando abriu o terceiro selo, ouvi o terceiro Animal clamar: Vem! E vi aparecer um cavalo preto. Seu cavaleiro tinha uma balança na mão.

Ouvi então como que uma voz no meio dos quatro Animais: "Uma medida de trigo por um denário, e três medidas de cevada por um denário; mas não danifique o azeite e o vinho!".

E quando abriu o quarto selo, ouvi a voz do quarto Animal dizer: Vem!

Eu vi aparecer um cavalo esverdeado. Seu cavaleiro tinha por nome Morte; e a região dos mortos o seguia. Foi-lhe dado poder sobre a quarta parte da Terra, para matar pela espada, pela fome, pela peste e pelas feras. (Apocalipse 6: 1-8)

O dia da ira é anunciado por um grande terremoto, um eclipse do sol e uma lua de sangue. As estrelas caem na Terra, e as montanhas e ilhas são "removidas de seus lugares".

Uma característica inteligente do eschaton cristão foi a incerteza que Cristo deixou na mente de seus discípulos sobre o tempo deles: "Quanto àquele dia e àquela hora, ninguém o sabe, nem mesmo os anjos do céu, mas somente meu Pai" (Mateus 24: 36)".

Albrecht Dürer, *Os quatro cavaleiros do Apocalipse* (1498).

A destruição de Jerusalém em 70 d.C. pelas mãos de Tito foi interpretada pelos primeiros cristãos como cumprimento da profecia de Jesus de que o Segundo Templo seria destruído, mas os eventos espetaculares subsequentes que Cristo profetizou não se concretizaram.[12] Na época de Santo Agostinho, parecia prudente minimizar o milênio, como fez em *A cidade de Deus* (426 d.C.), remetendo-o ao reino do incognoscível e (implicitamente) remoto.

Talvez o declínio do milenarismo cristão ajude a explicar o impacto revolucionário da nova religião de Maomé quando surgiu no deserto da Arábia no século VII. Em vários aspectos, o islã simplesmente limpou as partes mais emocionantes do Apocalipse. Em Meca, Maomé ensinou a seus seguidores que o dia do julgamento seria precedido pelo aparecimento do caolho al-Masih ad-Dajjāl (o falso messias), com uma comitiva de 70 mil judeus de Isfahan. Isa (Jesus), então, descerá para triunfar sobre o falso messias. Na doutrina sunita, o *ashrāṭ al-sā'a* – as condições da hora – incluiria uma enorme nuvem preta de fumaça (*dukhān*) cobrindo a Terra, uma sucessão de afundamentos da terra e o aparecimento de Ya'jūj e Ma'jūj (Gog e Magog), que devastam a Terra e massacram os crentes. Depois que Alá eliminasse Gog e Magog, o sol nasceria do oeste, o Dābbat al-Ard ("Besta da Terra") se levantaria do solo e, após o soar da trombeta divina, os mortos também se levantariam (*al-Qiyāmah*) para o julgamento final (*Yawm al-Hisāb*). Quando essa profecia falhou em se cumprir, no entanto, Maomé impacientemente mudou da redenção para o imperialismo. Alá, afirmou ele em Medina, queria que os muçulmanos preservassem sua honra punindo os incrédulos – deixando de aguardar o dia do julgamento para agilizá-lo com atos de *jihad*.[13] A escatologia xiita é amplamente semelhante à sunita, mas com o retorno do décimo segundo imã, Muhammad al-Mahdi, previsto após um período de declínio da moralidade e da modéstia.

Para os cristãos, as conquistas islâmicas do Oriente Próximo e do Norte da África foram apenas as maiores de uma série de ameaças terríveis – *vikings*, magiares e mongóis também ameaçavam a cristandade. Esses e outros desastres foram interpretados por alguns como insinuações do fim dos tempos; a escatologia cristã nunca retrocedeu totalmente. Joaquim de Fiore (1135-1202) dividiu a história em três idades, das quais a terceira seria a última. Da mesma forma, na esteira da peste negra da década de 1340 – considerando sua taxa de mortalidade a maior calamidade já sofrida pelos cristãos –, houve aqueles que inferiram que o fim estava próximo. Em 1356, um monge franciscano chamado

Joan de Rocatallada escreveu *Vademecum in tribulationibus*, profetizando uma época de problemas na Europa, que apresentaria convulsões sociais, tempestades, inundações e mais pragas.[14] Visões quase revolucionárias semelhantes inspiraram os taboritas na Boêmia de 1420 e as profecias do franciscano Johann Hilten de 1485 sobre o crepúsculo do papado.[15] E, novamente, na esteira do desafio marcante de Martinho Lutero à hierarquia eclesiástica, o milenarismo deu a seitas tão diversas quanto os anabatistas, os escavadores e os niveladores a confiança para desafiar a autoridade estabelecida. Embora a busca pelo milênio tenha diminuído no século XVIII, ela reviveu nos séculos XIX e XX, quando alguns seguidores do profeta William Miller, mais tarde conhecidos como os Adventistas do Sétimo Dia, estabeleceram uma nova igreja, com uma doutrina fortemente milenarista, que antecipou o fim do mundo em 1844. (Os milleritas referiram-se à sobrevivência da humanidade naquele ano como "a Grande Decepção".) Tanto Testemunhas de Jeová quanto os membros da Igreja de Jesus Cristo dos Santos dos Últimos Dias (mórmons) têm seus próprios pontos de vista distintos sobre a iminência do eschaton. Numerosos líderes de cultos modernos persuadiram seus seguidores de que o fim estava próximo. Vários – principalmente Jim Jones, David Koresh e Marshall Applewhite – alcançaram apocalipses localizados na forma de suicídios em massa.

O fim do mundo, em suma, tem sido uma característica notavelmente recorrente da história registrada.

DIAS DE CONDENAÇÃO

Pode-se pensar que o avanço da ciência acabaria por libertar os seres humanos da escatologia religiosa e pseudorreligiosa. Não necessariamente. Como disse o sociólogo James Hughes, poucos de nós somos "imunes aos preconceitos milenares, positivos ou negativos, fatalistas ou messiânicos".[16] Há pouco mais de um século, quando a primeira guerra verdadeiramente industrializada chegou ao fim – uma guerra travada com tanques, aviões, submarinos e gás venenoso –, houve aparições da Virgem Maria na aldeia portuguesa de Fátima, uma batalha no Armagedom (Megido, na atual Palestina), a proclamação de um lar judeu na Terra Santa, uma ofensiva alemã em homenagem ao Arcanjo Miguel e uma pandemia global mais letal que a própria guerra.[17] Um dos muitos indícios de um apocalipse iminente foi a ascensão ao poder de Vladimir Ilitch Lênin, que desencadeou uma onda de violência anticlerical e iconoclástica em todo o

Império Russo.¹⁸ Como o jornal *The New York Times* relatou em 21 de junho de 1919, Lênin era amplamente visto pelos camponeses russos como "ninguém menos que o anticristo vaticinado nas Escrituras".¹⁹

Para o teórico político Eric Voegelin, nascido em Colônia, a realidade era que o comunismo, assim como o nazismo do qual ele teve de fugir em 1938, era baseado em uma interpretação utópica e falha do cristianismo. Voegelin definiu "gnose" como "uma suposta apreensão ou visão direta e imediata da verdade sem a necessidade de reflexão crítica; o presente especial de uma elite espiritual e cognitiva". Quando assumiu a forma de uma religião política, abrigou uma ambição perigosa e equivocada de "imanentizar a escatologia" – em outras palavras, criar um paraíso na Terra.²⁰ Os gnósticos modernos de Voegelin buscaram a "redivinização da sociedade… substituindo a fé no sentido cristão por modos mais massivos de participação na divindade".²¹ (Voegelin especulou que essa mudança para "participação maciça" poderia ser uma resposta à dificuldade absoluta de sustentar uma fé cristã autêntica.²²) Escrevendo mais recentemente, mas com espírito semelhante, o historiador Richard Landes detectou o mesmo impulso em uma ampla gama de movimentos milenaristas históricos e modernos, incluindo o jihadismo salafista e o ambientalismo radical.²³

Longe de deslocar o eschaton, a ciência parecia trazê-lo para mais perto. Quando J. Robert Oppenheimer testemunhou a primeira explosão atômica em White Sands, Novo México, ele notoriamente pensou nas palavras de Krishna, no "Bhagavad Gita" (a "Canção hindu do Senhor"): "Eu me tornei a Morte, a destruidora de mundos".²⁴ No início da Guerra Fria, a artista Martyl Langsdorf, cujo marido foi uma figura-chave no Projeto Manhattan, pensou na imagem de um "Relógio do Juízo Final".²⁵ Apareceu pela primeira vez no *Bulletin of the Atomic Scientists* para ilustrar o medo de muitos físicos – incluindo alguns que estiveram envolvidos na criação da bomba atômica – de que uma "catástrofe induzida pela tecnologia" podia estar terrivelmente próxima. A meia-noite do Relógio do Juízo Final significava o Armagedom nuclear. Por muitos anos, foi o editor desse periódico, Eugene Rabinowitch, quem decidia onde ficavam os ponteiros do relógio. Após sua morte, um comitê assumiu o controle, reunindo-se duas vezes por ano para ajustar o relógio. Durante a Guerra Fria, o mais próximo que chegou da meia-noite foi nos anos de 1953 a 1959, quando o Relógio do Juízo Final foi movido para dois minutos antes da meia-noite. Os cientistas também pensaram que os anos de 1984 a 1987 estavam repletos de perigos: ficaram faltando três minutos para a meia-noite durante quatro anos consecutivos. A literatura popular refletia essas ansiedades. Em *A hora final*, de Nevil Shute (1957), o ano é 1963, e o povo de Melbourne, impotente, espera uma nuvem letal de precipitação radioativa no rescaldo da Terceira Guerra Mundial, que foi desencadeada, de forma um tanto implausível, por um ataque nuclear albanês na Itália. As opções são embriagar-se e tomar uma pílula suicida fornecida pelo governo. Na *graphic novel* de Raymond Briggs *Quando o vento sopra* (1982), um casal de idosos, Jim e Hilda Bloggs, construiu zelosamente um abrigo antiprecipitação, agindo como se fosse possível sobreviver à Terceira Guerra Mundial como foi com a Segunda Guerra.

No entanto, a confiabilidade do Relógio do Juízo Final é questionável. Os historiadores de hoje concordam que o momento mais perigoso da Guerra Fria foi a crise dos mísseis cubanos. Mas o Relógio do Juízo Final marcou sete minutos para a meia-noite ao longo de 1962, e voltou às 23h48 do ano seguinte, permanecendo lá mesmo quando o presidente Lyndon B. Johnson aumentou o envolvimento norte-americano na Guerra do Vietnã. Notavelmente, os cientistas atômicos decidiram que estávamos de volta a dois minutos do Armagedom em janeiro de 2018,[26] e dois anos depois avançaram o relógio para cem segundos para a meia-noite, com a justificativa de que "a humanidade continua a enfrentar dois perigos existenciais simultâneos – guerra nuclear e mudança climática –, que são agravados por um multiplicador de ameaças, guerra de informação cibernética, que prejudica a capacidade da sociedade de reagir. A situação da segurança internacional é terrível, não apenas porque essas ameaças existem, mas porque os líderes mundiais permitiram que a infraestrutura política internacional para as gerenciar se desgastasse".[27] De alguma forma, a desgraça de hoje é sempre melhor que a do ano passado.

O pesadelo da guerra nuclear não foi a única visão apocalíptica a assombrar o mundo da Guerra Fria. Dos anos 1960 até os anos 1980, o medo da superpopulação global levou a uma sucessão de esforços, em sua maioria mal orientados e muitas vezes francamente prejudiciais, para "controlar" a reprodução no então chamado Terceiro Mundo. Stephen Enke, da RAND Corporation, afirmava que pagar aos pobres para concordar com a esterilização ou a inserção de dispositivos intrauterinos (DIU) seria 250 vezes mais eficaz na promoção do desenvolvimento do que outras formas de ajuda. *The Population Bomb*, livro encomendado pelo Sierra Club, previu fome em massa na década de 1970, com escassez devastadora matando centenas de milhões de pessoas. Lyndon Johnson ficou convencido, como a maioria dos membros do Congresso, o que aumentou em vinte vezes o orçamento para planejamento familiar da Agência Norte-Americana para o Desenvolvimento Internacional. Como presidente do Banco Mundial, o ex-secretário de defesa Robert McNamara declarou em 1969 que o banco não financiaria a saúde "a menos que estivesse estritamente relacionada ao controle populacional, porque geralmente as unidades de saúde contribuíam para o declínio da taxa de mortalidade e, portanto, para a explosão populacional". Algumas instituições americanas – incluindo a Ford Foundation e o Population Council – brincaram com a ideia da esterilização involuntária em massa de populações inteiras. As consequências trazem mais uma ilustração de que pessoas convencidas de um apocalipse iminente imaginário podem causar muitos danos reais. Encorajar, se não mesmo forçar, as mulheres indianas a aceitarem o DIU e os homens indianos a aceitarem a vasectomia ocasionou muito sofrimento. No auge da Emergência Indiana de meados dos anos 1970, o governo de Indira Gandhi realizou mais de oito milhões de esterilizações. Quase duas mil pessoas morreram devido a operações malsucedidas. As Nações Unidas também apoiaram a administração ainda mais brutal da "política do filho único" do Partido Comunista Chinês.[28] Em retrospecto, a solução para o problema do aumento da população não foi a esterilização em massa, mas a "Revolução Verde" em tecnologia agrícola, iniciada por agrônomos como Norman Borlaug.

Os milenaristas de hoje são os profetas das mudanças climáticas catastróficas. "Por volta de 2030", escreveu a ambientalista sueca Greta Thunberg, "estaremos em posição de desencadear uma reação em cadeia irreversível além do controle humano que levará ao fim de nossa civilização como a conhecemos".[29] "O mundo vai acabar em doze anos se não resolvermos as mudanças climáticas", profetizou a congressista democrata Alexandria Ocasio-Cortez em 2019.[30] O surgimento de Greta Thunberg como personificação do ambientalismo radical relembra formas passadas de escatologia, não apenas na severidade dos sacrifícios que ela exige. "Não precisamos de uma 'economia de baixo carbono'", declarou ela no Fórum Econômico Mundial em janeiro de 2020. "Não precisamos 'reduzir as emissões'. Nossas emissões precisam parar se quisermos ter a chance de ficar abaixo de 1,5 grau da meta... Qualquer plano ou política que não inclua cortes radicais de emissões na fonte, a partir de hoje, é completamente insuficiente."³¹ A nova "Revolução Verde" – ou Novo Acordo Verde – proposta por Alexandria Ocasio-Cortez, Greta Thunberg e outros implica uma redução drástica em toda a emissão do CO_2, sem levar em conta os custos econômicos e sociais. Voltaremos a este assunto a seguir; por ora, basta dizer que os avisos do fim iminente do mundo correm o risco de se tornar (como o grito de "Lobo!" na história infantil) menos críveis com a repetição.

"Agora é o fim, pereça o mundo!"
O elenco de *The Beyond the Fringe* se preparando para o fim dos tempos.

O fato inescapável permanece: profetas milenaristas, perseguidores gnósticos do eschaton, cientistas que alertam sobre a calamidade e autores que a imaginam – todos esses grupos juntos conseguiram prever nada menos que cem dos últimos zero fins do mundo. Na comédia de revista *The Beyond the Fringe* (1961), Peter Cook interpreta o irmão Enim, um profeta que conduziu seus seguidores ao topo de uma montanha para aguardar o Apocalipse:

JONATHAN MILLER: Como será esse fim de que falou, irmão Enim?
TODOS: Sim, como vai ser?
PETER COOK: Bem, será como se houvesse um grande rasgo no céu, entende? As montanhas afundarão, os vales se elevarão, e grande será o seu tumulto, percebe?
MILLER: O véu do templo se rasgará em dois?
COOK: O véu do templo será rasgado em dois cerca de dois minutos antes de vermos o sinal da cabeça de besta voadora manifesta no céu.
ALAN BENNETT: E haverá um vento forte, irmão Enim?
COOK: Certamente haverá um vento forte, se a palavra de Deus puder ser seguida…
DUDLEY MOORE: E esse vento será tão poderoso a ponto de abaixar as montanhas da Terra?
COOK: Não, não será tão poderoso assim – é por isso que subimos na montanha, seu idiota…
MILLER: Quando será esse fim de que falou?
TODOS: Sim, quando será, quando será?
COOK: Em cerca de trinta segundos, de acordo com os antigos pergaminhos piramidais… e com o meu relógio Ingersoll.
O profeta e seus seguidores compõem-se para o fim do mundo e fazem a contagem regressiva:
COOK: Cinco, quatro, três, dois, um – zero!
TODOS: (*Cantando*) Agora é o fim – pereça o mundo!
Uma pausa.
COOK: Foi no Horário de Greenwich, não foi?
MILLER: Sim.
COOK: Bem, não é bem a conflagração que eu esperava. Não se preocupem, rapazes, amanhã à mesma hora… deveremos ter um vencedor algum dia.

AS ESTATÍSTICAS DA CALAMIDADE

O que realmente devemos temer são as grandes catástrofes que não matam a todos nós, mas apenas a um grande número de nós. O problema é que lutamos para conceituar a escala potencial dos desastres e sua probabilidade. "Uma morte é uma tragédia; um milhão é uma estatística." Esse aforismo é convencionalmente creditado a Stálin, uma atribuição que pode ser rastreada até uma coluna de Leonard Lyons de 1947 no *Washington Post*:

> Nos dias em que Stálin era comissário de munições [escreveu Lyons], uma reunião foi realizada com os comissários de mais alto escalão, e o principal assunto a ser discutido foi a fome então prevalecente na Ucrânia. Um funcionário levantou-se e fez um discurso sobre essa tragédia – a tragédia de milhões de pessoas morrendo de fome. Ele começou a enumerar os números da morte... Stálin o interrompeu para dizer: "Se apenas um homem morre de fome, é uma tragédia. Se milhões morrem, são apenas estatísticas".[32]

Lyons não citou uma fonte, mas ele ou Stálin quase certamente pegaram emprestado a frase de Kurt Tucholsky, que por sua vez a atribuiu a um diplomata francês: "Guerra? Não acho tão terrível. A morte de um ser humano é uma catástrofe. Cem mil mortos – é uma estatística".[33] Encontramos uma versão dessa mentalidade em nosso tempo, como observou Eliezer Yudkowsky: "Pessoas que nunca sonhariam em machucar uma criança ouvem falar de um risco existencial e dizem: 'Bem, talvez a espécie humana realmente não mereça sobreviver'. O desafio dos riscos existenciais para a racionalidade é que, sendo as catástrofes tão grandes, as pessoas adotam um modo diferente de pensar. Mortes humanas de repente não são demasiadamente ruins, e previsões detalhadas de repente não requerem mais nenhum conhecimento".[34]

Devemos pelo menos tentar dar sentido às estatísticas. Levando em consideração os graves defeitos de fontes históricas, podemos dizer que provavelmente houve em toda a história registrada sete grandes pandemias com vítimas acima de 1% da população mundial estimada, das quais quatro mataram mais de 3% e duas – a peste de Justiniano e a peste negra – mais de 30%, embora o número da primeira possa muito bem ter sido consideravelmente menor.[35] Da mesma forma, os dados disponíveis sobre a mortalidade decorrente da guerra apontam para a existência de um pequeno número de conflitos muito letais. Dados do físico L. F. Richardson e do cientista social Jack Levy, bem como outros estudos mais recentes, apontam para sete guerras em grande escala que mataram mais de 0,1% da população mundial estimada no momento em que eclodiram. As duas Guerras Mundiais foram os conflitos mais mortais da história em termos absolutos. Na análise de Richardson, de todos os "conflitos mortais" entre 1820 e 1950, as Guerras Mundiais foram as únicas guerras com magnitude 7, ou seja, as únicas com um número de mortos na casa das dezenas de milhões. Elas foram responsáveis por três quintos de todas as mortes em sua amostra, que incluiu homicídios, guerras e tudo o mais.[36] As Guerras Mundiais mataram cerca de 1% e 3%, respectivamente, da população mundial em 1914 e 1939. Pode ter havido conflitos comparativamente devastadores em períodos anteriores, notadamente as guerras da era dos Três Reinos na China do século III, entre as dinastias Han e Jin.[37] Em termos relativos, ou seja, em relação às forças combatentes mortas, a Guerra da Tríplice Aliança (1864-1870) está classificada entre as mais mortíferas da história moderna, embora seja mais ou menos desconhecida fora dos países que a combateram: Argentina, Brasil e Uruguai, que se uniram contra o Paraguai. No geral, portanto, os patógenos foram significativamente mais letais do que as guerras. Na verdade, a maioria das pessoas que perderam a vida na Guerra da Tríplice Aliança morreu de alguma doença, não de ação inimiga. De acordo com as estimativas de Cirillo e Taleb, "nenhum conflito armado matou mais de 19% da população mundial".[38] Os conquistadores mataram muito menos pessoas da América Central e do Sul do que as doenças que trouxeram da Europa, às quais os povos indígenas não resistiram.[39]

Exercícios semelhantes podem ser realizados para guerras civis, bem como genocídios ou democídios – assassinatos em massa de populações, distintos das fatalidades incorridas em uma guerra interestatal. O total de vítimas do stalinismo na União Soviética pode ter ultrapassado 20 milhões – uma "estatística" de fato. Taxas de mortalidade superiores a 10% também foram estimadas para o reinado de terror de Pol Pot no Camboja, bem como para as guerras civis no México (1910-1920) e na Guiné Equatorial (1972-1979). Na lista de magnitude 6 de Richardson de conflitos mortais, seis em sete foram guerras civis: a Rebelião Taiping (1851-1964), a Guerra Civil Americana (1861-1965), a Guerra Civil Russa (1918-20), a Guerra Civil Chinesa (1927-1936), a Guerra Civil Espanhola (1936-1939) e a matança comunal que acompanhou a independência e partição da Índia (1946-1948).

Estamos inclinados a supor que nenhum século foi tão sangrento quanto o XX. No entanto, a violência exemplar infligida pelo líder mongol do século XIII Genghis Khan teria reduzido as populações da Ásia Central e da China em mais de 37 milhões – um número que, se correto, é equivalente a quase 10% da população mundial naquela época. As conquistas de Tamerlão no fim do século XIV na Ásia Central e no norte da Índia também foram notavelmente sangrentas, com um número de mortos estimado em mais de dez milhões. A conquista manchu da China no século XVII pode ter custado a vida de até 25 milhões de pessoas. Além do Taiping, várias rebeliões chinesas anteriores a 1900 e sua supressão causaram sofrimento humano em uma escala que pode ter se igualado à do sofrimento infligido ao povo da China pelas guerras civis do século XX, ou até a excedido. Acredita-se que a Rebelião de An Lushan, no século XVIII, tenha custado a vida a mais de 30 milhões de pessoas. Também foram devastadoras para as províncias afetadas as rebeliões quase contemporâneas de Nien e Miao e as rebeliões muçulmanas em Yunnan e no noroeste da China. Nesses casos, o número de mortos deve ser inferido dos censos provinciais e locais realizados antes e depois das rebeliões. Os declínios parecem implicar taxas de mortalidade que variam de 40% a 90%, embora, mais uma vez, seja provável que doenças e fome tenham causado tanta morte quanto a violência organizada, e provavelmente muito mais.

Finalmente, há motivos para pensar que as taxas de mortalidade decorrentes de alguns episódios de conquista e colonização da Europa Ocidental nas Américas e na África tenham sido tão altas quanto as do século XX. Como observado, a esmagadora maioria das vítimas da conquista europeia das Américas sucumbiu à doença, não à violência; portanto, aqueles que falam de "genocídio" rebaixam a cunhagem da terminologia histórica tanto quanto aqueles que chamam de "holocaustos vitorianos" a fome do século XIX na Índia. No entanto, a escravidão forçada do povo congolês pela coroa belga após 1886 e a supressão do levante hereró pelas autoridades coloniais alemãs em 1904 são comparáveis aos atos de violência organizada do século XX. A proporção da população estimada como morta no Congo sob o governo belga pode ter chegado a um quinto. A taxa de mortalidade estimada na Guerra dos Hereros era ainda mais alta – mais de um em cada três, tornando-se, nessa medida, o conflito mais sangrento de todo o século XX. O número absoluto de mortos, no entanto, foi de 76.000, enquanto cerca de sete milhões foram mortos no Congo entre 1886 e 1908.[40] Embora seja convencional normalizar os dados calculando percentagens, devemos sempre lembrar que, no ritmo de Stálin, um milhão de mortes é sempre um milhão de tragédias – um milhão de mortes prematuras e dolorosas –, quer o denominador esteja numerado na casa das dezenas de milhões ou bilhões, ou se eles tenham sido executados por duas superpotências em guerra ou um milhão de assassinos. Richardson ficou surpreso ao descobrir que, enquanto as guerras mundiais foram responsáveis por cerca de 36 milhões de mortes – cerca de 60% de todas as "contendas mortais" em seu período de 130 anos –, a próxima maior categoria foram os eventos de magnitude 0 (conflitos em que morreram uma em cada três pessoas), que foram responsáveis por 9,7 milhões de mortes. As demais 315 guerras registradas, combinadas com todos os milhares de contendas de tamanho intermediário, foram responsáveis por menos de um quarto das baixas de todas as brigas mortais.[41] Devemos também levar em consideração o fato de que, graças ao aumento da expectativa de vida, uma morte no século XX – especialmente nos países ricos da Europa e América do Norte – quase sempre implicava uma perda maior em termos de anos de vida ajustados pela qualidade do que uma morte em eras anteriores.

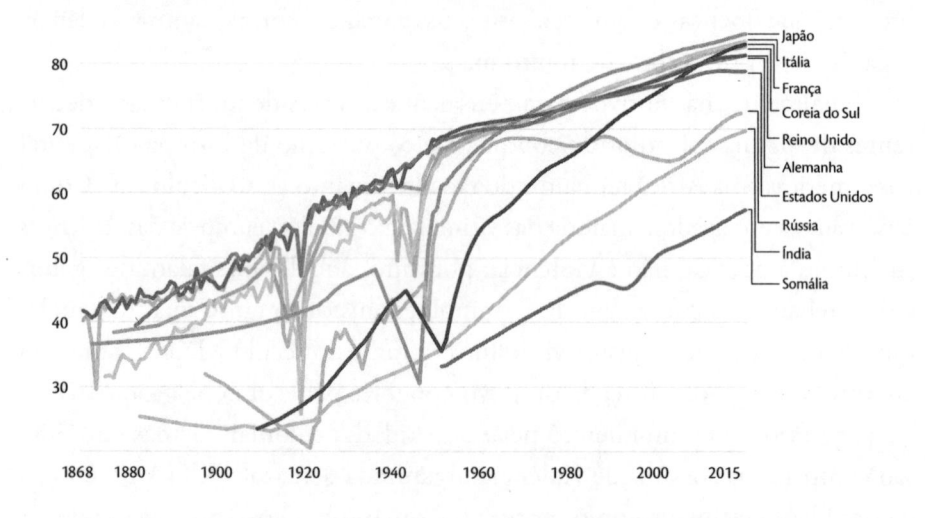

Expectativa de vida ao nascer, 1868-2015
(o número médio de anos que um recém-nascido viveria se o padrão de mortalidade em determinado ano permanecesse o mesmo ao longo de sua vida).

Não é de surpreender que muitos dos maiores desastres econômicos da história tenham coincidido com as grandes pandemias e conflitos discutidos anteriormente, mas nem todos. A Grande Depressão, que geralmente é datada a partir da quebra da bolsa de Wall Street, em outubro de 1929, foi uma consequência de desequilíbrios estruturais na economia mundial, um sistema rígido de taxas de câmbio fixas, protecionismo empobrecedor e erros de política monetária e fiscal. O economista Robert Barro compilou a melhor lista global disponível de desastres econômicos do século XX, classificada por seu impacto sobre o produto interno bruto (PIB) real *per capita*, bem como suas consequências financeiras. De 60 quedas de 15% ou mais no PIB real *per capita*, 38 foram atribuíveis à guerra e suas consequências, enquanto 16 foram resultado da Grande Depressão. Dos 35 países em sua amostra, os maiores declínios (cada um de 64%) foram na Grécia de 1939 a 1945 e na Alemanha de 1944 a 1946. As experiências da Segunda Guerra Mundial nas Filipinas e na Coreia do Sul não foram muito melhores: cada uma sofreu reduções do PIB *per capita* de 59%.[42] Como o Reino Unido tem séries temporais excepcionalmente longas, permitindo que indicadores econômicos modernos sejam estimados pelo menos nos últimos três séculos – e para a Inglaterra até o fim do século XIII –, podemos também identificar anos de severas dificuldades econômicas em períodos anteriores. De acordo com o Banco da Inglaterra, o pior ano da história econômica inglesa foi, de fato, 1629[1*] (quando a economia teve uma retração de 25%), com o ano de 1349 (queda de 23%) em um segundo lugar próximo. A última retração anual maior que 10% ocorreu em 1709, quando a atividade econômica foi drasticamente reduzida em toda a Europa pela "Grande Geada", o inverno mais frio em quinhentos anos, que foi atribuído à atividade excepcionalmente baixa de manchas solares conhecida como Mínimo de Maunder, bem como às erupções vulcânicas nos dois anos anteriores no Monte Fuji, no Japão, e em Santorini e Vesúvio, na Europa.[43] O pior ano do século XX foi 1921 (menos 10%), uma época de forte deflação do pós-guerra e alto desemprego.[44] No entanto, nenhum período de cinco anos pode se comparar ao fim dos anos 1340, um período em que a peste negra reduziu a população em mais de 40%. No meio do caminho, o ano de 2020 parecia provavelmente testemunhar a pior contração da história britânica desde 1709 – no fim de junho, o Fundo Monetário Internacional previa uma redução de 10,2% no PIB.[45]

---

1 * O motivo da severidade da retração de 1629 não é imediatamente óbvio: a guerra com a Espanha estava indo mal, mas o principal teatro de operações naquele ano foi o Caribe. O ano é mais conhecido pelos historiadores políticos como o início dos onze anos do "governo pessoal" de Carlos I sem um parlamento.

Existem, no entanto, limites para o que possa ser obtido a partir de dados econômicos. Como aprendi ao escrever uma dissertação sobre a hiperinflação alemã de 1923 e novamente ao estudar as consequências financeiras da eclosão da Primeira Guerra Mundial, os tempos de crise mais intensa também são tempos em que as estatísticas econômicas deixam de ser coletadas ou são feitas apenas de forma irregular. O Banco Mundial tem uma coleção de dados abrangente que inclui o PIB *per capita* para quase todos os países do mundo desde 1960. Mas, se olharmos para os países que sofreram as maiores perturbações econômicas e políticas nos últimos sessenta anos – Afeganistão, Camboja, Eritreia, Iraque, Líbano, Somália, Síria, Venezuela e Iêmen –, não nos surpreenderemos com o fato de que, em cada caso, há lacunas nos dados que coincidem com os tempos de interrupção máxima. Quem pode dizer com precisão o quanto foram severos seus desastres econômicos?[46] Tudo o que sabemos é que esses mesmos países podem ser quase todos vistos perto do topo do Índice de Estados Frágeis, anteriormente uma classificação de Estados "falidos".[47] Um outro desafio é a descoberta (à primeira vista paradoxal) de que o período de 1914-1950, uma época de Guerra Mundial, depressão e colapso da globalização, foi também um período em que o desenvolvimento humano – medido amplamente em termos de expectativa de vida, educação, porcentagem da renda nacional gasta em projetos sociais e nível de democracia – avançou significativamente em uma ampla frente.[48]

O desastre, em resumo, é mais difícil de quantificar do que se pode supor, mesmo na era moderna das estatísticas. O número de mortos costuma ser impreciso. Para entender a importância de um desastre, precisamos saber não apenas o número absoluto de cadáveres, mas também o excesso de mortalidade – o número de mortes que não teriam acontecido de outra forma, em relação a uma linha de base calculada como uma média dos últimos anos. Ao tentar avaliar a escala de um desastre, a escolha do denominador pode fazer uma grande diferença. O que foi uma fome catastrófica para algumas partes de Bengala em 1943, como veremos no capítulo 6, parece totalmente menor se o número de mortos for expresso como uma porcentagem de toda a população indiana e dificilmente registrado em relação à população mundial no contexto da pior guerra do mundo. Meu objetivo, no que se segue, é permitir ao leitor comparar as diferentes formas que as catástrofes assumem, não afirmar que todas elas são de alguma forma iguais. Até setembro de 2020, a Covid-19 havia matado cerca de 0,0114% da população mundial, tornando-se a 26ª pandemia mais desastrosa da história. A gripe espanhola de 1918-1919 foi cerca de 150 vezes mais mortal. Mas, para as cidades mais afetadas, nos meses em que foram mais atingidas pela Covid-19, ela foi tão ruim quanto a gripe espanhola, se não pior. Considerando a mortalidade excessiva, abril de 2020 na cidade de Nova York foi quase 50% pior do que outubro de 1918 e três vezes e meia pior do que setembro de 2001, o mês do ataque terrorista de 11 de Setembro ao World Trade Center.[49] No primeiro semestre de 2020, a população de Londres foi atingida duramente pela Covid-19, como acontecera com os ataques de foguetes alemães na segunda metade de 1944, confrontando o governo em cada caso com um desafio comparável: como proteger as pessoas de uma ameaça letal sem paralisar a cidade.[50] Isso não equivale a igualar a Al-Qaeda ou os nazistas ao vírus Sars-CoV-2, mas é apenas para mostrar que o desastre, no sentido de excesso de mortalidade, pode assumir diversas formas e, ainda assim, representar desafios semelhantes.

Cada morte prematura, como Stálin pode ter dito, é em certo sentido uma tragédia; quanto mais jovem é a vítima, mais dolorosa é a morte e maior é a tragédia. Como mostra o próximo capítulo, no entanto, alguns desastres são mais autenticamente trágicos que outros.

2

CICLOS E TRAGÉDIAS

> *As vicissitudes da fortuna, que não poupam nem o homem nem a mais orgulhosa de suas obras, que enterram numa vala comum impérios e cidades.*
>
> — *Gibbon*

EM BUSCA DE CICLOS

Os desastres são previsíveis? Em sociedades pré-letradas, certamente não eram. A vida era dominada pelos efeitos das forças naturais, das quais apenas algumas – notadamente as estações do ano – eram rítmicas e previsíveis. Os desastres eram compreensíveis apenas com referência a forças sobrenaturais. Nas religiões politeístas, "os deuses" frequentemente eram apenas nomes dados a forças naturais conflitantes. Na verdade, a natureza insatisfatória do politeísmo levou à rejeição dos epicureus a qualquer tipo de influência divina. Ao escrever, no século I a.C., o filósofo romano Tito Lucrécio Caro propôs a existência de um universo infinito composto de átomos com uma dinâmica essencialmente aleatória.[1] Foi apenas de forma mais lenta que se desenvolveu a ideia de um árbitro sobrenatural definitivo e determinado com a capacidade de gerar ciclos históricos. O Livro de Eclesiastes, do Velho Testamento, oferece uma teoria cíclica inicial: "O que foi tornará a ser, o que foi feito se fará novamente" (Eclesiastes 1: 9). No Antigo Testamento, entretanto, o objetivo de Javé se desdobra em uma narrativa histórica complexa: a criação, a queda, a eleição de Israel, os profetas, o exílio e a ascensão de Roma. Como vimos, o Novo Testamento dos primeiros cristãos acrescentou a isso uma conclusão revolucionária – a encarnação, a crucificação e a ressurreição – e a perspectiva de um apocalipse final, encerrando o ciclo histórico.[2]

Os primeiros historiadores romanos procuraram dar sentido à história invocando o papel de uma "Fortuna" resoluta, às vezes caprichosa. *Ascensão do Império Romano*, de Políbio, argumentou que as "vicissitudes" da Fortuna de fato tinham um propósito: o triunfo de Roma. Uma concepção semelhante pode ser encontrada na obra de Tácito, embora aqui o objetivo divino fosse a destruição de Roma. Para Tácito, como para Políbio, "o curso real dos eventos" era "muitas vezes ditado pelo acaso", mas os eventos "também tinham sua lógica e causas subjacentes".[3] Um fator sobre-humano adicional que Políbio reconheceu foi a noção estoica de ciclos históricos, culminando em catástrofes naturais periódicas:

> Quando um dilúvio, uma praga ou o fracasso de uma safra... resultar na destruição de grande parte da raça humana... todas as tradições e artes morrerão simultaneamente. No entanto, quando, no decorrer do tempo, uma nova população crescer novamente a partir dos sobreviventes deixados pelo desastre, à medida que uma safra cresce a partir de sementes no solo, uma renovação da vida social começará.[4]

A historiografia imperial chinesa também teve suas características cíclicas desde os primeiros tempos, com o conceito de Mandato do Céu sendo conferido às dinastias e depois retirado quando não mais merecido, dando origem a um ciclo dinástico. Embora o Primeiro Imperador Qin tenha procurado desafiar essa noção confucionista, ela acabou se mostrando inextirpável. Como no Ocidente, as teorias cíclicas e as teorias milenaristas competiram, mas o ciclo dinástico se institucionalizou sob a dinastia Tang.[5] Embora supostamente suplantado pelo marxismo-leninismo desde 1949, continua a ser uma forma notavelmente predominante de pensar sobre a história chinesa, com o Partido Comunista sendo apenas a última dinastia.

As teorias cíclicas da história têm sido, portanto, uma característica recorrente da vida intelectual ocidental e oriental. No livro *Ciência Nova* (1725),

Giambattista Vico argumentou que a civilização passou por um ciclo recorrente (*ricorso*) de três eras: a divina, a heroica e a humana. Ele considerou o trabalho de sua vida como "uma teologia civil racional da providência divina... uma demonstração, por assim dizer, do fato histórico da providência, pois deve ser uma história das formas de ordem que, sem discernimento ou intenção humana, e muitas vezes contra os desígnios dos homens, a providência deu a esta grande cidade da raça humana".[6] Há um paralelo próximo entre a abordagem de Vico e a de Arnold Toynbee, sábio britânico do século XX.[7] O livro *A riqueza das nações*, de Adam Smith (1776), lançou as bases para uma análise estritamente econômica da sociedade que também implicou um processo histórico cíclico. Aqui não foi o destino cego, mas uma "mão invisível" que levou os indivíduos a agirem, involuntariamente, no interesse comum, mesmo enquanto buscavam seus próprios fins egoístas, levando uma sociedade primeiro ao crescimento, depois à "opulência" e, depois, a um "estado estacionário". Em seu muito mais sombrio *Ensaio sobre o princípio da população* (1798), Thomas Malthus propôs um ciclo demográfico no qual a fome ou o "vício" eram a consequência inevitável da tendência inata da população de ultrapassar o suprimento de alimentos. Karl Marx combinou a dialética hegeliana com os rudimentos da economia política ricardiana. O resultado foi um modelo de mudança histórica por meio da luta de classes, culminando no apocalipse materialista previsto em *O capital*:

> O monopólio do capital transforma-se em um obstáculo ao modo de produção, que surgiu e floresceu com ele e sob ele. A centralização dos meios de produção e a socialização do trabalho chegam finalmente a um ponto em que se tornam incompatíveis com seu invólucro capitalista. Esse invólucro se despedaça. Chega o momento da propriedade privada capitalista. Os expropriadores são expropriados.[8]

Como os seguidores de Peter Cook no topo de sua colina, os de Marx ainda esperam.

CLIODINÂMICA

Nos últimos anos, os defensores da "cliometria" e da "cliodinâmica" procuraram reviver a abordagem cíclica. Para o período pré-moderno, o modelo malthusiano parece ser o que melhor se adapta.[9] No entanto, variações do modelo malthusiano também foram propostas para algumas crises modernas.[10] Uma boa ilustração são as várias tentativas de explicar as revoluções árabes de 2010-2012 em termos de um "aumento da juventude". Em um estudo de países onde as taxas de crescimento da população jovem ultrapassaram 45% em cinco anos, "nenhum conseguiu evitar grandes choques políticos. O risco de uma guerra civil particularmente violenta era muito alto para esses países (cerca de uma chance em duas)". (Isso sugere que quatro países da África subsaariana estão na iminência de ter problemas: Níger, Quênia, Uganda e Malauí.)[11] Por si só, um aumento da juventude não é um indicador de convulsão, mas, em combinação com baixo crescimento econômico, um Estado fortemente autocrático e uma expansão do ensino superior, ele o é.[12] O projeto mais ambicioso nessa veia neomalthusiana, liderado por Jack Goldstone, analisou 141 casos de instabilidade entre 1955 e 2003, incluindo crises de democracia, guerra civil e colapso do Estado. Estados com níveis mais altos de mortalidade infantil tinham quase sete vezes mais probabilidade de sofrer de instabilidade interna do que aqueles com níveis mais baixos. O conflito armado em Estados vizinhos também aumentou a probabilidade de instabilidade, assim como a discriminação liderada pelo Estado contra pelo menos um grupo minoritário.[13]

Relacionados de forma vaga aos neomalthusianos estão os historiadores e cientistas sociais que buscaram a chave para os ciclos da história em conflitos geracionais, embora aqui as questões de cultura política dominem a demografia. Na década de 1920, Karl Mannheim argumentou que o "período crítico" da adolescência moldou o caráter de uma geração para toda a vida. Arthur Schlesinger pai e filho escreveram sobre os "ciclos da história norte-americana", postulando uma rotação regular entre o consenso liberal e o conservador.[14] Mais recentemente, William Strauss e Neil Howe propuseram um ciclo de realinhamento geracional que se desenrola a cada oitenta a noventa anos.[15] Em cada um desses períodos, há supostamente um ciclo de quatro estágios de "reviravoltas": um "alto", um "de despertar", um "de desvendamento" e, finalmente, uma "crise". Como fez antes deles Oswald Spengler, Strauss e Howe associam cada uma dessas mudanças a uma estação, começando na primavera e terminando no inverno. Eles sugerem que a última crise norte-americana foi o período que abrange a Grande Depressão e a Segunda Guerra Mundial. Se o padrão se mantiver estável, entramos em uma nova quarta virada, que começou com a crise financeira global de 2008-2009 e culminará na década de 2020 com a geração dos *baby boomers* entregando o poder à geração dos *millennials*.[16]

O defeito de todas essas teorias cíclicas é que elas deixam relativamente pouco espaço para a interação de variáveis geográficas, ambientais, econômicas, culturais, tecnológicas e políticas. As iniciativas mais ambiciosas em cliodinâmica tentam remediar isso de várias maneiras engenhosas.[17] O historiador Ian Morris identifica "ciclos de crescimento e colapso do Estado... no sudoeste da Ásia por volta de 3100 a.C. (o fim da expansão de Uruk), 2200 a.C. (a queda do Antigo Reino do Egito e do império acadiano) e 1200 a.C. (o fim de a Idade do Bronze) e no Sul da Ásia por volta de 1900 a.C. (a queda da civilização do Indo)", sugerindo que "em cada caso [havia uma] relação de *feedback* entre a evolução cultural e o meio ambiente". Para Morris, a guerra era a chave e, em particular, a forma como a criação de cavalos maiores transformou as estepes áridas da Eurásia central em uma zona de comércio e guerra, sem mencionar a disseminação de doenças.[18] As variáveis climáticas estão na moda nos últimos anos, o que não é surpreendente. Para dar um exemplo, Qiang Chen procurou relacionar episódios de seca a crises dinásticas na história da China Imperial.[19] Outros estudiosos enfatizaram o papel das inundações.[20]

Em *Historical Dynamics* (2003), Peter Turchin propôs um novo modelo para a ascensão e a queda dos Estados. Novos Estados, argumentou ele, tendem a se formar nas fronteiras contestadas dos existentes (a "fronteira metaétnica"), pois, em tais locais – zonas de conflito recorrente –, a pressão é maior para uma população desenvolver o que, em seu *Muqaddimah*, o estudioso islâmico do século XIV Ibn Khaldun chamou de *asabiyyah* – coesão social, que implica capacidade de ação coletiva. No entanto, quando um Estado atinge certo nível de civilização – com todos os luxos e desigualdades que o acompanham –, o incentivo para a cooperação diminui, e a *asabiyyah* também é reduzida.[21] No livro *War and Peace and War* (2006), Turchin acrescentou um novo elemento: criadores de impérios bem-sucedidos, como os romanos, incorporam os povos conquistados em vez de aniquilá-los. No entanto, o sucesso planta as sementes do declínio: não apenas o esgotamento de *asabiyyah*, mas também o familiar ciclo malthusiano. Com a paz e a estabilidade, vem a prosperidade. Com a prosperidade, vem o crescimento populacional, e isso leva à superpopulação. E a superpopulação resulta em desemprego, baixos salários, aluguéis elevados e, em alguns casos, escassez de alimentos. À medida que os padrões de vida se deterioram, as pessoas ficam suscetíveis à revolta. Em última análise, o colapso da ordem social resulta em guerra civil. O declínio imperial é então inevitável.[22] O livro *Secular Cycles* (em coautoria com Sergey Nefedov) formalizou essa estrutura. Quatro variáveis interagem para provocar mudanças sociais/políticas:

1. Números da população em relação à "capacidade de carga".
2. Força do Estado (ou seja, equilíbrio fiscal).
3. Estrutura social (especificamente o tamanho da elite social e seus níveis de consumo).
4. Estabilidade sociopolítica.

Nesta "teoria demográfica estrutural", o ciclo tem quatro fases:

1. Expansão: a população está crescendo rapidamente, os preços estão estáveis e os salários acompanham os preços.
2. Estagflação: a densidade populacional aproxima-se dos limites da capacidade de carga, diminuem os salários e/ou aumentam os preços. As elites desfrutam de um período de prosperidade, pois podem exigir altos aluguéis de seus inquilinos.
3. Crise geral: a população declina, aluguéis e preços caem e salários sobem. A vida pode melhorar para o campesinato, mas as consequências de um setor de elite ampliado começam a ser sentidas na forma de conflito intraelite.
4. Depressão: essa fase de guerra civil endêmica termina apenas quando a elite encolhe ao ponto em que um novo ciclo secular possa começar.[23]

Turchin e Nefedov argumentam que "o papel dominante na guerra interna parece ser desempenhado pela superprodução da elite, levando à competição, à fragmentação e ao conflito intraelite e ao surgimento de contraelites que mobilizam as massas populares em sua luta contra a ordem existente".[24] O momento de crise cíclica também apresenta aumento da inflação e falência do Estado.[25] A alegação mais recente de Turchin é que a teoria pode ser aplicada aos Estados Unidos contemporâneos. Como Neil Howe, ele previu por algum tempo uma crise no ano de 2020 ou perto disso.[26]

Sem dúvida, a cliodinâmica é um campo novo e estimulante. O enorme banco de dados histórico de Turchin e de seus colaboradores, Seshat, reuniu dados para centenas de instituições políticas, abrangendo seis continentes, desde o neolítico até a metade do último milênio. Ele define um novo padrão para o estudo histórico sistemático das estruturas políticas.[27] Um artigo notável de Jaeweon Shin e coautores propõe um refinamento do modelo de Turchin que introduz a tecnologia da informação como uma variável. "O desenvolvimento sociopolítico", eles escrevem, "é dominado primeiramente pelo crescimento em escala de governo, depois por melhorias no processamento de informações e sistemas econômicos e, em seguida, por novos aumentos de escala". Eles sugerem que pode haver um "Limiar de Escala para sociedades, além do qual o crescimento no processamento de informações se torna primordial, e um Limiar de Informações que, uma vez ultrapassado, facilita o crescimento adicional em escala".[28] Olhando especialmente para o fracasso das sociedades do Novo Mundo (com a possível exceção da de Cuzco) em desenvolver sistemas de registro escrito, eles perguntam: "Será que alguns dos colapsos frequentes vistos nas sociedades se devem ao fato de um sistema político nunca desenvolver capacidades de processamento de informação suficientes, de modo que tropece ou até mesmo entre em colapso em função do mau desempenho e devido à falta de conectividade externa, coerência interna ou incapacidade de competir com governos cujas habilidades superiores de processamento de informação permitiram maior crescimento em tamanho?".[29]

No entanto, como Turchin e Nefedov reconhecem, qualquer processo cíclico deve estar sujeito a forças distintamente não cíclicas: flutuações climáticas extremas, pandemias e descontinuidades tecnológicas, bem como grandes conflitos, que, como vimos, têm uma incidência quase aleatória em termos de tempo e escala.[30] A identificação feita por Turchin de que 2020 seria o provável próximo "pico" de instabilidade política nos Estados Unidos – o sucessor de 1870, 1920 e 1970 – pode ser profética.[31] O aumento da imigração desde a década de 1970 claramente coincidiu com a estagnação dos salários reais, embora outros fatores – mudança tecnológica e competição chinesa – tenham desempenhado um papel pelo menos tão importante. A superprodução da elite é bem capturada pelo custo crescente das mensalidades de Yale, expresso pelos salários médios anuais da manufatura, bem como pelo aumento no número de MBAs e advogados como percentual da população. A fragmentação da elite é claramente visível no partidarismo paralisante de Washington, D.C., bem como na competição acirrada por cargos legislativos e no custo crescente das campanhas eleitorais. Os Estados Unidos também parecem carentes de *asabiyyah* necessário para levar as guerras estrangeiras a uma conclusão bem-sucedida.[32] No entanto, apesar das recentes discussões acaloradas sobre tiroteios em massa e uso de violência letal pelas forças policiais, as taxas de violência permanecem muito mais baixas em 2020 do que eram em 1870, 1920 ou 1970, como mostram os próprios dados de Turchin. Os norte-americanos podem ter mais armas do que nunca, mas as usam uns contra os outros com muito menos frequência do que em "picos" de violência anteriores.[33] Em qualquer caso, quanto da instabilidade de 2020 – mais obviamente a eclosão de protestos em massa em apoio ao movimento Black Lives Matter [vidas negras importam] no fim de maio e junho – deve ser atribuída ao impacto de uma pandemia que nenhuma teoria cíclica da história poderia ter previsto?

Uma objeção semelhante pode ser feita sobre outras teorias cíclicas atualmente em voga. O gerente de fundos de *hedge* Ray Dalio elaborou um modelo próprio do processo histórico, que gira em torno da dinâmica da dívida em vez da dinâmica demográfica. Um pouco como Turchin, Dalio diferencia "grandes ciclos... compostos de oscilações entre 1) períodos felizes e prósperos nos quais a riqueza é buscada e criada produtivamente, e aqueles com poder trabalham harmoniosamente para facilitar isso, e 2) períodos miseráveis e deprimentes em que há brigas por riqueza e poder que perturbam a harmonia e a produtividade e às vezes levam a revoluções/guerras".[34] A filosofia da história de Dalio é simples, um pouco como a abordagem autodidática de George Soros à psicologia comportamental. "A maioria das coisas", escreve Dalio, "acontece repetidamente ao longo do tempo... Há apenas um número limitado de tipos de personalidade que se reduz a um número limitado de caminhos que os levam a encontrar um número limitado de situações para produzir apenas um número limitado de histórias que se repetem com o passar do tempo". Ele propõe o que chama de "fórmula para os maiores impérios do mundo e seus mercados se erguerem e caírem", com base nas "17 forças... que explicaram quase todos esses movimentos ao longo do tempo". Em outro lugar, ele escreve sobre uma "medida única de riqueza e poder... composta como uma média aproximadamente igual de oito medidas de força. São elas: 1) educação, 2) competitividade, 3) tecnologia, 4) produção econômica, 5) participação no comércio mundial, 6) força militar, 7) força do centro financeiro e 8) moeda de reserva". Ele também fala de quatro ciclos interativos de dívida, dinheiro e crédito, distribuição de riqueza e geopolítica.[35] A conclusão que Dalio tira de sua teoria dos quatro ciclos é que os dias de prosperidade e primazia dos Estados Unidos estão contados, assim como os do Reino Unido estavam na década de 1930. Quanto ao dólar, "dinheiro é lixo".[36]

A dificuldade com essa abordagem é que ela não consegue explicar os eventos inesperados que o modelo, caso existisse no passado, teria previsto erroneamente. Por que a Grã-Bretanha não declinou e caiu nos anos após 1815, por exemplo? Sua relação dívida/PIB atingiu um pico de 172% em 1822. Após cinco anos de deflação (de 1818 a 1822), as desigualdades econômicas foram agudas e levaram a uma onda de agitação política. Após o suicídio do odiado Visconde de Castlereagh, em 12 de agosto de 1822, a ordem internacional estabelecida no Congresso de Viena começou a ruir. No entanto, o Império Britânico foi ganhando força no início do século XIX, e as revoluções aconteceram do outro lado do Canal da Mancha em 1830 e 1848. Também é possível questionar por que os Estados Unidos não declinaram e sofreram uma derrocada na década de 1970. A inflação teve um grande impacto sobre as economias dos detentores de títulos. Depois que Richard Nixon rompeu o último elo remanescente entre o dólar e o ouro, a taxa de inflação subiu para dois dígitos. Enquanto isso, havia confusões em cidades do interior e protestos em *campi* universitários. O próprio presidente foi forçado a renunciar, e o país perdeu vergonhosamente a Guerra do Vietnã. Ainda assim, o poderio norte-americano perdurou e se recuperou rapidamente na década de 1980. Em 1989, dois anos após a publicação de *Ascensão e queda das grandes potências*, de Paul Kennedy – outra obra de história cíclica, que enfatizou a importância vital da capacidade de produção e do equilíbrio fiscal, e com base nisso previu o declínio norte-americano –, os Estados Unidos venceram a Guerra Fria, enquanto o Império Soviético na Europa Central e Oriental era varrido por uma onda de revoluções, e a aposta do Japão pelo *status* de grande potência evaporou quando a bolha dos preços dos ativos do país estourou.

A realidade, como veremos, é que a história é um processo complexo demais para ser modelado, mesmo nos moldes informais defendidos por Turchin e Dalio. Além disso, quanto mais sistemática a modelagem de fenômenos históricos –notavelmente pandemias, mas também mudanças climáticas ou degradação ambiental –, mais fácil se torna variar entre "estar quase certo até estar precisamente errado".[37]

DIAMANTE NA ÁFRICA

Se colapsos econômicos, sociais ou políticos pudessem ser previstos, provavelmente pelo menos alguns deles poderiam ser evitados. Em *Colapso* (2011), Jared Diamond apresentou algo menos rígido que uma teoria cíclica, mais uma espécie de lista de verificação para evitar o colapso em um mundo cada vez mais preocupado com as mudanças climáticas causadas pelo homem. Ele definiu "colapso" como "uma redução drástica no tamanho da população humana e/ou complexidade política/econômica/social, em uma área considerável, por um período prolongado". Sua causa imediata pode ser dano inadvertido ao meio ambiente de uma população, mudança climática natural não relacionada à atividade humana ou guerra (agressão por um vizinho hostil). Mas o colapso provavelmente ocorreria porque a sociedade em questão não lidou com a ameaça ou as ameaças que enfrentava.[38] E, ao contrário do declínio prolongado na direção da velhice que os indivíduos experimentam, os colapsos sociais podem ser rápidos.

> Uma das principais lições a serem aprendidas com o colapso dos maias, anasazis, habitantes das ilhas de Páscoa e de outras sociedades anteriores (bem como com o recente colapso da União Soviética) é que o declínio acentuado de uma sociedade pode começar apenas uma década ou duas depois que a sociedade atinge seus números de pico, a riqueza e o poder. Nesse aspecto, as trajetórias das sociedades que discutimos são diferentes dos cursos habituais da vida humana individual, que declinam em uma senescência prolongada. A razão é simples: população máxima, riqueza, consumo de recursos e produção de resíduos importam em impacto ambiental máximo, aproximando-se do limite em que o impacto supera os recursos. Considerando a questão, não é surpresa que o declínio das sociedades tenda a seguir rapidamente em seus picos.[39]

Ou a sociedade deixa de antecipar a causa de seu colapso ou não o percebe quando o atinge (o problema da "normalidade rastejante"), ou deixa de tentar resolvê-lo em razão de barreiras políticas, ideológicas ou psicológicas, ou tenta solucioná-lo, mas não consegue.

O livro de Diamond analisa sete colapsos, dois (Ruanda e Haiti) no passado recente, outros mais distantes: a Groenlândia nórdica, os habitantes da Ilha de Páscoa (Rapa Nui), os polinésios de Pitcairn, Henderson e Mangareva, os anasazis do sudoeste da América do Norte e os maias da América Central. Também considera três histórias de sucesso: a ilha de Tikopia, no Pacífico, a Nova Guiné central e o Japão da era Tokugawa. A história mais importante que ele conta é uma versão adulta da história do dr. Seuss, *O Lorax* (1971). Diamond atribui o colapso da população da Ilha de Páscoa – de várias dezenas de milhares em seu apogeu para entre 1.500 e 3.000 quando os europeus chegaram, no início do século XVIII – a "impactos ambientais humanos, especialmente desmatamento e destruição de populações de pássaros, e a fatores políticos, sociais e religiosos por trás dos impactos, como... um foco na construção de *status*... e a competição entre clãs e chefes, levando à construção de estátuas maiores que requerem mais madeira, corda e comida".[40] Sem árvores para ancorar o solo, as terras férteis da Ilha de Páscoa sofreram erosão, levando a safras ruins, enquanto o suprimento cada vez menor de madeira fez com que os ilhéus não pudessem mais construir canoas para pescar. Isso levou a uma guerra destrutiva e, em última instância, ao canibalismo. A moral é clara: destrua o planeta, e todos acabaremos como os habitantes da Ilha de Páscoa.

Existe, no entanto, uma versão alternativa da história dessa ilha. A contranarrativa é que o povoamento dela não ocorreu até 1200 d.C., que o desmatamento foi principalmente o trabalho de ratazanas que chegaram com os colonos, que as estátuas de pedra altas não foram transportadas horizontalmente sobre troncos, mas "conduzidas" na vertical, que os nativos sobreviveram comendo frutos do mar, carne de rato e vegetais que cultivavam, e que o colapso da sociedade da ilha foi o resultado de impactos europeus, notadamente a chegada de doenças venéreas após 1722.[41] Outra hipótese é que a população da ilha foi reduzida por escravistas sul-americanos.[42] Isso está muito distante da história do *Lorax*.

Ainda assim, talvez o argumento mais amplo de Diamond – que o colapso é tanto um fenômeno social ou político quanto ambiental – possa ser salvo. "As nações passam por crises nacionais", escreve ele em *Reviravolta* (2019), "que... podem ou não ser resolvidas com sucesso por meio de mudanças nacionais.

O enfrentamento bem-sucedido de [crises causadas por] pressões externas ou internas requer uma mudança seletiva. Isso é verdade tanto para as nações quanto para os indivíduos".

Uma das ideias mais antigas do pensamento político ocidental é a analogia entre o indivíduo humano e o corpo político – pense no frontispício de Abraham Bosse para o livro de Thomas Hobbes, *Leviatã*, que retrata uma figura coroada gigante elevando-se sobre a paisagem, seu torso e seus braços compostos por mais de trezentos homens. Diamond revive essa ideia com sete estudos de caso de crise e recuperação nacional na Finlândia, Japão, Chile, Indonésia, Alemanha, Austrália e Estados Unidos. Os sete casos fornecem a base para a estratégia de doze etapas de Diamond para lidar com uma crise nacional:

1. O primeiro passo para lidar com uma crise é reconhecer que você está em crise, seja você um indivíduo ou uma nação.
2. O próximo passo é aceitar sua responsabilidade pessoal/nacional de fazer algo a respeito da situação.
3. O terceiro passo é "construir uma cerca [não necessariamente física] para delinear os problemas individuais/nacionais que precisam ser resolvidos".
4. Então, pode muito bem ser útil obter ajuda material e emocional de outras pessoas/nações.
5. É possível se beneficiar do uso de outras pessoas/nações como modelos de como resolver problemas.
6. É mais provável que se tenha sucesso se houver "força de ego", o que para os Estados se traduz como um senso de identidade nacional.
7. Diamond também recomenda "autoavaliação honesta" para indivíduos e Estados.
8. Ajuda se você tiver experiência de crises pessoais/nacionais anteriores.
9. Também ajuda ter paciência.
10. A flexibilidade é uma boa ideia.
11. Você se beneficiará por ter "valores essenciais".
12. Também ajuda se livrar de restrições pessoais/geopolíticas.[43]

O problema com tudo isso é que, na realidade, os Estados-nações não são muito parecidos com os indivíduos. Seria muito mais preciso dizer que, como qualquer sistema político em grande escala, eles são complexos. Como tal, não são governados pelas mesmas regras amplamente gaussianas como os membros individuais de nossa espécie. Por exemplo, nós, seres humanos, na idade adulta, temos quase a mesma altura. Um histograma da estatura humana é uma clássica curva de sino, com a maioria de nós em algum lugar entre 1,50 e 1,80 metro de altura e ninguém menor do que 60 centímetros ou mais alto que 2,50 metros. Não existem pessoas do tamanho de formigas e nem arranha-céus humanos. Isso não é verdade para os Estados-nações, uma forma de governo que se tornou dominante apenas recentemente na história. Dois megaestados – China e Índia – respondem por 36% da população mundial. Em seguida, vêm onze grandes Estados, dos Estados Unidos às Filipinas, cada um dos quais com mais de cem milhões de habitantes, representando pouco mais de um quarto da população mundial. Setenta e cinco Estados de médio porte têm entre 10 milhões e 100 milhões de habitantes: outro terço da população mundial. Mas então existem 71 com população entre um 1 e 10 milhões (5% da humanidade), 41 Estados com população entre 100 mil e 1 milhão (0,2%) e outros 33 Estados com menos de cem mil residentes.

Assim como os tamanhos dos Estados não são normalmente distribuídos, o mesmo ocorre com as crises. As principais convulsões – guerras, revoluções, crises financeiras, golpes – que os historiadores adoram estudar são eventos de baixa frequência e alto impacto, localizados na cauda de distribuições que são tudo, menos normais. As grandes revoluções da história – a inglesa, a americana, a francesa, a russa e a chinesa – não aconteceram em todos os lugares. Na história da maioria dos países, existem apenas algumas revoltas esquecíveis. As histórias humanas individuais não são assim. Podemos não ter todas as crises da adolescência e da meia-idade, mas muitos de nós as temos para termos que mal precisam de definição. Na maioria das vezes, temos entre um e quatro filhos. Quase todos nós temos crises de saúde de um tipo ou de outro. E, como vimos no capítulo 1, todos morreremos – principalmente em uma faixa etária relativamente estreita, novamente com distribuição normal. A vida de um indivíduo humano provavelmente seguirá um curso cíclico. Alguns Estados-nações, ao contrário, vivem muito tempo. O Reino Unido tem mais de 400 anos (suas partes constituintes são muito mais antigas), e os Estados Unidos estão se aproximando dos 250 anos. Outros estão sujeitos a uma tremenda descontinuidade institucional. Os líderes chineses adoram afirmar que a China tem cerca de 5 mil anos, mas essa é uma história complicada que se originou com os jesuítas, que traçaram a história chinesa desde 2952 a.C., e foi oficializada por Sun Yat-sen, que identificou o mítico Imperador Amarelo (Huangdi), cujo reinado teria começado em 2697 a.C., como o primeiro governante da China. Na verdade, a República Popular da China acaba de comemorar seu septuagésimo aniversário, o que a torna doze anos mais jovem que Jared Diamond. E a maioria dos Estados-nações do mundo não é muito mais velha, tendo-se formado, como a Indonésia, no período de descolonização que se seguiu ao fim da Segunda Guerra Mundial. Qual é a expectativa de vida de um Estado-nação no seu nascimento? Ninguém consegue dizer.

Em suma, é certamente um erro de categoria esperar que os Estados-nações se comportem como seres humanos – como tentar extrapolar a incidência de engavetamento em rodovias a partir de uma compreensão do motor de combustão interna. Precisamente porque políticas complexas não estão sujeitas às mesmas restrições que indivíduos, a metáfora de Diamond é enganosa. (É ainda mais enganosa quando ele tenta aplicá-la a toda a raça humana.) Em cada um de seus sete casos, a nação em questão superou com sucesso a crise ou as crises que a afligiam. O que falta na amostra é uma ou mais políticas que se desfizeram de maneira irrevogável – como a União Soviética ou a Iugoslávia – ou os ex-protetorados coloniais que não chegaram a ser um Estado independente, ou os inúmeros grupos étnicos que nunca alcançaram um governo autônomo. Se os Estados-nações não eram indivíduos extrapolados, então o que eram? Existem opções abertas a regimes – para as quais o desmembramento não precisa ser fatal – que nós, humanos, simplesmente não temos.

MALDIÇÃO DE CASSANDRA

"Nossa atual emergência nacional pode ser vista como uma tragédia clássica em vez de um drama sórdido?", perguntou o dramaturgo americano David Mamet em junho de 2020. "No nosso caso, o que causou a praga de Tebas?"[44] É uma questão legítima. Pois, se a história não é cíclica, imitando o ciclo de vida do ser humano individual, então talvez seja dramática, replicando em uma escala muito maior – no "palco do mundo" – as clássicas interações humanas no teatro.

Os desastres mais famosos são tragédias e são rotineiramente descritos dessa forma pelos jornalistas. No entanto, alguns desastres são trágicos em sentido estrito – ou seja, seguem as convenções da tragédia clássica. Existe, como no

Agamenon, um profeta, um coro e um rei. O profeta prevê o desastre que está por vir, o coro não está convencido, o rei está condenado.

Ilustração em xilogravura da profecia de Cassandra sobre a queda de Troia (à esquerda) e sua morte (à direita), da tradução de Heinrich Steinhöwel do *De mulieribus claris*, de Giovanni Boccaccio, impresso por Johann Zainer em Ulm, aprox. em 1474.

MEMBRO DO CORO: Se você não sabe onde está, vou lhe dizer: você está na casa dos filhos de Atreus...
CASSANDRA: Não... não... uma casa que odeia os deuses... casa cheia de morte, parentes massacrados... cabeças cortadas... um matadouro humano inundado de sangue...
MEMBRO DO CORO: Este estranho é como um cão de caça ávido pelo cheiro. Ela está no rastro de sangue.
CASSANDRA: ... Vejo evidências nas quais confio, crianças gritando enquanto são massacradas, então o pai comendo a carne assada dos próprios filhos...
MEMBRO DO CORO: Ouvimos sobre sua reputação na profecia. Mas aqui em Argos ninguém quer um profeta.[45]

Cassandra foi trazida de volta, uma escrava, da Troia conquistada pelo vitorioso Agamenon. Mas a esposa do rei, Clitemnestra, planeja sua morte como vingança por sua filha Ifigênia, a quem Agamenon havia sacrificado anos antes por causa de um vento favorável à Guerra de Troia. Ela também quer que seu amante, Egisto, tome o lugar de Agamenon. Cassandra vê com muita clareza o que está por vir, mas sua maldição é que ela não consegue convencer nenhum de seus ouvintes.

> **CASSANDRA:** Oh, mulher maléfica, você fará isso. Seu marido, o homem com quem divide a cama, depois de tê-lo lavado… lá na banheira… Como posso descrever como tudo isso termina? Será em breve. Ela está estendendo a mão… e agora a outra mão está tentando alcançá-lo…
> **MEMBRO DO CORO:** Ainda não entendo. O que ela está dizendo é muito confuso. Suas profecias sombrias me deixam perplexo…
> **CORO:** O que há de bom para os homens com as profecias?[46]…
> **CASSANDRA:** Mas não morreremos sem a vingança dos deuses. Outro homem virá e nos vingará, um filho que matará sua mãe e depois dará o troco pela morte de seu pai, um andarilho no exílio, um homem que este país tornou um estranho. Ele voltará e, como a última pá de cal, encerrará a ruína de sua família.[47]

Quando Agamenon é de fato assassinado, os membros do coro são lançados em confusão e dissensão. Ésquilo faz com que se estranhem, indecisos sobre como responder ao assassinato de seu rei.[48] Inexoravelmente, a profecia se cumpre na segunda e terceira partes da trilogia Oréstia. Em Coéforas (*As portadoras das libações*), o filho de Agamenon, Orestes, retorna a Argos e, com sua irmã Electra, trama o assassinato de sua mãe e de seu amante. Tendo cometido matricídio, Orestes é perseguido pelas Fúrias. Em Eumênides (*As bondosas*), Orestes busca justiça de Atenas – e ela é concedida na forma do primeiro julgamento por júri.

Nessas tragédias antigas, as consequências de desafiar os deuses são claramente representadas. Orestes descreve "a ira da culpa de sangue" – as consequências de não vingar a morte de seu pai – nos termos mais sinistros: "Do fundo da terra, pragas infecciosas, feridas leprosas que roem a carne, presas mastigando tecidos vivos, podridão branca purulenta nas feridas".[49] Em contraste, Atenas deve ser protegida de tais flagelos pelas "bondosas" depois de se reconciliarem com a absolvição de Orestes. Enquanto o coro canta:

Não deixe nenhum vento destruir as árvores, nem o calor escaldante do deserto avançar para murchar as plantas em botão, nem uma praga purulenta matar os frutos... rezo para que o conflito civil que mata o homem nunca ruja alto na cidade – que sua poeira não beba o sangue escuro de nosso cidadão nem as paixões pela vingança incitem aquelas guerras que matam o Estado.[50]

O desastre não era uma contingência inimaginável na Grécia antiga, nunca estava distante, sendo contido apenas pela boa vontade dos deuses.

Vemos um desastre trágico semelhante em *Édipo Rei*, de Sófocles, no qual Tebas está sofrendo a retribuição divina na forma de uma praga:

Nosso navio de Estado,
Alteia-se esbofeteado, não consegue mais erguer a cabeça,
   Naufragou sob uma onda de sangue turbulento.
Uma praga está em nossa colheita nas bagas,
Uma praga sobre os rebanhos e manadas que pastam,
Uma praga para esposas em trabalho de parto; e, além disso
Armado com sua tocha ardente, o Deus da peste
Se abateu sobre nossa cidade.[51]

De acordo com o oráculo de Delfos, Édipo deve encontrar o homem que assassinou seu predecessor, Laio. Mas, nesse caso, o profeta Tirésias sabe que o próprio Édipo é o assassino, que ele cometeu não apenas parricídio, mas também incesto ao se casar com sua própria mãe, Jocasta. Quando vê a verdadeira natureza de sua situação, Édipo cumpre a profecia de Tirésias, cegando-se.

Como sugeriram Richard Clarke e R. P. Eddy, muitos desastres modernos refletem essas tragédias clássicas.[52] O furacão Katrina, o desastre nuclear de Fukushima, a ascensão do Estado Islâmico, a crise financeira: em cada caso havia uma Cassandra que não foi considerada. O "coeficiente de Cassandra", de Clarke e Eddy, tem quatro componentes: a ameaça de desastre, o profeta do desastre, o tomador de decisões e os críticos que depreciam e rejeitam o aviso. Nessa estrutura, os desastres são previsíveis, mas uma variedade de vieses cognitivos conspira para evitar a ação preventiva necessária. É difícil imaginar um desastre se nunca aconteceu antes (ou não recentemente), ou porque um consenso errôneo o exclui ou porque sua escala desafia a crença, ou simplesmente porque parece muito estranho.[53] Talvez falte às Cassandras as habilidades de persuasão. Os tomadores de decisão podem ser cativos de responsabilidade difusa, "inércia da agenda", captura regulatória, inadequação intelectual, cegueira ideológica, covardia absoluta ou patologias burocráticas como *satisficing* (abordagem de um problema sem resolvê-lo) ou retenção de informações vitais.[54] E o "coro" – não tanto a opinião pública quanto a opinião de um especialista – pode ser vítima de um conjunto diferente de preconceitos: o desejo de certeza (ensaios clínicos randomizados, artigos revisados por pares), o hábito de desmascarar qualquer nova teoria ou o custo irrecuperável de ser investido na "ciência consolidada",[55] para não mencionar a tentação de fazer inúmeras falsas profecias nas páginas de opinião e programas de entrevistas.

Muitos especialistas anseiam por riscos calculáveis, pois tendem a não gostar da incerteza. A distinção é importante. Como Frank Knight argumentou em 1921: "A incerteza deve ser vista em um sentido radicalmente distinto da noção familiar de risco... Uma incerteza mensurável ou 'risco' adequado... é tão diferente de um incomensurável que não é, com efeito, uma incerteza de forma alguma". Muitas vezes ocorrerá um evento que é "tão inteiramente único que não há outros ou não existe um número suficiente para tornar possível tabular o suficiente para formar uma base para qualquer inferência de valor sobre qualquer probabilidade real".[56] O mesmo ponto foi brilhantemente expresso por John Maynard Keynes em 1937. "Por conhecimento 'incerto'", escreveu ele em resposta aos críticos de sua teoria geral "do emprego, do juro e da moeda":

> Não pretendo meramente distinguir o que é conhecido com certeza do que é apenas provável. O jogo de roleta não está sujeito, neste sentido, à incerteza... A expectativa de vida é apenas um pouco incerta. Mesmo o clima é apenas moderadamente incerto. O sentido em que estou usando o termo é aquele em que a perspectiva de uma guerra europeia é incerta, ou... a taxa de juros daqui a vinte anos... sobre essas questões não há base científica para formar qualquer probabilidade calculável. Simplesmente não sabemos.[57]

Para piorar as coisas, lutamos até com riscos calculáveis por causa de uma série de vieses cognitivos. Em um artigo famoso, Daniel Kahneman e Amos

Tversky demonstraram, com uma série de experimentos, que as pessoas tendem a calcular mal as probabilidades quando confrontadas com escolhas financeiras simples. Primeiramente, eles deram ao seu grupo de amostra 1.000 libras israelenses cada. Em seguida, ofereceram a eles uma escolha entre (a) 50% de chance de ganhar 1.000 libras adicionais e (b) 100% de chance de ganhar 500 libras adicionais. Apenas 16% das pessoas escolheram (a); todos os outros (84%) escolheram (b). Em seguida, pediram ao mesmo grupo que imaginasse ter recebido 2.000 libras israelenses cada um e os confrontou com outra escolha: entre (c) 50% de chance de perder 1.000 libras e (d) 100% de chance de perder 500 libras. Dessa vez, a maioria (69%) escolheu (c); apenas 31% escolheram (d). Ainda assim, se considerarmos suas recompensas, os dois problemas são idênticos. Em ambos os casos, você tem a escolha entre uma chance de 50% de terminar com 1.000 libras e uma chance igual de terminar com 2.000 libras (a e c) ou a certeza de terminar com 1.500 libras (b e d). Nesse e em outros experimentos, Kahneman e Tversky identificaram uma assimetria notável: aversão ao risco por perspectivas positivas, mas busca ao risco por perspectivas negativas.[58]

Essa "falha de invariância" é apenas um dos muitos vieses heurísticos (modos distorcidos de pensamento ou aprendizagem) que distinguem os seres humanos reais do *Homo economicus* da teoria econômica neoclássica, que deve tomar suas decisões racionalmente, com base em todos as informações disponíveis e sua utilidade esperada. Outros experimentos mostram que também sucumbimos prontamente a armadilhas cognitivas como:

> o *viés de disponibilidade*, que nos faz basear as decisões em informações que estão prontamente disponíveis em nossas memórias, em vez baseá-las nos dados de que realmente precisamos;
> o *viés retrospectiva*, o que nos faz atribuir maiores probabilidades aos eventos após eles terem acontecido (*ex post*) do que antes de acontecerem (*ex ante*);
> o *problema da indução*, que nos leva a formular regras gerais com base em informações insuficientes;
> a *falácia da conjunção* (ou disjunção), que significa que tendemos a superestimar a probabilidade de que sete eventos de 90% de probabilidade ocorrerão, enquanto subestimamos a probabilidade de que pelo menos um dos sete eventos de 10% de probabilidade ocorrerá;

o *viés de confirmação*, que nos inclina a procurar evidências confirmatórias de uma hipótese inicial, em vez de falsificar evidências que a refutariam;
os *efeitos de contaminação*, pelos quais permitimos que informações irrelevantes, mas aproximadas, influenciem uma decisão;
a *heurística de afeto*, pela qual julgamentos de valor preconcebidos interferem em nossa avaliação de custos e benefícios;
a *negligência de escopo*, que nos impede de ajustar proporcionalmente o que deveríamos estar dispostos a sacrificar para evitar danos de diferentes ordens de magnitude;
o *excesso de confiança na calibração*, que nos leva a subestimar os intervalos de confiança dentro dos quais nossas estimativas serão robustas (por exemplo, para combinar o cenário de "melhor caso" com o "mais provável")'; e
a *apatia de espectador*, que nos inclina a abdicar da responsabilidade individual quando estamos em uma multidão.[59]

Existem muitas outras maneiras pelas quais os seres humanos podem errar. O termo "dissonância cognitiva" foi cunhado pelo psicólogo social americano Leon Festinger. Em seu livro seminal de 1957 sobre o assunto, Festinger argumentou que "na presença de uma inconsistência há desconforto psicológico" e que, portanto, "a existência de dissonância [cognitiva]... motivará a pessoa [afetada] a tentar reduzir a dissonância e alcançar consonância". Além disso, "quando a dissonância está presente, além de tentar reduzi-la, a pessoa evitará ativamente situações e informações que provavelmente aumentariam a dissonância".[60] No entanto, há evidências consideráveis de que muitas pessoas podem aprender a conviver com essa dissonância por longos períodos. A dissonância cognitiva geralmente consiste em dizer uma coisa em público e outra em particular. Esse já foi o cotidiano dos sistemas comunistas em todo o mundo. Acontece que é algo que as pessoas nas sociedades capitalistas podem fazer com a mesma facilidade – voar em jatos particulares para conferências sobre os perigos da mudança climática – e com muito pouco do desconforto previsto pela psicologia social.

Ou considere o conceito de "erro de categoria", uma expressão cunhada pelo filósofo de Oxford Gilbert Ryle. Em *O conceito de mente* (1949), Ryle deu um exemplo bastante inglês. "Um estrangeiro que assiste ao seu primeiro jogo de críquete aprende quais são as funções dos lançadores, dos batedores, dos defensores, dos árbitros e dos marcadores. Então, ele diz: 'Mas não sobrou ninguém em campo para contribuir com o famoso elemento do espírito de equipe'."⁶¹ Ryle passou a demonstrar seu argumento mais famoso, de que René Descartes estava errado em representar a mente humana como um "fantasma na máquina"⁶²– algo distinto do corpo. Não temos mais mentes separadas do que um time de críquete tem um décimo segundo jogador com a função de elevar o moral dos outros. No entanto, erros de categoria semelhantes abundam no discurso moderno; por exemplo, a ilusão de que, como os Estados-nações são compostos de milhões de indivíduos, eles deveriam, portanto, passar por crises da mesma forma que os indivíduos.

OS SINOS DO INFERNO

Seria animador pensar que, no fim dos anos 1600, a humanidade cruzou o limiar da superstição para a ciência, como sugerido por Keith Thomas em *Religião e o declínio da magia*.⁶³ Na realidade, "a ciência" é um domínio complexo e contestado, no qual os novos paradigmas apenas lentamente superam os maus, como Thomas Kuhn afirmou muito tempo atrás.⁶⁴ Além disso, os métodos científicos podem ser usados para produzir um número qualquer de correlações espúrias, por exemplo, entre os signos do Zodíaco e as chances de sobrevivência dos portadores de leucemia que recebem um transplante de células-tronco.⁶⁵ Ao mesmo tempo, o avanço da ciência levou a um declínio não apenas do pensamento mágico, mas também da crença e observância religiosas. Como G. K. Chesterton previu, isso teve a consequência não intencional de criar espaços na mente das pessoas para novas formas de pensamento mágico.[1*] As sociedades modernas são altamente suscetíveis a religiões e magia substitutas, levando a novas formas de atividade irracional que, em uma inspeção mais detida, são bastante semelhantes aos comportamentos anteriores a 1700.

Também seria agradável acreditar que tal equívoco poderia ser superado pelos métodos de "previsão antecipada", como aventou antecipadamente Philip Tetlock, o cientista político que buscou superar preconceitos individuais por meio de torneios de previsores qualificados e várias formas de prestação de contas.⁶⁶ Mas os melhores analistas de Tetlock no "Projeto Bom Senso"

---

1 * Ao contrário da crença popular, Chesterton não disse: "Quando os homens param de acreditar em Deus, eles não acreditam em nada. Acreditam em qualquer coisa". A questão mais próxima está em seu conto "The Miracle of Moon Crescent": "Vocês, materialistas de casca dura, [são] todos equilibrados no limite da crença, da crença em quase tudo".

disseram que havia apenas 23% de chance de o eleitorado britânico votar pela saída da União Europeia pouco antes de fazerem exatamente isso. Em 20 de fevereiro de 2020, os superprevisores de Tetlock previram apenas uma chance de 3% de que haveria mais de 200 mil casos de coronavírus um mês depois. E houve. Zeynep Tufekci foi uma daquelas escritoras que enxergou o perigo da Covid-19 relativamente cedo. No entanto, em um artigo de 2014, ela deu um alerta quase idêntico sobre a pandemia de ebola, prevendo que poderia haver um milhão de casos até o fim de 2014. E havia apenas cerca de trinta mil.[67]

Não é de admirar, em um mundo de catástrofes tão aparentemente aleatórias que nossa mente é singularmente despreparada para fazer previsões, que o homem comum tenha, tantas vezes, recorrido ao humor macabro. Nas trincheiras da Frente Ocidental, em meio à Primeira Guerra Mundial, uma música fez sucesso entre os soldados britânicos, que parodiava um hino do Exército de Salvação antes da guerra:

> *Os sinos do inferno fazem, tililim*
> *Para você, não para mim.*
> *Os anjos cantam para mim, tililim*
> *Eles trazem as bênçãos para mim.*
> *Ó Morte, onde está o teu ferrão, tililim tililão?*
> *Ó, Sepultura, o teu vitorioso?*
> *Os sinos do inferno fazem tililim*
> *Para você, não para mim!*[68]

O advogado de Knightsbridge que anotou essas palavras (transcritas de uma carta enviada por seu sobrinho, um segundo-tenente que ouviu seus homens cantá-las) entendeu muito bem seu significado. Ele sugeriu que elas não estavam sendo direcionadas aos alemães através da terra de ninguém:

> Eu deveria adivinhar que este estranho credo triunfante… não é um desafio ao inimigo terreno, mas apenas mais uma manifestação da corajosa leviandade que esta guerra trouxe. É a maneira superficial e leve de o soldado aceitar a morte. Não daria para continuar fazendo uma coisa tão tremenda como essa sem um toque de humor. Passávamos pelas trincheiras cheias de homens que a qualquer momento

podiam ser estraçalhados, cantando essas palavras surpreendentes... não é maravilhoso? E incrível? Não é exatamente religião, e ainda assim é religião. Fatalismo com fé. Segurança com desdém.[69]

Era a véspera da Batalha do Somme, o maior desastre militar da história britânica no que se refere a vidas perdidas (ver capítulo 6). Ao todo, 13% (673.375) dos homens que serviram no Exército Britânico entre 1914 e 1918 perderam a vida e 32% ficaram feridos.

Nas guerras, como nas pragas, nós, seres humanos, temos uma estranha propensão a acreditar que, como indivíduos, sobreviveremos. Às vezes, temos certeza: os sobreviventes da guerra superaram as baixas no fim das contas. Toby Starr, o jovem oficial que ouviu seus homens cantarem "Os sinos do inferno", não só teve sorte, mas também foi corajoso: quando ele e dois pelotões sob seu comando depararam com uma mina terrestre alemã, ele saiu ileso e, "embora muito abalado, imediatamente organizou um grupo com uma metralhadora para abater o inimigo que se aproximava, e tê-los efetivamente repelido... foi fundamental para resgatar, embora sob fogo, vários de seus próprios homens enterrados". Por isso, Starr foi premiado com a Cruz Vitória.[70] Como regra geral, no entanto, os sinos do inferno tocaram "tililim tililim" com pouca consideração por nossas qualidades pessoais. E tendemos a ser bastante ruins em estimar a probabilidade de que eles toquem "tililim tililim" para nós.

Perto da morte súbita, o humor macabro pode muito bem ser a resposta certa. Os militares norte-americanos têm uma versão própria de "Os sinos do inferno", que assume a forma de siglas sarcásticas. "SOL" originou-se como uma abreviatura oficial para "soldado", mas já em 1917 passou a significar *"soldier out of luck"* [soldado sem sorte] e mais tarde *shit out of luck* [merda por falta de sorte] (aplicável a tudo, desde a morte até o atraso para o jantar). Na Segunda Guerra Mundial, "SNAFU" significava "Situação normal: tudo estragado (ou fodido)" – "usado acronimamente", nas palavras do *Dicionário de Inglês Oxford*, "como uma expressão que transmite a lacônica aceitação do soldado comum da desordem da guerra e da inépcia de seus superiores 'ou' para indicar que as coisas não vão muito bem". Em 1944, as tripulações de bombardeiros da Força Aérea dos Estados Unidos da América criaram outra sigla para descrever um estado de coisas ainda mais extremo do que SNAFU: "FUBAR" – "tão estragado (ou fodido) que mal dá para reconhecer". Isso pode significar, novamente de acordo com o dicionário, "acabado, arruinado, bagunçado", mas também "extremamente embriagado".

Recentemente, nas ruas de São Francisco, surgiu uma frase que, como "SOL", "SNAFU" e "FUBAR", passou a ser algo de uso geral, para ser proferido diante de todo tipo de adversidade. "Merdas acontecem" (traduzido mais educadamente como "Coisas acontecem" ou "Acontece") foi registrado pela primeira vez em 1964 por um estudante de mestrado em Berkeley que estava escrevendo uma tese sobre "Membros de gangue e a polícia". Um dos membros de gangue que ele entrevistou – um jovem afro-americano de 16 anos – descreveu como, enquanto ele e seus amigos caminhavam pela Market Street de São Francisco depois de assistir a um filme, foram detidos gratuitamente e ameaçados de prisão por dois policiais. "Essa merda acontece o tempo todo", observou o jovem. "Não há um dia em que não somos incomodados com isso."[71] Nesse incidente em particular, a polícia usou uma linguagem racista ("Agora, todos vocês, africanos pretos, peguem suas lanças e vão para casa! Não quero vocês andando pela rua"), mas sem violência. No entanto, poderia ter sido diferente. Como Toby Starr, embora em circunstâncias bem diferentes, o criador de "merdas acontecem" sobreviveu a um desastre – sem dúvida um entre muitos. Para aqueles que veem desastres de perto com tanta regularidade, não é nem previsivelmente cíclico nem inefavelmente trágico. É apenas a vida.

3

RINOCERONTES CINZA, CISNES NEGROS E DRAGÕES-REIS

Como moscas para meninos devassos, somos nós para os deuses. Eles nos matam por esporte.
— *Rei Lear*

A COLEÇÃO EXÓTICA DE CATÁSTROFES

Tornou-se um lugar-comum entre líderes sitiados que buscavam angariar apoio popular no início de 2020 dizer que a pandemia da Covid-19 era uma guerra, embora fosse contra um "inimigo invisível".[1] Vários historiadores apresentaram endossos cuidadosamente qualificados dessa analogia.[2] Por razões óbvias, uma pandemia é muito diferente de uma guerra, claro. Pensamos em uma pandemia como um desastre natural, enquanto uma guerra é causada pelo homem – uma distinção à qual devemos retornar. Em uma pandemia, é um patógeno que mata pessoas, enquanto em uma guerra as pessoas matam umas às outras. No entanto, os dois tipos de desastre têm muito em comum, além do fato marcante do excesso de mortalidade. Cada um pertence àquela classe especial de desastres raros e em grande escala, que é o assunto deste livro.

Nem todas as guerras parecem vir do nada. A eclosão da Primeira Guerra Mundial em 1914, sim. As pessoas em 1914 sabiam havia muito que um conflito europeu em grande escala era uma possibilidade e compreenderam o quanto seriam terríveis suas consequências, e ainda – mesmo entre os bem-educados e bem-informados – poucos compreenderam até o fim de julho a iminência do Armagedom. O mesmo pode ser dito daqueles que em 2020 haviam sido informados repetidamente da ameaça representada por um novo patógeno contagioso, mas optaram por ignorar ou minimizar o perigo quando a "Doença X" da Organização Mundial da Saúde realmente apareceu. Em sua fase inicial, a pandemia, portanto, teve mais ou menos as mesmas consequências dos primeiros meses da Primeira Guerra Mundial: pânico financeiro, deslocamento econômico, alarme popular e um nível significativo de excesso de mortalidade, embora entre os idosos de ambos os sexos, em vez de homens em idade avançada. Uma diferença importante foi que a pandemia da Covid-19 começou sem o aumento compensatório do moral proporcionado pelo patriotismo. No entanto, uma semelhança é que, em cada caso, houve um processo de ajuste, pois ficou claro que a crise não estaria "acabada no Natal". Uma vez terminados, os eventos desastrosos adquirem uma forma não discernível para aqueles cujas vidas foram arruinadas por eles. Ninguém sabia, em agosto de 1914, que os últimos tiros da guerra seriam disparados quatro anos e três meses depois, assim como ninguém envolvido no confronto naval anglo-francês de 1340 ao largo de Sluys sabia que os dois países estavam embarcando na Guerra dos Cem Anos, já que essa denominação só foi cunhada em 1823.[3]

Claro, algumas pessoas não sabem absolutamente nada de história. "Esta é uma situação incrivelmente incomum", disse um especialista financeiro ao *Financial Times* em março de 2020, "uma espécie de crise que nunca vimos antes".[4] Isso exemplifica que pessoas que usam expressões como "sem precedentes" sobre uma crise estão, em geral, apenas transmitindo sua ignorância histórica. Foram apenas pouco melhores as muitas analogias históricas ruins implantadas enquanto as pessoas tentavam entender as implicações da pandemia. Em março, o arcebispo da Cantuária comparou o impacto a uma explosão nuclear: "O impacto inicial é colossal", disse ele, "mas as consequências durarão anos e nos moldarão de maneiras que nem sequer podemos começar a prever no momento".[5] Isso é enganoso. Para entender o porquê, basta refletir sobre o que aconteceu a Hiroshima e Nagasaki quando as primeiras bombas atômicas operacionais foram detonadas sobre elas em agosto de 1945. Quase o mesmo número de pessoas mortas imediatamente pela *Little Boy* em Hiroshima que na tempestade de fogo de Dresden, seis meses antes, cerca de 35 mil. Mas, no fim de 1945, o número de japoneses mortos havia subido muito mais, 140 mil em Hiroshima e 70 mil em Nagasaki. Além disso, houve um grande número de mortes posteriores em razão de leucemia e câncer atribuídos à radiação liberada pelas duas bombas.

No momento da escrita deste livro (22 de outubro de 2020), estima-se que a Covid-19 tenha matado mais de 1,1 milhão de pessoas em todo o mundo em um período de aproximadamente dez meses. É muito provavelmente uma estimativa subestimada, a julgar pelo excesso de mortes em relação aos óbitos esperados em vários países.[6] E esse número certamente aumentará nos próximos meses, quando este livro for impresso. Esses são números que realmente se comparam às maiores batalhas das guerras mundiais. Ao contrário da onda de choque imediata e radiação subsequente de uma explosão nuclear, no entanto, o Sars-CoV-2 é um vírus que pode ser evitado se os indivíduos e as sociedades tomarem as devidas precauções. A mesma "bomba" foi lançada em Taiwan e na Itália e no estado de Nova York. Até o momento, sete pessoas morreram de Covid-19 em Taiwan e 33.523 em Nova York. Isso não quer dizer que as analogias geopolíticas sejam sempre inválidas, ou que apenas o estudo de outras pandemias pode nos ajudar a entender esta. Em vez disso, precisamos pensar na Covid-19 como uma daquelas catástrofes raras que se abate sobre a humanidade em intervalos irregulares na história. Além das pandemias, incluem grandes guerras, revoluções violentas, erupções vulcânicas, terremotos e eventos climáticos extremos, como incêndios florestais e inundações. Os historiadores tendem a gravitar em torno do estudo de tais desastres extremos, com preferência pelas variedades artificiais. No entanto, raramente refletem muito profundamente sobre suas propriedades comuns.

Como vimos, uma pandemia do tipo que varreu o mundo em 2020 é um evento tão frequente quanto uma grande guerra. Um modelo epidemiológico altamente influente sugeriu que a pandemia de 2020, na ausência de intervenções não farmacêuticas, poderia matar até 40 milhões de pessoas em todo o mundo.[7] Em relação a uma população mundial de 7,8 bilhões, isso se aproximaria muito da mortalidade no campo de batalha na Primeira Guerra Mundial. Embora pareça claro que o número final de mortes da Covid-19 não será tão alto – seja porque o modelo do Imperial College London superestimou a taxa de mortalidade por infecção da doença ou porque o distanciamento social, *lockdowns* econômicos e outras medidas realmente evitaram a morte em massa –, não havia garantia disso no início da crise. Se, como muitos contemporâneos esperavam no início, a Primeira Guerra Mundial não tivesse durado mais do que cinco meses, também teria sido muito menos mortal.

Uma característica notável desses dois desastres díspares é que cada um deles foi repetidamente previsto por contemporâneos durante anos antes de ocorrerem. Nesse sentido, ambos foram exemplos do que Michele Wucker chamou de "rinoceronte cinza" – algo que é "perigoso, óbvio e altamente provável" –, juntamente com o "furacão Katrina, a crise financeira de 2008, o desmoronamento da ponte de Minnesota em 2007, ataques cibernéticos, incêndios florestais [e] escassez de água".[8] No entanto, quando a Primeira Guerra Mundial e a Covid-19 realmente ocorreram, foram percebidas como eventos muito surpreendentes – "cisnes negros". Nassim Taleb definiu essa expressão como qualquer evento que "nos pareça, com base em nossa experiência limitada, impossível".[9] Graças à evolução e à educação, temos certos vieses heurísticos que nos levam a esperar que a maioria dos fenômenos seja (como a altura dos humanos) normalmente distribuída. Mas as distribuições estatísticas de incêndios florestais – para citar apenas um exemplo – obedecem a um conjunto bastante diferente de regras: muitas vezes, embora nem sempre, "leis de potência". Não há incêndio florestal "típico" ou médio. Traçada em um gráfico, a distribuição de incêndios não é a familiar curva de sino, com a maioria dos incêndios agrupados em torno da média. Em vez disso, se você esboçar o tamanho dos incêndios em relação à frequência de sua ocorrência usando escalas logarítmicas, obterá uma linha reta.[10]

Leis de potência (ou distribuições que se assemelham aproximadamente a elas) são surpreendentemente onipresentes, embora a inclinação dessa linha varie.[11] Elas também caracterizam as distribuições por tamanho de meteoritos e detritos orbitando a Terra, as crateras da lua, erupções solares, incêndios florestais e erupções vulcânicas – para não falar dos padrões de busca de alimentos de vários herbívoros. Também encontramos no mundo humano várias leis de energia: retornos diários do mercado de ações, receitas de bilheteria, a frequência de palavras na maioria dos idiomas, a frequência de nomes de família, o tamanho das falhas de energia, o número de acusações por criminosos, despesas de saúde anuais individuais e prejuízos por roubo de identidade. A distribuição das 315 "brigas mortais" identificadas por L. F. Richardson (ver capítulo 1) não era bem uma lei de potência: tecnicamente, era uma distribuição de Poisson, um padrão essencialmente aleatório que se aplica não apenas a guerras, mas também a decomposições radioativas, aglomerados de câncer, *touchdowns* de tornados, ataques a servidores de internet e, em uma era anterior, mortes de cavaleiros causadas por coices de cavalos.

Não precisamos parar nosso avanço em virtude da distinção matemática precisa entre as leis de potência e as distribuições de Poisson. Para nossos objetivos, é suficiente saber que ambas as distribuições desafiam as previsões. No caso da guerra, Richardson se esforçou para encontrar padrões em seus dados para conflitos mortais que pudessem lançar luz sobre o momento e a escala das guerras. Havia uma tendência de longo prazo para menos ou mais guerra? A guerra estava relacionada à proximidade geográfica dos Estados ou a fatores sociais, econômicos e culturais? A resposta em cada caso foi não. Os dados indicaram que as guerras foram distribuídas aleatoriamente. (Nas palavras de Richardson, "A coleção como um todo não indica nenhuma tendência para mais, nem para menos, brigas fatais.")[12] Nesse aspecto, as guerras realmente se assemelham a pandemias e terremotos. Não conseguimos saber com antecedência quando ou onde um evento específico ocorrerá, nem em que escala. Enquanto alguns pesquisadores modernos continuam a discernir nos dados alguma tendência mais encorajadora em direção a um mundo mais pacífico,[13] a visão mais persuasiva é de que a humanidade continua propensa a "avalanches de conflito" ou cascatas de conflitos armados "que se ramificam aleatoriamente".[14]

Existe uma exceção possível. Didier Sornette definiu um "dragão-rei" como um evento tão extremo que está fora de uma distribuição de lei de potência. Ele encontra exemplos em seis domínios: tamanhos de cidades, emissões acústicas associadas a falhas materiais, incrementos de velocidade na turbulência hidrodinâmica, reduções financeiras, energias de ataques epilépticos em humanos e animais e (possivelmente) terremotos. Os dragões-reis, ele argumenta, são "eventos extremos que são estatisticamente e mecanicamente diferentes do resto de seus irmãos menores". Eles "apresentam um certo grau de previsibilidade, pois estão associados a mecanismos expressos de forma diferente dos demais eventos. Frequentemente, um dragão-rei está associado à ocorrência de uma transição de fase, bifurcação, catástrofe, ponto de inflexão, cuja organização emergente produz precursores úteis".[15] Não está claro, entretanto, até que ponto esses precursores podem ser identificados com segurança antes que o dragão-rei ataque.

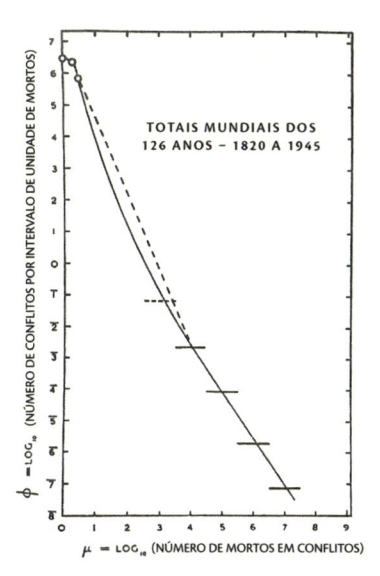

Representação de L. F. Richardson do número de conflitos de cada magnitude em comparação com o número de mortes de cada um, em sua *Statistics of Deadly Quarrels*. Até agora, as duas guerras mundiais foram as únicas batalhas mortais de magnitude 7 (ou seja, seu número de mortos foi de dezenas de milhões). Até agora, os assassinatos – brigas mortais de magnitude 0 (ou seja, o número de mortes igual a um) – mataram quase tantas pessoas quanto as guerras mundiais.

Como um evento passa de um rinoceronte cinza (eminentemente previsível) para um cisne negro (extremamente surpreendente) até um dragão-rei (vasto em magnitude)? Para o historiador, a transformação do rinoceronte cinza em cisne negro ilustra os problemas de confusão cognitiva discutidos no capítulo anterior. De que outra forma, um desastre frequentemente previsto pode ser vivenciado, quando acontece, como um raio, do nada? No entanto, a transformação de cisne negro em dragão-rei é a diferença entre um desastre que mata muitas pessoas e um que tem consequências muito mais amplas e profundas que a contagem aproximada de corpos. Vale a pena acrescentar, embora seja difícil provar estatisticamente, que os dragões-reis também parecem existir fora do reino da catástrofe. Houve incontáveis homens santos e fundadores de cultos religiosos; apenas três (Sidarta Gautama, o Buda, Jesus Cristo e Maomé) fundaram religiões mundiais capazes de atrair centenas de milhões de adeptos e perdurar por séculos. Houve e ainda há incontáveis teóricos políticos seculares: nenhum se igualou a Karl Marx em inspirar não apenas centenas de milhões de fiéis, mas também vários partidos políticos, revoluções e Estados, incluindo dois dos maiores da história, a União Soviética e a República Popular da China. Da mesma forma, houve muitos períodos de mudança tecnológica na história humana. Apenas uma, inicialmente concentrada na fabricação de têxteis e ferro e na aplicação de energia a vapor, constituiu uma revolução industrial. Aqueles que estão mais afastados parecem mais dragões-reis que cisnes negros. No entanto, está longe de ser claro o quanto, na prática, são previsíveis.

Se tantos fenômenos naturais e artificiais têm lei de potência ou distribuições de Poisson, como a história pode ser cíclica? Se há tanta aleatoriedade no mundo, como pode a tragédia ser outra coisa senão a racionalização da má sorte que atingiu Tebas com a peste durante o reinado de Édipo como rei? Como observou o mago ateu Penn Jillette, "Sorte são as estatísticas levadas para o lado pessoal".

BORBOLETA DE LORENZ

Edward Lorenz, o pioneiro da teoria do caos, sugeriu que o bater das asas de uma borboleta no Brasil poderia causar um tornado no Texas. Ele afirmava que mesmo uma pequena perturbação pode ter efeitos enormes em um sistema complexo governado por relações não lineares. Lorenz descobriu o efeito borboleta em 1961, quando fazia experiências no Instituto de Tecnologia de Massachusetts com um modelo de computador que ele havia projetado para simular padrões climáticos. (Matemático de formação, Lorenz tornou-se meteorologista durante a Segunda Guerra Mundial.) Estava repetindo uma simulação que fizera antes, mas havia arredondado uma variável de 0,506127 para 0,506. Para seu espanto, essa pequena mudança transformou drasticamente o clima simulado pelo computador.

Quase ninguém leu o artigo pioneiro de Lorenz sobre o assunto quando foi publicado no *Journal of the Atmospheric Sciences* como "Deterministic Nonperiodic Flow ["Fluxo não periódico determinístico"]".[16] Apenas quase dez anos depois ele traduziu sua visão para a linguagem leiga em uma palestra com o título "Predictability: Does the Flap of a Butterfly's Wings in Brazil Set Off a Tornado in Texas?" ["Previsibilidade: o bater de asas de uma borboleta no Brasil cria um tornado no Texas?"]. "Duas situações climáticas específicas", afirmava ele, "diferindo por tão pouco quanto a influência imediata de uma única borboleta, geralmente, após um tempo suficiente, evoluem para duas situações que diferem tanto quanto a presença de um tornado". Em sua palestra de 1972, no entanto, Lorenz acrescentou uma advertência importante: "Se o bater das asas de uma borboleta pode ser a causa da geração de um tornado, pode igualmente ser útil na prevenção de um tornado".[17] Na opinião de Lorenz, era isso que tornava a previsão do tempo de longo prazo tão difícil.

A mesma situação aplica-se ainda mais às previsões econômicas. Em 1966, o economista vencedor do Prêmio Nobel Paul Samuelson – como Lorenz, um professor do MIT – brincou que as quedas nos preços das ações dos Estados Unidos haviam previsto corretamente "nove das últimas cinco recessões". Os analistas econômicos estão, na realidade, muito piores em seu trabalho que os meteorologistas. De 469 crises nas economias nacionais entre 1988 e 2019, o Fundo Monetário Internacional previu apenas quatro na primavera do ano anterior ao seu início.[18] Quanto à grande crise financeira de 2008-2009, apenas um punhado de economistas previu isso com alguma precisão real. A maioria, como Sua Majestade, a rainha apontou, não "previu".

O problema é que tanto o clima quanto a economia são sistemas complexos – e, no caso da economia, o sistema tem se tornado cada vez mais complexo desde a Revolução Industrial. Um sistema complexo é feito de um grande número de componentes em interação, organizados de forma assimétrica, e opera em algum lugar entre a ordem e a desordem – "à beira do caos", na frase do cientista da computação Christopher Langton.[19] O sistema pode muito bem operar por um período extenso, aparentemente em equilíbrio, mas na verdade se adaptando o tempo todo. No entanto, pode chegar um momento em que o sistema atinge um "estado crítico auto-organizado". Um gatilho muito pequeno (a borboleta que bate suas asas ou o famoso último grão de areia que causa o colapso de toda a pilha) pode desencadear uma "transição de fase" de um estado para outro.

Não muito depois de algumas grandes transições de fase, os historiadores entram em cena, porque tendem a ser atraídos por eventos que habitam as caudas da distribuição de probabilidade. Infelizmente, esses historiadores geralmente não ajudam em nada. Compreendendo a complexidade erroneamente, explicam a enorme calamidade em termos de causas de longo prazo, muitas vezes remontando a décadas atrás. Uma grande guerra mundial irrompeu no verão de 1914, para espanto declarado da maioria dos contemporâneos. Em pouco tempo, os historiadores criaram um enredo compatível com o desastre, envolvendo alemães sedentos por poder e a marinha que eles começaram a construir em 1897, o declínio do poder otomano nos Bálcãs remontando à década de 1870 e um tratado que governa a neutralidade da Bélgica, assinado em 1839. Isso é o que Nassim Taleb corretamente condenou como a "falácia narrativa" – a construção de histórias psicologicamente satisfatórias com base no princípio de *post hoc, ergo propter hoc*.[20] Contar essas histórias é um hábito antigo muito difícil de romper. Versões recentes da falácia retrospectiva remontam os ataques terroristas de 11 de Setembro à execução de Sayyid Qutb, o escritor islâmico que inspirou a Irmandade Muçulmana, em 1966;[21] ou atribuem a crise financeira de 2008 a medidas de desregulamentação financeira que datam do fim dos anos 1970.[22]

Na realidade, os gatilhos imediatos de uma crise costumam ser suficientes para explicar a súbita transição de fase. Para entender o porquê, precisamos reconhecer que a maioria dos fenômenos da "cauda gorda" que os historiadores gostam de estudar são essencialmente perturbações e, às vezes, colapsos completos de sistemas complexos. Complexidade é um termo agora amplamente usado por cientistas naturais e também por cientistas da computação para dar sentido a uma ampla gama de sistemas diferentes, como o comportamento espontaneamente organizado de meio milhão de formigas ou cupins, que lhes permite construir colinas e ninhos complexos; a produção da inteligência humana a partir da interação de cem bilhões de neurônios no "tear encantado"[1*] do sistema nervoso central; a ação dos anticorpos no sistema imunológico humano para combater bactérias e vírus estranhos; a "geometria fractal" por meio da qual moléculas de água simples formam flocos de neve intrincados, com uma miríade de variantes de simetria sêxtupla, ou células vegetais formam folhas de samambaia; e a elaborada ordem biológica que une várias espécies de flora e fauna dentro de uma floresta tropical.[23]

Há todos os motivos para pensar que as economias, sociedades e políticas criadas pelo homem compartilham muitas das características de sistemas adaptativos complexos. Na verdade, economistas como W. Brian Arthur têm argumentado ao longo dessas linhas por mais de vinte anos, indo além da ideia

---

1 * O tear encantado é uma famosa metáfora para o cérebro humano inventada pelo neurocientista pioneiro Charles S. Sherrington em uma passagem de seu livro de 1942, *Man on His Nature*, na qual ele descreve poeticamente sua concepção do que acontece no córtex cerebral durante a agitação do sono. (N. T.)

sagrada de Adam Smith de que uma "Mão Invisível" fazia com que os mercados funcionassem por meio da interação de indivíduos que maximizam o lucro, ou a posterior crítica do planejamento econômico e da gestão da demanda.[24] Para Arthur, uma economia complexa é caracterizada pela interação dispersa de múltiplos agentes, falta de controle central, múltiplos níveis de organização, adaptação contínua, criação incessante de novos nichos e ausência de equilíbrio geral. Nessa versão da economia, o Vale do Silício é um sistema adaptativo complexo. A própria internet também.

Pesquisadores do Instituto Santa Fé têm trabalhado por muitos anos para ver como esses *insights* podem ser aplicados a outros aspectos da atividade humana coletiva.[25] Esse esforço pode lembrar o esforço do sr. Casaubon no *Middlemarch* de George Eliot para encontrar "a chave para todas as mitologias",[26] mas a tentativa vale a pena. Considere os seguintes recursos que são característicos de sistemas complexos:

"Uma pequena entrada pode produzir grandes... mudanças – um efeito de amplificador."[27]

Com frequência, as relações causais são não lineares (embora nem sempre), de modo que são de pouca utilidade os métodos convencionais de generalização de observações para a teoria sobre seu comportamento, como análise de tendências e amostragem. Na realidade, alguns teóricos da complexidade chegariam ao ponto de dizer que os sistemas complexos são totalmente não determinísticos.

Quando sistemas complexos sofrem interrupção, a escala da interrupção é, portanto, quase impossível de se prever.

O que tudo isso significa é que um choque relativamente pequeno pode causar uma interrupção desproporcional – e às vezes fatal – em um sistema complexo. Como Taleb argumentou, a economia global em 2007 parecia uma rede de eletricidade superotimizada.[28] O aumento relativamente pequeno representado por inadimplências em hipotecas *subprime* nos Estados Unidos foi suficiente para causar o equivalente financeiro de um apagão na economia mundial inteira.[29] Culpar a desregulamentação financeira de Ronald Reagan por tal quebra é tão esclarecedor quanto culpar os planos navais do almirante Von Tirpitz pela Primeira Guerra Mundial.

EVENTOS QUE AGITAM A TERRA

A história, concebida de maneira ampla, é a interação da complexidade natural com a produzida pelo homem. Seria muito notável se esse processo resultasse em padrões previsíveis. Mesmo um edifício relativamente simples feito pelo homem, como uma ponte, pode falhar "devido à deterioração do tabuleiro da ponte, corrosão ou fadiga de elementos estruturais ou uma carga externa, como água da enchente. Nenhum desses modos de falha é independente dos outros em probabilidade ou consequência".[30] Se é difícil para um engenheiro prever quando a situação de uma ponte pode "ficar crítica", então, o quanto é mais difícil prever o colapso de uma grande estrutura política?[31] O máximo que se pode dizer é que, atualmente, os historiadores estão tentando relacionar de forma mais sistemática a evolução das estruturas políticas aos fenômenos naturais, como perturbações geológicas ou climáticas e pandemias.[32] Quanto mais esse trabalho é feito, no entanto, mais percebemos o quanto é diversa e errática a incidência de desastres. Também começamos a discernir o quanto é artificial a distinção entre desastres naturais e desastres causados pelo homem. Pois há uma interação constante entre as sociedades humanas e a natureza, de modo que mesmo um choque endógeno, como um grande terremoto, apenas destrói a vida e a saúde humanas na proporção da proximidade de grandes conurbações da linha de falha em movimento.

A história dos desastres é a de um zoológico mal administrado cheio de rinocerontes cinza, cisnes negros e dragões-reis – bem como muitos eventos infelizes, mas sem consequências, e uma infinidade de eventos inesperados. A humanidade tem sorte, pois a Terra não foi atingida por nenhum grande objeto extraterrestre durante nosso tempo de predominância planetária. A cratera Vredefort, no Estado Livre da África do Sul, foi criada há cerca de 2 bilhões de anos e tem um diâmetro estimado de 305 km. A Bacia de Sudbury, em Ontário, data de 1,8 bilhão de anos e tem um diâmetro estimado de 130 km. A cratera Acraman, no sul da Austrália, foi criada há 580 milhões de anos e tem cerca de 19 km de diâmetro. Finalmente, a cratera Chicxulub, na Península de Yucatán, tem mais de 66 milhões de anos e 149 km de diâmetro. Cada uma delas testemunha um desastre devastador que, por um período prolongado, prejudicou gravemente a viabilidade da Terra como hábitat para a vida orgânica. Como a data estimada do impacto de Chicxulub coincide precisamente com o limite do Cretáceo-Paleógeno, parece provável que tenha sido a causa da extinção dos dinossauros. Nenhum asteroide comparável atingiu a Terra desde a ascensão do *Homo sapiens* – o que parece bom. O evento Ch'ingyang, de 1490, parece ter sido apenas uma chuva de meteoros excepcionalmente grandes. Um choque extraterrestre bem diferente – o evento Carrington, de 1859, uma "ejeção de massa coronal", ou tempestade solar geomagnética, que disparou 100 milhões de toneladas de partículas carregadas na magnetosfera da Terra – teve impacto mínimo, já que a eletrificação ainda estava em sua infância.[33] Desde o artigo seminal de John A. Eddy de 1976, a atividade solar excepcionalmente baixa também tem sido vista como a principal causa das temperaturas abaixo da média entre 1460 e 1550 (o "Mínimo de Spörer") e entre 1645 e 1715 (o "Mínimo de Maunder").[2*][34] Até agora, a humanidade foi levemente deixada de fora tanto pelo espaço sideral quanto por nosso próprio sistema solar. O asteroide Chicxulub tinha entre 11 e 80 quilômetros de diâmetro. Se um objeto semelhante tivesse atingido a Terra em qualquer momento nos últimos 300 mil anos, teria sido "um evento destruidor de espécies", e não apenas por causa do impacto inimaginável da explosão inicial. Os oceanos teriam sido acidificados, as ecologias da terra e do mar teriam entrado em colapso e o céu teria ficado preto, mergulhando qualquer remanescente da humanidade em um inverno cósmico prolongado.[35]

A Terra mostrou-se capaz de gerar seus próprios desastres geológicos. A "supererupção" vulcânica em Yellowstone, 630 mil anos atrás, cobriu metade do território continental dos Estados Unidos com cinzas. A erupção no que hoje é o Lago Toba, no norte de Sumatra, há 75 mil anos, fez com que as temperaturas da terra caíssem globalmente entre 5°C e 15°C e a superfície do oceano esfriasse em 2°C a 6°C, devido à enorme quantidade de cinzas e fuligem que foi lançada na atmosfera. Essa catástrofe pode até ter levado a raça humana à beira da extinção, reduzindo sua população total a apenas quatro mil indivíduos, com apenas quinhentas mulheres em idade reprodutiva.[36] Em 45 a.C. e novamente dois anos depois, o Monte Okmok do Alasca entrou em erupção. Ao analisar a tefra (cinza vulcânica) encontrada em seis núcleos de gelo ártico, pesquisadores do Desert Research Institute, em Reno, Nevada, e

---

2 * Os "Mínimos" têm o nome dos astrônomos britânicos Edward Walter Maunder e sua esposa, Annie, que foi o pioneiro no estudo das manchas solares, e do alemão Gustav Spörer, que identificou primeiro a baixa atividade do período após 1618.

do Centro Oeschger para Pesquisa de Mudanças Climáticas, da Universidade de Berna, estabeleceram uma relação causal entre as erupções de Okmok e um declínio nas temperaturas em todo o hemisfério norte naquela época. Os anos 43 e 42 a.C. foram o segundo e o oitavo anos mais frios registrados, e a década de 43 a 34 a.C. foi a quarta mais fria. As temperaturas em algumas regiões do Mediterrâneo chegaram a 7°C abaixo do normal durante os dois anos após a erupção. O clima na Europa também estava excepcionalmente úmido. Isso, os autores lançam a hipótese, "provavelmente resultou em safras fracassadas, fome e doenças, exacerbando a agitação social e contribuindo para realinhamentos políticos em toda a região do Mediterrâneo nesse momento crítico da civilização ocidental".[37] Certamente, fontes romanas contemporâneas testemunharam um período de clima anormalmente frio na Itália, na Grécia e no Egito. Até que ponto a safra fracassada resultante e a escassez de alimentos explicam o colapso da República Romana é outra questão. Júlio César já havia sido nomeado ditador vitalício em fevereiro de 44 a.C., bem antes da segunda maior erupção de Okmok.

Em qualquer caso, os romanos tinham um vulcão muito mais perto de casa com que se preocupar. O Monte Vesúvio, na costa da Baía de Nápoles, entrou em erupção em grande escala em 1780 a.C. (erupção do Avellino)[38] e novamente por volta de setecentos anos antes de sua erupção mais famosa, em 79 d.C., durante o reinado do imperador Tito. Os romanos já compreendiam em alguma medida os perigos dos terremotos, tendo testemunhado um grave na Campânia em 62 ou 63 d.C. No entanto, não sabiam que os tremores de terra sentidos perto do Vesúvio nos dias anteriores à erupção eram sinais de catástrofe. Ao escrever apenas alguns anos antes, Sêneca especulou que poderia haver uma conexão entre terremotos e o clima, mas não considerou a conexão com vulcões. "Já havia sido notado por muitos dias antes de um tremor da terra", escreveu Plínio, o Jovem, ao historiador Tácito, "o que não nos assustou muito, visto que se trata de uma ocorrência bastante comum na Campânia".[39] A erupção na manhã de 24 de agosto ejetou uma vasta nuvem em forma de árvore de pedras, cinzas e gases vulcânicos a uma altura de 33 km, lançando rocha derretida, pedra-pomes pulverizada e cinzas nas cidades de Pompeia, Herculano, Oplontis e Stabiae. Conforme a enorme nuvem desmoronou, criou uma onda piroclástica – uma explosão extremamente quente de gás e detritos que se espalhou lateralmente das encostas do vulcão. Estima-se que a energia térmica liberada foi 100 mil vezes maior que a das bombas atômicas lançadas sobre Hiroshima e Nagasaki em 1945.[40]

O relato da calamidade pela testemunha ocular de Plínio, o Jovem, ilustra como a erupção do Vesúvio foi desconcertante até para os romanos mais instruídos. O tio de Plínio, e seu homônimo, estava em Miseno, na extremidade noroeste da Baía de Nápoles, onde comandava uma frota naval.

> No dia 24 de agosto, por volta de 13 horas, minha mãe pediu que ele observasse uma nuvem que apareceu com tamanho e forma muito incomuns. Ele havia acabado de dar uma volta ao sol e, depois de se banhar em água fria e fazer um almoço leve, voltou aos livros: imediatamente se levantou e saiu para uma colina, de onde poderia ter uma visão melhor daquela aparição tão incomum.
>
> Uma nuvem... estava subindo, de cuja aparência não posso dar uma descrição mais exata do que a comparando com a de um pinheiro [de pedra], pois ela atingiu uma grande altura na forma de um tronco muito alto, que se espalhou no topo com algo que pareciam galhos...
>
> Para um homem com tanto conhecimento e pesquisa como meu tio, esse fenômeno parecia extraordinário e digno de uma análise mais aprofundada. Ele ordenou que uma embarcação leve fosse preparada...
>
> Apressando-se então para o lugar de onde outros fugiam com o maior terror, ele dirigiu seu curso direto ao ponto de perigo e, com muita calma e presença de espírito, foi capaz de obter e ditar suas observações sobre o movimento e todos os fenômenos daquela cena terrível. Estava agora tão perto da montanha que as cinzas, que ficavam mais grossas e quentes à medida que se aproximava, caíam nos navios, com pedras-pomes e pedaços pretos de rocha em chamas: eles também estavam em perigo, não só de encalhar pelo súbito recuo do mar, mas também de serem atingidos pelos vastos fragmentos que rolavam da montanha e obstruíam toda a costa.[41]

Por mais incrível que parecesse, o velho Plínio desembarcou para visitar seu amigo Pomponianus, jantou com ele e foi para a cama, mesmo quando a erupção continuou e a terra tremia ao redor deles. Despertado por seu amigo, Plínio procurou escapar, usando um travesseiro para se proteger da queda de pedra e cinzas, mas morreu por causa da fumaça tóxica (presumivelmente da onda piroclástica) antes que pudesse embarcar em seu navio. O jovem Plínio buscou conforto no "consolo miserável, embora poderoso, de que toda a humanidade estava envolvida na mesma calamidade, e que eu estava morrendo com o próprio mundo".[42] Embora no fim ele tenha sobrevivido, é, como veremos, uma reação comum: sentir, diante de um desastre natural, que se está diante do fim do mundo.

Pompeia e Herculano foram destruídas e nunca mais reconstruídas ou reassentadas. Dois milênios depois, o turista pode visitar suas ruínas e maravilhar-se, como eu fiz quando menino, com a rústica vitalidade da vida romana no primeiro século e o *páthos* de seu fim devastador naquele dia infernal de verão. Jamais esquecerei as agonias de morte perfeitamente preservadas das centenas de fugitivos que em vão buscaram refúgio nos *fornici* (casas de barcos) ao longo da praia de Herculano, que não ofereciam proteção alguma contra o calor de 500°C da onda piroclástica.[43] No entanto, as ramificações mais amplas da erupção do Vesúvio parecem ter sido mínimas. Depois de apenas uma pausa, a vida e o crescimento do Império Romano continuaram. E outros assentamentos perto do Vesúvio se recuperaram. Aqui está uma das peculiaridades mais estranhas da política do desastre: os humanos quase sempre voltam à cena, não importa o quanto tenha sido vasto o desastre. Nápoles cresceu e tornou-se uma das maiores cidades da Itália moderna, apesar de outra grande erupção em 1631 – menor que a de Plínio, mas grave o suficiente para matar entre três mil e seis mil pessoas.[44] Hoje, Nápoles é a terceira maior área metropolitana da Itália, com uma população de 3,7 milhões. Há um plano de evacuação para a eventualidade de outra erupção do Vesúvio, mas seria de pouca utilidade se algo na escala de 1780 a.C. ou 79 d.C. ocorresse novamente.[45]

Notavelmente, o Vesúvio não produziu a erupção mais destrutiva da era romana: foi a erupção do Hatepe do Monte Taupo, na Ilha do Norte da Nova Zelândia, por volta de 232. Erupções vulcânicas importantes, como Okmok, Taupo e Paektu (na China, fronteira da Coreia, cerca de 946), diferem da outra forma de desastre geológico, terremotos, por terem impactos globais no clima da Terra. O período de cerca de 1150 a 1300 foi pontuado por cinco grandes eventos vulcânicos, cada um dos quais injetou pelo menos 55 milhões de toneladas de aerossol de sulfato na estratosfera. A maior delas, a erupção do Monte Samalas, na ilha indonésia de Lombok, em 1257, produziu mais de 275 milhões de toneladas.⁴⁶ Os séculos XIV, XV e XVI foram muito mais calmos, com exceção da erupção do Kuwae, uma caldeira submarina entre as ilhas Epi e Tongoa, em Vanuatu, no fim de 1452 ou início de 1453. Os anos 1600 viram erupções maiores. As três maiores ocorreram em Huaynaputina, no Peru, em 1600, no Monte Komagatake, no Japão, em 1640, e no Monte Parker, nas Filipinas, em 1641. No entanto, foram superadas por Laki, na Islândia, em 1783-1784, e pela do Monte Tambora, na Indonésia, em 1815, cada uma das quais enchendo a estratosfera com cerca de 110 milhões de toneladas de aerossol de sulfato. Desde então, não tivemos de lidar com nada nessa escala. Nenhuma erupção vulcânica posterior no mundo – nem mesmo a do Krakatoa em 26-27 de agosto de 1883, embora tenha sido alta o suficiente para ser ouvida na Austrália Ocidental⁴⁷ – chegou a ter um quarto do tamanho.

O número de mortos é mais ou menos desconhecido nas erupções anteriores a 1800. As autoridades coloniais holandesas estimaram que mais de 71 mil pessoas foram mortas pelo Tambora e 36.600 pelo Krakatoa. As estimativas modernas do número de mortos em Krakatoa, no entanto, chegam a 120 mil,⁴⁸ levando em consideração as numerosas comunidades ao longo do estreito de Sunda que foram dizimadas pelo *tsunami* que a erupção causou.⁴⁹ A erupção do Laki matou entre um quinto e um quarto da população da Islândia e proporções ainda maiores do gado. Mas poucas pessoas já moravam na Islândia. A Ásia – e particularmente a Indonésia – é onde os vulcões matam humanos em maior número. Nos últimos dez mil anos, estima-se, a Indonésia foi responsável por apenas 17% de todas as erupções vulcânicas, mas 33% delas são conhecidas por terem causado a morte de humanos.⁵⁰ Uma espécie mais avessa ao risco simplesmente não teria se estabelecido ali.

No entanto, as erupções vulcânicas fazem mais do que matar as pessoas próximas a elas. Todas também tiveram consequências climáticas significativas e, portanto, consequências agrícolas e nutricionais. Suíça, Estônia, Letônia e Suécia vivenciaram temperaturas muito baixas durante o inverno de 1601-1602 – o gelo permaneceu no porto de Riga por muito mais tempo que o normal –, enquanto, acredita-se que, na Rússia, mais de meio milhão de pessoas tenham morrido de fome em 1601-1603.⁵¹ Nos anos que se seguiram às erupções de Komagatake e Parker, Japão, China e Coreia viram verões frios, secas, colheitas ruins e fome. Secas foram registradas na Ucrânia, Rússia, Java, partes da Índia, Vietnã, ilhas gregas e Egito. A França e a Inglaterra passaram por uma série de verões frios e úmidos. As cinco piores fomes que atingiram o Japão durante o período Tokugawa – em 1638-1643, 1731-1733, 1755-1756, 1783-1788 e 1832-1838 – coincidiram com períodos de significativa atividade vulcânica.[52] Após a erupção do Laki, Benjamin Franklin, confuso, comentou sobre a presença de uma "névoa constante" sobre a Europa e partes da América do Norte. Na Grã-Bretanha, o verão de 1783 foi excepcionalmente quente por causa do acúmulo de cinzas na atmosfera, mas então veio um inverno excepcionalmente severo, causado pela alta concentração de dióxido de enxofre, que absorve calor na atmosfera. Os registros paroquiais na Inglaterra e na França indicam mortalidade excessiva significativa devido a problemas respiratórios atribuíveis às emissões do Laki. O inverno de 1783-1784 também foi excepcionalmente rigoroso na América do Norte: o Mississippi congelou em Nova Orleans.[53] Houve um padrão semelhante de frio excepcional na esteira da erupção de Tambora da Velha Inglaterra à Nova Inglaterra, com safras ruins associadas.[54] O Krakatoa não apenas reduziu as temperaturas do hemisfério norte em cerca de 0,4°C;[55] também produziu espetaculares pores do sol em todo o mundo durante muitos meses.[56] (Acredita-se que figura no fundo do quadro de Edvard Munch, *O grito*.)

Os historiadores costumavam agrupar todas as evidências de temperaturas abaixo da média de cerca de 1500 a 1800 como evidências de uma "Pequena Idade do Gelo". Um grupo de pesquisadores recentemente avançou com a afirmação ousada de que "o declínio da concentração de CO_2 atmosférico global de 7-10 ppm no fim dos anos 1500 e início dos anos 1600, que reduziu globalmente as temperaturas do ar na superfície em 0,15°C [foi]... o resultado do despovoamento em grande escala das Américas após a chegada da Europa [e] subsequente mudança no uso da terra", em particular a reversão de terras anteriormente cultivadas em floresta natural.[57] Olhando mais de perto, no entanto, a Pequena Idade do Gelo – quaisquer que sejam suas causas – parece desaparecer de vista. Houve períodos após 1600 em que as temperaturas europeias eram mais altas do que a média de longo prazo. Algumas regiões da Europa eram menos frias e úmidas do que outras (não houve muito da Pequena Idade do Gelo na Grécia, por exemplo). As maiores anomalias negativas (temperaturas menores que 0,8°C abaixo da média) ocorreram no noroeste da Ásia Central no início do século XVII, uma região ignorada pela maioria dos historiadores ocidentais.[58] Um estudo recente não encontrou evidências de uma mudança na distribuição das temperaturas do verão nos Países Baixos entre os séculos XIV e XX. Se tivesse havido uma Pequena Idade do Gelo, certamente teria se manifestado em safras reduzidas e população estagnada, ao passo que nenhuma dessas tendências é evidente: de fato, em 1820, a população da Europa era quase duas vezes e meia a que era em 1500. Os historiadores ingleses ficaram por muitos anos fascinados pelas pinturas do Tâmisa congelado, que pareciam testemunhar a existência de uma Pequena Idade do Gelo. Isso, no entanto, resultou da maneira como os largos pilares da Velha Ponte de Londres agiam como uma represa, criando uma piscina de água parada que estava sujeita a congelar. Entre 1660 e 1815, isso aconteceu uma dúzia de vezes – a uma espessura que permitiu a realização de feiras no gelo em 1683-1684, 1716, 1739-1740, 1789 e 1814. Ela cessou depois que a ponte foi substituída, em 1831.[59]

Mas podemos também atribuir grandes convulsões sociais e políticas a essas rupturas geológicas? Várias foram sugeridas: a queda de Constantinopla, em 1453, a época das turbulências da Rússia após a morte do czar Boris Godunov, em 1605, a colonização inglesa da América do Norte,[60] e a eclosão da Revolução Francesa,[61] para não mencionar o surgimento de uma nova cepa mortal de cólera, *Vibrio cholerae*, em Bengala, em 1817.[62] Alguns chegaram ao ponto de vincular a mudança climática gerada por origem vulcânica à ascensão do socialismo e do nacionalismo. No entanto, como aconteceu com a parte do vulcão do Alasca na queda da República Romana, parece um erro dar à geologia muito crédito pela história. Muito mais estava em ação em cada um desses casos, além do frio e das colheitas ruins. Em vez disso, devemos nos contentar em observar dois pontos. Primeiro, não há nada remotamente cíclico nos movimentos das placas tectônicas da Terra. Segundo, apesar do nosso conhecimento científico superior, um evento muito grande do tipo Monte Tambora nos surpreenderia quase tanto quanto o Vesúvio surpreendeu os romanos, e pela mesma razão: já se passou muito tempo desde uma erupção vulcânica realmente grande. É precisamente a periodicidade errática do desastre geológico – os longos, mas variáveis interlúdios – que explica a propensão humana de se reinstalar em áreas vulcânicas.

VIDA E MORTE NAS LINHAS DE FALHA

Terremotos raramente podem competir com vulcões como eventos históricos mundiais: seu alcance geográfico é geralmente mais curto, mesmo quando geram *tsunamis*. Assim como as erupções vulcânicas, os terremotos seguem uma lei de potência, tornando extremamente difícil prever seu tempo e magnitude. Tudo de que podemos ter certeza é sua provável ocorrência ao longo das bordas das placas tectônicas da Terra. É uma terrível incerteza com que se viver – ou seria, se pensássemos muito sobre isso. A diferença é imensa entre uma magnitude de momento[3*] de um terremoto de 6,3, como o que atingiu Christchurch, na Nova Zelândia, em fevereiro de 2011, e um de magnitude 9,0, como o terremoto de Tohoku, na costa do Japão no mês seguinte. Em relação ao tremor que causou, Tohoku era mais de quinhentas vezes maior. Em relação à energia que liberou, onze mil vezes maior.[63]

Provavelmente o terremoto mais mortal da história foi o que atingiu o vale do rio Wei, na província chinesa de Shaanxi, em janeiro de 1556. Embora tenha sido de magnitude 7,9-8,0, ele afetou uma região densamente povoada, destruindo totalmente as cidades de Huaxian, Weinan e Huayin. As pessoas que viviam nas cavernas artificiais esculpidas em penhascos na área do Planalto Loess eram especialmente vulneráveis. O número de mortos foi estimado em mais de 800 mil. Desastres comparáveis na história chinesa mais recente foram o terremoto Haiyuan, de 1920 (magnitude 7,8), que matou pelo menos 200 mil pessoas, e o terremoto Tangshan, de 1976 (magnitude 7,6), que matou cerca de 242 mil, expondo a má qualidade dos edifícios na cidade como também o absurdo das afirmações anteriores do Partido Comunista de que poderia prever terremotos. (Em comparação, o número de mortos no terremoto de São Francisco de 1906 foi de no máximo três mil, e a maior parte da destruição foi, na verdade, o resultado do incêndio – parte dele iniciado deliberadamente para fins de seguro – e não do próprio terremoto.) Houve terremotos muito maiores na história moderna, mas a maioria ocorreu em regiões pouco povoadas. O terremoto de 1952 próximo de Kamchatka, Rússia, o terremoto de 1960 que atingiu Valdivia, Chile, e o terremoto da Sexta-feira Santa de 1964 em Prince William Sound, Alasca, foram todos de magnitude 9 ou superior, mas estavam longe dos principais centros populacionais.[64] Os terremotos asiáticos tendem a

---

3 * A magnitude de momento é hoje a medida preferida do tamanho do terremoto e, dentro do possível, é a medida de magnitude usada aqui. Ela difere da escala Richter mais antiga e mais conhecida de magnitude local. O momento é proporcional ao deslizamento na falha multiplicado pela área da superfície da falha que desliza. É a melhor medida para terremotos muito grandes.

ser os mais desastrosos, não porque seu tamanho seja excepcional, mas porque as populações próximas às falhas geográficas asiáticas tendem a ser maiores.

O mundo mediterrâneo também sofreu terremotos desastrosos. Em 526 e novamente em 528, a principal cidade romana de Antióquia (hoje Antakya, no sul da Turquia) foi devastada por terremotos e *tsunamis* de magnitude 7.[65] O cronista João de Éfeso registrou que o desastre aconteceu logo depois do meio-dia: o muro da cidade, suas igrejas e a maioria dos outros edifícios foram destruídos.[66] O número de pessoas mortas foi estimado em 250 mil a 300 mil[67] – a cidade estava extraordinariamente lotada por causa do fluxo de peregrinos para celebrar o Dia da Ascensão.[68] O terremoto foi apenas um dos vários desastres que se abateram sobre Antióquia entre 500 e 611, incluindo a peste de Justiniano, sugerindo uma notável resiliência por parte dos habitantes – talvez até antifragilidade.[69] Provas de resiliência, se não antifragilidade, também vêm do sul da Itália. Entre 5 e 30 de dezembro de 1456, a cidade de Nápoles – na verdade, todo o sul e centro da Itália[70] – foi sacudida pelo maior terremoto da história da Itália continental (magnitude 6,9-7,3), superado apenas pelo terremoto de janeiro de 1693 na Sicília (7,4).[71] A mesma falha produziu terremotos menores em 1688 e em 2013.[72] O maior terremoto italiano dos tempos modernos (magnitude 6,7-7,2) atingiu Messina em 28 de dezembro de 1908, um de uma sucessão que ocorreria ao longo do chamado Arco da Calábria (os outros foram em 1638, 1693, 1783 e 1905).[73] Cerca de 90% dos edifícios da cidade foram destruídos, em parte pelo tremor, em parte pelo *tsunami* de 12 metros que se seguiu e em parte pelo fogo, deixando de 60 a 80 mil pessoas mortas.[74] No entanto, apesar de apelidada de "Cidade da Morte" e "Cidade sem Memória",[75] Messina tem hoje cerca de 230 mil habitantes. As pessoas voltaram.[76] As pessoas quase sempre voltam.

Entre os maiores terremotos da história europeia, vale a pena estudar o que atingiu Lisboa em 1º de novembro de 1755, até porque fascinou muito os contemporâneos. O terremoto de 1755 não foi o primeiro a atingir a capital portuguesa – houve outros em 1321 e 1531 –, mas foi o maior. Os sismólogos estimam hoje que o terremoto de 1755 teve uma magnitude de 8,4. Seu epicentro foi no Oceano Atlântico, cerca de 193 km a oeste-sudoeste do Cabo de São Vicente. De acordo com relatos da época, o terremoto durou entre três minutos e meio e seis minutos, abrindo fissuras de cinco metros de largura no centro da cidade e derrubando a maioria dos edifícios. Cerca de quarenta minutos depois, um *tsunami* atingiu a cidade, varrendo o rio Tejo, seguido de perto por mais duas enormes ondas. Velas acesas para o Dia de Todos os Santos foram derrubadas, causando um devastador incêndio. A melhor estimativa é que foram mortas entre 20 e 30 mil pessoas apenas em Lisboa, mais 1.500 a 3 mil pessoas em outras partes de Portugal e mais de 10 mil na Espanha e no Marrocos, num total de (incluindo mortes em lugares mais distantes) 35 a 45 mil. Antes do terremoto, Lisboa ostentava 75 conventos e mosteiros e 40 igrejas. No total, 86% desses edifícios foram destruídos. Das 33 mil casas de Lisboa, cerca de 13 mil foram derrubadas, outras 10 mil sofreram danos substanciais. A Casa dos Contos – tesouro do Estado português – foi destruída, assim como os arquivos reais. O custo imediato foi entre 32% e 48% do produto interno bruto de Portugal.[77]

Os choques do terremoto foram sentidos em lugares distantes, como na Finlândia e no Norte da África, e até mesmo na Groenlândia e no Caribe. Os *tsunamis* varreram a costa do Norte da África e atingiram a Martinica e Barbados, do outro lado do Atlântico. No entanto, ao contrário das partículas liberadas por um vulcão, as ondas de choque liberadas por um terremoto têm vida curta. O significado histórico do terremoto de 1755 reside principalmente em suas consequências políticas para Portugal. Já uma potência imperial em declínio em relação aos impérios holandês, britânico e francês, Portugal foi ainda mais atrasado pelos prejuízos do desastre. O rei, José I, desenvolveu uma fobia a todos os edifícios, transferindo sua corte para um complexo de tendas e pavilhões na serra da Ajuda, então nos arredores de Lisboa. Porém, seu primeiro-ministro, Sebastião José de Carvalho e Melo, Primeiro Marquês de Pombal, aproveitou a oportunidade que a crise apresentava: "Enterrem os mortos e curem os vivos", declarou. Ele poderia ter acrescentado: "e centralizem o poder em minhas mãos". Pombal não se contentou em eliminar os cadáveres, remover escombros, distribuir alimentos, estabelecer hospitais provisórios para os feridos e evitar saques. Impôs controles de preços para combater os efeitos da escassez, cobrou uma tarifa de 4% sobre todas as importações, em um esforço mercantilista para melhorar a balança comercial, perseguiu jesuítas e reduziu a influência política da Igreja e procurou reconstruir a cidade com estruturas que seriam mais resistentes no caso de um futuro terremoto.[78] A cidade que o visitante hoje vê ainda é, em grande medida, a Lisboa pombalina. O desastre foi sua oportunidade.

Os terremotos frequentemente provocam reconstruções políticas e arquitetônicas. Esse também foi o caso no Japão da era Meiji, depois que um grande terremoto atingiu Osaka e Tóquio em 28 de outubro de 1891. Embora muitas estruturas tradicionais japonesas tenham sobrevivido – incluindo pagodes de madeira e a fortaleza do século XVII do Castelo de Nagoya –, novas pontes ferroviárias e fábricas de tijolos entraram em colapso, questionando a adequação da tecnologia e engenharia ocidentais em uma época em que o governo se comprometia de todo o coração em refazer o Japão com base nos modelos europeus e americanos. Os escritores nacionalistas não perderam tempo em condenar os ferimentos causados pelos tijolos em queda. Em um terremoto, "uma construção em estilo japonês machuca as pessoas ao quebrar ossos ou braços", escreveu um conservador cultural. "Mas os prédios de tijolos causam danos maiores ao corpo porque os tijolos caem e cortam as pessoas, e a argamassa penetra profundamente nos cortes. A argamassa não pode ser retirada, então o corte infecciona. Pessoas não podem ser salvas."[79] Esses argumentos não impediram o programa de modernização Meiji. No entanto, o desastre levou à criação do Comitê Imperial de Investigação de Terremotos (IEIC), que rapidamente se estabeleceu como o principal centro mundial de pesquisa sismológica, à frente dos modelos japoneses ocidentais. Nada poderia ilustrar melhor a extrema dificuldade de prever terremotos do que a história posterior da sismologia japonesa.

O nome completo em japonês do IEIC se traduz como "Conselho de Investigação para Prevenção de Desastres Sísmicos". Como um terremoto não pode ser evitado, a função do conselho era, portanto, fazer previsões. Omori Fusakichi acreditava que poderia prever onde o próximo terremoto provavelmente ocorreria ao longo de uma falha conhecida mapeando, primeiramente, os locais de todos os terremotos anteriores ao longo dessa linha. As lacunas deixadas no mapa – as áreas que estiveram sismicamente silenciosas por mais tempo – provavelmente serão as próximas seções da falha a serem alteradas. No entanto, Omori estava cético quando um sismólogo júnior, Atkisune Imamura, usou essa "teoria do intervalo" para prever que a Baía de Sagami, a sudoeste de Tóquio, seria o epicentro mais provável do próximo grande terremoto. Imamura foi reconhecido em 1º de setembro de 1923, quando o grande terremoto de Kantō, de magnitude 7,9, destruiu Tóquio e Yokohama, pois se originou precisamente na lacuna que o sismólogo havia localizado quase vinte anos antes. O IEIC foi devidamente substituído por um novo Instituto de Pesquisa do Terremoto, sob a direção de um arquiteto naval da Mitsubishi.[80] No entanto, a nova instituição não teve mais sucesso em prever grandes terremotos. Imamura agora começou a procurar falhas na Fossa de Nankai, a falha geológica submarina que vai de Kyushu ao centro de Honshu. Em 1944, um grande terremoto e um *tsunami* no centro da falha o convenceram de que um segundo evento semelhante ocorreria em uma lacuna no extremo sul, em frente a Shikoku, o que de fato aconteceu em 1946. Isso deixou apenas a "falha de Tokai", que Imamura insistiu que seria o local do próximo grande terremoto. Ainda não aconteceu. Em contraste, o terremoto que atingiu Kobe em 1995 – o grande terremoto de Hanshin, que mediu 6,9 na escala de magnitude do momento e matou entre 5.500 e 6.500 pessoas – não foi previsto por nenhum sismólogo importante. Na verdade, as autoridades deram a esse terremoto uma probabilidade de 1% a 8%, em comparação com mais de 80% para um terremoto de Tokai.[81]

Repetindo, um terremoto é mais mortal quando seu epicentro fica próximo a centros populacionais. No entanto, o advento da energia nuclear após a Segunda Guerra Mundial criou um tipo de risco. Na esteira do terremoto de Kobe, o sismólogo Katsuhiko Ishibashi cunhou o termo *gempatsushinsai* ("desastre de terremoto nuclear") para descrever o cenário de pesadelo de um terremoto e *tsunami* atingindo uma usina nuclear. Como defensor de longa data da teoria da falha de Tokai, Ishibashi se preocupava com a usina nuclear de Hamaoka, na província de Shizuoka. Contudo, seu artigo de 2007, "Por que se preocupar?", parecia visionário quatro anos depois. Um "terremoto significativo", argumentou ele, "poderia tirar a energia externa dos reatores [e] um *tsunami* poderia ultrapassar os quebra-mares, inundar os EDGs (geradores de emergência a diesel), desativar o resfriamento dos reatores e causar derretimentos".[82] A Tokyo Electric Power Company (TEPCO) rejeitou os avisos de Yukinobu Okamura de que sua planta em Fukushima também poderia ser vulnerável a tal *tsunami*.

A empresa usou como referência um pequeno terremoto ocorrido em 1938. Okamura pediu que olhassem para trás, para o ano de 869 e um grande terremoto conhecido como Jogan Jishin, que ele acreditava ter enviado um *tsunami* de 4 km para o interior, até a cidade de Sendai. Okamura e sua equipe estimaram que um terremos com magnitude de 8,4 desencadearia ondas de mais de 6 metros de altura – o suficiente para romper o quebra-mar de Fukushima

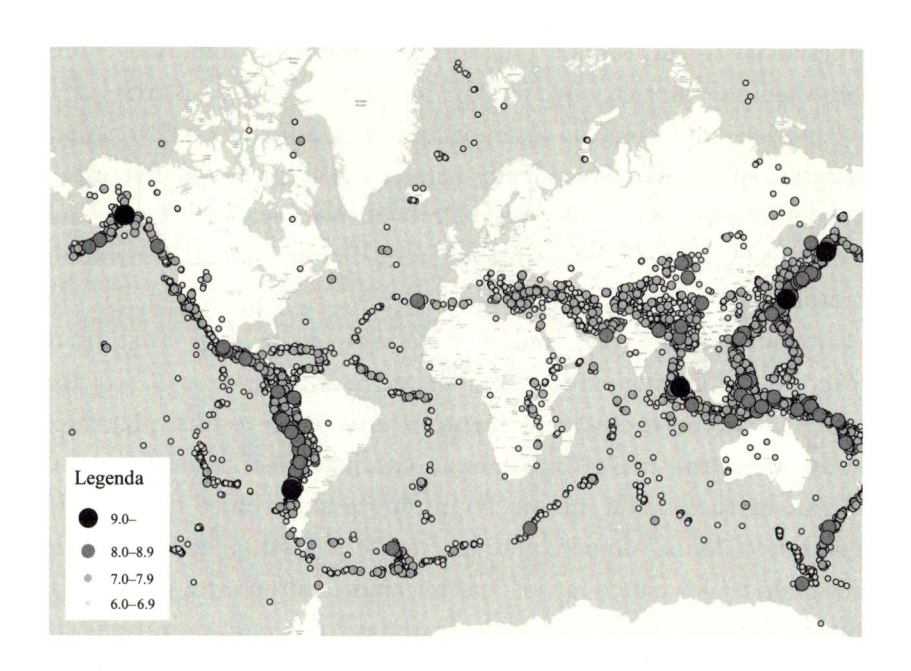

Locais e magnitudes do terremoto, 1900-2017.

com seus 5,80 metros.[83] A TEPCO rejeitou esses avisos – apesar do fato de que outras usinas de energia (notadamente a usina nuclear Onagawa) tinham defesas marítimas muito mais altas – com o argumento de que aumentar a altura do quebra-mar só preocuparia os residentes. O governo e os reguladores concordaram essencialmente com isso.

A relativa complacência das autoridades japonesas é ainda mais surpreendente à luz do que aconteceu em 26 de dezembro de 2004, quando um grande e prolongado terremoto submarino de magnitude 9,1 a 9,3 ocorreu a 160 quilômetros da costa oeste do norte de Sumatra. Estima-se que 1.600 quilômetros de superfície de falha escorregaram cerca de 15 metros ao longo da zona de subducção, onde a placa indiana desliza sob a placa da Birmânia. Esse evento foi seguido por um grande tremor com magnitude 7,1 e vários tremores menores de até 6,6 de magnitude. O terremoto inicial deslocou cerca de 7,2 milhas cúbicas de água, criando *tsunamis* devastadores que se irradiaram para fora – para o leste e para o oeste – ao longo de toda a extensão do deslizamento. Essas ondas, que chegaram a alturas de 24 a 30 metros ao atingirem a terra, mataram cerca de 227.898 pessoas em 14 países, incluindo

Indonésia, Sri Lanka, Índia e Tailândia. A cidade de Banda Aceh sofreu o maior número de mortes, cerca de 167 mil, grande parte delas crianças. Mas houve mortes em lugares tão distantes quanto a Somália e a África do Sul. O desastre expôs a má qualidade dos sistemas de alerta de *tsunami*, especialmente na Indonésia e na Tailândia.[84] Nesta última, o papel de Cassandra foi desempenhado por Samith Dhamasaroj, o ex-diretor geral do Departamento Meteorológico da Tailândia.[85]

Seis anos depois, às 14h46 do dia 11 de março de 2011, um terremoto de magnitude 9,0 atingiu 128 km a leste de Sendai, cerca de 28 km abaixo da superfície do oceano. O movimento relativo entre as duas placas foi de cerca de 80 metros, mas a característica crucial do terremoto foi que uma seção inteira da zona de subducção mudou em um bloco maciço. "Uma área do fundo do mar do tamanho de Connecticut saltou de 5 a 9 metros... empurrando a água para o Japão."[86] O terremoto durou cerca de três a cinco minutos, impulsionando uma série de ondas *tsunami* das profundezas do Oceano Pacífico. Enormes paredes de água se formaram conforme as ondas se aproximavam da terra, varrendo até quase 10 km para o interior e esmagando tudo em seu caminho. Mais de 19 mil pessoas foram mortas, afogadas ou esmagadas até a morte.[87] Ryo Kanouya, com 21 anos, foi instruído a voltar para casa em sua aldeia perto da costa em Fukushima para ajudar os residentes idosos de lá. Disseram-lhes que esperassem uma onda de três metros. Ele e seu pai acabaram sendo varridos de sua casa:

> Fui drenado de minha casa para a sopa de água do mar, carros, casas e tudo o que o *tsunami* carregou. Para minha surpresa, consegui chegar à superfície. Meu pai e eu nos reconhecemos, [mas] vi quando ele foi levado para a encosta da montanha. Eu fui carregado para o oceano...
> Felizmente, uma gaveta para roupas veio flutuando em minha direção, e subi nela. Senti-me aliviado. Mas percebi que a incrível corrente estava me puxando rapidamente em direção ao oceano em alta velocidade. Quando estava pensando no que fazer a seguir, encontrei uma pilha de destroços em uma enorme árvore à minha frente. Segurei com todas as minhas forças restantes enquanto observava as pessoas sendo arrastadas ao meu redor.

Ryo foi capaz de se agarrar à árvore até que o nível da água descesse e finalmente conseguiu voltar à terra firme. Escondido ao lado de uma grande pedra, quase perdeu a vontade de continuar se movendo, mas a visão de um helicóptero o fortaleceu. "Se você não se mexer agora, vai morrer", pensou. Saindo aos tropeços em uma terra devastada de destroços e cadáveres, finalmente viu um veículo de resgate. Ele e seu pai sobreviveram, mas os corpos das avós nunca foram encontrados.[88]

Além do custo humano e da destruição de propriedades, o terremoto de Tohoku precipitou uma grave crise na usina nuclear de Fukushima Daiichi. Embora os reatores ativos tenham sido desligados automaticamente quando o terremoto foi registrado, o *tsunami* inundou os geradores de emergência que alimentavam as bombas que faziam circular o refrigerador pelos núcleos dos reatores. Como resultado, houve derretimentos nucleares em três reatores, três explosões de hidrogênio e a liberação de contaminação radioativa, incluindo grandes quantidades de isótopos, para o ar e o mar. Considerando o quanto a usina era vulnerável a tal desastre, o mais notável é que as consequências até o momento em termos de saúde humana têm sido relativamente pequenas.

Mais uma vez, os sismólogos falharam. Kazuro Hirahara, o presidente da Sociedade Sismológica do Japão, disse ao jornal *Asahi Shimbun*: "Há muitas desculpas que podemos dar, mas foi uma derrota para nós. A única coisa que podemos dizer é que foi além das nossas expectativas".[89] Mas isso também poderia ser dito de todos os grandes terremotos. Apenas os locais dos terremotos podem ser previstos, não seu tamanho nem seu tempo. No entanto, um mapa do mundo, com os locais dos maiores terremotos desde 1500 traçados, revela um quebra-cabeça. É como se a humanidade tomasse uma decisão coletiva de construir o maior número possível de suas maiores cidades nas linhas de falha ou delas, o que ilustra a interação fatal entre a infrequência de desastres e a falta de memória humana. Em 2011, aqueles que se lembraram do terremoto de 1938 próximo a Fukushima correram para velhos abrigos que provaram ser armadilhas mortais quando os *tsunamis* muito maiores ocorreram.

DESASTRE NORTE-AMERICANO

Historicamente, o grande desastre norte-americano foi, para os padrões asiáticos, não tão desastroso. Como vimos, o terremoto de São Francisco de 1906 matou quase duas ordens de magnitude menos de pessoas que os maiores terremotos chineses dos tempos modernos. Mas os terremotos são apenas um dos perigos mais comuns no densamente povoado Leste Asiático que na pouco povoada América do Norte. Considere dois outros que, ao longo da história, causaram estragos intermitentemente, de novo com pouca periodicidade previsível: incêndios e inundações, incluindo aquelas causadas por furacões.

O maior incêndio urbano na história da China moderna foi a destruição de Changsha, em 1938, quando as autoridades do Kuomintang temeram uma iminente ocupação japonesa. Seja um acidente ou uma política deliberada de terra arrasada, o incêndio foi desastroso: mais de 30 mil pessoas perderam a vida e mais de 90% dos edifícios da cidade foram queimados. O maior incêndio na história da China moderna foi o incêndio de maio de 1987, em Heilongjiang. Supostamente iniciado por um trabalhador florestal que derramou gasolina de sua roçadeira, o fogo consumiu 3 milhões de acres de floresta na Cordilheira do Grande Khingan, incluindo um sexto das reservas de madeira da China. Se incluirmos a floresta destruída na fronteira com o território soviético, a área destruída foi de quase 18 milhões de acres.[90] Antes das conflagrações da Califórnia em 2020, apenas um incêndio na história norte-americana chegou perto em termos de vítimas e destruição, e foi o grande incêndio Peshtigo, no norte de Wisconsin e na Península Superior de Michigan, que matou pelo menos 1.152 pessoas e queimou 1,2 milhão de acres durante a semana de 8 a 14 de outubro de 1871. (Outros 2,3 milhões de acres foram parcialmente danificados.)[91]

Peshtigo, Wisconsin, era uma cidade madeireira que abastecia a próspera Chicago com madeira das florestas próximas ao Lago Michigan. O verão de 1871 fora um dos mais secos já registrados, e uma reconstrução do Serviço Meteorológico Nacional mostrou que, "após um longo período de temperaturas mais altas que o normal e seca, uma frente de baixa pressão com temperaturas mais amenas produziu ventos em toda a região. Isso transformou incêndios menores em uma conflagração gigante. Os ventos de cem milhas por hora alimentaram o fogo ainda mais, com o ar frio soprando nas chamas e causando o surgimento de uma gigantesca coluna de ar quente. Isso produziu ainda mais vento – um ciclo vicioso que transformou um incêndio rotineiro em um inferno".[92] No entanto, o culpado não foi apenas o tempo.

Os madeireiros de Peshtigo havia muito eram imprudentes em suas práticas, despejando resíduos das operações madeireiras em grandes pilhas de gravetos. As operações ferroviárias na área foram igualmente descuidadas. A própria cidade de Peshtigo era uma caixa de itens inflamáveis. As precauções tomadas após um incêndio menor em 27 de setembro revelaram-se lamentavelmente insuficientes.[93] Um dos sobreviventes, o reverendo Peter Pernin, lembrou-se de uma "nuvem densa de fumaça pairando sobre a terra, um reflexo vermelho vívido de extensão imensa, e então [ali] de repente atingiu meu ouvido, estranhamente audível no silêncio sobrenatural que reinava ao redor, um rugido distante, mas abafado, anunciando que os elementos estavam em comoção em algum lugar". À medida que a situação se intensificava, "o vento até então violento tornou-se repentinamente um furacão e, rápido como um relâmpago, abriu o caminho para minha saída do pátio varrendo pranchas, portões e cercas para o espaço".[94]

> As margens do rio, até onde a vista alcançava, estavam cobertas de pessoas paradas ali, imóveis como estátuas, algumas com os olhos fixos, voltadas para o céu e com a língua para fora. A maior parte parecia não ter tido a ideia de tomar quaisquer atitudes para garantir sua segurança, imaginando, como muitos depois admitiram para mim, que o fim do mundo havia chegado e que aqui não havia nada a fazer senão se submeter em silêncio ao seu destino.[95]

Às 22 horas, Pernin e outros escolheram pular no rio, que oferecia proteção limitada, pois as chamas passavam por sua superfície e a temperatura fria da água fez com que muitos morressem de hipotermia ou afogamento. Pernin conseguiu sair da água às 3h30, gelado até os ossos, mas vivo.

Esses incêndios eram relativamente comuns na virada do século passado, sempre que a extração de madeira e a construção de ferrovias traziam homens para a proximidade de grandes florestas virgens: no norte da Suécia, na Rússia ao longo da rota da Ferrovia Transiberiana, na Ilha do Norte da Nova Zelândia, em Gippsland, Austrália, bem como na Colúmbia Britânica e em Ontário. As interações comparáveis entre colônias humanas e cursos de água naturais significaram que o século XIX também foi uma época de grandes inundações. Na China, o rápido crescimento populacional acabou mudando o curso do rio Amarelo. O desmatamento, a drenagem e o cultivo exagerado de terras marginais levaram à erosão do solo e ao aumento do assoreamento do próprio rio, o que, por sua vez, levou a mais inundações. Quando as barragens do rio se romperam, em 1853, uma grande parte do norte da China foi "destruída".[96] Anos de precipitações acima da média sobrecarregaram todo o sistema hidroviário que conecta os rios Amarelo e Yangtze. Houve inundações severas em 1887, 1911, 1931, 1935, 1938 (um desastre intencional com a intenção de impedir o avanço japonês) e 1954, cada uma causando perdas significativas de vidas. Dizem que a enchente de 1887 causou pelo menos 900 mil mortes, a enchente de 1931, que começou quando o rio Yangtze transbordou, pode ter atingido até 2 milhões e a enchente do Rio Amarelo, em 1938, matou entre 400 e 500 mil, embora, em cada caso, mais vítimas tenham sucumbido à fome ou à doença do que ao afogamento.

Esse padrão de inundações catastróficas explica a obsessão do regime comunista pela construção de barragens. A nota de 5 *jiao* (meio *yuan*) de alta circulação da segunda série do *renminbi*, emitida pela primeira vez em 1955, apresenta uma barragem no verso. Depois de nadar no rio Yangtze, em 1958, Mao até escreveu um poema sobre represas: "Grandes planos estão sendo feitos / Paredes de pedra erguidas rio acima, a oeste... A deusa da montanha, se ela ainda estiver lá / ficará maravilhada com um mundo tão mudado". No entanto, nem todas as represas da era Mao corresponderam à sua retórica inebriante. A campanha "Aproveite o rio Huai" para "dar primazia ao acúmulo de água para irrigação" foi uma iniciativa típica dos anos 1950. O colapso de uma das barragens construídas na época – a Barragem de Banqiao – expôs os limites da colaboração sino-soviética. Em agosto de 1975, o tufão Nina esmagou a barragem, despejando uma chuva equivalente a um ano (42 polegadas) em doze horas,[97] causando um dos piores desastres da história da República Popular.[98] O rompimento liberou o equivalente a um quarto de milhão de piscinas olímpicas de água, matando dezenas de milhares em questão de horas. O número secundário de mortes por doenças e fome na área devastada foi de mais de 200 mil pessoas.[99] A figura de Cassandra nesse desastre foi o hidrólogo Chen Xing, que havia sido expurgado durante a Campanha Antidireitista por pedir a suspensão da construção de uma nova barragem, mas então foi reabilitado rapidamente.[100] Foi tão horrível o fracasso da barragem de Banqiao que foi mantido como segredo de Estado até 1989. Não fez nada para diminuir a devoção do Partido Comunista ao represamento. Em abril de 1992, o Congresso Nacional do Povo aprovou formalmente a Resolução sobre a Construção do Projeto das Três Gargantas do Rio Yangtze, a maior incorporação de barragem do mundo de todos os tempos.[4*][101]

Embora os Estados Unidos sejam ocasionalmente amaldiçoados e abençoados por possuir numerosos rios navegáveis, o Mississippi sendo o maior, os desastres que eles causaram são insignificantes se comparados à experiência de inundações da China. A inundação de Johnstown, de 1889, continua a ser a mais mortal da história norte-americana. O catastrófico rompimento da represa South Fork, no rio Little Conemaugh, 23 km rio acima da cidade de Johnstown, Pensilvânia, desencadeou uma torrente breve igual ao fluxo médio do poderoso Mississippi, matando mais de 2.200 pessoas. O grande dilúvio do Mississippi de 1927 foi muito maior, inundando 70 mil quilômetros quadrados até uma profundidade de 9 metros, mas não custou mais que 500 vidas, embora tenha deixado muitos mais desabrigados. Em 1965, depois que o furacão Betsy inundou Nova Orleans, o presidente Lyndon Johnson prometeu proteção federal para a cidade. Mas o trabalho do Corpo de Engenheiros do Exército para reduzir o risco de outra inundação, construindo uma barragem contra furacões no lago Pontchartrain, foi interrompido por um processo de um grupo ambientalista.[102] A alternativa – um sistema de diques – mostrou-se inadequada.[103] Quando o Katrina, um furacão de categoria 4 com ventos de até 233 quilômetros por hora, atingiu o delta do Mississippi não uma, mas duas vezes na última semana de agosto de 2005, rompeu três barragens e despejou milhões de litros de água na cidade. Ao todo, 1.836 norte-americanos perderam a vida em consequência do Katrina, dos quais a grande maioria era de Louisiana. Quase três quartos do número de moradias da cidade foram danificados.[104]

---

4 * Um rompimento catastrófico da Barragem das Três Gargantas – que se tornou uma possibilidade clara após fortes chuvas em julho de 2020 – enviaria 10 bilhões de metros cúbicos de água rio abaixo em direção às metrópoles de Yichang (população de 4,0 milhões), Wuhan (11 milhões), Nanjing (8,5 milhões), Changzhou (4,6 milhões) e Xangai (24,3 milhões), ameaçando a vida e o sustento de 350 milhões de pessoas, inundando um quarto das terras aráveis da China e potencialmente submergindo quase metade das unidades terrestres do Exército de Libertação Popular.

O impacto dos furacões nos Estados Unidos ilustra a extrema dificuldade para se conseguir e manter uma preparação bem-sucedida contra desastres. Ao contrário de todas as outras formas de desastre discutidas neste capítulo, os furacões no Atlântico – todos os ciclones tropicais oficialmente registrados que produziram ventos sustentados de mais de 119 km por hora – são relativamente previsíveis. Desde 1851, um total de 296 furacões do Atlântico Norte atingiu a costa dos Estados Unidos. Há uma sazonalidade confiável, a maioria dos furacões aparecendo entre agosto e outubro, e há relativamente pouca variação: a década com os maiores furacões (1940) teve dez grandes furacões (medindo 3-5 na escala de vento de furacões Saffir-Simpson), enquanto a década com menos (a década de 1860) ainda teve um. No entanto, as estimativas *ex ante* da probabilidade de um furacão tão grande quanto o Katrina variaram de "uma vez em 396 anos" a "uma vez em quarenta".[105] Ivor van Heerden, o estudioso sul-africano que atuou como secretário assistente do Departamento de Recursos Naturais da Louisiana na década de 1990, antecipou corretamente os danos que um grande furacão causaria a Nova Orleans, devido à subsidência no delta do Mississippi e à perda de zonas úmidas à extração de petróleo e gás.[106] Mas a Agência Federal de Gestão de Emergências (FEMA) não conseguiu completar um plano de desastre confiável, mesmo depois de conduzir uma simulação de preparação para desastres em 2004, conhecida como Furacão Pam.[107] Não apenas as autoridades locais e empresários subestimaram os perigos, mas também o Corpo de Engenheiros do Exército não deu ouvidos aos avisos (mesmo quando vinham do Serviço Meteorológico Nacional), e a administração de George W. Bush – preocupada com a ameaça bem diferente de terrorismo – subordinou a FEMA ao novo Departamento de Segurança Interna, deixando os funcionários da agência "subfinanciados e totalmente despreparados para lidar com qualquer desastre".[108] O veredito do comitê bipartidário da Câmara que investigou o desastre foi contundente:

> Com muita frequência, durante a resposta imediata ao Katrina, informações esparsas ou conflitantes foram usadas como desculpa para a inação, em vez de um imperativo para intervir e preencher um óbvio vazio. As informações passaram pelo labirinto de centros de operações departamentais e… comitês de coordenação, perdendo

pontualidade e relevância ao serem manipuladas e interpretadas para o público interno.

Como resultado, os líderes se afastaram das realidades mutáveis do Katrina. As informações traduzidas em jargão burocrático pré-moldado colocaram mais do que a distância geográfica entre Washington e a costa do Golfo...

Tempo essencial foi perdido em questões sem importância para a resposta a desastres, como vencer o cabo de guerra da culpa [ou] travar uma batalha de relações públicas.[109]

Essa não é a última vez que encontraremos tais problemas nos níveis local e federal do governo dos Estados Unidos.

Mesmo assim, a questão permanece: os desastres asiáticos tendem a ser piores que os ocidentais. O Katrina foi um trauma nacional nos Estados Unidos, mas o número de mortos foi inferior a 2 mil. Os piores ciclones da história do sul da Ásia mataram cem vezes mais pessoas. O ciclone Backerganj, que atingiu a costa perto da atual Barisal, Bangladesh, em outubro de 1876, custou a vida a cerca de 200 mil bengalis, metade perdida por afogamento imediato e metade devido à fome e a doenças subsequentes.[110] Menos de um século depois, em novembro de 1970, o grande ciclone Bhola atingiu o Paquistão Oriental (mais tarde Bangladesh), matando entre 300 e 500 mil pessoas, incluindo 45% da população da cidade de Tazumuddin, 64 km a sudeste de Barisal.[111] Como os terremotos no Japão, os maiores ciclones de Bangladesh estão muito distantes um do outro no tempo para que uma memória viva traga consciência suficiente do risco.[112] No caso do grande ciclone Bhola, o papel de Cassandra havia sido desempenhado por um americano: o dr. Gordon E. Dunn, cujo relatório de 1961 alertava justamente para tal calamidade e recomendava a construção de zonas de terreno artificial elevado, foi educadamente ignorado pelas autoridades paquistanesas.[113]

GRANDES ONDAS

Todo mundo conhece *A grande onda*, a mais famosa de todas as obras de arte japonesas, mesmo que não saiba o nome do artista. Ele se autodenominou Hokusai e publicou *Kanagawa oki nami ura* (A grande onda de Kanagawa) em algum momento entre 1829 e 1833. É uma impressão em xilogravura do gênero *ukiyo-e*, que se traduz, evocativamente, como "imagem do mundo flutuante". Olhe atentamente para a obra, que retrata não um *tsunami*, mas uma onda vampira, como era conhecida, e você verá que se eleva acima dos remadores encolhidos em três barcos de pesca feitos de madeira. Estão voltando para Kanagawa (agora Yokohama). O Monte Fuji é apenas visível à distância. O artista certamente não está querendo dizer que, depois que a grande onda quebrar, o mar será um reservatório de moinho.

Existem ondas na história, como vimos, incluindo alguns enormes *tsunamis*. Mas a ideia de que essas ondas são como ondas de luz e som é uma ilusão. Na década de 1920, o economista soviético Nikolai Kondratieff procurou mostrar que existiam esses padrões no capitalismo, inferindo das estatísticas econômicas britânicas, francesas e alemãs a existência de ciclos de cinquenta anos de expansão seguidos de depressão.[114] Por essa contribuição, que hoje continua a ter influência para muitos investidores, Stálin fez com que Kondratieff fosse preso e, mais tarde, fuzilado. Infelizmente, a pesquisa moderna desfaz a ideia de tal regularidade na vida econômica. A reconstrução meticulosa das taxas de juros de Paul Schmelzing até o século XIII aponta, em vez disso, para um declínio longo e "supersecular" nas taxas nominais, impulsionado principalmente pelo processo de acumulação de capital, pontuado periodicamente, mas aleatoriamente, por episódios inflacionários quase sempre associados a guerras.[115] No entanto, a guerra não é mãe e rainha de todos, como afirmava Heráclito. O desastre assume muitas formas. Nem todos os dragões-reis da história foram guerras, nenhuma guerra matou tantos quanto a pandemia que chamamos de peste negra.

É tentador, mas enganoso, então, dividir os desastres em naturais e causados pelo homem. Claramente, um terremoto é um evento geológico: além daqueles causados por testes nucleares mal planejados nos tempos modernos, são sempre exógenos à sociedade humana. Com a mesma clareza, as guerras são iniciadas por seres humanos, são endógenos à sociedade humana. No entanto, um desastre natural é um desastre em termos de vidas humanas perdidas apenas na extensão de seu impacto direto ou indireto sobre os assentamentos humanos. As decisões de localizar assentamentos perto de zonas de desastre em potencial – perto de um vulcão, em uma falha geológica, próximo a um rio sujeito a inundações severas – são parte do motivo pelo qual a maioria dos desastres naturais é, em certa medida, causada pelo homem. Decisões ainda mais arriscadas – construir cidades de madeira próximas às operações de extração de madeira ou construir usinas nucleares em zonas de perigo de *tsunami* – podem aumentar ainda mais o custo humano dos desastres naturais.

Da mesma forma, as guerras podem ter suas origens em eventos naturais, por exemplo, se o clima extremo ou mudanças climáticas contínuas levarem a uma crise agrária, confrontando a sociedade com a escolha entre a fome e a relocação. A humanidade faz parte da natureza, e os fluxos e refluxos demográficos são parte da rede integrada do sistema ecológico mundial. O cenário de desastre que preocupa tantas pessoas em nosso tempo é que a "mudança climática causada pelo homem", na forma de aumento da temperatura média resultante de emissões industriais e outras, terá consequências catastróficas. Até que ponto isso pode ser atenuado com sucesso – ou seja, sem consequências negativas não intencionais – dependerá da qualidade da tomada de decisão por governos democráticos e não democráticos.

Apesar de nossa preocupação com desastres globais em potencial, na prática, a maioria dos desastres é local e de escala relativamente pequena. Como veremos no capítulo 8, existe uma geometria fractal para a catástrofe, em que um pequeno desastre, como a queda de um avião, pode, em vários aspectos, se assemelhar muito a um grande desastre, como um derretimento nuclear. A distinção crucial é entre grandes desastres e colossais – os eventos na extremidade mais distante da cauda direita da distribuição: os dragões-reis. Por que apenas alguns desastres atingem esse *status*, matando não centenas de milhares, mas milhões ou mesmo dezenas de milhões? Parte da resposta é que há limites para o alcance geográfico da maioria das formas de desastre. Mesmo o maior terremoto não é sentido em todo o mundo, mesmo as maiores guerras não são de fato travadas em todos os países. As guerras mundiais foram notáveis por sua compressão em termos de espaço e tempo, com a maior parte das baixas na Segunda Guerra Mundial infligida em dois triângulos fatais: um entre o Mar do Norte, o Mar Negro e os Bálcãs, o outro da Manchúria para as Filipinas até as Ilhas Marshall. Na verdade, a maior parte da massa de terra do mundo experimentou pouca ou nenhuma luta. O que importa é, primeiro, se um desastre atinge ou não uma parte densamente povoada da terra e, segundo, se a morte e a destruição dentro e ao redor do epicentro têm repercussões em outros lugares. No caso de um grande vulcão, como vimos, a fumaça e as cinzas emitidas podem se espalhar para muito longe, afetando profundamente o clima em outros continentes. Também no caso de um terremoto ou inundação, pode haver ramificações generalizadas se o choque inicial perturbar o sistema agrícola, comercial ou financeiro de um ou mais países. Em suma, a característica mais importante de um desastre é se há ou não contágio, ou seja, alguma forma de propagar o choque inicial por meio das redes biológicas da vida ou das redes sociais da humanidade. Portanto, nenhum desastre pode ser compreendido sem algum conhecimento da ciência das redes.

4

O MUNDO EM REDE

Para não espalhar o contágio ao reunir multidões, ele ergueu seu púlpito no topo de um portal: os infectados ficavam para dentro; os outros fora. E o pregador não falhou, em tal situação, em tirar vantagem dos terrores imediatos do povo.

— David Hume, *História da Inglaterra*

VOLTAIRE X PAPA

Genebra fica a pouco mais de 1.400 km de Lisboa em linha reta. Dificilmente alguém na cidade suíça sentiu o mais leve tremor ocorrido em 1º de novembro de 1755, dia em que a capital portuguesa foi devastada por um terremoto e ondas de *tsunami*. E, no entanto, a notícia do desastre se espalhou muito além dos tremores da terra, graças à rede de publicação e correspondência que se desenvolveu no mundo ocidental nos dois séculos desde a Reforma, quando Genebra fora a capital do calvinismo. François-Marie Arouet, mais conhecido por seu pseudônimo, Voltaire, já estava em um longo caminho para o ceticismo religioso em 1755. Era por isso que ele estava em Genebra – Luís XIV o baniu de Paris. Mas o terremoto de Lisboa cristalizou a repulsa de Voltaire contra todos os ramos da filosofia que buscavam reconciliar a humanidade com tais catástrofes aparentemente arbitrárias.[1] Em seu atipicamente apaixonado "Poème sur le désastre de Lisbonne" ["Poema sobre o desastre de Lisboa"],

Voltaire questionou – tão amargamente quanto ele e seu editor ousaram – a teodiceia otimista do polímata alemão Gottfried Wilhelm Leibniz ("Vivemos no melhor de todos os mundos possíveis") e o poeta inglês Alexander Pope ("Whatever is, is right") ["Seja lá o que for, está certo"], que lhe pareceu de uma complacência intolerável:

> "Céus, em nossos sofrimentos, olhe com pena."
> Tudo bem, respondes, a causa eterna
> Regras não parciais, mas por leis gerais...
>
> No entanto, neste caos terrível, comporias
> Uma felicidade geral das desgraças individuais?
> Oh, bem-aventurança inútil! À vista da razão ferida,
> Com a voz vacilante, gritas: "O que é, está certo"?...
>
> Mas como conceber um Deus, a fonte do amor
> Quem no homem esbanjou bênçãos do alto
> Então, a corrida com várias pragas confundiria
> Os mortais podem penetrar profundamente em Seus pontos de vista?[2]

O poema provocou uma resposta acalorada, não apenas de Jean-Jacques Rousseau.[3] Isso, por sua vez, levou Voltaire a escrever sua obra-prima irônica *Cândido, ou Otimismo* (1759), em que o herói homônimo, acompanhado da caricatura de Leibniz, dr. Pangloss, e um marinheiro anabatista, testemunha a destruição de Lisboa.[4]

O impacto do terremoto de Lisboa em Voltaire e Rousseau – sem falar no filósofo prussiano Immanuel Kant, que escreveu três textos separados sobre o assunto – atesta o poder das redes sociais no século XVIII. As redes sociais, é claro, são muito anteriores ao Iluminismo. Os faraós egípcios as possuíam no século XIV a.C. As "rotas da seda" conectaram os impérios romano e chinês. O cristianismo e, posteriormente, o islamismo também criaram redes sociais enormes e duradouras que se estendiam muito além das sociedades judaica e árabe onde se originaram. A estrutura de poder da Florença renascentista baseava-se em redes familiares complexas. Havia também uma rede de navegadores, exploradores e conquistadores que muitas vezes compartilhavam conhecimento enquanto os reinos em guerra da Europa Ocidental estendiam suas operações comerciais para o oeste através do Atlântico e para o sul ao redor do Cabo da Boa Esperança. E a Reforma foi, em muitos aspectos, uma revolução em rede, feita por grupos interconectados de reformadores religiosos em todo o noroeste da Europa, cuja capacidade de espalhar sua mensagem protestante foi decisivamente aumentada pela difusão da imprensa escrita no fim do século XV. Mesmo assim, a rede do Iluminismo se destaca, não tanto por sua abrangência geográfica (70% dos correspondentes de Voltaire eram franceses), mas pela qualidade do conteúdo compartilhado nela.[5] Em particular, as conexões entre o continente e aquela "incubadora de gênio" que foi a Escócia após a derrota dos jacobitas em 1746 foram especialmente importantes para o desenvolvimento de algumas das ideias mais importantes da era moderna.[6]

Adam Smith é hoje mais lembrado por *A riqueza das nações* (1776) do que por sua obra anterior, *Teoria dos sentimentos morais* (publicada no mesmo ano que *Cândido*), mas são obras igualmente importantes. "Suponhamos", escreveu Smith em uma passagem notável na parte 3 de *Teoria*,

> que o grande império da China, com todas as suas miríades de habitantes, tenha sido repentinamente engolido por um terremoto, e consideremos como um homem humano na Europa, que não tinha nenhum tipo de conexão com aquela parte do mundo, seria afetado ao receber informações sobre esta terrível calamidade. Imagino que, antes de tudo, ele expressaria com muita força sua tristeza pelo infortúnio daquele povo infeliz, faria muitas reflexões melancólicas sobre a precariedade da vida humana e a vaidade de todos os trabalhos do homem, que assim poderiam ter sido aniquilados em um momento. Ele também poderia, se fosse um homem de especulação, entrar em muitos raciocínios a respeito dos efeitos que esse desastre poderia produzir no comércio da Europa e no comércio e negócios do mundo em geral. E quando toda essa bela filosofia acabasse, quando todos esses sentimentos humanos tivessem sido expressos com justiça, ele prosseguiria com seus negócios ou com seus prazeres, descansaria ou se divertiria com a mesma facilidade e tranquilidade, como se nenhum acidente desse tipo tivesse acontecido.[7]

Esse foi um *insight* profundo, em certa medida antecipando a distinção de Tucholsky e Stálin entre tragédia e mera estatística. "O desastre mais frívolo que se abateria sobre ele ocasionaria uma perturbação mais real", argumentou Smith. "Se ele perdesse o dedo mínimo amanhã, não dormiria esta noite, mas, desde que nunca os tenha visto, ele roncará com a mais profunda segurança sobre a ruína de cem milhões de seus irmãos, e a destruição daquela imensa multidão parece claramente um objeto menos interessante para ele do que esse seu infortúnio mesquinho."

Smith, então, levantou uma importante questão ética: "Para prevenir, portanto, esse infortúnio mesquinho para si mesmo, um homem humano estaria disposto a sacrificar a vida de cem milhões de seus irmãos, desde que nunca os tivesse visto?... Quando somos sempre muito mais afetados por tudo o que diz respeito a nós mesmos, do que por tudo que diz respeito a outros homens, o que é que leva os generosos, em todas as ocasiões, e os mesquinhos em muitas, a sacrificar seus próprios interesses pelos interesses maiores de outros?" A resposta que ele deu não foi muito satisfatória:

> Não é o poder suave do humanismo, não é aquela débil centelha de benevolência que a Natureza acendeu no coração humano, que é assim capaz de neutralizar os mais fortes impulsos de amor-próprio. É um poder mais forte, um motivo mais forte, que se exerce nessas ocasiões. É a razão, o princípio, a consciência, o habitante do seio, o homem de dentro, o grande juiz e árbitro da nossa conduta... Não é o amor ao próximo, não é o amor ao homem, que muitas vezes nos indica para a prática dessas virtudes divinas. É um amor mais forte, uma afeição mais poderosa, que geralmente ocorre nessas ocasiões, o amor pelo que é honrado e nobre, pela grandeza, dignidade e superioridade de nosso próprio caráter.

Um desastre, como o hipotético terremoto chinês de Smith – talvez ele tivesse escolhido o verdadeiro terremoto português se Voltaire não tivesse ficado tão chateado com ele –, deveria suscitar simpatia mesmo na distante Edimburgo, pois ficar totalmente impassível seria uma espécie de solipsismo vergonhoso.

No entanto, a realidade é que lutamos para viver de acordo com o padrão de Smith, ou seja, para nos preocuparmos com o destino de milhões distantes a fim de apaziguar nossas próprias consciências, se não por altruísmo genuíno. O jornalista britânico (e comunista de carteirinha) Claud Cockburn afirmou que, durante sua passagem como redator em *The Times* no fim da década de 1920, ele e seus colegas às vezes realizavam uma competição (com um pequeno prêmio para o vencedor) para escrever o título impresso mais enfadonho. "Ganhei apenas uma vez", lembrou ele, "com uma manchete que anunciava: 'Pequeno terremoto no Chile, poucos mortos'".[8] Infelizmente, nenhuma manchete desse tipo foi publicada em *The Times*[1*] – embora "Terremoto no Chile" tenha aparecido em 1922 e 1928 e "Grande terremoto no Chile" em 1939.[9] Ainda assim, a resposta inicial, em sua maioria indiferente, de muitas pessoas à manchete "Cidade chinesa admite surto de vírus misterioso de 'pneumonia'" – publicada em *The Times*, em 6 de janeiro de 2020 – sugere que os Cockburns morais entre nós provavelmente superam os Smiths.

UMA INTRODUÇÃO ÀS REDES

Redes importam. Na verdade, elas são indiscutivelmente a característica mais importante da complexidade natural e produzida pelo homem. O mundo natural é, em uma extensão desconcertante, composto de "redes ramificadas, otimizadas, que preenchem o espaço", nas palavras do físico Geoffrey West, que evoluíram para distribuir energia e materiais entre reservatórios macroscópicos e locais microscópicos em mais de 27 ordens de magnitude.[10] Os sistemas circulatório, respiratório, renal e neural dos animais são todos redes naturais. O mesmo ocorre com os sistemas vasculares das plantas e as redes microtubular e mitocondrial dentro das células.[11] O cérebro do verme nematoide *Caenorhabditis elegans* é a única rede neural que foi mapeada de forma abrangente, mas cérebros mais complexos, no devido tempo, receberão o mesmo tratamento.[12] De cérebros de vermes a cadeias alimentares (ou "teias alimentares"), a biologia moderna encontra redes em todos os níveis da vida na Terra.[13] O sequenciamento do genoma revelou uma "rede reguladora de genes" na qual "nós são genes, e elos são cadeias de reações".[14] O delta de um rio também é uma rede. Os tumores formam redes.

Na pré-história, o *Homo sapiens* evoluiu como um macaco cooperativo, com uma capacidade única de rede – para se comunicar e agir coletivamente

---

1 *A manchete finalmente apareceu em 1979 no *Not the Times*, uma paródia do jornal produzida durante sua ausência de um ano devido a uma greve.

–, o que nos diferencia de todos os outros animais. Nas palavras do biólogo evolucionista Joseph Henrich, não somos simplesmente chimpanzés com cérebros maiores e menos peludos; o segredo do nosso sucesso como espécie "reside... nos cérebros coletivos de nossas comunidades".[15] Ao contrário dos chimpanzés, aprendemos socialmente, ensinando e compartilhando. De acordo com o antropólogo evolucionista Robin Dunbar, nosso cérebro maior, com seu neocórtex mais desenvolvido, evoluiu para nos permitir funcionar em grupos sociais relativamente grandes de cerca de 150 (em comparação com cerca de 50 para os chimpanzés).[16] Na verdade, nossa espécie deveria ser conhecida como *Homo dictyous* ("homem da rede").[17] A expressão cunhada pelo etnógrafo Edwin Hutchins é "cognição distribuída". Nossos primeiros ancestrais eram "coletores colaborativos compulsórios", que se tornavam dependentes uns dos outros para obter alimento, abrigo e aquecimento.[18] É provável que o desenvolvimento da linguagem falada e os avanços associados na capacidade e estrutura do cérebro tenham feito parte desse mesmo processo, evoluindo a partir de práticas simiescas, como se enfeitar.[19] Nas palavras dos historiadores William H. McNeill e J. R. McNeill, a primeira "rede mundial" de fato surgiu há cerca de doze mil anos. O homem, com sua rede neural incomparável, nasceu para formar redes.[20]

As redes sociais, então, são as estruturas que os seres humanos formam naturalmente, a começar pelo próprio conhecimento e as várias formas de representação que usamos para comunicá-lo, bem como as árvores genealógicas às quais todos necessariamente pertencemos. As redes incluem os padrões de povoamento, migração e cruzamento que distribuíram nossa espécie pela superfície do mundo, bem como a miríade de cultos e manias que produzimos periodicamente com premeditação e liderança mínimas. As redes sociais vêm em todas as formas e tamanhos, de sociedades secretas exclusivas a movimentos de massa de código aberto. Algumas têm um caráter espontâneo e auto-organizado; outras são mais sistemáticas e estruturadas. Tudo o que aconteceu – começando com a invenção da linguagem escrita – é que as sucessivas tecnologias de informação e comunicação facilitaram nosso anseio inato e ancestral de rede.

Em um trabalho anterior, tentei resumir os principais *insights* da ciência de rede moderna – um sistema complexo de pesquisa interdisciplinar por si só – em seis títulos.[21]

1. *Nenhum homem é uma ilha*. Concebidos como nós em redes, os indivíduos podem ser entendidos com base em suas relações com outros nós: as

arestas que os conectam. Nem todos os nós são iguais. Localizado em uma rede, um indivíduo pode ser avaliado em termos não apenas de centralidade de grau (o número de seus relacionamentos), mas também de centralidade de intermediação (a probabilidade de ser uma ponte entre outros nós), para dar apenas duas de várias medidas diferentes. Os indivíduos com a maior centralidade de intermediação não são necessariamente as pessoas com mais conexões, mas aqueles com as conexões mais importantes. Uma medida-chave da importância histórica de um indivíduo é até que ponto essa pessoa foi uma ponte de rede ou intermediadores. Às vezes, como no caso da Revolução Americana, papéis cruciais acabam sendo desempenhados por pessoas, como Paul Revere, que não eram líderes, mas conectores.[22] De maneiras diferentes, os indivíduos que têm centralidade de alto grau ou centralidade de intermediação atuam como *hubs* de rede.

Em 1967, o psicólogo social Stanley Milgram enviou 156 cartas para residentes escolhidos aleatoriamente em Wichita, Kansas, e Omaha, Nebraska. Solicitou-se aos destinatários que encaminhassem a carta diretamente ao destinatário final pretendido – um corretor da bolsa em Boston –, se ele fosse conhecido pessoalmente por eles, ou que a encaminhassem a alguém que acreditassem poder conhecer o destinatário final, desde que soubessem o primeiro nome daquele intermediário e para enviar a Milgram um cartão-postal dizendo o que fizeram. Ao todo, de acordo com Milgram, 42 das cartas acabaram sendo enviadas. (Um estudo mais recente sugere que foram apenas 21.)[23] Os elos concluídos permitiram que Milgram calculasse o número de pessoas necessárias para fazer a carta chegar ao seu destino: em média, 5,5.[24] Essa descoberta foi antecipada pelo autor húngaro Frigyes Karinthy, em cuja história "Láncszemek" ("Elos", publicada em 1929) um personagem aposta com seus companheiros que ele pode se conectar a qualquer indivíduo na Terra que possam nomear por meio de no máximo cinco conhecidos, apenas um dos quais ele deve conhecer pessoalmente. A frase "seis graus de separação" foi cunhada apenas por John Guare, em 1990, com esse título, mas teve uma longa pré-história.

2. *Farinha do mesmo saco*. Por causa da homofilia, as redes sociais podem ser entendidas, em parte, como semelhantes atraindo semelhantes. A homofilia pode ser baseada em *status* compartilhado (características atribuídas, como raça, etnia, sexo ou idade, e características adquiridas, como religião, educação, ocupação ou padrões de comportamento) ou valores compartilhados, na medida em que

podem ser distinguidos a partir de características adquiridas.²⁵ Uma ilustração antiga na literatura sociológica era a tendência dos estudantes norte-americanos de se separarem por raça ou etnia. No entanto, nem sempre é evidente qual atributo ou preferência compartilhada faz com que as pessoas se agrupem. Além disso, devemos ser claros sobre a natureza das ligações de rede. As ligações entre os nós são relações de conhecimento ou amizade? Estamos olhando para uma árvore genealógica – como as famosas genealogias dos Saxe-Coburgos ou dos Rothschilds – ou um círculo de amigos (o grupo Bloomsbury) ou uma sociedade secreta (os Illuminati)? Algo diferente de conhecimento – dinheiro, digamos, ou algum outro recurso – é trocado dentro da rede?

3. *Laços fracos são fortes*. Também importa o quanto é densa uma rede e o quanto está conectada a outros agrupamentos. O fato de estarmos todos a apenas seis graus de distância de Monica Lewinsky ou Kevin Bacon é explicado pelo que o sociólogo de Stanford, Mark Granovetter, chamou paradoxalmente de "a força dos laços fracos".²⁶ Se todos os laços fossem como os fortes e homofílicos entre nós e nossos amigos próximos, o mundo estaria necessariamente fragmentado. Mas laços mais fracos – com os conhecidos com os quais não nos parecemos muito – são a chave para o fenômeno do "mundo pequeno". O foco inicial de Granovetter era a maneira como as pessoas em busca de emprego eram ajudadas mais por conhecidos do que por seus amigos próximos, mas uma descoberta posterior foi que, em uma sociedade com relativamente poucos laços fracos, "novas ideias se espalharão lentamente, empreendimentos científicos serão prejudicados, e subgrupos separados por raça, etnia, geografia ou outras características terão dificuldade em alcançar um *modus vivendi*".²⁷ Em outras palavras, laços fracos são as pontes vitais entre agrupamentos díspares que, de outra forma, nem estariam conectados.²⁸

A observação de Granovetter foi sociológica. Só em 1998, os matemáticos Duncan Watts e Steven Strogatz demonstraram formalmente por que um mundo caracterizado por aglomerados homofílicos poderia ser simultaneamente um mundo pequeno. Watts e Strogatz classificaram as redes de acordo com duas propriedades relativamente independentes: a centralidade de proximidade média de cada nó e o coeficiente geral de agrupamento da rede. Começando com uma rede circular em que cada nó estava conectado apenas ao primeiro e segundo vizinhos mais próximos, eles mostraram que a adição aleatória de apenas algumas arestas extras aumentou drasticamente a proximidade de todos os nós, sem aumentar significativamente o coeficiente de agrupamento geral.[29] Watts havia começado seu trabalho estudando o cricrilar sincronizado dos grilos, mas as implicações das descobertas dele e de Strogatz para as populações humanas eram óbvias. Nas palavras de Watts, "a diferença entre um gráfico de mundo grande e pequeno pode ser uma questão de apenas algumas arestas necessárias aleatoriamente – uma mudança que é efetivamente indetectável no nível de vértices individuais... A natureza altamente agrupada dos gráficos de mundo pequeno pode levar à intuição de que determinada doença está 'longe' quando, pelo contrário, está efetivamente muito perto".[30]

O tamanho da rede também é importante por causa da lei de Metcalfe – batizada em homenagem ao inventor da Ethernet, Robert Metcalfe – que (em sua forma original) afirmava que o valor de uma rede de telecomunicações era proporcional ao quadrado do número de dispositivos de comunicação conectados e compatíveis. Isso é de fato verdadeiro para redes em geral: em termos simples, quanto maior o número de nós em uma rede, mais valiosa será a rede para os nós coletivamente e, portanto, para seus proprietários.

4. *Estrutura determina viralidade*. A velocidade com que uma doença infecciosa se espalha tem tanto a ver com a estrutura da rede da população exposta quanto com a virulência da própria doença.[31] A existência de alguns centros altamente conectados faz com que a disseminação da doença aumente exponencialmente após uma fase inicial de crescimento lento.[32] Em outras palavras, se o número de reprodução (quantas outras pessoas foram infectadas por um indivíduo infectado típico) for superior a 1, a doença se espalhará rapidamente. Se estiver abaixo de 1, a doença tende a se extinguir. Esse número de reprodução é determinado tanto pela estrutura da rede que infecta quanto pela infecciosidade inata da doença.[33]

Muitos historiadores ainda presumem que a difusão de uma ideia ou ideologia é uma função de seu conteúdo inerente em relação a algum contexto vagamente especificado. Devemos agora reconhecer, no entanto, que algumas ideias se tornam virais, como alguns patógenos, por causa das características estruturais da rede por meio da qual se espalham. (Uma boa ilustração é a maneira como o movimento abolicionista espalhou com sucesso sua mensagem por meio do *establishment* político britânico no início do século XIX.) Novas ideias têm menos probabilidade de avançar em uma rede hierárquica de cima para baixo, onde elos de pares são restritos ou proibidos. Pesquisas mais recentes mostraram que até mesmo estados emocionais podem ser transmitidos por meio de uma rede.[34] Embora distinguir entre efeitos de rede endógenos e exógenos esteja longe de ser fácil,[35] a evidência desse tipo de contágio é clara: "Os alunos com colegas de quarto estudiosos tornam-se mais estudiosos. Os clientes de um restaurante sentados ao lado de pessoas que comem demais acabam comendo mais".[36] No entanto, não podemos transmitir ideias e comportamentos muito além dos amigos dos amigos de nossos amigos (em outras palavras, além de três graus de separação). Isso ocorre porque a transmissão e a recepção de uma ideia ou comportamento requerem uma conexão mais forte que a retransmissão de uma carta ou a comunicação de que existe determinada oportunidade de emprego – ou a transmissão involuntária de um patógeno infeccioso. Simplesmente conhecer as pessoas não é o mesmo que ser capaz de influenciá-las a estudar mais ou a comer exageradamente. A imitação é, de fato, a forma mais sincera de lisonja, mesmo quando inconsciente.

O ponto principal, como acontece com as doenças epidêmicas, é que a estrutura da rede pode ser tão importante quanto a própria ideia para determinar a velocidade e a extensão da difusão.[37] No processo de viralização de um meme, um papel fundamental é desempenhado por nós que não são meramente *hubs* ou corretores, mas "porteiros" – pessoas que decidem passar ou não informações para sua parte da rede.[38] A decisão deles será baseada em parte em como eles acham que as informações refletirão sobre eles. A aceitação de uma ideia, por sua vez, pode exigir que ela seja recebida de mais de uma ou duas fontes. Um contágio cultural complexo, ao contrário de uma epidemia de doença simples, primeiro precisa atingir uma massa crítica de adotantes iniciais com centralidade de alto grau (número relativamente grande de amigos influentes).[39] Nas palavras de Duncan Watts, a chave para avaliar a probabilidade de uma cascata semelhante ao contágio é "focar não o estímulo em si, mas a estrutura da rede que o estímulo atinge".[40] Isso ajuda a explicar por que, para cada ideia que se torna viral, inúmeras outras desaparecem na obscuridade uma vez que começaram com o nó, agrupamento ou rede errada, o que se aplica aos micróbios infecciosos, poucos dos quais conseguem gerar pandemias.

Se todas as estruturas de redes sociais fossem iguais, habitaríamos um mundo muito diferente. Por exemplo, um mundo no qual os nós fossem aleatoriamente conectados uns aos outros – de modo que o número de arestas por nó fosse normalmente distribuído ao longo de uma curva em sino – teria algumas propriedades de "mundo pequeno", mas não seria como o nosso mundo. Isso porque muitas redes do mundo real seguem distribuições do tipo de Pareto, ou seja, têm mais nós com um número muito grande de arestas e mais nós com muito poucos, que seria o caso em uma rede aleatória. Essa é uma versão do que o sociólogo Robert K. Merton chamou de "o efeito Mateus", segundo o Evangelho de São Mateus: "Pois a todo aquele que tem será dado, e ele terá abundância; mas daquele que não tiver, será tirado até o que ele tem" (Mateus, 25: 29). Na ciência, sucesso gera sucesso: para quem já tem prêmios, mais prêmios serão entregues. Algo semelhante pode ser visto em "a economia das superestrelas".[41] Da mesma forma, à medida que muitas grandes redes se expandem, os nós ganham novas arestas em proporção ao número que já possuem (seu grau ou "aptidão"). Em suma, existe um "apego preferencial". Devemos esse *insight* aos físicos Albert-László Barabási e Réka Albert, que foram os primeiros a sugerir que a maioria das redes do mundo real pode seguir uma distribuição de lei de potência ou ser "livre de escala".[2*] Conforme essas redes evoluem, alguns nós se tornarão *hubs* com muito mais arestas que outros nós.[42] Os exemplos dessas redes são abundantes, desde a diretoria de empresas da *Fortune 1000* até citações em periódicos de física e *links* de páginas da *web* ou para elas.[43] Nas palavras de Barabási:

> Existe uma hierarquia de *hubs* que mantém essas redes juntas, um nó fortemente conectado seguido de perto por vários outros menos conectados, seguido por dezenas de nós ainda menores. Nenhum nó central fica no meio da teia de aranha, controlando e monitorando cada *link* e nó. Não há um único nó cuja remoção poderia romper a teia. Uma rede livre de escala é uma teia sem aranha.[44]

No caso extremo (o modelo vencedor leva tudo), o nó mais apto obtém todos ou quase todos os elos.[45] Um exemplo de rede livre de escala é o sistema de transporte aéreo, no qual um grande número de pequenos aeroportos está

---

2 * Uma rede livre de escala tem um caráter de lei de potência, em que as probabilidades relativas de grau muito alto e grau muito baixo são maiores que se os elos fossem formados aleatoriamente. Em uma rede livre de escala, não há um nó típico e, ainda assim, a "escala" de diferença entre os nós parece a mesma em todos os lugares. Em outras palavras, o mundo livre de escala é caracterizado pela geometria fractal: a cidade é uma grande família, a cidade é uma grande cidade e o reino é uma grande cidade.

conectado a aeroportos de médio porte, que por sua vez se conectam a alguns centros enormes e movimentados.[46] Em contraste, o Sistema Nacional de Rodovias dos Estados Unidos é mais parecido com uma rede aleatória, na qual cada grande cidade tem aproximadamente o mesmo número de rodovias conectando-a a outras. Estruturas de rede intermediárias também podem ser encontradas: por exemplo, as redes de amizade de adolescentes americanos não são aleatórias nem livres de escala.[47] Como veremos, as redes livres de escala têm desempenhado um papel fundamental na disseminação de algumas doenças infecciosas.[48] Uma rede pode ser modular – ou seja, pode consistir em vários agrupamentos separados, ainda que unidos por algumas bordas de ponte. Algumas redes são modulares e hierárquicas, como os complexos sistemas genéticos que regulam o metabolismo, que colocam certos subsistemas sob o controle de outros.[49]

5. *Redes nunca dormem*. As redes raramente ficam paradas no tempo. Grandes redes são sistemas complexos que, como vimos no capítulo 3, têm propriedades emergentes – a tendência de novas estruturas, padrões e propriedades de se manifestarem em transições de fase que estão longe de ser previsíveis. Uma rede aparentemente aleatória pode evoluir com velocidade surpreendente para uma hierarquia. O número de passos entre a multidão revolucionária e o estado totalitário provou mais de uma vez ser surpreendentemente pequeno. As estruturas aparentemente rígidas de uma ordem hierárquica podem se desintegrar com igual rapidez.[50]

6. *Redes formam redes*. Quando as redes interagem, o resultado pode ser inovação e invenção. Quando uma rede interrompe uma hierarquia ossificada, ela pode derrubá-la com uma velocidade impressionante. Mas quando uma hierarquia ataca uma rede frágil, o resultado pode ser o colapso da rede. As redes sociais podem se encontrar e se fundir amigavelmente, mas também podem se atacar, como aconteceu quando a inteligência soviética penetrou com sucesso nas redes de elite de graduados de Cambridge na década de 1930. Em tais competições, o resultado será determinado pelas forças e fraquezas relativas das redes rivais. Elas são adaptáveis e resilientes? O quanto são vulneráveis a um contágio perturbador? Dependem de um ou mais "*superhub*", cuja destruição ou captura reduziria significativamente a estabilidade de toda a rede? Barabási e seus colegas simularam ataques a redes livres de escala e descobriram que podiam suportar a perda de uma fração significativa de nós e até mesmo de um único *hub*. Mas um ataque direcionado a vários *hubs* pode quebrar a rede

por completo.⁵¹ Ainda mais dramaticamente, uma rede sem escala poderia facilmente ser vítima de um vírus contagioso, *node killing*.⁵²

Como vimos, os desastres naturais e os provocados pelo homem não são normalmente distribuídos, muitas formas de desastres seguem as leis de energia ou são distribuídas aleatoriamente, o que significa que a escala e o momento de desastres realmente grandes são difíceis de prever. É por isso que o esforço para encontrar padrões cíclicos na história está provavelmente fadado ao fracasso. Então, temos outra complicação. Os desastres são mediados, interpretados e, em alguns casos (aqueles que envolvem contágio), literalmente transmitidos por redes – e as próprias redes têm estruturas que são complexas e sujeitas a transições de fase. Se não forem exatamente livres de escala, muitas redes sociais estão mais perto de uma estrutura livre de escala do que de uma estrutura em rede, o que significa que alguns nós têm uma centralidade muito superior que a maioria. Se as Cassandras tivessem maior centralidade, poderiam ser consideradas com mais frequência. Se doutrinas errôneas se espalharem de forma viral por uma grande rede social, a mitigação eficaz de desastres se tornará muito mais difícil. Finalmente, e de maneira crucial, as estruturas hierárquicas, como os Estados, existem principalmente porque, embora inferiores às redes distribuídas quando se trata de inovação, são superiores quando se trata de defesa. Diante do contágio, muito depende da qualidade da governança: não apenas da tomada de decisões estratégicas no topo, mas também da velocidade e precisão dos fluxos de informações para cima e para baixo na estrutura de comando e controle e a eficácia da execução operacional.

BUGS E REDES

A história da suscetibilidade mutante da humanidade às doenças infecciosas tende a ser escrita como uma história de patógenos – um micróbio maldito após o outro –, com a ciência médica como o herói triunfante.⁵³ Eventualmente, é alcançada a "transição epidemiológica", na qual as doenças infecciosas diminuem e as condições crônicas, como câncer e doenças cardíacas, se tornam as principais causas da mortalidade humana.⁵⁴ Pode fazer tanto sentido contar essa história quanto a história de nossas redes sociais em evolução. Durante os primeiros trezentos mil anos de nossa existência como espécie, vivemos em grupos tribais muito pequenos para sustentar doenças infecciosas em grande escala. Isso mudou com a Revolução Neolítica. Como Edward Jenner observou na década de 1790, "O desvio do homem do estado em que foi originalmente colocado pela natureza parece ter se mostrado uma fonte prolífica de doenças".[55]

As bactérias foram a primeira forma de vida a habitar a Terra. A maioria é inofensiva para os humanos, muitas são benéficas. As bactérias reproduzem-se por fissão binária: replicam seu DNA cromossômico e depois se dividem em duas. Isso significa que elas essencialmente se clonam. No entanto, muitas bactérias contêm plasmídeos: moléculas circulares de DNA dentro da célula bacteriana, mas separadas do cromossomo, que se dividem independentemente, permitindo alguma variação evolutiva. Os vírus conhecidos como bacteriófagos ("fagos" para abreviar) são outra fonte de modificação. Sem seus fagos, as bactérias que causam cólera e difteria seriam inofensivas. Os fagos usam o mecanismo de produção de proteínas da bactéria para se reproduzir. Se pegarem um pedaço extra de DNA, seja do cromossomo bacteriano ou de um plasmídeo residente, ocorre a mutação. Depois das bactérias, vieram os protozoários unicelulares, como o plasmódio que causa a malária e, muito mais recentemente (alguns milênios atrás), os vírus.[56] Devido às diferentes maneiras de se reproduzir, podemos distinguir entre bactérias e vírus de DNA (por exemplo, hepatite B, herpes e varíola), vírus de RNA (por exemplo, gripe, sarampo e poliomielite), retrovírus (por exemplo, HIV, ebola, Sars e Sars-CoV-2) e doenças por príons (por exemplo, BSE ou doença da vaca louca). Os vírus são muito pequenos: alguns ácidos nucleicos em uma camada de moléculas de proteína. Os vírus que causam febre amarela, febre de Lassa, ebola, sarampo e poliomielite têm, cada um, menos de dez genes; aqueles que causam varíola e herpes têm, cada um, entre 200 e 400 genes. (As menores bactérias têm entre 5 mil e 10 mil.[57]) Os vírus podem entrar em todas as formas celulares de vida, desde protozoários até humanos. Uma vez dentro da célula, tendo evitado a resposta do sistema imunológico, sua missão é se replicar, muitas vezes com a ajuda do equipamento de fabricação de proteínas da célula hospedeira, e então se espalhar, seja destruindo a célula ou modificando-a.[58] Um ponto crítico é que a capacidade dos vírus (especialmente retrovírus) de sofrer mutação os torna antagonistas especialmente perigosos para nós, macacos sem pelos.[59]

A história da doença é uma interação prolongada entre patógenos em evolução, insetos ou portadores animais e redes sociais humanas. Temos evidências de infecção por malária em múmias egípcias de 3 mil anos e em livros chineses quase tão antigos, mas parece claro que a *Plasmodium falciparum* começou a infectar e matar humanos muito antes disso.[60] *P. falciparum* é a mais perigosa das cinco espécies de plasmódio, todos transmitidos por mosquitos, mais comumente as fêmeas do mosquito *Anopheles*. O bacilo mais mortal da história, *Yersinia pestis*, uma mutação de *Y. pseudotuberculosis*, que surgiu pela primeira vez na China há pelo menos dois mil e quinhentos anos,[61] também requer intermediários para infectar humanos, mas dois em vez de um: pulgas (especificamente *Xenopsylla cheopis*, embora a pulga humana, *Pulex irritans*, também pode ter desempenhado um papel na peste negra) e roedores, como os ratos, porque apenas em roedores a quantidade do bacilo atinge uma concentração suficiente para bloquear o estômago da pulga. Quando isso acontece, a pulga não consegue ingerir sangue, mas continua a se "alimentar" enquanto tenta saciar sua fome, regurgitando o sangue com o parasita. A picada de uma pulga infectada apresenta *Y. pestis*, que então atinge os gânglios linfáticos no pescoço, axila ou virilha. Porque *Y. pestis* dobra em número a cada duas horas, a peste bubônica, que rapidamente sobrecarrega o sistema imunológico, se espalha para a corrente sanguínea e causa hemorragias internas e cutâneas.[62] Mudanças genéticas relativamente pequenas poderiam (e podem) aumentar ou diminuir a virulência da peste.[63] Os três principais biótipos, ou "biovares", da peste bubônica são Antiqua, Medievalis e Orientalis, que parecem ser capazes de cruzar, trocando informações genéticas e, assim, variando sua virulência ao longo do tempo.[64] De forma crucial, *Y. pestis* mata pulgas de forma relativamente lenta. Além disso, as pulgas infectadas podem hibernar por até cinquenta dias em lençóis e outros materiais porosos. O bacilo mata roedores mais rapidamente, mas uma colônia de ratos que se reproduz de forma acelerada leva de seis a dez anos para ser aniquilada. Em uma população de roedores grande o suficiente, como as marmotas tarbagan de Qinghai, *Y. pestis* torna-se endêmico.

Dois micróbios que não precisam de insetos para disseminá-los são os que causam a tuberculose e a lepra, *Mycobacterium tuberculosis* e *Mycobacterium leprae*, respectivamente. A primeira é uma das bactérias mais lentas para se reproduzir, dobrando seu número em cerca de 24 horas, mas, quanto mais seres humanos se aglomeram, mais pessoas ela pode infectar. Muitas pessoas infectadas não vão além do estágio latente; aqueles que o fazem morrem pelo efeito destrutivo da doença nos pulmões, inesquecivelmente retratado no último ato *La Traviata*, de Verdi (1853). A tuberculose é transmitida pelo ar quando uma pessoa infectada tosse, espirra, fala ou cospe. A hanseníase espalha-se de maneira semelhante, mas os principais sintomas são manchas de pele descoloridas com sensibilidade reduzida devido a danos nos nervos. Por outro lado, a sífilis é uma infecção sexualmente transmissível causada pela bactéria *Treponema pallidum*. Sua progressão é prolongada. O primeiro estágio vê o aparecimento de cancros (pequenas manchas de ulceração da pele que não coçam). No estágio secundário, os treponemas se espalham para todos os órgãos do corpo, incluindo o sistema nervoso central. Ocorre, então, uma fase latente plurianual, sem sintomas. O estágio terciário está associado a sintomas de neurodegeneração crônica. Muito mais rápida é a progressão do tifo, também conhecido como febre do tifo, cuja versão mais epidêmica é causada pela bactéria *Rickettsia prowazekii*, transportada por piolhos corporais. Por último, mas não menos importante, das doenças bacterianas que serão apresentadas neste livro está o bacilo *Vibrio cholerae*, que pode se replicar a cada treze minutos e se espalha em água contaminada. Não é o bacilo em si que causa a cólera, mas a toxina que o bacilo produz (colerágeno), que danifica as membranas celulares que regulam a absorção de fluidos. A morte não ocorre por desidratação, tecnicamente, mas por "choque hipovolêmico não tratado com acidose metabólica".[65]

Pode-se dizer que, em especial, três doenças virais tiveram um papel histórico, no sentido de que seus impactos foram desastrosos. A varíola é – ou era – uma doença infecciosa causada por uma das duas variantes do vírus, *Variola major* e *Variola menor*, que surgiu há cerca de dez mil anos no nordeste da África. Textos chineses de 1122 a.C. relatam casos de varíola. Múmias egípcias, notavelmente Ramsés V (reinou de 1149-1145 a.C.), também parecem ter lesões semelhantes às da varíola. Os sintomas iniciais da doença incluíram febre e vômitos, depois vieram as feridas na boca e a horrível erupção na pele. A doença não precisava de intermediário: o portador se tornava infeccioso assim que as primeiras feridas surgiam e espalhava o vírus pela tosse ou espirro do vírus em gotículas. As próprias pústulas eram infecciosas: tocar nas roupas ou nos lençóis de um doente de varíola era perigoso. O risco de morte, medido pela taxa de mortalidade por infecção (IFR), era alto – cerca de 30%, e ainda maior para bebês. Os sobreviventes foram deixados com cicatrizes para o resto da vida – como Esther Summerson em *A casa soturna* (1853) – ou cegos. A varíola era menos contagiosa que a varicela: seu número de reprodução (R_0) estava perto de 5, em comparação com quase 10 para a varicela e 15 para o sarampo. Mas foi muito mais mortal e estima-se que matou 300 milhões de pessoas apenas no século XX, até sua erradicação na década de 1970 – a campanha de vacinação mais bem-sucedida da história, mas também a mais duradoura.[66]

A febre amarela, ao contrário, pode nunca ser erradicada. Transmitida pelo mosquito *Aedes aegypti*, o vírus pode infectar macacos e pessoas. Seus sintomas são febre, dores de cabeça e musculares, sensibilidade à luz, náuseas e tonturas, bem como vermelhidão no rosto, olhos ou língua. A varíola talvez tenha desaparecido, mas a febre amarela é endêmica em 44 países ao redor do mundo e infecta cerca de 200 mil pessoas por ano, das quais 30 mil morrem (IFR de 15%), principalmente por falência de órgãos.[67] Finalmente, há a gripe, a assassina metamorfa. Uma forma de ortomixovírus, a gripe tem três tipos (A, B e C), de acordo com as diferenças em sua proteína de matriz e nucleoproteína. O vírus da *influenza* A é ainda classificado em subtipos com base nas características das duas principais glicoproteínas de superfície, hemaglutinina (HA) e neuraminidase (NA). Três subtipos HA (H1, H2 e H3) e dois subtipos NA (N1 e N2) causaram epidemias de gripe. Doença respiratória que se espalha quando uma pessoa infectada tosse ou espirra, a gripe tem uma capacidade distinta de reorganizar seu material genético – RNA de fita simples que está presente no vírion como pequenos pedaços separados. À medida que o genoma se reorganiza, ocorrem pequenas alterações na configuração dos antígenos de superfície ("deriva antigênica"); no caso da *influenza* A, as alterações podem ser maiores ("deslocamento antigênico"). Também existe a possibilidade de rearranjo de genes após coinfecção com outra cepa humana ou um vírus aviário ou suíno.[68]

Três coisas, que começam no Neolítico, aumentaram a vulnerabilidade da humanidade a essas e muitas outras doenças infecciosas: assentamentos humanos cada vez maiores, maior proximidade de insetos e animais e aumento exponencial da mobilidade humana – para ser mais sucinto, urbanização, agricultura e globalização. As vilas e cidades, e os aposentos lotados a eles associados, têm sido fundamentais para o contágio das doenças que se propagam diretamente entre os humanos. Para muitos outros, no entanto, a presença de insetos e animais é essencial. Pelo menos oito doenças comuns originadas em animais domésticos (difteria, *influenza* A, sarampo, caxumba, coqueluche, rotavírus, varíola e tuberculose) e mais três em macacos (hepatite B) ou roedores (peste e tifo). Devemos agradecer a chimpanzés pela malária e pelo HIV, a ovelhas ou cabras pelo sarampo, a vacas (provavelmente) pela varíola e tuberculose, a roedores pelo tifo e pela peste bubônica, a macacos pela dengue e febre amarela, a pássaros e porcos pela gripe. As viagens de longa distância, seja para comércio ou guerra, têm garantido que qualquer novo patógeno por fim atravesse continentes e mares, espalhando doenças originalmente tropicais para climas temperados e vice-versa.[69]

Em outras palavras, não importa o quanto evoluam engenhosamente, os micróbios são tão bem-sucedidos em infectar seres humanos quanto as redes humanas permitem, incluindo as redes sociais que compartilhamos com animais. E, essencialmente, não importa o quanto sejamos engenhosos no desenvolvimento de profiláticos e remédios contra doenças, nossos esforços podem ser prejudicados por nossas redes. Quanto mais vivemos nas cidades, mais vulneráveis ao contágio nos tornamos. Quanto mais vivemos perto dos animais, mais vulneráveis às novas zoonoses nos tornamos. Quisemos domesticar ovelhas, vacas, galinhas, cães e gatos. Compartilhamos involuntariamente, muitas vezes, nossas casas com piolhos, pulgas, camundongos e ratos. Os morcegos – dos quais existem mais de mil espécies, e cujas comunidades vastas e populosas são especialmente adequadas para a evolução de novos vírus – podem não viver em nossa casa, mas frequentemente estão perto de habitações humanas. As culturas em que são vendidos vivem para obter sua carne, como veremos, e colocam a si mesmas e a seus parceiros comerciais em sério risco.[70] E, claro, quanto mais viajamos, mais vulneráveis às pragas nos tornamos.

Micróbios não pretendem nos matar, evoluíram apenas para se replicar. Vírus rapidamente letais, como os coronavírus que causam a síndrome respiratória aguda grave (Sars) ou a síndrome respiratória do Oriente Médio (Mers), não se proliferam porque suas vítimas ficam visivelmente doentes e, em seguida, muitas vezes morrem antes de infectar muitas outras pessoas. Como um grupo de cientistas observou de forma visionária em 2007: "Se a transmissão do patógeno for inerentemente prejudicial ao hospedeiro, a pressão seletiva atuará nele para equilibrar o benefício de uma transmissão mais elevada contra a perda de viabilidade do hospedeiro como resultado de uma virulência mais alta... A virulência será temperada para garantir que a população hospedeira não entre em declínio".[71]

PRAGAS ANTIGAS

A história das pandemias é, então, tanto uma história de redes sociais quanto uma história de evolução patogênica. Além disso, antes dos avanços científicos médicos do fim do século XX, havia muito pouco que podíamos fazer diante das doenças contagiosas, a não ser modificar nossas redes sociais para limitar a propagação. Isso se provou extremamente difícil, não apenas por causa de mal-entendidos sobre a natureza das doenças infecciosas, mas também porque os seres humanos parecem incapazes de modificar o bastante seus padrões de interação, mesmo quando, como na era moderna, assumem o risco representado por um micróbio invisível. Como resultado, as pandemias no passado levaram mais frequentemente à desintegração involuntária das redes sociais – e, às vezes, das estruturas políticas – do que à adaptação consciente e eficaz do comportamento coletivo.

Devemos o primeiro relato que temos de uma epidemia ao pai da historiografia, o ateniense Tucídides. O conflito entre Atenas e Esparta, escreveu Tucídides no capítulo de abertura de seu *História da Guerra do Peloponeso* (431 a.C.), "foi prolongado por uma extensão imensa e... foi... sem paralelo para os infortúnios que trouxe sobre a Hélade". Mas a guerra foi apenas um de uma série de desastres que aconteceram à Grécia:

> Nunca tantas cidades foram tomadas e devastadas... nunca houve tanto banimento e derramamento de sangue, ora no campo de batalha, ora na luta de facções... Houve terremotos de extensão e violência sem paralelo, eclipses do sol ocorreram com uma frequência não registrada na história anterior, houve grandes secas em diversos lugares e consequentes fomes, e a mais calamitosa e terrivelmente fatal visitação, a peste.[72]

Observe que, de todas as calamidades que se abateram sobre Tucídides e sua cidade, a praga – que a atingiu no segundo ano da guerra – foi a que ele considerou a "mais calamitosa". Segundo seu relato, ela se originou na Etiópia, espalhou-se pelo Egito até o porto de Pireu e dali para Atenas. A cidade era vulnerável porque, sob a liderança de Péricles, os atenienses haviam recuado para trás das muralhas da cidade, com a intenção de travar uma guerra principalmente naval. No entanto, a chegada da peste transformou Atenas em uma armadilha mortal. Cerca de um quarto da população morreu, incluindo Péricles, sua esposa e seus dois filhos. O próprio Tucídides também contraiu a doença, mas sobreviveu. Ele lembrou seus sintomas com uma precisão angustiante:

Pessoas com uma boa saúde foram subitamente atacadas por violentos calores na cabeça, vermelhidão e inflamação nos olhos. As partes internas, como garganta ou a língua, começaram a sangrar, emitindo um hálito anormal e fétido. Esses sintomas foram seguidos de espirros e rouquidão, após os quais a dor logo atingiu o peito e produziu uma forte tosse. Quando se fixou no estômago, incomodou; e descarregou bile de todos os tipos... seguiram-se, acompanhadas por uma grande aflição. Na maioria dos casos também se seguiu uma ânsia ineficaz, produzindo violentos espasmos... externamente, o corpo não era muito quente ao toque, nem pálido em sua aparência, mas avermelhado, lívido e explodindo em pequenas pústulas e úlceras. Mas internamente queimava de forma que o paciente não suportava ter sobre si roupas ou linhos, mesmo os mais leves; ou estar de outra forma que não completamente nu. O que eles mais gostariam de fazer seria se jogar na água fria; como de fato foi feito por alguns dos doentes negligenciados, que mergulharam nos tanques de chuva em suas agonias de sede insaciável, embora não fizesse diferença se eles bebiam pouco ou muito. Além disso, a péssima sensação de não poder descansar ou dormir nunca deixou de atormentá-los. Enquanto isso, o corpo não definhava enquanto a cinomose estava no auge, mas resistia à maravilha contra sua devastação, de forma que, quando eles sucumbiram, como na maioria dos casos, no sétimo ou oitavo dia à inflamação interna, ainda tinham alguma força neles. Mas se ultrapassassem esse estágio, e a doença descesse ainda mais para o intestino, induzindo uma ulceração violenta acompanhada de diarreia severa, isso causava uma fraqueza que geralmente era fatal. Pois a doença instalou-se primeiro na cabeça, percorreu daí o seu curso por todo o corpo e, mesmo onde não se revelou mortal, ainda deixou sua marca nas extremidades; pois ela se estabeleceu nas partes íntimas, dedos das mãos e dos pés, e muitos saíram dela com a perda desses, em alguns casos com a perda dos olhos. Outros foram novamente acometidos por uma perda total de memória em sua primeira recuperação e não reconheciam nem a si próprios nem a seus amigos.

Pássaros e animais geralmente evitavam cadáveres insepultos; aqueles que comeram os mortos pereceram.

Há muito se debate o que exatamente foi a praga ateniense. Costumava ser considerada um surto de peste bubônica, mas outros candidatos incluíram tifo, varíola e sarampo – até mesmo o ebola ou uma febre hemorrágica viral relacionada. Uma escavação em 1994-1995 revelou uma vala comum, com quase mil tumbas, datadas entre 430 e 426 a.C., nos arredores do antigo cemitério Kerameikos de Atenas. Alguns dos restos mortais parecem incluir sequências de DNA semelhantes às da *Salmonella entérica*, o organismo que causa a febre tifoide. Em todo caso, para os atenienses não havia remédio. "Tampouco eram os médicos capazes de qualquer serviço, por ignorantes que fossem sobre a maneira adequada de tratá-lo", escreveu Tucídides, "mas eles próprios morreram de forma mais densa, visto que visitavam os enfermos com mais frequência; nem nenhuma arte humana teve melhor sucesso. Súplicas nos templos, adivinhações e assim por diante foram consideradas igualmente fúteis, até que a natureza avassaladora do desastre finalmente pôs fim a todos... Não foi encontrado nenhum remédio específico que pudesse ser usado; pois o que fez bem em um caso, fez mal em outro... Homens [morreram] como ovelhas, por terem contraído a infecção cuidando uns dos outros. Isso causou uma grande taxa de mortalidade." A única descoberta significativa foi que aqueles que sobreviveram ficaram subsequentemente imunes, "pois o mesmo homem nunca fora recontaminado duas vezes – nunca, pelo menos não fatalmente".

Vemos aqui o primeiro exemplo do que se tornará um padrão familiar. Uma das sociedades mais avançadas e densamente povoadas do mundo foi derrubada por um novo patógeno. A praga voltou mais duas vezes, em 429 e no inverno de 427-426. Diante dessa morte em massa, a ordem social e cultural se desfez:

> Quando o desastre ultrapassou todos os limites, os homens, sem saber o que lhes aconteceria, tornaram-se totalmente descuidados com tudo, fosse sagrado ou profano. Todos os ritos funerários antes em uso foram totalmente descartados... Os homens agora aventuravam-se friamente no que haviam feito anteriormente em um canto... vendo as rápidas transições produzidas por pessoas em prosperidade morrendo repentinamente e aqueles que antes não tinham nada sucedendo-se em suas propriedades. Resolveram então gastar tudo rapidamente e se divertir, considerando suas vidas e riquezas apenas como coisas do dia a dia. A perseverança no que os homens chamavam de honra não

era popular com ninguém, era tão incerto se seriam poupados para atingir o objetivo, mas ficou decidido que a satisfação presente, e tudo o que contribuía para ela, era honrosa e útil. Nem o medo dos deuses ou da lei do homem era capaz de contê-los. Quanto ao primeiro, julgaram que não fazia diferença se eles os adoravam ou não, visto que viram todos perecerem; e, por último, ninguém esperava viver para ser levado a julgamento por suas ofensas, pois cada um sentiu que uma sentença muito mais severa já havia sido proferida sobre todos eles e pairava sobre suas cabeças, e antes que isso acontecesse parecia razoável aproveitar a vida um pouco mais.

O desrespeito pela religião e pela lei também minou a famosa democracia da cidade, levando a uma redução de residentes não cidadãos e, finalmente, a um período de oligarquia em 411, embora a democracia tenha sido restaurada logo depois, porém com algumas novas restrições judiciais. E, talvez inevitavelmente, Atenas perdeu a Guerra do Peloponeso. Conhecer essa história torna a terrível tragédia de Édipo Rei mais inteligível.

Em comparação com a Atenas de Péricles, a Roma do segundo século d.C. era uma sociedade muito maior e mais complexa – e, consequentemente, ainda mais vulnerável a um novo patógeno. Em seu auge, o Império Romano abrangia cerca de 70 milhões de pessoas, talvez um quarto de todos os humanos vivos naquela época. Já altamente suscetíveis a infecções gastrointestinais e malária, os romanos parecem ter sofrido a primeira grande epidemia de varíola no inverno de 165-166, durante o reinado do imperador-filósofo Marco Aurélio (que reinou de 161-180).[73] Os romanos acreditavam que haviam causado a praga ao saquearem o templo de Apolo em Selêucia durante a guerra contra os partas; na realidade, os soldados que retornavam podem ter trazido a doença com eles ou ela pode ter acompanhado escravos trazidos da África. De acordo com Galeno, a doença afligia jovens e velhos, ricos e pobres, mas os escravos eram afetados de forma desproporcional (todos os de Galeno morreram). Os sintomas eram febre, sede, vômito, diarreia e uma erupção escura na pele. A praga persistiu até cerca de 192, reduzindo drasticamente as populações desde o Egito até Atenas, deixando cidades e vilas desoladas e encorajando ataques de tribos germânicas, especialmente ao longo do Danúbio. "Durante algum tempo", observou Gibbon, "5 mil pessoas morriam diariamente em Roma, e muitas cidades, que escaparam das mãos dos bárbaros, foram totalmente despovoadas".[74] Estudiosos modernos estimam um número de mortos entre 10% e 30% da população imperial.[75] Há evidências de uma desaceleração significativa da atividade econômica (indicada por uma queda acentuada no corte de árvores) como consequência. O exército romano foi reduzido "quase... à extinção" em 172, de acordo com uma fonte da época.[76] A epidemia também pode ter estimulado a disseminação do cristianismo por todo o império, porque o cristianismo não apenas ofereceu uma explicação para as catástrofes – como punição de Deus a uma sociedade pecaminosa –, mas também encorajou alguns comportamentos que levaram à sobrevivência desproporcional dos fiéis.[77]

No entanto, o Império Romano resistiu a esse choque, assim como resistiu à peste de Cipriano (249-270), um surto de febre hemorrágica que pode ter matado entre 15% e 25% da população do império. Foi outra pandemia posterior que tendeu a ser vista como o golpe mortal para o império: a peste de Justiniano, um surto de peste bubônica que começou na cidade egípcia de Pelusium, perto da moderna Porto Said, em 541, atingiu Constantinopla no ano seguinte, chegou a Roma em 543 e atingiu a Bretanha em 544. Eclodiu novamente em Constantinopla em 558, uma terceira vez em 573 e novamente em 586. De fato, como a peste negra do século XIV, a peste de Justiniano se repetiu várias vezes por quase dois séculos. Podemos ter certeza de que era a peste bubônica pelas descrições detalhadas do historiador Procópio (aqui na paráfrase de Gibbon):

> A maior parte, nas suas camas, nas ruas, na sua ocupação habitual, foi surpreendida por uma ligeira febre, tão leve, de fato, que nem o pulso nem a cor do paciente davam qualquer sinal do perigo que se aproximava. No que estava por vir, ele era declarado pelo inchaço das glândulas, particularmente as da virilha, das axilas e sob a orelha e, quando esses bubões ou tumores foram abertos, descobriu-se que continham carvão ou algo como uma substância escura, do tamanho de uma lentilha. Se apresentassem apenas um inchaço e supuração, o paciente era salvo por isso e pela e descarga natural do humor mórbido. Mas, se continuassem duros e secos, uma mortificação rapidamente se seguiria, e o quinto dia era comumente o termo de sua vida. A febre costumava ser acompanhada de letargia ou delírio, os corpos dos enfermos ficavam cobertos de pústulas escuras ou carbúnculos, sintomas

de morte imediata, e nas constituições débeis demais para produzir uma irrupção, o vômito de sangue era seguido pela mortificação das entranhas... Muitos dos que escaparam foram privados do uso da palavra, sem estar seguros de um retorno da doença.

Como a Atenas de Tucídides, a Constantinopla de Justiniano entrou em colapso. Os médicos ficaram desamparados, os ritos fúnebres foram abandonados, corpos jaziam nas ruas até que valas comuns pudessem ser cavadas. Durante a própria doença do imperador, como observou Gibbon, "a ociosidade e o desânimo ocasionaram uma escassez geral na capital do Oriente".[78] No entanto, "nenhuma restrição foi imposta ao livre e frequente intercâmbio das províncias romanas: da Pérsia à França, as nações foram misturadas e infectadas por guerras e emigrações, e o odor pestilento que se esconde por anos em um fardo de algodão foi importado, pelo abuso do comércio, para as regiões mais distantes... Espalhou-se da costa marítima para o interior do país: as ilhas e montanhas mais isoladas foram sucessivamente habitadas, os lugares que haviam escapado à fúria de sua primeira passagem foram os únicos expostos ao contágio do ano seguinte".[79]

O quanto foi letal a peste de Justiniano? Gibbon não ofereceu nenhuma contagem de cadáveres, observando apenas "que, durante três meses, 5 e, finalmente, 10 mil pessoas morriam todos os dias em Constantinopla, que muitas cidades do Oriente foram deixadas vazias e que em vários distritos da Itália a colheita e a safra murcharam no chão". Há muito se afirma que a praga resultou na morte de entre um quarto e metade da população da região do Mediterrâneo, embora uma pesquisa recente de fontes não textuais (por exemplo, papiros, moedas, inscrições e arqueologia do pólen) tenha deixado dúvidas sobre esse enorme número de mortos.[80] No entanto, a praga interrompeu a campanha de Justiniano para restaurar o Império Romano ocidental, que havia sido invadido por tribos germânicas um século antes, deixando o caminho livre para os lombardos invadirem o norte da Itália e estabelecerem um novo reino lá. É exagero atribuir o declínio final de Roma a essa pandemia, como veremos.[81] No entanto, a extensão da perturbação nas finanças e nas defesas do império parece ter sido profunda. E, como Gibbon observou, a falta de quaisquer barreiras às relações sociais e comerciais garantiu que a praga causasse danos máximos:

Os concidadãos de Procópio ficaram satisfeitos, por alguma experiência curta e parcial, que a infecção não poderia ser adquirida por uma conversa mais próxima: e essa persuasão poderia apoiar a assiduidade de amigos ou médicos no cuidado dos enfermos, a quem a prudência desumana poderia condenar à solidão e ao desespero. Mas a segurança fatal... deve ter ajudado no progresso do contágio.[82]

A DANÇA DA MORTE

Como, então, devemos explicar a pior pandemia da história humana, a peste negra de meados do século XIV: uma recorrência catastrófica da peste bubônica que devastou o Império Romano oito séculos antes? Parece haver um paradoxo óbvio: a Europa que ela atingiu não estava mais integrada em um único império (embora um com bárbaros nos portões), mas estava mais fragmentada politicamente do que em qualquer momento de sua história registrada. A Europa em 1340 era uma colcha de retalhos de reinos, principados, ducados, bispados e numerosas cidades-estados autônomas ou semiautônomas. Olhar um mapa do continente na véspera da peste negra é ser atingido por uma pergunta simples: se as pandemias precisam de grandes redes para espalhar um patógeno contagioso, como a peste negra foi possível?

A resposta é que a geografia política de um continente é um péssimo guia para sua estrutura de rede social. Em primeiro lugar, a população do mundo era provavelmente cerca de uma vez e meia o que era na época do imperador Justiniano (329 milhões em 1300, em comparação com 210 milhões em 500). A população europeia dobrou rapidamente, para cerca de 80 ou 100 milhões, entre 1000 e 1300. A população da Inglaterra aumentou de cerca de 2 milhões em 1000 para mais de 7 milhões em 1300, embora haja evidências de algum declínio nas três décadas antes da peste negra, provavelmente por causa de fatores climáticos, falhas na colheita e uma verificação malthusiana. Em segundo lugar, havia significativamente mais cidades na Europa Ocidental no século XIV do que no século VI. Cada cidade pode ser considerada uma aglomeração na rede. Os "laços fracos" entre as aglomerações eram proporcionados pelo comércio e pela guerra. Isso ajuda a explicar por que a peste bubônica se espalhou com muito mais rapidez e foi muito mais mortal na Europa do que no Leste Asiático, onde se originou. Tão esparsas eram as redes sociais em grande parte da Ásia – tão poucos eram os laços entre as aglomerações de assentamentos ali – que essa doença altamente infecciosa levou quatro anos para viajar pela Ásia, a um ritmo de pouco mais de 950 quilômetros por ano.[83] O impacto foi muito diferente na Europa, onde a doença se espalhou pela Inglaterra no espaço de um ano.[84] Testes em evidências de DNA de locais da peste na Bélgica, Inglaterra, França e Alemanha mostram que diferentes cepas dela se espalham ao longo de diferentes rotas.[85] Além disso, a peste veio em várias ondas: na Inglaterra, após o primeiro e maior surto, uma segunda onda veio em 1361-1362, seguida por uma terceira em 1369 e uma quarta em 1375.

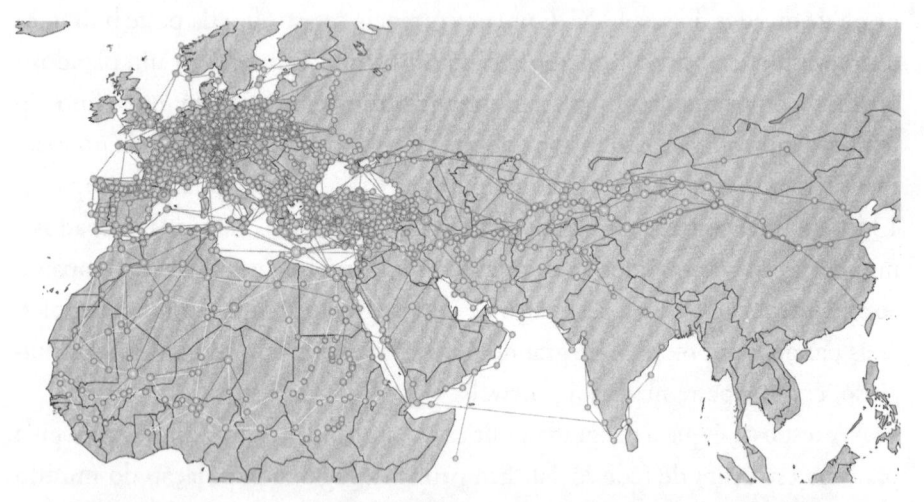

Rede de rotas de peregrinação e comércio que conectava cidades europeias e asiáticas no século XIV. O tamanho da bolha é proporcional ao valor de centralidade das cidades. Os elos escuros indicam rotas comerciais e os *links* brancos indicam rotas de peregrinação.

Entre um terço e três quintos da população da Europa morreram. Na Itália, cerca de cem cidades foram totalmente despovoadas, incluindo Arezzo (população em 1300, 18 mil) e Salerno (13 mil). A população de Gênova (60 mil residentes em 1300) caiu 17%, as de Veneza e Florença (cada uma com cerca de 110 mil) caíram, respectivamente, 23% e 66%, e as de Milão (150 mil), 33%.[86] A população da Inglaterra já havia começado a diminuir no início do século XIII. Depois de atingir 7 milhões em 1300, por volta de 1450, após sucessivas ondas de peste, voltou a cair para 2 milhões.[87] O historiador Mark Bailey estima que metade dos camponeses proprietários de terras e um quarto dos proprietários magnatas de terras morreram, seja como resultado da peste negra ou das adversidades que se seguiram a ela. Os registros do tribunal senhorial revelam que os inquilinos de terras não livres foram o grupo social mais atingido.[88]

Outras influências explicam o impacto excepcionalmente letal da peste negra na Europa. O clima certamente desempenhou um papel importante.[89] As mortes em todas as múltiplas ondas de peste na Europa atingiram o pico nos meses mais quentes do ano, já que as temperaturas do verão favorecem mais a pulga *Xenopsylla cheopis*.[90] O clima mais úmido também aumentou a prevalência de *Yersinia pestis*.[91] Por outro lado, os cinco principais eventos vulcânicos entre 1150 e 1300 (ver capítulo 3) podem ter contribuído para as temperaturas abaixo da média e as colheitas ruins que deixaram a população vulnerável. Na Inglaterra, por exemplo, uma forte onda de frio e chuvas anormalmente fortes causaram quatro falhas consecutivas na colheita após 1347. Além da peste bubônica peste pneumônica e a peste septicêmica, que têm uma taxa de mortalidade por infecção mais alta (perto de 100%), quase certamente contribuíram para o grande número de mortos.[92]

No entanto, de igual importância foram as conexões de rede da Europa para a Ásia e entre os centros comerciais europeus. A idade de ouro da cidade toscana de Siena, de cerca de 1260 a 1348, coincidiu com a ascensão e queda do Império Mongol. Foi uma época em que os mercadores de Siena viajavam até Tabriz para comprar sedas da Ásia Central, uma época em que o papa recebia emissários do imperador Yuan, Toghon Temür. Perdido há muito tempo, o enorme e giratório *Mappamondo* do artista Ambrogio Lorenzetti mostrava Siena no centro de uma rede comercial que se estendia pela Eurásia. Precisamente essa rede de comércio forneceu os vetores ao longo dos quais a peste negra foi transmitida.[93] Na Itália, cidades maiores tiveram mortalidade mais alta.[94] As cidades maiores tendem a ser aquelas, especialmente os portos, com acesso ao transporte aquaviário.[95] Isso parece ter acontecido em toda a Europa.[96] Na terminologia da ciência das redes, as cidades com maior centralidade na rede de comércio (e de peregrinação religiosa) foram as mais atingidas pela peste.[97] Finalmente, os historiadores sociais precisam ocasionalmente lembrar que as guerras são importantes. A Guerra dos Cem Anos começou em 24 de junho de 1340, com a destruição da frota francesa na Batalha de Sluys pela expedição naval de Eduardo III. Seis anos depois, Eduardo lançou uma invasão através do canal, capturando Caen e marchando para Flandres, infligindo uma pesada derrota ao exército de Filipe VI em Crécy e prosseguindo para conquistar Calais. O aliado do rei francês, Davi II da Escócia, invadiu a Inglaterra, apenas para ser derrotado em Neville's Cross (17 de outubro de 1346). Em 1355, o filho de Eduardo III, o "Príncipe Negro", liderou outra força na França, conquistando outra grande vitória inglesa em Poitiers (19 de setembro de 1356). Uma terceira invasão inglesa não correu tão bem, levando a uma paz temporária (Tratado de Brétigny, 8 de maio de 1360). A guerra recomeçou em 1369 e continuou intermitentemente até 1453. Uma história semelhante pode ser contada sobre a Itália. Nas décadas de 1340 e 1350, apenas para dar um exemplo, a República de Veneza travou uma sucessão de batalhas na Dalmácia contra Luís I da Hungria e seus aliados, bem como contra a república rival de Gênova. Exatamente como na época romana – e como continuaria a ser verdade nos seis séculos seguintes da história europeia –, os exércitos marcharam de bruços, causando a fome aonde quer que fossem, mas a peste cavalgava em suas costas.

Os historiadores há muito debatem as consequências econômicas, sociais e políticas da peste negra. Uma recente pesquisa argumenta que, ao contrário das grandes guerras, as pandemias tendem a reduzir as taxas de juros reais e aumentar os salários reais.[98] A imagem é mais turva do que isso implica, até porque guerra e peste frequentemente coincidiam. Parece óbvio pela teoria econômica – e é confirmado por pelo menos alguns dados históricos da Inglaterra e do norte da Itália – que tal redução drástica na população deve ter criado escassez de mão de obra, quase dobrando os salários reais e reduzindo as taxas de retorno sobre a terra de mais de 10% a cerca de 5%.[99] No entanto, a pesquisa mais recente sobre a experiência inglesa sugere algumas correntes cruzadas importantes, minando a velha visão de que os trabalhadores camponeses – aqueles que sobreviveram – foram os beneficiários da calamidade. O pico pós-peste nos preços das *commodities* – especialmente para o sal, cujo preço subiu sete vezes de 1347 a 1352 – significou que os salários reais dos sobreviventes não foram inicialmente muito melhorados pelo "maior choque de mão de obra com relação à oferta da história". Por exemplo, o preço dos grãos na Inglaterra saltou 230% acima da média de longo prazo em 1370, graças ao mau tempo e às más colheitas. Uma "varíola" não identificada também estava matando ovelhas, porcos e gado, o que elevou os preços do gado. Tudo isso, combinado com a escassez crônica de equipamentos agrícolas (enxadas e arados), significava miséria para quem a peste não matava. O custo de vida dos trabalhadores permaneceu alto por vinte anos após a peste, caindo apenas no fim da década de 1380.[100]

No entanto, a médio prazo, houve melhorias significativas na sorte de homens e mulheres ingleses comuns que sobreviveram à peste negra. A competição por trabalho entre proprietários e outros empregadores enfraqueceu os esforços do governo para regular os salários. Uma crescente monetização da economia inglesa e uma mudança em direção a aluguéis fixos anuais começaram a romper a associação feudal entre posse de terra e servidão. Depois da peste negra, uma parte crescente das pessoas que trabalhavam na terra era de homens livres – aqueles pequenos fazendeiros que se tornariam a espinha dorsal da estrutura social inglesa pré-industrial. Houve uma mudança na produção de grãos para o trigo e a cevada e um aumento significativo na pecuária, que exigia menos mão de obra que a produção agrícola. O consumo *per capita* de cerveja disparou após a peste, concentrando a produção em cervejarias de grande escala cada vez mais eficientes. Havia fabricação maior de artigos de lã e couro. Mais pessoas se mudaram do campo para as cidades à medida que ex-servos procuravam emprego na indústria, enquanto as jovens solteiras conseguiam empregos como domésticas. Depois da peste negra, também, vemos o surgimento de um padrão distinto de casamento no noroeste da Europa, de primeiros casamentos atrasados, fertilidade mais baixa e uma população maior de mulheres solteiras. Tudo isso (que também ocorreu na Flandres e nos Países Baixos) contrastava marcadamente com as tendências do sul e do leste da Europa, onde a peste negra foi seguida por uma consolidação do feudalismo, garantindo que a servidão, *de facto*, senão *de jure*, persistiria por mais cinco séculos.

Uma consequência surpreendente da peste negra na Inglaterra foi que ela fortaleceu, em vez de enfraquecer, o Estado inglês. Diante da escassez crônica de alimentos e mão de obra, a Coroa instituiu controles de preços e salários em 1351. Para compensar os aluguéis perdidos das terras reais, elevou a carga tributária *per capita* para o triplo do que era no início da década de 1340. Ao mesmo tempo, o Estatuto dos Trabalhadores de 1351 obrigava todo homem apto a trabalhar e impunha novas formas de punição (como pelourinhos e troncos) por "vadiagem", em um esforço não tanto para manter a ordem quanto para reduzir a mobilidade da mão de obra.[101] Tomados em conjunto, isso provou ser um exagero e culminou na Revolta dos Camponeses de 1381, que não fez apenas camponeses, mas também vilões, burgueses e mercadores pegarem em armas.

No entanto, o principal alvo dos rebeldes não era a autoridade real, na pessoa de Ricardo II, mas os tribunais senhoriais e eclesiásticos intermediários dos senhores e clérigos locais, cujos registros eram frequentemente escolhidos para serem destruídos. Nas palavras de Bailey, isso foi "uma limpeza dos estábulos, em vez de uma derrubada revolucionária do sistema", revelando "a comovente fé das classes mais baixas na justiça real".[102] Como a maioria das rebeliões medievais, a Revolta dos Camponeses fracassou. O Estatuto de Cambridge de 1388 impôs ainda mais restrições à mobilidade e à atividade de grande parte do campesinato.[103] Por outro lado, houve melhorias significativas no estado de direito inglês. O Estatuto dos Trabalhadores criou o gabinete do juiz de paz, magistrados locais cujo papel duraria até as reformas legais dos anos 1970. Embora restritivo em seu conteúdo, o direito comum da vilania promoveu a ideia de precedência escrita, estabeleceu a importância das provas legais, criou as normas do devido processo e reduziu o escopo do comportamento arbitrário dos senhores, proporcionando proteções legais significativamente maiores aos camponeses.[104]

Uma geração anterior de medievalistas, como Michael Postan – que também nasceu na Bessarábia czarista (hoje Moldávia) –, tendia a ver a Inglaterra medieval como precursora da Rússia de Alexandre II, mas com o fim da servidão tendo uma sequência mais feliz. Seus sucessores hoje estão mais inclinados a buscar profundas continuidades do individualismo e das instituições inglesas. Isso pode significar subestimar a natureza contingente dos eventos políticos nos três séculos entre a peste negra e a Revolução Gloriosa, que repetidamente chegaram perto de mudar o curso da história inglesa. Visto pelas lentes da ciência das redes, as autoridades inglesas foram sábias ao tentar restringir a mobilidade na década de 1350. Como vimos, foi precisamente a mobilidade geográfica relativamente alta dos ingleses que garantiu a rápida disseminação da peste. Também na Itália, as cidades-estados procuraram limitar o movimento, pagando subsídios aos que não podiam trabalhar e impondo quarentenas.[105] No entanto, tornar essas medidas eficazes era outra questão. Os ricos não foram facilmente dissuadidos de fugir para seus retiros rurais, como as sete moças e três rapazes n'*O Decamerão*. De acordo com Baldassarre Bonaiuti, o diplomata florentino também conhecido como Marchionne di Coppo Stefani, "Muitas leis foram aprovadas para que nenhum cidadão pudesse deixar [Florença] por causa da dita praga. Pois temiam que os *minuti* [literalmente, os miúdos] não saíssem, e se levantassem, e os descontentes se unissem a eles... [Mas] era impossível manter os cidadãos na cidade... pois é sempre assim que grandes e poderosas feras pulam e quebram cercas".[106] De forma mais problemática, a crise de fé religiosa e confiança social provocada por esse evento levou a uma pandemia paralela da mente – e isso, por sua vez, produziu novas e perigosas formas de mobilidade.

Não devemos subestimar o fermento religioso gerado pela peste negra. Movimentos heréticos surgiram ou foram revividos, como no caso do lollardismo na Inglaterra. Os mais espetaculares foram as ordens flagelantes, homens que buscavam repelir a retribuição divina da peste com atos de penitência e autoimolação. Começando na Hungria no fim de 1348, o movimento espalhou-se pela Alemanha e depois por Brabante, Hainaut e Flandres. Os flagelantes moviam-se em grupos de 50 a 500 pessoas. "Em Tournai, um novo bando chegava a cada poucos dias, de meados de agosto ao início de outubro", escreveu Norman Cohn, o historiador desse movimento extraordinário. "Nas primeiras duas semanas do período chegaram bandos de Bruges, Ghent, Sluys, Dordrecht e Liège. Então, a própria Tournai se juntou e enviou um bando na direção de Soissons."[107] Quando os burgueses de Erfurt se recusaram a abrir seus portões aos flagelantes, 3 mil deles acamparam do lado de fora. Chamando a si mesmos de Portadores da Cruz, Irmãos Flagelantes ou Irmãos da Cruz, usavam túnicas brancas com uma cruz vermelha na frente e nas costas, e no capacete uma semelhante. Cada bando tinha um "mestre" ou "pai" – um leigo, mas que ouvia confissões e impunha penitências. Cada procissão durou trinta e três dias e meio, durante os quais os flagelantes não se banharam, se barbearam, trocaram de roupa ou dormiram em camas. Todo contato com mulheres foi proibido. Ao chegar a uma cidade, os irmãos dirigiam-se à sua igreja, formavam um círculo e prostravam-se com os braços estendidos como se estivessem numa cruz. Ao comando do mestre – "Levanta-te, pela honra do puro martírio" –, eles se levantavam e se espancavam com açoites de couro com pontas de ferro, cantando hinos enquanto o faziam, periodicamente caindo de volta ao chão "como se atingidos por um raio". Esse ritual era realizado todos os dias, duas vezes em público e outra em privado. Multidões se formavam onde quer que os flagelantes se flagelassem, e seus esforços para evitar mais punições divinas eram bem-vindos.

Vemos aqui como uma pandemia de doença infecciosa pode facilmente precipitar uma pandemia de comportamentos extremos, que por sua vez desestabiliza ainda mais a ordem social. Pois os flagelantes eram um movimento milenar com uma agenda potencialmente revolucionária que cada vez mais desrespeitava a autoridade do clero e dirigia a ira popular contra as comunidades judaicas, que eram acusadas de espalhar intencionalmente a praga ou de convidar a retribuição divina por seu repúdio a Cristo. Comunidades judaicas foram brutalmente massacradas em várias cidades, notadamente em Frankfurt (julho de 1349), Mogúncia e Colônia (agosto). (Um "pogrom" anterior em Estrasburgo, onde os judeus foram queimados até a morte em um horrível "auto de fé", não parece ter envolvido flagelantes.)[108] Massacres semelhantes de judeus ocorreram na Espanha, França e nos Países Baixos.[109] A onda de violência terminou apenas depois de outubro de 1349, quando o Papa Clemente VI emitiu uma bula condenando os flagelantes.[110] Tudo isso testemunha a convulsão social e cultural criada pela peste negra. Os historiadores, entretanto, tendem a não perceber que o perigo mais fundamental que os flagelantes representavam era precisamente sua mobilidade e, portanto, sua capacidade de espalhar a peste.

Em uma extensão que achamos difícil de imaginar, surtos de peste bubônica ocorreram na Europa de meados do século XIV ao início do século XVIII. Em 1629, Veneza perdeu cerca de 48% de sua população depois que a peste passou por Mântua e Milão e entrou na cidade.[111] *I promessi sposi* (*Os noivos*, publicado pela primeira vez em 1827), de Manzoni, baseia-se na última grande praga em Milão, em 1630. A praga aparece nas peças de Shakespeare, mas principalmente como um contexto familiar, necessitando apenas de alusões ("Uma praga em ambas as casas!", "É tão rápido assim alguém pegar a praga?"), não explicações. Apenas em *Romeu e Julieta* ela contribui para a trama: Romeu não recebe a mensagem crucial sobre a droga que simulará a morte de Julieta porque o frade franciscano encarregado de entregá-la é colocado em quarentena à força. Durante a vida de Shakespeare, Londres foi atingida pela peste em 1582, 1592-1593, 1603-1604, 1606 e 1608-1609, com frequência fechando os teatros onde suas peças eram apresentadas.[112]

Em 1665, menos de cinquenta anos após a morte de Shakespeare, a praga novamente atingiu Londres, uma epidemia famosa reinventada, meio século depois do fato, por Daniel Defoe.[113] O interesse de Defoe pelos eventos de 1665 foi mais do que histórico: apenas dois anos antes da publicação de seu *Diário do ano da peste* (1722), um terço da população de Marselha morreu em mais um surto de peste. Defoe estava de fato contribuindo para um debate em tempo real sobre a melhor forma de evitar outra epidemia na Inglaterra, assim como Richard Mead, que também produziu *Short Discourse Concerning Pestilential Contagion, and the Methods to Be Used to Prevent It [Breve discurso sobre o contágio pestilencial e os métodos a serem usados para evitá-lo]*, (1720). Foi com base no conselho de Mead que o Conselho Privado recomendou, e o Parlamento aprovou, a Lei de Quarentena de 1721, que estendeu consideravelmente os poderes do governo além da Lei de Quarentena de 1710.[114]

O *Diário* de Defoe descreve o impacto agora familiar da peste bubônica no sentimento popular:

> As apreensões do povo também foram estranhamente aumentadas pelo erro dos tempos, nos quais, eu acho, as pessoas, de qual princípio eu não posso imaginar, ficaram mais viciadas em profecias e conjurações astrológicas, sonhos ou superstições do que nunca antes ou desde então: se esse temperamento infeliz foi originalmente criado pelas Loucuras de algumas pessoas que ganharam dinheiro com isso, isto é, imprimindo Predições e Prognósticos que não conheço, mas, com certeza, esse livro os assustou terrivelmente.[115]

Os exemplos que ele fornece deixam claro que os londrinos do século XVII estavam tão prontos quanto os romanos do século VI ou os alemães do século XIV para inferir causas sobrenaturais e, portanto, remédios para a peste. Defoe deixa claro seu ceticismo:

> Estou falando da peste como uma doença que surge de causas naturais... propagada por meios naturais... É evidente que, no caso de uma infecção, não há ocasião aparentemente extraordinária para operação sobrenatural, mas o curso normal das coisas parece suficientemente armado, e tornado capaz de todos os efeitos que o céu normalmente dirige por um contágio. Entre essas Causas e Efeitos, esta da secreta Transmissão de Infecção, imperceptível e inevitável, é mais que suficiente para executar a Fúria da Vingança divina, sem colocá-la sobre o Sobrenatural e o Milagre.[116]

Observe aqui o fenômeno, que encontraremos novamente, da dupla pandemia: a biológica e a informacional. No entanto, também fica claro pelo texto de Defoe, bem como pelas autoridades mais confiáveis por ele citadas, que ele não tinha uma compreensão real da epidemiologia da peste bubônica, acreditando que "a calamidade se espalhou por infecção, ou seja, por alguns certos Vapores, ou Fumos, que os Médicos chamam de *Effluvia*, pela Respiração, ou pelo Suor, ou pelo Fedor das Feridas das Pessoas Enfermas".[117]

Às vezes – frequentemente – estamos certos pelos motivos errados. O historiador Edward Gibbon nasceu em 1737, seis anos após a morte de Defoe. Lendo o comentário de Gibbon sobre a peste de Justiniano mais de um milênio antes, ficamos surpresos ao perceber que Gibbon entende as causas da peste bubônica somente um pouco melhor do que Procópio.

> Os ventos podem difundir esse veneno sutil; mas... tal era a corrupção universal do ar que a peste que irrompeu no décimo quinto ano de Justiniano não foi contida ou aliviada por qualquer diferença das estações. Com o tempo, sua primeira malignidade foi diminuída e dispersa, a doença definhava e revivia alternadamente, mas somente no fim de um calamitoso período de cinquenta e dois anos é que a humanidade recuperou sua saúde, ou o ar retomou sua qualidade pura e salubre.[118]

As precauções salutares a que Gibbon se referia com tanta condescendência eram as quarentenas e outras restrições ao movimento das pessoas em tempos de contágio. Defoe também entendeu a importância de tais medidas. "Se a maioria das pessoas que viajaram [não] o tivesse feito", escreveu ele sobre o surto de 1665, "a praga não teria sido levada a tantos cidades interioranas e casas, como foi, para o grande dano e, de fato, para a ruína de muitas de pessoas".[119] Ele também observou, com aprovação, entre as ordens publicadas pelo lorde prefeito e por vereadores da cidade de Londres durante a peste, a tentativa de regular a "multidão de patifes e mendigos errantes, que enxameiam em todos os lugares da cidade, sendo uma grande causa da propagação da infecção" e as proibições de "todas as diversões, armadilhas para ursos, jogos, canto de baladas, jogos de combate ou motivos de aglomerações semelhantes", bem como "festas públicas" e "embebedar-se de forma desordenada nas tabernas".[120]

Com frequência ainda se afirma que foi o progresso do conhecimento científico que ajudou a humanidade a dissipar, ou pelo menos conter, a ameaça de infecções letais. Um exame mais atento do registro histórico revela que, começando na Renascença, os homens descobriram a eficácia das quarentenas, do distanciamento social e de outras medidas agora chamadas de "intervenções não farmacêuticas" muito antes de compreenderem adequadamente a verdadeira natureza das doenças que eles procuravam contra-atacar. Foi o suficiente para interromper, mesmo que imperfeitamente, as redes sociais da época – globais, nacionais e locais –, para retardar a disseminação dos micróbios ainda desconhecidos e imprevistos.

5

A ILUSÃO DA CIÊNCIA

Então, vem agora
Minha senhora Influenza...
— Rupert Brooke

MOSQUITO OU HOMEM

Sir Rubert William Boyce, um dos fundadores da Escola de Medicina Tropical de Liverpool, disse-o de forma sucinta. O título de seu livro de 1909 era *Mosquito or Man* [*Mosquito ou homem*], o subtítulo, *A conquista do mundo tropical.* "O Movimento da Medicina Tropical", escreveu ele, "agora se espalhou por todo o mundo civilizado... Pode-se dizer sem exagero que o mundo tropical está sendo conquistado de forma constante e segura. Os três grandes flagelos dos trópicos transportados por insetos – os maiores inimigos que a humanidade já teve de enfrentar, a saber, a malária, a febre amarela e a doença do sono – estão agora totalmente sob controle e cedendo... O mundo tropical está se revelando mais uma vez para os pioneiros do comércio... Essa conquista prática está destinada a agregar uma vasta fatia do globo terrestre, de inimaginável produtividade para os domínios e atividades [do público britânico]". Essas opiniões eram comuns há pouco mais de um século, no ápice confiante dos impérios europeus. "O futuro do imperialismo", escreveu

John L. Todd, um colega de Boyce em Liverpool, em 1903, "depende do microscópio".[1]

A ideia de uma "conquista" científica do mundo natural – de uma vitória árdua, mas em última análise conclusiva do homem (e do microscópio) sobre o mosquito – é quase irresistível, mesmo que não pensemos mais no imperialismo como beneficiário. Em um trabalho anterior, eu mesmo não hesitei em descrever a medicina moderna como uma das "seis aplicações formidáveis" da civilização ocidental.[2] No entanto, é possível reformular essa história familiar de um jeito um tanto diferente: não como uma série de triunfos médicos diretos, mas como algo mais parecido com uma briga de gato e rato entre a ciência, de um lado, e o comportamento humano, do outro. Para cada dois passos à frente que pessoas com microscópios foram capazes de dar, a raça humana se mostrou capaz de dar pelo menos um passo para trás – constante, embora inconscientemente, otimizando redes e comportamento para acelerar a transmissão de patógenos contagiosos. Como resultado, narrativas triunfalistas sobre o fim da história médica foram repetidamente desmentidas: pela gripe "espanhola" de 1918-1919, pelo HIV/aids e, mais recentemente, pela Covid-19

IMPÉRIOS DA INFECÇÃO

Pode-se pensar que, quando começaram a navegar além das costas da Europa em busca de oportunidades comerciais no século XV, os europeus trouxeram consigo uma compreensão da ciência superior à dos povos que encontraram na África, Ásia e Américas. Sem dúvida, sua habilidade de navegação era superior. Mas dificilmente se pode dizer que eles se destacavam na ciência médica.

A expansão ultramarina da Europa foi, de certa forma, uma consequência da incapacidade de qualquer potência de dominar o continente. Vários tentaram, mas repetidamente isso se provou impossível. Isso não se devia apenas a uma relativa paridade entre os principais reinos em se tratando de recursos e tecnologia militar, mas também porque exércitos à beira da vitória foram repetidamente derrotados por uma doença, o tifo, cujas causas não foram devidamente compreendidas até 1916. Começando no cerco otomano de Belgrado, em 1456, o bacilo *Rickettsia prowazekii*, excretado por piolhos e coçado por suas mordidas por soldados sujos e famintos, repetidamente frustrou as esperanças dos generais vitoriosos, devastando suas tropas como nenhum inimigo humano faria. O tifo (*el tabardillo*) matou um terço do exército espanhol que sitiava Granada em

1489. Quarenta anos depois, a mesma doença devastou o exército francês que sitiava Nápoles. Quando as forças do imperador Carlos V sitiaram Metz em 1552-1553, o tifo trouxe a vitória a seus defensores.[3] Em 1556, quando o sobrinho de Carlos, o futuro imperador Maximiliano II, marchou para o leste para ajudar os húngaros contra as forças do sultão otomano Suleiman, o Magnífico, o tifo os atingiu com tal força que "o exército se espalhou em todas as direções para escapar da doença". O tifo estava entre os combatentes mais mortíferos da Guerra dos Trinta Anos: em 1632, a doença esgotou tanto os exércitos sueco e imperial que uma batalha planejada entre os dois lados em Nurembergue teve de ser abandonada.[4] Da mesma forma, evidências arqueológicas confirmam a presença de tifo no cerco de Douai, no norte da França (1710-1712), durante a Guerra da Sucessão Espanhola.[5] Trinta anos depois, durante a Guerra da Sucessão Austríaca, o tifo matou 30 mil prussianos no cerco de Praga. Em 1812, mais de 80 mil soldados franceses morreram durante o primeiro mês de uma epidemia de tifo na Polônia. Quando chegou a Moscou, a *Grande Armée* de Napoleão Bonaparte havia sido reduzida de 600 mil homens para apenas 85 mil. Talvez cerca de 300 mil tenham morrido de tifo e disenteria (embora a doença também tenha afetado muito o lado russo).[6] Mais uma vez, as evidências de uma vala comum em Vilnius confirmam que o "General Tifo" auxiliou habilmente o "General Inverno" em nome do czar.[7] O tifo também ceifou a vida de muitos soldados durante a Guerra da Crimeia (de 1854 a 1856), embora a cólera tenha sido a maior causa de morte nesse conflito.

Quando os europeus cruzaram o Atlântico no que Alfred W. Crosby chamou de "a troca colombiana", trouxeram consigo não apenas o conhecimento, mas os agentes patogênicos que desconheciam por completo.[8] Como Jared Diamond argumentou, o que se provou catastrófico para os nativos americanos não foram tanto as armas e o aço dos conquistadores, mas os germes que trouxeram do mar: varíola, tifo, difteria e febre hemorrágica. Como os ratos e pulgas da peste negra, os homens brancos foram os portadores dos micróbios fatais, espalhando-os da Hispaniola a Porto Rico, à capital asteca, Tenochtitlán, ao Império Inca dos Andes. Os astecas lamentaram o impacto devastador do *cocoliztli* ("pestilência" na língua *nahuatl*). Na verdade, eles sucumbiram a um coquetel de diferentes micróbios, incluindo *Salmonella enterica*, para o qual não tinham resistência. Os colonos europeus perceberam que haviam se apossado de um vasto cemitério. O missionário e historiador franciscano Juan de Torquemada registrou que, "no ano de 1576, uma grande mortalidade e pestilência que durou mais de um ano se abateu sobre os índios [de modo que] o lugar que conhecemos como Nova Espanha ficou quase vazio".⁹ Uma das coisas pelas quais os peregrinos deram graças em Plymouth no fim de 1621 foi o fato de que 90% dos povos indígenas da Nova Inglaterra terem morrido de doenças na década anterior à sua chegada, tendo primeiro – com consideração – cultivado a terra e enterrado reservas de milho para o inverno.¹⁰ Em 1500, no que viria a ser a América do Norte britânica, havia cerca de 560 mil índios americanos. Em 1700, o número havia caído para pouco mais da metade. Esse foi apenas o começo de um declínio drástico que afetaria todo o continente norte-americano à medida que a área de colonização branca se espalhava para o oeste. Provavelmente havia cerca de 2 milhões de indígenas no território dos modernos Estados Unidos em 1500. Em 1700, o número era de 750 mil; em 1820, havia apenas 325 mil.

Essa foi, no entanto, uma troca. Há razões para acreditar que alguns dos exploradores e conquistadores que voltaram para a Europa levaram consigo a sífilis.¹* A visão moderna, baseada em evidências esqueléticas, é que a bactéria *Treponema pallidum* realmente veio do Novo Mundo para a Europa depois de 1492, mas essa doença venérea, a sífilis, era o resultado de uma nova mutação dessa.¹¹ (Se Henrique VIII e Ivan, o Terrível, realmente sofreram, como algumas vezes foi sugerido,²* as consequências políticas foram profundas.¹²) Enquanto isso, o transporte europeu de escravos africanos para as Américas – para compensar a falta de mão de obra local – criou uma troca triangular, pois eles trouxeram consigo o flavivírus, causador da febre amarela, o plasmódio, causador da malária, e espécies de mosquitos que são bem adaptados para espalhar os dois agentes. A malária e a febre amarela floresceram nas plantações do Caribe e nos Estados ao sul da América Britânica.¹³ Em meados do século XVII, epidemias de febre amarela em São Cristóvão, Guadalupe e Cuba e ao longo da costa leste da América Central mataram entre 20% e 30% da população local. Os primeiros surtos definitivos na América do Norte ocorreram em 1668 (Nova

---

1 * A pesquisa moderna desmascarou uma teoria anterior de que havia infecção por treponema na Europa antes de Colombo, mas que assumia a forma de bouba, que é transmitida por contato com a pele, e que a sífilis se espalhou na Europa apenas quando a higiene melhorou e a bouba diminuiu, e com ela a imunidade cruzada à sífilis.

2 * As evidências são muito frágeis para resistir a um escrutínio. Úlceras de perna e obesidade eram os principais problemas médicos de Henrique VIII.

York) e 1669 (Vale do Mississippi).[14] Isso significa que os colonizadores posteriores nas Américas enfrentaram taxas de mortalidade assustadoramente altas nos primeiros anos após a travessia do Atlântico. Sobreviver era ser "experiente". Também significava que os exércitos recrutados na Europa para lutar no Novo Mundo estavam em desvantagem – testemunharam perdas desastrosas para a febre amarela sofridas pela força do almirante Edward Vernon de 25 mil em 1740 e 1742, durante a Guerra da Orelha de Jenkins, quando ele tentou e não conseguiu tomar Cartagena e Santiago de Cuba.[15] O mesmo destino se abateu sobre os soldados franceses enviados por Napoleão para retomar São Domingos do revolucionário haitiano Toussaint L'Ouverture, em 1802. "Yellow Jack" pode até ter desempenhado um papel – juntamente com a Marinha francesa – na inclinação da balança militar contra o exército de George III, na Batalha de Yorktown (1781).

O historiador francês Emmanuel Le Roy Ladurie chamou isso de "a unificação do globo pela doença", a criação de um "mercado comum de micróbios".[16] Consequentemente, os impérios europeus tiveram de ser construídos e sustentados apesar da doença. Um soldado britânico tinha uma chance em duas de morrer se fosse enviado para Serra Leoa. Uma em oito de morrer na Jamaica. Uma em doze no arquipélago de Barlavento e Sotavento, e uma chance em quatorze de morrer em Bengala ou no Ceilão. Apenas se tivesse a sorte de ser enviado para a Nova Zelândia estaria em melhor situação do que em casa. Uma comissão real relatou em 1863 que a taxa de mortalidade de homens alistados na Índia entre 1800 e 1856 era de 69 por mil, em comparação a uma taxa de mortalidade para o grupo de idade equivalente na vida civil britânica de cerca de 10 por mil. As tropas na Índia também tiveram uma incidência muito maior de doenças. Com precisão essencialmente vitoriana, outra comissão real calculou que, de um exército de 70 mil soldados britânicos, 4.830 morreriam a cada ano e 5.880 leitos de hospital seriam ocupados por pessoas incapacitadas por doenças.[17] As doenças tropicais também tiveram um grande impacto no serviço civil colonial francês ao longo de sua existência. Entre 1887 e 1912, um total de 135 de 984 nomeados (14%) morreu nas colônias. Em média, os funcionários coloniais aposentados se afastaram dezessete anos antes de seus colegas no serviço metropolitano. Em 1929, quase um terço dos 16 mil europeus que viviam na África Ocidental francesa ficava hospitalizado em média catorze dias por ano.[18] A representação de Céline em *Gignol's Band* da África Equatorial Francesa em

1916-1917 – ele foi para lá como representante da Empresa Florestal de Sangha-Oubangui – deixa claro que a doença era um modo de vida, e se esperava que a vida fosse encurtada pelo serviço nos trópicos: "Homens, dias, coisas – eles passavam antes que você percebesse nesta estufa de vegetação, calor, umidade e mosquitos. Tudo passava, nojento, em pedacinhos, em frases, em partículas de carne e osso, em arrependimentos e corpúsculos…".[19]

O problema é que os impérios cresceram muito mais rápido que o conhecimento médico de quem os administrava. Em 1860, a extensão territorial do Império Britânico era de cerca de 24 milhões de quilômetros quadrados. Em 1909, o total havia aumentado para um pouco mais de 32 milhões. Agora cobria cerca de 22% da superfície terrestre do mundo – tornando-se três vezes o tamanho do francês e dez vezes o tamanho do alemão – e controlava aproximadamente a mesma proporção da população mundial: cerca de 444 milhões de pessoas viviam sob alguma forma de domínio britânico. De acordo com *St James's Gazette*, a Rainha Imperatriz Victória dominava "um continente, cem penínsulas, quinhentos promontórios, mil lagos, dois mil rios, dez mil ilhas". Foi produzido um selo postal mostrando um mapa-múndi e a legenda "TEMOS UM IMPÉRIO MAIS VASTO DO QUE JÁ FOI". Tudo isso unido por três redes de comunicação. Havia quartéis e postos de carvão naval – 33 ao todo – espalhados por todo o mundo, da Ilha de Ascensão a Zanzibar. A nova tecnologia aproximou cada nó da rede. Nos dias de navegação, levava-se entre quatro e seis semanas para cruzar o Atlântico. Com a introdução do navio a vapor, isso foi reduzido para duas semanas em meados da década de 1830 e apenas dez dias na década de 1880. Entre as décadas de 1850 e 1890, o tempo de viagem da Inglaterra à Cidade do Cabo foi reduzido de 42 dias para 19. Além disso, os navios a vapor ficaram maiores – no mesmo período, a tonelagem bruta média praticamente dobrou –, bem como mais numerosos, levando a aumentos proporcionais nos volumes de tráfego. A segunda rede era a ferrovia. A primeira na Índia – ligando Bombaim a Tanna, a 33 quilômetros de distância – foi inaugurada formalmente em 1853. Em menos de cinquenta anos, foi construída uma pista que cobria quase 40 mil quilômetros. No espaço de uma geração, o *te-rain*[3*] transformou a vida econômica e social da Índia:

---

3 * A palavra *te-rain* é uma corruptela da palavra *train*, conforme pronunciada pelos indianos, como, inclusive, consta do livro *Kim*, de Rudyard Kipling. (N. T.)

pela primeira vez, graças à tarifa padrão da terceira classe de sete anás indianos, as viagens de longa distância tornaram-se uma possibilidade para milhões de indianos. Como disse o historiador J. R. Seeley, a revolução vitoriana nas comunicações globais alcançou "a aniquilação da distância". Por fim, havia a rede de informações do telégrafo. Em 1880, havia mais de 157 quilômetros de cabos cruzando os oceanos do mundo, ligando a Grã-Bretanha à Índia, Canadá, África e Austrália. Agora, uma mensagem poderia ser retransmitida de Bombaim para Londres ao custo de quatro xelins a palavra, com a expectativa razoável de que seria vista no dia seguinte. Nas palavras de Charles Bright, um dos apóstolos da nova tecnologia, o telégrafo era "o sistema mundial de nervos elétricos".[20]

Tudo isso realmente ajudou a projetar o poder britânico em distâncias maiores que as que qualquer império anterior havia alcançado. No entanto, as redes vitorianas também foram o mecanismo de transmissão mais rápido de doenças que já existiu. Mesmo quando os pioneiros da ciência médica examinaram seus microscópios, buscando uma contramedida realmente eficaz contra o mosquito, duas grandes pandemias se espalharam pela rede de transporte imperial. A cólera era uma doença endêmica do rio Ganges e seu delta. Sua exportação para o mundo foi um dos crimes não intencionais da Companhia Britânica das Índias Orientais.[21] Houve nada menos que seis pandemias de cólera no período de 1817 a 1923: 1817-1823, 1829-1851, 1852-1859, 1863-1879, 1881-1896 e 1899-1923.[22] A primeira eclodiu em 1817 perto de Calcutá, então se mudou por terra para Siam (Tailândia) e de lá por navio para Omã e ao sul para Zanzibar. Em 1822, havia alcançado o Japão, bem como a Mesopotâmia (Iraque), a Pérsia (Irã) e a Rússia.[23] A segunda pandemia de cólera começou em 1829, novamente na Índia, depois se espalhou pela massa de terra da Eurásia para a Rússia e a Europa, e de lá para os Estados Unidos. O rápido crescimento de portos e centros de manufatura no mundo industrial possibilitou os criadouros perfeitos para a doença: acomodações lotadas com péssimo saneamento. Quando a cólera atingiu Hamburgo em 1892, devastando a o lumpemproletariado que vivia em favelas no centro da cidade, onde a taxa de mortalidade era treze vezes maior do que no rico West End da cidade, comentou o pioneiro bacteriologista alemão Robert Koch: "Senhores, esqueci que estou na Europa".[24] Embora os historiadores sociais modernos vejam a epidemia de Hamburgo como uma parábola da estrutura de classes, na realidade o reinado de terror da cólera nas cidades portuárias da Europa foi mais uma consequência do imperialismo do que do capitalismo.

A cólera chega a Nova York enquanto a Ciência dorme. "É hora de dormir?", por Charles Kendrick, 1883.

O renascimento da peste bubônica seguiu o mesmo padrão. A bactéria ressurgiu de seu reservatório entre as marmotas do Himalaia na década de 1850 e se espalhou pela China até Hong Kong, que alcançou em 1894. De lá, vários navios a vapor transportaram o bacilo para portos em todos os continentes. Quando foi controlada, em meados do século XX, a terceira pandemia de peste causou cerca de 15 milhões de mortes, a grande maioria na Índia, China e Indonésia. Na América Central e do Sul, cerca de 30 mil morreram; na Europa, cerca de 7 mil pessoas; na América do Norte, apenas 500, todas elas em São Francisco, Los Angeles e Nova Orleans, bem como algumas comunidades sem muita sorte no Arizona e Novo México.[25] O primeiro surto em São Francisco começou em Chinatown em março de 1900. O segundo ocorreu após o grande terremoto e incêndio de 1906. A população de ratos explodiu, criando um terreno fértil perfeito para *Y. pestis*. Ao todo, 191 pessoas morreram.[26]

CHARLATÕES

Mais de meio milênio separou São Francisco em 1900 de Florença em 1350 – e ainda assim a compreensão das causas da peste bubônica mal havia avançado naquela época. Estudiosos do século XIV na Universidade de Paris notaram uma conjunção hostil entre Júpiter, Marte e Saturno: "Alegou-se que Júpiter, quente e úmido, extraiu vapores malignos da terra e da água, enquanto Marte, quente e seco, incendiou os vapores, acendendo a peste e outros desastres naturais. Saturno, por sua vez, acrescentaria o mal onde quer que fosse e, quando em conjunto com Júpiter, causaria a morte e o despovoamento".[27] Em seu *Consiglio contro la pestilentia* (1481), o filósofo Marsilio Ficino também atribuiu a peste negra em parte a "constelações malignas... conjunções de Marte com Saturno [e] eclipses". No entanto, a visão consensual que surgiu no período medieval era mais atmosférica do que astrológica. A praga, argumentou-se, deve ser espalhada por um "vapor venenoso" *(vapore velenoso)* que permaneceu mais tempo em "ar pesado, quente, úmido e fétido", que poderia se espalhar "de um lugar para outro... mais rapidamente do que enxofre em chamas". A razão pela qual a doença matou alguns, mas não outros, tinha a ver com "simpatia". Se o corpo simpatizasse com o vapor venenoso – se alguém já tivesse tendência ao calor e à umidade –, a suscetibilidade seria maior. No entanto, no fim do século XV, os médicos estavam testando a urina, abrindo abscessos e sangrando pacientes, bem como administrando profiláticos e terapias. Em 1479, por exemplo, o tio de Maquiavel, Bernardo, recebeu uma variedade de remédios experimentais à base de arruda e mel.[28]

Estudiosos da Renascença, como escritores muçulmanos anteriores, reviveram as ideias de Hipócrates e Galeno, que identificaram seis influências na saúde humana: clima, movimento e repouso, dieta, padrões de sono, evacuação e sexualidade e aflições da alma.[29] Isso era inútil contra a praga. Mas também era "miasmatismo". A "fantasia da peste" inventada por médicos venezianos, que combinava um vestido coberto de cera com um longo bico contendo ervas, era tão inútil quanto a queima de enxofre nas ruas de Londres em 1665. Quanto às tentativas de afastar a praga com eventos religiosos, essas – como as procissões dos flagelantes – foram mais do que inúteis. Como um membro do ramo observador da ordem franciscana disse ao Doge de Veneza: "Se Deus assim o desejar, não será suficiente fechar as igrejas. Será preciso um remédio para as causas da praga, que são os pecados horrendos que são cometidos, a blasfêmia contra Deus e os santos, as escolas de sodomia, os contratos de usura infinita feitos em Rialto".[30] Em 1625, o arcebispo da Cantuária disse ao embaixador inglês no Império Otomano: "Temos aqui, com melhor conhecimento, feito um curso para apaziguar a ira de Deus na peste e, portanto, no parlamento decretou jejuns solenes e conversas públicas em todo o reino, o próprio rei, na igreja de Westminster, alegrando-se com os senhores e o resto dos comuns".[31] Em 1630, o Papa Urbano VIII excomungou a comissão sanitária florentina por proibir as procissões. No ano seguinte, o padre de Montelupo Fiorentino, uma vila murada a 20 quilômetros de Florença, desafiou as regras florentinas contra as procissões.[32] Não pode ter feito muito bem ao seu rebanho.

Como suas contrapartes na Inglaterra, as autoridades florentinas entenderam que, quer a praga se propagasse ou não através do miasma, a livre circulação de pessoas não ajudava. No "império veneziano", a peste negra estimulou a inovação de isolar, em um *lazaretto*, os marinheiros que chegavam por um período obrigatório, embora inicialmente – no porto de Ragusa (atual Dubrovnik) em 1377 – fosse apenas por trinta dias.[33] Em 1383, as autoridades de Marselha prorrogaram o período de isolamento para quarenta dias, dando nome à quarentena. (A duração foi um toque bíblico, inspirado pelos quarenta dias e quarenta noites do dilúvio em Gênesis, os quarenta anos que os israelitas passaram vagando no deserto e os quarenta dias da Quaresma.)[34] Surtos recorrentes de peste levaram ao desenvolvimento gradual de quatro políticas destinadas a limitar o contágio: fronteiras controláveis com quarentenas marinhas ou terrestres para manter a doença fora, bem como cordões sanitários para manter os infectados em casa; distanciamento social na forma de proibições de reuniões, sepultamento dos mortos em fossas especiais e destruição dos pertences pessoais e das casas dos mortos; confinamentos (o isolamento e separação dos doentes dos saudáveis), que incluíam confinamento em casas de pestilência e lazaretos, bem como nas casas de pessoas infectadas; e rastreamento do estado de saúde na forma de atestados – certificados que atestavam que um navio ou caravana não carregava a peste. Florença também fez experiências com o fornecimento de alimentos e cuidados médicos gratuitos para aqueles cujos meios de subsistência haviam sido prejudicados pela peste, tanto para desencorajar a vadiagem quanto para reduzir as privações.[35] O caso de Ferrara ilustra como essas medidas passaram a ser adotadas em conjunto. Em época de peste, a cidade fechou todos os portões, exceto dois, e colocou neles equipes de vigilância "compostas por nobres ricos, autoridades municipais, médicos e boticários". O estado de saúde foi monitorado por certidões de saúde (*fedi di sanità*), que atestavam que as pessoas estavam chegando de zonas livres de peste. Se os recém-chegados apresentassem sintomas, seriam confinados a lazaretos fora das muralhas da cidade.[36] A aplicação dessas e de outras medidas de higiene pública criou a necessidade de um policiamento mais severo. O chefe do conselho de saúde de Palermo observou em 1576 que seu lema era "ouro, fogo e forca" – ouro para pagar impostos, fogo para queimar produtos infectados e forca para aqueles que desafiavam as ordens do conselho.

Nada disso poderia ser considerado com base na ciência. Era mais o produto de uma observação geral inteligente e de uma relutância crescente em deixar o destino nas mãos de Deus. Consequentemente, nunca foi totalmente eficaz. Em 1374, o governante de Milão, Bernabò Visconti, ordenou que a cidade subordinada de Reggio Emilia fosse isolada por soldados armados. Isso não impediu que a praga chegasse a Milão. Em 1710, o imperador habsburgo, José I, decidiu bloquear a propagação de doenças dos Bálcãs, criando um "cordão sanitário" contínuo ao longo da fronteira sul de seu reino com o Império Otomano. Em meados do século XVIII, a fronteira era policiada por 2 mil torres de vigia fortificadas, posicionadas a 800 metros uma da outra. A restrição a apenas 19 travessias de fronteira garantiu que qualquer pessoa que chegasse ao território dos habsburgos fosse registrada, hospedada e isolada por pelo menos 21 dias. Seus aposentos eram desinfetados diariamente com enxofre ou vinagre. Como observou o viajante inglês Alexander Kinglake ao cruzar a fronteira em Zemun, perto de Belgrado, em 1835:

> É a peste e o pavor da peste que separam um povo do outro... se você ousar violar as leis da quarentena, será julgado com pressa militar; o gritará sua sentença de um tribunal a cerca de 50 metros de distância. O padre, em vez de lhe sussurrar gentilmente as doces esperanças da religião, consolá-lo-á à distância de um duelo, e depois disso você se encontrará cuidadosamente baleado e descuidadamente enterrado no chão do lazareto.[37]

Tudo isso foi estabelecido tarde demais para salvar seu progenitor: José I morreu de varíola em abril de 1711, após contrair a doença de seu primeiro-ministro, cuja filha estava infectada.³⁸ Em 1720, quando a peste estava devastando Marselha, o regente francês, Filipe de Orleans, enviou Charles Claude Andrault de Langeron para assumir o comando. Um novo conselho de saúde cortou as comunicações entre Marselha e Aix, Arles e Montpellier, onde as muralhas da peste foram construídas. A tripulação do navio considerada infectada foi confinada a um lazareto na costa. Para completar, houve um massacre geral de cães e gatos, que deve ter sido bem recebido pelos ratos da Provença.³⁹

A ciência ficou muito atrás de tais experimentos, que, apesar de todas as suas imperfeições, fizeram pelo menos algo para interromper as redes de contágio. Para ter certeza, Girolamo Fracastoro publicou um tratado em 1546, argumentando que doenças epidêmicas como a varíola e o sarampo eram causadas por sementes (*seminaria*) e transmitidas por contato direto, através do ar ou de objetos contaminados. No entanto, o trabalho de Fracastoro não teve influência.⁴⁰ *The Cures of the Diseased in Remote Regions* [*As curas de doenças em regiões remotas*], de George Watson (1598), foi o primeiro livro didático em inglês sobre o assunto, mas não ajudou muito, pois os tratamentos prescritos eram sangrias ou mudanças de dieta.⁴¹ Só no século XVIII ocorreu um verdadeiro avanço na ciência médica ocidental, com o primeiro ensaio clínico de James Lind, em 1747, que estabeleceu a eficácia das frutas cítricas como remédio para o escorbuto; com a descoberta de William Withering de que *digitalis* (dedaleira) era, na dose certa, um remédio para hidropisia (edema), e com a importação para a Europa da prática oriental da variolação contra a varíola, que na verdade pôde ser rastreada até a China do século X. Em 1714, dois médicos – Emmanuel Timoni e Jacob Pylarini – escreveram cartas separadas para a Royal Society em Londres, descrevendo o "enxerto" de pessoas saudáveis com matéria infecciosa de pústulas de varíola, que observaram em Istambul. Lady Mary Wortley Montague, a formidável esposa do embaixador britânico na capital otomana – que sobreviveu à varíola em 1715 e perdeu um irmão com a doença –, defendeu o procedimento, tendo seu filho de 5 anos sendo inoculado em 1718, seguido por sua filha, em 1721. Ao retornar a Londres, ela convenceu Hans Sloane a conduzir alguns testes com vacinas em dez órfãos e seis homens condenados. O procedimento era arriscado, pois as crianças recebiam doses moderadas da doença, mas o patrocínio real (a princesa de Gales era uma convertida) espalhou a prática, não apenas para outras famílias reais. Entre os vacinados estavam Maria Teresa da Áustria, com seus filhos e netos,

Luís XVI e seus filhos, Catarina II da Rússia e seu filho, o futuro czar Paulo e Frederico II da Prússia. Um procedimento mais seguro era usar a varíola bovina para vacinar contra a varíola, um experimento realizado pela primeira vez por um fazendeiro chamado Benjamin Jesty, em 1774, embora a história tenda a dar crédito a Edward Jenner, que realizou sua primeira vacinação vinte anos depois e publicou suas descobertas em *An Inquiry into the Causes and Effects of the Variolae Vacciniae* (1798).[42]

Se a realeza europeia estava disposta a correr o risco de se vacinar contra a varíola, o povo comum da Nova Inglaterra era mais cético. Houve surtos de varíola em Boston e arredores em 1721-1722, 1730, 1751-1752, 1764, durante a década de 1770, em 1788 e em 1792, sendo o primeiro o mais grave.[43] Os defensores da inoculação – o ministro puritano Cotton Mather, o médico Zabdiel Boylston e um professor de Harvard chamado Thomas Robie – encontraram forte oposição, apesar de serem capazes de demonstrar uma taxa de mortalidade reduzida entre os 300 pacientes que se submeteram à variolação.[44] Durante a epidemia de 1730, Samuel Danforth, um professor e ex-aluno de Harvard, começou a vacinação em Cambridge. No entanto, nas reuniões da cidade, foi decidido que Danforth havia "colocado em grande perigo a cidade e perturbado várias famílias" e que ele deveria "remover tais pessoas inoculadas para algum lugar conveniente onde nossa cidade não pudesse ser exposta por eles". Os funcionários da cidade também pediram a Harvard para interromper a vacinação, mas um tutor, Nathan Prince, continuou a tratar aqueles que queriam. Na década de 1790, quando a prática era mais amplamente aceita, Harvard incentivou os alunos a serem vacinados.[45] Massachusetts tornou a vacinação contra a varíola obrigatória em 1809. A Suécia foi o primeiro país europeu a torná-la amplamente disponível e, em seguida, obrigatória em 1816, seguida pela Inglaterra em 1853, Escócia em 1864, Holanda em 1873 e Alemanha em 1874.[46] Nos Estados Unidos, entretanto, a vacinação se tornou – e desde então continua – sendo um pomo de discórdia. Em 1930, oponentes no Arizona, Utah, Dakota do Norte e Minnesota conseguiram proibir a vacinação obrigatória, enquanto 35 estados deixaram a regulamentação para as autoridades locais. Apenas nove estados e o Distrito de Columbia seguiram o exemplo de Massachusetts. Lá, a vacinação era executada com a imposição de multas ou com a admissão na escola apenas de crianças vacinadas, abordagem validada pelo Supremo Tribunal Federal em Jacobson v. Massachusetts (1905). Ainda na década de 1840, os médicos norte-americanos tratavam os doentes de cólera de maneiras variadas, com sangrias, doses imensas e altamente tóxicas de mercúrio e compostos deste como calomelano, enemas de fumaça de tabaco, choques elétricos e injeção de soluções salinas nas veias. O presidente da Sociedade Médica do Estado de Nova York recomendou que o reto do paciente fosse tampado com cera de abelha ou oleado para obstruir a diarreia.[47] Ainda havia muitos clérigos dispostos a atribuir a doença ao castigo divino, em vez de às condições lamentavelmente nada higiênicas das cidades americanas.

A história da ciência médica como um conto de heroicos pesquisadores vitorianos – de homens e microscópios – é familiar. Charles Darwin havia percebido já em 1836 que a doença podia ser transmitida por agentes microscópicos transportados até mesmo por pessoas aparentemente saudáveis. Louis Pasteur provou que o mofo se espalhou pelo ar colocando filtros sobre um prato de caldo fervido. Ignaz Semmelweis mostrou em 1861 que as mãos sujas dos médicos eram a causa da febre puerperal em mulheres grávidas. Joseph Lister desenvolveu métodos de antissepsia em sua sala de cirurgia, evitando a infecção de feridas. Robert Koch identificou a bactéria que causava antraz, tuberculose e cólera; outros, usando os métodos de seu seminal *Ätiologie der Tuberkulose* [*Etiologia da tuberculose*] (1882)[48], logo isolaram os micróbios responsáveis pela difteria, peste, tétano, febre tifoide, lepra, sífilis, pneumonia e gonorreia.[49] Carl Friedländer competiu com Albert Fraenkel na década de 1880 para identificar a bactéria responsável pela pneumonia.[50] No entanto, essa história é inteligível apenas em um contexto imperial, pois foram precisamente as pressões geradas pela exposição dos europeus a doenças tropicais que direcionaram o interesse e os recursos para essas pesquisas. Foi enquanto trabalhava na Índia britânica em 1884 que Koch isolou *V. cólera*, que no ano anterior matou o rival francês de Koch, Louis Thuillier, em Alexandria.[51] Foi após um surto em Hong Kong, em 1894, que o bacteriologista suíço Alexandre Yersin identificou e nomeou o bacilo responsável pela peste bubônica. Foi um médico do Serviço Médico Indiano, Ronald Ross, quem primeiro explicou detalhadamente a etiologia da malária e o papel do mosquito em sua transmissão. Ele próprio sofria da doença. Foram três cientistas holandeses baseados em Java – Christiaan Eijkman, Adolphe Vorderman e Gerrit Grijns – que descobriram que o beribéri era causado por uma deficiência alimentar de arroz polido (a falta de vitamina B1). E foi um italiano, Aldo Castellani, que identificou com sua pesquisa em

Uganda, em 1902, o *Trypanosoma brucei*, parasita da mosca tsé-tsé, responsável pela doença do sono. Houve erros, bem como tentativas. A tuberculina, a cura de Koch para a tuberculose, não funcionou. Em 1906, um suposto tratamento para a doença do sono cegava irreversivelmente uma em cada cinco pessoas que o recebiam. No geral, entretanto, essa foi uma das maiores sequências de vitórias da humanidade.

Houve até avanços na periferia dos impérios russo e norte-americano. Em 1892, Dmitri Ivanovsky identificou pela primeira vez patógenos menores do que bactérias – "agentes filtráveis" – durante sua pesquisa sobre uma doença (posteriormente chamada de vírus do mosaico do tabaco) que estava causando danos generalizados às plantações na Crimeia, Ucrânia e Bessarábia.[52] Uma boa ilustração do notável espírito de autossacrifício frequentemente associado a esse tipo de trabalho foi o esforço dos cientistas norte-americanos que trabalharam em Cuba – Walter Reed, James Carroll, Jesse Lazear e Aristides Agramonte – para determinar a causa exata da febre amarela. Seguindo a orientação de Carlos Finlay, um médico cubano que havia redigido uma dissertação sobre o assunto, Carroll, Lazear e Agramonte permitiram ser mordidos por mosquitos suspeitos de portar a doença. Carroll ficou gravemente doente, mas se recuperou (o que levou Reed a "sair e ficar extremamente bêbado" para comemorar). No entanto, Lazear morreu em três semanas. No fim de 1900, Reed e seus colegas estavam satisfeitos com o fato de os mosquitos estarem espalhando um agente não bacteriano de pessoa para pessoa, mas só em 1927 Adrian Stokes isolou o vírus em Asibi, um ganês que estava infectado pela doença.[53] O próprio Stokes morreu de febre amarela logo depois, assim como dois dos outros investigadores da malfadada Comissão de Febre Amarela da África Ocidental.[54] No entanto, identificar os mosquitos como intermediários foi o suficiente para William Gorgas, chefe do saneamento em Havana, projetar contramedidas, incluindo o uso de querosene em poças de água parada, que mais tarde foram implantadas no Panamá para proteger os trabalhadores que cavavam o grande canal.

Esses e outros avanços, agrupados no período de 1880 a 1920, provaram ser cruciais para manter os europeus, e, portanto, todo o projeto colonial, vivos nos trópicos. A África e a Ásia tornaram-se laboratórios gigantescos para a medicina ocidental. E quanto mais bem-sucedida a pesquisa – quanto mais remédios como o quinino, cujas propriedades antimaláricas foram descobertas no Peru –, mais os impérios ocidentais poderiam se espalhar e, com eles, o supremo benefício de uma vida humana mais longa. O momento da "transição da saúde" – o início de melhorias sustentadas na expectativa de vida – é bastante claro. Na Europa Ocidental, surgiu entre as décadas de 1770 e 1890, primeiro na Dinamarca, com a Espanha na retaguarda. Às vésperas da Primeira Guerra Mundial, a febre tifoide e a cólera haviam sido efetivamente eliminadas na Europa, enquanto a difteria e o tétano eram controlados por vacina. Nos 23 países asiáticos modernos para os quais existem dados disponíveis, com uma exceção, a transição da saúde ocorreu entre as décadas de 1890 e 1950. Entre 1911 e 1950, a expectativa de vida indiana aumentou de 21 para 36 anos (embora, no mesmo período, a expectativa de vida britânica tenha aumentado de 51 para 69). Na África, a transição ocorreu entre as décadas de 1920 e 1950, com apenas duas exceções em 43 países. Em quase todos os países asiáticos e africanos, portanto, a expectativa de vida começou a melhorar antes do fim do domínio colonial europeu.[55] Esse esforço também exigiu um grande avanço na institucionalização da pesquisa científica. O Instituto Pasteur, em Paris, fundado em 1887, foi posteriormente equiparado pelas escolas de medicina tropical de Liverpool (1898) e Londres (1899) e pelo Instituto de Doenças Marítimas e Tropicais (1901), de Hamburgo.[56] Os institutos em centros coloniais, notadamente os Institutos Pasteur em Dacar e Túnis, continuaram na vanguarda da pesquisa. Foram eles e seus colegas do Instituto Rockefeller de Pesquisa Médica, liderado por Max Theiler, que finalmente desenvolveram uma vacina segura e eficaz para a febre amarela.[57]

No entanto, havia mais do que autossacrifício envolvido no que Boyce chamou de "esta conquista prática… do mundo tropical". Uma coisa era entender as causas das doenças infecciosas. Outra era persuadir pessoas comuns a tomar as precauções recomendadas pelos cientistas médicos. Isso já havia se tornado evidente em muitas cidades europeias em 1830-1831, quando a ira pública foi direcionada aos próprios funcionários públicos que tentavam reduzir a exposição da população à água contaminada. Em Sebastopol, na Crimeia, regulamentos de quarentena mais rígidos em maio e junho de 1830 levaram a uma revolta sangrenta no subúrbio de Korabelnaya, na qual vários funcionários (incluindo o próprio governador militar) foram mortos e postos de polícia e escritórios de quarentena destruídos. Em São Petersburgo, um ano depois, em contraste, a ira popular foi dirigida contra estrangeiros e médicos, bem como contra a polícia.[58] Uma erupção semelhante ocorreu em Iuzovka (Donetsk), uma cidade mineira e industrial na região da Bacia do Donets, na Ucrânia, em 1892, quando os médicos foram novamente ameaçados pelos próprios trabalhadores migrantes que tentavam ajudar. Como na década de 1340, havia um elemento antissemita na agitação, com batalhas campais contra as tropas cossacas e o incêndio de tavernas dando lugar a um *pogrom* completo.[59] Nem foi apenas na Rússia que as doenças infecciosas exacerbaram as divisões étnicas. Um surto de varíola em Milwaukee em 1894, que se concentrou nos bairros alemães e poloneses do South Side de Milwaukee, levou a violentos confrontos entre cidadãos não confiáveis e as autoridades de saúde locais, culminando no *impeachment* do comissário de saúde Walter Kempster.[60] Na época da eclosão da peste bubônica de 1900, as populações asiáticas foram alvo de medidas discriminatórias, que em Honolulu tomaram a forma de incineração de propriedades asiáticas, culminando no grande incêndio de 20 de janeiro de 1900. Em São Francisco, o dr. J. J. Kinyoun implementou medidas de quarentena que deliberadamente discriminavam Chinatown.[61]

Talvez não seja surpreendente que os esforços de cooperação internacional tenham tido um sucesso apenas limitado no século XIX. A primeira Conferência Sanitária Internacional reuniu-se em Paris em julho de 1851, mas os representantes de 12 países não conseguiram chegar a um acordo sobre medidas de quarentena padronizadas para lidar com a cólera, a febre amarela e a peste.[62] As divisões entre os médicos especialistas nas causas da cólera não ajudaram, mas o principal pomo de discórdia era entre a Grã-Bretanha, cujos porta-vozes consideravam as medidas tradicionais de quarentena como obstáculos medievais ao livre comércio, e os Estados mediterrâneos – França, Espanha, Itália e Grécia –, que culparam os britânicos por trazerem a cólera para a Europa de seu enorme império oriental.[63] O "sistema inglês" favoreceu inspeções de navios, isolamento de passageiros doentes e rastreamento de pessoas infectadas em quarentena geral. Provavelmente era superior, mas estava muito aquém do necessário para lidar com o ressurgimento da peste bubônica. A Conferência Sanitária Internacional de 1897 – realizada em Veneza – recomendou que a praga fosse controlada por meio do isolamento dos infectados e da incineração de seus pertences. Infelizmente, a queima de bens apenas fez com que os ratos infectados procurassem novos lares.[64]

Na *Hind Swaraj* (*Regra do Domicílio Indiano*), publicada em 1908, Mahatma Gandhi chamou a civilização ocidental de "uma doença" e se referiu com desdém ao "exército de médicos" do Ocidente. "A civilização não é uma doença incurável", declarou Gandhi, "mas nunca se deve esquecer que o povo inglês atualmente sofre com ela".⁶⁵ Em uma entrevista em Londres, em 1931, ele citou a "conquista da doença" como um dos parâmetros puramente "materiais" pelos quais a civilização ocidental media o progresso.⁶⁶ Essas queixas parecem um tanto ridículas, até que se considere como os governos coloniais brutalmente implementaram medidas de saúde pública. Na Cidade do Cabo, durante a terceira pandemia de peste bubônica, residentes negros foram sumariamente reunidos e removidos da orla para Uitvlugt (Ndabeni), que se tornou o primeiro "local de nativos" da cidade. Quando a peste bubônica atingiu o Senegal, as autoridades francesas foram implacáveis em sua resposta. As casas dos infectados foram incendiadas, os residentes foram removidos à força e colocados em quarentena sob guarda armada, e os mortos foram enterrados sem cerimônia em creosoto ou cal. Não é de se admirar que a população autóctone se sinta mais vítima do que beneficiária da política pública de saúde. Em Dacar, houve protestos em massa e a primeira greve geral na história do Senegal.⁶⁷

Na verdade, os avanços reais do século XIX e do início do século XX não foram científicos no sentido que muitos contemporâneos imaginavam. Para cada avanço de bacteriologistas e virologistas, havia passos errados em direções erradas, como a frenologia e a eugenia. O progresso assumiu formas mais monótonas. A saúde pública beneficiou-se muito com a melhoria das habitações – a mudança na Europa de paredes de madeira e palha para paredes de tijolos e telhas – e regulamentações como a lei de melhoria de residências de artesãos e trabalhadores, de 1875.⁶⁸ Ideias equivocadas, como o miasmatismo, podem ter resultados positivos: a drenagem de pântanos, brejos, fossos e outros locais de água parada; a introdução de dispositivos hidráulicos para fazer circular a água em canais e cisternas; a limpeza do lixo de áreas residenciais; a ventilação de alojamentos e locais de reunião, e o uso de desinfetantes e inseticidas em casas, hospitais, prisões, salas de reunião e navios. Essas medidas – coisas certas feitas pelos motivos errados – reduziram significativamente a exposição das populações europeias e americanas aos patógenos e seus portadores.⁶⁹

John Snow ainda é um nome reverenciado no Soho por causa de seu trabalho no rastreamento do surto de cólera em Londres em 1854 até uma única fonte na Broad Street, que tirava água do Tâmisa cheio de esgoto. Mas não era preciso aceitar o argumento do dr. Snow de que as fezes humanas eram o problema para ver os benefícios dos sistemas de filtragem de água e dos encanamentos de esgoto separados. Da mesma forma, a criação de um Conselho Metropolitano de Saúde para a cidade de Nova York em 1866 permitiu uma resposta sem precedentes a outro surto de cólera: 160 mil toneladas de esterco foram retiradas dos terrenos baldios, os apartamentos das pessoas infectadas foram prontamente desinfetados com cloreto de cal ou alcatrão de carvão e suas roupas, roupas de cama e utensílios foram queimados.[70] De acordo com uma estimativa, tecnologias de água limpa, como filtração e cloração, foram responsáveis por quase metade da redução da mortalidade total nas cidades americanas nas primeiras quatro décadas do século XX, três quartos da redução da mortalidade de recém-nascidos e quase dois terços da redução da mortalidade infantil.[71] O saneamento funcionou. Como disse o dramaturgo George Bernard Shaw em 1906, em um prefácio de *O dilema do médico* que não foi nada gentil com a classe médica:

> Durante um século, a civilização limpou as condições que favorecem as febres bacterianas. O tifo, outrora abundante, desapareceu: a peste e a cólera foram detidas nas nossas fronteiras por um bloqueio sanitário... Os perigos da infecção e a forma de evitá-la são mais bem compreendidos do que costumavam ser... Hoje em dia, os problemas dos pacientes tuberculosos aumentaram consideravelmente pela disposição crescente de tratá-los como leprosos... Mas o medo da infecção, embora faça até os médicos falarem como se a única coisa realmente científica a fazer com um paciente com febre fosse jogá-lo na vala mais próxima e injetar ácido carbólico nele de uma distância segura até que ele esteja pronto para ser cremado no local, resultou em muito mais cuidado e limpeza. E o resultado líquido foi uma série de vitórias sobre as doenças.[72]

As pessoas no mundo industrializado também comiam melhor. Pelos padrões de hoje, sem dúvida, o inglês da classe trabalhadora, por volta de 1904, ingeria muito álcool – em média, 276 litros de cerveja por ano,[4*] 9 litros de destilados e quase 4 litros de vinho. Ele também se alimentava de poucas frutas e vegetais

---

4 * O valor equivalente hoje é de insignificantes 72 litros. No entanto, o teor de álcool da cerveja moderna tende a ser maior que no passado.

– o que levava a deficiências de cálcio, riboflavina, vitamina A e vitamina C – e muito carboidrato amiláceo. No entanto, "a Grã-Bretanha estava prestes a ter uma população ativa, onde quase todas as famílias tinham uma dieta que fornecia energia suficiente para um trabalho contínuo".[73] E as taxas mais altas de educação e emprego feminino correlacionaram-se com declínios quase simultâneos na fertilidade e mortalidade infantil.[74]

Ainda assim, é fácil ver por que os cientistas estavam inclinados a receber tanto crédito pelas melhorias gerais na saúde pública, que produziram um aumento sem precedentes na expectativa de vida ao nascer no espaço de um século – no caso do Reino Unido, de cerca de 40 anos na época da Batalha de Waterloo para 53 em 1913. Quando a Conferência Sanitária Internacional foi realizada em Veneza em 1897, novos avanços pareciam quase garantidos. É verdade que a tentativa de Waldemar Haffkine de uma vacina contra a peste bubônica teve efeitos colaterais desagradáveis, incluindo febre, inchaços e vermelhidão da pele, e não forneceu proteção completa contra *Y. pestis*, mas foi um progresso, assim como o reconhecimento de que controlar roedores (e suas pulgas) por meio de armadilhas e envenenamento podia ser o remédio mais eficaz de todos. Houve também os primeiros passos para utilizar o telégrafo, e assim rastrear passageiros infectados a bordo de navios. Nas palavras do delegado austríaco na conferência de 1892 (também realizada em Veneza), "O telegrama é uma medida profilática no sentido amplo da palavra".[75] Foi o mesmo otimismo que mais tarde informará *Mosquito or Man*. Mas essa fé no progresso científico estava prestes a sofrer um golpe muito forte.

SENHORA INFLUENZA

Então, agora venha
Minha senhora Influenza, como uma estrela
Inebriosamente minguada, e em sua cauda
Febril, o nenúfar branco da alma abatida,
E a Morte com dedos de lírio, e a dor
E constipação horríveis que tornam todas as coisas vãs,
Pneumonia, câncer e catarro nasal.

"To My Lady Influenza" ("Para minha senhora Influenza"), de Rupert Brooke (1906), foi um trabalho de graduação jocoso.[76] No entanto, a "senhora

Influenza" nunca esteve para brincadeiras. Os primeiros surtos de gripe bem descritos ocorreram na Europa do século XVI, mas o primeiro foi provavelmente em 1173. Houve pandemias de gripe significativas em 1729, 1781-1782, 1830-1833 e 1898-1900, com a mortalidade total aumentando de 400 mil para 1,2 milhão (entre 0,06 e 0,08% da população mundial estimada).[77] Mas o século XX foi atingido com muito mais força.[78] Um mundo mais populoso era também um mundo mais urbano e mais móvel – um mundo em que a baixa qualidade do ar nas cidades industriais pode ter tornado as pessoas mais suscetíveis a doenças respiratórias. Um ano depois de Brooke escrever "To My Lady Influenza", seu irmão mais velho, Dick, morreu de pneumonia, aos 26 anos. O próprio Brooke viveria apenas mais um ano, morrendo de uma picada de mosquito infectado que levou à sepse, na ilha grega de Skyros, a caminho das praias funestas de Galípoli. O século XX aumentou a expectativa de vida, mas também foi um desperdício extraordinário em razão da morte de jovens rapazes.

Um previsível rinoceronte cinza, no sentido de que o perigo de uma guerra geral europeia era bem conhecido, mas também um surpreendente cisne negro, no sentido de que os contemporâneos pareciam perplexos com sua eclosão, a Primeira Guerra Mundial foi um verdadeiro evento dragão-rei em relação às suas vastas consequências históricas.[79] Tudo começou com um ato de terrorismo em 28 de junho de 1914, quando tiros disparados por um jovem bósnio tuberculoso de 19 anos chamado Gavrilo Princip partiram fatalmente a veia jugular do arquiduque Francis Ferdinand, o herdeiro habsburgo dos tronos da Áustria e da Hungria, bem como mataram sua esposa. Esses tiros também precipitaram uma guerra que destruiu o Império Austro-Húngaro e transformou Bósnia e Herzegovina de uma de suas colônias em parte de um novo Estado eslavo do sul. Essas eram, de fato, as coisas que Princip esperava alcançar, tornando o assassinato talvez o ato de terrorismo mais eficaz da história, mesmo que não pudesse ter previsto um sucesso tão abrangente.[80] No entanto, eram apenas as consequências pretendidas de sua ação. A guerra que ele desencadeou não se limitou aos Bálcãs, também desenhou cicatrizes largas e horríveis em todo o norte da Europa e o Oriente Próximo. Como matadouros gigantescos, seus campos de batalha sugaram e massacraram jovens de todas as extremidades do globo terrestre, ceifando quase 10 milhões de vidas como resultado direto da guerra. A guerra também forneceu um pretexto para o genocídio do regime otomano contra seus súditos armênios. Além disso, mesmo quando um armistício foi proclamado, a guerra se recusou a cessar. Depois de 1918, ela varreu para o leste, como se escapasse ao domínio dos pacificadores, para o Ártico, Sibéria, Mongólia e outras regiões até então intocadas pelos combates. Na Polônia e na Ucrânia, por exemplo, não era fácil dizer exatamente quando terminou a Primeira Guerra Mundial e quando começou a Guerra Civil Russa, desencadeada pela Revolução Bolchevique.

A Primeira Guerra Mundial também foi enormemente perturbadora em termos econômicos. No verão de 1914, a economia mundial estava prosperando de maneiras que parecem claramente familiares. A mobilidade de mercadorias, capital e trabalho atingiu níveis comparáveis aos que conhecemos hoje; as rotas marítimas e os telégrafos através do Atlântico nunca estiveram tão ocupados, pois o capital e os migrantes seguiram para o oeste, e as mercadorias e manufaturas, para o leste. A guerra afundou a globalização – literalmente: quase 13 milhões de toneladas de navios foram para o fundo do mar como resultado da ação naval alemã, a maior parte dela por submarinos. O comércio internacional, o investimento e a emigração entraram em colapso. Após a guerra, surgiram regimes revolucionários que eram fundamentalmente hostis à integração econômica internacional. Planos substituíram o mercado, a autarquia e a proteção tomaram o lugar do livre-comércio. Com o fluxo de mercadorias diminuído, os fluxos de pessoas e capitais praticamente se esgotaram. Também em termos políticos, a guerra foi transformadora. Varreu quatro dinastias que governaram por séculos: os Romanov, os Habsburgos, os Hohenzollerns e os Otomanos. No controle dos impérios europeus sobre o mundo – que havia sido o suporte político da globalização – foi desferido um golpe profundo, embora não totalmente fatal. Novos estados-nações foram criados. O processo de democratização foi acelerado: os privilégios foram ampliados e, em muitos países, as mulheres tiveram direito ao voto. Os partidos socialistas chegaram ao poder por meio de revoluções ou eleições. O poder dos sindicatos cresceu.[81]

Ao mesmo tempo, a experiência da guerra convenceu muitos veteranos e civis não apenas de que o "sistema dinástico" estava morto, mas de que o liberalismo, com suas instituições parlamentares representativas e procedimentos baseados na lei, também havia se tornado obsoleto. Não apenas comunistas, mas também fascistas propuseram arranjos políticos alternativos que diminuíram radicalmente o papel das eleições livres e das liberdades individuais. Finalmente, os esforços para "remodelar a Europa burguesa" e restaurar a ordem pré-guerra foram fatalmente minados pela instabilidade estrutural da ordem internacional que emergiu após a guerra.[82] O padrão-ouro restaurado funcionou mal e finalmente degenerou em um mecanismo de transmissão global para uma depressão norte-americana.[83] Elementos significativos dos tratados de paz mostraram-se impossíveis de ser aplicados. Novas instituições de segurança coletiva, como a Liga das Nações, mostraram-se fracas diante de estados-nações desafiadores. De forma mais ampla, os Estados Unidos falharam em combinar sua importância econômica muito ampliada com um papel geopolítico proporcional.[84] O poder permaneceu desproporcionalmente nas mãos de impérios europeus vitoriosos, o britânico e o francês, mas ambos estavam tão limitados fiscal e internamente que não puderam preservar os frutos de sua vitória.

E, no entanto, por mais desastrosa que tenha sido a guerra, seu impacto próximo em relação a vidas perdidas foi superado pelo da pandemia de *influenza* que estourou em seu último ano. Onde exatamente a nova cepa de H1N1 apareceu pela primeira vez é incerto, mas costuma-se dizer que foi em Fort Riley, Kansas, o local de Camp Funston, um dos acampamentos do exército, onde centenas de milhares de jovens americanos estavam sendo treinados para lutar na Europa como as Forças Expedicionárias Americanas. Há, no entanto, evidências de que a pandemia se originou no Exército Britânico em 1917, embora a condição tenha sido inicialmente identificada como "bronquite purulenta com broncopneumonia".[85] Aqui estava a chave para o sucesso da gripe no século XX. Nunca haviam sido mobilizados exércitos em tamanha escala antes: mais de 70 milhões de homens uniformizados. Nunca tantos rapazes foram tirados de suas casas e locais de trabalho, amontoados em acomodações primitivas e enviados para longas distâncias em navios e trens. A ideia de que o vírus se originou em porcos foi refutada (uma origem aviária parece mais provável);[86] na verdade, a direção da infecção era dos homens para os porcos.[87] E por que não? Não foi à toa que os recrutas alemães eram conhecidos como *Frontschweine* ("porcos do *front*").

Os primeiros casos americanos foram registrados em Camp Funston em 4 de março.[88] Uma semana depois, um membro da equipe de *catering* de Fort Riley entrou na enfermaria, seguido nos dias seguintes por um fluxo de soldados infectados. No final do mês, mais de mil casos haviam sido registrados e 48 homens morreram de gripe. Como se para zombar dos esforços dos homens para matar uns aos outros, o vírus se espalhou rapidamente pelos Estados

Unidos e, então, cruzou para a Europa nos lotados navios norte-americanos. É possível que a pandemia explique a quase duplicação da proporção de soldados alemães que relataram estar doentes no verão de 1918, o que foi um fator crucial no colapso subsequente do Reichswehr, o Exército Alemão.[89] Certamente, temos relatos de prisioneiros de guerra alemães com gripe desde julho.[90] Naquela época, havia alcançado a Índia, a Austrália e a Nova Zelândia. Poucos meses depois, uma segunda onda mais mortal atingiu todos, mas simultaneamente em Brest, França, Freetown, Serra Leoa e Boston.[91] O vírus atingiu um novo continente nos Estados Unidos, no cais da Commonwealth de Boston, em 27 de agosto de 1918, quando três casos de gripe apareceram na lista de doentes. Oito casos surgiram no dia seguinte e 58 no próximo, 15 dos quais estavam tão doentes que foram transferidos para o Hospital Naval dos Estados Unidos, em Chelsea. Em 8 de setembro, a gripe chegou ao Army Camp Devens (um acampamento do exército norte-americano). Em dez dias, milhares de pacientes febris lotaram os hospitais do campo. Em poucas semanas, o necrotério estava cheio de cadáveres asfixiados com a pele azulada. (Poucos pacientes que desenvolveram a cianose heliotrópica distinta sobreviveram.) A epidemia então se espalhou a oeste e sul por todo o país, atingindo seu ponto alto em mortalidade na semana de 4 de outubro.[92] Uma terceira onda afetou algumas áreas do mundo no início de 1919, principalmente na Inglaterra, País de Gales e Austrália. Houve algo como uma quarta onda na Escandinávia em 1920. Os países combatentes procuraram suprimir a notícia da pandemia como potencialmente prejudicial ao moral durante a guerra, e isso dificilmente ajudava a manter o público informado. A doença veio a ser conhecida como gripe "espanhola" porque apenas a imprensa, em grande parte sem censura, da neutra Espanha falou sobre ela com alguma precisão.

Entre 40 e 50 milhões de pessoas morreram como resultado da pandemia, a maioria delas sufocada por um acúmulo letal de sangue e outros fluidos nos pulmões. Os números absolutos foram mais altos na Índia (18,5 milhões de mortes) e na China (entre 4 e 9,5 milhões), mas as taxas de mortalidade variaram amplamente de um lugar para outro. Quase metade (44,5%) da população dos Camarões foi exterminada; na Samoa Ocidental, quase um quarto (23,6%). No Quênia e em Fiji, mais de 5% das pessoas morreram. Os outros países subsaarianos para os quais temos dados sofreram mortalidade entre 2,4% (Nigéria) e 4,4% (África do Sul). Na América Central, a mortalidade também foi alta:

3,9% da população da Guatemala, 2% de todos os mexicanos. A Indonésia também teve uma alta taxa de mortalidade (3%). As piores taxas de mortalidade na Europa ocorreram na Hungria e na Espanha (cada uma em torno de 1,2%), com a Itália não muito atrás. Em contraste, a América do Norte escapou quase ilesa: entre 0,53 e 0,65% para os Estados Unidos, 0,61% para o Canadá. O Brasil teve uma taxa de mortalidade semelhante. Argentina e Uruguai foram em grande parte poupados.[93] Como esses números indicam, a gripe espanhola era indiferente quanto ao *status* de combatente de um país. Embora sua propagação inicial possa estar relacionada a acomodações e transporte em tempos de guerra, isso logo deixou de ser verdade.

No Reino Unido, o número oficial de mortes foi de mais de 150 mil, mas uma estimativa moderna está mais perto de 250 mil, incluindo mortes associadas por encefalite letárgica, além de outros 5 mil nascimentos abortados (mulheres grávidas tinham uma taxa de mortalidade chocantemente alta).[94] Nos Estados Unidos, as mortes de até 675 mil pessoas foram atribuídas à gripe espanhola, das quais 550 mil foram mortes em excesso (acima do que seria esperado naquele período em circunstâncias normais). A mortalidade equivalente em 2020 teria sido entre 1,8 e 2,2 milhões de norte-americanos. A gripe espanhola matou em ordem de magnitude mais norte-americanos do que os que morreram em combate na guerra (53.402). De acordo com os números do Departamento de Guerra, a gripe atingiu 26% do exército – mais de 1 milhão de homens – e matou quase 30 mil estagiários antes mesmo de chegarem à França.[95] Ironicamente, ao contrário da maioria das epidemias de gripe, mas como a guerra que a precedeu e a espalhou, a gripe de 1918 matou desproporcionalmente jovens adultos. De 272.500 mortes por gripe masculina nos Estados Unidos, quase 49% tinham entre 20 e 39 anos, enquanto apenas 18% tinham menos de 5 anos e 13% tinham mais de 50 anos.[96] Os muito jovens e muito velhos também eram (como de costume) vulneráveis, de modo que todos os países para os quais as taxas de mortalidade por idade que estavam disponíveis registraram, por meio da formação aproximadamente em W, a distribuição de mortalidade por idade. Isso também aconteceu na Austrália, Índia, Nova Zelândia, África do Sul e Reino Unido, onde 45% de todas as mortes de civis ocorreram entre 15 e 35 anos.[97] A morte não foi causada pelo vírus da gripe em si, mas pela reação imunológica do corpo ao vírus. De maneira perversa, isso significava que indivíduos com sistemas imunológicos mais fortes tinham maior probabilidade de morrer do que aqueles com sistemas imunológicos mais fracos. Uma boa ilustração do impacto da pandemia sobre os jovens adultos, bem como uma descrição vívida das misérias alucinógenas da própria doença, pode ser encontrada no conto de Katherine Ann Porter "Cavalo pálido, cavaleiro pálido" (1937), sobre um romance de guerra interrompido cruelmente pelo vírus.[98]

"A maneira como os alemães faziam no Chateau-Thierry" e
"A maneira como os residentes da Carolina do Norte fazem em casa".

A cólera tinha consciência de classe. A gripe foi pensada para não ter. Na Inglaterra, o escrivão-geral argumentou que a incidência da gripe espanhola variava "definitivamente, embora não muito com a classe social". Seu igual na Escócia afirmou que "a característica mais marcante da distribuição da mortalidade" era "sua universalidade".[99] De acordo com *The Times*, "O morador da cidade não se saiu melhor que o camponês, o homem branco que o preto ou o amarelo, o morador entre as neves que o morador das selvas tropicais. A única imunidade em toda essa matança – e era apenas relativa – era desfrutada pelos muito jovens e pelos muito velhos. Por estes, e apenas por estes, o monstro parecia ter pouco apetite".[100] Na verdade, havia diferenças significativas em todo o Império Britânico, mas elas pouco tinham a ver com classe. Havia uma mortalidade um pouco mais alta nas partes mais pobres e menos salubres de Londres, mas a correlação com a pobreza não era especialmente forte. As cidades de Hebburn e Jarrow, em Tyneside, foram duramente atingidas, mas isso refletiu a alta proporção de homens empregados em navios e barcos, que tinham maior probabilidade ocupacional de exposição ao vírus. Na Nova Zelândia, entretanto, a taxa de mortalidade maori era quase o dobro da taxa da população branca.[101] Os inuítes e outros povos indígenas do Canadá também sofreram mortalidade muito maior do que os canadenses de ascendência europeia.

Houve uma variação regional considerável nos Estados Unidos.[102] As taxas de infecção variaram amplamente, de 18,5% em New London, Connecticut, a 53,5% em San Antonio, com uma taxa geral de infecção de 29,3%, implicando uma taxa de mortalidade por infecção de 1,82%.[103] As taxas de mortalidade em Indiana e Nova York eram três vezes mais altas do que em um ano sem pandemia, enquanto em Montana a taxa de 1918 era mais de seis vezes mais alta. Colorado, Maryland e Pensilvânia também foram duramente atingidos. As cidades com as taxas de mortalidade mais altas em 1918 (Pittsburgh, Scranton e Filadélfia) estavam todas localizadas na Pensilvânia, e as cidades com as taxas mais baixas (Grand Rapids, Minneapolis e Toledo) estavam todas localizadas no meio-oeste. Não havia nenhuma razão óbvia para que Darien e Milford, Connecticut, não tivessem morte. Em todas as cidades, a taxa de mortalidade por gripe de 1918 foi pelo menos duas vezes a taxa normal, mas foi pelo menos três vezes maior em Memphis, St. Louis e Indianápolis e quatro vezes maior em Nashville e Kansas City. As taxas de mortalidade pela gripe branca foram tipicamente menores do que aquelas para negros, mas essa diferença diminuiu na pandemia de gripe de 1918. Uma pesquisa do Serviço de Saúde Pública com mais de 100 mil indivíduos, conduzida em nove cidades durante o verão de 1919, indicou que a taxa de mortalidade de brancos "era quase duas vezes maior entre os 'muito pobres' do que entre os 'prósperos – e aqueles classificados como estando em circunstâncias 'moderadas'".[104]

Até que ponto essas diferenças refletem as políticas estaduais ou municipais? Sugeria-se que, nos Estados Unidos, as intervenções não farmacêuticas em nível local não apenas reduziam o impacto da pandemia na saúde pública, mas também aceleravam a recuperação econômica, mas, em uma inspeção mais próxima, o quadro é um pouco menos claro.[105] Exceto em Nova York e Chicago, as autoridades estaduais e locais em todo o país fecharam escolas e igrejas. Por outro lado, a campanha para vender o Fourth Liberty Loan (que tinha como objetivo arrecadar fundos para as tropas americanas que combatiam na Primeira Guerra Mundial) – US$ 6 bilhões em títulos de guerra – significou que várias reuniões públicas e comícios em massa ocorreram em setembro e outubro daquele ano. Os restaurantes não fechavam.[106] Nova York manteve não apenas escolas, mas também teatros abertos. A principal inovação da cidade foi a introdução de horários comerciais escalonados para reduzir ao mínimo o congestionamento nos metrôs.[107] As coisas não ficaram melhores com a despreocupação do dr. Royal Copeland, o secretário de saúde da cidade de Nova York, que insistiu em agosto que "não havia o menor perigo de uma epidemia de gripe espanhola em Nova York". Optometrista com pouca formação em saúde pública, Copeland sentia-se obrigado a subestimar o risco em todas as oportunidades. Quando os primeiros casos chegaram da Noruega, em agosto, ele não os colocou em quarentena, perguntando despreocupadamente: "Você não ouviu falar de nossos soldados pegando isso, não é? Pode apostar que não, e não vai… Não há necessidade de nosso pessoal se preocupar com esse assunto". Como o contágio se espalhou no final de setembro, Copeland insistiu que "a situação estava bem controlada em todos os cinco distritos e… havia pouco medo de que a doença se propagasse em grande extensão". Quando o número de novos casos dobrou em um período de 24 horas no final de setembro, ele continuou a tomar poucos cuidados, além de alertar contra tosse e espirros em público. Mesmo quando 999 casos foram relatados em um único dia no início de outubro, Copeland se recusou a fechar escolas, contra o aconselhamento de seu colega na Filadélfia.

A inépcia de Copeland finalmente levou a uma intervenção pública de um ex-secretário de saúde, dr. S. S. Goldwater, que alertou no jornal *The New York Times* que as condições eram "muito piores do que o público sabe e que, a menos que alguma ajuda venha do governo, caso a epidemia se espalhe, haverá o perigo de muitos sofrerem por falta de atendimento". Duas semanas depois, o prefeito da cidade, John Hylan, reclamou publicamente que "o Departamento de Saúde não [havia] verificado a propagação da doença" quando não tentou colocar em quarentena as primeiras vítimas da cidade. Nessa época (27 de outubro de 1918), o Comitê de Saúde Pública da Academia de Medicina de Nova York estimou que "418.781 pessoas [haviam] sofrido de gripe desde que ela apareceu pela primeira vez na cidade". Em uma cidade de aproximadamente 5,6 milhões de habitantes, isso significava que pelo menos um em cada treze nova-iorquinos estava com gripe espanhola. Quando a pandemia acabou, ela havia matado cerca de 33 mil pessoas na cidade.[108] Parece haver pouca dúvida de que o fechamento de escolas teria reduzido o número de mortos. Cidades que não apenas fecharam escolas, mas também proibiram reuniões públicas mais cedo, notavelmente St. Louis, se saíram consideravelmente melhor do que aquelas que atrasaram a ação, como Pittsburgh.[109] Em São Francisco, por sugestão do secretário de saúde, dr. William C. Hassler, o uso de máscara tornou-se obrigatório em outubro e novembro de 1918 e novamente em janeiro de 1919, provocando a reação familiar de uma coalizão heterogênea de libertários civis, cientistas cristãos e grupos de interesse econômico que se uniram na liga antimáscara.[110]

A gripe espanhola foi um desastre de saúde pública mais do que um desastre econômico.[111] Claramente, houve efeitos econômicos adversos, especialmente nos países que foram mais duramente atingidos.[112] A experiência indiana, embora horrível, foi em muitos aspectos malthusiana: os sobreviventes nas áreas mais afetadas ficaram com terras adicionais, o que aumentou a riqueza *per capita*, levando não apenas a famílias maiores, mas também a mais investimentos na educação dos filhos.[113] Em contraste, a pandemia teve efeitos negativos duradouros sobre o desenvolvimento econômico do Brasil entreguerras.[114] Nos Estados Unidos, os jornais relataram quedas acentuadas no setor varejista (exceto nas drogarias) em Little Rock e uma "paralisante" escassez de mão de obra industrial devido a doenças em Memphis.[115] Mas o impacto líquido foi uma recessão de "brevidade excepcional e amplitude moderada", de acordo com uma revisão de 1946 dos ciclos de negócios nos Estados Unidos, até porque tais intervenções na vida econômica que ocorreram foram de duração muito curta (cerca de quatro semanas).[116] Houve uma recessão pós-guerra em 1920-1921, mas não teve nada a ver com a pandemia de dois anos antes e tudo a ver com o aperto fiscal e monetário.[117] Os relatórios mensais da Segunda Região da Receita Federal dos Estados Unidos, que cobriam Nova York, Chicago e Nova Inglaterra, mostram que a atividade econômica era relativamente forte em 1919. A porcentagem de empresas que faliram diminuiu em 1918 e 1919. Houve uma onda de atividades de construção em Nova York e ao norte de Nova Jersey em 1919. Todos os indicadores mostram que foi em 1920-1921 que a economia se retraiu. A única conexão clara entre a pandemia e a recessão era o fato de que as mortes por *influenza* acima da média entre adultos em idade avançada estavam associadas a falências de negócios acima da média em 1919 e 1920. Paradoxalmente, a epidemia foi positivamente correlacionada com o crescimento econômico subsequente na década de 1920.[118] No entanto, tais correlações não conseguem capturar um efeito adverso muito mais duradouro da pandemia: o fato de que os norte-americanos que estavam no útero durante a pandemia tiveram, ao longo da vida, escolaridade reduzida, maior taxa de deficiência física e menor renda em relação àqueles que passaram pelo desenvolvimento fetal imediatamente antes ou depois.[119] Os nascidos nas cristas das três ondas também tiveram maior risco de doenças respiratórias e cardiovasculares ao longo da vida.[120] Impactos semelhantes no desenvolvimento fetal também foram encontrados em outros países, incluindo Brasil, Itália, Noruega, Suécia,[121] Suíça e Taiwan.[122] Também há evidências de que a gripe espanhola diminuiu a confiança social nos países mais adversamente afetados.[123]

CONTÁGIOS GÊMEOS

A pandemia de gripe de 1918-1919 destruiu a ilusão de progresso médico inexorável tão completamente quanto a guerra que a precedeu (e talvez a tenha causado) destruiu a ilusão de progresso político e econômico inexorável. Numerosas vacinas contra a gripe espanhola foram descobertas e distribuídas nos Estados Unidos em 1918-1919. Na verdade, eles eram, na melhor das hipóteses, placebos.[124] A ciência obteve algumas vitórias significativas no século anterior. As pessoas com os microscópios encontraram vacinas ou terapias, embora imperfeitas, para varíola, febre tifoide, malária, febre amarela, cólera e difteria. Mas eles não tinham resposta para a nova cepa de gripe, como o dr. William Henry Welch, da Universidade Johns Hopkins, percebeu quando realizou sua primeira autópsia em uma vítima da gripe espanhola em Camp Devens, Massachusetts, no final de setembro de 1918. Contemplando os pulmões inchados e azuis, cheios de um fluido ralo, espumoso e sangrento, Welch só pôde dizer: "Deve ser algum novo tipo de infecção ou peste".[125] O bacteriologista alemão Richard Pfeiffer afirmou ter identificado o bacilo responsável, mas ele estava errado. Os únicos remédios reais – quarentenas, máscaras, proibição de reuniões – eram os antigos, muito anteriores aos microscópios. Só em 1933 uma equipe de cientistas britânicos conseguiu isolar o vírus que causou a gripe espanhola.[126]

Sugeria-se que "a pandemia de 1918, por mais horrível que tenha sido, pouco fez para afetar as alterações políticas e sociais já feitas pela guerra".[127] Isso é difícil de aceitar. O impacto da Primeira Guerra Mundial na Índia, para citar apenas um exemplo, foi modesto, embora 1,5 milhão de soldados indianos tenham desempenhado um papel importante na defesa do Império Britânico, servindo em quase todos os palcos do conflito.[128] O impacto da pandemia, por outro lado, foi catastrófico, matando 240 vezes mais indianos (18 milhões, em comparação com cerca de 74 mil). Na própria Grã-Bretanha, a resposta ineficaz das autoridades médicas – sob o Conselho do Governo Local desde 1871 – destruiu o mito de que a região liderava o mundo na saúde pública. Não foi por acaso que um Ministério da Saúde foi criado em junho de 1919. Além disso, de uma forma que não deve ser esquecida, a gripe espanhola também atingiu a elite política e intelectual do mundo. Entre os milhões de vítimas da pandemia estavam Louis Botha, o primeiro primeiro-ministro da União da África do Sul, Yakov Sverdlov, o presidente bolchevique do Comitê Executivo Central de toda a Rússia (muito provavelmente, o homem que ordenou a execução do czar Nicolau II e sua família), o sociólogo alemão Max Weber, um dos arquitetos da constituição da República de Weimar, os artistas austríacos Gustav Klimt e Egon Schiele, e o presidente eleito do Brasil, Francisco de Paula Rodrigues Alves, que, no início de sua carreira, havia enfrentado revoltas contra medidas de saúde pública no Rio. (Frederick Trump, o avô paterno do quadragésimo quinto presidente dos Estados Unidos, nascido na Alemanha, foi outra vítima, embora não fosse nem de perto um membro da elite.)

Os anos de 1918 e 1919 foram de doenças e de mortes. John Maynard Keynes, o maior economista de sua geração, estava entre os que adoeceram. Keynes estava em Paris, participando da conferência de paz que acabaria por resultar no Tratado de Versalhes. Em 30 de maio de 1919, ele escreveu para sua mãe: "Em parte devido à miséria e raiva por tudo o que está acontecendo e em parte devido ao prolongado excesso de trabalho, cedi na última sexta-feira e fui para a cama por pura exaustão nervosa, onde permaneci desde então". Ele permaneceu prostrado por quase uma semana, levantando-se apenas para reuniões com o primeiro-ministro, David Lloyd George, e "um passeio diário no Bois" de Boulogne. Keynes teve a temida gripe espanhola, como Lloyd George? Não sabemos ao certo. Nesse caso, ele teve sorte de sobreviver.[129] Um ataque posterior de gripe sem dúvida contribuiu para o problema do coração que encurtou a vida de Keynes.

A pessoa mais eminente que contraiu a gripe espanhola foi o presidente Woodrow Wilson, que adoeceu em 3 de abril de 1919, em um estágio crucial nas negociações das quatro potências sobre o Tratado de Versalhes. Por três dias ele ficou deitado na cama, incapaz de se mover. Wilson recuperou-se, mas saiu dela um homem diferente. ("Manifestou peculiaridades", como disse sua secretária, uma visão compartilhada por Herbert Hoover, entre outros.) Em uma série de pontos de desacordo com os líderes europeus, Wilson cedeu de repente.[130] O presidente voltou da Europa exausto e sofreu um grave derrame em outubro de 1919. Ficou em grande parte incapacitado em 1920 e considerado por seu próprio partido inadequado para se candidatar à reeleição naquele ano. Alguns historiadores culpam o fracasso dos Estados Unidos em ratificar o Tratado de Versalhes e aderir à Liga das Nações à doença de Wilson, mas o principal obstáculo foi o clima popular febril do pós-guerra, agitado pela pandemia de gripe, uma "ameaça vermelha" pós-guerra, a passagem do sufrágio feminino, tumultos raciais e linchamentos generalizados e a promulgação da Lei Seca, antes do veto de Wilson. Ele já havia perdido o controle das duas casas do Congresso em 1918, quando os republicanos obtiveram uma estreita maioria de dois parlamentares no Senado. Entre os senadores eleitos estava Albert B. Fall, um republicano do Novo México a quem Wilson cometeu o erro de criticar – numa época em que Fall lamentava a morte de seu único filho e uma de suas filhas por gripe.[131] Dois anos depois, com 60% do voto popular e

404 votos eleitorais, o candidato republicano, senador por Ohio Warren G. Harding, venceu de forma retumbante a eleição de 1920 com o *slogan* "Retorno à normalidade". O candidato democrata, James M. Cox, foi derrotado na maior área eleitoral desde a candidatura incontestada de James Madison em 1820 à presidência. Os republicanos também reforçaram suas maiorias no Senado e na Câmara.

Havia um dualismo inescapável sobre a forma como a Primeira Guerra Mundial terminou. Quando um contágio viral varreu o mundo, o mesmo aconteceu com uma pandemia ideológica. As ideias de Vladimir Ilyich Lênin e seus companheiros bolcheviques correram o Império Russo e pareciam capazes de produzir surtos em todo o mundo, mesmo quando o próprio princípio de autodeterminação nacional de Wilson ameaçava minar o domínio colonial do Egito à Coreia. Aos olhos de muitos contemporâneos, esses dois fenômenos estavam interligados. No auge da Guerra Civil Russa, durante a qual o tifo ceifou até 3 milhões de vidas, Lênin declarou que "ou o socialismo derrotará o piolho ou o piolho derrotará o socialismo".[132] Não demorou muito para que os antibolcheviques da Europa – entre eles um orador áspero chamado Adolf Hitler – estivessem usando metáforas biológicas para caracterizar a ideologia do regime soviético, bem como os judeus em seus próprios países, que consideravam confederados de Lênin. "Não pense que você pode combater a tuberculose racial", declarou Hitler em agosto de 1920, "sem cuidar para que as pessoas sejam libertadas do órgão causador da tuberculose racial. O impacto dos judeus nunca passará, e o envenenamento do povo não terminará enquanto o agente causal, o judeu, não for removido de nosso meio".[133] Em *Minha luta*, o tratado extravagante que Hitler escreveu na prisão após o fracasso do Putsch da Cervejaria, em 1923, ele elaborou o tema, denunciando "o judeu" como "o parasita típico, um esponjoso que, como um bacilo nocivo, continua se espalhando assim que um médium favorável o convide. E o efeito de sua existência também é como o de esponjas: onde quer que ele apareça, o povo anfitrião morre depois de um período mais curto ou mais longo".[134] O livro está repleto de imagens sinistras retiradas do reino da medicina. A Alemanha, afirmou Hitler, estava doente, e somente ele e seus seguidores sabiam como curá-la. Nessa sádica síntese de preconceito racial e pseudociência estão as origens do mais terrível de todos os desastres provocados pelo homem; mais terrível porque foi realizado por um povo altamente educado, empregando as tecnologias mais avançadas, e muitas vezes alegando agir com base na ciência. Houve uma amarga ironia quando, em 1941 e novamente em 1942, em meio ao Holocausto, Hitler comparou-se a Robert Koch. "Ele descobriu o bacilo e, assim, conduziu a ciência médica a novos caminhos", declarou Hitler. "Eu descobri o judeu como o bacilo e o agente fermentador de toda decomposição social."[135] É fácil esquecer que, uma vez, a eugenia e a higiene racial também pareciam ser abraçadas, quase universalmente, como "ciência estabelecida".[136]

6

A PSICOLOGIA DA INCOMPETÊNCIA POLÍTICA

Mit der Dummheit kämpfen Götter selbst vergebens.
[Contra a estupidez até mesmo os deuses lutam em vão.]
— Friedrich Schiller

TOLSTÓI X NAPOLEÃO

Existe uma psicologia bem compreendida da incompetência militar.[1] É possível definir uma psicologia semelhante de incompetência política? Norman Dixon argumenta que a vida militar, com todo o seu tédio, repele os talentosos, deixando as mediocridades, sem inteligência e iniciativa, subirem na hierarquia. No momento em que alcançam cargos importantes de tomada de decisão, essas pessoas tendem a sofrer alguma decadência intelectual. Um mau comandante, argumenta Dixon, não quer ou é incapaz de mudar de rumo quando toma a decisão errada. Para se assegurar da justeza de sua decisão e para tentar resolver sua dissonância cognitiva, ele estará inclinado a pontificar.[2] Os sintomas de incompetência militar incluem tendências a desperdiçar recursos humanos e outros, apegar-se a tradições ultrapassadas sem lucrar com a experiência anterior, usar indevidamente ou negligenciar o uso da tecnologia disponível, rejeitar ou ignorar informações que entrem em conflito com os preconceitos de alguém, subestimar o inimigo e superestimar o próprio lado, abdicar do papel de tomador de decisões, persistir em determinada estratégia apesar das fortes evidências de que ela é defeituosa, aliviar em vez de provocar um ataque, negligenciar o reconhecimento, ordenar ataques frontais, muitas vezes contra o ponto mais forte do inimigo, preferir a força bruta à surpresa ou ao engano, procurar bodes expiatórios para contratempos, suprimir ou distorcer as notícias da linha de frente, acreditar em forças místicas como destino e sorte.[3] Dixon identifica dois tipos distintos de incompetentes na história militar britânica: os "homens tranquilos, corteses e pacíficos que, embora sem dúvida se preocupassem profundamente com as perdas terríveis que seus exércitos sofriam, pareciam totalmente incapazes de melhorar a situação" e aqueles "cujo pecado persistente era uma ambição arrogante associada a uma terrível insensibilidade ao sofrimento dos outros".[4] O leitor pode já ter percebido que pelo menos algumas dessas características também podem ser encontradas no domínio da administração civil.

Ao mesmo tempo, não devemos fazer da liderança um fetiche, seja militar ou civil. Como Carl von Clausewitz argumentou persuasivamente há muito tempo, o moral de um exército é uma variável tão importante na batalha quanto a qualidade de seus generais. Na linguagem de um escritor mais recente, a derrota de um exército é, acima de tudo, o resultado de seu "colapso organizacional", que pode ocorrer por causa de grandes baixas, contratempos surpreendentes ou dificuldades com o terreno ou o clima.[5] Como veremos, o fenômeno de colapso organizacional pode afetar "sobrecasacas", bem como "chapéus de latão". Até que ponto qualquer catástrofe pode ou deve ser atribuída a um indivíduo? Em uma passagem marcante em *Guerra e paz*, Tolstói tenta mostrar o quanto os eventos de 1812 poderiam ser pouco explicados com referência à vontade do imperador Napoleão. A invasão francesa da Rússia, escreve Tolstói, foi "um evento... oposto à razão e à natureza humana":

> Milhões de homens perpetrando uns contra os outros inúmeros crimes, fraudes, traições, roubos, falsificações, questões referentes a dinheiro falso, roubos, incendiários e assassinatos como em séculos inteiros não estão registrados nos anais de todos os tribunais de justiça

do mundo, mas que aqueles que os cometeram não consideravam na época como sendo crimes.

O que produziu essa ocorrência extraordinária? Quais foram suas causas? Os historiadores nos dizem com ingênua segurança que suas causas foram os erros infligidos ao Duque de Oldenburg, a não observância do sistema continental, a ambição de Napoleão, a firmeza do [czar] Alexandre, os erros dos diplomatas e assim por diante...

Para nós, para a posteridade que vê o que aconteceu em toda a sua magnitude e percebe seu significado simples e terrível, essas causas parecem insuficientes... Não podemos compreender que conexão tais circunstâncias têm com o fato real da matança e da violência: ora, porque o Duque foi injustiçado, milhares de homens do outro lado da Europa mataram e arruinaram o povo de Smolensk e Moscou e foram mortos por eles.

Na realidade, propõe Tolstói, "as ações de Napoleão e Alexandre, em cujas palavras o evento parecia depender, foram tão pouco voluntárias quanto as ações de qualquer soldado que foi atraído para a campanha por sorteio ou recrutamento".

Isso não poderia ser diferente, pois para que a vontade de Napoleão e Alexandre (de quem o evento parecia depender) fosse realizada, a concordância de inúmeras circunstâncias era necessária, sem qualquer uma delas o evento não poderia ter ocorrido. Era necessário que milhões de homens em cujas mãos estava o verdadeiro poder – os soldados que dispararam ou transportaram suprimentos e armas – consentissem em cumprir a vontade desses indivíduos fracos, e deveriam ter sido induzidos a fazê-lo por um número infinito de causas diversas e complexas.

Em última análise, argumenta Tolstói: "Um rei é escravo da história... A história, isto é, a vida inconsciente, geral e coletiva da humanidade, usa cada momento da vida dos reis como uma ferramenta para seus próprios fins."

Embora Napoleão, naquela época, em 1812, estivesse mais convencido do que nunca de que dependia dele... nunca tinha estado tanto

> nas garras de leis inevitáveis, que o obrigavam, ao pensar que estava agindo por sua própria vontade, a realizar pela vida da comunidade – ou seja, pela história – tudo o que teve de ser feito... em eventos históricos, os chamados grandes homens são rótulos que dão nomes aos eventos e, como rótulos, têm apenas uma conexão mínima com o próprio evento.[6]

Hoje em dia, essa não é uma visão em voga do processo histórico, e é fácil perceber o porquê. As "leis inevitáveis" da história são geralmente ridicularizadas, pois o público permanece ligado à escola de história do "grande homem", mesmo que os historiadores acadêmicos a evitem. Há um aspecto místico no raciocínio de Tolstói, como se o "poder que move as nações" fosse uma força sobrenatural. No entanto, seu argumento pode ser facilmente atualizado. Formalmente, um líder fica no topo de um organograma hierárquico, emitindo decretos que são transmitidos ao funcionário mais humilde. Na realidade, os líderes são *hubs* em redes grandes e complexas. A extensão de seu poder é, de fato, função de sua centralidade. Se estiverem bem conectados com a classe política, a burocracia, a mídia e o público em geral – se a informação flui em ambas as direções, para que possam ser informados e comandar –, então podem ser líderes eficazes. Estar isolado dentro da estrutura de poder é estar condenado à impotência, não importa o quanto seja grandioso o título de alguém. Certamente, o conhecimento especializado pode ser usado para fins políticos. Burocratas de carreira e consultores acadêmicos podem ser manipulados para legitimar um objetivo partidário.[7] Mas também é verdade que os burocratas podem manipular seus supostos senhores, apresentando-lhes – de forma memorável descrita por Henry Kissinger – três alternativas, das quais apenas uma é plausível, a saber, aquela que os funcionários públicos já escolheram.[8] E é verdade, também, que, em uma democracia, o eleitorado pode se recusar a ser manipulado. Um líder civil nominalmente está à frente de um exército heterogêneo, indisciplinado e sem treinamento. Mas a linha de menor resistência pode ser admitir, ecoando o republicano radical Alexandre Auguste Ledru-Rollin em 1848, "Eu sou o líder deles. Devo segui-los!" ("Je suis leur chef, il faut que je les suive!").[9]

Pensamos, sem refletir de maneira muito profunda, que entendemos a diferença entre um desastre natural e um desastre causado pelo homem. Classificamos erupções vulcânicas, terremotos, inundações e fome como desastres naturais, e guerras, revoluções violentas e crises econômicas como causadas pelo homem, permitindo que alguns desastres causados pelo homem sejam mais deliberados do que outros. Assim, a maioria dos historiadores concordaria agora que o extermínio dos judeus por Hitler foi intencional e durante anos premeditado. No entanto, se aplicarmos consistentemente o princípio tolstoiano, mesmo o Holocausto se torna difícil de representar apenas como o resultado do antissemitismo psicopático de um homem. Toda uma escola de historiografia – apelidada de forma nada atraente de "funcionalistas estruturais" – procurou explicar que a tentativa de extermínio dos judeus da Europa ocorreu porque, nas circunstâncias anormais criadas pela Segunda Guerra Mundial, muitos alemães, fosse pela convicção ideológica ou pela ânsia de saquear ou por simples covardia moral, "trabalharam ativamente para o *Führer*", sem a necessidade de ordens diretas por escrito para perpetrar o genocídio. E por que a guerra começou? O motivo oficial foi que Hitler exigiu a entrega da "cidade livre" de Danzig e um plebiscito no "corredor" do território polonês tomado da Alemanha em 1920; a Polônia se recusou, e a Grã-Bretanha e a França foram obrigadas a honrar seus compromissos de tratado com Varsóvia. Isso parece tão satisfatório quanto a teoria, ridicularizada por Tolstói, de que a França invadiu a Rússia em 1812 por causa "dos erros infligidos ao Duque de Oldenburg".

DEMOCRACIA X FOME

O quanto são verdadeiramente naturais os desastres naturais? Em duas obras seminais – *Poverty and Famines [Pobreza e fome]* (1983) e *Desenvolvimento como liberdade* (1999) –, o economista indiano Amartya Sen desafiou a visão generalizada de que a fome é um desastre natural e não um desastre causado pelo homem. Longe de ser causada por suprimento insuficiente de alimentos, argumentou Sen, a fome ocorre quando o preço dos alimentos sobe além das possibilidades dos grupos de baixa renda. São, em resumo, falhas de mercado. Grande parte da fome poderia, portanto, ser evitada aumentando os salários por meio de esquemas de obras públicas ou proibindo a acumulação e especulação.[10] "Nenhuma fome jamais ocorreu na história do mundo em uma democracia em funcionamento", argumentou Sen, porque os governos democráticos "têm de ganhar eleições e enfrentar críticas públicas, e têm [um] forte incentivo para tomar medidas para evitar a fome e outras catástrofes".[11] Refletindo sobre a fome desastrosa que o governo de Mao Tsé-tung infligiu à China (veja a seguir),

Sen argumentou que mesmo uma fração do número de mortos chineses "teria causado imediatamente uma confusão nos jornais e um tumulto no parlamento indiano, e o governo dominante teria, quase com certeza, de renunciar".[12]

Os argumentos de Sen são amplamente corroborados pelos exemplos das piores fomes dos últimos três séculos. Em *A riqueza das nações*, Adam Smith fez a ousada afirmação de que, nos dois séculos anteriores à sua escrita, nenhuma fome tinha surgido em "qualquer parte da Europa... por qualquer outra causa além da violência do governo tentando, por meios impróprios, remediar os inconvenientes de uma escassez".[13] No entanto, as fomes francesas de 1693-1694 e 1709-1710 – durante o reinado do absolutista "Rei Sol", Luís XIV – parecem ter sido exemplos clássicos de Amartya Sen de mercados falhando na esteira de colheitas desastrosamente ruins e de autoridades irresponsáveis fazendo muito pouco em termos de alívio para os famintos. Na primeira das duas crises, estima-se que 1,3 milhão de pessoas morreram – cerca de 6% da população francesa.[14] A brutalidade da Companhia das Índias Orientais, que prestava contas apenas aos seus acionistas e, no final, ao Parlamento britânico, carregava quase toda a culpa pela catastrófica Fome de Bengala em 1770, que matou entre 1 e 2 milhões de pessoas, ou até 7% da população.[15]

A causa imediata da catastrófica fome irlandesa no fim da década de 1840 foi um esporo de fungo denominado *Phytophthora infestans*, que destruiu as plantações de batata com uma velocidade devastadora, numa época em que ela representava 60% do suprimento alimentar da Irlanda, e 40% das famílias dependiam quase inteiramente dela para sua subsistência. A "praga" chegou à Irlanda vinda da América do Norte via Bélgica em 1845 e se repetiu em todos os anos, exceto um deles, até 1850. Cerca de três quartos da safra de batata foi perdida em 1846. Em 1848, a área cultivada com batatas era pouco mais de 15% do seu nível de 1845. Por causa dessa interrupção da principal fonte de calorias da população rural, a produção de outras safras, como trigo e aveia, também diminuiu. Entre 1846 e 1849, o número de porcos na Irlanda caiu 86%. A população rural teve pouco ou nenhum acesso a crédito para compensar o choque, além do que foi fornecido por cerca de 300 *Irish Loan Funds* (Fundos de empréstimos irlandeses), uma das primeiras formas de microfinanciamento.[16] O número de mortos é estimado em cerca de 1 milhão, ou cerca de 11% da população pré-fome de aproximadamente 8,75 milhões.[17] Outro milhão de pessoas emigrou da Irlanda, a maioria para a América do Norte.

A Irlanda não era Bengala. Os irlandeses tinham vaga em ambas as casas do parlamento em Westminster. É verdade que a aristocracia irlandesa era anglo--irlandesa, separada em termos religiosos, culturais e muitas vezes linguísticos da massa do povo. É verdade que o privilégio era mais restrito do que na Inglaterra, tanto nos distritos urbanos quanto rurais: havia apenas cerca de 90 mil eleitores após as reformas eleitorais de 1829 e 1832.[18] Ainda assim, havia representantes irlandeses eleitos na Câmara dos Comuns, incluindo o impressionante Daniel O'Connell – "o Libertador" –, que, em janeiro de 1847, presidiu uma reunião em Dublin de proprietários de terras e políticos irlandeses para exigir uma resposta do governo ao desastre.[19] Ainda assim, os principais tomadores de decisão, como Charles Trevelyan, secretário-assistente do Tesouro, aderiram às doutrinas do cristianismo evangélico e da economia política que se punham contra a intervenção do governo. "É difícil para os pobres que sejam privados de saber que estão sofrendo de uma aflição da providência de Deus", escreveu Trevelyan, em 6 de janeiro de 1847. Como Deus enviou a fome "para ensinar aos irlandeses uma lição, que a calamidade não deve ser muito atenuada... O verdadeiro mal com o qual temos de lutar não é o mal físico da fome, mas o mal moral dos egoístas e perversos e o turbulento caráter das pessoas".[20] Com base nesses argumentos, as exportações de grãos (principalmente de aveia) da Irlanda não foram suspensas.

Para ter certeza, algumas medidas foram tomadas para aliviar a fome e as doenças que se seguiram fortemente. Em 1846, o governo conservador de Sir Robert Peel revogou as "Leis do Milho" (*Corn Laws*), tarifas protecionistas que até então impediam as importações de grãos baratos para o Reino Unido. Houve importações de milho e fubá da América, alguns esquemas de obras públicas e substanciais doações de caridade: com o apoio da família real e dos Rothschilds, a Associação Britânica para o Alívio de Extrema Aflição nas Paróquias Remotas da Irlanda e Escócia levantou cerca de 470 mil libras esterlinas no curso de sua existência. O próprio governo levantou um empréstimo irlandês contra a fome de 8 milhões de libras esterlinas em 1847.[21] Mas essas medidas não foram suficientes para compensar o colapso da renda rural em um momento de grande escassez. O clima prevalecente em Londres, após a queda de Peel nas Leis do Milho, era de indiferença, se não de desprezo, para com os irlandeses. "As batatas podres fizeram tudo isso", reclamou o Duque de Wellington na época da dissidência conservadora sobre as Leis do Milho.

"Eles apavoraram Peel imensamente."[22] "De nossa parte," comentou o jornal *The Times*, "consideramos a praga da batata uma bênção. Uma vez que os celtas deixaram de ser batatófagos, precisaram virar carnívoros. Apreciando melhor as carnes, aumentará o apetite por elas. Com o apetite, a disposição para adquiri-las. Com isso virão estabilidade, regularidade e perseverança, a menos que, de fato, o crescimento dessas qualidades seja impedido pela cegueira do patriotismo irlandês, pela míope indiferença dos pequenos proprietários ou pela imprudência aleatória da benevolência do governo".[23] Como o chanceler do Tesouro, Sir Charles Wood, explicou à Câmara dos Comuns: "Nenhum esforço de um governo, ou, devo acrescentar, de instituição beneficente privada, poderá fornecer um remédio completo para a calamidade existente. É uma punição nacional, enviada pela Providência".[1*24]

Pode-se pensar que não há duas ideologias que tenham menos em comum do que o liberalismo clássico dos vitorianos e o marxismo sangrento dos bolcheviques. Cada um à sua maneira poderia racionalizar a fome em massa. No entanto, houve diferenças importantes. Houve duas fomes graves na história da União Soviética: uma em 1921-1923, a outra em 1932-1933. Como relatou um historiador ucraniano: "O confisco e a exportação de grãos – não a seca e a colheita ruim – foram as verdadeiras causas da primeira grande fome na Ucrânia soviética, que ocorreu em 1921-1923".[25] Uma primavera quente e sem chuva em 1920 preparou o cenário, mas os principais impulsionadores da fome foram a falta de mão de obra devido à guerra civil em curso e uma relutância por parte

---

1 * Para ser justo com o tão difamado Wood, ele reconheceu "a terrível calamidade que assolou a Irlanda" e teve o cuidado de explicar os esforços do governo, por meio de obras públicas, para "colocar nas mãos do povo da Irlanda os meios de comprar esses alimentos que até então eles cultivavam para si próprios, mas que, devido ao fracasso da colheita da batata, não tinham mais os meios de se sustentar e tinham, portanto, a necessidade de comprar". O fato de os projetos de obras públicas terem se mostrado insuficientes, porque muitas pessoas estavam famintas demais para trabalhar, persuadiu Wood sobre a necessidade de distribuir alimentos importados. Sua peroração, portanto, merece ser citada de forma mais completa que de costume: "Não podemos esconder de nós mesmos que centenas de pessoas morrem pela carestia todas as semanas. Posso assegurar a esta assembleia que é com dor que mal tentarei descrever que examino os relatos que dia após dia nos chegam sobre as mortes por fome no oeste da Irlanda. Nenhum esforço de um governo, ou, devo acrescentar, de instituição beneficente privada, pode fornecer um remédio completo para a calamidade existente. É uma punição nacional, enviada pela Providência, e precisamos passar por ela, senão na medida em que alguns honrem. Cavalheiros têm cogitado, ainda, em grande medida... avançar e ajudar nossos irmãos sofredores na Irlanda. Senhor, não acredito que este país se recusará a prestar ajuda, ou estará disposto a reter sua ajuda sob tal extremo".

do campesinato, temeroso de requisições de grãos, em cultivar os campos. As 20 províncias agrícolas mais produtivas da Rússia imperial produziram anualmente 22 milhões de toneladas de grãos antes da revolução. Em 1921, a produção caiu para 2,9 milhões. A crise foi especialmente aguda na Ucrânia. Em 1921, a quantidade de grãos colhidos na província de Odessa caiu para 12,9% de seu nível pré-revolucionário.[26] A American Relief Administration (Secretaria Americana de Ajuda) de Herbert Hoover estimou que cerca de 2 milhões de pessoas morreram, talvez 1,3% da população antes da fome. A Secretaria se retirou da Rússia em protesto contra as vendas de grãos pelos bolcheviques em troca de moeda forte, numa época em que a fome devastava grandes partes do território que controlavam. Ao contrário dos ministros vitorianos, os comissários bolcheviques não prestavam contas a nenhuma oposição. Não havia imprensa livre na Rússia para condenar sua conduta. Mas o pior estava por vir.

A primavera de 1931 foi fria e seca em toda a União Soviética: a região do Volga, Cazaquistão, Sibéria e a região central da Ucrânia sofreram episódios de seca. No entanto, as más colheitas de 1931 e 1932 não teriam bastado para causar uma fome desastrosa sem a confusão causada pela política de coletivização de Stálin, que ele próprio se convenceu de ser a única forma de acelerar a industrialização (e a proletarização) da Rússia e erradicar a classe *kulak* supostamente contrarrevolucionária. Longe de aumentar a produção agrícola, a abolição da propriedade privada e o agrupamento do campesinato em fazendas coletivas estatais obliteraram os incentivos. Em vez de perdê-los para o Estado, os fazendeiros abatiam e devoravam seus rebanhos. Ao mesmo tempo, Stálin aumentou as exportações de 187 mil toneladas em 1929 para 5,7 milhões de toneladas em 1931.[27] Enquanto a fome varria a Ucrânia, o Politburo emitiu dois decretos que explicitamente atribuíam a queda da produção agrícola à política de "ucranização" dos anos 1920, que havia concedido certa autonomia à República Soviética Ucraniana. Isso levou a um expurgo em massa de funcionários do Partido Comunista da Ucrânia, bem como a ataques verbais e físicos a acadêmicos e intelectuais suspeitos. Sob a liderança de Lazar Kaganovich,[2*] o primeiro-secretário do Partido Ucraniano, equipes de "ativistas" saqueavam o

---

2 * "Iron Lazar" nasceu em uma família judia em 1893. Um discípulo cruel e assassino de Stálin, foi o mais longevo dos revolucionários "Velhos Bolcheviques" originais. Morreu aos 97 anos, em 25 de julho de 1991, apenas um mês antes da dissolução do Partido Comunista da União Soviética, pelo qual havia sacrificado a vida de tantas outras pessoas.

campo ucraniano em busca de qualquer coisa comestível nas fazendas de cima a baixo. Vizinhos desesperados denunciavam uns aos outros na esperança de serem recompensados com algumas migalhas de pão.[28] A taxa de mortalidade foi três vezes maior na Ucrânia do que na Rússia,[29] mas as coisas estavam ainda mais desesperadoras no Cazaquistão.

Alguns historiadores insistem que não era intenção de Stálin conduzir uma política genocida contra os pastores ucranianos e cazaques. Talvez não, mas a concepção de Stálin da guerra de classes implicava não apenas terror, mas assassinato em massa. Como ele disse a Mikhail Sholokhov, o autor de *And Quiet Flows the Don (O Dom silencioso),* em maio de 1933, "Os estimados produtores de grãos de sua região (e não apenas de sua região) fizeram uma greve (sabotagem!) e não se importariam em deixar os trabalhadores e o Exército Vermelho sem pão. O fato de a sabotagem ter sido silenciosa e aparentemente inofensiva (sem sangue) não altera o fato de que os estimados produtores de grãos estavam basicamente travando uma guerra 'silenciosa' contra o poder soviético. Uma guerra por atrito (*voina na izmor*), caro camarada Sholokhov...".[30] Ao todo, estima-se que 5 milhões de cidadãos soviéticos morreram, cerca de 3% da população pré-fome, mas a proporção de ucranianos que morreram foi de aproximadamente 18%, tornando-se a pior fome dos tempos modernos. A taxa de natalidade também caiu. Se essas políticas não tivessem sido adotadas por Stálin, a população soviética no início de 1935 teria cerca de 18 milhões a mais. A diferença entre liberais vitorianos e comunistas soviéticos agora deve estar clara. A natureza, na forma de um novo patógeno, desempenhou um papel muito maior na fome irlandesa. O *holodomor*[3*] ucraniano, em contraste, foi em grande parte feito pelo homem e com má intenção premeditada.

A década de 1930 foi uma época de problemas para a agricultura em todo o mundo, com certeza. A partir de 1932, as condições de seca persistente nas Grandes Planícies norte-americanas causaram quebras generalizadas nas safras e expuseram o solo recentemente cultivado da região a fortes ventos. Uma grande tempestade de areia em 11 de maio de 1934 varreu as partículas do solo até Washington, D.C., e mais de 480 km para dentro do Oceano Atlântico. Tempestades mais intensas e frequentes varreram as planícies em 1935. Em 6 de março e novamente em 21 de março, nuvens de poeira passaram sobre

---

3 * Palavra ucraniana que significa "deixar morrer de fome", "morrer de inanição". (N. T.)

Washington. Foi um desastre para os agricultores no Kansas, em Oklahoma, Texas, Novo México e Colorado. Essas secas afetaram as Grandes Planícies nos séculos anteriores.³¹ Na verdade, a seca de 1856-1865 pode ter sido ainda mais severa. O que tornou a década de 1930 tão catastrófica foram os efeitos não intencionais da conversão precipitada de extensões imensas das Grandes Planícies em campos de trigo e algodão.³² Ali estava um tipo diferente de desastre causado politicamente. Antítese do sistema soviético, a política agrícola dos Estados Unidos encorajava a propriedade privada e o assentamento de terras. A legislação – o *Homestead Act* (Lei da Propriedade Rural) de 1862, o *Kinkaid Act* (Lei *Kinkaid*) de 1904, o *Enlarged Homestead Act* (Lei Ampliada da Propriedade Rural) de 1909 – deu terras aos pioneiros que estavam dispostos a cultivá-las. "O solo é o único bem indestrutível e imutável que a nação possui", declarou a Agência Federal de Solos. "É o único recurso que não pode ser exaurido, que não pode se esgotar." Desenvolvedores privados deram sua contribuição. "Riquezas no solo, prosperidade no ar, progresso em todos os lugares. Um império em formação!", proclamava W. P. Soash, um vendedor de imóveis de Iowa. "Obtenha uma fazenda no Texas enquanto a terra é barata – onde todo homem é um proprietário!" A Santa Fe Railway (companhia ferroviária dos Estados Unidos) publicou um mapa que pretendia mostrar a "linha de chuva" – precipitação de 20 polegadas ou mais anualmente – que se movia para o oeste a uma taxa de quase 29 mil quilômetros por ano. Se eles semeassem a terra, a chuva viria. Cidades como Boise City, Oklahoma, uma cidade em expansão na década de 1920, foram construídas com base nessas promessas.³³ Entre a Guerra Civil e o início da década de 1930, aproximadamente um terço das Grandes Planícies dos Estados Unidos foram convertidas em terras agrícolas. Os altos preços das mercadorias causados pela Primeira Guerra Mundial e a disponibilidade de máquinas agrícolas a crédito incentivaram ainda mais a "grande aragem".³⁴ À medida que os preços caíram na década de 1920 e desabaram depois de 1929, a disputa tornou-se subitamente mais difícil.

    O resultado foi um desastre ambiental. A aragem profunda e outros métodos usados para preparar a terra para o cultivo eliminaram as gramíneas nativas da pradaria que mantinham o solo no lugar e retinham a umidade durante os períodos de seca. Quando as condições áridas causaram o murchamento e a morte das safras, a camada superficial do solo ficou exposta às intempéries.³⁵ A primeira "pulverização preta" ou "nevasca preta" ocorreu em 14 de setembro de 1930. O pior aconteceu em 14 de abril de 1935, quando várias tempestades em uma única tarde moveram o dobro de terra do que havia sido cavado em sete anos para criar o Canal do Panamá.[36] Tudo isso reduziu os fazendeiros das Grandes Planícies a uma pobreza miserável e forçou muitos a migrar para o oeste em uma busca ingrata por trabalho (como descrito no livro de John Steinbeck, *As vinhas da ira*). No entanto, não houve fome em massa. E aqueles que expressaram sua oposição à política do governo – notavelmente Hugh Hammond Bennett, o autor de *Soil Erosion: A National Menace* [*Erosão do solo: Uma ameaça nacional*] – não foram perseguidos, mas promovidos. A Lei de Recuperação Industrial Nacional, aprovada em junho de 1933, estabeleceu o *Soil Erosin Service* (Serviço de Erosão do Solo) do Departamento do Interior. Bennett foi encarregado disso em setembro de 1933.[37] Também fez parte do Comitê da área de secas das Grandes Planícies, cujo relatório intermediário, em 27 de agosto de 1936, afirmava inequivocamente: "Políticas públicas equivocadas têm sido as grandes responsáveis pela situação". Aqui estava um nível de responsabilidade nunca sonhado pelos ucranianos.

Qual era o pior: capitalismo americano, comunismo soviético ou imperialismo britânico? Um historiador chegou ao ponto de descrever a fome na Índia nas décadas de 1870 e 1890 como "holocaustos vitorianos tardios".[38] Parece uma analogia ruim. Hitler decidiu aniquilar os judeus e pôde contar com cientistas, engenheiros, soldados alemães e seus próprios serviços de segurança para conceber a maneira mais implacável e eficiente de cometer genocídio. Em contraste, como um dos principais historiadores econômicos da Índia mostrou, antes de 1900 "a perspectiva de fomes devastadoras uma vez a cada poucos anos era inerente à ecologia da Índia... As fomes eram principalmente de origem ambiental", e, depois de 1900, o problema foi um pouco atenuado pela maior integração do mercado indiano de alimentos. A taxa de mortalidade indiana diminuiu drasticamente entre as décadas de 1920 e 1940, assim como o número de mortos atribuíveis à fome.[39] O que deu desastrosamente errado em Bengala em 1943 não pode, portanto, ser comparado ao que aconteceu na Ucrânia ou no Cazaquistão dez anos antes. Stálin estava travando uma guerra de classes contra os cidadãos soviéticos, ameaçando aqueles que resistiam com uma bala na nuca ou o *gulag* (campo de trabalhos forçados para criminosos na Rússia). O governo britânico da Índia estava travando uma guerra defensiva contra o Japão imperial, que contava com o apoio de pelo menos alguns líderes nacionalistas indianos, notadamente Subhas Chandra Bose e seu Exército Nacional Indiano. Nem a campanha antibritânica de Gandhi "Saia da Índia" foi exatamente útil na luta contra o Japão. A queda da Birmânia para os japoneses no início de 1942 foi o primeiro golpe, pois Bengala passou a depender fortemente das importações de arroz birmanês. A má colheita de trigo no Punjab e no norte da Índia foi o segundo golpe. Então, em 16 de outubro de 1942, a costa de Bengala e Orissa foi atingida por um ciclone, que inundou os arrozais até 60 quilômetros para o interior. O mar trouxe consigo a doença fúngica conhecida como brusone do arroz.[40] A situação deteriorou-se de forma inexorável no decorrer de 1943. O governo da Índia pediu ajuda a Londres, ou que pelo menos interrompesse a exportação de alimentos da Índia. No entanto, o Gabinete de Guerra britânico declinou. Também se recusou a disponibilizar remessas para suprimentos de socorro à Índia.

Certamente havia outras prioridades a serem consideradas, numa época em que o Império Britânico lutava por sua vida em múltiplas frentes. Ainda assim, a falta de compaixão do primeiro-ministro Winston Churchill pelos bengalis é inegável. Quando Leo Amery, secretário de Estado da Índia e da Birmânia, implorou por navios para a Índia, Churchill respondeu com uma referência: "Indianos reproduzindo como coelhos e recebendo de nós 1 milhão por dia por não fazerem nada a respeito da guerra".[41] Amery "perdeu a paciência e não adiantou dizer a ele que não via muita diferença entre sua perspectiva e a de Hitler, o que o incomodava muito".[42] (Amery comentou mais tarde que Churchill sabia tanto sobre a Índia quanto George III sabia das colônias norte-americanas.[43]) Somente quando o novo vice-rei, o marechal de campo Archibald Wavell, ameaçou renunciar, Churchill concordou em enviar mais comida. O primeiro-ministro "parecia considerar o envio de alimentos para a Índia como um 'apaziguamento' do Congresso", observou Wavell com inquietação.[44] No entanto, apesar de suas objeções, Churchill enviou os suprimentos. Em janeiro de 1944, um total de 130 mil toneladas de cevada foram enviadas do Iraque, 80 mil da Austrália, 10 mil do Canadá e mais 100 mil da Austrália. No final do ano, 1 milhão de toneladas de grãos foram despachados da Austrália e do Comando do Sudeste Asiático.[45]

Ao tentar colocar a culpa pela fome em Churchill, alguns historiadores deixaram de dar atenção ao princípio de Tolstói. O problema em Bengala não era apenas o distante e hostil primeiro-ministro britânico, mas também a fraqueza de funcionários britânicos importantes no local e a corrupção de alguns políticos bengalis locais, aos quais muito poder havia sido delegado pela Lei do Governo da Índia de 1935. O governador de Bengala, Sir John Herbert, estava morrendo de câncer na residência governamental. O vice-rei cessante, o marquês de Linlithgow, concordou quando os outros governos provinciais guardavam a comida para si, enquanto as medidas de fixação de preços simplesmente incentivavam os atacadistas a acumular. Um dos vilões da peça era o ministro de Suprimentos Civis, um graduado de Oxford chamado Huseyn Shaheed Suhrawardy, de quem o sucessor Linlithgow suspeitava ter "desviado dinheiro de cada projeto realizado para diminuir a fome e concedido contratos a seus associados para armazenamento, venda de grãos para governos e transporte".[46] (Antigos argumentos de que as elites indianas tratariam as massas do país pior do que os britânicos começaram a soar verdadeiros.) O jornal indiano *The Statesman* publicou, em 23 de setembro, "Esta catástrofe doentia é causada pelo homem" – o resultado de uma "vergonhosa falta de capacidade de planejamento e previsão por parte dos próprios governos civis da Índia, centrais e provinciais".[47] O que mudou a situação foi, na verdade, a decisão de Churchill de nomear Wavell vice-rei. Embora Erwin Rommel tivesse levado a melhor sobre ele no deserto ao Norte da África em 1941, Wavell era um soldado e administrador inteligente e eficaz. Tendo visto por si mesmo o terrível estado das coisas em Calcutá, ele ordenou o envio de remessas de alimentos do restante da Índia, a criação de campos de auxílio bem administrados no interior ao redor de Calcutá e entregas militares de "comida para o povo" em aldeias remotas. O número de mortos ainda era surpreendentemente alto: entre 2,1 e 3 milhões de pessoas, até 5% da população de Bengala, embora fosse cerca de 0,8% da população da Índia britânica (veja a tabela).

Em contraste, quando a estratégia e as táticas stalinistas foram importadas para a China por Mao Tsé-tung, os resultados de uma política doméstica premeditada para substituir o mercado por completo foram bem piores. De acordo com um relato recente, 45 milhões de cidadãos chineses morreram na fome causada pelo "Grande Salto para a Frente" de Mao, entre 1959 e 1961 – pouco menos de 7% de toda a população chinesa –, embora as estimativas variem de 30 a 60 milhões.[48] Convencida de que a coletivização e a industrialização deveriam ser alcançadas na China, como haviam sido alcançadas por Stálin na União Soviética na década de 1930, a elite do Partido Comunista encorajou as autoridades nas províncias a estabelecer cotas de aquisição impossivelmente altas. Os grãos eram extraídos das províncias e vendidos pelo governo central em troca de moeda estrangeira, que depois era usada para comprar equipamentos de manufatura. Ao mesmo tempo, os camponeses foram desviados para formas rudes de produção industrial.[49] Como em outras fomes, o mau tempo desempenhou um papel, mas pequeno. "A ilusão de superabundância" criada por relatórios anteriores exagerados de colheitas fartas levou algumas províncias (principalmente Sichuan) a enfrentar cotas de aquisição especialmente altas.[50] O resultado foi o caos e a catástrofe: desmatamento, demolição de edifícios, uso excessivo e imprudente de pesticidas e a introdução de métodos agrícolas contraproducentes, como "aragem profunda" e concentrações excessivamente pesadas de sementes.[51] Enquanto reduzia as rações oficiais para apenas 29 a 33 libras por cabeça mensalmente, o partido continuou não apenas exportando alimentos, mas também fornecendo ajuda não correspondida na forma de alimentos para a Albânia e Guiné, e na forma de dinheiro para a Birmânia, Camboja e Vietnã.[52] Como a infraestrutura de armazenamento e transporte da China era inadequada para a tarefa, houve um desperdício colossal: as plantações foram arruinadas por ratos, insetos, pelo apodrecimento e por incêndios. Em Hunan, a população de suínos encolheu de 12,7 milhões para 3,4 milhões

Fomes modernas, 1770-1985[55]

		MORTES (MILHÕES)			POPULAÇÃO			
	Ano(s)	Mínimo	Máximo	Melhor	Regional	Percentual*	Nacional	Percentual[†]
Bengala (Índia)	1770	1.0	2.0	2.0	28.6	7.0%	180	1.1%
Irlanda (Reino Unido)	1845-50	1.0	1.5	1.0	8.8	11.4%	27	5.5%
União Soviética	1921-23	1.0	2.0	2.0	n/a	n/a	152.8	1.3%
Ucrânia (URSS)	1932-33	3.9	5.0	5.0	28.0	17.9%	162	3.0%
Bengala (Índia)	1943	2.1	3.0	3.0	60.3	5.0%	389	0.8%
República Popular da China	1958-62	30.0	60.0	45.0	n/a	n/a	653.2	6.9%
Etiópia	1984-85	0.4	1.2	1.2	n/a	n/a	44.5	2.7%

FOMES MODERNAS, 1770-1985 – * Região afetada onde era aplicável (por exemplo, Bengala, Irlanda, Ucrânia). [†] Unidade mais ampla (por exemplo, Índia, Reino Unido, URSS).

em 1961. Gafanhotos infestaram mais de 80 quilômetros quadrados apenas na região de Xiaogan, em Hubei. Na província de Zhejiang, 10% da colheita foi perdida em 1960 para mariposas, gafanhotos, verme rosa e ácaros rajados. O desmatamento e projetos de irrigação desajeitados levaram a inundações.[53] Uma série de doenças assolou essa sociedade profundamente enfraquecida pela fome: poliomielite, hepatite, sarampo, malária, difteria, meningite e até lepra. O partido incentivou a violência brutal e humilhante contra os que infringiram as regras. Como em outras (embora não todas) fomes discutidas aqui, houve vários relatos de canibalismo.[54]

Esses exemplos parecem confirmar o ponto central de Sen de que a fome está na raiz dos desastres políticos, ou seja, autoridades que não conseguem evitar falhas de mercado em condições de escassez e pobreza aguda. No entanto, a "falha de mercado" dificilmente descreve os casos soviético e chinês; em ambos, o mercado havia sido totalmente extinto. Isso também se aplica à Coreia do Norte, que passou pela fome ainda na década de 1990. No caso da Etiópia, onde cerca de 1,2 milhão de pessoas morreram entre 1984 e 1985 (cerca de 2,7% da população), o culpado foi novamente o marxismo, não a falha do mercado. A ditadura militar Derg, liderada por Mengistu Haile Mariam, chegou ao poder após a fome de 1973-1974, na província de Wollo. Depois de uma campanha chamada de "Terror Vermelho" contra seus rivais políticos, o Derg adotou a desastrosa estratégia de coletivização agrícola de Stálin-Mao.[56] Instrumentalizou a seca de meados da década de 1980[57] como parte de uma estratégia de contrainsurgência dirigida principalmente contra a Frente de Libertação do Povo Tigré, a Frente de Libertação Oromo e a Frente de Libertação da Eritreia. Como nos casos soviético e chinês, o objetivo era a "transformação social" por meio da fome deliberada de regiões politicamente suspeitas. Não por acaso, o Partido dos Trabalhadores Marxista-leninistas da Etiópia (WPE) foi fundado no início de 1984, com Mengistu[4*] como secretário-geral.[58] Enquanto 1 milhão de etíopes morria de fome, as ruas de Addis Abeba estavam enfeitadas com cartazes que diziam "As massas oprimidas serão vitoriosas", "Leninismo marxista é a nossa diretriz!" e "Retrocessos naturais

---

4 * Mengistu visitou os Estados Unidos três vezes entre 1964 e 1970, participando de cursos de treinamento de oficiais no Savanna Army Depot, em Illinois, no Aberdeen Proving Ground, em Maryland, e no US Army Combined Arms Center, em Fort Leavenworth, Kansas. De acordo com um relato, suas experiências com preconceito racial não fizeram nada para cativá-lo para o capitalismo e a democracia.

temporários não nos impedirão de alcançar nosso objetivo final de construir o comunismo!".[59] Essa realidade era muitas vezes perdida na emotiva resposta europeia à fome etíope, que culminou no concerto Live Aid de 1985, organizado pelo cantor irlandês Bob Geldof.[60] No entanto, o ponto mais amplo de Sen é que a responsabilidade dos governos faz a diferença. As outras grandes fomes no mundo desde 1945 – Biafra em 1967-1970, Bangladesh em 1974, Sudão em 1985 e Somália em 1992 e 2011-2012 – estavam todas intimamente associadas à ditadura, guerra civil ou falência do Estado.

Uma questão interessante, no entanto, é por que a teoria de Sen não se aplica a todas as formas de desastre. Se a fome pode ser evitada com sucesso, ou pelo menos atenuada, quando os governos são mais responsáveis, por que isso não se aplica a terremotos, inundações, incêndios florestais ou pandemias? Por que os eleitores deveriam responsabilizar os governos democráticos por garantir o suprimento de alimentos a preços acessíveis, mas não por manter o ar ou a água livre de vírus letais, ou impedir as pessoas de construir suas casas em falhas geológicas ou planícies aluviais? Ou, em outras palavras, por que os governos democráticos evitam um tipo de desastre, a fome, com mais facilidade do que outros? A Grã-Bretanha teve um governo representativo antes da maioria dos países. No entanto, a população de sua capital sofreu nevoeiros tóxicos recorrentes durante os séculos XIX e XX, que foram atribuídos à queima em grande escala de carvão para manufatura e aquecimento doméstico e cozimento no ambiente propenso a neblina nas margens do rio Tâmisa. A "The Smoke Nuisance Abatement (Metropolis) Act" [Lei de Redução de Incômodo da Fumaça (Metrópole)] de 1853, aprovada logo depois que Dickens publicou a memorável capa nebulosa no livro *Bleak House (A casa soturna)*, não evitou uma grande calamidade no inverno rigoroso de 1879-1880, quando uma inversão de temperatura fez com que uma espessa camada de fumaça de carvão composta de dióxido de enxofre, dióxido de nitrogênio e outras partículas de combustão permanecesse sobre a capital por três dias, levando a quase 12 mil mortes.[61] Mesmo um panfleto indignado sobre o assunto de Francis Albert Rollo Russell, filho do ex-primeiro-ministro Lorde John Russell, teve pouco efeito.[62] Um desastre semelhante aconteceu em dezembro de 1952, com um número de mortos comparável e 150 mil pessoas hospitalizadas.[63] Pesquisas recentes demonstraram que o ar naturalmente úmido e a luz do sol levaram à formação de "gotículas de ácido sulfúrico muito concentrado" na névoa.[64] As pressões democráticas finalmente levaram à aprovação do "Clean Air Act" [Lei do Ar Limpo], de 1956. Mas é importante notar que o socialismo desempenhou seu papel na "grande névoa" quatro anos antes. O National Coal Board, um monopólio governamental estabelecido quando a indústria do carvão foi nacionalizada, em 1947, vinha comercializando um derivado de carvão excepcionalmente sujo e fumegante ("carvão de noz") para uso no aquecimento doméstico.[65] Em dezembro de 1991, Londres teve outro terrível episódio de poluição, embora a essa altura a fumaça do tráfego tivesse tomado o lugar do carvão como poluente primário. O local de monitoramento em Bridge Place, Victoria, registrou uma leitura horária média de dióxido de nitrogênio de 423 partes por bilhão, mais do que o dobro do nível de referência da OMS.[66]

Abordar desastres dentro dessa estrutura mais ampla deixa claro que as instituições democráticas por si estão longe de ser uma salvaguarda suficiente contra desastres de todos os tipos, em especial aqueles que não são normalmente distribuídos, mas seguem distribuições de lei de poder, independentemente de insistirmos em classificá-los como naturais ou artificiais.

DEMOCRACIA E GUERRA

Como muitos outros estadistas da época, Churchill sentiu-se tentado a explicar a Primeira Guerra Mundial como uma espécie de desastre natural. "É preciso pensar nas relações das nações naqueles dias não como se fossem peças de xadrez no tabuleiro", escreveu em *The World Crisis* (1923), mas

> como organizações prodigiosas de forças ativas ou latentes que, como corpos planetários, poderiam não se aproximar no espaço sem dar origem a profundas reações magnéticas. Se eles se aproximassem demais, os relâmpagos começariam a piscar, e além de um certo ponto eles poderiam ser totalmente atraídos das órbitas em que eram contidos e arrastar um ao outro para uma colisão terrível... em conjunções tão graves e delicadas, um movimento violento de qualquer partido iria romper e desorganizar as restrições sobre todos, e mergulhar o cosmos no caos.[67]

O primeiro-ministro dos tempos de guerra, David Lloyd George, escreveu sobre suas memórias de um "tufão" e um "cataclismo". "As nações escorregaram à beira do caldeirão fervente de guerra... [Eles] jogaram suas máquinas no precipício."[68] Na realidade, a Primeira Guerra Mundial não foi um desastre natural nem um acidente. Aconteceu porque os políticos e generais dos dois lados calcularam mal. Os alemães acreditavam (não sem razão) que os russos os estavam atacando militarmente de surpresa e, portanto, arriscaram um ataque preventivo antes que a lacuna estratégica aumentasse ainda mais. Os austríacos não conseguiram enxergar que pisar na Sérvia, embora pudesse ser útil em sua guerra contra o terrorismo dos Bálcãs, os envolveria em uma conflagração em toda a Europa. Os russos superestimaram sua capacidade militar quase tanto quanto os alemães; também ignoraram obstinadamente a evidência de que seu sistema político desmoronaria sob a pressão de outra guerra, logo após o fiasco da derrota para o Japão em 1905. Apenas os franceses e belgas não tinham escolha real. Os alemães os invadiram e eles tiveram de lutar.

Os britânicos também tinham a liberdade de errar. Na época, o governo alegou que a intervenção era uma questão de obrigação legal, porque os alemães haviam desrespeitado os termos do tratado de 1839 que regia a neutralidade belga, que todas as grandes potências, incluindo a Prússia, haviam assinado. Na verdade, a Bélgica foi um pretexto útil. Os liberais foram à guerra por dois motivos. Primeiro, eles temiam as consequências de uma vitória alemã sobre a França, imaginando o *kaiser* como um novo Napoleão, cavalgando pelo continente e ameaçando a costa do canal. Isso pode ou não ter sido um medo legítimo, mas, se fosse, então os liberais não tinham feito o suficiente para deter os alemães, e os conservadores estavam certos em defender o recrutamento. O segundo motivo para ir à guerra era uma questão de política interna, não de uma grande estratégia. Desde seu triunfo eleitoral em 1906, os liberais viram seu apoio eleitoral definhar. Permaneceram no poder depois de 1910 apenas com o apoio do movimento Home Ruler (autogoverno autônomo) irlandês. Em 1914, o governo de Herbert Asquith estava à beira do colapso por causa da oposição militante dos protestantes do Ulster a um governo descentralizado em Dublin. Dado o abjeto fracasso de sua política externa em evitar uma guerra europeia, Asquith e seus colegas de gabinete deveriam ter renunciado. Mas temiam o retorno da oposição. Temiam também o retorno dos conservadores ao poder. Portanto, foram à guerra em parte para manter os conservadores fora; se não o fizessem, dois ou três membros do gabinete, incluindo Churchill, teriam renunciado e o governo teria caído. O problema estratégico central, em suma, era que o secretário de relações exteriores liberal comprometera privadamente a Grã-Bretanha com a intervenção no caso de um ataque alemão à França, mas seu partido se opôs consistentemente ao recrutamento, que teria estabelecido o tipo de exército grande e sempre de prontidão que poderia ter dissuadido os alemães. A intervenção britânica em 1914 foi, portanto, uma consequência direta da política democrática. A guerra era genuinamente popular. Aqueles que condenaram a intervenção, como o socialista escocês James Maxton, eram uma minoria insultada. Mas a combinação de um compromisso continental sem uma capacidade militar confiável produziu o pior resultado possível: um exército capaz de derrotar o enorme e bem-treinado *Reichswehr* [conjunto das forças armadas alemãs] teve de ser montado e treinado enquanto a guerra estava sendo travada.

A guerra matou muito mais britânicos no século XX que o nevoeiro, muito menos que a fome. É notável que a democracia fracassou totalmente em impedi-la. É verdade que em 1914 a Grã-Bretanha não era uma democracia plena no sentido moderno, no sentido de que as mulheres ainda não tinham direito a voto e ainda havia qualificações de propriedade para os homens, mas quase 7,8 milhões de homens, cerca de três quintos dos homens adultos, eram elegíveis para votar em 1910, a última eleição antes da guerra. A Alemanha tinha um privilégio maior, todos os homens adultos tinham direito a voto nas Eleições para o parlamento imperial (*Reichstag*), mas o poder da legislatura era mais circunscrito do que no Reino Unido, e o chanceler e os secretários de estado deviam se reportar ao imperador (*Kaiser*) e eram destituíveis por ele. No entanto, os elementos democráticos em cada constituição nada fizeram para evitar que a Grã-Bretanha e a Alemanha travassem uma guerra prolongada e imensamente sangrenta de quatro anos, ostensivamente por causa da misteriosa questão da neutralidade belga.

Um livro inteiro poderia facilmente ser dedicado aos desastres militares que se seguiram nos anos de 1914 a 1918 (Kut al-Amara e Galípoli vêm imediatamente à mente), mas será suficiente para nossos objetivos nos concentrarmos na batalha mais notória para os leitores britânicos: o Somme. Esse foi o momento da verdade, quando o novo exército, que se reuniu após a declaração de guerra, foi enviado para a batalha contra os alemães bem entrincheirados. O Somme é lembrado, com bons motivos, como um dos piores desastres da história britânica. No primeiro dia da ofensiva, 1º de julho de 1916, a Força Expedicionária

Britânica sofreu 57 mil baixas, das quais 19 mil foram mortes. O significado total desse número fica claro quando se percebe que os defensores alemães perderam apenas 8 mil homens. Esse foi apenas o começo de uma luta de desgaste de quatro meses, que pode ter resultado em até 1,2 milhão de baixas britânicas, francesas e alemãs. Os aliados avançaram, no máximo, 11 quilômetros.

Uma indicação do horror do Somme é a quantidade de humor macabro que ele gerou. Já em 1916, os colegas oficiais de Siegfried Sassoon brincavam sobre o trajeto de trem da Inglaterra para o *front*, como se fosse para um trabalho civil. Um ano depois, um oficial calculou que levaria até o ano de 2096 para chegar ao Reno se o ritmo de avanço alcançado em Somme, Vimy Ridge e Messines fosse mantido.[69] Em 1969, o Somme se tornou o alvo da zombaria antiguerra no filme *Oh! Que bela guerra*. Vinte anos depois, a série de televisão *Blackadder Goes Forth* levou o ridículo ainda mais longe ("Haig está prestes a fazer outro esforço gigantesco para mover seu armário de bebidas 15 centímetros mais perto de Berlim"). A imagem dos soldados britânicos como "leões conduzidos por burros" – ou por "açougueiros e trapaceiros" – provou ser indelével.[70] Desde a desastrosa tentativa de Churchill de vencer a guerra derrotando o exército otomano em Galípoli, dizia-se que batalhas como a do Somme eram evitáveis. Basil Liddell Hart, que lutou no Somme, onde foi atingido três vezes e severamente gaseado, afirmou que a Alemanha poderia ter sido derrotada sem envolver a Grã-Bretanha em um impasse continental prolongado e sangrento. A abordagem indireta, contando com o poder naval e apenas um exército de "responsabilidade limitada", teria sido muito menos custosa.

No entanto, os historiadores militares britânicos montaram uma defesa tenaz de Douglas Haig, o "comandante em chefe" britânico, e sua conduta na ofensiva no Somme. De acordo com John Terraine, não havia alternativa ao envio da Força Expedicionária Britânica em 1914, nenhum substituto para as ofensivas em Somme e Passchendaele, nenhuma razão para impugnar o comando "educado" de Haig.[71] Gary Sheffield argumentou que o Somme foi uma fase essencial no "processo de aprendizagem" da Força Expedicionária, "um sucesso de desgaste para os poderes da Entente [e] um passo essencial no caminho para a vitória final".[72] Para William Philpott, o próprio Somme foi uma "vitória sangrenta".[73] O debate ilustra a necessidade de precisão na avaliação de desastres. Pois o ponto de falha no Somme não estava no topo, ou pelo menos não inteiramente.

Para começar, a data, a hora e o local da ofensiva do Somme foram decididos não por Haig, mas pelos franceses. Então, o ataque alemão em Verdun afastou as forças francesas da ofensiva do Somme, aumentando o ônus sobre os recrutas inexperientes da Grã-Bretanha. Haig tinha dois planos em mente para o Somme: um era romper as posições alemãs e restaurar a guerra móvel; o outro era uma ofensiva de "desgaste" mais limitada, uma segunda melhor opção se nenhum avanço fosse alcançado. "Quando uma ruptura na linha [alemã] é feita", Haig escreveu, "a cavalaria e as tropas móveis devem estar disponíveis para avançar imediatamente com o intuito de fazer uma cabeça de ponte (até que seja aliviada pela infantaria), além da lacuna... Ao mesmo tempo, nossas tropas montadas devem cooperar com nossa principal força de ataque para aumentar a lacuna".[74] Haig pretendia que o exército de reserva do general Hubert Gough desempenhasse um papel fundamental nesse cenário.

O problema era que o general Sir Henry Rawlinson, comandante do Quarto Exército, tinha uma concepção diferente. "O que queremos fazer agora", escreveu ele em 1915, "é o que chamo de 'morder e segurar'. Arranque com uma dentada um pedaço da linha do inimigo, como [na] Neuve Chapelle, e segure-a contra todos os contra-ataques... não deve haver dificuldade em segurá-la frente os contra-ataques do inimigo e infligir a ele pelo menos o dobro da perda que sofremos ao fazer a mordida".[75] Essa era uma teoria de atrito, não uma descoberta. O esboço do plano de Rawlinson para o Somme era "matar o maior número possível de alemães com o mínimo de baixas para nós mesmos", aproveitando os pontos de importância tática e esperando os alemães contra-atacarem.[76] Quando Haig questionou isso, Rawlinson se sentiu incapaz de se manter firme e pareceu concordar: "É uma aposta partir para uma ofensiva ilimitada", escreveu ele, "mas D.H. quer e estou preparado para empreender qualquer coisa dentro do razoável [sic]".[77] Após o adiantamento inicial no primeiro dia, no entanto, ele não ordenou o avanço dos reservas locais, não deu atenção a Gough e ao meio-dia emitiu uma ordem para que o exército de reserva se retirasse, anotando em seu diário: "Claro que hoje não há esperança de passar a cavalaria".[78]

Uma justificativa para o ceticismo de Rawlinson sobre um avanço foi o fracasso do bombardeio de artilharia preliminar de Haig para derrubar as defesas alemãs de arame farpado. "Pobre Haig, como ele sempre estava pronto a fazer, espalhe suas armas", relembrou o Major General J. F. N. Birch "Cachinhos", conselheiro de artilharia no quartel-general. A frente das posições alemãs atacadas já era muito ampla para o número de armas disponíveis, mas Haig também ordenou que a artilharia deveria mirar uma profundidade (ou seja, largura) de até 2.500 jardas, diluindo ainda mais o impacto do bombardeio. De forma mais séria, descobriu-se que a munição estava com defeito (até 30% dos projéteis não explodiram) e um quarto das armas britânicas simplesmente havia se desgastado pelo uso excessivo. Havia pouquíssimos projéteis altamente explosivos, bem como várias deficiências técnicas: a calibração precisava ser adivinhada, o levantamento do mapa era impreciso, a comunicação deficiente impedia correções, e o trabalho de contrabateria era ineficaz. Além disso, o plano de fogo britânico era muito rígido. Pior de tudo, os bombardeios de 1916 não apenas falharam em sua tarefa principal, mas também atrapalharam o avanço subsequente da infantaria. A necessidade de bombardeios mais curtos para garantir a surpresa ainda não havia sido percebida, enquanto a adesão a um plano rígido impediu a exploração do sucesso inicial.[79]

Para ter certeza, os alemães não tiveram uma vida fácil no Somme, como fica claro na descrição do diário de Ernst Jünger na linha de frente alemã em Guillemont, em agosto de 1916: "Entre os vivos jazem os mortos. Ao nos aprofundarmos, os encontramos em camadas empilhadas umas sobre as outras. Uma companhia após a outra foi jogada no fogo intenso de artilharia e constantemente aniquilada. "Foi essa experiência, escreveu ele, que "primeiro me tornou ciente dos efeitos avassaladores da guerra de materiais (*Materialschlacht*)."[80] Se a granada que caiu a seus pés não estivesse gorada, Jünger não teria escrito outra palavra. Da forma que aconteceu, ele perdeu a aniquilação de sua companhia apenas por causa de um ferimento na perna. Mas a verdade é que, do ponto de vista britânico, o Somme não conquistou avanço nem atrito. A realidade era que, na melhor das hipóteses, se aceitarmos o número oficial britânico para baixas alemãs de 680 mil, o Somme empatou. (Os britânicos sofreram 419.654 baixas, os franceses 204.253.) Se, como é muito mais provável, o número alemão de baixas estava correto (450 mil), então a estratégia de atrito era autodestrutiva. Até mesmo Haig começou a adivinhar que, ao permanecer na defensiva, eram os alemães que estavam "exaurindo nossas tropas".[81] J. E. B. Seely, o ex-secretário de Estado da guerra que comandou a Brigada de Cavalaria Canadense entre 1915 e 1918, resumiu o absurdo do atrito quando observou em 1930: "Algumas pessoas tolas do lado aliado pensaram que a guerra terminaria na Frente Ocidental, matando os alemães. É claro que esse método só poderia ter sucesso se matássemos muito mais deles do que perdêssemos os nossos".[82]

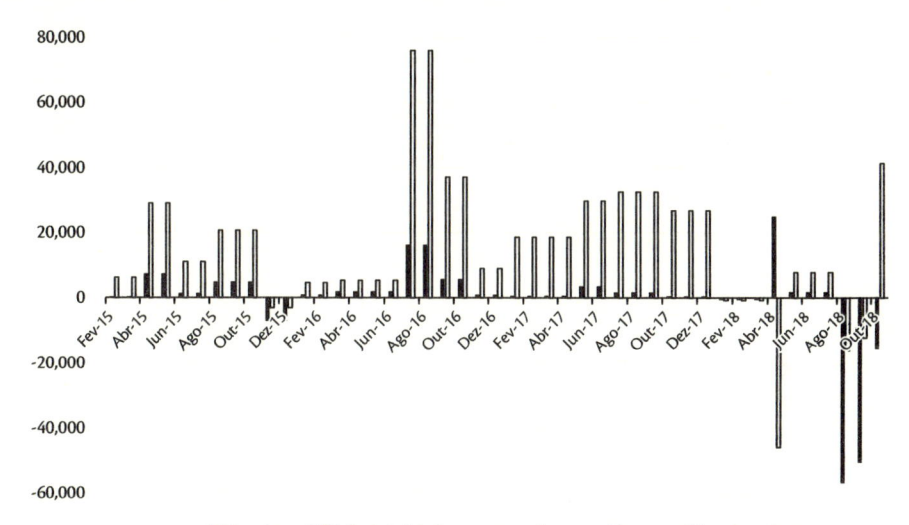

■ Excedente/déficit de britânicos mortos, desaparecidos ou prisioneiros de guerra
□ Excedente/déficit de baixas britânicas, inclusive feridos

FIGURA - A "contagem líquida de corpos" britânica-alemã, de fevereiro de 1915 a outubro de 1918: As baixas britânicas menos as baixas alemãs no setor britânico da Frente Ocidental. FONTE: ESCRITÓRIO DE GUERRA, ESTATÍSTICAS DO ESFORÇO MILITAR DO IMPÉRIO BRITÂNICO DURANTE A GRANDE GUERRA, 1914-1920 (LONDRES: ESCRITÓRIO DE SUA MAJESTADE, 1922), P. 358-62 OBSERVAÇÃO: OS NÚMEROS NÃO SÃO SEMPRE PARA MESES INDIVIDUAIS. PORTANTO, EM NÚMERO DE CASOS, SÃO CONSIDERADOS NÚMEROS MENSAIS. ISSO PODE REDUZIR O IMPACTO DE CERTOS EVENTOS MILITARES EM MESES ESPECÍFICOS.

Dizer que o Somme colocou a Grã-Bretanha no caminho da vitória só faria sentido se existisse alguma certeza em 1916 de que os Estados Unidos acabariam entrando na guerra ao lado da Grã-Bretanha, inclinando assim a balança da força de trabalho irremediavelmente contra Berlim. Esse não foi o caso. Foram necessários grandes erros alemães, a campanha de guerra submarina irrestrita contra a navegação neutra e o Telegrama Zimmermann em busca de uma aliança militar germano-mexicana para trazer os Estados Unidos para a guerra (em 6 de abril de 1917). Mesmo depois disso, Haig ainda presidiu o sangrento fracasso da ofensiva aliada na Batalha de Passchendaele (de julho a novembro de 1917) e a retirada frenética causada pela ofensiva alemã "Michael" (de março a julho de 1918), que alcançou precisamente o avanço que o iludiu. Se houve uma "curva de aprendizado" entre o Somme e a primavera de 1918, ela foi invisível para os investidores, que se sentiam tudo menos confiantes na vitória dos Aliados. E os alemães também estavam aprendendo ao longo desse tempo, aperfeiçoando em profundidade suas táticas de tropa de choque e defesa.[83]

Um tema comum da literatura sobre a guerra é que aqueles no "*front* interno" não tinham noção das realidades da Frente Ocidental (ou de qualquer outra). Esse é o tema central da obra-prima dramática do satírico vienense Karl Kraus *Os últimos dias da humanidade* (1918). R. H. Tawney, o historiador econômico inglês, fulminou os civis britânicos ao convalescer após ser gravemente ferido no Somme:

> Leio seus jornais e ouço sua conversa, e vejo claramente que optaram por fazer para si uma imagem da guerra, não como ela é, mas de um tipo que, sendo pitoresco, favorece seu apetite por novidades, por emoção... Você escolheu, suponho, distorcer a realidade, porque você não gosta, ou não consegue suportar, a verdade.[84]

Mesmo assim, o público britânico se aglomerou para ver o documentário oficial *A Batalha do Somme* (agosto de 1916), que ofereceu uma descrição surpreendentemente nua e crua da experiência do lado britânico do *Materialschlacht*. Nada menos que 13% dos 77 minutos de duração do filme foram dedicados a fotos de mortos e feridos. No caso do último quarto do filme, mais de 40%. Os títulos também foram inabaláveis: "Soldados britânicos resgatando um camarada sob fogo de granada. (Este homem morreu vinte minutos depois de chegar a uma trincheira.)" Apesar de sua franqueza, que foi demais para o público norte-americano, o filme foi um grande sucesso na Grã-Bretanha. *Kine Weekly* o chamou de "a imagem de batalha mais maravilhosa que já foi escrita". Em outubro de 1916, já havia sido reservado por mais de 2 mil cinemas em todo o país, quase metade do total de 4.500.[85] Foi só em retrospecto que o Somme passou a ser visto como um desastre, e Haig como um cruel açougueiro. Na época, havia apoio em massa para operações ofensivas na Frente Ocidental.

DE NOVO, O MESMO

A extraordinária característica da história britânica no século XX foi que os erros cometidos nos anos 1900 e 1910 voltaram a ser cometidos novamente nas décadas de 1920 e 1930. Nenhum esforço sério foi feito para manter uma capacidade militar suficiente para deter potenciais agressores, principalmente a Alemanha, mas também o Japão e a Itália. No entanto, compromissos diplomáticos acabaram sendo feitos, para a Polônia e outros, que levaram (apesar dos melhores esforços de Liddell Hart) a outro compromisso continental. Dessa vez, entretanto, a Força Expedicionária Britânica foi derrotada pelos alemães e forçada a abandonar suas armas e fugir das praias de Dunquerque. Catástrofes semelhantes abateram-se sobre as forças britânicas em vários locais, talvez de forma mais humilhante em Cingapura. A democracia pode garantir um país contra a fome, mas claramente não o garante contra desastres militares.

"Si vis pacem, para bellum" ("Se você quer paz, prepare-se para a guerra") é uma sabedoria antiga.[5*] A elite política de educação clássica da Grã-Bretanha conhecia seu significado. Os argumentos que prevaleceram contra ele na década de 1930 eram principalmente econômicos. Sob pressão dos eleitores para honrar as promessas do tempo de guerra de construir "casas dignas para heróis", enquanto ao mesmo tempo lutavam para pagar uma dívida interna inflada e restaurar a libra ao seu valor anterior à guerra em relação ao ouro, os políticos britânicos primeiro negligenciaram e depois esqueceram, em grande parte, a defesa imperial. Na década que termina em 1932, o orçamento de defesa foi cortado em mais de um terço, numa época em que os gastos militares italianos e franceses aumentaram, respectivamente, 60% e 55%. Em uma reunião do Gabinete de Guerra em agosto de 1919, uma regra conveniente foi adotada:

> Deve-se presumir, para enquadrar as estimativas revisadas, que o Império Britânico não estará envolvido em nenhuma grande guerra durante os próximos dez anos, e que nenhuma Força Expedicionária será necessária para este fim... A principal função das Forças Militares e Aéreas é fornecer guarnições para a Índia, Egito, o novo território

---

5 * O original pode ser encontrado no tratado *De re militari de Publius Flavius Vegetius Renatus*: *Igitur qui desiderat pacem, praeparet bellum*.

dominado e todo o território (exceto autogoverno) sob controle britânico, bem como fornecer o apoio necessário ao poder civil interno.[86]

Todos os anos, até 1932, esta "regra dos dez anos" era renovada e todos os anos novos gastos eram adiados. O raciocínio era simples: como Neville Chamberlain admitiu em 1934, "era impossível para nós contemplar uma guerra simultânea contra o Japão e a Alemanha, simplesmente não podemos pagar as despesas envolvidas".[87] Como chefe do Estado-Maior Geral Imperial entre 1928 e 1940, o general Archibald Montgomery-Massingberd teve "um pensamento... de adiar uma guerra, não olhar adiante".[88] O corolário disso foi a política de apaziguamento, que significava adiar a guerra (*cunction*, do verbo latino *cūnctārī* (postergar), nas palavras de Sir Robert Vansittart, o subsecretário permanente do Ministério das Relações Exteriores), fazendo concessões à Alemanha e a outros estados beligerantes. A mais notória dessas concessões foi a divisão parcial da Tchecoslováquia acordada por Chamberlain e seu homólogo francês, Édouard Daladier, em Munique, em setembro de 1938.[89]

Em 5 de outubro, Churchill fez um discurso na Câmara dos Comuns que estripou a política de apaziguamento:

> Vou começar dizendo o que todos gostariam de ignorar ou esquecer, mas que, no entanto, deve ser afirmado, a saber, que sofremos uma derrota total e absoluta, e que a França sofreu ainda mais do que nós...
>
> É a consequência mais dolorosa do que fizemos e deixamos de fazer nos últimos cinco anos, cinco anos de boas intenções fúteis, de busca ávida pela linha de menor resistência, de retirada ininterrupta do poder britânico, de negligência de nossas defesas aéreas...
>
> Jamais poderá haver amizade entre a democracia britânica e o poder nazista, esse poder que despreza a ética cristã, que alenta sua marcha por um paganismo bárbaro, que exalta o espírito de agressão e conquista, que extrai força e prazer pervertido da perseguição e usa, como vimos, com brutalidade impiedosa, a ameaça da força assassina. Esse poder nunca pode ser o amigo de confiança da democracia britânica.[90]

Embora 29 outros parlamentares conservadores se juntassem a ele na abstenção de votar no final do debate em Munique, o discurso de Churchill foi profundamente impopular. Nancy Astor interrompeu Churchill com um grito de "Bobagem". O *Daily Express* rejeitou o discurso como "um discurso alarmista de um homem cuja mente está mergulhada nas conquistas de Marlborough".[91] Um influente constituinte e ex-apoiador, Sir Harry Goschen, queixou-se ao presidente do Partido Conservador em Epping, o eleitorado de Churchill, de que "ele quebrou a harmonia da Câmara com o discurso que fez… Acho que teria sido um grande negócio se ele tivesse ficado quieto e não tivesse feito nenhum discurso". Tão grande foi a desaprovação do discurso de Churchill entre os conservadores de Epping ("uma zombaria e uma vergonha", "uma ameaça no Parlamento") que ele poderia muito bem ter enfrentado a "deseleição" antes da próxima eleição se os eventos subsequentes não o tivessem justificado inteiramente.[92]

A base naval de Cingapura foi construída na década de 1920 como o eixo da posição da Grã-Bretanha no Extremo Oriente. Ao longo do período entre entreguerras, a estratégia declarada para defender Cingapura em caso de ataque era enviar a frota. No entanto, na véspera da invasão japonesa, a frota foi destacada de outra forma. Havia apenas 158 aeronaves de primeira linha na Malásia, onde mil eram necessárias, e três divisões e meia de infantaria, onde oito divisões mais dois regimentos blindados mal teriam bastado. Acima de tudo, houve uma falha lamentável na construção de defesas fixas adequadas (campos minados, casamatas e obstáculos antitanque) nas proximidades de Cingapura. Quando a atacaram, os japoneses descobriram que a cidadela supostamente inexpugnável era um alvo fácil. Às 16 horas de 15 de fevereiro de 1942, apesar da exortação desesperada de Churchill para lutar "até a morte", o tenente-general Arthur E. Percival e sua guarnição de 16 mil britânicos, 14 mil australianos e 32 mil indianos se renderam, sem saber da exaustão de seus 30 mil adversários, que pedalaram pela Península Malaia em bicicletas e quase ficaram sem comida e munição. Duas semanas antes da rendição, um estudante de Cingapura chamado Maurice Baker caminhava pelos corredores do Raffles College com seu amigo Lee Kuan Yew. De repente, ouviram uma grande explosão, o som da destruição da ponte que ligava Cingapura ao continente malaio. Lee Kuan Yew, futuro primeiro-ministro de Cingapura, voltou-se para Baker e apenas disse: "Esse é o fim do Império Britânico".

Quem foi o culpado pela queda de Cingapura? Churchill? "Nunca me passou pela cabeça", escreveu Churchill em suas memórias de guerra, "que nenhum círculo de fortes isolados de caráter permanente protegesse os fundos da famosa fortaleza. Não consigo entender como eu não sabia disso... Eu deveria ter perguntado, ter sido informado, e meus conselheiros também".[93] Isso ilustra um ponto importante. A análise historicamente estruturada de Churchill da situação difícil do Império Britânico na década de 1930 foi amplamente correta e confirmada pelos eventos. Ele estivera certo ao argumentar que a Grã-Bretanha teria feito melhor lutando em 1938 do que em 1939, pois Hitler fizera um uso muito melhor do ano que se seguiu do que Chamberlain. Mas naquela época ele foi ignorado e amplamente insultado. Parece razoável perguntar se ele realmente poderia ser culpado por não conhecer a natureza precisa das fortificações em torno de Cingapura.

Na verdade, o Império Britânico não terminou com a queda de Cingapura em 1942. Em fevereiro de 1945, Churchill ainda liderava o cenário mundial como um dos "Big Three", dividindo o mundo com Roosevelt e Stálin em Yalta. Assim que a guerra acabou, porém, ele foi varrido do cargo. Em uma década, a Grã-Bretanha concedeu independência à Índia, ao Paquistão, à Birmânia e ao Ceilão e desistiu de seu mandato na Palestina. Ministros e funcionários da década de 1950 ainda procuravam perpetuar a influência britânica no que restava, muitas vezes com o apoio das elites tradicionais, que não desejavam ver "protetorados" coloniais substituídos por nacionalistas autoproclamados que haviam adquirido o gosto pelo marxismo na Escola de Economia de Londres.[94] No entanto, a derrocada de Suez em 1956 selou o fim do império, meros quatorze anos após a queda de Cingapura; mesmo que só na década de 1960, e em alguns casos na década de 1970, os "ventos de mudança" tenham alcançado a África Subsaariana, o Golfo Pérsico e os remanescentes do domínio colonial do "Leste de Suez", e somente em 1997 é que Hong Kong tenha sido entregue aos chineses.

Não obstante, a ignominiosa rendição de Cingapura foi um microcosmo do mal-estar do império, um *trailer* do longa-metragem que estava por vir. Alan Brooke, que, como chefe do Estado-Maior Imperial, era um dos críticos mais severos de Churchill, ficou consternado. "É difícil ver por que uma defesa melhor não está sendo feita", confidenciou em seu diário enquanto os japoneses se aproximavam de Cingapura. "Durante os últimos dez anos, tive uma sensação desagradável de que o Império Britânico estava em declínio e que estávamos em uma ladeira escorregadia. Fico me perguntando se eu estava certo. Sem dúvida, nunca esperei que desmoronássemos tão rápido quanto estamos desmoronando". Com os japoneses ameaçando invadir a Birmânia também, ele ficou perturbado: "Não consigo entender por que as tropas não estão lutando melhor. Se o exército não puder lutar melhor do que está lutando no momento, nós mereceremos perder nosso império!".⁹⁵ A desintegração de um sistema complexo pode acontecer de uma só vez, com velocidade estonteante, ou pode assumir a forma de transições de fase convulsivas sucessivas. Responsabilizar somente um indivíduo pela crise imperial britânica da década de 1940, portanto, faz pouco sentido. A fome de Bengala no ano seguinte não era mais apenas culpa de Churchill.

POR QUE IMPÉRIOS DECLINAM

Harry Truman, cuja aliança com Churchill e Stálin levou a Segunda Guerra Mundial a uma conclusão vitoriosa, tinha uma placa em sua mesa na Casa Branca que dizia: A BOLA PARA AQUI.⁶* Em um discurso no National War College, em 19 de dezembro de 1952, Truman explicou seu significado: "Sabe, é fácil para o zagueiro na manhã de segunda-feira dizer o que o treinador deveria ter feito, depois que o jogo já acabou. Mas quando a decisão está diante de você, e na minha mesa tenho um lema que diz: 'A bola para aqui', a decisão deve ser tomada". Em seu discurso de despedida, em janeiro de 1953, Truman voltou a esse ponto: "O presidente, seja ele quem for, tem de decidir. Ele não pode passar a bola para ninguém. Ninguém mais pode decidir por ele. Esse é o seu trabalho".⁹⁶ Esses sentimentos admiráveis foram frequentemente repetidos pelos sucessores de Truman. No entanto, eles nos devolvem ao mundo simplificado em que a política é uma questão de tomada de decisão presidencial, e todos os desastres devem ser atribuídos a más decisões presidenciais.

Nominalmente, a maioria dos grandes impérios tem uma figura de autoridade central, seja um imperador hereditário ou um presidente eleito. Na prática, o poder de tais indivíduos é função da complexa rede de relações econômicas, sociais e políticas que presidem. Os impérios são as mais complexas de todas as unidades políticas que os humanos construíram, precisamente porque procuram exercer poder sobre áreas muito grandes e diversas culturas. Não é

---

6 *A placa foi feita por prisioneiros no reformatório federal em El Reno, Oklahoma, e foi um presente para Truman de seu amigo Fred A. Canfil, então marechal do distrito oeste de Missouri. Do outro lado, estavam as palavras "Sou de Missouri".

surpreendente, então, descobrir que eles exibem muitas das características de outros sistemas adaptativos complexos, incluindo a tendência de a estabilidade aparente dar lugar repentinamente à desordem.

Considere o mais famoso declínio e queda imperial, o da Roma Antiga. Em *A história do declínio e queda do Império Romano*, publicado em seis volumes entre 1776 e 1788, Edward Gibbon cobriu nada menos que mil e quatrocentos anos, de 180 a 1590 d.C. Essa é realmente uma história de longa data, na qual as causas do declínio vão desde os distúrbios de personalidade de imperadores individuais até o poder da Guarda Pretoriana e a ascensão das grandes religiões monoteístas. No entanto, poucos historiadores modernos do declínio de Roma sentem a necessidade ou têm a habilidade de pintar em uma tela tão ampla. É verdade que a guerra civil foi um problema recorrente após a morte de Marco Aurélio, em 180, como os pretensos imperadores competiam pelos espólios do poder supremo.[97] De forma humilhante, o imperador Valeriano foi capturado em batalha pelos persas sassânidas em 260, embora Aureliano tenha conquistado para si o título de "restaurador do mundo" (*restitutor orbis*) ao recapturar o território perdido para os sassânidas. O império foi dividido por Diocleciano e cristianizado por Constantino. As invasões ou migrações bárbaras começaram no século IV e se intensificaram à medida que os hunos se moviam para o oeste, deslocando tribos góticas, como os tervíngios. Tudo isso ainda pode ser apresentado como uma narrativa gibboniana de declínio de longo prazo. No entanto, de forma alternativa, a história romana pode ser entendida como o funcionamento normal de um sistema adaptativo complexo, com lutas políticas, migração bárbara (e integração) e rivalidade imperial como características integrantes da antiguidade tardia, e o cristianismo como um cimento, e não um solvente. A "queda", ao contrário, foi bastante repentina e dramática, exatamente como seria de se esperar quando um sistema tão complexo se tornasse crítico. A cooperação com os visigodos contra os hunos foi interrompida, levando à Batalha de Adrianópolis em 378, na qual o principal exército imperial foi derrotado e o imperador Valente morto. O colapso final do Império Romano Ocidental veio em 406, quando invasores germânicos invadiram o Reno na Gália e depois na Itália. Quatro anos depois, a própria Roma foi saqueada pelos visigodos, liderados por seu rei, Alarico, a primeira vez que a cidade caiu desde 390 a.C. Entre 429 e 439, Genserico conduziu os vândalos à vitória após a conquista no norte da África, culminando na queda de Cartago. Fatalmente, a cornucópia do sul do Mediterrâneo em Roma foi perdida e, com ela, uma fonte vital de receita tributária. Somente com o apoio dos visigodos, os romanos foram capazes de derrotar os hunos de Átila enquanto avançavam para o oeste, tendo assim saqueado os Bálcãs. Em 452, o Império Ocidental havia perdido toda a Grã-Bretanha, a maior parte da Espanha, as províncias mais ricas do Norte da África e o sudoeste e sudeste da Gália. Não sobrou muito, exceto a Itália.[98] O Império Romano Oriental (Bizâncio) sobreviveu; na verdade, o imperador Basilisco tentou recapturar Cartago em 468, mas o Império Ocidental estava morto. De fato, a partir de 476, Roma foi governada por Odoacro, um alemão que depôs o imperador Rômulo Augusto e se autoproclamou rei. Em tudo isso, o que impressiona é a velocidade do colapso do Império Ocidental. A população da própria "Cidade Eterna" caiu três quartos no espaço de apenas cinco décadas. Evidências arqueológicas do resto da Europa Ocidental, moradias inferiores, cerâmica mais primitiva, menos moedas, gado menor, sugerem que "o fim da civilização" veio dentro de uma única geração.[99] E tudo isso foi muito antes da peste de Justiniano, em meados do século VI.

Não é difícil mostrar que outros grandes impérios sofreram colapsos igualmente rápidos. A dinastia Ming, na China, nasceu em 1368, quando o senhor da guerra Zhu Yuanzhang mudou o nome para Hongwu, que significa "vasto poder militar". Durante a maior parte dos três séculos seguintes, a China Ming foi a civilização mais sofisticada do mundo em quase todos os aspectos. Mas então, em meados do século XVII, as coisas saíram dos eixos. Não é exagerar em sua estabilidade inicial. Yongle sucedeu seu pai, Hongwu, somente depois de um período de guerra civil e da deposição do legítimo sucessor, o filho de seu irmão mais velho. Mas a crise de meados do século XVII teve, sem dúvidas, uma ruptura maior. O partidarismo político foi exacerbado por uma crise fiscal, pois a queda do poder de compra da prata corroeu o valor real das receitas fiscais.[100] Clima severo, fome e doenças epidêmicas abriram as portas para rebeliões internas e incursões externas.[101] Em 1644, a própria Pequim caiu nas mãos do líder rebelde Li Zicheng. O último imperador Ming, o imperador Chongzhen, se enforcou. Essa dramática transição do equilíbrio confucionista para a anarquia levou pouco mais de uma década.

As consequências do colapso Ming foram devastadoras. Entre 1580 e 1650, conflitos e epidemias reduziram a população chinesa entre 35% a 40%.

O que deu errado? A resposta é que o sistema Ming criou a aparência de um alto equilíbrio, impressionante por fora, mas frágil por dentro. O campo podia sustentar um número notavelmente grande de pessoas, mas apenas com base em uma ordem social essencialmente estática que parou de inovar. Era uma espécie de armadilha e, quando algo dava errado, ela se fechava. Não havia recursos externos aos quais recorrer. É verdade que um considerável corpo de estudos buscou representar a China Ming como uma sociedade próspera, com comércio interno frutífero e um mercado vibrante para produtos de luxo.[102] Entretanto, pesquisas mais recentes mostram que a renda *per capita* chinesa estagnou na era Ming e o estoque de capital encolheu.[103] Muitas dessas patologias simplesmente continuaram sob nova administração depois que os manchus estabeleceram com sucesso a dinastia Qing, mas com desastres ainda maiores, notadamente as rebeliões do Lótus Branco e Taiping, e um colapso final e irrevogável do sistema imperial em 1911.[104]

Da mesma forma, a França de Bourbon passou do triunfo ao terror com uma rapidez surpreendente. Na época, o que parecia uma boa ideia, intervenção do lado dos rebeldes coloniais contra o domínio britânico na América do Norte, derrubou as finanças do absolutismo a um estado crítico. A convocação da Assembleia dos Estados Gerais em maio de 1789 desencadeou uma reação em cadeia política e um colapso da legitimidade real tão rápidos que em quatro anos o rei foi decapitado pela guilhotina, um dispositivo inventado apenas em 1791. Mais de cento e vinte anos depois, a desintegração dos impérios terrestres dinásticos da Europa Oriental veio com rapidez comparável, apesar das falácias narrativas de que os Habsburgos, Otomanos e Romanovs foram condenados por décadas antes do início da Primeira Guerra Mundial. Verdadeiramente notável é, de fato, como esses impérios antigos resistiram ao teste da guerra total, com o desmoronamento começando apenas após a Revolução Bolchevique de outubro de 1917. Apenas sete anos depois que seus exércitos triunfaram em Galípoli, Mehmed VI partiu de Constantinopla a bordo de um navio de guerra britânico. Até então, todas as três dinastias estavam extintas.

A meia-vida do império diminuiu no século XX. A tentativa de restaurar o Império Alemão, o "Terceiro Reich", terminou com a destruição e a divisão total da Alemanha pouco mais de doze anos após a nomeação de Hitler como chanceler do Reich, em 30 de janeiro de 1933. O momento em que Hitler chegou ao poder, certamente o maior desastre que a democracia já produziu, foi adiado pelos membros da velha elite política em torno do presidente Paul von Hindenburg, de 85 anos. O líder nazista deveria realmente ter se tornado chanceler após o triunfo eleitoral de seu partido, em julho de 1932. Em 1933, poucos viram tão claramente quanto o conservador da Prússia Oriental Friedrich Reck-Malleczewen que Hitler seria o inimigo da Alemanha, uma terrível reencarnação do anabatista do século XVI, João Bockelson de Leyden:

> Como em nosso caso, um fracasso mal engendrado concebido, por assim dizer, na sarjeta, tornou-se o grande profeta, e a oposição simplesmente se desintegrou, enquanto o resto do mundo olhava com espanto e incompreensão. Assim como nós... mulheres histéricas, professores, padres renegados, a escória e forasteiros de todos os lugares formavam os principais suportes do regime... um fino molho de ideologia cobria luxúria, ganância, sadismo e desejo insondável de poder... e quem não aceitou completamente o novo ensino foi entregue ao carrasco.[105]

Reck-Malleczewen morreu de tifo em Dachau enquanto sua profecia de desastre se cumpria.

O exemplo mais recente e familiar de colapso imperial é, claro, a dissolução da União Soviética pouco antes de seu 69º aniversário. Com o benefício de uma retrospectiva, os historiadores podem ver todos os tipos de podridão seca dentro do sistema soviético, que remonta à era Brezhnev e às demais. Talvez, como Stephen Kotkin argumentou, tenham sido apenas os altos preços do petróleo da década de 1970 que "evitaram o Armagedom".[106] Mas não era assim que parecia na época. Quando Mikhail Gorbachev se tornou secretário-geral do Partido Comunista da União Soviética, em março de 1985, a CIA ainda estimava que a economia soviética tinha cerca de 60% do tamanho da economia americana. O arsenal nuclear soviético era maior que o americano. O Terceiro Mundo tinha seguido o caminho dos soviéticos durante grande parte dos vinte anos anteriores, com clientes e representantes espalhados por todo o mundo. Nas palavras do historiador Adam Ulam, "em 1985, nenhum governo de um grande Estado parecia estar tão firmemente no poder, suas políticas tão claramente definidas em seu curso, como o da URSS".[107] No entanto, quatro anos e meio após a nomeação de Gorbachev, o Império

Russo na Europa Central e Oriental desmoronou, seguido pela própria União Soviética no fim de 1991. Poucos dissidentes tiveram a ousadia de prever algo assim, notavelmente Andrei Amalrik, cujo ensaio de 1970 perguntava: "Será que a União Soviética sobreviverá até 1984?". (Amalrik previu corretamente que uma elite burocrática desligada da realidade de estagnação econômica e "cansaço moral" e preocupada apenas em perpetuar suas vidas confortáveis acabaria perdendo o controle das tendências centrífugas da periferia imperial, "primeiro na área do Báltico, o Cáucaso e a Ucrânia, depois na Ásia Central e ao longo do Volga".)[108] Se alguma vez um império caiu de um penhasco, em vez de declinar suavemente, foi aquele fundado por Lênin.

Observe, finalmente, as diferentes durações de cada um dos impérios aqui referidos. O Império Romano propriamente dito (excluindo Bizâncio) durou pouco mais de quinhentos anos. O Império Otomano não ficou muito atrás, com quatrocentos e sessenta e nove anos. O Império Britânico não tem uma data de início óbvia, mas trezentos e cinquenta anos parece uma boa aproximação de seu tempo de vida. A dinastia Ming conseguiu duzentos e setenta e seis anos. A União Soviética foi formalmente estabelecida no final de 1922, mas foi dissolvida antes do fim de 1991. O Terceiro Reich de Hitler durou apenas uma dúzia de anos. Além da incidência errática de desastres geológicos, aqueles que buscam padrões cíclicos na história têm uma séria dificuldade se a periodicidade do império é tão variável. O desafio torna-se ainda maior quando se percebe que alguns desses impérios, notadamente o russo e o chinês, provaram ser capazes de se reconstituir mesmo depois de parecerem entrar em colapso. A geografia política do mundo hoje pode parecer uma colcha de retalhos de Estados-nações, todos baseados no modelo do sistema político europeu ocidental do século XIX imaginado por Giuseppe Mazzini. Olhando mais de perto, os imperadores vivem tanto em Pequim quanto em Moscou.[109] O secretário-geral Xi Jinping busca incessantemente legitimar o governo do Partido Comunista com alusões ao passado imperial da China, sendo as viagens do almirante Zheng He no século XV uma das favoritas dos propagandistas da estratégia "One Belt One Road" ["Um cinturão, uma rota"] de Xi.[110] Vladimir Putin vê explicitamente a Federação Russa como a herdeira da União Soviética, a ponto de apresentar defesas tendenciosas e extensas da conduta soviética em 1939–1940.[111] O que devemos fazer com os impérios que se elevam, desmoronam e depois voltam a subir? De maneira semelhante, o segundo país mais populoso do mundo, a Índia, é em muitos aspectos o herdeiro do Raj britânico. Como reconheceu o primeiro-ministro indiano Manmohan Singh em um notável discurso na Universidade de Oxford em 2005,

> nossas noções de estado de direito, de um governo constitucional, de uma imprensa livre, de um serviço civil profissional, de universidades modernas e laboratórios de pesquisa foram todas moldadas no cadinho onde uma civilização ancestral encontrou o império dominante da época... Nosso judiciário, nosso sistema jurídico, nossa burocracia e nossa polícia são todas grandes instituições, derivadas da administração britânico-indiana, e elas têm servido nosso país muito bem. De todos os legados do Raj, nenhum é mais importante do que a língua inglesa e o sistema escolar moderno. Isso, é claro, se você deixar o críquete de fora!... Os pais fundadores de nossa República também foram muito influenciados pelas ideias associadas à era do Iluminismo na Europa. Nossa Constituição continua a ser um testemunho da interação duradoura entre o que é essencialmente indiano e o que é muito britânico em nossa herança intelectual.[112]

Enquanto isso, em Ancara, Recep Tayyip Erdoğan sonha afetuosamente com um renascimento otomano, difamando o Tratado de Lausanne (1923) e revivendo as reivindicações territoriais do "Juramento Nacional" adotado na última sessão do parlamento otomano em 1920.[113] Também na decrépita Teerã, eles abrigam delírios de grandeza. "Desde o seu início, o Irã teve uma [dimensão] global", declarou Ali Younesi, um ex-ministro da inteligência e conselheiro do presidente Hassan Rouhani para questões das minorias, em 2015. "Nasceu um império. Os líderes, funcionários e administradores do Irã sempre pensaram na [dimensão] global." Younesi definiu o território do "Grande Irã" como se estendendo das fronteiras da China até a Babilônia (Iraque), a capital histórica do Império Aquemênida, e incluindo o subcontinente indiano, o Cáucaso do Norte e do Sul e o Golfo Pérsico.[114] Mesmo que muitos iranianos não compartilhem dessa ambição, a aspiração generalizada de liderar um "crescente xiita" regional tem implicações imperiais semelhantes.

Geralmente se supõe que o colapso de um império é uma tragédia apenas para os imperialistas. E, no entanto, é frequentemente nos momentos de desintegração imperial que a violência atinge novos patamares, geralmente em detrimento do povo supostamente libertado: pense apenas na violência que acompanhou as dissoluções de Romanov, Habsburgo e Otomano, ou nos horrores da partição quando o Raj britânico estava liquidado. De todas as formas que a catástrofe pode assumir, a agonia da morte de um império pode ser a mais difícil de compreender, precisamente porque é a mais complexa.

7

DA GRIPE *BOOGIE WOOGIE* AO EBOLA NA CIDADE

*Tinha acabado de me recuperar de uma doença grave
sobre a qual não vou me preocupar em falar.*

— Jack Kerouac, *On the Road*

ROCKIN' PNEUMONIA

Ser jovem era o paraíso nos Estados Unidos de 1957. Naquele verão, Elvis Presley liderava as paradas com "(Let Me Be Your) Teddy Bear", seguido em setembro por Buddy Holly & The Crickets em "That'll Be the Day" e em outubro por "Wake Up Little Susie", dos Everly Brothers. O*n The Road*, de Jack Kerouac, foi publicado no segundo semestre. *Gata em teto de zinco quente*, estrelado por Paul Newman e Elizabeth Taylor, ganhou o Oscar de melhor filme. A memória popular daqueles idílicos "dias felizes" omite as separações raciais da época: o ano de 1957 foi apenas três anos depois que "Brown v. Board" anunciou a sentença de morte da segregação racial em escolas públicas, dois anos após o assassinato de Emmett Till e a recusa de Rosa Parks em ceder seu assento no ônibus, e no mesmo ano tropas federais tiveram de ser enviadas a Little Rock para escoltar nove estudantes negros até a Escola Secundária Central da capital do Arkansas. Essa história agora é ensinada nas escolas, mas ainda tendemos a esquecer que 1957 também viu a eclosão de uma das maiores pandemias da era moderna, a 18ª maior da história, de acordo com uma pesquisa recente.[1] Não é à toa que outro sucesso daquele ano foi "Rockin' Pneumonia and the Boogie Woogie Flu", de Huey Piano Smith & The Clowns.[1*]

> Quero apertá-la, mas estou muito para baixo.
> Estaria correndo, mas meus pés estão muito lentos.
> O ritmo do jovem também me domina.
> Tenho uma pneumonia do rock e uma gripe boogie woogie.
> Quero gritar...

Tendo sido derrotado na eleição presidencial de 3 de novembro de 2020, o presidente Donald J. Trump pode ser comparado a Woodrow Wilson, cujas chances de reeleição, para não falar de sua saúde, foram fatalmente minadas pela pandemia da gripe espanhola de 1918-1919. No entanto, uma comparação mais apropriada pode ser feita com Dwight D. Eisenhower. Eisenhower teve dois encontros com pandemias em sua carreira exemplar no serviço público. O primeiro viu-o promovido a tenente-coronel por suas ações no comando de uma força de tanques do exército de 10 mil homens em Camp Colt, em Gettysburg, Pensilvânia, durante a gripe espanhola. O segundo veio quando ele era presidente, durante a pandemia de gripe asiática de 1957-1958. O primeiro episódio foi tema de vários livros e numerosos artigos. Ao buscar analogias históricas em 2020, os comentaristas se referiam com mais frequência a 1918--1919 do que a qualquer outro caso. O episódio mais recente, em contraste, está agora em grande parte esquecido, exceto pelos historiadores e epidemiologistas preocupados com a história. E, no entanto, merece ser muito mais conhecido. Pois, como uma crise de saúde pública, parece muito mais com a pandemia da Covid-19 de nosso tempo do que a pandemia de 1918-1919, que foi uma das dez mais mortíferas de toda a história.[2]

A resposta política em 2020 dificilmente poderia ser mais diferente da resposta do governo Eisenhower à pandemia que eclodiu sessenta e três anos

---

1 *O single vendeu mais de 1 milhão de cópias, alcançando o status de disco de ouro e a 52ª posição na parada da Billboard.

antes. Na verdade, foi quase exatamente o oposto. Eisenhower não declarou estado de emergência no outono de 1957. Não houve *lockdowns* estaduais e nem fechamentos de escolas. Os alunos doentes simplesmente ficavam em casa, como costumavam fazer. O trabalho continuou mais ou menos ininterrupto. Nem a administração Eisenhower fez empréstimos ao máximo para financiar transferências e empréstimos a cidadãos e empresas. O presidente pediu ao Congresso meros US$ 2,5 milhões (US$ 23 milhões nos termos atuais ajustados pela inflação e cerca de 0,0005% do PIB de 1957, que era de US$ 474 bilhões) para fornecer apoio adicional ao Serviço de Saúde Pública.[3] É verdade que houve uma recessão naquele ano, mas tinha pouco ou nada a ver com a pandemia. O índice de aprovação do trabalho de Eisenhower piorou, caindo de cerca de 80% para 50% entre janeiro de 1957 e março de 1958,[4] e seu partido sofreu grandes perdas na metade do mandato de 1958. Mas nenhum historiador sério do período atribuiria esses reveses à pandemia. Huey "Piano" Smith & The Clowns parecem ter julgado corretamente o clima nacional de despreocupação, que foi resumido em uma frase cunhada no ano anterior: "Eu, me preocupar?".[2*]

CONTÁGIO ADOLESCENTE

A "gripe asiática", como então era incontroverso chamar uma doença contagiosa originária da Ásia, era uma cepa antigenicamente nova (H2N2) da *influenza* A, semelhante à cepa que causou uma pandemia em 1889 (a "asiática" ou gripe "russa").[5] Esse vírus era diferente do coronavírus que causa a Covid-19 (ambos são ribovírus, mas de filos diferentes), mas seu impacto foi comparável. Foi relatado pela primeira vez em Hong Kong em abril de 1957, tendo se originado na China continental dois meses antes, e, como a Covid-19, rapidamente se tornou global. Espalhou-se por todo o Leste Asiático e o Oriente Médio em abril, maio e junho, levando a surtos em bases militares dos Estados Unidos na Coreia e no Japão. Em junho, mais de 20 países, incluindo os Estados Unidos continentais, haviam experimentado seus primeiros casos. O vírus chegou à América do Sul e à África em julho e agosto. Em setembro, as epidemias começaram na América do Norte e na Europa.[6] Ao contrário dos portadores

---

2 * "Alfred E. Neuman" foi batizado em 1956 pelo segundo editor da revista *Mad*, Al Feldstein, e pintado por Norman Mingo. Depois disso, o jovem desgrenhado e desdentado invariavelmente aparecia na capa da revista com sua conhecida frase: "Eu, me preocupar?".

de Sars-CoV-2 hoje, as transportadoras de H2N2 viajavam principalmente de navio, o modo dominante de transporte de longo curso naquela época. A propagação do vírus ainda era incrivelmente rápida.

Como a Covid-19, a gripe asiática levou a um significativo excesso de mortalidade. A pesquisa mais recente conclui que cerca de 1,1 milhão (700 mil-1,5 milhão) de pessoas em todo o mundo morreram na pandemia.[7] Um estudo recente, mas pré-Covid, da pandemia de 1957-1958 concluiu que, se "um vírus de gravidade semelhante" atacasse nos dias atuais, cerca de 2,7 milhões de mortes poderiam ser previstas em todo o mundo.[8] Como a Covid-19, ele atingiu alguns países com muito mais força do que outros. Os países latino-americanos, notadamente o Chile, sofreram taxas de mortalidade excessiva especialmente altas, assim como a Finlândia. Nos Estados Unidos, houve entre 14 mil e 115.700 mortes excedentes.[9] Ajustando para a maior população de hoje, isso seria entre 26 mil e 215 mil mortes excedentes.

Essas comparações são importantes porque agora está claro que, em relação à sua taxa de mortalidade de infecção provável (IFR), a pandemia de 2020-2021 se assemelha mais à pandemia de 1957-1958 do que a gripe espanhola, muito mais catastrófica, que pode ter matado 2,2% a 2,8% da população mundial e 0,65% da população dos Estados Unidos (ver capítulo 5).[10] A pandemia de 1918-1919 foi uma das piores da história, comparável em seu impacto à epidemia de *cocoliztli* (de múltiplas doenças eurasianas) que devastou os povos da América Central e do Sul no século XVI. Em 1918, a expectativa de vida de indivíduos nos Estados Unidos diminuiu 11,8 anos.[11] Um modelo epidemiológico britânico influente, mas altamente questionável, previu em março de 2020 que, na ausência de distanciamento social e *lockdowns*, a Covid-19 tinha o potencial de matar até 40 milhões de pessoas em todo o mundo e 2,2 milhões de americanos.[12] No momento, parece implausível. Nos Estados Unidos, o IFR da gripe espanhola foi de cerca de 2%. Parece improvável, com base nos estudos serológicos publicados até o momento, que o IFR da Covid-19 chegue a metade disso.[13]

O excesso de mortalidade nos Estados Unidos pode acabar sendo maior em 2020-2021 do que em 1957-1958: o IFR da gripe asiática provavelmente não foi superior a 0,26%. No entanto, ao contrário da Covid-19, a gripe asiática matou um número considerável de jovens. Como na maioria das pandemias de *influenza*, em 1892 e 1936, por exemplo, um número significativo não só de idosos (mais de 65 anos), mas também de muito jovens (menores de 5 anos) morreu. Em termos de excesso de mortalidade em relação às taxas de mortalidade esperadas de base, no entanto, os grupos etários que sofreram as perdas mais pesadas globalmente foram de 15 a 24 anos (34% acima das taxas médias de mortalidade), seguidos por 5 a 14 anos de idade (27% acima da média). Nos Estados Unidos, embora as maiores taxas de excesso de mortalidade também tenham ocorrido nas faixas etárias abaixo de 5 anos, 65 a 74 e 75 anos ou mais, e embora cerca de dois terços das mortes excedentes fossem de pessoas com mais de 65,[14] a taxa de mortalidade relativa excessiva nos 15 para a faixa de 19 anos era mais de quatro vezes a esperada.[15] Em outras palavras, as pessoas na ocasião teriam previsto uma mortalidade mais alta entre os idosos na época do ano em que a gripe asiática ocorreu. Não a teriam previsto entre os adolescentes. O fato de tantos jovens terem sucumbido à pandemia de 1957-1958 significa que, mesmo que o número de mortos de 2020-2021 acabe sendo uma parcela maior da população dos Estados Unidos, o número de anos de vida ajustados pela qualidade (QALYs) perdidos talvez ainda tenha sido maior no caso anterior. De acordo com uma estimativa recente, o custo da gripe asiática em termos de QALYs foi 5,3 vezes maior do que o de uma temporada de gripe média entre 1979 e 2001 e 4,5 vezes maior do que o da "gripe suína" de 2009, mas apenas um vinte avos do custo da gripe espanhola.[16]

Os primeiros casos de gripe asiática nos Estados Unidos ocorreram no início de junho, entre tripulações de navios atracados em Newport, em Rhode Island. As bases navais na costa oeste logo relataram milhares de casos. No fim de junho, houve um surto entre meninas do ensino médio no *campus* da Escola de Medicina Veterinária da Universidade da Califórnia, Davis. Um aluno exposto ao surto de Davis viajou para Grinnell, Iowa, para participar de uma Conferência da Irmandade de Westminster, que começou em 28 de junho. O estudante contraiu a gripe no caminho, expondo ao vírus 1.680 delegados de mais de 40 estados e 10 países estrangeiros. Alguns casos também apareceram entre os 53 mil meninos que participaram do Jamboree dos Escoteiros, em Valley Forge, Pensilvânia.[17] Enquanto os grupos de escoteiros viajavam pelo país em julho e agosto, também disseminaram a gripe amplamente.[18] Em julho, houve um "surto massivo" na paróquia de Tangipahoa, Louisiana. A doença foi considerada "de início súbito e marcada por febre alta, mal-estar, dor de cabeça, mialgia generalizada [dor muscular], dor de garganta e tosse…

Náuseas e vômitos não eram incomuns entre as crianças mais novas". Duas pessoas morreram. Logo se seguiram uma série de surtos em toda a Louisiana e áreas adjacentes do Mississippi.[19] No fim do verão, também apareceram casos na Califórnia, Ohio, Kentucky e Utah.

Foi o início do ano letivo no final do verão que tornou a gripe asiática uma epidemia nos Estados Unidos. Assim que os alunos voltaram das férias, o vírus se espalhou rapidamente por todo o país. O Centro de Doenças Transmissíveis, como o CDC (Centro de Controle de Doenças) era então chamado, estabeleceu uma nova Unidade de Vigilância da Influenza em julho, que recebeu relatórios do condado cobrindo 85% da população, uma Pesquisa Nacional de Saúde semanal de uma amostra representativa de 2 mil pessoas e relatórios sobre absenteísmo da AT&T, cobrindo 60 mil telefonistas em 36 cidades. Esses dados nos fornecem um quadro mais detalhado da epidemia de 1957 do que teria sido é possível para qualquer episódio anterior. O CDC estimou que aproximadamente 45 milhões de pessoas, o equivalente a cerca de 25% da população, foram infectadas com o novo vírus em outubro e novembro de 1957. Dados em nível de condado mostraram taxas de ataque que variam de 20% a 40%. O pico de morbidade foi na semana 42. O pico de mortes por *influenza* e pneumonia ocorreu de três a quatro semanas depois. As maiores taxas de ataque (ou seja, de infecção) ocorreram nas faixas etárias de crianças em idade escolar a jovens adultos de até 35 ou 40 anos de idade. Adultos com mais de 65 anos foram responsáveis por 60% das mortes por *influenza*, uma proporção anormalmente baixa. (Em 1960, eles representavam 80% de todas as mortes excessivas por pneumonia e *influenza*.)[20]

Por que os jovens americanos eram desproporcionalmente vulneráveis à gripe asiática? Parte da explicação é que eles não foram tão expostos como os americanos mais velhos a cepas anteriores de gripe. Houve um total de nove epidemias de *influenza* tipo A H1N1 desde 1934 (1934-1935, 1937, 1939, 1940-1941, 1943-1944, 1947, 1950, 1951 e 1953). Todos esses foram casos de "gripe sazonal" acima da média resultante de uma "deriva" genética do vírus. A gripe de 1957-1958 era uma nova cepa H2N2, mas os americanos mais velhos podiam ter alguma imunidade residual.[21] Como observou uma autoridade,

> Com exceção de pessoas com mais de 70 anos de idade, o público foi confrontado por um vírus com o qual não tinha experiência e foi

demonstrado que o vírus sozinho, sem covírus bacterianos, era letal...
O vírus era rapidamente reconhecido como um vírus *influenza* A por
testes de fixação do complemento. No entanto, os testes que definem
o antígeno HA do vírus mostraram que ele era diferente de qualquer
outro encontrado em humanos. Isso também foi verdadeiro para o
antígeno neuraminidase (NA). O subtipo definitivo do vírus asiático
foi posteriormente estabelecido como H2N2.[22]

No entanto, há uma segunda explicação para a suscetibilidade inesperadamente alta dos jovens norte-americanos à pandemia de 1957. Como vimos no capítulo 4, a escala e a incidência de qualquer contágio são funções das propriedades do próprio patógeno e da estrutura da rede social que ele ataca.[23] O ano de 1957 foi, em muitos aspectos, o alvorecer do adolescente norte-americano. Os primeiros *baby-boomers* nascidos após o fim da Segunda Guerra Mundial completaram 13 anos no ano seguinte. Certamente não sendo tão próspera quanto a de seus pais na adolescência, essa geração desfrutou não apenas de uma vida econômica, mas também de uma vida social bastante nova e, como Hollywood projetou em uma enxurrada de filmes dedicados às travessuras adolescentes, a inveja do mundo. No entanto, o turbilhão inebriante de bailes de formatura, festas e desafios tiveram seu lado sombrio. Como observou o historiador do CDC, os adolescentes da época "experimentavam a maior taxa de contato de qualquer segmento da população, ultrapassando de longe o número de contatos da dona de casa, dos filhos em idade pré-escolar ou de seu marido no trabalho".[24]

Acampamentos de verão, ônibus escolares e encontros sociais sem precedentes depois das aulas garantiram que, entre setembro de 1957 e março de 1958, a proporção de adolescentes infectados com o vírus aumentasse de 5% para 75%. O evento desencadeador em Tangipahoa foi a abertura de 20 escolas paroquiais em meados de julho (após a colheita anual do morango). A epidemia nacional no outono foi impulsionada principalmente pela reabertura de escolas no final do verão. O CDC estimou que, naquele outono, mais de 60% dos alunos tinham doenças clínicas. Dados de 28 sistemas escolares dos Estados Unidos mostraram absenteísmo de 20% a 30% acima da média usual de 5%. Em Nova York, o absenteísmo escolar atingiu o máximo no dia 7 de outubro, com 280 mil faltas. Isso equivalia a 29% de todos os alunos da escola e 43% em Manhattan.[25] Como veremos, em 1957 as autoridades norte-americanas haviam optado tacitamente pelo que hoje chamaríamos de estratégia de imunidade de rebanho. No entanto, isso não evitou uma segunda onda em fevereiro de 1958, algo que pegou o CDC de surpresa. Essa segunda onda viu um pico quase tão grande no excesso de mortalidade, mas dessa vez se concentrou em grupos de idade mais avançada (45 a 74). Houve ondas subsequentes de *influenza* em janeiro-março de 1960 (*influenza* A2) e novamente no início de 1962 e 1963 (*influenza* B). Houve também epidemias leves em 1965 e 1966.[26] Então veio a maior "gripe de Hong Kong" de 1968-1970 (*influenza* A/H3N2), embora fosse apenas metade do tamanho da pandemia de 1957-1958 em termos de mortalidade excessiva.[27]

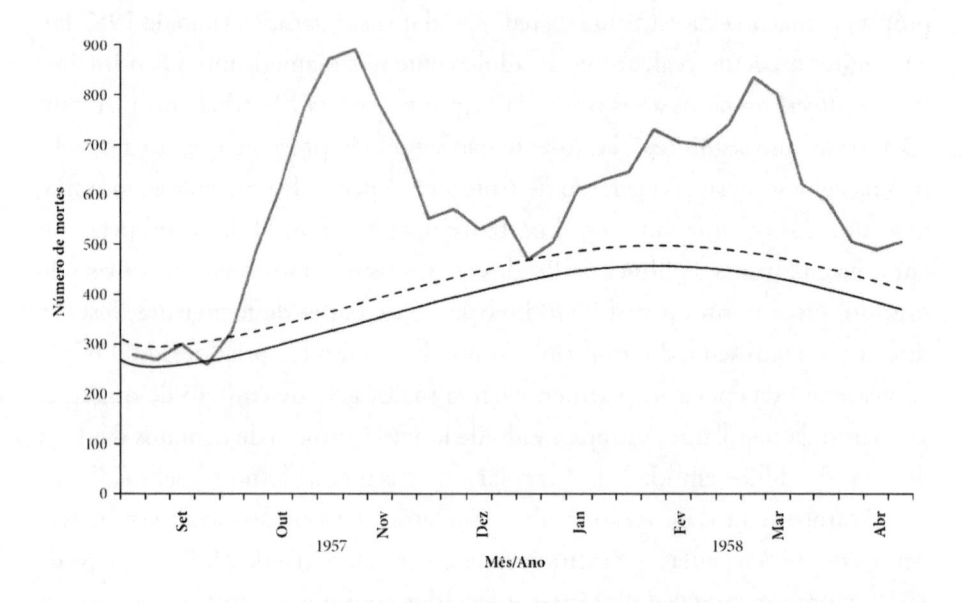

A pandemia de 1957-1958 nos Estados Unidos: mortes semanais por pneumonia e *influenza* em 108 cidades americanas.
OBSERVAÇÃO: A LINHA SÓLIDA SUPERIOR REPRESENTA O NÚMERO DE MORTES DE PNEUMONIA E *INFLUENZA* RELATADAS EM 108 CIDADES SEMANALMENTE DE SETEMBRO DE 1957 A ABRIL DE 1958. A LINHA SÓLIDA INFERIOR É O NÚMERO DE TAIS MORTES QUE SERIA ESPERADO COM BASE NA EXPERIÊNCIA DE ANOS ANTERIORES COM PNEUMONIA E *INFLUENZA*. A LINHA PONTILHADA É O "LIMIAR EPIDEMIA", QUE NUNCA É EXCEDIDO, EXCETO DURANTE EPIDEMIAS DE *INFLUENZA*.

O CAMINHO DE HILLEMAN

A decisão do presidente Eisenhower de manter o país aberto em 1957-1958 trouxe a marca de seu tempo como um jovem oficial em Camp Colt durante a gripe espanhola, quando supervisionou os esforços de mitigação com tanto sucesso que o exército não apenas o promoveu, mas também enviou 30 médicos de Camp Colt a todo o país para ensinar outras pessoas. A estratégia de Eisenhower em 1918 foi simples: confiar nos médicos (ele designou o cirurgião-chefe do acampamento para liderar a resposta e autorizou-o a realizar tratamentos experimentais) e empregar o distanciamento social (os soldados foram divididos em tendas de três em um campo aberto).[28] Quando a Associação de Funcionários de Saúde Territoriais e Estaduais (ASTHO) concluiu, em 27 de agosto de 1957, que "não há vantagem prática no fechamento de escolas ou na redução de reuniões públicas no que se refere à propagação desta doença", Eisenhower ouviu.[29] Como um oficial do CDC mais tarde lembrou:

> Em geral, não foram tomadas medidas para fechar escolas, restringir viagens, fechar fronteiras ou recomendar o uso de máscaras. A quarentena não foi considerada uma estratégia de mitigação eficaz e era "obviamente inútil devido ao grande número de viajantes e à frequência de casos leves ou inaparentes".
>
> No início de outubro, o secretário de saúde do condado de Nassau, em Nova York, declarou que "as escolas públicas deveriam permanecer abertas mesmo em uma epidemia" e que "as crianças adoeceriam com a mesma facilidade fora da escola".
>
> A ASTHO incentivou o atendimento domiciliar para casos não complicados de *influenza* para reduzir a carga hospitalar e recomendou limitações nas admissões hospitalares para os pacientes mais enfermos... A maioria foi aconselhada simplesmente a ficar em casa, descansar e beber bastante água e sucos de frutas.[30]

Essa decisão significou que o ônus passou inteiramente das intervenções não farmacêuticas às farmacêuticas. Como em 2020, houve uma corrida para encontrar uma vacina. No entanto, ao contrário de 2020, os Estados Unidos não tinham concorrência real, graças à perspicácia de alguém excepcionalmente talentoso e cientista visionário. De 1948 a 1957, Maurice Hilleman, nascido

Maurice Hilleman (1919-2005) fala com sua equipe de pesquisa enquanto eles estudam o vírus da gripe asiática em um laboratório no Instituto de Pesquisa do Exército Walter Reed, Silver Springs, Maryland, 1957.

em Miles City, Montana, em 1919, foi chefe do Departamento de Doenças Respiratórias do Centro Médico do Exército (hoje Instituto de Pesquisa do Exército Walter Reed). A Comissão de Gripe do Conselho Epidemiológico das Forças Armadas vinha estudando essa doença e sua prevenção por vacinas desde a década de 1940.[31] No início de sua carreira, Hilleman descobriu as mudanças genéticas que ocorrem quando o vírus da gripe sofre mutação, conhecidas como *shift and drift* (mudança e deriva). Foi esse trabalho que lhe permitiu reconhecer, ao ler reportagens na imprensa sobre "crianças de olhos vidrados" em Hong Kong, que o surto tinha potencial para se tornar uma pandemia desastrosa. Ele e um colega trabalharam por nove dias, catorze horas por dia, para confirmar que se tratava de uma nova cepa de gripe que tinha o potencial de matar milhões de pessoas, como havia acontecido em 1918, embora, como veremos, antibióticos estivessem disponíveis para combater as infecções secundárias que tinham matado tantas pessoas naquela época. O Centro Médico do Exército recebeu suas primeiras amostras de gripe de Hong Kong em 13 de maio, e Hilleman identificou definitivamente a nova cepa em 22 de maio.[32]

A velocidade era essencial. Hilleman conseguiu trabalhar diretamente com os fabricantes de vacinas, contornando "a burocracia", como ele disse. O Serviço de Saúde Pública divulgou as primeiras culturas do vírus da gripe asiática para fabricantes antes mesmo de Hilleman terminar sua análise. O laboratório do CDC em Montgomery, Alabama, desempenhou um papel fundamental, sendo o Centro Internacional de Gripe da Organização Mundial da Saúde para as Américas. Na pandemia de 2020, como veremos, a OMS não se cobriu de glória. Entretanto, em 1957, facilitou a cooperação entre o CDC e seu homólogo britânico, o Centro Mundial da Gripe em Londres. Em Montgomery, bem como na sede do CDC em Atlanta, os membros da equipe foram voluntários para os primeiros testes da vacina. H. Bruce Dull, do Serviço de Inteligência de Epidemias, criado em 1951 em resposta à ameaça de armas biológicas durante a Guerra da Coreia, liderou uma experiência na Penitenciária dos Estados Unidos de Atlanta, que foi de 80% a 90% eficaz no primeiro *round*. No final do verão, seis empresas estavam produzindo uma vacina, incluindo a Merck Sharp & Dohme.

A rapidez com que os Estados Unidos passaram da detecção do risco pandêmico para a vacinação em massa foi surpreendente. O primeiro relatório do *The New York Times* do surto em Hong Kong – três parágrafos na página 3 – foi em 17 de abril.[33] Já em 26 de julho, pouco mais de três meses depois, os médicos em Fort Ord, Califórnia, começaram a inocular recrutas para as forças armada. Três dias depois, a Base Aérea de Lowry, no Colorado, também o fez. Os próximos da fila foram médicos, enfermeiras e outros profissionais de saúde. O presidente Eisenhower foi devidamente vacinado, assim como a rainha Elizabeth e o príncipe Philip, antes de sua planejada visita aos Estados Unidos e ao Canadá. Aos olhos das autoridades de saúde pública, essa campanha de vacinação foi o cerne da resposta dos Estados Unidos à pandemia. O cirurgião-geral Leroy Burney anunciou em 15 de agosto que a vacina seria distribuída aos estados de acordo com o tamanho da população, mas distribuída pelos fabricantes por meio de suas redes comerciais habituais. Em sua reunião do final de agosto em Washington, a ASTHO declarou que a prevenção, "na ausência de meios eficazes para impedir a propagação da infecção, se transforma em um programa de imunização". Aproximadamente 4 milhões de doses de 1 mililitro foram liberadas em agosto, 9 milhões em setembro e 17 milhões em outubro.[34] "Não me decepcionou, a pandemia de 1957, começou na hora",

Hilleman relembrou em uma entrevista de 2005. Como resultado, a tão temida repetição de 1918-1919 foi amplamente evitada. "Foi a única vez que evitamos uma pandemia com uma vacina", lembrou Hilleman.[35]

No entanto, isso representou vacina suficiente para apenas 17% da população. Além disso, descobriu-se que a eficácia da vacina variava de 53% a 60%. Inevitavelmente, houve erros. Os jogadores de futebol, não apenas do San Francisco 49ers, mas também dos times universitários da Universidade da Califórnia e de Stanford, tiveram a vacina aplicada antes de policiais e bombeiros. O gerente de vendas da Merck explicou: "Você tem 25 pessoas querendo maçãs e você tem uma maçã. Então, quem é que fica com ela? O cara que estender a mão primeiro".[36] Tudo isso levou um ex-funcionário do CDC a concluir que a vacina "não teve efeito substancial na tendência da pandemia".[37] No entanto, isso subestima a conquista de Hilleman. O resultado líquido de sua rápida resposta à gripe asiática foi certamente o de limitar o excesso de mortalidade sofrido nos Estados Unidos. Pois, em uma inspeção mais próxima, a política de saúde pública que surgiu foi de imunidade de rebanho para jovens norte-americanos, combinada com vacinação seletiva de militares e pessoal de saúde. Houve experimentos e pesquisa contínuos nos anos subsequentes. Foi descoberto que "mais vacina era necessária para iniciar uma resposta primária de anticorpos do que com as vacinas H1 anteriores... Em 1958, 1959 e 1960 (conforme ocorreram infecções recorrentes), os níveis médios de anticorpos iniciais na população aumentaram (ou seja, os indivíduos foram preparados) e a resposta à vacinação foi mais facilmente demonstrada. Doses divididas administradas em intervalos menores do que quatro semanas foram mais benéficas do que uma única injeção. Menos benefício derivou-se dessa estratégia com o passar dos anos". Estudos com crianças navajas em idade escolar e estudantes de medicina da cidade de Nova York descobriram que "infecções subclínicas ocorriam a cada ano", mas as "infecções clinicamente manifestadas" diminuíam em conjunto com um nível crescente de anticorpos específicos para H2N2.[38] À luz dessas e de descobertas posteriores, a política mudou para a vacinação regular da população idosa, que, durante a maioria das temporadas de gripe, eram e são os mais vulneráveis à maioria das cepas da gripe.

No decorrer de 1957, Hilleman ingressou na Merck como chefe de seu novo departamento de Pesquisa em Biologia Celular e Vírus, em West Point, Pensilvânia. O que aconteceu foi prodigioso. Foi na Merck que Hilleman desenvolveu a maioria das 40 vacinas experimentais e licenciadas para animais e humanos creditadas a ele. Das 14 vacinas rotineiramente recomendadas nos esquemas de vacinas atuais, ele desenvolveu 8: para sarampo, caxumba, hepatite A, hepatite B, varicela, meningite, pneumonia e a bactéria *Haemophilus influenzae*. Em 1963, sua filha Jeryl Lynn contraiu caxumba. Hilleman cultivou seu material viral e o usou como base para uma vacina contra a caxumba. A cepa Jeryl Lynn da vacina contra a caxumba ainda é usada até hoje. Hilleman e sua equipe criaram uma vacina contra a hepatite B tratando o soro do sangue com pepsina, ureia e formaldeído. Ela foi licenciada em 1981 (embora substituída nos Estados Unidos em 1986 por uma vacina produzida em levedura) e ainda era a opção preferida em 150 países até 2003.

Lendo relatos da vida de Hilleman, lembramos que a cultura da pesquisa científica na era da Guerra Fria era muito mais combativa do que é tolerada hoje. "Ele dirigia seu laboratório como uma unidade militar", escreveu seu biógrafo, "e era ele quem estava no comando. Por um tempo, manteve uma fileira de 'cabeças encolhidas' (na verdade, falsificações feitas por um de seus filhos) em seu escritório como troféus que representavam cada um de seus funcionários demitidos. Ele usava palavrões e tiradas livremente para enfatizar seus argumentos, e uma vez, notoriamente, se recusou a frequentar um curso obrigatório de 'escola do charme' com o objetivo de tornar os gerentes de nível médio da Merck mais civilizados".[39]

A BIOQUÍMICA DA GUERRA FRIA

A pandemia da gripe asiática de 1957-1958 gerou alguns efeitos econômicos, é claro. No início de novembro de 1957, 82 milhões de norte-americanos estavam doentes, perdendo 282 milhões de dias por invalidez. No entanto, o máximo que pode ser dito é que a pandemia coincidiu com uma recessão. A contração econômica havia de fato começado antes que o vírus se espalhasse nos Estados Unidos, no verão de 1957. As causas imediatas da recessão foram o aumento das taxas de juros do mercado, que o Federal Reserve seguia sem entusiasmo,[40] e cortes nos gastos com defesa. Em qualquer caso, a recessão foi curta, durou apenas nove meses, e superficial. O desemprego aumentou moderadamente, de 4,1% em agosto de 1957 para um pico de 7,5% em julho seguinte, abaixo do pico de 7,9% na recessão de 1948-1949. A renda pessoal e as despesas de consumo pessoal (DCP) não se retraíram. Uma revisão da recessão do Federal

Reserve de agosto de 1958 nem mesmo mencionou a pandemia como uma causa potencial da crise, observando que restaurantes, bares e *shoppings* estavam entre os setores menos afetados.[41] Os dados da AT&T sobre seus funcionários em 36 cidades mostraram que a epidemia atingiu o pico durante a semana encerrada em 19 de outubro, com uma taxa de absenteísmo excessivo de apenas 2,7%. No maior número de cidades que o CDC rastreou, o excesso de absenteísmo durante a semana de pico de cada cidade variou de 3% a 8%. Dados do Canadá trazem uma história semelhante.[42] O Congressional Budget Office [Secretaria do Orçamento do Congresso] descreveu a gripe asiática como um evento que "pode não ser distinguível da variação normal da atividade econômica".[43]

As consequências econômicas da pandemia de 1957-1958 foram, portanto, mínimas em comparação com as de 2020. Mas o mesmo não pode ser dito das consequências políticas. Em 1958, os republicanos sofreram uma das maiores reprovações da história do meio de mandato, perdendo 13 cadeiras no Senado e 48 na Câmara, por uma margem de voto popular de 13%. No entanto, a pandemia provavelmente foi uma variável menor na eleição. O jornal *The New York Times* nem mesmo mencionou a gripe asiática em sua análise retrospectiva de médio prazo de 1958.[44] As preocupações com a segurança nacional certamente eram quase maiores. No ano anterior, os soviéticos lançaram com sucesso seu satélite Sputnik, causando consternação entre os norte-americanos, que presumiam que seu país tinha uma vantagem tecnológica inata tanto na Guerra Fria quanto na corrida espacial. A guerra civil grassava em Cuba, Fidel Castro estava a apenas a alguns meses da vitória e, em julho, um golpe de estado derrubou o rei Faisal II do Iraque, o prelúdio para a tomada do poder pelo partido Ba'ath naquele país em 1963. Em resposta, tropas norte-americanas foram enviadas ao Líbano.

A pandemia de gripe asiática, portanto, não pode ser vista separadamente de seu contexto geopolítico. Ajudou muito Maurice Hilleman, por exemplo, o fato de, em 1957, o CDC ser um nó de liderança em uma rede internacional de agências de saúde pública. Essa rede teve suas origens no início de 1900, quando viu a criação do Bureau Sanitário Pan-Americano (1902) e do Oficce International d'Hygiène Publique (1907), com sede em Paris, mas foi somente após a Primeira Guerra Mundial que se tornou verdadeiramente global. Em dezembro de 1920, a Assembleia da Liga das Nações aprovou uma resolução para criar um Comitê de Saúde sob a batuta de Ludwik Rajchman, um bacteriologista polonês que havia resistido à propagação do tifo para o leste com tanto sucesso quanto seu conterrâneo militar, Józef Piłsudski, resistiu à propagação do bolchevismo. Criado em 1921, o Serviço de Inteligência Epidemiológica era uma parte central da organização de Rajchman. No ano seguinte, começou a expedir diversos relatórios periódicos. Até 1923, o Comitê de Saúde foi designado como "provisório"; então, de 1923 a 1928, passou a ser o Comitê Permanente de Saúde, antes de ser rebatizado como Organização da Saúde da Liga das Nações (OSLN), embora na prática dependesse fortemente de financiamento da Fundação Rockefeller. Um Bureau do Extremo Oriente (também conhecido como Bureau do Leste) foi aberto em Cingapura, em 1925. Produziu dois boletins semanais padrão, um enviado pelo correio e outro transmitido pelo rádio. No início dos anos 1930, a rede da OSLN abrangia 45 países e dois terços da população mundial.

Nem todos aderiram. Os governos latino-americanos preferiram trabalhar dentro da Organização Pan-Americana de Saúde, possivelmente por medo do "imperialismo epidemiológico", mas na realidade o espírito da OSLN era mais liberal do que imperial. Frank Boudreau, o médico canadense que se tornou o diretor da organização, captou esse espírito em janeiro de 1940: "A verdade tornará os homens livres, disse o profeta, e conhecer a verdade sobre as doenças significa liberdade para o tráfego de passageiros e cargas, liberdade de doenças e de restrições desnecessárias". Para Boudreau, o escritório de Cingapura era "um corpo de bombeiros central em um sistema municipal de prevenção de incêndios", supervisionando "o sistema de alarme mundial".[45] De forma surpreendente, a OSLN continuou trabalhando mesmo enquanto o mundo escorregava de novo para a guerra. A Alemanha continuou a enviar boletins epidemiológicos mesmo depois que Hitler rescindiu a filiação do país à Liga, em outubro de 1933.[46] O boletim semanal continuou a ser emitido de Cingapura, apesar da invasão japonesa da China em 1937 e da eclosão da Segunda Guerra Mundial na Europa, em 1939. Como Boudreau observou em 1939, "É um dos paradoxos atuais que o mundo que está destruindo a cooperação por todos os meios ao seu alcance está sendo salvo de epidemias possivelmente devastadoras pela cooperação internacional em questões de saúde". É verdade que, em 1940, o sistema desmoronou quando oficiais norte-americanos e britânicos começaram a reter informações, por medo de que ajudassem os alemães e seus aliados. No entanto, a OSLN sobreviveu à Segunda Guerra Mundial e "lançou as bases para o sistema que a Organização Mundial da Saúde usa ainda hoje", fornecendo vários funcionários fundadores da OMS.⁴⁷ O espírito de Frank Boudreau vivia no primeiro diretor dessa agência, Brock Chisholm, outro canadense com uma visão utópica de "um novo tipo de cidadão [que] é necessário para que a raça humana sobreviva".⁴⁸

A partir do fim dos anos 1930, houve uma transformação nas atitudes norte-americanas em relação à segurança nacional, garantindo que a saúde pública internacional continuasse sendo prioridade após 1945. Em um discurso em outubro de 1937, o presidente Franklin D. Roosevelt se referiu a uma "epidemia de ilegalidade mundial" e advertiu que "a guerra é um contágio, seja declarada ou não, [que] pode engolfar Estados e povos distantes do cenário original das hostilidades".⁴⁹ Roosevelt e os *new dealers* convenceram-se de que a segurança internacional e, portanto, a segurança dos Estados Unidos, dependia do desenvolvimento econômico e político.⁵⁰ Como disse o vice-presidente Henry A. Wallace em 1942: "A guerra é vista como parte de um processo contínuo, cujas raízes estão profundamente fincadas na pobreza, insegurança, fome e desemprego. Um mundo do qual esses males não foram banidos é um mundo em que Hitler e as guerras ocorrerão perpetuamente".⁵¹ Essa lógica foi levada com perfeição à Guerra Fria, até porque a União Soviética representava um rival muito mais plausível como patrocinador do desenvolvimento econômico do Terceiro Mundo do que a Alemanha, o Japão ou a Itália já haviam representado antes de 1945.⁵² Como explicou o diretor de uma missão de cooperação técnica dos Estados Unidos ao Irã para o presidente do parlamento iraniano em 1952: "Não acordei todas as manhãs pensando: 'Como posso lutar contra o comunismo?', mas acordei todas elas pensando, 'Como posso ajudar no combate às doenças, à fome e à pobreza que assolam o povo do Irã?'... Se esse foi um ataque às raízes do comunismo, então este era uma planta doente que deveria ser extirpada".⁵³

Os Estados Unidos trouxeram para essa competição a vantagem formidável da indústria farmacêutica mais avançada do mundo. Isso não queria dizer que os cientistas norte-americanos estivessem à frente de seus concorrentes em relação a prêmios Nobel. Entre 1901 e 1940, os cientistas dos Estados Unidos ganharam apenas 8% dos prêmios Nobel em ciência, e os alemães, 22%.⁵⁴ Mas quando se tratava de desenvolver e distribuir um novo medicamento, os Estados Unidos eram incomparáveis. As drogas sulfonamidas foram pioneiras como antibacterianos pela empresa alemã Bayer AG, até então parte do grupo químico IG Farben, mas descobriu-se que o ingrediente ativo do Prontosil, marca registrada da Bayer, era um composto amplamente disponível chamado sulfanilamida. As drogas de "sulfa" logo começaram a ser produzidas em massa nos Estados Unidos e com resultados notáveis, tanto bons quanto ruins. No outono de 1937, cem pessoas foram envenenadas com dietilenoglicol após tomar "o elixir sulfanilamida", um desastre que levou à aprovação da Lei Federal de Alimentos, Medicamentos e Cosméticos em 1938 e ao início de uma regulamentação farmacêutica mais séria nos Estados Unidos. Por outro lado, somente em 1941, entre 10 e 15 milhões de americanos estavam sendo tratados com medicamentos à base de sulfa. Os resultados foram um declínio de 25% na mortalidade materna, um declínio de 13% por pneumonia/gripe e um declínio de 52% por escarlatina.[55]

Da mesma forma, foram um escocês, um australiano e um alemão – Alexander Fleming, Howard Florey e Ernst Chain – que, entre 1929 e 1940, descobriram e desenvolveram a penicilina, mas foram as empresas dos Estados Unidos que estavam produzindo antibióticos em massa no fim da Segunda Guerra Mundial. Nos Estados Unidos, entre 1937 e 1952, a taxa de mortalidade por doenças infecciosas caiu 8,2% ao ano, em comparação com uma média de 2,8% ao ano entre 1900 e 1936. Os antibióticos por si só foram responsáveis por uma redução na taxa de mortalidade de cerca de 5,4% ao ano durante quinze anos, para uma redução geral de mais de 56%. Nem toda a melhora na mortalidade de meados do século XX deve ser atribuída à sulfa e aos antibióticos, é claro: como vimos, a melhoria da higiene, nutrição e saneamento também desempenhou um papel importante, tanto nos Estados Unidos quanto no Reino Unido, assim como políticas sociais destinadas a reduzir a pobreza.[56] Novas intervenções não farmacêuticas, como rastreamento de contatos, pioneiras nas escolas britânicas e adotadas pelo Exército dos Estados Unidos em 1937, também contribuíram.[57] Contudo, como a maioria das vacinas amplamente descobertas e distribuídas em meados do século XX, esses outros fatores tiveram um impacto muito maior na redução da mortalidade entre os jovens. No caso das pessoas mais velhas, sulfa e antibióticos fizeram a diferença.[58] O que impulsionou o avanço da pesquisa médica foi a adoção simultânea pelos britânicos e norte-americanos do ensaio clínico randomizado em 1948 e do método duplo-cego em 1950.[59] Em suma, o sucesso de Maurice Hilleman em 1957-1958 não foi apenas o resultado da heroica inovação americana de alta velocidade, mas também se baseou no fato de que a cooperação entre Hong

Kong, Londres e Washington, D.C. havia sido institucionalizada durante anos antes do surto de gripe asiática, bem como no fato de que a população dos Estados Unidos nunca foi tão saudável como estava naquele verão, em que foi atingida pela "gripe *boogie woogie*".

Ao mesmo tempo, em 1957, a União Soviética estava se aproximando do pico de sua autoconfiança sob o comando de Nikita Khrushchev. Vale reiterar que o lançamento soviético do Sputnik, o primeiro satélite artificial, ocorreu em 4 de outubro de 1957, em meio à pandemia de gripe asiática. Isso pode ajudar a explicar por que a lembrança da gripe asiática desapareceu. Afinal, a Guerra Fria representou uma ameaça de desastre tão sem precedentes – a ameaça de guerra termonuclear – que as tradicionais ameaças à humanidade representadas por micróbios ficaram em segundo plano na consciência popular. Questionados durante os anos 1950 e 1960 se achavam que haveria uma guerra mundial nos cinco anos seguintes, entre 40% e 65% dos norte-americanos que tinham uma opinião responderam que sim. Na década de 1980, essa porcentagem aumentou para 76. Questionados se, em caso de guerra mundial, a bomba de hidrogênio seria usada contra os Estados Unidos, entre 60% e 75% dos norte-americanos novamente disseram que sim. Até que ponto essa verdade internalizada era discutível. O argumento apresentado pelo economista Joel Slemrod, na década de 1980, foi que o medo do Armagedom havia reduzido a taxa de poupança privada americana, pois, por que economizar para um futuro que podia nunca chegar? A previsão de Slemrod era que, em um mundo pós-Guerra Fria, com o risco de guerra nuclear repentinamente reduzido, a economia se recuperaria,[3*] especialmente nos Estados Unidos.[60] De qualquer forma, dos anos 1950 aos 1980, as pessoas pensaram mais na Terceira Guerra Mundial do que em qualquer outra ameaça à humanidade. Nas palavras de Brock Chisholm, da OMS: "As potencialidades destrutivas do homem tornaram-se tão grandes que suas inferioridades, ansiedades, medos, ódios, pressões agressivas, fanatismos e até mesmo suas devoções e lealdades irracionais, que estão entre os sintomas comuns do físico, problemas de saúde mental ou social, podem agora constituir uma séria ameaça à existência continuada de um grande número de pessoas".[61]

---

3 *Infelizmente para a hipótese de Slemrod, eles não fizeram nada disso. Mesmo enquanto o relógio do fim do mundo dos cientistas atômicos voltava 17 minutos para a meia-noite na esteira do colapso soviético, a taxa de poupança pessoal continuou a cair, de 9,4% da renda disponível em 1983, quando o mundo oscilou à beira do desastre, para 2,5% em 2005.

Mesmo sem o Armagedom nuclear, a Guerra Fria ficou nitidamente quente em alguns lugares. A guerra convencional continuou a grassar em várias zonas de conflito, da Indochina à América Central. O "arrojo" da era Eisenhower foi sucedido por confrontos ainda mais alarmantes sob os presidentes Kennedy e Johnson: Berlim em 1961, Cuba em 1962 e depois a escalada desastrosa do compromisso dos Estados Unidos com o Vietnã do Sul. A *détente* significou apenas uma ligeira melhora. Visto por quase qualquer ângulo, os anos Nixon-Ford-Carter foram muito mais violentos que os anos Bush-Obama-Trump. Houve mais de 2 milhões de mortes em batalha devido a conflitos armados pelo Estado na década de 1970, em comparação com aproximadamente 270 mil na década de 2000.[62] A Guerra do Vietnã foi muito mais letal que a do Iraque (47.424 mortes em combate dos Estados Unidos, contra 3.527). De acordo com o Instituto de Pesquisa da Paz de Oslo, que estima o total de mortes em batalha decorrentes de conflitos armados pelo Estado, os anos de pico do conflito entre 1956 e 2007 foram 1971 (cerca de 380 mil mortes) e de 1982 a 1988, quando a média anual estava perto de 250 mil. Em contraste, entre 2002 e 2007, a média foi de pouco menos de 17 mil.[63] O índice de "magnitude da guerra" calculado pelo Centro de Paz Sistêmica, em Vienna, Virgínia, aumentou de forma constante da década de 1950 até meados da década de 1980, depois caiu drasticamente – em mais da metade – após o fim da Guerra Fria, em 1991, conforme fez a estimativa do CPA para a porcentagem de Estados em guerra e o número de eventos de conflitos armados. Uma medida mais ampla de "mortes anuais por violência política", que inclui as vítimas de genocídio, limpeza étnica e afins, traz história semelhante, com a taxa de mortalidade global atingindo o pico no início da década de 1970 e, em seguida, diminuindo de forma mais ou menos constante, exceto no pico resultante do genocídio de 1994 em Ruanda.[64] A frequência de revoluções, golpes militares e assassinatos políticos também é menor agora do que no fim do século XX.

No contexto de sua rivalidade nuclear, as superpotências se comportaram de maneiras contraditórias em relação a outras ameaças potenciais. Por um lado, cientistas americanos e soviéticos cooperaram durante a Guerra Fria no desenvolvimento de duas vacinas de enorme sucesso.[65] Albert Sabin, da Universidade de Cincinnati (que nasceu em Białystok, quando ainda fazia parte do Império Russo) se uniu ao virologista soviético Mikhail Chumakov para realizar um teste em grande escala da vacina oral atenuada de Sabin contra a poliomielite, que administraram para 10 milhões de crianças.⁶⁶ A cooperação das superpotências também foi a base essencial para o sucesso da campanha para erradicar a varíola por meio da vacinação em massa, que culminou em 1978.⁶⁷ Essa foi uma das várias iniciativas globais que transcenderam a divisão da Guerra Fria, juntamente com a Convenção Internacional para a Prevenção da Poluição de Navios de 1973, que visava reduzir a poluição dos oceanos do mundo, tornando os petroleiros menos propensos a derramamento, e o Protocolo de Montreal de 1987, que visava proteger a camada de ozônio da estratosfera, restringindo a produção e o uso de clorofluorcarbonetos.⁶⁸

No entanto, ao mesmo tempo, a União Soviética estava envolvida em um programa maciço de pesquisa de armas biológicas, em violação à Convenção de Armas Biológicas que havia assinado em 1972. De acordo com Kenneth Alibek, um ex-cientista soviético que trabalhou na Biopreparat no fim dos anos 1980, os soviéticos desenvolveram cepas resistentes a antibióticos de peste, mormo, tularemia e antraz, incluindo a cepa 836, altamente virulenta. Suas armas biológicas operacionais eram capazes de lançar tularemia, mormo, encefalite equina venezuelana e brucelose cerca de 160 km atrás das linhas inimigas, enquanto suas armas biológicas estratégicas eram projetadas para transportar peste e varíola a alvos nos Estados Unidos. Outros patógenos que estavam sendo desenvolvidos para uso em armas biológicas, de acordo com o testemunho de Alibek, incluíam a febre Q, os vírus de Marburg, ebola e Machupo, febre hemorrágica, febre de lassa e encefalite russa.⁶⁹

ORANDO E ARRISCANDO

Um contraste notável entre 1957 e o presente é que os norte-americanos de hoje parecem ter uma tolerância muito menor ao risco que seus avós e bisavós teriam seis décadas atrás. Como lembrou alguém da época,

> Para quem cresceu nas décadas de 1930 e 1940, não havia nada de incomum em se ver ameaçado por uma doença contagiosa. Caxumba, sarampo, catapora e rubéola varreram escolas e cidades inteiras. Eu tive todas as quatro. A poliomielite tem um grande impacto anual, deixando milhares de pessoas (a maioria crianças) paralisadas ou matando-as... crescer significou enfrentar um desafio inevitável de doenças infecciosas. Para estudantes universitários em 1957, a gripe

asiática era um obstáculo familiar no caminho para a vida adulta... Nós enfrentamos a gripe asiática. Orávamos e arriscávamos.[70]

D. A. Henderson, um jovem médico que foi responsável por estabelecer a unidade de vigilância da gripe do CDC, lembrou-se de que havia "sangue-frio" semelhante na profissão médica:

> No início de outubro, o *The New York Times* relatou que "camas extras estavam sendo preparadas" em um hospital, e no Hospital Bellevue médicos extras foram designados para lidar com a "epidemia respiratória superior" e cirurgias eletivas foram suspensas... No entanto, um médico em Bellevue referiu-se à pandemia como uma "epidemia de jornal" e "o Departamento de Hospitais... [via] como apenas um grande número de casos"...
>
> [Nos jornais] não havia relatos de grandes eventos que foram cancelados ou adiados, exceto jogos de futebol dos colégios e das faculdades, que costumavam ser adiados por conta do número de jogadores contaminados...
>
> De alguém que assistia à pandemia de muito perto... foi um problema transitoriamente perturbador para a população, embora tenha sido um estresse para as escolas e postos de saúde e um tumulto para o calendário do futebol escolar.[71]

Compare essas atitudes estoicas com a hesitação de muitos eleitores em 2020 em acabar com os *lockdowns* e retornar ao trabalho e à normalidade social. De acordo com dados do Gallup do fim de abril de 2020, apenas 21% dos adultos norte-americanos estavam prontos para retornar imediatamente às atividades do dia a dia. Mais de um terço (36%) disse que retornaria às atividades assim que o número de novos casos de coronavírus em seu estado diminuísse significativamente, enquanto 31% disseram que retornariam à vida normal apenas quando não houvesse novos casos em seu estado. Mais de 1 em cada 10 (12%) disse que esperaria a criação de uma vacina.[72] Uma pesquisa no final de setembro mostrou que quase metade dos adultos dos Estados Unidos estavam muito preocupados (10%) ou pouco preocupados (39%) sobre contrair o coronavírus, abaixo dos 59% de um mês antes, e que essas preocupações continuaram a desencorajar as pessoas de ir para escritórios, restaurantes e aeroportos.[73]

Outras mudanças nas atitudes públicas são marcantes. Em 1957, um homem tão inconstante como Maurice Hilleman podia trabalhar com uma visão intransigente e destemida tanto para o governo quanto para uma corporação. Sem dúvida, essas pessoas existem hoje, e talvez, enquanto escrevo, uma delas já esteja perto de encontrar uma vacina para a Covid-19. Mas certamente não é fácil imaginar Hilleman, com sua linguagem forte e as cabeças encolhidas, prosperando na academia dos anos 2020. Por fim, parece plausível que uma sociedade com uma estrutura de vida familiar mais forte, comunitária e eclesial fosse mais bem equipada, "mais rígida" na terminologia de Michele Gelfand,[74] para suportar a angústia do excesso de mortalidade do que uma sociedade que, de tantas maneiras, "desmoronou".[75]

Outro contraste entre 2020 e 1957 é que a competência do governo parece ter diminuído mesmo com a expansão de seu tamanho nas últimas seis décadas. Em novembro de 1957, com certeza, o número total de funcionários federais era pouco menos de 2,3 milhões, em comparação com 2,9 milhões no início de 2020. Nesse sentido, o governo recuou em termos relativos.[76] No entanto, todos os funcionários públicos, incluindo aqueles em governos estaduais e locais, somavam 7,8 milhões em novembro de 1957 e alcançavam cerca de 22 milhões em 2020.[77] Os gastos líquidos federais foram de 16,2% do PIB em 1957, contra 20,8% em 2019.[78] A dívida federal bruta aumentou de 57,4% do PIB em 1957 para 58,1% do PIB em 1958 e diminuiu como proporção do PIB todos os anos daí em diante, até 1974.[79] A dívida federal bruta em 2019 era de 105,8% do PIB e projeta-se que aumente em até 19% do PIB em 2020.[80] Em 1957 não havia Departamento de Saúde e Serviços Humanos, mas um Departamento de Saúde, Educação e Bem-Estar (HEW). O HEW foi criado em 1953 para assumir as responsabilidades da Agência de Segurança Federal, criada em 1939. O Centro de Doenças Transmissíveis, o precursor do atual CDC, foi estabelecido apenas onze anos antes da pandemia de 1957, com a erradicação da malária como seu principal objetivo. Essas instituições relativamente novas parecem ter feito o pouco que era exigido delas em 1957, ou seja, tranquilizar a população de que a desastrosa pandemia de 1918-1919 não se repetiria, ajudando o setor privado a testar, fabricar e distribuir a vacina. Mais uma vez, o contraste com os acontecimentos de 2020 é marcante.

Não devemos, no entanto, subestimar a aversão ao risco dos americanos dos anos 1950, nem exagerar a competência do governo daquela época. Enquanto cortar estavam singularmente otimistas sobre a gripe asiática, os americanos estavam tudo menos otimistas sobre a poliomielite (pólio, para abreviar), uma infecção entérica (intestinal) causada pelo poliovírus, que se espalha pelo contato com resíduos fecais. Em um pequeno número de casos, talvez 1 em 100, o vírus vai além do intestino e invade o tronco cerebral e o sistema nervoso central, destruindo os neurônios motores que estimulam os músculos a se contraírem e causando paralisia irreversível, na maioria das vezes nas pernas. Ainda mais raramente, a poliomielite pode matar quando paralisa os músculos respiratórios.[81] Em parte porque ela privou Franklin Roosevelt de andar, e em parte porque o homem que dirige a Fundação Nacional para a Paralisia Infantil (NFIP), Basil O'Connor, era um organizador muito eficaz, e a poliomielite se tornara uma obsessão nacional a partir do fim dos anos 1930.[82] Empregando as técnicas mais recentes em publicidade e arrecadação de fundos, O'Connor conseguiu transformar uma doença horrível, mas relativamente rara, na aflição mais temida da época, um medo que culminou em 1952, quando os casos relatados de poliomielite atingiram um pico de 37 por 100 mil.[83]

A pandemia de pólio expôs sérias deficiências no sistema de saúde pública americano. Em primeiro lugar, ao rejeitar o apoio ou supervisão do governo por princípio "como um esquema… comunista, não americano", o NFIP deu todo o seu apoio financeiro à vacina de vírus morto de Jonas Salk, que foi projetada para estimular o sistema imunológico a produzir os anticorpos desejados sem criar uma infecção natural. Os resultados dos testes que envolveram 2 milhões de crianças do ensino fundamental em todo o país mostraram que a vacina de Salk era 60% a 70% eficaz contra o vírus da poliomielite tipo 1 e 90% ou mais eficaz contra os vírus tipo 2 e 3.[84] Em abril de 1955, poucas horas após a publicação dos resultados, o Serviço de Saúde Pública aprovou a vacina Salk para produção comercial. Mas a demanda popular pela vacina pegou a secretária de saúde, educação e previdência, Oveta Culp Hobby, de surpresa.[85] O governo Eisenhower simplesmente presumiu que todo o processo permaneceria em mãos privadas, com a vacina indo "do fabricante ao atacadista, do farmacêutico ao médico local".[86] A luta para produzir doses suficientes da vacina levou à distribuição de um lote defeituoso da Cutter Laboratories, em Berkeley, Califórnia. Algumas crianças que receberam a vacina defeituosa contraíram poliomielite e várias desenvolveram paralisia. No final, descobriu-se que a vacina viva de Albert Sabin, administrada por via oral, era superior, embora a de Salk também fosse eficaz.[87] É nesse contexto que a corrida de Maurice Hilleman por uma vacina contra a gripe deve ser entendida. Os eventos de 1957 ocorreram em um contexto bastante distinto: apenas dois anos antes, os perigos de uma abordagem puramente orientada para o mercado e a necessidade de supervisão federal eficaz foram demonstrados de forma conclusiva, levando a um aumento significativo no financiamento e poder para os Institutos Nacionais da Saúde, bem como o CDC.

O governo dos Estados Unidos aprendeu as lições certas com a pandemia de 1957-1958 e de fato com aquela de 1968? É tentador dizer que sim. A preparação para a próxima pandemia da gripe permaneceu em um nível alto durante as décadas subsequentes. De fato, pareceu cair para o excesso de preparação em 1976, quando um surto de gripe A, subtipo H1N1, em Fort Dix, Nova Jersey, causou uma morte e 13 hospitalizados. Temendo o retorno da cepa de gripe de 1918-1919, o diretor do CDC, David Sencer, recomendou a imunização em massa contra o que agora era conhecido como "gripe suína". Persuadido, mas consciente do desastre da Cutter, o presidente Gerald Ford instou o Congresso a aprovar uma legislação que dava aos fabricantes indenização no caso de surgirem problemas com a vacina. O programa, no entanto, teve de ser interrompido em meio a relatos de que alguns receptores da vacina desenvolveram a síndrome de Guillain-Barré, que pode causar paralisia e parada respiratória.[88]

Quando chegaram a Washington os relatórios de um surto de "gripe aviária" do H5N1 na Ásia em 2005, o governo de George W. Bush estava pronto para implementar outra resposta de emergência, com vacinas mais uma vez em sua essência.[89] O próprio Bush foi alertado sobre os perigos de uma pandemia de gripe lendo o artigo de John M. Barry, *The Great Influenza*. O secretário de saúde e serviços humanos, Michael O. Leavitt, disse ao *Los Angeles Times* que, de todas as ameaças para as quais ele teve de se preparar, "a que me mantém acordado à noite é a gripe".[90] Mas a epidemia de 2005 não atingiu os Estados Unidos. Em contraste, o surto de gripe suína em 2009, que se originou no México em fevereiro daquele ano, sim. Às vezes, a administração de Barack Obama é elogiada por sua preparação para enfrentar uma pandemia,[91] mas não foi capaz de fornecer uma vacina contra a cepa de 2009 do H1N1 até o ano seguinte, após duas ondas distintas de infecção, das quais a segunda (no segundo semestre) foi a maior.[92] A única razão pela qual a mortalidade não foi maior do que em uma temporada média de gripe era simplesmente que o vírus não era especialmente letal. As primeiras estimativas da taxa de mortalidade para o vírus foram muito maiores do que cerca de 0,01% a 0,03% que ocorreram, o que ainda foi suficiente para matar 12.469 norte-americanos e hospitalizar 274.304 no espaço de doze meses. O número global de mortos foi de cerca de 300 mil.[93] Mas a gripe suína de 2009 infectou entre 43 e 89 milhões de norte-americanos. Se sua IFR (taxa de letalidade por infecção) fosse dez vezes maior, a mortalidade poderia ter sido proporcionalmente maior. Além disso, a gripe suína matou tanto jovens quanto idosos: a idade média da morte era a metade da média da temporada de gripe de 1970-2001, então mais QALYs (ano de vida ajustado pela qualidade) quase certamente foram perdidos. No início da pandemia da Covid-19, o epidemiologista Larry Brilliant me sugeriu que, para ter uma noção do impacto potencial da nova doença, poderíamos imaginar uma taxa de ataque semelhante à da gripe de 2009, mas com um IFR de 0,1%-0,4%. Essa epidemia teria matado até 183 mil norte-americanos em 2009 e até 385 mil em 2020. O mero fato de que o governo Obama tinha um bom plano de preparação para uma pandemia[94] não nos diz nada sobre como ele teria se saído se a Covid-19 tivesse ocorrido durante seu mandato presidencial. Como veremos, a administração de seu sucessor não careceu de tais planos.

ADEUS, FREDDIE[4*]

Trinta anos depois de "Rockin' Pneumonia and the Boogie Woogie Flu", de Huey "Piano" Smith, outro astro do *rock*, um a mais na liga de Elvis Presley do que na de Huey Smith, encontrou um tipo muito diferente de vírus. Freddie Mercury, o extravagante vocalista bissexual da banda britânica Queen, foi diagnosticado com o vírus da imunodeficiência humana (HIV) em 1987. Ele tinha 41 anos. Quatro anos depois perdeu sua vida.

---

4 * Nas décadas de 1980-1990, os homossexuais, principalmente os masculinos, eram considerados o principal grupo de risco do HIV, principalmente por conta do desconhecimento da doença e das possibilidades de prevenção e tratamento. Hoje em dia, homens que fazem sexo com homens ainda estão no grupo-chave, mas cada vez mais há uma explosão de casos entre os heterossexuais, principalmente pela desinformação e pelo preconceito. Por isso, há pesquisas que já apontam maior incidência de novas infecções entre os heterossexuais, superando a população homossexual em alguns lugares do mundo. (N. T.)

No período entre 1957 e 2020, os Estados Unidos – e o mundo – enfrentaram apenas uma pandemia historicamente significativa, e esta foi a causada pelo HIV e a doença letal a que pode levar à síndrome da imunodeficiência adquirida (aids). A resposta política foi desanimadora: a reação inicial da maioria dos líderes mundiais foi evitar falar sobre o vírus, que era em sua maioria (embora não totalmente) transmitido sexualmente. A resposta da ciência médica não foi mais impressionante, pois fracassou completamente em desenvolver uma vacina eficaz e levou quinze anos para encontrar uma terapia que pudesse evitar que pessoas infectadas pelo HIV desenvolvessem aids. Por falar nisso, nem a resposta do público foi especialmente edificante. Muito depois de compreenderem os riscos associados à disseminação do HIV, as pessoas continuaram a agir de forma a aumentar suas chances de infecção. Como resultado, a aids já matou 32 milhões de pessoas em todo o mundo. No auge da pandemia, em 2005-2006, quinze anos após a morte de Freddie Mercury, quase 2 milhões de pessoas morriam de aids por ano.

O vírus responsável pela grande maioria dos casos de aids, o HIV-1, parece ter cruzado com os chimpanzés da África central na década de 1920 ou antes, provavelmente por causa do comércio e do consumo da "carne de caça". Por décadas, o vírus se espalhou lentamente antes que a transmissão se acelerasse, talvez como resultado da urbanização africana, e se tornasse global na década de 1970.[95] Mas "lentamente" é a palavra-chave. (Em Camarões eles chamam a doença *le poison lent*, o veneno lento.) Comparado com uma pandemia de gripe, o HIV/aids avançou a passos de tartaruga. Por que, então, a resposta nacional e internacional foi tão ineficaz? De acordo com o jornalista Randy Shilts, de San Francisco, que morreu de aids em 1994, foi consequência de uma falha sistêmica: nos Estados Unidos, os órgãos médicos e de saúde pública, os estabelecimentos de pesquisa científica federais e privados, a mídia de massa, e a liderança da comunidade gay falharam em responder da maneira que deveriam.[96]

Em 1981, o *New York Native* (jornal destinado ao público gay) publicou o primeiro artigo sobre gays sendo tratados em unidades de terapia intensiva por causa de uma estranha doença nova. O título era "Rumores da doença grandemente infundados". No início, o sistema médico funcionou. Os primeiros pacientes norte-americanos, a maioria dos quais vivia em São Francisco, Nova York ou Los Angeles, foram diagnosticados com uma de várias doenças incomuns: sarcoma de Kaposi, um câncer raro que nesses pacientes se mostrou incomumente agressivo e fatal. *Pneumocystis* pneumonia *carinii*, uma forma rara de pneumonia, geralmente não fatal. Criptosporidiose, uma doença geralmente encontrada em ovelhas. Citomegalovírus, um vírus do herpes que se espalha rapidamente por pacientes com imunodeficiência grave. Toxoplasmose, doença resultante da infecção pelo *Toxoplasma parasita gondii*, geralmente encontrado em fezes de gato ou carne infectada, e meningite criptocócica. Em 5 de junho de 1981, o *Morbidity and Mortality Weekly Report* [Relatório Semanal de Doenças e Mortalidade] do CDC publicou (na página 2) o primeiro relatório sobre a epidemia, com o título "Pneumonia *Pneumocystis* – Los Angeles".[97] Onze dias depois, no laboratório de hepatite do CDC em Phoenix, o dr. Don Francis sugeriu que uma forma de "leucemia felina", provavelmente causada por um retrovírus que se espalhou por meio do sexo, estava causando deficiências imunológicas em homens gays.[98] Pouco mais de um ano depois, Bruce Evatt identificou que havia risco para hemofílicos de transfusões de sangue que poderiam estar contaminados pelo novo vírus.[99] Em janeiro de 1983, Françoise Barré-Sinoussi, uma jovem pesquisadora do Instituto Pasteur, em Paris, encontrou em um linfonodo biopsiado retirado de um paciente com aids um novo retrovírus tão mortal que matou suas células hospedeiras. Seu chefe, Luc Montagnier, o identificou como um lentivírus, um tipo de vírus frequentemente encontrado em animais.[100]

No entanto, essas valiosas descobertas dos pesquisadores não se traduziram em uma resposta eficaz de política de saúde pública. Foi só em 1983 que o Serviço de Saúde Pública aconselhou "grupos de alto risco... que múltiplos parceiros sexuais aumentam a probabilidade de desenvolver aids" e modificou sua política de doação de sangue.[101] Por quê? Parte da resposta é que o governo de Ronald Reagan fez vista grossa. Se crianças com poliomielite usando aparelhos ortopédicos haviam dominado a imaginação dos Estados Unidos na década de 1950, os gays com uma doença debilitante sexualmente transmissível tiveram o efeito oposto na década de 1980. "Pobres homossexuais – declararam guerra à natureza, e agora ela está exigindo uma retribuição terrível", observou o conservador Pat Buchanan, um conselheiro de Reagan.[102] Reagan não mencionou a aids até 1985. De fato, em 1987, o Congresso proibiu explicitamente o uso de fundos federais para campanhas de prevenção e educação da aids que "[promovessem] ou [encorajassem], direta ou indiretamente, atividades homossexuais", legislação patrocinada pelo senador Jesse Helms.[103] Mas essa não foi a única razão para o fracasso geral da política. Além disso, havia lutas burocráticas entre o CDC, o NIH e o Instituto Nacional do Câncer (NCI),[104] para não falar da tentativa questionável de Robert Gallo, do NCI, de reivindicar o crédito por identificar o vírus que causou a aids.[105] O nome finalmente aceito – vírus da imunodeficiência humana (HIV) – foi um compromisso entre equipes francesas e norte-americanas rivais.[106] Também houve atritos na Organização Mundial da Saúde, onde o diretor-geral, Hiroshi Nakajima, forçou a renúncia de Jonathan Mann como chefe do Programa Global sobre aids.[107] A luta interna continuou até 1990 entre o PGA e o programa da OMS, que era muito menor, sobre doenças sexualmente transmissíveis, para não falar da competição descoordenada por dólares de doadores entre o Banco Mundial, UNICEF, UNESCO, o Fundo de População das Nações Unidas (UNFPA) e o Programa de Desenvolvimento da ONU.[108] A imprensa deu maior cobertura às histórias sobre a síndrome do choque tóxico, a doença do legionário e o Tylenol contaminado. Em 1981 e 1982, *The New York Times* publicou um total de seis histórias sobre a aids. Nenhuma delas apareceu na primeira página.[109]

Também havia divisão dentro da comunidade gay. "[Larry] Kramer está nos dizendo que algo que nós, gays, estamos fazendo (drogas? sexo pervertido?) está causando o sarcoma de Kaposi", reclamou o dramaturgo Robert Chesley, em uma das várias cartas que atacavam Kramer no *New York Native*. "O significado oculto do emocionalismo de Kramer é o triunfo da culpa: que os gays merecem morrer por sua promiscuidade... Algo mais está acontecendo aqui, o que também é sério: homofobia gay e antierotismo."[110] Houve relutância em reconhecer que a vida sexual hiperativa de uma proporção relativamente pequena de gays era responsável por grande parte das infecções. Apenas alguns epidemiologistas e cientistas das redes compreenderam o ponto essencial sobre o HIV/aids: que o papel dos superdimensionadores nas redes sexuais sem escala o tornava bem diferente das pandemias anteriores.[111] Gaëtan Dugas, um comissário de bordo da Air Canada que "estimou que teve aproximadamente 250 parceiros sexuais masculinos diferentes a cada ano de 1979 a 1981", foi um dos primeiros superespalhadores identificados.[112] Dugas era o herdeiro de "Typhoid Mary" Mallon, a cozinheira irlandesa que infectou um número desconhecido de nova-iorquinos com *Salmonella typhi* entre 1900 e 1907 e novamente entre 1910 e 1915, até que ela foi colocada à força em quarentena.[113]

O resultado de tudo isso foi que o número de mortes por HIV/aids aumentou de forma constante – nos Estados Unidos de cerca de 12 mil por ano em 1987 para mais de 40 mil em 1994, época em que heterossexuais e usuários de drogas intravenosas constituíam um parte crescente das vítimas.[114] No entanto, se nos Estados Unidos a aids foi uma tragédia, na África – onde o vírus se espalhava de forma esmagadora por meio do sexo heterossexual – foi uma catástrofe.[115] Mais de um quinto dos residentes adultos de capitais como Kampala e Lusaka eram soropositivos em 1990. Em 1996, a aids era a causa mais comum de morte na África Subsaariana. Em Botswana, África do Sul e Zimbábue, a expectativa de vida ao nascer era superior a 60 anos em 1987. Em 2003, havia caído para 53, 50 e 44, respectivamente. Por que motivo isso aconteceu? Os altos níveis de prostituição e promiscuidade faziam parte da explicação: era por isso que os motoristas de caminhão e os mineiros estavam especialmente em risco. O outro motivo foi a desinformação. Na África francófona, SIDA (sigla em francês para aids) significava *syndrome imaginaire pour décourager les amoureux* (síndrome imaginária para desencorajar os amantes).[116] Na África do Sul, sucessivos presidentes, Thabo Mbeki, que sucedeu a Nelson Mandela como presidente da África do Sul em 1999, e Jacob Zuma, que substituiu Mbeki dez anos depois, negaram publicamente a natureza da ameaça representada pelo vírus, este último se gabando de que um banho pós-coito oferecia proteção suficiente. As coisas pioraram com uma campanha de desinformação soviética, que plantou em um jornal indiano controlado pela KGB a história de que a aids havia sido deliberadamente planejada pelos Estados Unidos e, em seguida, ampliou a mentira com pesquisas falsas de um biofísico aposentado da Alemanha Oriental, Jakob Segal, que foi amplamente citado em jornais de todo o mundo, incluindo o *Sunday Express*.[117] Além do sofrimento humano de milhões de mortes prematuras, as consequências econômicas foram incalculáveis. A aids mata lentamente, enfraquecendo os trabalhadores e diminuindo sua produtividade. Os órfãos que deixa para trás têm piores chances de vida. A África Subsaariana é muito mais pobre hoje do que seria sem aids.

A lição do HIV/aids não é exatamente que ele "mudou tudo" – título de um livro comemorativo do UNAIDS publicado cinco anos atrás.[118] A característica mais marcante da história da pandemia da aids é que o comportamento mudou apenas parcialmente após o reconhecimento de uma doença nova e mortal propagada pelo sexo e pelo compartilhamento de seringas. Um relatório norte-americano anterior observou "alterações rápidas, profundas, mas... incompletas no comportamento de homens homossexuais/bissexuais e usuários de drogas intravenosas", bem como "considerável instabilidade ou reincidência".[119] Em 1998, apenas 19% de todos os adultos norte-americanos relataram alguma mudança em sua conduta sexual em resposta à ameaça da aids.[120] O advento, em 1996, da terapia antirretroviral combinada (TARV ou TARVC), o uso de um coquetel de medicamentos supressores do HIV para evitar que os portadores do vírus sucumbissem à aids, diminuiu um pouco o fator medo. Mesmo assim, seria de se esperar que o medo persistisse um pouco mais, especialmente considerando que a TARV custava no início US$ 10 mil por ano. Um artigo de 2017 mostrou que menos da metade dos homens do grupo de risco usaram preservativo na última vez que fizeram sexo.[121] De acordo com um estudo britânico recente, campanhas contínuas de educação pública e individual são necessárias para desencorajar os gays de fazerem sexo sem preservativos.[122] Enquanto isso, na África, a abordagem "ABC" (sigla em inglês para abster-se, ser fiel e usar preservativos) teve somente um sucesso limitado. Entre 2000 e 2015, de acordo com a ONU, "na África oriental e austral... o uso de preservativos aumentou de 21,1% para 22,2% entre os meninos e 21,6% para 32,5% entre as meninas".[123] Isso dificilmente constitui uma vitória, embora haja algumas evidências mais encorajadoras de que os jovens africanos estão atrasando o sexo e se afastando de práticas tradicionais, como o ritual de "limpeza" de uma viúva através do sexo com um parente do marido falecido.[124]

Na ausência de uma vacina eficaz, e com as terapias inicialmente indisponíveis e depois caras, a contenção de uma pandemia depende totalmente da mudança de comportamento. No caso de uma doença sexualmente transmissível, é quase impossível para as autoridades de saúde pública fazerem cumprir: o melhor que podem fazer é informar as pessoas e esperar que elas ouçam. Sem dúvida, houve mudanças no comportamento sexual nos últimos trinta anos. De acordo com os psicólogos Brooke Wells e Jean Twenge, a geração Y tem menos parceiros sexuais, em média, do que as gerações anteriores.[125] Outro estudo dos Estados Unidos concluiu que "a promiscuidade atingiu seu pico moderno para os homens nascidos na década de 1950".[126] O uso de preservativos também parece ter aumentado.[127] Uma análise de 2020 das respostas à Pesquisa Social Geral entre 2000 e 2018 revelou taxas mais altas de inatividade sexual entre a coorte mais recente de 20 a 24 anos do que entre seus predecessores nascidos nas décadas de 1970 e 1980. Entre 2000-2002 e 2016-2018, a proporção de homens de 18 a 24 anos que relataram não ter tido nenhuma atividade sexual no último ano aumentou de 19% para 31%. A inatividade sexual também aumentou entre as pessoas de 25 a 34 anos, e houve declínios na proporção de relatos de frequência sexual semanal ou maior.

Esses declínios, no entanto, foram mais pronunciados entre estudantes e homens com renda mais baixa, que trabalham meio-período ou estão desempregados, sugerindo que o declínio da atividade sexual é um fenômeno determinado economicamente. Outras explicações possíveis para o declínio incluem o "estresse e ocupação da vida moderna", a oferta de "entretenimento on-line que pode competir com a atividade sexual", taxas elevadas de depressão e ansiedade entre jovens adultos, o efeito prejudicial dos smartphones no mundo real, as interações humanas e a falta de apelo às mulheres para "ficar" com alguém.[128] A versão mais recente da Pesquisa Nacional de Atitudes Sexuais e Estilos de Vida do Reino Unido revelou um declínio acentuado semelhante na frequência do sexo na Grã-Bretanha; mas mais uma vez isso teve pouco ou nada a ver com HIV/aids.[129] O retorno do espírito "Sem sexo, por favor, somos britânicos" afeta principalmente casais casados ou que coabitam e, de acordo com uma análise cuidadosa em *The BMJ* – isso provavelmente se deve à "introdução do iPhone em 2007 e à recessão global de 2008".[130] Surpreendentemente, não há nenhum sinal na Pesquisa Social Geral dos Estados Unidos mais recente de um declínio no sexo entre homens e mulheres que se identificam como gays, lésbicas ou bissexuais, que eram mais propensos do que os heterossexuais a relatar três ou mais parceiros sexuais. Mais de dois quintos dos homens americanos gays ou bissexuais disseram que fizeram sexo semanalmente ou com mais frequência no ano anterior. Mais de um terço disse ter tido três ou mais parceiros sexuais.[131]

Enquanto isso, talvez não surpreendentemente à luz desses dados, o HIV continua vivo. Em 2018, 37.968 americanos receberam o diagnóstico de HIV, 69% deles gays ou bissexuais do sexo masculino, mantendo o número total de soropositivos acima de 1 milhão, pouco mais da metade dos quais tem "carga viral suprimida" por meio do TARV.[132] Mas o HIV foi responsável por apenas uma fração dos quase 2,5 milhões de novos casos de doenças sexualmente transmissíveis, pelo quinto ano consecutivo. A clamídia liderou (quase 1,8 milhão de casos), seguida por gonorreia (mais de 580 mil) e sífilis (115 mil). Homens gays e bissexuais foram responsáveis por mais da metade de todos os casos de sífilis.[133] Nada poderia ilustrar melhor a extrema dificuldade de alterar o comportamento humano, mesmo em face de patógenos perigosos, se não mais mortais. Na época da Covid-19, aqueles que esperavam que as máscaras faciais seriam "os novos preservativos" não conseguiram entender que aquela era uma analogia desanimadora.[134] Se o Sars-CoV-2 é para a vida social o que o HIV foi para a vida sexual, muito mais pessoas ficarão doentes nos meses após a conclusão deste livro.

REES X PINKER

Outra pandemia em algum ponto dos primeiros vinte anos do século XXI não era difícil de prever. Em 2002, o astrofísico de Cambridge Martin Rees apostou publicamente que "até 2020, o bioterror (bioterrorismo) ou bioerro levará a um milhão de vítimas[5*] em um único evento".[135] O psicólogo de Harvard Steven Pinker assumiu o outro lado da aposta,[136] argumentando que "avanços substanciais tornaram a humanidade mais resistente às ameaças naturais e humanas: surtos de doenças não se transformam em pandemias". Como Pinker argumentou,

> os avanços na biologia... tornam mais fácil para os mocinhos (e há muitos mais deles) identificar patógenos, inventar antibióticos que superem a resistência aos antibióticos e desenvolver vacinas rapidamente. Um exemplo é a vacina do ebola, desenvolvida nos últimos dias da emergência de 2014-2015, depois que os esforços de saúde pública limitaram o número de mortes em 12 mil mortes, em vez dos milhões que a mídia havia previsto. O ebola se juntou a uma lista de outras pandemias falsamente previstas, como febre de lassa, hantavírus, Sars, doença da vaca louca, gripe aviária e gripe suína. Alguns deles nunca tiveram o potencial de se tornar pandêmico em primeiro lugar... outros foram prejudicados por intervenções médicas e de saúde pública... Os hábitos jornalísticos e os preconceitos de disponibilidade

---

5 * Dado que a aposta definia "vítimas" como "vítimas que requerem hospitalização", Rees ganhou a aposta antes mesmo de o número global de mortos ultrapassar 1 milhão em setembro de 2020. Infelizmente, para ele, a aposta era de miseráveis US$ 400.

e negatividade aumentam as chances [de uma pandemia], por isso apoiei o Sir Martin em sua aposta.[137]

Pinker estava implicitamente subscrevendo a teoria da transição epidemiológica, a crença de que os avanços na ciência médica haviam conquistado em grande parte as doenças infecciosas, deixando as condições crônicas como câncer e doenças cardíacas como os principais obstáculos para uma expectativa de vida mais longa. No entanto, no momento da aposta (em 2017), Rees viu-se em excelente companhia. Entre aqueles que também previram corretamente uma pandemia estavam Laurie Garrett (2005),[138] George W. Bush (2005),[139] Bill Frist (em Bohemian Grove Lakeside Talk), Michael Osterholm (2005),[140] Larry Brilliant (2006),[141] Ian Goldin (2014),[142] Bill Gates (2015),[143] Robert G. Webster (2018),[144] Ed Yong (2018),[145] Thoughty2 (2019),[146] Lawrence Wright (2019),[147] e Peter Frankopan (2019).[148] Se existe um rinoceronte cinza, ele é a Covid-19.

Por que motivo isso aconteceu? Em primeiro lugar, como vimos, o otimismo da geração de pioneiros da vacina de Maurice Hillman afundou nas rochas não só do HIV/aids, mas também da tuberculose e da malária, para as quais ainda não haviam sido encontradas vacinas eficazes.[149] Em segundo lugar, as doenças infecciosas que se pensava terem sido eliminadas voltaram, notadamente difteria, peste e cólera, que tiveram um impacto devastador no Iêmen devastado pela guerra em 2016-2017. *Streptococcus pyogenes*, que causou pandemias fatais de escarlatina e febre puerperal no século XIX, havia ressurgido para causar novas condições, como a síndrome do choque tóxico estreptocócico, febre reumática e fasceíte necrotizante. Doenças infecciosas zoonóticas como a varíola dos macacos, doença de Lyme, encefalite transmitida por carrapatos, dengue e vírus do Nilo Ocidental também estavam se tornando mais comuns.[150] Mais de três quintos das doenças infecciosas emergentes eram conhecidas por serem causadas por patógenos zoonóticos, dos quais 70% se originavam em animais selvagens em vez de domésticos, indicando que o contato humano com a vida selvagem estava aumentando como resultado do assentamento de terras marginais e da persistência no leste Ásia dos mercados "úmidos" para animais selvagens vivos.[151] Terceiro, o rápido crescimento contínuo das viagens aéreas internacionais representou um aumento no risco de contágio igual a, e muito possivelmente maior do que, quaisquer avanços simultâneos na ciência médica.[152] Nas palavras do virologista Stephen Morse, a humanidade mudou as regras do "tráfico viral". Isso, como disse Joshua Lederberg, estava tornando nossa espécie "intrinsecamente mais vulnerável do que antes".[153] Quarto, a mudança climática estava criando locais de caça para doenças, notadamente malária e infecções diarreicas, antes confinadas às regiões tropicais.[154]

Era fácil prever uma pandemia quando elas continuam estando perto de acontecer. Antes de 2003, os coronavírus eram conhecidos, mas não eram especialmente prejudiciais. HKU1, NL63, OC43 e 229E foram todos associados a sintomas leves. Então, começando em um mercado de alimentos em Shenzhen, no final de 2002, veio o Sars (Sars-CoV).[155] É verdade que não houve uma pandemia de Sars. Ao todo, foram apenas 8.098 casos notificados e 774 mortes. Mas o aparecimento da Sars revelou seis coisas preocupantes. Primeiro, o novo coronavírus era mortal, com uma taxa de letalidade (CFR) de pouco menos de 10%. Em segundo lugar, esse era um vírus especialmente mortal para pessoas mais velhas: o CFR para pacientes com mais de 64 anos era de 52%.[156] (Como parece não ter havido casos de assintomáticos, o CFR para Sars foi essencialmente o mesmo que a taxa de mortalidade por infecção.) Terceiro, a maioria das infecções era nosocomial, ou seja, ocorria em hospitais, sugerindo que o tratamento dos enfermos, a menos que administrado com muito cuidado, poderia acabar disseminando sua doença. Quarto, ainda mais do que a aids, a Sars tinha um fator de dispersão baixo, o que significa que uma alta proporção de infecções poderia ser atribuída a alguns superespalhadores. Um médico da província de Guangdong, no sul da China, que se hospedou no Hotel Metropole em Hong Kong em 21 de fevereiro de 2003, infectou direta ou indiretamente metade de todos os casos documentados. Nada menos que 144 dos 206 pacientes com Sars diagnosticados em Cingapura (70%) foram rastreados até uma cadeia de cinco indivíduos que incluía quatro superespalhadores.[157] Jamie Lloyd-Smith e coautores explicitaram o significado disso em um artigo seminal na revista *Nature*. Um vírus como o Sars-CoV, com um baixo fator de dispersão (k), o que significa que uma grande parte da transmissão vem de um pequeno número de pessoas, provavelmente produziria menos surtos, mas mais explosivos do que um com um baixo k. O k de Sars foi de 0,16 em comparação com 1,0 para a gripe espanhola de 1918. Isso tornou uma epidemia de Sars menos provável de começar do que uma epidemia de gripe, mas capaz de crescer explosivamente com eventos de superespalhamento suficientes.[158]

Isso significava que os modelos epidemiológicos, considerando uma população homogênea e um único número de reprodução (R0), provavelmente errariam a trajetória de uma pandemia de coronavírus.

A quinta característica preocupante do surto de Sars foi a resposta internacional.[159] A própria OMS teve um bom desempenho na crise, sob a liderança forte de Gro Harlem Brundtland, a ex-primeira-ministra norueguesa. A Rede Global de Alerta e Resposta a Surtos de Michael Ryan (GOARN) foi impressionantemente rápida, e Brundtland aprovou um alerta global antecipado. O virologista alemão Klaus Stöhr fez um trabalho eficaz de coordenação da pesquisa internacional, evitando a competição mesquinha que atrapalhava a pesquisa do HIV. Talvez o único erro da OMS tenha sido nomear o novo vírus "síndrome respiratória aguda grave", esquecendo que a sigla Sars é apenas uma letra diferente de SAR, o que denota o *status* oficial de Hong Kong como uma "região administrativa especial" (em inglês, Special Administrative Region) da República Popular da China.[160] No entanto, o verdadeiro problema era a extrema dificuldade da OMS em obter informações rápidas e francas de Pequim. Em 9 de abril de 2003, Brundtland disse à imprensa que "teria sido melhor se o governo chinês tivesse sido mais aberto nos estágios iniciais, de novembro a março". Isso teve o efeito desejado, levando à substituição do ministro da saúde chinês Zhang Wenkang e notavelmente a um comportamento mais cooperativo por parte da liderança chinesa, permitindo que pesquisadores ocidentais e chineses colaborassem no rastreamento do vírus até uma espécie de morcego-ferradura.[161] Em sexto e último lugar, o surto de Sars revelou os altos custos econômicos de tal surto para os países afetados.[162] O custo para a região do Leste Asiático ficou entre US$ 20 e US$ 60 bilhões, já que o medo da Sars causou quedas drásticas no número de visitantes estrangeiros e nas vendas do varejo. Se um pequeno surto podia custar tanto, concluiu um estudo de 2005, uma pandemia que afetasse 25% da população mundial poderia levar a perdas de até 30% do PIB mundial.[163]

A ameaça representada por um novo coronavírus foi sublinhada em 2012 com o aparecimento da síndrome respiratória do Oriente Médio (Mers) na Arábia Saudita, Jordânia e Coreia do Sul. Mais uma vez, era um novo vírus zoonótico, dessa vez originado em camelos dromedários. Mais uma vez, foi um surto contido, com 2.494 casos notificados e 858 mortes em 27 países. Mais uma vez, a taxa de letalidade foi alta: cerca de 34%. Novamente, a maioria das infecções foi nosocomial. E, outra vez, o fator de dispersão foi baixo, em torno de 0,25. Na Coreia do Sul, 166 de 186 casos não levaram a nenhum caso secundário, mas cinco superespalhadores foram responsáveis por um total de 154 casos secundários. O caso índice (paciente zero) transmitiu o vírus Mers a 28 pessoas, 3 das quais se tornaram superespalhadores, infectando 84, 23 e 7 pessoas, respectivamente.[164]

Tanto a Sars quanto a Mers eram doenças mortais e prontamente detectáveis. No caso da Sars, o período de incubação foi de dois a sete dias, e o intervalo entre o início dos sintomas e a infectividade máxima foi de cinco a sete dias.[165] Foi por isso que os surtos foram contidos. O mesmo aconteceu com uma doença muito diferente que chamou a atenção do mundo em 2014. O ebola faz parte de um grupo de febres hemorrágicas virais (as outras são a doença do vírus de Marburg, a febre de lassa e o hantavírus) que há muito representam um perigo para as populações da África Ocidental. O vírus do ebola causa rupturas em pequenos vasos sanguíneos por todo o corpo, levando a sangramento interno na cavidade pleural, ao redor dos pulmões e na cavidade pericárdica, ao redor do coração, bem como sangramento externo de orifícios e através da pele. A perda de sangue resulta em coma e morte: as vítimas parecem "dissolver-se em suas camas".[166] Todos esses vírus requerem um reservatório animal, porque são tão rapidamente fatais que morrem nas populações humanas: no caso do ebola, o IFR é de 80 a 90%. Práticas culturais de longa data, como o consumo de carne de caça e a lavagem de corpos em rituais funerários, tornam os surtos relativamente comuns. Entre 1976 e 2012, segundo a OMS, ocorreram 24 surtos de ebola, 2.387 casos e 1.590 mortes. O maior surto de ebola dos tempos modernos começou na remota vila guineense de Meliandou, em dezembro de 2013, quando uma criança chamada Emile Ouamouno adoeceu após brincar com morcegos conhecidos localmente como *lolibelo* (provavelmente morcegos-de-cauda livre angolanos). Emile morreu em 26 de dezembro. Sua avó morreu dois dias depois. A doença espalhou-se rapidamente de sua aldeia para Foya, no norte da Libéria, e Conakry, capital da Guiné. O quebra-cabeça em 2014 era por que a OMS, que foi tão eficaz contra a Sars, administrou tão mal a crise.

Parte do motivo foram os cortes no orçamento que se seguiram à crise financeira de 2008-2009, que levou à demissão de 130 funcionários do GOARN. Mas também havia erros básicos de julgamento.[167] O porta-voz da OMS, Gregory Hartl, tuitou em 23 de março: "Nunca houve um surto de ebola maior do que algumas centenas de casos". Dois dias depois, ele insistiu que "o ebola sempre foi um evento localizado".[168] Em abril, a OMS referiu-se repetidamente ao surto como "em melhora", uma visão endossada pelo CDC norte-americano. Na verdade, em junho a situação estava "fora de controle", de acordo com os Médicos Sem Fronteiras.[169] Hans Rosling, o eminente estatístico do Instituto Karolinska da Suécia e membro do painel de especialistas da OMS, argumentou contra o desvio de recursos das campanhas antimalária por causa de um "pequeno problema" como o ebola.[170] Somente em 8 de agosto, a OMS declarou uma "emergência de saúde pública de interesse internacional", quando Guiné, Libéria e Serra Leoa estavam entrando no caos, com ataques esporádicos a profissionais de saúde por pessoas temerosas. Esse foi o momento em que o CDC divulgou sua previsão de um crescimento exponencial para mais de 1 milhão de casos de ebola até fevereiro de 2015 se não houvesse uma grande intervenção internacional.[171] Na realidade, até o momento da declaração de emergência, em 29 de março de 2016, já haviam ocorrido 28.646 casos e 11.323 mortes. Essa mudança da complacência para o pânico é uma que encontraremos novamente.

Mais de meio século separa a gripe asiática de 1957-1958 da epidemia de ebola de 2014-2016. A capacidade dos músicos de encontrar inspiração até mesmo em agentes patogênicos contagiosos, no entanto, parece ser uma constante humana. No verão de 2014, os músicos liberianos Samuel "Shadow" Morgan e Edwin "D-12" Tweh gravaram uma música inspirada no ebola que se espalhou rapidamente (nenhum jornalista resistiu em dizer que se tornou viral) de Monróvia para o resto do país:[172]

O ebola, o ebola chegou
Não toque no seu amigo!
Não toque
Não coma nada
É perigoso!

"Ebola in Town" inspirou uma dança em que os dançarinos imitavam beijos e abraços à distância. Qualquer pessoa que a ouvisse em 2014 – exceto talvez Steven Pinker – concluiria que o mundo havia avançado muito menos do que parecia possível no ano do Sputnik.

8

A GEOMETRIA FRACTAL DO DESASTRE

Puisque de ma prison elle s'était évadée pour aller se tuer sur un cheval que sans moi elle n'eût pas possédé... [Uma vez que ela fugiu da minha prisão, para ir matar-se em um cavalo que, se não fosse por mim, ela não teria possuído...]

— Proust, *A fugitiva*

CATÁSTROFES ACIDENTAIS

Existe uma geometria fractal para o desastre. Assim como um cristal de neve, em ampliações crescentes, revela consistir em várias versões menores de si mesmo, também, aninhado em um evento gigante como o colapso de um império estão vários desastres menores, mas semelhantes, cada um, em cada escala, a um microcosmo do todo. Até agora, este livro se preocupou principalmente com grandes desastres de todo tipo, para buscar suas características comuns. No entanto, também podemos aprender com as calamidades menores, em que muitas pessoas não morrem, dezenas ou centenas em vez de milhares ou milhões, porque, como as famílias felizes de Tolstói, todos os desastres são fundamentalmente semelhantes, mesmo que (ao contrário das famílias) variem muito em seus magnitude.

Acidentes acontecerão. Um erro banal pode ter terríveis consequências. Desde que começamos a construir grandes estruturas de madeira ou outros materiais inflamáveis, ocorreram incêndios acidentais, desde o Grande Incêndio de Londres (1666) até o da Torre Grenfell (2017). Desde que começamos a cavar sob a superfície da terra em busca de ouro, prata, chumbo ou carvão, ocorreram desastres de mineração. Os piores foram o desastre da mina Courrières, que matou mais de mil mineiros de carvão franceses em 1906, e a explosão na mina de carvão Benxihu (Honkeiko), que ceifou a vida de 1.500 mineiros, em sua maioria chineses, na Manchúria controlada pelos japoneses em 1942. E desde que começamos a fabricar explosivos e produtos químicos tóxicos, ocorreram explosões e vazamentos, desde a explosão da pólvora de Wanggongchang, em Pequim (1626), até o desastre da Union Carbide em Bhopal (1984). Os navios estão afundando desde que os homens começaram a navegar. Parece improvável que o mundo se esqueça do naufrágio do *Titanic* em 1912, que custou a vida de 1.504 passageiros e tripulantes. Mas quem se lembra dos naufrágios comparativamente letais ou ainda piores do *Sultana*, no rio Mississippi em 1865, no qual mais de mil passageiros morreram afogados. O *SS Kiangya* (navio a vapor chinês), ao largo de Xangai em 1948, que teve entre 2.750 e 3.920 pessoas mortas ou o MV *Doña Paz* (navio filipino), que naufragou na ilha filipina de Marinduque em 1987, ceifando mais de 4 mil vidas?

A cada avanço tecnológico, a escala potencial de um desastre individual aumenta. Trens colidem. Aviões caem. Naves espaciais explodem. E as usinas nucleares, como vimos, criaram um risco novo e potencialmente catastrófico desde a década de 1950. Em uma sociedade com mercados financeiros, estado de direito, governo representativo, burocracia competente e imprensa livre, a tendência é que o transporte e a geração de energia se tornem mais seguros com o tempo. Seguros, ações judiciais, inquéritos públicos, regulamentos e relatórios investigativos, essas são as pressões institucionais sobre os operadores públicos e privados que incentivam procedimentos de segurança eficazes. Com o tempo, as coisas geralmente ficam mais seguras. Entre meados da década de 1950 e da década de 1970, com o *boom* das viagens comerciais, o número de pessoas que morriam a cada ano em acidentes com aviões aumentou de cerca de 750 para quase 2 mil, mas a média de cinco anos caiu para cerca de 1.250 nas décadas de 1980 e 1990 e para menos de 500 em 2016.[1] Em relação ao volume total de viagens aéreas, a melhoria desde 1977 tem sido sustentada e impressionante, de mais de quatro acidentes por milhão de voos para 0,3 em 2017.[2]

Mesmo assim, os acidentes continuarão acontecendo e, quanto menos frequentes se tornarem, mais inclinados estaremos a atribuí-los a circunstâncias extraordinárias. A popularidade do livro de Sebastian Junger *A tempestade perfeita* ilustra bem isso: desde sua publicação, poucas frases foram usadas com mais frequência do que seu título para explicar desastres de todos os tipos.[3] O destino da tripulação do *Andrea Gail* foi realmente trágico. O barco de pesca de 22 pés de Gloucester, Massachusetts, afundou enquanto pescava peixe-espada a cerca de 162 milhas a leste da Ilha Sable no *nor'easter*, que explodiu entre 28 de outubro e 4 de novembro de 1991. Mas foram Frank W. "Billy" Tyne Jr. e sua tripulação as infelizes vítimas de uma tempestade perfeita ou a tripulação foi vítima do mau julgamento de Tyne? Bob Case, que era o vice-meteorologista do escritório de previsão do Serviço Meteorológico Nacional de Boston na época, disse a Junger que um sistema de alta pressão, originado no norte do Canadá, trazia uma grande massa de ar frio, cuja frente chegou à costa da Nova Inglaterra em 27 de outubro. O ar frio atrás dessa frente e o ar quente adiante causaram um forte contraste de temperatura em uma área relativamente pequena. O resultado foi um "ciclone extratropical", conhecido na Nova Inglaterra como *nor'easter* por causa da direção de onde vem o vento quando atinge Massachusetts. Além disso, havia umidade anormal no ar, devido à recente passagem do furacão Grace. De acordo com Junger, a tempestade criou ondas com mais de 30 metros de altura. No entanto, essa tempestade não foi, de forma alguma, a maior tempestade da história recente. Houve tempo pior no mar durante a tempestade do dia de Colombo de 1962 e a "supertempestade" de 1993.[4] Boias meteorológicas nas proximidades da última localização conhecida do *Andrea Gail's* registraram alturas de pico de ondas de pouco mais de 18 metros – grandes, mas não sem precedentes. A perda do *Andrea Gail* certamente deveu-se mais ao erro de Tyne em arriscar estar no mar em tais condições. Como os furacões na Flórida, os *nor'easters* na Nova Inglaterra não são, de forma alguma, cisnes negros. Todos os anos há grandes tempestades e, geralmente, os pescadores reagem às previsões adversas não navegando.

O psicólogo James Reason definiu dois tipos de erro: ativos e latentes. Erros ativos são cometidos por pessoas "em contato direto com a interface homem-sistema" e são frequentemente chamados de erros humanos. Os indivíduos que cometem esses erros são aqueles na "ponta afiada" – na ponte de comando, no caso do *Andrea Gail*.[5] Erros ativos podem ser subdivididos em três categorias de comportamento: baseado em habilidades, em regras e em conhecimento.[6] Em contraste, os erros latentes são as "consequências atrasadas de ações e decisões técnicas e organizacionais – como realocar recursos, alterar o escopo de uma posição ou ajustar a equipe. Os indivíduos que cometem esses erros estão na 'ponta cega'", por exemplo, os proprietários ou administradores de uma embarcação, em terra.[7] Porque o *Titanic* é um desastre tão famoso, podemos responder à questão de que tipo de erro levou ao seu naufrágio e às pesadas perdas daqueles a bordo. A resposta é: dos dois tipos.

O NAUFRÁGIO DO *TITANIC*

O *iceberg* do *Titanic* golpeado em 15 de abril de 1912 não foi o culpado. Tinha todo o direito de estar onde estava naquela época do ano. Nem havia neblina nas proximidades: era uma noite clara, mas sem lua. O capitão Edward Smith era um marinheiro experiente, mas seu histórico não era imaculado. Ele estava no comando do *Olympic,* navio irmão do *Titanic,* quando ele colidiu com um navio de guerra britânico, *HMS Hawke,* apenas sete meses antes. Quando Smith foi informado de um campo de gelo à frente, ele não reduziu sua velocidade. (Muitas vezes é alegado que Smith estava sob pressão da empresa proprietária do *Titanic,* a White Star Line, para estabelecer um novo recorde de tempo para a viagem até Nova York, mas isso não é verdade: a velocidade máxima do *Titanic* a todo vapor foi menor do que a velocidade recorde de 23,7 nós estabelecida pelo *Mauretania* de Cunard, em 1907, e a velocidade média do *Titanic* no tempo anterior à colisão era de apenas 18 nós.) O oficial de comunicações do navio, Jack Phillips, também teve uma parte da culpa pelo desastre. Ele supostamente deu mais importância ao envio de mensagens pessoais de passageiros ricos como Madeleine Astor do que aos avisos sobre *icebergs*. O vigia, Fred Fleet, avistou o *iceberg* à frente a 500 metros, mas, se estivesse usando binóculos, que não conseguiu localizar, o teria visto quando estava a mil metros de distância. O primeiro oficial, William Murdoch, que estava no comando do navio no momento crucial, teve no máximo trinta e sete segundos (mais provavelmente a metade disso) antes da colisão.[8] Ao ouvir o grito de "*Iceberg,* à frente" – ou ao vê-lo – ele deu ao timoneiro a ordem "Forte a estibordo" e à casa das máquinas a ordem de parar os motores. Essa não foi uma resposta incorreta, mas pode ter tido a consequência indesejada de expor o lado estibordo do *Titanic* por mais tempo até o *iceberg* do que se Murdoch tivesse mantido a velocidade total e tentado contorná-lo ou simplesmente bater de frente. Esses foram os erros ativos que causaram a colisão do *Titanic* com o *iceberg*. Se um punhado de homens tivesse se comportado de outra forma, talvez não nos importássemos mais com o *Titanic* do que com seu irmão *Olympic* há muito esquecido. Mas por que, após a colisão, o *Titanic* afundou tão rápido? E por que tantas vidas foram perdidas: dois terços de todas as pessoas a bordo? Dois erros latentes fornecem a resposta.

Primeiro, todos os três navios da classe *Olympic* apresentavam 15 compartimentos de anteparo estanques equipados com portas elétricas estanques que podiam ser operadas individualmente ou simultaneamente por um interruptor na ponte. Se o navio estivesse perfurado, a tripulação na ponte poderia simplesmente fechar as portas eletronicamente, mantendo a água confinada ao compartimento danificado. Foi esse sistema que inspirou a revista *The Shipbuilder (O construtor naval)* a considerar o *Titanic* "praticamente inafundável".[9] No entanto, embora as anteparas individuais fossem estanques, as paredes que as separavam se estendiam apenas alguns pés acima da linha da água, de modo que a água poderia fluir de um compartimento para outro se o navio começasse a inclinar-se para a frente.[10] O arquiteto marinho responsável, Thomas Andrews, estava a bordo quando o navio atingiu o *iceberg*. Assim que avaliou os danos com o capitão Smith, percebeu o erro que havia cometido e previu que o navio afundaria em uma hora e meia.[11] Na verdade, o *Titanic* não afundou até 2h20, tendo atingido o *iceberg* às 23h40 – uma submersão relativamente lenta em comparação com a de seu navio irmão, *The Britannic*, que desapareceria sob as ondas apenas cinquenta e cinco minutos depois de atingir uma mina alemã no Egeu em 1916.

Smith, Philips, Murdoch e Andrews afundaram com o *Titanic*. Entretanto, alega-se que muito mais pessoas poderiam ter sido salvas se houvesse botes salva-vidas suficientes. Na verdade, eram apenas 16, mais 4 barcos "dobráveis", o suficiente para transportar 1.178 pessoas, quase metade do número de passageiros e tripulantes a bordo. Em parte, isso se devia a uma regulamentação atrasada, já que os requisitos dos botes salva-vidas do Board of Trade (Comitê do Conselho Privado do Reino Unido) eram, na época, baseados na tonelagem do navio, e não no número de pessoas a bordo. Estava em estudo uma alteração do regulamento, mas foi contestada pelos proprietários do navio com base nos custos. Supondo que eles perderiam esse argumento, os projetistas do *Titanic* forneceram gavietes duplos para acomodar os botes salva-vidas extras. No entanto, o presidente e diretor administrativo da White Star, J. Bruce Ismay, optou por não adicionar os botes salva-vidas extras, pois teriam reduzido o espaço no convés de passeio dos passageiros da primeira classe. Ismay, que também estava a bordo, sobreviveu ao desastre, mas foi insultado como covarde pela imprensa e passou grande parte do resto de sua vida recluso em Cottesloe Lodge, a casa de campo isolada com vista para o Atlântico que Edwin Lutyens projetou para ele no condado de Galway, Irlanda. Como a neta de Ismay mais tarde lembrou: "Tendo tido a infelicidade (pode-se dizer o erro de julgamento) de sobreviver – um fato que ele reconheceu desesperadamente dentro de horas –, retirou-se em um silêncio no qual sua esposa se tornou cúmplice – impondo-o ao círculo familiar e, assim, garantindo que o assunto do *Titanic* fosse efetivamente congelado como os corpos recuperados do mar".[12]

No entanto, um anônimo "oficial em um navio de passageiros da Atlantic" saiu em defesa de Ismay em 1913, rejeitando desdenhosamente o argumento para mais barcos. Mais botes salva-vidas, especialmente se fossem de qualidade inferior, como jangadas ou dobráveis, não teriam ajudado muito. Em primeiro lugar, sem espaço adequado para lançá-los, barcos extras podem simplesmente ter retardado a evacuação. Em segundo lugar, as tripulações dos navios de passageiros não eram bem treinadas no lançamento de botes salva-vidas, nem em como mantê-los flutuando. Terceiro, em qualquer caso, os botes salva-vidas lotados eram "indefesos em qualquer situação que não fosse um ambiente calmo, se carregados de acordo com a lei". Dada a natureza do *Titanic* – um palácio flutuante, comercialmente viável apenas por causa do luxo que oferecia aos passageiros, com uma tripulação em grande parte inexperiente e um pequeno número de oficiais "certificados" –, teria sido "trabalho de gigantes salvar mais de 700 vidas".[13] Em comparação com outros 18 navios que afundaram com grande perda de vidas entre 1852 e 2011, o *Titanic* foi excepcional porque mulheres e crianças tiveram taxas de sobrevivência significativamente mais altas do que tripulantes e passageiros do sexo masculino.[14] Essa foi uma das raras ocasiões em que a regra de "mulheres e crianças primeiro" foi realmente observada.

A maioria dos desastres de transporte tem os mesmos elementos: clima adverso e erros ativos e latentes. Comparado com o *Titanic*, muito menos vidas foram perdidas quando o dirigível de passageiros alemão de 800 pés *Hindenburg* pegou fogo em Lakehurst, New Jersey, em 6 de maio de 1937, pois havia apenas 36 passageiros e 61 tripulantes a bordo. E, comparado com o *Titanic*, o clima, sem dúvida, desempenhou um papel maior no desastre de *Hindenburg*. Fortes ventos contrários retardaram a passagem do dirigível pelo Atlântico. Enquanto o *Hindenburg* se aproximava de Lakehurst, havia um raio visível. O incêndio fatal foi causado quando uma faísca de eletricidade estática acendeu o hidrogênio que vazou de uma das células de gás traseiras, que pode ter sido rasgada por um pedaço de fiação danificado. (Cada célula de gás era feita de um filme plástico imprensado entre duas camadas de algodão grosso, de modo que seria necessária uma força considerável para romper uma.) A aeronave estava a cerca de 60 metros do solo quando o fogo começou. Ela queimou da cauda à ponta em apenas trinta e quatro segundos.

O *Hindenburg* em chamas no mastro de atracação de Lakehurst, New Jersey, 6 de maio de 1937.

O capitão do *Hindenburg*, Max Pruss, posteriormente afirmou que o desastre foi resultado de uma sabotagem. Agora já é aceito que ele era de fato o culpado.

Em vez de optar pelo "pouso baixo" mais usual e menos arriscado, que envolvia lentamente trazer o dirigível baixo o suficiente para que pudesse ser arrastado ao longo do solo até o mastro de amarração, Pruss optou por um "pouso alto", que envolveu o lançamento de cordas do dirigível para que o pessoal em terra pudesse puxá-lo até o mastro.[15] Seu motivo parece ter sido a pressa. O *Hindenburg* estava atrasado doze horas e deveria partir para a Inglaterra no dia seguinte, levando pessoas muito importantes para assistir à coroação de Jorge VI. Ernst Lehmann, o diretor de operações da Zeppelin Company, estava na cabine com Pruss e parece ter pedido um pouso rápido.[16] O perigo que Lehmann e Pruss negligenciaram foi que as cordas de amarração, que rapidamente ficaram encharcadas pela chuva, permitiram que a carga elétrica da estrutura de metal do dirigível fluísse para o solo assim que o tocassem. A voltagem da fuselagem caiu instantaneamente para zero, mas a cobertura de tecido externa da aeronave, que não conduzia eletricidade com tanta facilidade, reteve sua carga, criando as condições que geraram a faísca fatal. O vazamento de hidrogênio em si pode ter ocorrido apenas porque uma parte da estrutura da aeronave, talvez um cabo de reforço, quebrou. Golpeado por fortes ventos, isso provavelmente aconteceu quando Pruss foi forçado a fazer uma curva acentuada para a esquerda, que ele então teve de corrigir com uma curva acentuada para a direita para alinhar o dirigível com o mastro de amarração.[17] Embora Pruss e Lehmann tenham sido inocentados de terem destruído o *Hindenburg*, Hugo Eckener – o presidente da Zeppelin Company e um experiente piloto de dirigível por seus próprios méritos – culpou-os por tentarem fazer um pouso alto em uma tempestade.

AVIÃO!

Apesar dos esforços de Pruss para reviver aeronaves de passageiros civis após a guerra – o que pode não ter sido ajudado pela severa desfiguração que ele sofreu no desastre do *Hindenburg* –, o futuro estava com os aviões. Como vimos, eles tornaram-se cada vez mais seguros após a década de 1970. De fato, o pior acidente de aeronave da história ocorreu em 27 de março de 1977, quando dois jatos de passageiros Boeing 747, o voo KLM 4805, de Amsterdã, e o voo Pan Am 1736, de Los Angeles e Nova York, colidiram na pista do aeroporto de Los Rodeos, na ilha espanhola de Tenerife. Ao todo, 583 pessoas morreram, incluindo todos a bordo do voo da KLM. Sessenta e uma pessoas no voo da

Pan Am sobreviveram, incluindo o piloto e o copiloto. Normalmente nenhum dos aviões estaria naquele aeroporto. Ambos tinham ido para Las Palmas de Gran Canaria, mas foram desviados por causa de uma bomba colocada naquele aeroporto pelo Movimento de Independência das Ilhas Canárias. Los Rodeos era um aeroporto regional muito pequeno, não projetado para o número de aviões desviados que teve de acomodar naquele dia, nem para aeronaves maiores, como o 747. O aeroporto ficou congestionado rapidamente, o que significava que as aeronaves paradas não tinham onde esperar, exceto na principal pista de taxiamento do aeroporto, enquanto as aeronaves que partiam tinham de taxiar na pista e fazer uma curva de 180 graus antes de decolar. Havia quatro pistas de taxiamento separadas conectando a pista de taxiamento principal e a pista, mas tinham sido projetadas para aeronaves menores, e algumas das curvas necessárias teriam sido difíceis para um 747 volumoso. O fato de as entradas para as pistas de taxiamento não estarem claramente sinalizadas não ajudou. Quando o aeroporto de Las Palmas foi reaberto, os dois aviões estavam prontos para decolar, mas tiveram de taxiar na pista, o avião da KLM indo primeiro e fazendo uma curva de 180 graus para se preparar para a decolagem. A colisão ocorreu quando o avião da KLM iniciou sua corrida de decolagem enquanto o avião da Pan Am ainda estava na pista.[18]

O clima desempenhou um papel importante no desastre, mas, como sempre, não foi protagonista. O aeroporto Los Rodeos está a 2.080 pés acima do nível do mar, o que cria o risco de nuvens baixas e irregulares. Enquanto os aviões esperavam, uma forte neblina se espalhou, reduzindo a visibilidade para cerca de mil pés, enquanto o limite para a decolagem era de 2.300 pés. A torre de controle de tráfego aéreo não estava equipada com radar de solo, e os dois operadores não conseguiam realmente ver os aviões através do nevoeiro. Mesmo assim, o avião da KLM, depois de reabastecido, religou seus motores e taxiou para a pista. O avião da Pan Am foi instruído a seguir. A essa altura (17h02), as duas aeronaves, movendo-se a aproximadamente 16 quilômetros por hora, não podiam ver uma à outra. De acordo com o relatório subsequente da Air Line Pilots Association, enquanto a aeronave da Pan Am taxiava para a pista, a visibilidade era de cerca de 1.640 pés. Depois que eles entraram na pista, diminuiu para menos de 330 pés. Para piorar a situação, as luzes centrais da pista não funcionavam. No entanto, na outra extremidade da pista, o avião da KLM parecia ter visibilidade adequada de três mil pés.[19]

Três formas distintas de erro ativo ou "ponta aguda" causaram o desastre. Primeiro, os controladores de tráfego aéreo falharam em seu trabalho, até porque estavam se distraindo com um jogo de futebol no rádio. Em segundo lugar, a tripulação do voo da Pan Am ficou confusa quando os operadores da torre de controle lhe disseram para sair da pista pegando a terceira saída à sua esquerda, a pista de taxiamento C-3. Como não havia marcações para identificar as saídas (um erro de ponta cega), a tripulação não tinha certeza de qual era a saída: C-3 ou a terceira saída após a primeira (que era a C-4). O problema com a C-3 era que exigia uma curva muito acentuada, enquanto a C-4, inclinada em 45°, parecia ser a mais lógica. Em um estado de indecisão, o Pan Am 1736 taxiou depois da C-3 e pairou na C-4. Nesse ponto (17h05), o KLM 4805 havia chegado ao fim da pista e agora estava virando para apontar diretamente para o Pan Am 1736, embora nenhum dos aviões soubesse que o outro estava a apenas 800 metros de distância.

O terceiro e crucial erro foi que o capitão da KLM, Jacob Veldhuyzen van Zanten, era um homem que tinha pressa. Tinha combustível suficiente para voltar a Amsterdã e não queria ficar preso na ilha durante a noite. Depois de alinhar, Van Zanten começou a pisar no acelerador do avião para fazer o *spin*, um teste para verificar se os motores estavam funcionando corretamente para a decolagem. Surpreso, seu copiloto disse: "Espere um minuto. Não temos autorização da ATC". "Sei disso", respondeu Van Zanten, agitado. "Vá em frente, peça." O copiloto fez isso, e a torre lhes deu permissão para realizar a rota assim que estivessem no ar. Ainda não era a permissão para decolar, mas Van Zanten simplesmente disse: "Estamos indo". O copiloto, talvez relutante em questionar seu capitão uma segunda vez, permaneceu em silêncio enquanto o avião avançava. Os controladores de tráfego aéreo então perguntaram à tripulação da Pan Am se eles já estavam fora da pista, ao que os norte-americanos responderam que ainda estavam nela. O controlador então disse a Van Zanten: "Prepare-se para a decolagem, vou chamá-lo". Ele não tinha ouvido a intenção do capitão de ir em frente, pois Van Zanten disse "Vamos" para sua tripulação, e não para o rádio. Uma chamada simultânea da tripulação da Pan Am causou interferência, e a tripulação da KLM não ouviu a tripulação da Pan Am dizer que eles ainda estavam na pista. Logo depois que o avião da KLM começou a decolar, a torre disse à tripulação da Pan Am para relatar quando a pista estivesse vazia. Ouvindo isso, o engenheiro de voo da KLM perguntou a Van Zanten:

"Ele não está sendo claro, aquele Pan American?". Van Zanten apenas respondeu: "Ah, sim", e continuou acelerando. Nesse momento (17h06), o capitão da Pan Am, Victor Grubbs, viu o avião da KLM se aproximando e gritou: "Puta merda, esse filho da puta está vindo direto na nossa direção!" e acelerou para tentar sair do caminho. Ao mesmo tempo, Van Zanten, avistando o avião da Pan Am, tentou tomar uma atitude evasiva ao decolar antes, inclinando o avião para trás com tanta força que sua cauda bateu na pista. De qualquer forma, era tarde demais. Pesando 55 toneladas extras de combustível, o KLM 4805 atingiu o topo do avião da Pan Am 1736 em um ângulo reto, arrancando todo o teto da fuselagem. O motor número um do avião da KLM, que agora se movia a 257 quilômetros por hora, quebrou na colisão e, após subir 30 metros no ar, colidiu com a pista. A pesada carga de combustível explodiu quase imediatamente, matando todos a bordo. O Pan Am 747 também pegou fogo, embora alguns passageiros tenham tido tempo de escapar.

Foi sugerido que o capitão Van Zanten poderia estar sofrendo de "fadiga tecnológica" ou "simbiose maquínica de circuito fechado", o que significa que ele se tornou "uma extensão do mundo rigidamente mecanizado no qual estava inserido e restringido. Seu pensamento havia mudado do mundo humano e suas preocupações, tornaram-se uma extensão da própria máquina".[20] Outra teoria psicológica é que, como um piloto muito mais acostumado a voos de treinamento simulados do que a voos regulares de passageiros – Van Zanten era chefe do departamento de treinamento de voo da KLM –, estava "regredindo para formas mais habituais de responder", como as pessoas costumam fazer quando estão sob estresse. (Em um voo simulado, o instrutor atua como controlador de voo, dando-se permissão para decolar.) A natureza precisa de seu lapso psicológico, entretanto, não deve nos preocupar. Pois o acidente também expôs dois problemas sistêmicos distintos dos três erros de ponta aguda descritos anteriormente. Hoje em dia, um piloto não pode decolar sem um consenso da cabine. Isso não acontecia em 1977. Além disso, o motivo pelo qual Van Zanten estava com tanta pressa era que ele e seus colegas estavam sujeitos aos novos "Regulamentos de Trabalho e Descanso para Tripulações de Voo" que a Holanda havia promulgado no ano anterior. Isso impôs limites estritos de horas de voo, multas obrigatórias, prisão e até mesmo a perda de licenças de piloto se os limites mensais fossem excedidos.[21] O fato de o acidente ter ocorrido próximo ao final do mês não foi, portanto, insignificante. Ironicamente, uma regulamentação destinada a evitar que pilotos cansados cometessem erros letais tornara esse erro letal mais provável.

De acordo com um estudo, "onze coincidências e erros separados, a maioria deles menores, tiveram precisamente que se encaixar" para que o acidente na pista de Tenerife acontecesse.[22] Isso cheira a um raciocínio de "tempestade perfeita". Outra análise baseada em sistemas conclui que havia quatro coisas que deram errado e que poderiam se repetir em situações comparáveis: primeiro, "a interrupção de rotinas importantes entre e dentro de sistemas interdependentes"; segundo, "interdependências que se tornaram mais rígidas" em uma crise; terceiro, "uma perda de eficiência cognitiva devido à excitação autonômica"; e, quarto, "uma perda de precisão de comunicação devido ao aumento da distorção hierárquica". Juntos, levaram à "ocorrência e difusão rápida de vários erros, criando um ciclo de *feedback*" que ampliou "erros menores em problemas maiores".[23] Tudo isso tende a complicar a história de dois aviões e uma torre de controle em um dia de neblina. Talvez o ponto principal seja simplesmente que a queda do avião em Tenerife aconteceu muito rápido. O tempo decorrido entre a entrada do avião da KLM na pista foi de sete minutos e trinta e nove segundos. O tempo após o avião da Pan Am entrar na pista foi de apenas quatro minutos e quarenta e um segundos.

LEI DE FEYNMAN

O desastre que aconteceu menos de nove anos depois, em 8 de janeiro de 1986, quando o ônibus espacial *Challenger* explodiu acima do Cabo Canaveral, Flórida, foi ainda mais rápido. Entre a decolagem e a desintegração da espaçonave, passaram-se pouco mais de setenta e três segundos. Embora apenas 7 pessoas tenham morrido, o desastre do *Challenger* está entre os mais famosos da história americana, muito mais conhecido do que a colisão de aviões em Tenerife, muito mais mortal, mas também há muito esquecida. Em parte, isso se deve ao fato de um dos astronautas ser uma professora do ensino médio de Concord, New Hampshire, chamada Christa McAuliffe. O interesse da mídia em sua viagem significou que aproximadamente 17% da população dos Estados Unidos testemunharam a espetacular explosão na televisão ao vivo, e 85% dos norte-americanos ouviram a notícia do desastre uma hora depois de seu acontecimento.

Nesse caso, ao contrário dos outros desastres discutidos neste capítulo, os erros estavam todos latentes, não ativos, e a tripulação de voo, de todos os que morreram, era totalmente inocente. Mas o que exatamente deu errado? Dois meses depois da destruição do *Challenger*, surgiu a história de que a Casa Branca vinha pressionando a NASA para garantir que o lançamento ocorresse antes do discurso do presidente Reagan sobre o Estado da União, agendado originalmente para o mesmo dia.[24] Isso ilustra a compulsão enraizada da imprensa de Washington de atribuir a culpa, sempre que possível, ao ocupante do Salão Oval. Na realidade, um esboço do discurso que mencionava Christa McAuliffe foi descartado antes mesmo de chegar à mesa de Reagan. A pressão de cima certamente não foi o motivo de o *Challenger* explodir. Tampouco o clima era mais do que um acessório para a ação, embora a manhã do lançamento fosse de fato excepcionalmente fria para a Flórida – "um frio de cem – talvez tão baixo quanto -7°C, com temperatura do ar ambiente no horário de decolagem planejado previsto para ser de -3°C a -1,5°C (embora tenha ficado um pouco mais quente).[25]

Outra explicação para o desastre que ganhou notoriedade na época foi que os responsáveis pelo lançamento do *Challenger* sucumbiram ao "pensamento de grupo", uma expressão cunhada em 1972 pelo psicólogo de Yale Irving L. Janis. O pensamento de grupo, argumentou ele, era "um modo de pensar em que as pessoas se envolvem quando estão profundamente comprometidas em um processo coeso-grupo, quando os esforços dos membros por unanimidade anulam sua motivação para avaliar realisticamente cursos de ação alternativos". Isso, ele sugeriu após o desastre do *Challenger*, tinha sido o problema na NASA.[26] As revelações subsequentes mostraram que essa também era uma explicação enganosa.

O *Challenger* pode ser rastreado até uma falha no projeto original dos impulsionadores de foguetes sólidos usados para lançar o ônibus espacial em órbita. A Morton Thiokol, empresa que ganhou o contrato para construir os propulsores, baseou seu projeto no foguete *Titan III*. As seções cilíndricas de reforço foram fabricadas separadamente e, em seguida, montadas na extremidade de ponta a ponta, as juntas entre eles seladas com dois anéis de vedação flexíveis e bem-feitos de víton, um material parecido com borracha. Uma massa de vidraceiro foi colocada dentro das juntas para fornecer proteção adicional. Morton Thiokol, no entanto, realizou uma série de alterações no *design* do *Titan III*, simplificando o processo de fabricação e cortando custos. Durante os testes iniciais e mesmo depois que os ônibus espaciais começaram a voar, os engenheiros da Morton

Thiokol e da NASA notaram alarmados que os gases de combustão quentes estavam queimando a massa, vazando para as juntas e queimando os anéis de vedação.[27] No lançamento do ônibus espacial em 24 de janeiro de 1985, por exemplo, o principal anel de vedação de duas das articulações foram comprometidos pelo combustível que é "soprado através deles" e os corrói. Apenas o anel de vedação secundário foi deixado, e até mesmo ele foi danificado. Na verdade, houve 7 lançamentos problemáticos (de 24) antes do *Challenger*, embora em dois deles os problemas não estivessem relacionados aos anéis. Após o lançamento de janeiro de 1985, viram-se danos piores do que o normal para o anel primário, e o engenheiro Roger Boisjoly da Morton Thiokol começou a suspeitar que o tempo frio afetou a resiliência do anel.[28] Em um memorando, ele alertou que, "se o mesmo cenário ocorrer em uma junta de campo (e poderia), haveria incerteza quanto ao sucesso ou falha da junta... O resultado seria uma catástrofe da mais alta ordem – a perda da vida humana".[29] Em janeiro de 1986, a gestão da Morton Thiokol, então, aceitou a recomendação de seus engenheiros de não lançar o *Challenger* e enviou essa recomendação para a NASA.[30] Um ano antes, ele também aconselhou a NASA a não lançar o ônibus espacial em temperaturas abaixo de 11 °C, a temperatura mais fria no lançamento anterior. No entanto, apesar de tudo isso, o lançamento seguiu em frente, com as consequências precisamente catastróficas que Boisjoly havia previsto.

No dia seguinte ao desastre do *Challenger*, Allan "Al" McDonald, diretor do Projeto de Motor de Foguete Sólido do Ônibus Espacial em Morton Thiokol, foi para Huntsville, Alabama, juntar-se à equipe de revisão de falhas. Naquele momento, ele acreditava que a falha do motor ou um problema com a estrutura do tanque de combustível fossem os culpados. No entanto, o vídeo que viu em Huntsville o convenceu de que "o anel de vedação falhou no lançamento, mas o buraco foi rapidamente lacrado por óxidos de alumínio antes que qualquer chama pudesse escapar e causar uma explosão. O forte cisalhamento do vento que começou aos 37 segundos de voo, em seguida, rasgou a junta aberta, resultando na ruptura catastrófica.[31] Na primeira audiência da comissão presidencial criada para investigar a causa do desastre, sob a presidência do ex-secretário de Estado William P. Rogers, McDonald lançou sua bomba: "Recomendamos não lançar". Foi necessária, no entanto, a figura aparentemente sobrenatural do físico de Stanford Richard Feynman – habilmente assistido pelo general da Força Aérea Donald Kutyna e pela astronauta da NASA Sally Ride, e também membros da Comissão Rogers – para estabelecer, além de qualquer dúvida razoável, que o anel de vedação (para ser mais preciso, o efeito de baixas temperaturas em sua integridade como juntas) foi a causa da falha e que a NASA havia sido explicitamente alertada sobre esse risco.[32]

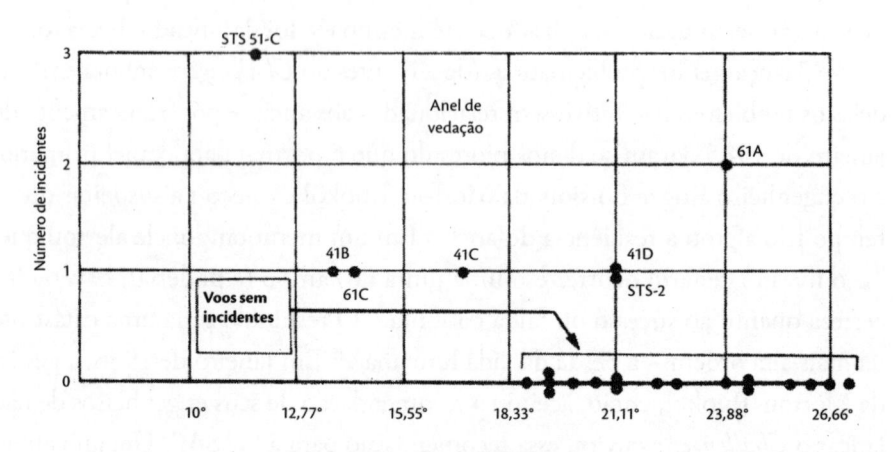

A correlação entre incidentes do anel de vedação do ônibus espacial e temperaturas no lançamento.

O relato de Feynman sobre seu papel na Comissão Rogers é um clássico – uma espécie de versão acadêmica de *A mulher faz o homem*.[33] Para Feynman, os culpados foram os burocratas de nível médio da NASA que optaram por desconsiderar os engenheiros. "Se todos as juntas tivessem vazado, seria óbvio até para a NASA que o problema era sério", escreveu Feynman. "Mas apenas algumas das juntas vazaram em apenas alguns dos voos. Então, a NASA desenvolveu um tipo peculiar de postura: se uma das juntas vazasse um pouco e o voo fosse bem-sucedido, o problema não seria tão sério. Tente jogar roleta-russa assim".[34] Quanto mais ele explorava a forma como a NASA trabalhava, mais Feynman ficava chocado: uma estrutura de comando hierárquica, uma insistência formalista em fazer as coisas de acordo com o livro, mesmo que ele estivesse errado e, acima de tudo, uma recusa em aceitar avisos sobre o risco de um desastre. Para Feynman, no cerne da questão estava a recusa dos gerentes da NASA em ouvir quando lhes disseram que a probabilidade de um desastre era de um em cem:

Como oficial de segurança de alcance na Kennedy, o Sr. [Louis] Ullian teve de decidir se colocaria cargas de destruição no ônibus espacial...

Todo foguete não tripulado tem essas cargas. Ullian nos disse que 5 dos 127 foguetes que ele examinou falharam, uma taxa de cerca de 4%. Ele pegou esses 4% e dividiu-os por 4, porque presumiu que um voo tripulado seria mais seguro do que um que não fosse. Ele saiu com cerca de 1% de chance de falha, e isso foi o suficiente para justificar as cargas de destruição.

Mas a NASA disse a Ullian que a probabilidade de falha era de 1 em 10^5.

Tentei entender aquele número. "Você disse 1 em 10^5?"

"Isso mesmo: 1 em 100 mil."

"Isso significa que você poderia voar no ônibus espacial todos os dias por uma média de trezentos anos sem acidentes, todos os dias, um voo, por trezentos anos, o que é obviamente louco!"

"Sim, eu sei", disse o sr. Ullian. "Mudei meu número para 1 em 1.000 para responder a todas as reivindicações da NASA..." Mas o argumento continuou: a NASA continuou dizendo 1 em 100 mil, e Ullian continuou dizendo 1 em 1.000, na melhor das hipóteses.

O Sr. Ullian também nos contou sobre os problemas que teve ao tentar falar com o homem responsável, o Sr. Kingsbury: ele podia granjear compromissos com seus subordinados, mas nunca conseguiu entrar em contato com Kingsbury e descobrir como a NASA conseguiu seu número 1 em 100 mil.[35]

Feynman encontrou a mesma lacuna entre engenheiros e gerenciamento em outros contextos também. Por exemplo, a probabilidade de falha do motor: "Tive a impressão definitiva de que havia encontrado o mesmo jogo dos selos: critérios de redução de gerenciamento e aceitação de mais e mais erros que não foram projetados no dispositivo, enquanto os engenheiros gritavam de baixo, SOCORRO! Este é um ALERTA VERMELHO!".[36]

A descoberta de Feynman teve implicações que não eram compatíveis com William Rogers, a personificação do sistema legalmente treinado e experiente em Washington. Feynman, portanto, insistiu em seu próprio adendo ao relatório final, no qual ele castigou a administração da NASA por "brincar de roleta-russa" quando a evidência da erosão do anel de vedação indicou claramente que "algo estava errado":

> Sutilmente, e muitas vezes com argumentos aparentemente lógicos, os critérios são alterados para que os voos ainda possam ser certificados a tempo. Eles, portanto, voam em uma condição relativamente insegura, com uma chance de falha da ordem de 1% (é difícil ser mais preciso).
> Por outro lado, a administração oficial afirma acreditar que a probabilidade de fracasso é mil vezes menor. Uma razão para isso pode ser uma tentativa de assegurar ao governo a perfeição e o sucesso da NASA para garantir a oferta de recursos. A outra pode ser que eles acreditassem sinceramente que isso era verdade, demonstrando uma falta de comunicação quase incrível entre eles e seus engenheiros de trabalho...
> Para uma tecnologia de sucesso, a realidade deve ter precedência sobre as relações públicas, pois a natureza não pode ser enganada.[37]

Em suas memórias subsequentes da experiência, Feynman foi mais longe. "Ocorreu-me", escreveu ele, "que havia muitas suspeitas associadas aos chefes da NASA. Cada vez que falávamos com gerentes de nível superior, diziam que não sabiam nada sobre os problemas abaixo deles... Ou os caras do topo não sabiam, e deveriam saber, ou sabiam, e talvez estivessem mentindo para nós".[38] Feynman astutamente inferiu que a gestão da NASA havia sido vítima de sua própria versão de aumento da missão:

> Quando o projeto da lua acabou, a NASA tinha todas essas pessoas juntas... Você não quer demitir pessoas e mandá-las para a rua quando você terminar um grande projeto, então o problema é: o que fazer?
> Você tem de convencer o Congresso de que existe um projeto que só a NASA pode fazer. Para tanto, é necessário... exagerar: exagerar o quanto seria econômico o ônibus espacial, exagerar a frequência com que poderia voar, exagerar a segurança que teria, exagerar os grandes fatos científicos que seriam descobertos. "O ônibus espacial é capaz

de fazer tantos voos e vai custar tal e tal. Fomos para a lua, então podemos fazer isso!"

Enquanto isso, eu imagino, os engenheiros subordinados estão dizendo: "Não, não! Não podemos fazer tantos voos" ...

Bem, os caras que estão tentando fazer o Congresso aprovar seus projetos não querem ouvir esse tipo de conversa. É melhor que não ouçam, para que possam ser mais "honestos" – eles não querem estar na posição de mentir para o Congresso! Logo, logo as atitudes começam a mudar: informações de baixo que são desagradáveis – "Estamos tendo um problema com as juntas. Devemos consertá-lo antes de voarmos novamente" são suprimidas.[39]

Essa era quase toda a história – mas não exatamente. Certamente, a liderança da NASA se sentiu compelida a continuar expandindo o programa do ônibus espacial, visando, em última instância, 24 voos de ônibus espaciais por ano.[40] Mas a divisão entre engenheiros e gerenciamento existia não apenas na NASA, mas também no fabricante Morton Thiokol. Em uma teleconferência um dia antes do desastre, Lawrence Mulloy, da NASA, perguntou a Joe Kilminster, vice-presidente do programa de reforço de foguetes sólidos da Morton Thiokol,

> qual era a recomendação do escritório do programa, e Kilminster disse que não recomendaria o lançamento com base na engenharia, posição que acabava de ser apresentada. Mulloy então desafiou a posição de engenharia com base em sua própria avaliação de que os dados de engenharia eram inconclusivos. Mencionou que tínhamos apresentado dados que observavam o *blowby* em motores frios e motores quentes, e ele queria dados mais quantitativos de que a temperatura realmente afetava a capacidade de vedação da junta.

Isso intrigou Al McDonald, já que ele estava muito mais acostumado com a NASA "desafiar nossa lógica sobre por que era seguro voar... Por alguma estranha razão, fomos desafiados a provar quantitativamente que definitivamente iria falhar, e não poderíamos fazê-lo naquele momento". Como lembrou McDonald, Mulloy disparou: "Bem, então, Thiokol, quando diabos você quer que eu lance, no próximo mês de abril?... Você sabe que a véspera do lançamento é uma hora infernal para alterar os critérios de confirmação de lançamento". O gerente-geral da Morton Thiokol, Jerry Mason, então interveio, apoiando a NASA. "Sou o único aqui que acha que não há problema em prosseguir com o lançamento conforme planejado?", perguntou. Apenas dois engenheiros falaram: Roger Boisjoly e Arnie Thompson. Thompson "caminhou até a mesa onde os gerentes sêniores estavam sentados e fez os esboços do projeto da junta com cópias dos dados", mostrando o efeito das baixas temperaturas. A resposta de Mason e Cal Wiggins, vice-presidente e gerente geral da divisão espacial da empresa, foi um "olhar frio". Boisjoly, então, mostrou a eles as fotos da fuligem negra que havia sido observada entre o anel de vedação primário e o secundário no lançamento de janeiro de 1985. "Olhem atentamente para essas fotos!", exclamou ele. "Não ignorem o que estão nos dizendo, ou seja, que a baixa temperatura causa mais sopro na junta!" Foi inútil. Mason foi capaz de intimidar os outros gerentes, incluindo Bob Lund, o vice-presidente de engenharia, a ignorar os engenheiros e mudar a recomendação de Morton Thiokol de "não lançar" para "lançar". Mas quando George Hardy, do Centro Marshall de Voos Espaciais da NASA, pediu que a nova recomendação fosse posta por escrito, McDonald se recusou.[41] No final, Kilminster teve de assinar.[42]

A diferença entre os gerentes da Morton Thiokol e os engenheiros da empresa era clara. Para os engenheiros, evitar uma falha catastrófica era fundamental. Para a administração, o relacionamento de longo prazo com a NASA era primordial. Como lembrou McDonald,

> Mulloy sabia que tinha vantagem com Kilminster, porque Kilminster basicamente trabalhava para ele... Eu queria que isso fosse apenas uma recomendação de engenharia, porque sabia tudo sobre as pressões de cronograma e outras pressões que pesavam sobre nossa equipe de gestão como resultado do interesse contínuo da NASA em possivelmente terceirizar parte da produção do SRB [impulsionador de foguete sólido]. Nossa posição atrasada no programa atual e a falta de um contrato assinado com a NASA para a próxima aquisição de fonte exclusiva para mais 66 conjuntos de motores de voo foram uma tremenda alavanca para a NASA... Não era uma boa política e não era um bom negócio ir contra os desejos de seu cliente mais importante quando você é tão vulnerável quanto Morton Thiokol pensava que

era em relação a problemas de segunda fonte. Especialmente com um contrato não assinado do cliente para a próxima, e provavelmente a última compra não competitiva de motores de foguete sólidos.[43]

Qualquer pessoa que tenha estudado compras de defesa – o que Richard Feynman não fez – reconhecerá a patologia. A Morton Thiokol era a única fornecedora de impulsionadores de foguetes para um programa que pretendia lançar dois ônibus espaciais por mês. Se não atendesse às necessidades de gerenciamento da NASA, ela se voltaria para os concorrentes da empresa. Se a NASA queria brincar de roleta-russa, os gerentes de Morton Thiokol estavam dispostos a carregar a arma, ignorando seus engenheiros assim como seus colegas da NASA ignoravam os deles.

Portanto, o verdadeiro ponto de falha no desastre do *Challenger* não foram seus anéis de vedação, o mau tempo, Ronald Reagan, ou o pensamento do grupo. Foi amaneira como, naquela teleconferência crucial, Mulloy intimidou Kilminster, e como Mason e Wiggins calaram as objeções dos engenheiros. A política de uma catástrofe pode acabar dependendo de tais deliberações obscuras, longe das conferências presidenciais e reuniões de gabinete que os historiadores tendem a estudar, em algum lugar entre a ponta cega e a aguda, no reino crepuscular da administração intermediária.

DE VOLTA A CHERNOBYL

É uma ilusão, embora sem dúvida reconfortante, imaginar que um desastre como o de Chernobyl pudesse acontecer apenas em um Estado autoritário e de partido único como a União Soviética.

> Qual o sentido de tudo isso? Não é que vamos confundi-los com a verdade. O perigo real é que, se ouvirmos mentiras suficientes, não reconheceremos mais a verdade. Então, o que podemos fazer? O que mais resta senão abandonar até mesmo a esperança da verdade e nos contentar com histórias? Nessas histórias, não importa quem são os heróis. Nós gostaríamos de saber… "De quem é a culpa?"

No início do emocionante drama de cinco partes de Craig Mazin, *Chernobyl*, essas palavras são ditas por Jared Harris, no papel de Valery Legasov, o químico que liderou a comissão do governo soviético para investigar o desastre. Em uma cena posterior, ele exclama:

> Nossos segredos e nossas mentiras... são praticamente o que nos definem. Quando a verdade ofende, nós mentimos e mentimos até não conseguir mais lembrar que ela existe. Mas ela... ainda está lá. Cada mentira que contamos é uma dívida para com a verdade. Mais cedo ou mais tarde, ela terá de ser paga. É assim que... um núcleo de reator RBMK [nuclear] explode: mentiras... A verdade não liga para nossas necessidades ou desejos. Não se preocupa com nossos governos, ideologias ou religiões. Ela ficará à espreita o tempo todo. E este, finalmente, é o presente de Chernobyl. Onde antes eu temia o custo da verdade, agora só questiono: qual o sentido de tudo isso?

Até onde posso verificar, o verdadeiro Valery Legasov nunca pronunciou essas palavras, e ainda assim são as falas mais memoráveis da série. O que as torna memoráveis é que nos dizem no que estamos predispostos a acreditar, ou seja, que Chernobyl foi um microcosmo do declínio e queda da União Soviética, tão certo quanto a queda de Cingapura foi um microcosmo do declínio e queda do Império Britânico.

Em alguns aspectos, é claro, foi apenas isso. A reação imediata das autoridades soviéticas foi tentar encobrir o que havia acontecido. A evacuação dos habitantes de Pripyat só começou em 27 de abril, cerca de 36 horas após a explosão que expôs o núcleo do reator número 4. Só um dia e meio após a evacuação o governo soviético reconheceu publicamente que havia ocorrido um acidente, e apenas porque as autoridades nucleares suecas o haviam detectado. A zona de evacuação não foi estabelecida (com um raio arbitrário de 30 km) até seis dias após o desastre. A população local mentiu sobre o perigoso nível de radiação a que foi exposta. Os cidadãos soviéticos como um todo não tinham noção de quão perigosa era a situação nos dias após o desastre. Nas palavras do principal historiador da Ucrânia moderna, a tentativa de censurar o desastre "colocou em perigo milhões de pessoas em casa e no exterior e levou a inúmeros casos de envenenamento por radiação que poderiam ter sido evitados".[44] Bombeiros como Volodymyr Pravyk foram enviados para a morte na tentativa de evitar que o fogo se propagasse para os outros reatores. Soldados como Nikolai Kaplin foram posteriormente destacados para a área contaminada como "liquidantes" ou "biorrobôs", com proteção mínima contra as imensas doses de radiação às quais foram expostos. Eles, como os pilotos que voaram em helicópteros para despejar toneladas de boro, chumbo e dolomita no topo do núcleo do reator exposto, e os mineiros que cavaram um túnel sob o reator para uma camada de resfriamento considerada necessária para prevenir uma "síndrome da China", foram herdeiros dignos da bucha de canhão altruísta da "Grande Guerra Patriótica, especialmente porque esses esforços provaram ser fúteis.[45] O desastre teve causas ativas e latentes, algumas das quais, sem dúvida, de natureza exclusivamente soviética. Os operadores do reator assumiram riscos excessivos de uma forma que exemplificou a mentalidade de "Podemos fazer isso, não importa o que aconteça", instilada pela propaganda soviética desde 1917, e especialmente nas eras finais de Stálin e Khrushchev, os anos de formação dos principais atores. As falhas de projeto do próprio reator e o desconhecimento dos operadores de sua instabilidade potencial foram também consequências da peculiar economia política da economia planejada.[46] Ainda assim, em alguns aspectos, como veremos, Chernobyl poderia ter acontecido em qualquer lugar.

A causa imediata do desastre foi claramente um simples erro do operador, como concluiu o relatório oficial soviético, sendo o principal culpado o vice-engenheiro chefe, Anatoly Dyatlov. (Em 1987, ele e cinco outros funcionários sêniores foram condenados à pena de dois a dez anos em campos de trabalho forçado.) Dyatlov queria simular uma queda de energia elétrica para ver se a energia rotacional residual em um gerador de turbina seria suficiente para manter a circulação do refrigerador de água até que os geradores elétricos de reserva ligassem (depois de cerca de um minuto). Três desses testes – cada um envolvendo a desativação de alguns sistemas de segurança, incluindo o sistema de resfriamento de emergência do núcleo – foram conduzidos desde 1982, mas não foram conclusivos. Na quarta tentativa, que foi programada para coincidir com uma paralisação para manutenção do reator número 4 de Chernobyl, um atraso inesperado de dez horas, solicitado pela rede elétrica de Kiev, significou que o turno da noite estava de plantão para o teste, que eles não esperavam que fosse executado. Além disso, durante a redução planejada da potência do reator em preparação para o teste, a potência caiu inesperadamente para quase zero, possivelmente por causa da produção de uma fissão de um reator por produto, o xenônio 135, um absorvedor de nêutrons que inibe a reação (processo conhecido como "envenenamento do reator"), possivelmente devido a outra falha de equipamento não identificada ou erro do operador. Para reativar a energia, os operadores desconectaram as hastes de controle do reator do sistema de regulagem automática e extraíram manualmente quase todas elas. Ignorando os alarmes de emergência sobre os níveis nos tambores separadores de vapor e água e variações na vazão da água de refrigeração, eles prosseguiram com o teste às 1h23h04. Trinta e seis segundos depois, um desligamento de emergência do reator foi iniciado quando alguém – não está claro quem – pressionou o botão AZ-5, que inseriu todas as hastes de controle que foram retiradas. Em vez de desligar o reator (por razões a serem discutidas a seguir), isso levou a uma oscilação de energia tão grande que causou a falha do revestimento de combustível, liberando combustível de urânio no refrigerador, o que por sua vez causou uma enorme explosão de vapor que explodiu a carcaça do reator, incluindo seu telhado de aço. Uma segunda explosão encheu o ar com pedaços voadores do moderador de grafite, que pegou fogo ao cair no chão. Essas explosões e os subsequentes incêndios de dez dias enviaram uma nuvem de partículas de urânio e isótopos radioativos muito mais perigosos, como césio-137, iodo--131 e estrôncio-90 no céu noturno.

O Relatório de Resumo inicial na reunião de revisão pós-acidente sobre o acidente de Chernobyl, produzido em 1986 pelo Grupo Consultivo de Segurança Nuclear Internacional da Agência Internacional de Energia Atômica (IAEA), aceitou a visão soviética de que "o acidente foi causado por uma gama notável de erros humanos e violações das regras de operação em combinação com características específicas do reator que agravaram e ampliaram os efeitos dos erros". Em particular, "os operadores, deliberadamente e em violação das regras, retiraram a maioria das hastes de controle e segurança do núcleo e desligaram alguns sistemas de segurança importantes".[47] No entanto, em novembro de 1991, uma comissão de cientistas nucleares soviéticos liderados por Yevgeny Velikhov concluiu que tanto o projeto quanto a construção do reator estavam errados.[48] O relatório de 1992 atualizado da IAEA, consequentemente, deu muito mais ênfase às "contribuições de características particulares de projeto, incluindo o projeto das hastes de controle e sistemas de segurança, e arranjos para apresentar informações de segurança importantes para os operadores":

Os operadores colocaram o reator em uma condição perigosa, em particular removendo muitas das hastes de controle, o que resultou na redução da margem de reatividade operacional do reator... No entanto, os procedimentos operacionais não enfatizaram a importância vital de segurança do ORM [margem de reatividade operacional], mas o trataram como uma forma de controlar a potência do reator. Pode-se argumentar, portanto, que as ações dos operadores foram mais um sintoma da cultura de segurança prevalecente na era soviética do que o resultado de imprudência ou falta de competência por parte dos operadores.[49]

A usina de Chernobyl era conhecida como RBMK-1000: Reaktor Bolshoy Moshchnosty Kanalny, um reator de canal de alta potência. Esse projeto foi preferido pelos planejadores soviéticos ao reator energético reator VVER, o equivalente ao reator americano de água pressurizada, desenvolvido na década de 1950 com tecnologia originalmente feita para submarinos nucleares. Nos reatores VVER, a energia era produzida pela colocação de barras de combustível, que geram calor por meio da fissão dos átomos de urânio, em água pressurizada. A água agia tanto como moderador, controlando a fissão, quanto como refrigerador. O RBMK também usou água como refrigerador, mas usou grafite para moderar a reação. Essa combinação de moderador de grafite e refrigerador de água foi e é única: o RBMK é o único tipo de reator de energia no mundo a usá-la. Foi favorecido em Moscou não apenas porque sua produção de energia elétrica era o dobro do reator VVER, também era mais barato construir e operar. Esses reatores exigiam urânio-235 enriquecido. RBMKs podem funcionar com urânio-238 quase natural. Além disso, os reatores RBMK poderiam ser construídos no local com componentes pré-fabricados produzidos por usinas de construção de máquinas regulares. Anatoly Aleksandrov, diretor do Instituto de Energia Atômica Igor Kurchatov, declarou o RBMK "tão seguro quanto um samovar". Na verdade, os RBMKs eram considerados tão seguros que poderiam ser construídos sem a superestrutura de concreto que envolvia os reatores ocidentais para conter a radiação em caso de falha do reator. De forma significativa, Nikolai Dollezhal, o projetista-chefe do RBMK, foi contra a construção de tais usinas na parte europeia da União Soviética. Mas ele foi derrotado.[50]

A construção da usina de Chernobyl começou em 1977. Em 1983, quatro reatores foram concluídos e a adição de mais dois reatores foi planejada nos anos subsequentes. Mas o processo foi apressado, sob a pressão usual dos dirigentes do partido para cumprir os prazos e exceder as cotas, e a qualidade do trabalho foi inferior. Os reatores anteriores foram construídos sob os auspícios do formidável Yefim Slavsky, chefe do Ministério da Construção de Máquinas Médias, que dirigia o programa nuclear soviético inicial como um feudo militar-industrial. Mas Chernobyl era um projeto do menos poderoso Ministério de Energia e Eletrificação, que essencialmente deixou a construção para os moradores. No centro da defesa de Dyatlov de seu próprio papel estava sua reclamação de que o reator fora construído por fábricas de segunda categoria.[51]

Longe de ser tão seguro quanto um samovar, como Dollezhal bem sabia, o RBMK tinha uma série de defeitos de projeto que o tornavam tudo, menos seguro, independentemente de quanto fora bem construído. O reator funciona (tempo presente, pois dez deles ainda estão em operação) da seguinte forma: pelotas de óxido de urânio levemente enriquecido são encerradas em tubos de liga de zircônio com 3,5 metros de comprimento: essas são as hastes de combustível. Dezoito das hastes, dispostas de maneira cilíndrica, formam um conjunto de combustível, e cada conjunto de combustível é colocado em seu próprio tubo de pressão vertical, através do qual flui a água pressurizada que resfria o conjunto, emergindo a cerca de 287 °C. Os tubos de pressão, por sua vez, são circundados por blocos de grafite que atuam como moderadores para desacelerar os nêutrons liberados durante a fissão, garantindo uma reação em cadeia contínua e estável. Para controlar a taxa de fissão automática ou manualmente, as hastes de controle de carboneto de boro podem ser inseridas de cima para baixo ou de baixo para cima. Várias dessas hastes de controle sempre permanecem no núcleo durante a operação. Os dois circuitos de refrigerante de água que a circulam através dos tubos de pressão têm, cada um, tambores de vapor, ou separadores, onde o vapor do refrigerante aquecido é alimentado a uma turbina para produzir eletricidade por meio de um turbogerador. O vapor é então condensado e realimentado no refrigerador circulante. O núcleo do reator está alojado em uma cavidade revestida de concreto armado. Ele fica em uma placa de aço pesada, com outra placa de cobertura de aço na parte superior como uma tampa.[52]

Esse projeto tinha pelo menos duas falhas fatais que os operadores não entendiam completamente.

Como a água é um refrigerador mais eficiente e um absorvedor de nêutrons mais eficaz do que o vapor, uma mudança na proporção de bolhas de vapor ("vazios") no refrigerador resultaria em uma mudança na reatividade do núcleo. A proporção dessas mudanças foi denominada "coeficiente de vazio" de reatividade. Quando esse coeficiente era negativo, um aumento no vapor levaria a uma diminuição na reatividade. Em reatores VVER, onde a água atua como moderador e refrigerante, a geração de vapor em excesso retarda a reação em cadeia nuclear – um recurso de segurança. Esse não é o caso de um reator que usa grafite como moderador. Em um RBMK, a redução na absorção de nêutrons como resultado do aumento da produção de vapor pode aumentar a reatividade do sistema se o coeficiente de vazio for positivo. Quando a potência do reator de Chernobyl começou a aumentar, mais vapor foi produzido, o que por sua vez levou a um aumento na potência, o que elevou a temperatura no circuito de resfriamento, que produziu mais vapor. Isso levou ao aumento de energia que causou a primeira explosão.

A segunda falha fatal foi que os operadores tinham menos controle do que supunham sobre a margem de reatividade operacional do RBMK, definida como o número de hastes de controle equivalentes no núcleo do reator. Dyatlov e seus colegas acreditavam que os critérios de segurança estavam sendo atendidos, desde que não caíssem abaixo de uma margem de reatividade operacional de 15 hastes equivalentes. Eles não perceberam que a reinserção de todas as hastes de controle em uma emergência aumentaria, em vez de reduzir, a reatividade do núcleo, por causa das pontas de grafite das hastes. As *nomenklatura* nucleares soviéticas estavam de fato cientes desse problema, por causa de um acidente menor em outro RBMK na Lituânia em 1983, mas não pensaram em informar aos mortais inferiores que comandavam Chernobyl.

O número exato de mortos em Chernobyl é incerto e controverso, mas foi menor do que se poderia imaginar. Dos 237 funcionários da estação de energia e bombeiros hospitalizados após a explosão, 28 morreram de doença aguda da radiação logo depois, e 15 de câncer induzido pela radiação nos dez anos subsequentes. O Comitê Científico das Nações Unidas sobre os Efeitos da Radiação Atômica concluiu que menos de cem mortes poderiam ser atribuídas de forma conclusiva ao aumento da exposição à radiação. Cerca de 6 mil casos de câncer de tireoide, principalmente em crianças e adolescentes na época do acidente, podem ser atribuídos ao consumo de leite contaminado, mas apenas 9 deles resultaram em óbito.[53] Notavelmente, os três homens que heroicamente entraram na área inundada do porão para drenar o reservatório de água abaixo do reator sobreviveram. De acordo com um relatório de 2006 do Fórum de Chernobyl da Agência Internacional de Energia Atômica, a exposição à radiação causada pelo desastre "pode eventualmente representar até vários milhares de cânceres fatais, além de talvez cem mil mortes por câncer esperadas nessas populações por todas as outras causas", um aumento modesto em termos percentuais.[54] Grupos antinucleares como a União de Cientistas Preocupados e o Greenpeace contestaram essa estimativa como sendo muito baixa. Mas o fato de que em 2000 havia 3,5 milhões de ucranianos que afirmavam "sofrer" com a radiação pode ser mais bem explicado pelos benefícios estatais mais generosos que esse *status* conferia. Não foram encontradas evidências de anormalidades fetais explicadas pela exposição à radiação, parece que muito mais vidas foram perdidas devido a abortos preventivos solicitados por mulheres grávidas com medo de tais anormalidades do que pelos efeitos diretos da própria explosão.[55]

A operação de limpeza de Chernobyl deve estar concluída em 2065. No entanto, a área ao redor de Chernobyl ficará inabitável por um longo tempo – por centenas, milhares ou mesmo dezenas de milhares de anos.[56] Esse provavelmente será o legado mais duradouro da União Soviética na Ucrânia, um país independente desde 1991, embora deva ser lembrado que os 3 mil quilômetros quadrados que viram a pior contaminação (em termos de concentrações de césio-137, que tem meia-vida de trinta anos) estenderam-se até a Rússia e Bielorrússia e até os Balcãs e a Escandinávia.[57] No que é conhecido como seu "Testamento", que foi publicado após seu suicídio, dois anos após o acidente, Valery Legasov de fato indiciou o sistema soviético, ainda que com menos eloquência do que Craig Mazin gostaria:

> Depois de visitar Chernobyl cheguei à conclusão de que o acidente foi a apoteose inevitável do sistema econômico que se desenvolveu na URSS ao longo de muitas décadas. A negligência por parte da gestão científica e dos projetistas estava por toda a parte, sem se prestar atenção ao estado dos instrumentos ou dos equipamentos...
> Quando se considera a cadeia de eventos que conduziu ao acidente de Chernobyl, por que é que uma pessoa se comportou dessa maneira e por que outra se comportou de outra etc., é impossível encontrar um único culpado, um único iniciador de eventos, porque era como um círculo fechado.[58]

No entanto, deveria ter ocorrido ao leitor a esta altura que algo não totalmente diferente era verdade na NASA na época do desastre do *Challenger*, três meses antes. Na NASA e em Morton Thiokol, os engenheiros sabiam que havia um problema com o anel de vedação. Foi a gestão intermediária que ignorou seus avisos e foi em frente com o lançamento. Por outro lado, em Chernobyl, os operadores não estavam cientes das principais vulnerabilidades do RBMK. Foram os funcionários soviéticos sêniores que sabiam, mas optaram por ficar calados. Talvez, paradoxalmente, o primeiro impulso da imprensa americana em 1986 foi culpar o presidente. O primeiro impulso do governo soviético foi culpar os trabalhadores.

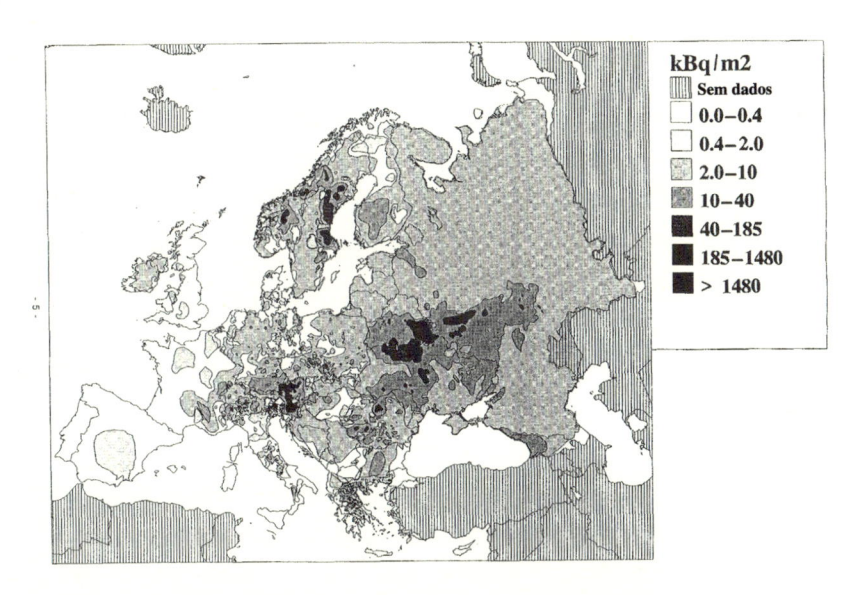

Níveis de deposição de césio-137 em toda a Europa após o desastre nuclear de Chernobyl, 10 de maio de 1986.

Na realidade, o ponto de falha não estava na parte superior nem na parte inferior, mas no meio. Claramente, as estruturas de incentivos eram bastante diferentes nos dois sistemas. Para os gerentes da Morton Thiokol, a principal preocupação era manter os pedidos da NASA chegando. Para os *apparatchiks* soviéticos, a configuração padrão era manter o conhecimento de qualquer problema no menor círculo possível. Ainda assim, em ambos os casos, as preocupações com o custo desempenharam um papel fundamental. A confiança nos anéis de vedação foi uma improvisação para evitar tratar uma falha estrutural fundamental com os foguetes de reforço. A decisão de construir os reatores de Chernobyl a baixo custo, sem revestimento externo de concreto suficiente, surgiu do mesmo tipo de falsa economia.

NÃO PODE ACONTECER AQUI

Nada ilustra melhor o quanto era pouco o que separava os programas nucleares soviético e norte-americano que o colapso parcial do reator número 2 em Three Mile Island, perto de Middletown, Pensilvânia, em 28 de março de 1979. É verdade que, ao contrário de Chernobyl, o desastre de Three Mile Island não matou ninguém. Houve vazamento mínimo de material radioativo além do local da estação de energia. Mas a conclusão do resumo da Comissão de Regulamentação Nuclear sobre o incidente foi contundente: "Uma combinação de mau funcionamento do equipamento, problemas relacionados ao projeto e erro do trabalhador levou ao colapso parcial do TMI-2".[59] Os produtores do filme *Síndrome da China* – sobre uma usina nuclear americana que está perto do colapso – mal podiam acreditar na sorte deles. O filme estreou nos cinemas apenas doze dias antes do acidente.

A causa próxima do desastre de Three Mile Island foi uma tentativa frustrada de consertar um bloqueio em um dos oito polidores de condensado, que mantinha a água do circuito secundário do reator livre de impurezas. Ao usar água em vez de ar condensado para limpar um acúmulo de resina, os operadores inadvertidamente fizeram com que as bombas de água de alimentação, bombas de reforço de condensado e bombas de condensado desligassem por volta das 4 horas, cortando o fluxo de água para os geradores de vapor que removia o calor do núcleo do reator. Isso causou um desligamento automático de emergência do reator, mas, como as válvulas das três bombas auxiliares haviam sido fechadas para manutenção de rotina, nenhuma água poderia chegar ao reator para compensar seu calor de decomposição rapidamente crescente. Para controlar o aumento da pressão, a válvula de alívio operada manualmente no topo de um dos tanques de pressão foi aberta. A válvula de alívio deveria ter se fechado quando a pressão voltou aos níveis normais, mas, em outro mau funcionamento, ela travou aberta. Uma luz no painel da sala de controle, entretanto, parecia indicar que a válvula estava fechada, o que não era um defeito, mas uma falha de projeto. Como resultado, os operadores não tinham ideia de que a água de resfriamento na forma de vapor ainda estava saindo da válvula defeituosa. Também acreditaram erroneamente que o nível da água estava subindo no núcleo, sem perceber que era o vapor, e não a água, que estava se acumulando. Esse equívoco os levou a desligar as bombas de resfriamento do núcleo de emergência, que haviam aberto automaticamente após a válvula de alívio não fechar. Às 4h15, o refrigerante radioativo começou a vazar para o prédio de contenção geral e foi, então, bombeado para um prédio auxiliar fora do limite de contenção até que as bombas fossem paradas, às 4h39. Logo após as 6 horas, o topo do núcleo do reator foi exposto e o calor intenso causou uma reação entre o vapor do núcleo e o revestimento da barra de combustível nuclear *zircaloy*. Essa reação derreteu o revestimento e danificou as pelotas de combustível, que liberaram isótopos radioativos no refrigerador do reator e produziram gás hidrogênio inflamável, alguns dos quais podem ter explodido. Às 6h45, alarmes de radiação foram ativados quando água contaminada atingiu os detectores. Por algum tempo, no terceiro dia após o acidente, parecia haver o risco de uma bolha de hidrogênio na cúpula do reator provocar uma explosão. Se o oxigênio estivesse presente na cúpula, isso poderia muito bem ter acontecido. Como estava, metade do combustível de urânio derreteu e quase todo o revestimento falhou, mas, fundamentalmente, o receptáculo do reator, o segundo nível de contenção após o revestimento, se manteve firme, contendo o combustível danificado com quase todos os isótopos radioativos no núcleo. A quantidade de material radioativo que vazou foi, portanto, mínima, e consequências adversas para a saúde da população local quase imperceptíveis. O principal dano, que só foi reforçado pelo subsequente desastre de Chernobyl, foi para a indústria nuclear norte-americana, cuja rápida expansão agora desacelerou. Na época do acidente de Three Mile Island, 129 usinas nucleares haviam sido aprovadas. Apenas 53 delas foram concluídas.

 A Comissão Presidencial sobre o acidente em Three Mile Island, presidida por John G. Kemeny, foi implacável em suas críticas às instituições responsáveis: o fabricante, Babcock & Wilcox, a Metropolitan Edison (Met-Ed), que operava a usina, e a Comissão Regulatória Nuclear (NRC). Descobriu-se, por exemplo, que um incidente semelhante ocorrera dezoito meses antes em outra fábrica da Babcock & Wilcox. O problema com a válvula de alívio defeituosa era desconhecido, não muito diferente do problema com as hastes com ponta de grafite em Chernobyl. Em contraste, os próprios operadores saíram da situação com tranquilidade. O Grupo de Investigação Especial de Three Mile Island do NRC concluiu que os erros humanos não se deviam a simples "deficiências do operador", mas, sim, a inadequações no projeto do equipamento, apresentação de informações, procedimentos de emergência e treinamento. O reator foi "projetado e construído sem um conceito central ou filosofia de integração homem-máquina", portanto, o papel dos operadores em uma emergência não foi claramente definido. Eles tinham muitas informações desnecessárias e, ao mesmo tempo, "alguns parâmetros críticos não eram exibidos" ou não estavam imediatamente disponíveis para eles. O painel da sala de controle fora mal projetado, resultando em "movimento excessivo do operador, carga de trabalho, probabilidade de erro e tempo de resposta". Os operadores não receberam "um método sistemático de diagnóstico de problemas", nem foram equipados por seu treinamento com "as habilidades necessárias para diagnosticar o incidente e tomar as medidas adequadas".[60] O quanto estavam melhores os operadores de Three Mile Island do que seus colegas de Chernobyl? Ambos os grupos de trabalhadores estavam, até certo ponto, operando no escuro. Os norte-americanos tiveram apenas sorte de não ter acontecido uma grande explosão?

Nem as autoridades dos Estados Unidos lidaram com a população local com muito mais eficácia e franqueza do que os colegas soviéticos o fariam sete anos depois. A partir do momento em que uma emergência geral foi anunciada pelo gerente da estação Gary Miller, a confusão reinou. A Met-Ed a princípio negou que a radiação tivesse sido liberada. Inicialmente, o tenente governador William Scranton III disse o mesmo, mas depois pareceu ter dúvidas. Em 30 de março, ou seja, dois dias após o acidente inicial, o NRC aconselhou todos em um raio de 10 milhas da usina a ficarem dentro de casa. Poucas horas depois, o governador Dick Thornburgh, por orientação do presidente do NRC Joseph Hendrie, aconselhou a evacuação "de mulheres grávidas e crianças em idade pré-escolar em um raio de 5 milhas". Naquela noite, conforme o risco de uma explosão parecia aumentar, as autoridades perceberam que talvez precisassem evacuar todos em um raio de 10 ou até 20 milhas – caso em que mais de 600 mil pessoas nos 6 condados vizinhos poderiam ter de se mudar. Não existia nenhum plano para tal evacuação: o único plano de contingência era evacuar aqueles dentro de um raio de 8 km. O resultado foi caótico. Cerca de 40% das pessoas que viviam a menos de 24 km de Three Mile Island optaram pela evacuação, precipitando uma corrida ao banco enquanto retiravam dinheiro antes de partir. Os padres locais começaram a conceder "absolvição geral", o que não foi calculado para tranquilizar os residentes restantes. Trezentos jornalistas cercaram o local. Apenas uma semana após o acidente inicial, as autoridades anunciaram que a bolha de hidrogênio não explodiria. Cinco dias depois, o aviso de evacuação foi retirado.[61]

Na União Soviética, o governo central tinha poder demais. Nos Estados Unidos, o poder é distribuído entre muitas agências federais, estaduais e locais. Mais de 150 agências diferentes estiveram envolvidas na emergência de Three Mile Island e nas comunicações públicas a esse respeito. Dizer que seus esforços foram mal coordenados seria um eufemismo.[62] Revendo a cobertura da crise nas três redes de televisão, o presidente Jimmy Carter, que estudou energia nuclear como oficial da Marinha e esteve diretamente envolvido na limpeza após o acidente de 1952 no reator Chalk River, no Canadá, ficou impaciente: "Há pessoas demais falando", queixou-se a Jody Powell, sua secretária de imprensa. "E minha impressão é que metade deles não sabe do que estão falando... Faça essas pessoas falarem a uma só voz." Enviar Harold R. Denton, da Comissão de Regulamentação Nuclear, ao local não foi suficiente. Em 1º de abril, o próprio Carter voou para Three Mile Island na tentativa de tranquilizar o público de que a situação estava sob controle.[63]

A complexidade é mais uma vez o conceito crucial, um ponto popularizado na época pela ideia do sociólogo de Yale Charles Perrow de "acidente normal", ou seja, acidentes tornados normais pela complexidade onipresente.[64] O próprio reator de Three Mile Island era altamente complexo, mas a interface entre as pessoas que trabalhavam lá e a tecnologia do reator era tão inadequada que uma simples válvula emperrada e uma luz enganosa em um painel de controle causaram um colapso parcial e quase um desastre muito maior. Diante de uma emergência, inúmeras agências governamentais procuraram liderar ou pelo menos contribuir para a resposta, mas não existia nenhum plano para uma evacuação em grande escala. Se a bolha de hidrogênio tivesse explodido, sem dúvida a imprensa teria encontrado uma maneira de atribuir a responsabilidade ao presidente Carter, embora isso tivesse sido mais difícil se ele estivesse nas proximidades da explosão. No entanto, como vimos no capítulo 6, geralmente é uma versão da falácia de Napoleão criada por Tolstói atribuir um papel crucial a um líder em um desastre, a menos que seja um daqueles líderes como

Stálin, Hitler ou Mao, que propositalmente se propõe a causar um desastre. A maioria dos desastres ocorre quando um sistema complexo se torna crítico, geralmente como resultado de alguma pequena perturbação. A extensão na qual o choque exógeno causa um desastre é geralmente uma função da estrutura da rede social que está sob pressão. Se puder ser localizado, o ponto de falha tem mais probabilidade de estar na camada intermediária do que no topo do organograma[1*,65] No entanto, quando ocorre o fracasso, a sociedade como um todo e os diferentes grupos de interesse dentro dela farão inferências muito maiores sobre o risco futuro do que é garantido[66] – daí a conclusão generalizada de um pequeno número de acidentes de que a energia nuclear era cronicamente insegura. Essa é a estrutura que devemos ter em mente ao nos esforçarmos para compreender um desastre muito maior – ou desastres – de 2020.

---

1 * Por exemplo, é por isso que a tentativa de alguns jornais de fazer de um conselheiro conservador o vilão da peça no desastre da Torre Grenfell, na Inglaterra, fracassará. Embora o inquérito público continue no momento em que este livro foi escrito, já estava claro, logo após o incêndio, que a vulnerabilidade do prédio era uma consequência de regulamentação excessivamente complexa, jurisdições sobrepostas e responsabilidades pouco claras.

9

AS PRAGAS

Resumidamente, ele me esclareceu que a praga foi espalhada pelas criaturas da lua. A lua, Nossa Senhora do Mau Aspecto, foi a transgressora.

Rudyard Kipling, *A Doctor of Medicine*

ANTROPAUSA

Escrever a história de um desastre que ainda não acabou é, aparentemente, impossível. E, no entanto, o ato de pensar historicamente sobre um evento que se desdobra tem seu valor. Na verdade, é uma parte essencial de qualquer esforço para aplicar a história às dificuldades presentes de uma forma sistemática. Este capítulo foi escrito na primeira semana de agosto de 2020 e revisado um mês depois, quando muito do que agora é conhecido do leitor era desconhecido. Algumas de suas opiniões podem já estar erradas no momento da publicação. Deve, portanto, ser lido mais como um diário de meio ano da praga – que de fato é como ele tomou forma, como uma apresentação de *slides* semanais que nasceu em 29 de janeiro, pouco depois de eu participar do Fórum Econômico Mundial em Davos. Ele foi atualizado todas as semanas até chegar a hora de escrever este livro.

A meu ver, os líderes econômicos e políticos mundiais estavam concentrados na preocupação errada. Mesmo enquanto uma pandemia global estava ocorrendo, à medida que voos transportando passageiros infectados deixavam Wuhan com destino a todo o mundo, as discussões no Fórum Econômico Mundial focalizaram quase exclusivamente o problema da mudança climática. Questões de responsabilidade ambiental, justiça social e governança (ESG) dominaram as discussões nos conselhos corporativos. Em 23 de janeiro, os cientistas atômicos avançaram em seu Relógio do Juízo Final para "mais perto do apocalipse do que nunca", mas não porque previram uma pandemia: suas preocupações eram guerra nuclear, mudanças climáticas, "guerra de informação cibernética" e "erosão" da infraestrutura política internacional.[1] Pessoas em todo o mundo ocidental perderam, até que fosse tarde demais, o significado do "novo coronavírus" tardiamente divulgado pelo governo chinês à Organização Mundial de Saúde no último dia de 2019. Por uma rica ironia, a Covid-19 concedeu o desejo de Greta Thunberg, a criança santa do movimento milenarista do século XXI. "Nossas emissões precisam parar", declarou ela em Davos. "A partir de hoje, qualquer plano ou política que não inclua cortes radicais de emissões na fonte será completamente insuficiente."[2] Em questão de semanas, as observações de satélite mostraram declínios dramáticos nas emissões de dióxido de nitrogênio acima da China (queda de 40% em relação ao mesmo período de 2019), Estados Unidos (queda de 38%) e Europa (queda de 20%).[3] Essas foram, é claro, consequências diretas da suspensão da atividade econômica considerada necessária para limitar a propagação do novo vírus. Os conservacionistas também puderam celebrar a "antropausa" quando centenas de milhões de pássaros e milhões de animais foram poupados de seu massacre usual nas mãos de motoristas humanos.[4] Ao que parece, nada poderia ser mais benéfico para o resto do planeta do que trancar humanos em suas casas por alguns meses.

Esse fato não serve para descartar os riscos potenciais que podem surgir do aumento das temperaturas globais, mas simplesmente para sugerir que a discussão obsessiva desses riscos em 2019 e no início de 2020 levou à miopia. Para o americano de classe média na véspera da pandemia, a chance de morrer de *overdose* era duzentas vezes maior do que a chance de ser morto por uma tempestade cataclísmica, e a chance de morrer em um acidente de automóvel era 1.500 vezes maior do que a chance de ser morto por uma enchente.[5] Mas em 2018 o número de americanos mortos por gripe e pneumonia (59.120) foi substancialmente maior do que o número de mortos em acidentes de carro (39.404).⁶ Apenas um século antes, a pandemia de gripe de 1918-1919 havia demonstrado o quão letal pode ser um novo vírus que atinge o sistema respiratório. Apesar dos repetidos avisos, a atenção dos estrategistas políticos se desviou desse risco.

As origens do novo vírus Sars-CoV-2 podem ser rastreadas até o Estado disfuncional de partido único da China. No entanto, precisamos dos *insights* da ciência das redes para explicar como exatamente o vírus se espalhou. Os governos dos Estados Unidos, do Reino Unido e da União Europeia falharam em suas diferentes maneiras de responder com rapidez e eficácia à ameaça. O fracasso na América Latina foi ainda mais lamentável. Mas isso não foi culpa apenas dos líderes populistas, como muitas vezes foi afirmado, foi também uma falha sistêmica, e o Taiwan, Coreia do Sul e outros Estados menores e mais bem preparados mostraram que essa falha não era inevitável. As coisas, no entanto, ficaram muito piores com informações incorretas e a desinformação sobre o vírus que também se tornou viral na internet, levando a uma confusão generalizada sobre a seriedade com que tratar o contágio. Embora o distanciamento social fosse a resposta correta, as consequências econômicas das medidas tardias para "bloquear" as economias eram historicamente sem precedentes e – à medida que a verdadeira taxa de mortalidade por infecção da Covid-19 ficou mais clara – quase certamente excedeu os benefícios para a saúde pública. Como afirmo no capítulo 10, as medidas monetárias e fiscais foram paliativas, não estimulantes. Seu principal efeito foi desacoplar os preços dos ativos da realidade econômica e (talvez) lançar as sementes da inflação futura. No verão de 2020, estava claro que havia um caminho a seguir, mas não era um caminho direto de volta a uma velha normalidade que poderia levar anos para se recuperar, se é que poderia ser recuperada. O perigo, sugere meu capítulo final, era que esse caminho pudesse levar a uma crise política e a um confronto geopolítico, potencialmente até mesmo à guerra.

A EXALAÇÃO WUHAN

A pandemia da Covid-19 *pode* ter sido tão ruim quanto os modelos epidemiológicos do Colégio Imperial de Londres projetados em meados de março. Naquela fase era impossível ter alguma certeza. Neil Ferguson e seus colegas deram a entender que o mundo enfrentava uma pandemia tão grave quanto a gripe espanhola de 1918-1919, com até 2,2 milhões de vidas americanas em risco caso medidas drásticas como *lockdowns* não fossem adotadas. Mas isso assumiu uma taxa de mortalidade por infecção mais alta (0,9%) do que parecia provável, mesmo naquele estágio relativamente inicial. Em agosto, a pandemia de 2020 parecia mais provável de terminar mais perto da "gripe asiática" de 1957-1958 em termos de mortalidade excessiva. (Como vimos no capítulo 7, a gripe asiática matou até 115.700 norte-americanos, o equivalente a 215 mil em 2020, e entre 700 mil e 1,5 milhão de pessoas em todo o mundo, equivalente entre 2 a 4 milhões de mortos hoje.) Isso significava que, em agosto de 2020, a Covid-19 ainda era capaz de matar muito mais pessoas.

No final de janeiro de 2020, havia pouco menos de 10 mil casos confirmados e 212 mortes atribuídas à nova doença, quase todos na província de Hubei, na China.[7] No entanto, naquela época um número incontável de viajantes infectados havia deixado Wuhan e se mudado para cidades em todo o mundo, por causa do ocultamento e da lentidão das autoridades chinesas. No fim de fevereiro, o total de casos confirmados em todo o mundo era de 86 mil; no fim de março, 872 mil; no fim de abril, 3,2 milhões; no final de maio, 6,2 milhões; no final de junho, 10,4 milhões. Até 3 de agosto de 2020, havia um total de 18,1 milhões de casos de Covid-19 confirmados em todo o mundo, com pouco mais de 690 mil mortes. Um pouco menos de um quarto (23%) de todas as mortes ocorreu nos Estados Unidos. E pouco menos de um terço (31%) dessas mortes ocorreram em apenas dois estados: Nova York e Nova Jersey.[8] Quantas pessoas mais morreriam de Covid-19? No momento em que este material foi escrito, a média semanal de mortes atribuídas à doença em todo o mundo estava aumentando. Depois de atingir o pico em 18 de abril em mais de 7 mil, caiu para cerca de 4. mil no final de maio, para depois aumentar novamente para 5.700. A menos que essa tendência melhore, o número global de mortes pode ser de 1 milhão em outubro e de 2 milhões até o fim do ano. Os modelos epidemiológicos para os Estados Unidos variaram em suas projeções, alternando de 230.822 mortes em 1º de novembro a 272 mil em 23 de novembro.[9] Em maio, com base na experiência histórica, estimei um número de mortos nos Estados Unidos de cerca de 250 mil até o fim do ano. Em agosto isso ainda parecia plausível. No entanto, seria historicamente incomum para uma pandemia dessa escala se limitar a um ano. Entre as muitas incógnitas conhecidas estava o quanto o número de mortos aumentaria no Hemisfério Sul e quanto seria significativo o retorno de um clima mais frio ou a reabertura de escolas no Norte. Uma pesquisa concluiu que quase 349 milhões de pessoas (4,5% da população global) estavam "em alto risco de contaminação grave da Covid-19 e exigiriam internação hospitalar caso infectadas", mas é claro que apenas uma fração dessas realmente seria infectada, da qual apenas uma fração menor morreria.[10] Então, esse foi um desastre global, mas em termos de mortalidade (seja ela excessiva ou anos de vida ajustados pela qualidade) na escala de 1957-1958, não de 1918-1919, assumindo que o vírus não sofreu mutação de uma forma que o fez mais contagioso ou mais letal ou ambos, o que parecia improvável.

Não havia nada de surpreendente sobre sua localização de origem. Como vimos, um número significativo de pandemias históricas teve origem na Ásia e, especialmente, na China. O que exatamente aconteceu em Wuhan ainda não estava claro em agosto de 2020. De acordo com relatos da imprensa ocidental, em 2018, diplomatas dos Estados Unidos levantaram preocupações sobre a segurança no Instituto de Virologia de Wuhan, onde Shi Zhengli havia se envolvido por vários anos na pesquisa de coronavírus em morcegos, bem como no vizinho Centro de Controle e Prevenção de Doenças de Wuhan.[11] Entretanto, o governo chinês manteve a história de que o surto inicial foi no mercado de "frutos do mar" de Huanan, onde todos os tipos de animais selvagens vivos estavam de fato à venda.[12] De qualquer forma, não havia evidências que sugerissem que o vírus tenha sido premeditadamente desenvolvido. Foi apenas o último caso na história de transferência zoonótica de animais para humanos. Provavelmente o *Rhinolophus affinis,* o morcego-ferradura, foi o hospedeiro do reservatório. Pangolins malaios possivelmente importados agiam como um trampolim. O vírus pode ter sofrido mais mutações nas primeiras transmissões de pessoa a pessoa.[13]

Se as autoridades chinesas tivessem agido com rapidez e franqueza, o desastre poderia ter sido evitado.[14] O primeiro caso de Wuhan (que não tinha conexão com o mercado de Huanan) apresentou sintomas em 1º de dezembro. Cinco dias depois que um homem ligado ao mercado apresentou sintomas semelhantes aos de uma pneumonia, sua esposa adoeceu de forma semelhante, sugerindo transmissão de pessoa a pessoa. Posteriormente, descobriu-se que houve 104 casos e 15 mortes durante o mês de dezembro. Dos primeiros 41 casos, 6 morreram.[15] Mesmo assim, a Comissão de Saúde de Wuhan (WHC) se arrastou por um mês inteiro. Médicos locais como Jixian Zhang e Li Wenliang notaram algo errado na onda de casos de pneumonia anormal que estavam observando, mas Li (que sugeriu no WeChat que a doença podia ser Sars) foi advertido por espalhar "boatos falsos" e forçado a se retratar. (Ele morreu de Covid-19 em 7 de fevereiro.) O relatório oficial chinês para a Organização Mundial da Saúde em 31 de dezembro reconheceu um grupo de casos de pneumonia viral de etiologia desconhecida em Wuhan, mas afirmou que não havia "nenhuma evidência clara" de contaminação pessoa a pessoa. "A doença pode ser prevenida e controlada", disse o governo. O encobrimento de notícias continuou em janeiro, mesmo depois que a primeira morte do novo vírus foi anunciada no dia 11 (um homem de 61 anos que morrera dois dias antes). Os médicos foram silenciados, as redes sociais censuradas. Em 10 de janeiro, um respeitado médico de Pequim, Wang Guangfa, disse que o surto estava "sob controle" e, em grande parte, em uma "condição leve". Enquanto os líderes políticos de Wuhan e Hubei se reuniam em Wuhan para reuniões anuais, o WHC manteve o número de infectados artificialmente baixo e minimizou repetidamente os riscos de contágio. As autoridades de Wuhan também permitiram grandes reuniões públicas antes do Ano Novo Lunar.

Cientistas chineses fizeram o que puderam. Em 2 de janeiro, Shi Zhengli havia decodificado todo o genoma do vírus, mas, no dia seguinte, a Comissão Nacional de Saúde (NHC) proibiu os laboratórios chineses de publicar informações sobre o vírus sem autorização do governo. Em 3 de janeiro, o Centro Chinês de Controle de Doenças também sequenciou o vírus. Em 5 de janeiro, a equipe de Zhang Yongzhen também havia chegado ao Centro Clínico de Saúde Pública de Xangai. Mas o governo ficou atento a todas essas descobertas. Em 11 de janeiro, Zhang foi em frente e postou o genoma do vírus no *site* virological.org. No dia seguinte, seu laboratório foi fechado para "retificação", mas o esqueleto já estava fora do armário.[16] Em uma teleconferência confidencial em 14 de janeiro, o chefe da Comissão Nacional de Saúde, Ma Xiaowei, advertiu em particular outras autoridades chinesas que o surto de Wuhan "provavelmente se tornaria um grande evento de saúde pública" e que "casos agrupados" sugeriam "transmissão pessoa a pessoa". Na mesma época, de acordo com um relatório canadense, o regime emitiu orientações urgentes para os consulados chineses de todo o mundo de que deviam "se preparar e reagir a uma pandemia", importando, em grande escala, suprimentos de equipamentos de proteção individual. Só em 20 de janeiro – seguindo um relatório de Wuhan de uma equipe de especialistas enviada pelo NHC – o governo chinês confirmou os primeiros casos de transmissão pessoa a pessoa e reconheceu publicamente que (nas palavras de Xi Jinping) o "surto deve ser levado a sério". Então, no mínimo, a China perdeu semanas, e talvez tenha sido mais. De acordo com um estudo de Harvard baseado em fotografias de satélite e dados da internet, houve um aumento notável no estacionamento de veículos diante de seis hospitais em Wuhan entre o final de agosto e 1º de dezembro de 2019, bem como um aumento nas pesquisas *on-line* por termos como "tosse" e "diarreia".[17]

A conduta das autoridades chinesas foi semelhante à do início da epidemia de Sars. A diferença é que, desta vez, a Organização Mundial da Saúde, sob o comando de seu diretor-geral, Tedros Adhanom Ghebreyesus, assumiu uma postura indiferente, senão servil. A China apoiou fortemente sua candidatura ao cargo. Tedros retribuiu endossando o esquema chinês para uma "Rota da Seda da Saúde". Na fase inicial da crise, Tedros repetiu a linha de Pequim em 14 de janeiro ("as autoridades chinesas não encontraram nenhuma evidência clara de transmissão pessoa a pessoa "), não conseguiu declarar uma emergência de saúde pública global até uma semana depois que Wuhan foi bloqueado e esperou até 11 de março para reconhecer que havia uma pandemia. Um país estava dando um exemplo brilhante de contenção de contágio sem *lockdowns* que outros poderiam ter seguido: Taiwan. Em respeito à República Popular da China, os funcionários da OMS agiram como se ele não existisse.[18]

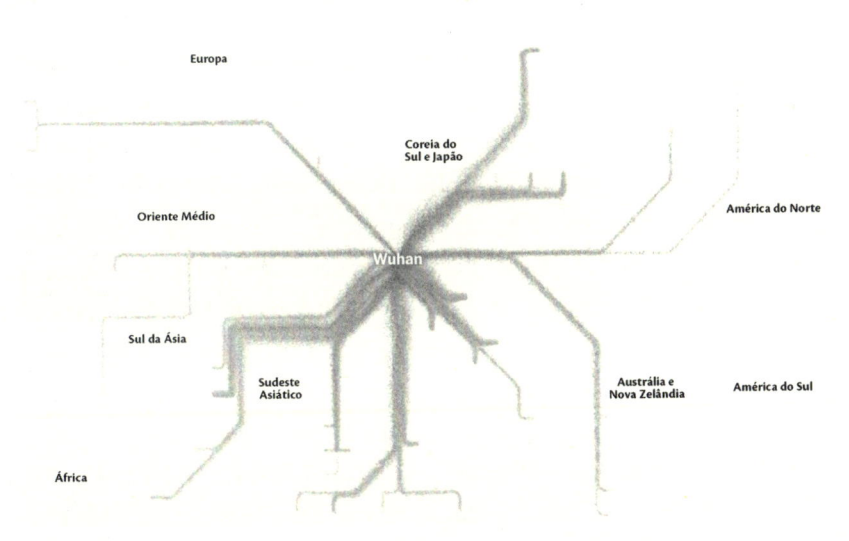

Os passageiros partem de Wuhan antes do *lockdown* da cidade em 23 de janeiro. Dezenove voos partiram em janeiro de Wuhan para o Aeroporto John F. Kennedy ou San Francisco. Os voos estavam quase lotados, de acordo com a VariFlight. Cerca de 85% dos passageiros infectados não foram detectados.

Na manhã de 23 de janeiro, Wuhan foi colocada em quarentena, seguida dois dias depois por outras 15 cidades em Hubei. No dia seguinte, foi emitida uma ordem suspendendo as viagens em grupo dentro da China. No entanto, em um erro que teria consequências de longo alcance, a China não emitiu uma ordem suspendendo as viagens em grupo a países estrangeiros até três dias depois, em 27 de janeiro, e nada fez para impedir que indivíduos viajassem ao exterior.[19] Ao todo, cerca de 7 milhões de pessoas deixaram Wuhan em janeiro, antes que as viagens fossem restritas.[20] Nos dias que antecederam o feriado do Ano Novo Lunar, um número desconhecido de pessoas infectadas – porque neste ponto 86% das infecções eram indocumentadas[21] – viajou por toda a China e pelo mundo para ver parentes e amigos íntimos.[22] De ônibus, trem e avião, o vírus se espalhou.[23] No entanto, em nenhuma outra província da China além de Hubei a Covid-19 se espalhou exponencialmente,[24] enquanto no resto do mundo – na Europa, América do Norte e América Latina – isso acontecia. Por que isso aconteceu? A resposta não foi que as restrições a viagens fossem aplicadas com muito mais rigor entre Wuhan e o resto da China do que entre Wuhan e o resto do mundo, embora fossem. A resposta foi que o resto da China impôs intervenções não farmacêuticas (INFs), suspendendo o transporte público intraurbano, fechando escolas, locais de entretenimento e proibindo reuniões públicas, bem como colocando pacientes suspeitos e confirmados de quarentena mais rapidamente do que o resto do mundo.[25] O significado da proibição de viajar de Wuhan foi que deu às autoridades em outras cidades chinesas no máximo dois ou três dias para colocar seus INFs em vigor. Essas medidas foram então aplicadas estritamente em todo o país pelos comitês de bairro do Partido Comunista. As pessoas ficavam confinadas em suas casas, em alguns casos com portas de prédios de apartamentos soldadas. Um sistema nacional de temperatura e outros testes e rastreamento de contato manual foram construídos às pressas. Isso explica por que os casos chineses se estabilizaram em fevereiro.[26]

No início, em janeiro e grande parte de fevereiro, os casos fora da China não cresceram exponencialmente. Mas cresceram assim primeiro na Europa, depois na América do Norte. Foi surpreendente. Segundo a OMS, os Estados Unidos deveriam estar entre os países "mais bem-preparados" para a eventualidade de uma pandemia.[27] O Índice de Segurança de Saúde Global de 2019 classificou os Estados Unidos, juntamente com o Canadá, o Reino Unido e alguns outros países como "os mais preparados".[28] Mas as classificações da OMS e do GHS acabaram não valendo nada: na verdade, estavam negativamente correlacionadas com a contenção da pandemia. Ter um sistema de saúde universal também acabou não sendo uma vantagem estatisticamente significativa: vários países com esses sistemas se saíram mal.[29] Uma classificação inicial das respostas à pandemia em abril colocou Israel, Cingapura, Nova Zelândia, Hong Kong e Taiwan no topo, seguidos de perto pelo Japão, Hungria, Áustria, Alemanha e Coreia do Sul.[30]

O primeiro caso de Covid-19 nos Estados Unidos foi relatado em 20 de janeiro de 2020, no condado de Snohomish, Washington: um homem de 35 anos que acabara de voltar de Wuhan, embora não parecesse ter infectado ninguém. O vírus chegou diretamente da China e indiretamente da Europa e do Irã.[31] O número de casos cresceu exponencialmente nos Estados Unidos ao longo de março, embora com uma forte concentração na região nordeste, especialmente na cidade de Nova York e arredores. Depois de março, as curvas de casos e óbitos se achataram, mas novas infecções e novas mortes continuaram ocorrendo em taxas mais altas que em outros países desenvolvidos. Em quatro meses, o vírus se espalhou para todos os estados e para mais de 90% de todos os condados.[32] Em junho, os Estados Unidos estavam claramente piores que a Itália, mesmo no que diz respeito a *per capita*, e a Itália estava entre os países europeus mais atingidos.[33]

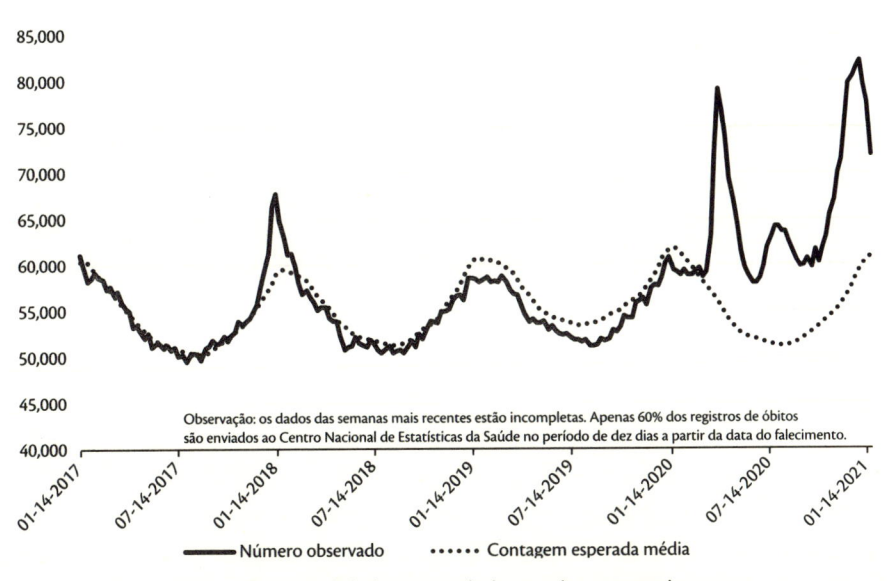

Excesso de mortalidade semanal observada e esperada nos Estados Unidos (todas as causas), 2017-2020.

As medidas mais esclarecedoras do impacto de uma pandemia são as mortes em relação à população e as mortes em excesso acima das médias sazonais recentes. Com base na primeira medida, os Estados Unidos (mortes por Covid-19, 469 mortes por milhão em 4 de agosto) foram significativamente pior do que a Irlanda (357), Canadá (237), Austrália (9) e Nova Zelândia (5), mas melhor do que o Reino Unido (680). Também mais atingidos que os Estados Unidos foram a Bélgica (850), a Espanha (609), a Itália (582) e a Suécia (569), com a diferença de que os números de casos europeus haviam praticamente estabilizado (embora apenas temporariamente) naquela época. Cada vez mais, o caminho da Covid-19 e a mortalidade nos Estados Unidos foram semelhantes aos do Brasil (445) ou do México (372). Em meados de julho de 2020, os Estados Unidos haviam sofrido cerca de 149 mil mortes em excesso, 23% acima da média histórica, semelhante aos números do Brasil, Holanda, Suécia e Suíça. (De acordo com o jornal *The New York Times*, as mortes estimadas acima do normal entre 1º de março e 25 de julho totalizaram 219 mil.[34] No entanto, os dados do CDC sugerem 205.985 mortes em excesso por todas as causas de 1º de janeiro a 1º de agosto, 12% acima do total de mortes esperadas naquele período.[35]) As taxas para o Chile (46%), Reino Unido (45%), Itália (44%), Bélgica (40%) e Espanha (56%) foram todas substancialmente mais altas, com o Reino Unido se saindo pior do que todos os países da UE.[36] Peru (149%) e Equador (117%) tiveram os maiores índices de mortalidade. No entanto, alguns países (Islândia, Israel e Noruega) não sofreram mortes em excesso. A taxa de mortalidade excessiva na Alemanha era de 5%.[37]

O problema no verão de 2020 foi que os americanos em todo o país agiram de maneira que simplesmente ignorava o que se sabia naquela época sobre o vírus e a doença. Somente em Vermont a doença foi realmente contida. (Alasca, Havaí e Montana estavam nessa categoria em junho, mas o número de casos aumentou à medida que os turistas chegavam de estados com maior número de infecções.) A situação havia melhorado muito nas regiões fechadas de Nova Inglaterra, New Jersey e Nova York, que haviam sofrido o impacto da primeira onda na primavera. Mas na clara maioria dos estados, notadamente no Sul e no Oeste, casos de Covid-19 continuaram a aumentar desde o Memorial Day (25 de maio). Em cerca de uma dúzia deles, houve uma segunda onda após um período em que a doença parecia ter sido contida. Em vários estados importantes – principalmente Califórnia, Flórida e Texas –, a onda inicial havia apenas começado a crescer no início de agosto.[38]

Sabíamos muito mais em agosto sobre o Sars-CoV-2 e a Covid-19 do que sabíamos em janeiro, quando a resposta racional às informações não confiáveis provenientes da China era se preparar para o pior, minimizando o tráfego de entrada da China, aumentando os testes para o novo vírus e criando um sistema de rastreamento de contatos. (Foi isso que o Taiwan e a Coreia do Sul fizeram.) Seu código genético era extremamente próximo ao do coronavírus de morcego RaTG13. Era óbvio até para epidemiologistas amadores que a nova doença era pelo menos tão infecciosa quanto a gripe sazonal e significativamente mais letal.[39] Não foi tão mortal quanto a Sars, Mers, ebola ou a gripe espanhola de 1918, todos com taxas de mortalidade por infecção mais altas. Não era tão contagiosa quanto a varicela, que tem o maior número de reprodução de todas as doenças. Estava no que pode ser chamado de ponto amargo (em oposição ao doce): contagioso o suficiente para se espalhar rapidamente, mas não tão letal a ponto de permanecer geograficamente contido. As primeiras estimativas do número de reprodução (R0, o número de outras pessoas infectadas por um portador de vírus) variaram amplamente – de 6 a 15 –, mas eram altas o suficiente para serem alarmantes.[40] O consenso no verão estava entre 1,8 e 3,6.[41] Crucialmente, estava claro que uma proporção significativa de portadores de vírus – algo em torno de 40% – não apresentava sintomas quando infectados. Alguns, especialmente crianças, nunca desenvolveram sintomas.[42] Em diretrizes publicadas em 10 de julho, o CDC estimou o R0 em 2,5 e a porcentagem de transmissão que ocorria antes do início dos sintomas em 50%.[43]

Os cientistas estabeleceram rapidamente que a proteína *spike* do vírus se liga a uma proteína na superfície das células humanas (conhecida como ACE2) e então, uma vez dentro da célula, libera seu RNA e começa a se reproduzir, começando na área respiratória superior. Em julho de 2020, sabíamos que o vírus Sars-CoV-2 pode se espalhar em aerossóis de partículas finas ou gotículas de Flügge.[44] Isso significava que era transmitido mais facilmente por tosse, espirro, grito ou canto em locais internos com ar condicionado e relativamente lotados.[45] Em tais situações, estar a quase 2 metros de distância era proteção insuficiente.[46] Isso firmou o argumento para o uso de máscaras em qualquer lugar lotado.[47] Era mais raro pegar a doença do lado de fora.[48] O vírus estava presente nas fezes, bem como na respiração e na saliva, mas não havia evidências de propagação por essas vias, embora, em teoria, até mesmo a descarga de uma privada pudesse propelir partículas virais pelo ar.[49] Tudo isso sugeria que as mudanças nas temperaturas médias sazonais teriam um impacto limitado na taxa de contágio. O papel do aquecimento, do ar-condicionado e da propagação interna tornava as temperaturas externas de importância trivial.[50] Também ficou claro que o sintoma mais comum de infecção era a anosmia (perda do olfato).[51]

Mas o quanto era mortal a doença? Era esse o problema. Na primavera, parecia provável, embora não certo, que a taxa geral de mortalidade por infecção (IFR) cairia em algum lugar entre 0,3 e 0,7%, não os 0,9 a 1,0% presumidos em alguns modelos anteriores. Muitas pessoas infectadas não apresentaram sintomas. Muitos tiveram problemas relativamente menores, durante alguns dias, uma proporção tinha a doença prolongada, dos quais em alguns (na França, pouco menos de 4%)[52] a hospitalização era necessária. Daqueles que requeriam cuidados intensivos, uma grande proporção morreu – cerca de metade na Grã-Bretanha – mais comumente de síndrome de dificuldade respiratória aguda acompanhada por hipoxemia (baixo oxigênio no sangue arterial) e culminando em uma "tempestade" fatal de citocinas.[53] O tempo entre o início dos sintomas e a morte foi de apenas duas semanas, em média.[54] As autópsias revelaram formas distintas de lesão pulmonar: lesão endotelial grave associada à presença de vírus intracelular e membranas celulares rompidas e trombose generalizada com microangiopatia.[55]

Ficou claro desde o início da epidemia de Wuhan que os idosos eram o grupo mais vulnerável, com taxas de letalidade em torno de 8% em pacientes na casa dos 70 anos e 15% entre os octogenários.[56] Na Europa, 80% das mortes ligadas ao Covid-19 eram de pessoas com mais de 75 anos.[57] A distorção refletiu o fato de que os idosos têm uma variedade de doenças preexistentes, como doença cardíaca isquêmica, diabetes, câncer, fibrilação atrial e demência, o que os torna mais vulneráveis.[58] Além disso, os dados britânicos mostraram que os homens infectados tinham mais probabilidade de morrer do que as mulheres e que as pessoas obesas tinham mais probabilidade de morrer do que aquelas com massa corporal normal. A asma surgiu como outro fator de risco no Reino Unido.[59] O cenário nos Estados Unidos era semelhante: CFRs da Covid-19 (taxa de fatalidade de caso) aumentaram de menos de 1% (para pessoas 20 a 54 anos) para 1 a 5% (55 a 64), para 3 a 11% (75 a 84), para 10 a 27% (85 e mais velhos).⁶⁰ Os septuagenários representavam 9% da população do estado de Nova York, mas 64% das fatalidades da Covid-19.⁶¹ Isso não queria dizer que os adultos em idade avançada estivessem seguros. Uma proporção maior de mortes de americanos do que de europeus foi de pessoas na casa dos 50 anos, quase certamente refletindo taxas mais altas de obesidade e problemas de saúde associados na população dos Estados Unidos.⁶² Acidentes vasculares cerebrais, coagulação sanguínea anormal e casos de isquemia aguda de membro foram relatados entre vários portadores de Covid saudáveis em seus 30 e 40 anos.⁶³ Havia evidências acumuladas de que muitos pacientes que se recuperaram da doença sofreram danos pulmonares duradouros,⁶⁴ enquanto outros relataram sintomas persistentes como fadiga, falta de ar e dores.⁶⁵ Na Itália e no estado de Nova York, houve casos de crianças gravemente doentes, incluindo um número com sintomas de inflamação semelhantes aos da síndrome de Kawasaki.⁶⁶ Quatro de 582 crianças Covid-positivas em um estudo europeu morreram.⁶⁷ Também ficou claro desde muito cedo que as pessoas de herança africana estavam mais sujeitas a morrer de Covid-19 do que suas contrapartes brancas.⁶⁸ No Reino Unido, eram pessoas de herança caribenha e do sul da Ásia.⁶⁹ Em Chicago, por exemplo, os afro-americanos eram 30% da população, mas 52% das mortes da Covid-19. No geral, a taxa de mortalidade para negros americanos foi 2,5 vezes maior.⁷⁰ Latinos e nativos americanos também foram infectados em taxas mais altas do que os americanos brancos.⁷¹ Até que ponto isso refletia desvantagens socioeconômicas (por exemplo, cuidados de saúde precários, acomodação lotada ou ocupações expostas), maior prevalência de condições que aumentavam a vulnerabilidade (por exemplo, obesidade e diabetes) ou fatores genéticos permaneceu um assunto para pesquisas e debates adicionais, embora houvesse aqueles que desejavam descartar o último desses *ex ante*.⁷²

Tudo isso era ruim o suficiente para fazer uma estratégia simplista de "imunidade de rebanho" parecer imprudente. Com base em um modelo epidemiológico padrão, isso só poderia ser alcançado se cerca de 70% da população pegasse o vírus,¹* o que significaria um número inaceitavelmente grande de

---

1 *No caso de um patógeno com R0 de 4, em média, uma pessoa infectada infectará outras quatro. Matematicamente, o limiar de imunidade do rebanho é definido por 1 menos 1 / R0; então, se R0 = 4, o limiar de imunidade do rebanho correspondente é 75% da população.

mortes e doenças graves, mesmo na hipótese de um IFR relativamente baixo – quase 1,4 milhão de mortes nos Estados Unidos, assumindo um IFR de 0,6%.[73] No entanto, ainda havia muito o que não sabíamos sobre o vírus e a doença e, provavelmente, uma quantidade significativa que não sabíamos que não sabíamos. Não sabíamos quanto tempo durava a imunidade para aqueles que foram infectados e se recuperaram, embora soubéssemos que eles tinham imunidade.[74] (Ou sabíamos? A teoria de que alguém poderia se recuperar e então pegar a doença novamente parecia não se sustentar, até que um punhado de casos assintomáticos provasse o contrário.[75]) Não sabíamos há quanto tempo as pessoas que tinham se recuperado da Covid-19, mas ainda se sentiam mal, permaneceriam prejudicadas, e o quanto poderia ter sido grave. Não entendíamos muito bem por que motivo, por exemplo, as experiências da Alemanha e do Japão foram tão diferentes das da Bélgica e dos Estados Unidos, ou por que a experiência da Grã-Bretanha foi bastante semelhante à da Suécia, apesar de os dois países "adotarem políticas de saúde pública radicalmente diferentes, ou por que Portugal se saiu melhor do que a vizinha e muito semelhante Espanha, ou por que os suíços italianos se saíram tão pior do que os suíços-alemães. A vacina contra tuberculose Bacillus Calmette-Guérin (BCG), obrigatória em alguns países, mas não em outros, era de alguma forma protetora contra Covid-19?[76] Os grupos sanguíneos eram relevantes, sendo o tipo A mais suscetível do que o tipo B?[77] Qual foi o papel das células T de memória ou dos anticorpos gerados pela exposição a outros coronavírus?[78] Em resumo, ainda havia muita "matéria escura" inexplicada, para usar a expressão do neurocientista Karl Friston.[79] E quais eram as chances de o vírus sofrer mutações adicionais de forma a torná-lo mais contagioso ou letal ou simplesmente mais resistente a uma vacina?[80] Não alto, mas não zero.

Enquanto isso, terapias eficazes para Covid-19 estavam se mostrando evasivas. Remdesivir, baricitinibe, carmofur e dexametasona tiveram alguma eficácia, mas nenhuma pode ser descrita como cura. A hidroxicloroquina, apesar do endosso presidencial repetido, não funcionou.[81] Uma vacina parecia provável de ser encontrada – 202 estavam em desenvolvimento, 24 em testes clínicos e 5 em testes de fase III,[82] com resultados encorajadores dos ensaios de Fase II na Moderna (mRNA-1273) e Oxford (ChAdOx1 nCoV-19) –, mas certamente levaria meses antes que alguma delas estivesse disponível, mesmo em um cenário otimista que desafiaria a história recente de desenvolvimento de vacinas, em que novos imunizantes levavam uma década ou mais para serem desenvolvidos.[83] Quanto aos testes, era evidente no verão de 2020 que havia limites para a confiabilidade da maioria dos disponíveis: testes com alta sensibilidade produziram falsos negativos, enquanto aqueles com alta especificidade produziram falsos positivos.[84] Até que houvesse um progresso significativo nessas áreas, limitar a propagação do vírus dependeria, portanto, de INFs, como uso de máscara, distanciamento social sustentado, testes generalizados e regulares e rastreamento de contato sistemático, bem como quarentena eficaz de pessoas conhecidas ou suspeitas de estarem infectadas. Onde os governos e as pessoas não perceberam isso, os números de casos e de mortes permaneceriam elevados ou, na melhor das hipóteses, diminuiriam apenas lentamente.

A PANDEMIA EM REDE

Essa crise pandêmica da Covid-19 só poderia ser entendida pelas lentes da história e da ciência em rede. A primeira forneceu uma noção de sua escala potencial e das prováveis consequências. A segunda explicou por que o vírus se espalhou muito mais longe e mais rápido em alguns lugares e em algumas populações do que em outras. A ciência da rede também explicou por que deixar Hubei *off-line* causou uma onda de choque nas cadeias de suprimentos globais. Explicou também por que a falha em conter o vírus na Europa levou à medida extrema de *lockdowns* e por que estes desencadearam uma crise financeira global. Acima de tudo, por que notícias falsas sobre a Covid-19, que se espalharam de forma viral pelas redes sociais, incentivaram o comportamento inconsistente e muitas vezes contraproducente de tantas pessoas.

Como vimos (capítulo 4), os modelos epidemiológicos padrão tendem a omitir a topologia de rede, assumindo que qualquer indivíduo pode entrar em contato com qualquer outro e que todos eles têm um número semelhante de contatos. Essa sociedade homogênea não existe. No mundo ideal de uma população aleatoriamente em rede, esses modelos podem ser suficientes. Mas em uma população com uma topologia de rede sem escala, como escreveu Albert-László Barabási, "os *hubs* são os primeiros a serem infectados, pois, pelos muitos *links* que possuem, é muito provável que entrem em contato com um nó infectado. Uma vez que um *hub* é infectado, ele 'transmite' a doença para o resto da rede, transformando-se em um superespalhador… Isso implica uma disseminação mais rápida do patógeno do que a prevista pelos modelos tradicionais de epidemia".[85] Nesses casos, as estratégias de imunização padrão e os modelos de imunidade de rebanho não funcionam.[86] De maneira geral, as redes sociais podem ser caracterizadas em termos de sua fragilidade (heterogeneidade em suscetibilidade, exposição ou mortalidade) e interferência (até que ponto a conectividade pode ser reduzida em caso de contágio). Uma pandemia expõe fragilidade e incentiva a interferência.[87] Portanto, respostas bem-sucedidas e direcionadas, que levam em consideração a heterogeneidade da população, devem ser capazes de conter uma pandemia com uma taxa geral de infecção muito mais baixa do que a sugerida pelas noções-padrão de imunidade de rebanho.[88]

A história da Covid-19 foi como um estudo de caso projetado para ilustrar as percepções de Barabási e seus colaboradores. O vírus se espalhou na velocidade de um avião a jato pela rede sem escala de aeroportos internacionais de passageiros, acelerada pelo volume sem precedentes de viagens em dezembro de 2019 e janeiro de 2020, mais do que o dobro do nível de quinze anos antes.[89] O quão longe espalhou-se a bordo dos próprios aviões não importava muito.[90] Tudo o que importava na primeira fase da pandemia era a distância efetiva (não geográfica) de Wuhan. Entre 1º de dezembro de 2019 e 23 de janeiro de 2020, 46 voos diretos partiram de Wuhan para a Europa (Paris, Londres, Roma e Moscou) e 19 para os Estados Unidos (Nova York ou São Francisco). Os voos estavam quase lotados, de acordo com a VariFlight. Infelizmente, janeiro é um mês de pico para viagens aéreas chinesas.[91] Dados da FlightStats também mostraram que um voo da China Southern pousou no Aeroporto Internacional de São Francisco em 1º de fevereiro, embora tenha vindo diretamente de Guangzhou.[92] Outros voos que pareciam partir de Wuhan para destinos asiáticos após o dia 23 mostraram-se vazios, exceto pela tripulação.[93] Como vimos, a quarentena de 23 de janeiro de Wuhan desacelerou a propagação do vírus apenas ligeiramente na China, e o efeito pode ter sido maior no exterior.[94] Mas como os voos internacionais continuaram a partir de outros aeroportos chineses, o vírus continuou a se espalhar. A proibição do presidente Trump de que passageiros chineses entrassem nos Estados Unidos, anunciada em 31 de janeiro, veio tarde demais e estava cheia de furos (cidadãos americanos e residentes permanentes estavam isentos) para ser eficaz.[95] Na primeira metade de 2020, a maioria dos países fechou suas fronteiras para viajantes estrangeiros totalmente, e o restante parcialmente.[96] Nunca tantas portas de estábulos foram fechadas depois que os cavalos fugiram.

Os Estados Unidos estavam efetivamente muito mais próximos de Wuhan do que sugeria um mapa-múndi. Mas outros países estavam mais próximos. De acordo com uma análise de rede, foi o quinto país com maior probabilidade de importar a Covid-19 da China, depois da Tailândia, Japão, Taiwan e Coreia do Sul. Outra classificou Camboja, Malásia e Canadá como mais em risco do que os Estados Unidos.[97] Para explicar por que todos esses países sofreram menos os casos e mortes da Covid-19 do que os Estados Unidos em termos relativos, precisamos entender a próxima parte da rede de contágio. As redes de transporte nacionais, regionais e locais também são uma parte vital da história, porque são as que a maioria dos passageiros usa quando chega ao aeroporto. Os ônibus espalharam o vírus: uma mulher infectou 23 pessoas em uma viagem de ida e volta.[98] Os metrôs em Londres e Nova York (especialmente a linha local de Flushing) também.[99]

Além do transporte público, que outros contextos facilitaram essa disseminação? Residências, obviamente, onde um único portador provavelmente infectaria outros membros da família.[100] Para os resultados de saúde, a extensão da coabitação geracional foi importante: isso pode explicar a má experiência do norte da Itália em relação à da Suécia.[101] Prédios de apartamentos com elevadores comunitários também eram pontos críticos: uma mulher que voltou do exterior para a China infectou um total de 70 pessoas simplesmente usando o elevador.[102] As crianças podem ser menos propensas a pegar o vírus do que adultos, e as crianças com o vírus podem não ter sintomas, mas (como um estudo de Berlim mostrou) ainda podem espalhá-lo. As escolas foram, portanto, o próximo centro óbvio na rede da Covid-19.[103] Elas podiam permanecer abertos apenas com precauções elaboradas e estritamente aplicadas, como em Taiwan.[104] Um único surto em uma escola de Jerusalém apagou o registro inicialmente notável de contenção de pandemia de Israel.[105] As faculdades eram ainda mais propensas a espalhar o vírus, porque os alunos vêm de lugares mais distantes e muitas vezes vivem em residências lotadas. (Poucas coisas eram mais fáceis de prever em 2020, ou seja, que o retorno dos alunos às escolas desencadearia uma nova onda de contágio.) Dormitórios ainda mais lotados para trabalhadores migrantes foram a ruína perfeita de Cingapura.[106]

Os restaurantes também favoreciam o contágio. Um indivíduo infectou outras nove pessoas em três mesas em um restaurante coreano.[107] Bares de karaokê deveriam ser evitados.[108] Mais de dois quintos dos funcionários em um andar de um prédio de escritórios coreano testaram positivo.[109] E, como em epidemias de coronavírus anteriores, os hospitais eram uma grande fonte de infecção, embora estivessem um pouco atrás de navios de cruzeiro, prisões, fábricas de processamento de alimentos e casamentos *no ranking* de locais de superespalhadores.[110] Entretanto, nenhuma instituição foi mais fatal no ano de peste de 2020 do que os lares de idosos.

A palavra "genocídio", que significa o assassinato de uma tribo ou povo, foi cunhada em 1944 por Raphael Lemkin, um judeu polonês refugiado do nazismo, cuja família foi praticamente destruída no Holocausto. A palavra "senicídio", que significa o assassinato deliberado de idosos, é menos conhecida, embora seja de proveniência mais antiga. De acordo com o *Dicionário Inglês Oxford*, foi usada pela primeira vez pelo explorador vitoriano Sir Henry Hamilton Johnston. A palavra de Lemkin pegou. E "senicídio". Existem apenas dois livros sobre o assunto no *site* da Amazon, e uma canção cacofônica chamada "Senicide", de uma banda californiana de *heavy metal*. Alguns livros mais antigos usavam a palavra, quase todos em conexão com as alegadas práticas de tribos antigas ou obscuras (os *padaeanos* da Índia, os *votyaks* da Rússia, os primeiros hopis americanos, os *netsilik inuit* do Canadá, o povo *san* da África do Sul e os bororos do Amazonas). Mas "senicídio" é uma palavra tão rara que o corretor ortográfico do Microsoft Word a sublinha em vermelho, ansioso para corrigi-la automaticamente para "suicídio". Tudo isso pode mudar quando o público em geral entender o que aconteceu no primeiro semestre de 2020. No Reino Unido, quase 20 mil mortes em excesso foram registradas em lares de idosos até 1º de maio, o resultado paradoxal de fetichizar o Serviço Nacional de Saúde às custas de instituições além de sua égide.[111] Nos Estados Unidos, 45% de todas as mortes por Covid-19 em meados de julho ocorreram em lares de idosos.[112] Em um erro desastroso, o governador de Nova York, Andrew Cuomo, e seu comissário de saúde, Howard Zucker, obrigaram as casas de repouso a aceitar, sem testes, pacientes "clinicamente estáveis" que recebiam alta dos hospitais. O resultado foi a morte de cerca de 6% de todos os residentes de asilos do estado.[113] Em todo o mundo, mortes em lares de idosos representam uma parcela total de mortes por Covid-19 que variaram de 0% em Hong Kong e Coreia do Sul a 72% na Nova Zelândia, embora os números absolutos por lá fossem pequenos. Na Europa, onde os números absolutos eram muito mais altos, as porcentagens variaram de 35% na França (14.341) a 38% na Inglaterra e País de Gales (19.700) e 50% na Bélgica (6.213).[114]

"Os antigos sardos da Sardenha", escreveu Henry Johnston em 1889, "consideravam um dever sagrado... dos jovens matar seus antigos parentes". O historiador russo do século XIX Nikolai Karamzin definiu o senicídio como "o direito dos jovens de assassinar os pais muito velhos que os sobrecarregavam com suas comorbidades, onerosos para a família e inúteis para os concidadãos". Os exploradores Knud Rasmussen e Gontran de Poncins relataram que o senicídio ainda era praticado pelos *netsilik* da Ilha do Rei William até os anos 1930. Mas quem previu o senicídio na década de 2020, principalmente nas democracias modernas e desenvolvidas? A resposta é o economista austríaco Friedrich von Hayek, que previu, em *A constituição da liberdade*,[115] que campos de concentração para idosos incapazes de se manter seriam o destino de uma geração idosa cuja renda dependesse inteiramente da coerção dos jovens.

Os locais, de ônibus abafados a casas de idosos senicidas, são apenas parte da história do contágio em rede – os cenários, não os atores. Rapidamente, no início de 2020, também se tornou aparente que, como em pandemias anteriores, da aids à Sars e Mers, um papel fundamental estava sendo desempenhado por "superespalhadores" individuais. O ecologista de doenças infecciosas Jamie Lloyd-Smith, que idealizou o fator de dispersão, k, com relação a surtos de coronavírus anteriores, foi capaz de calcular que ele era quase tão baixo para a Covid-19 quanto para o Sars.[116] Para Sars-CoV-2, k foi estimado em cerca de 0,1, "sugerindo que 80% das transmissões secundárias podem ter sido causadas por uma pequena fração de indivíduos infectados (~10%)."[117] Em Hong Kong, revelou-se uma proporção de Pareto quase perfeita de 20:80.[118] Isso significava que várias faíscas da fogueira de Wuhan eram necessárias – e não apenas uma ou duas – para criar uma pandemia global. Isso também significou que um número relativamente pequeno de eventos superespalhadores foi responsável por transformar as faíscas em labaredas.[119]

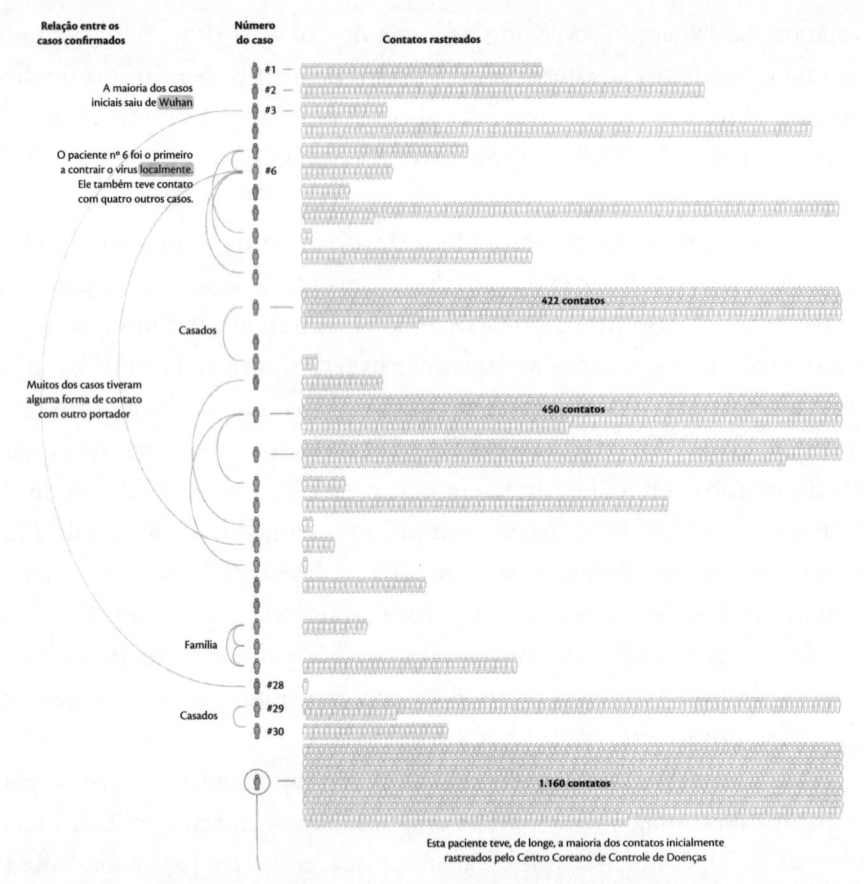

| Relação entre os casos confirmados | Número do caso | Contatos rastreados |

A maioria dos casos iniciais saiu de Wuhan — #1, #2, #3

O paciente nº 6 foi o primeiro a contrair o vírus localmente. Ele também teve contato com quatro outros casos. — #6

Casados — 422 contatos

Muitos dos casos tiveram alguma forma de contato com outro portador — 450 contatos

Família

Casados — #28, #29, #30

1.160 contatos

Esta paciente teve, de longe, a maioria dos contatos inicialmente rastreados pelo Centro Coreano de Controle de Doenças

A paciente 31 era uma superespalhadora sul-coreana que passou a Covid-19 para milhares de outras pessoas. Nas duas semanas anteriores ao teste, a mulher de 61 anos participou de reuniões em Seul e Daegu. Em 6 de fevereiro, envolveu-se em um pequeno acidente de trânsito em Daegu e recebeu tratamento no Hospital de Medicina Oriental de Saeronan. Enquanto era tratada naquele hospital, ela compareceu a dois cultos de duas horas na filial de Daegu da Igreja de Jesus Shincheonji, em 9 de fevereiro e novamente em 16 de fevereiro. Apesar de estar com febre, ela também almoçou com um amigo no Queen Vell Hotel.

Uma mulher chinesa que voou para Munique em 19 de janeiro após uma visita de seus pais que moravam em Wuhan transmitiu o vírus a outros 16 funcionários da empresa alemã para a qual ela trabalhava.[120] Houve o empresário de Sussex que contraiu o vírus em Cingapura no mês de janeiro e depois foi esquiar perto de Mont Blanc antes de voar de volta para Gatwick a tempo de tomar uma cerveja no local.[121] Houve também a paciente gregária 31 na Coreia do Sul, que sem querer espalhou o vírus para milhares de pessoas em Daegu e Seul, incluindo seus companheiros de adoração na Igreja de Jesus Shincheonji.[122] Havia "Mattia", o paciente 1 no norte da Itália, que foi ao hospital três vezes quando se sentiu mal em fevereiro, mas continuou sua vida social entre as consultas.[123] Uma conferência de biotecnologia no hotel Boston Marriott Long Wharf no final de fevereiro foi inicialmente considerada como tendo resultado em 89 casos de Covid-19.[124] Um estudo subsequente elevou esse número para cerca de 20 mil.[125] Dos 61 membros de um coro no condado de Skagit, Washington, que compareceram a um ensaio clínico em 10 de março, 53 contraíram o vírus, 3 foram hospitalizados e 2 morreram.[126]

O *insight* crítico da ciência de rede foi que, para evitar a propagação do novo vírus, as redes sociais existentes tiveram de ser até certo ponto desfeitas – especialmente aquelas que promoviam proximidade e admoestação em espaços confinados – e o pequeno mundo tornado um pouco maior.[127] Isso deveria se aplicar aos elos sociais de elite do condado de Westchester a Aspen e Palm Beach.[128] Também deveria ter se aplicado às redes sociais estreitas da população latina de Los Angeles ou das igrejas batistas do sul. No entanto, como veremos, essa percepção foi amplamente perdida pelos formuladores de políticas e cidadãos dos Estados Unidos. E não precisava ter sido assim. Em Taiwan, sob a influência da ministra digital Audrey Tang, uma variedade de plataformas *on-line* foram usadas para compartilhar informações sobre sintomas e exposição, racionar máscaras faciais quando elas eram escassas e para impor quarentenas.[129] Se houvesse um surto em Taipei, as autoridades planejavam subdividir a cidade em bairros separados.[130] Na Coreia do Sul, o governo e o setor privado colaboraram para aumentar os testes rapidamente, e, ao mesmo tempo, um sistema de rastreamento de contatos baseado em smartphone foi implantado. De acordo com a legislação aprovada na época do Mers, o governo tinha autoridade para coletar informações de telefones celulares, cartões de crédito e outras informações de qualquer pessoa com resultado de teste positivo e usá-las para reconstruir seu paradeiro recente. Esses dados, despojados de identificadores pessoais, foram então compartilhados em aplicativos de mídia social, permitindo que outros determinassem se tinham cruzado o caminho com uma pessoa infectada ou não.[131] Como em Taiwan, as quarentenas eram rigorosamente aplicadas. Em Hong Kong foi um pouco diferente, porque a iniciativa aqui passou para o movimento pró-democracia, mas a abordagem foi a mesma: usar a tecnologia para rastrear o contágio, e máscaras e quarentenas para limitá-lo.¹³² A abordagem de Cingapura foi semelhante, mas teve de confiar mais no rastreamento manual de contato, porque seu aplicativo foi baixado por poucas pessoas.¹³³ E não foram apenas os asiáticos que adotaram as estratégias certas. Mesmo sem esse uso extensivo (alguns diriam intrusivo) da tecnologia, a Alemanha e a Grécia, em suas diferentes maneiras, mostraram que a detecção e a ação precoces eram realizáveis e eficazes.¹³⁴ Se todos os estados americanos tivessem respondido aos primeiros casos com a mesma eficácia que o estado de Washington, os Estados Unidos teriam se saído muito melhor.¹³⁵

S.O.L.

Quem foi o culpado pelo fato de os dois maiores países de língua inglesa terem lidado com a primeira onda de Covid-19 muito pior do que seus pares asiáticos e europeus? Para a maioria dos jornalistas, a resposta era cegamente óbvia: os dois líderes populistas, Boris Johnson e Donald Trump. Nem pode ser dito que lidaram habilmente com a crise, para se dizer o mínimo. Mas transformar a história da Covid-19 em uma peça de moralidade – o inimigo do populismo – é perder o fracasso sistêmico e social mais profundo que ocorreu, de uma forma que os futuros historiadores certamente verão como fácil.

O caso britânico é ilustrativo. Não era função do primeiro-ministro determinar se a Grã-Bretanha enfrentava uma pandemia mortal e, em caso afirmativo, o que deveria ser feito. Essa responsabilidade era de Chris Whitty, o principal conselheiro médico do governo John Edmunds, da Escola de Higiene e Medicina Tropical de Londres, e Neil Ferguson, do Colégio Imperial de Londres, os principais especialistas em epidemiologia do Grupo Consultivo de Ameaças de Vírus Respiratórios Novos e Emergentes (NERVTAG) e o Grupo de Aconselhamento Científico para Emergências (SAGE), que se reportava diretamente a Johnson e a qualquer grupo de ministros que ele escolhesse reunir nas Salas de Reunião do Gabinete, ou (COBRA). Primeiro, os especialistas hesitaram: no fim de 21 de fevereiro, a NERVTAG recomendou manter o nível de ameaça em "moderado".¹³⁶ Em 9 de março, quatro dias após a primeira morte do Reino Unido, a SAGE rejeitou a ideia de um *lockdown* ao estilo chinês, pois isso só levaria a uma "segunda grande onda epidêmica depois que as medidas fossem suspensas". Parece claro que os especialistas pensavam no vírus como uma nova cepa da gripe. Na sexta-feira, 13 de março, o conselheiro científico chefe, Sir Patrick Vallance, disse à BBC que o governo pretendia alcançar a "imunidade de rebanho", mas de forma controlada, para evitar sobrecarregar o Serviço Nacional de Saúde.[137] Então, os especialistas entraram em pânico. Em 16 de março, Ferguson publicou seu artigo, prevendo que sem "mitigação" (distanciamento social) e "supressão" (*lockdowns*), mantidos até que houvesse uma vacina, haveria "aproximadamente 510 mil mortes na Grã-Bretanha e 2,2 milhões nos Estados Unidos.[138] Com o aumento da apreensão pública e o incentivo de Dominic Cummings, o estrategista-chefe do primeiro-ministro, a imunidade coletiva foi abandonada em favor de um fechamento sem precedentes da vida social e econômica britânica. Tendo ocorrido essa reviravolta, Ferguson então confundiu irremediavelmente as coisas ao afirmar que, sob a nova ordem, as mortes no Reino Unido em 2020 totalizariam "20.000 pessoas ou menos, dois terços das quais teriam morrido este ano de outras causas" de qualquer maneira (ou seja, 6.700 líquidos).[139]

Os eventos variaram entre a farsa e a tragédia nos dias subsequentes. O próprio Ferguson desenvolveu os sintomas da Covid-19 – e tanto Johnson quanto o ministro da Saúde Matt Hancock testaram positivo em 27 de março. Johnson foi hospitalizado em 5 de abril e transferido para a terapia intensiva no dia seguinte. Ferguson foi pego violando as regras de distanciamento que ele mesmo havia recomendado em um encontro romântico. Cummings também foi flagrado em uma viagem ilegal pelo país. Os programadores de computador do setor privado então pegaram o modelo de Ferguson e o destruíram.[140] O ponto crucial, entretanto, não eram esses dramas, por mais divertidos que fossem para um povo confinado em suas casas. A questão é que a falha estava tanto no nível dos profissionais de saúde pública quanto no topo.[141] Parece que vemos aqui alguma versão pós-morte do *Challenger* de Feynman.

De "Nós temos tudo sob controle, vai ficar tudo bem" (janeiro) e "Em abril, sabe, em teoria, quando esquentar mais, ela milagrosamente vai embora" (fevereiro) para "Eu gosto dessas coisas. Eu realmente entendo. As pessoas ficam surpresas que eu entenda isso" (março), há uma abundância de evidências de que o presidente Trump interpretou mal a gravidade da crise que enfrentou nos primeiros meses de 2020.[142] Como alternativa, ele entendeu sua seriedade já em 7 de fevereiro, mas optou por "minimizá-la".[143] Portanto, nada é mais fácil do que colocar toda a culpa pelo tratamento da Covid-19 pelos Estados Unidos em Trump, o "único ponto de falha: um presidente irracional".[144] Os jornalistas não se abstiveram de escrever esta história, uma e outra vez, raramente se perguntando por que tantos funcionários atuais e ex-funcionários desejavam compartilhar seus pensamentos com tanta franqueza com o jornal *The New York Times* e seus pares.[145] Nem houve muito remorso expresso sobre as peças idiotas que apareceram no *Times*, *The Washington Post* e *Vox* em janeiro e fevereiro, minimizando a ameaça de uma pandemia e denunciando a proibição de viagens de Trump à China como racista.[2*][146] Isso não é para defender Trump, que cometeu o erro grave e talvez irreparável – sabiamente evitado por seu predecessor durante a epidemia de opiáceos – de se colocar na frente e no centro da crise sem ter a menor compreensão dela ("Quando alguém é o presidente dos Estados Unidos, a autoridade é total e é assim que tem de ser" – 13 de abril). Trump, que geralmente desdenhava da Covid-19 durante janeiro e fevereiro, foi finalmente persuadido a levá-la a sério em março ("Senti que era uma pandemia muito antes de ser chamada de pandemia" – 17 de março), e por um breve período obteve uma melhora em seu índice de aprovação quando aparentou estar no comando. No entanto, em março, o aumento da popularidade de Trump durou pouco. Suas conferências diárias de imprensa foram interrompidas. Sua insistência de que o aumento dos testes era indesejável, como se eles de alguma forma causassem os casos que revelavam, era manifestamente idiota. Depois de março, muitos eleitores mudaram de ideia: o índice de aprovação médio de Trump passou de 47% no fim daquele mês para 41% no fim de junho.[147] Tudo isso fazia parte de um circo, no qual jornalistas e Trump fingiam que tudo era sobre ele – e ainda insistiam que era tudo sobre ele, mesmo quando seguiu o conselho de Mark Meadows, o chefe de gabinete da Casa Branca, e entregou a responsabilidade para os governadores estaduais. (Se não tivesse feito isso, teria sido castigado com igual indignação.) Na verdade, o que aconteceu foi em grande parte uma

---

2 *Em 29 de janeiro, *The New York Times* nos alertou para o "Cuidado com o pânico da pandemia". Em 31 de janeiro, *The Washington Post* nos incentivou a "pegar uma gripe", já que "a gripe" era uma "ameaça muito maior". Em 31 de janeiro, *Vox* tuitou (o tuíte já foi excluído) dizendo: "A Covid será uma pandemia mortal? Não". Em 3 de fevereiro, a manchete do *Post* era "Por que devemos ter cuidado com uma resposta agressiva do governo às duras medidas do coronavírus que tendem a servir de bode expiatório às populações já marginalizadas". Em 5 de fevereiro, o *Times* rejeitou a proibição de cidadãos chineses voarem para os Estados Unidos como uma "reação extrema" injustificada por evidências, uma "decisão de cima para baixo" que poderia "se transformar em racismo absoluto dentro da população em geral". Em 7 de fevereiro, *Vox* deixou claro que a xenofobia antichinesa era com o que realmente precisávamos nos preocupar.

falha desastrosa da burocracia da saúde pública no Departamento de Saúde e Serviços Humanos e, em particular, nos Centros de Controle e Prevenção de Doenças, assunto mal comentado na imprensa.

No papel, os Estados Unidos estavam bem-preparados para uma pandemia. Em 2006, o Congresso aprovou uma Lei de Preparação para Pandemia e Todos os Riscos. Em 2013, uma Lei de Reautorização com o mesmo nome e, em junho de 2019, uma Lei de Preparação e Inovação para Pandemia e Todos os Riscos.[148] Em outubro de 2015, a Comissão Bipartidária Blue Ribbon de Estudos de Biodefesa, copresidida por Joe Lieberman e Tom Ridge, publicou seu primeiro relatório.[149] Em 2019, o Painel de Estudos foi renomeado como Comissão Bipartidária de Biodefesa "para refletir com mais precisão seu trabalho e a urgência de sua missão".[150] Desde agosto de 2017, Robert Kadlec, um médico de carreira da USAF, foi secretário-assistente de preparação e resposta do HHS. Em setembro de 2018, a administração Trump publicou uma Estratégia Nacional de Biodefesa de 36 páginas.[151] Seu plano de implementação incluiu, como um de seus cinco objetivos, "Avaliar os riscos apresentados pela pesquisa com patógenos potenciais de pandemia, onde lapsos de biossegurança podem ter consequências muito altas". Como o juiz Glock apontou,[152] houve uma profusão de planos de pandemia nos anos após 2006.[3*] No entanto, apesar de todo esse planejamento, ou talvez por causa dele, ninguém parecia ter certeza de quem estava no comando quando uma pandemia realmente aconteceu. Evidentemente, não foi o secretário adjunto para preparação e resposta à pandemia que esteve mais ou menos invisível ao longo do primeiro semestre de 2020.[4*] De acordo com a legislação de fundação do CDC, ele "tem um

---

3 *Ele lista o seguinte: uma Estratégia Nacional do Conselho de Segurança Interna da Casa Branca para a Pandemia de Gripe, uma Estratégia Nacional para Plano de Implementação da Pandemia de Gripe, um Plano de Implementação do Departamento de Defesa para a Pandemia de Gripe, um Plano de Pandemia de Gripe do Departamento de Saúde e Serviços Humanos (publicado em 2005, 2009 e 2017), um Quadro de Resposta Nacional do Departamento de Segurança Interna anual, um Plano Operacional Interinstitucional Federal, uma Estratégia Nacional de Segurança Sanitária para os Estados Unidos, uma Estratégia de Segurança Nacional da Casa Branca, um Manual do Conselho de Segurança Nacional para uma Resposta Antecipada à Alta Consequência de Ameaças de Doenças Infecciosas e Incidentes Biológicos, um Plano de Ação Nacional de Segurança Sanitária dos Estados Unidos e um Plano Norte-Americano para a Pandemia de Gripe Animal.

4 *A única contribuição digna de nota do secretário-assistente Kaldec foi a demissão sumária do dr. Rick Bright como chefe da Autoridade de Pesquisa e Desenvolvimento Biomédico Avançado.

papel essencial na defesa e combate às ameaças à saúde pública no país e no exterior", o que parecia dar ao seu diretor, Robert R. Redfield, uma responsabilidade considerável. Mas o cirurgião-geral, Jerome M. Adams, também foi investido com uma função semelhante pelo Congresso, embora se reportasse ao secretário-assistente de saúde do HHS, Brett P. Giroir. Como o diretor do CDC e o secretário-assistente de saúde relataram ao secretário do HHS, Alex M. Azar – assim como o comissário da Food and Drug Administration (agência federal dos Estados Unidos) e o diretor dos Institutos Nacionais de Saúde –, pode-se inferir que o secretário estava no comando geral. No entanto, também responsável (pelo menos de acordo com seu próprio mandato) estava a Agência Federal de Gerenciamento de Emergências (administrador: Peter T. Gaynor), que se reportava ao secretário interino de segurança interna, Chad F. Wolf, ou possivelmente ao vice-secretário interino, não esquecendo a própria Força-Tarefa do Coronavírus da Casa Branca, que era liderada por uma "coordenadora de resposta", Deborah Birx, cujo trabalho diurno era como coordenadora global da aids nos Estados Unidos. Apesar de tudo isso, o oficial de saúde pública que estava mais frequentemente sob os holofotes era Anthony S. Fauci, diretor do Instituto Nacional de Alergia e Doenças Infecciosas.

Claramente, pelo menos alguns funcionários suspeitaram que haveria problemas se uma pandemia ocorresse. Em 10 de outubro de 2018, o secretário adjunto Kadlec deu uma palestra no Strauss Center da Universidade do Texas sobre a evolução da política de biodefesa. "Se não construirmos isso [uma apólice de seguro contra uma pandemia]", disse ele, "ficaremos na 'SOL' [shit out of luck, ou seja, merda por falta de sorte] se algum dia formos confrontados com isso". Ele acrescentou: "Estamos tateando um pouco no escuro".[153] Se uma ilustração adicional fosse necessária para a hipótese de que as instituições públicas dos Estados Unidos (e algumas privadas) sofressem uma grande degeneração nas últimas duas ou três décadas, ali estava ela.[154]

O que deu errado foi, portanto, muito mais do que apenas erros de julgamento do presidente. As agências de inteligência parecem ter feito sua parte, alertando para a gravidade da ameaça representada pelo surto inicial em Wuhan, apesar da falta inicial de representantes americanos do CDC na China após o encerramento da administração Trump do programa "Predict" (estabelecido em 2009 com financiamento da Agência dos Estados Unidos para o Desenvolvimento Internacional como parte de sua iniciativa Ameaças de Pandemia Emergente).¹⁵⁵ O CDC, o HHS e o Conselho de Segurança Nacional estavam todos cientes da ameaça na primeira semana de janeiro. Peter Navarro, um dos assessores de negócios do presidente, alertou repetidamente e corretamente sobre o perigo de uma "grave pandemia" proveniente da China.¹⁵⁶ Outras figuras influentes que perceberam a seriedade da situação foram o vice-conselheiro de segurança nacional Matt Pottinger, o senador Tom Cotton e a deputada Liz Cheney.¹⁵⁷ "Esta será a maior ameaça à segurança nacional que você enfrentará em sua presidência", disse o conselheiro de segurança nacional de Trump, Robert O'Brien, em 28 de janeiro. "Essa será a coisa mais difícil que você enfrentará."¹⁵⁸ As proibições de viagens impostas a visitantes chineses e europeus nos Estados Unidos chegaram tarde demais para serem eficazes e foram mal executadas, mas eram direcionalmente as coisas certas a fazer.¹⁵⁹ Aqueles que agora dizem que o fechamento total do espaço aéreo americano era garantido estão esquecendo o quanto até mesmo essas medidas limitadas foram condenadas por grande parte da mídia.¹⁶⁰

A falha muito maior foi a centralização do CDC e o impedimento geral dos testes. Ele não apenas recusou o uso de *kits* de teste da OMS, mas também impediu que outras instituições dos Estados Unidos fizessem seus próprios testes e, em seguida, distribuiu um teste que não funcionou. As questões não foram ajudadas pela necessidade de a federal Food and Drug Administration (FDA) aprovar testes não CDC. Até 28 de fevereiro, o CDC havia feito um total de 459 testes.¹⁶¹ Em 7 de março, o número era 1.895, enquanto 66.650 pessoas foram testadas na Coreia do Sul uma semana após o primeiro caso de transmissão comunitária naquele país.¹⁶² Houve também problemas sérios com resultados falsos negativos.¹⁶³ O monitoramento de viajantes pelo CDC foi igualmente malfeito. Esse fiasco teve pouco ou nada a ver com a Casa Branca, nem poderia ser atribuído com credibilidade à falta de recursos.¹⁶⁴ Ele refletia a esclerose burocrática clássica. "Não é nossa cultura intervir", admitiu um ex-funcionário do CDC. A agência estava sobrecarregada por uma "hierarquia indescritível e pesada". "Aqui está uma agência que esperou toda a sua existência por este momento", disse um ex-funcionário da FDA. "E então ela fracassa. Isso é muito triste. Ela foi criada para fazer isso."¹⁶⁵

Assim como aconteceu na Grã-Bretanha, em meados de março houve uma virada da despreocupação para o pânico. Trump já havia declarado uma emergência de saúde pública sob a Lei do Serviço de Saúde Pública em 31 de janeiro, mas em 13 de março ele emitiu duas declarações nacionais de emergência, sob a Lei Stafford e a Lei Nacional de Emergências, além de invocar poderes de emergência por meio de ordem executiva sob a Lei de Produção de Defesa cinco dias depois. O CDC repentinamente alertou sobre "entre 160 milhões e 214 milhões de pessoas" sendo infectadas. "De 200.000 a 1,7 milhão de pessoas podem morrer", o jornal *The New York Times* relatou, "2,4 milhões a 21 milhões de pessoas nos Estados Unidos podem necessitar de hospitalização".[166] Foi só então que a escassez crônica de máscaras se tornou um problema, assim como a enorme variação regional na capacidade das unidades de terapia intensiva.[167] Chega de "preparação para uma pandemia". Numerosos artigos foram escritos, prevendo que todos os Estados Unidos sofreriam o destino da província de Hubei ou do norte da Itália, desafiando as diferenças óbvias: no geral, a densidade populacional dos Estados Unidos é muito menor e a densidade populacional urbana também é muito menor.[5*][168] Os italianos usam o transporte público três vezes mais do que os americanos. A analogia correta era entre a cidade de Nova York e Wuhan ou Milão. No entanto, a maioria dos estados dos Estados Unidos impôs restrições de viagem no fim de março, levando a quedas drásticas nos volumes de tráfego entre cerca de 50 e 90% na maioria das grandes cidades (de acordo com dados da TomTom). Cidades em condados com "abrigo no local" foram as mais atingidas, mas o declínio acentuado na mobilidade aconteceu em quase todos os lugares. Os aviões continuaram a voar, mas estavam vazios: de 26 de março a 20 de maio, o volume de passageiros ficou abaixo de 10% do seu nível em relação ao mesmo período de 2019.[169]

Outra falha de política passou despercebida. Na Ásia, como vimos, os países que lidaram com mais sucesso com a Covid-19 utilizaram a tecnologia do smartphone para operar sistemas sofisticados de rastreamento de contatos. Por que isso não aconteceu nos Estados Unidos, a terra onde nasceu a internet, a casa das maiores empresas de tecnologia do mundo, com as maiores quantidades de dados sobre todos os aspectos da vida de seus usuários? A resposta convencional "Porque os americanos nunca tolerariam tal violação de suas liberdades civis" não é convincente. Uma população inteira sob vários graus de prisão domiciliar dificilmente teria muito a contestar

---

5 *A densidade populacional de Wuhan é 2,6 vezes maior do que a de São Francisco. A densidade de Milão é 1,6 vezes maior que a de Nova York, e Nova York é de longe a mais populosa das cidades norte-americanas.

no que diz respeito à liberdade civil. Além de uma história do *Washington Post* em 17 de março,[170] não havia evidências até 10 de abril de qualquer plano de fazer uso dos dados de localização e gráficos de redes sociais que Google, Apple e Facebook poderiam facilmente ter fornecido para facilitar o rastreamento de contatos.[171] Finalmente, houve um anúncio pouco antes da Páscoa: "Apple e Google firmam parceria na tecnologia de rastreamento de contatos da Covid-19. "Um título mais preciso seria "Apple e Google firmam parcerias para bloquear a tecnologia de rastreamento de contatos da Covid-19". Pois parece que os advogados das "Big Techs" viram um risco potencial demais em permitir o rastreamento digital de contatos. O Vale do Silício primeiro argumentou que precisava projetar um padrão global, depois optou por levar o problema aos governos estaduais, que claramente não tinham competência para fornecer sistemas eficazes, mesmo que as soluções em nível estadual fizessem sentido – o que não acontecia na ausência de controles de fronteira entre os estados. No início de setembro, apenas seis estados haviam lançado aplicativos.[172] A única coisa para a qual os dados de localização foram usados foi rastrear a propagação da Covid-19 em todo o país – por exemplo, das praias da Flórida durante as férias de primavera e da cidade de Nova York na primeira quinzena de março, antes que o pânico fosse declarado.[173] Os Estados Unidos quase pararam em 11 de abril, com o tráfego para destinos de varejo e recreação caindo 45% e para os locais de trabalho 48%, e com a maioria das regiões protegida – depois que o vírus se espalhou por toda parte. Mais uma vez, as restrições às viagens chegaram tarde demais para serem eficazes.[174]

Os Estados Unidos são um sistema federal. Em 2020, como em 1918, o poder de impor intervenções não farmacêuticas cabia apropriadamente aos estados e cidades, não a Washington. Os governadores estaduais não hesitaram em aproveitar a oportunidade apresentada. Mas seus desempenhos foram diversos, e aqueles que receberam a maior cobertura da mídia geralmente tiveram o pior desempenho. Já vimos como vários governos estaduais, incluindo Nova York, cometeram senicídio em lares de idosos. Sua próxima façanha foi uma corrida imprópria por ventiladores, que se revelou desnecessária, já que eram abundantes nos Estados Unidos e não eram uma forma muito eficaz de salvar a vida de pacientes com Covid.[175] Em maio, a Califórnia cantava vitória por ter "fechado" mais rapidamente do que Nova York.[176] Isso acabou sendo uma vitória ilusória, já que o número de casos da Califórnia aumentou seis vezes entre meados de maio e o fim de julho, ultrapassando Nova York. Em todo caso, foi uma grande vaidade a medida de reivindicar aquele "abrigo no local" e os pedidos eram cruciais. Na verdade, os americanos em todo o país parecem ter adotado o distanciamento social antes do primeiro abrigo no local. Os pedidos de colocação foram emitidos na Califórnia, em 16 de março – ilustrando a importância da mudança comportamental autônoma dos cidadãos, que muitas vezes antecipava as ordens do governo.[177] Variações na extensão do distanciamento social podem ter tido mais a ver com o caráter de cidades e bairros individuais: aqueles com um forte senso de comunidade local, ironicamente, estavam menos dispostos a praticar o distanciamento social, enquanto aqueles com alto engajamento político individual eram mais dispostos.[178]

Não há necessidade de idealizar o governo federal da era Eisenhower, assim como não se deve ver a sociedade americana da década de 1950 por meio de uma visão muito otimista (ver capítulo 7). É muito simples observar que o surgimento do "estado administrativo" produziu patologias tão prejudiciais, e talvez mais a longo prazo, do que o vírus Sars-CoV-2.[179] Em 2019, o historiador Philip Zelikow não estava errado, em "ficar surpreso (e um pouco deprimido) de que a qualidade da engenharia de políticas dos Estados Unidos seja na verdade muito, muito pior nas últimas décadas do que durante grande parte do século 20".[180] Nas palavras de Francis Fukuyama, "A qualidade geral do governo americano vem se deteriorando continuamente há mais de uma geração", principalmente desde os anos 1970. Nos Estados Unidos, "o aumento aparentemente irreversível no escopo do governo mascarou uma grande decadência em sua qualidade".[181] Pode-se culpar a falta de vontade, como faz o capitalista de risco Marc Andreessen, ou o triunfo da "vetocracia" ou "kludgeocracia",[182] mas o problema é claramente sistêmico e muito mais profundo e difícil de remediar do que as deficiências pessoais de um presidente, por mais manifestas que sejam.

INFODEMIA PLANDÊMICA

Para que uma população faça boas escolhas, boas informações são vitais. Funcionários do governo, incluindo o presidente, fizeram um mau trabalho nesse sentido, para não dizer o mínimo. Mas suas contraditórias mensagens (para não dizer totalmente enganosas) – sobretudo desde o uso de máscara a possíveis remédios para Covid-19 – não foram o maior obstáculo à compreensão do público em 2020. Infelizmente, o fracasso do Congresso em conseguir qualquer reforma significativa das leis e regulamentos que regem as plataformas de rede de internet, apesar dos problemas expostos pela eleição de 2016 e a manifesta falta de sinceridade das tentativas das grandes empresas de tecnologia de se reformarem,[183] garantiu que não apenas os Estados Unidos, mas o mundo como um todo fosse inundado com notícias falsas sobre o novo vírus semanas depois de sua existência ser confirmada.[6*] "Nenhum país está a salvo de tentáculos de vírus", relatou um *site* australiano (news.com.au), com uma imagem que pretendia mostrar "o telefone celular e os dados de voo de 60 mil de cerca de 5 milhões de residentes de Wuhan que fugiram durante o período crítico duas semanas antes de a cidade ser colocada sob *lockdown*". Não era nada disso, como noticiou a BBC em 19 de fevereiro, mas simplesmente um mapa de dez anos de todas as rotas aéreas do mundo.[184] A descrição enganosa, no entanto, foi reproduzida em inúmeros *sites* e contas de mídia social.

Fontes de notícias falsas eram abundantes, incluindo jornais altamente respeitados. O *Washington Post* teve de corrigir uma história que afirmava falsamente que a administração Trump havia encerrado a Agenda de Segurança Sanitária Global do CDC.[185] Vários âncoras da Fox, especialmente Sean Hannity (mas não Tucker Carlson), incentivaram os espectadores a considerar a ameaça do Covid-19 exagerada. Essa informação teve efeitos mensuráveis no comportamento, levando a números mais altos de casos e mortes entre os espectadores de Hannity.[186] No geral, a maior audiência da Fox previu um menor distanciamento social.[187] No entanto, noções mais exóticas do que essas ganharam credibilidade rapidamente.

Uma teoria da conspiração em particular foi ativamente promovida pelo governo chinês. Em uma série de tuítes, o vice-diretor do Departamento de Informação do Ministério das Relações Exteriores da China, Zhao Lijian, tentou sugerir que a pandemia tinha de fato se originado nos Estados Unidos. "Quando o paciente 0 apareceu nos Estados Unidos?" O sr. Zhao escreveu em 12 de março, primeiro em inglês e separadamente em chinês. "Quantas pessoas estão infectadas? Quais são os nomes dos hospitais? Pode ser o que exército dos

---

6 * Eu pretendia dedicar dois capítulos a esta parte crucial da história de 2020: um sobre os problemas que foram expostos nas eleições de 2016 ("A mudança estrutural da esfera pública") e outro sobre a falha dos legisladores e reguladores em alcançar algo mais do que melhorias marginais até 2020 ("O que não foi feito"). No entanto, por razões de espaço, esses capítulos tiveram de ser removidos.

Estados Unidos tenha trazido a epidemia para Wuhan. Seja transparente! Torne seus dados públicos! Os Estados Unidos nos devem uma explicação!"[188] (Isso parecia ser uma referência aos Jogos Mundiais Militares, que foram realizados em Wuhan em outubro de 2019 e dos quais 17 times dos Estados Unidos participaram.) Os tuítes de Zhao se tornaram virais na plataforma de mídia social mais proeminente da China, o Weibo.[189] Mais ou menos na mesma época, mensagens falsas começaram a aparecer em milhões de aplicativos de mensagens diretas dos norte-americanos, avisando que Trump estava prestes a bloquear o país inteiro. "Eles anunciarão isso assim que tiverem tropas preparadas para ajudar a prevenir saqueadores e desordeiros", dizia uma dessas mensagens, citando uma fonte não identificada do Departamento de Segurança Interna. (Outras mensagens semelhantes referem-se a diferentes departamentos governamentais.) "Ele disse que recebeu a ligação ontem à noite e foi instruído a fazer as malas e se preparar para a ligação de hoje com suas ordens de envio." A inteligência norte-americana identificou o governo chinês como a fonte das mensagens.[190] Um papel importante na amplificação das teorias da conspiração, como em 2016, foi desempenhado pelos *bots*. Pesquisadores da Universidade Carnegie Mellon analisaram mais de 200 milhões de tuítes discutindo sobre a Covid-19 e descobriram que cerca de metade das contas – incluindo 62% dos mil *retweeters* mais influentes – pareciam ser *bots*. Entre os tuítes sobre a "reabertura da América", 66% vieram de contas que eram possivelmente humanos usando assistentes de *bot*, enquanto 34% vieram diretamente de *bots*. Dos 50 *retweeters* mais influentes, 82% eram *bots*. "Parece uma máquina de propaganda e, definitivamente, corresponde aos manuais russos e chineses", comentou Kathleen Carley, diretora do Centro de Análise Computacional de Sistemas Sociais e Organizacionais.[191] Em 3 de junho, o Twitter retirou 23.750 contas que haviam tuitado 348.608 vezes, todas as quais a empresa concluiu que estavam sendo administradas pelo governo chinês.[192]

No entanto, a guerra de informação chinesa, como a Infowar russa em 2016, era apenas uma pequena, embora influente, parte da rede de notícias falsas, e está claro que a maioria das contas chinesas falsas tinha poucos seguidores. O óleo de cobra com maior circulação não era chinês nem russo. O ex-professor de Sheffield Piers Robinson, da Organização para Estudos de Propaganda (OPS), com sede em Bristol, fez a pergunta: "O coronavírus é o novo 11 de Setembro?" Seu colega diretor da OPS, Mark Crispin Miller, da Universidade de Nova York, sugeriu que o vírus era uma arma biológica. Algumas teorias afirmavam que as torres de 5G estavam diminuindo a resistência ao vírus (o que levou a ataques às torres no Reino Unido). Outras teorias apregoavam remédios charlatães de vários graus de inocuidade. De acordo com o clérigo iraquiano Muqtada al-Sadr, o casamento entre pessoas do mesmo sexo foi uma das causas da pandemia.[193] As teorias de conspiração mais comuns, entretanto, estão relacionadas às vacinas. Tim Hayward, um professor de teoria política ambiental da Universidade de Edimburgo, estava entre aqueles que retuitaram as alegações de que Bill Gates tinha segundas intenções em priorizar a busca por uma vacina para a Covid-19.[194] Uma versão dessa teoria inspirou o filme de conspiração amplamente assistido *Plandêmico*.[195] A Organização Mundial da Saúde percebeu tardiamente que, com a pandemia biológica, havia uma "infodemia" de teorias da conspiração sobre a pandemia. Oito dos dez principais *sites* que promoviam informações falsas divulgaram desinformação sobre a Covid-19, com títulos como "ESTUDO: 26 Ervas chinesas têm 'alta probabilidade' de prevenir a infecção pelo coronavírus" e "Por que o coronavírus é um castigo de Deus".[196]

Tal como acontece com a pandemia real, a "infodemia" não poderia ser entendida separadamente da estrutura de rede que a propagou. Novas teorias de conspiração são grãos para o moinho de redes estabelecidas, como o movimento antivacinação ("antivax") e o culto QAnon, os quais mantinham vários grupos e páginas no Facebook.[197] A empresa de dados Pulsar rastreou a ascensão e queda de 12 diferentes temas de conspiração *on-line*: torres 5G, criado em laboratório, remédio com alho, alienígenas, olhos da escuridão, leões russos, armas biológicas chinesas, vodca usada com álcool em gel, cocaína previne o corona, apenas igual a gripe, controle de população e Nova Ordem Mundial – e relacionou sua transmissão a grupos de influenciadores *on-line*, principalmente "Fãs do Trump Anti-Estado Profundo" e "Patriotas Republicanos".[198] Nesse contexto, as decisões do Facebook de não alterar seus algoritmos para sugerir uma gama mais ampla em seus grupos do que os usuários normalmente encontrariam e de reduzir a influência de "superespalhadores" – o equivalente *on-line* desses superespalhadores – provaram ser altamente significativas.[199] Em uma pesquisa de março com eleitores americanos, 10% dos entrevistados caracterizaram como "provável ou definitivamente verdadeira" a teoria de que o governo dos Estados Unidos havia criado o vírus. Dezenove por cento relataram acreditar que o CDC estava exagerando o perigo representado pelo vírus para "atacar Trump" e 23% endossaram como provável ou definitivamente verdadeira a noção de que o vírus foi criado pelo governo chinês.[200] A pesquisa britânica revelou uma disposição semelhante para acreditar que o coronavírus saiu de um laboratório.[201] Em uma pesquisa nos Estados Unidos em meados de maio, metade de todos aqueles que disseram que a Fox News era sua principal fonte de notícias na televisão acreditava na teoria de que Bill Gates estava planejando usar a vacina contra a Covid-19 para implantar microchips em pessoas a fim de monitorar seus movimentos.[202] A desinformação pandêmica também estava sendo dirigida às sociedades europeias pela China, Rússia, Irã e Turquia, mas seu impacto agregado parecia ser menor.[203]

Em 24 de junho, em uma oficina de comissários do condado da Flórida, uma jovem argumentou contra a obrigatoriedade das máscaras, acusando os proponentes de tal medida de aliar-se ao diabo, 5G, Bill Gates, Hillary Clinton, "os pedófilos" e o estado profundo.[204] Uma médica de Houston chamada Stella Immanuel, que insistiu que havia curado pacientes de Covid-19 com hidroxicloroquina, acabou também por acreditar que endometriose, cistos, infertilidade e impotência foram causados por relações sexuais com "nefilins" (demônios em forma humana) e que "DNA alienígena" estava sendo usado em tratamentos médicos.[205] O fato de o presidente Trump ter retuitado um vídeo da alegação de hidroxicloroquina da dra. Immanuel – vídeo que foi visto mais de 13 milhões de vezes nas redes sociais – resumia perfeitamente a natureza da dupla praga que o mundo enfrentou em 2020.

10

AS CONSEQUÊNCIAS ECONÔMICAS DA PRAGA

Há muito que ficamos cobertos de calosidades. Não ouvimos mais as pessoas sendo mortas.
— Iêvgueni Zamiátin, "X"

O LONGO E O CURTO

Foi logo após sua recuperação do que pode muito bem ter sido a gripe espanhola em 1919 que John Maynard Keynes escreveu o tratado exaltado que o tornou famoso, *As consequências econômicas da paz*. Nele, deplorou os termos punitivos do Tratado de Versalhes, que impôs à Alemanha uma dívida não especificada, mas potencialmente vasta de reparações de guerra, e previu um desastre econômico inflacionário, seguido por uma reação política.[1] Por fim, a profecia conclusiva de Keynes foi validada:

> Se visarmos deliberadamente o empobrecimento da Europa Central, a vingança, ouso prever, não vacilará. Nada pode atrasar por muito tempo aquela guerra final entre as forças da Reação e as convulsões desesperadoras da Revolução, diante da qual os horrores da última guerra alemã desaparecerão.[2]

No entanto, sua previsão de curto prazo de que a moeda alemã enfraqueceria se mostrou errada: na primavera de 1920, ela se estabilizou inesperadamente juntamente com outras moedas europeias. A estabilização não durou, mas as perdas de Keynes nas posições vendidas em franco, marco e lira quase o levaram à falência.[3]

Quais serão as consequências econômicas da pandemia? Claramente, ela pertence à lista dos grandes desastres econômicos. Se o Fundo Monetário Internacional (FMI) estiver certo sobre o produto interno bruto (PIB) dos Estados Unidos em 2020 (em junho, previa um declínio de 8%, embora em outubro sua projeção fosse menos drástica: de menos 4,3%), será o pior ano da economia americana desde 1946.[4] Em abril, a taxa de desemprego nos Estados Unidos atingiu seu ponto mais alto desde a Depressão. Em outros lugares, foi ainda pior. Em maio, o Banco da Inglaterra previu a pior recessão desde a "Grande Geada" de 1709.[5] Mas o que mais poderia ser dito, além do fato de que a produção cairia e o desemprego aumentaria na maioria dos países? No decorrer de 2020, um número significativo de comentaristas inferiu da péssima resposta de saúde pública dos Estados Unidos, do impacto esmagador dos bloqueios na economia e da expansão sem precedentes dos empréstimos governamentais e da criação de dinheiro do banco central, que o fim dos dias de domínio do dólar na economia mundial devia estar se aproximando. A experiência de Keynes em 1920, no entanto, nos lembra que existem poucas previsões fáceis na história das taxas de câmbio. Falando em um fórum *on-line* no início de agosto de 2020, o ex-secretário do Tesouro Lawrence Summers – provavelmente a coisa mais próxima de Keynes que o outro Cambridge já produziu – observou: "Você não pode substituir alguma coisa por nada". Que outra moeda era preferível ao dólar como moeda de reserva e de comércio "quando a Europa é um museu, o Japão é uma casa de repouso, a China é uma prisão e o *bitcoin* é um experimento"?[6]

No início, quando era uma epidemia chinesa, a Covid-19 parecia representar uma ameaça principalmente para as cadeias globais de abastecimento que percorriam Wuhan e seus arredores.[7] Depois que Pequim recuperou o controle do vírus, a questão passou a ser: com que rapidez a China pode voltar e quanto a recuperação seria prejudicada por novos surtos da doença?[8] Do lado da oferta, a julgar por indicadores como consumo de energia, a recuperação parecia decididamente como um V – a contração no primeiro trimestre tinha sido a mais profunda desde a época de Mao (encolhendo 6,8% em relação ao último trimestre de 2019), mas foi revertida rapidamente. No entanto, do lado da demanda, a julgar pelos indicadores de tráfego e trânsito nas principais cidades, o andamento era muito mais lento.[9] Em maio, o governo abandonou sua meta explícita de crescimento em favor de uma meta de empregos e anunciou o equivalente a US$ 500 bilhões em novos títulos de infraestrutura do governo local, bem como a continuação do afrouxamento monetário.[10] Mesmo assim, os legisladores do Banco Popular da China e os reguladores da Comissão Reguladora de Bancos e Seguros da China desconfiavam do crescimento do crédito e da inflação (não tanto dos preços ao consumidor, mas dos preços dos ativos) com o risco concomitante de crise financeira.[11] A rápida recuperação do mercado de ações chinês não foi necessariamente uma indicação de uma recuperação macroeconômica completa. A decisão de permitir que os vendedores ambulantes operassem novamente nas grandes cidades foi um sinal da profunda ansiedade da liderança do partido em relação ao desemprego.

Conforme o vírus se espalhou pelo mundo nos primeiros meses de 2020, houve uma cascata de cancelamentos. O número de viajantes aéreos diminuiu. Em Changi, no aeroporto geralmente lotado de Cingapura, o tráfego caiu de 5,9 milhões de passageiros em janeiro para meros 25.200 em abril: uma queda de 99,5%.[12] Várias companhias aéreas declararam falência. O turismo despencou.[13] As vendas de automóveis despencaram. Juntos, a interrupção das viagens, combinada com o abastecimento ainda flutuante, fez com que o preço do petróleo se tornasse negativo por um breve período, pois os custos de armazenamento ultrapassavam os preços de mercado. Entre os dias 8 e 26 de março, os restaurantes deixaram de operar em todas as regiões atendidas pelo aplicativo Open Table (empresa de serviços de reservas). Jantar fora ainda estava fora de cogitação dois meses depois, exceto na Alemanha e em um punhado de estados norte-americanos que não haviam se fechado tão agressivamente quanto a Califórnia e Nova York: Arizona, Flórida, Ohio, Texas.[14] Os bares foram fechados, cafés também.[15] No varejo, apenas mantimentos e farmácias continuaram funcionando próximo do nível normal. O único crescimento foi nos eletrônicos e varejo on-line, conforme os consumidores domésticos recorreram à internet para satisfazer suas necessidades. Em todo o mundo, os trabalhadores foram dispensados ou entraram de "licença" em taxas nunca vistas desde o início dos anos 1930. A volatilidade do mercado financeiro atingiu as alturas registradas pela última vez nos piores dias da crise financeira global de 2008-2009. Em 23 de março, o principal índice do mercado de ações dos Estados Unidos, o S&P 500, havia caído 34%. Os investidores europeus e britânicos foram atingidos de forma comparativamente dura, embora os mercados do Leste Asiático tenham se saído um pouco melhor. Por um momento, até as ações das grandes empresas de tecnologia foram reduzidas, com exceção das da Amazon. O *bitcoin* acabou, caindo para menos de US$ 4 mil em 12 de março. Apenas o ouro e (no início) os títulos do Tesouro dos Estados Unidos pareciam seguros. Parecia que a Grande Depressão estava sendo repetida, mas o que levou um ano aconteceu desta vez em apenas um mês.

O pânico financeiro atingiu seu clímax com o anúncio de emergência do Federal Reserve, na noite de domingo, 15 de março, de que estava cortando juros e comprando US$ 700 bilhões em títulos. Longe de tranquilizar os investidores, isso desencadeou corridas em vários fundos do mercado monetário e fundos de *hedge*.[16] Wall Street encarou o abismo da inadimplência em massa no mercado de títulos, com o setor de energia especialmente vulnerável.[17] Como em 2008-2009, houve uma compressão do dólar de curto prazo, enquanto os devedores em dólares ao redor do mundo lutavam por dinheiro.[18] Mas o que mais preocupou as autoridades do Fed foram os sinais de estresse incomum no mercado de títulos do governo dos Estados Unidos, supostamente os mais seguros e líquidos do mundo.[19]

Para a administração Trump, talvez tenha sido possível ser ambíguo sobre uma pandemia, mas não poderia haver nenhuma ambiguidade sobre um *crash* tão grande do mercado de ações. (Esse era o tipo de pânico que Trump estava tentando evitar ao minimizar a ameaça representada pelo vírus.) Ao contrário da resposta da saúde pública, a monetária e fiscal foi rápida – e em escala maciça. O Federal Reserve, como ele mesmo admite, "cruzou os limites seguros" com uma infinidade de programas, incluindo promessas sem precedentes de comprar até mesmo títulos podres. Em 23 de março, o Fed se comprometeu a comprar tantos títulos do governo dos Estados Unidos e títulos lastreados em hipotecas quantos fossem necessários "para apoiar o bom funcionamento do mercado".[20] Ao todo, 14 novos recursos foram anunciados para empréstimos a empresas financeiras, bancos centrais estrangeiros, empresas não financeiras e governos estaduais e locais. Entre 11 de março e 3 de junho, o balanço patrimonial do Fed cresceu 53%, de US$ 4,3 trilhões para US$ 7,2 trilhões.[21] Embora 13 dos 14 programas fossem de legalidade duvidosa,[22] tiveram o efeito desejado.

As condições financeiras melhoraram significativamente após o espasmo de meados de março.

Ao mesmo tempo, na madrugada de 25 de março, os líderes do Congresso chegaram a um acordo sobre um pacote fiscal de US$ 2 trilhões para enviar cheques de US$ 1.200 a todos os norte-americanos abaixo de determinado nível de renda, expandir o seguro-desemprego e aumentar os benefícios estaduais de desemprego em US$ 600 por semana durante quatro meses, fornecer US$ 500 bilhões em ajuda a empresas, financiar US$ 350 bilhões em empréstimos para pequenas empresas e fornecer às instituições de saúde um adicional de US$ 150 bilhões. Isso foi além da legislação anterior, que havia alocado US$ 8,3 bilhões para o desenvolvimento de vacinas e US$ 100 bilhões para licenças remuneradas.[23] O Goldman Sachs (grupo financeiro multinacional) projetou que o déficit orçamentário federal seria de cerca de US$ 3,6 trilhões (18% do PIB) no ano fiscal de 2020 e US$ 2,4 trilhões (11% do PIB) no ano seguinte, levando a parcela da dívida federal detida pelo público acima de 100% do PIB e da dívida bruta para 117%.[24] (Na verdade, quase todos os títulos recém-emitidos no primeiro trimestre de 2020 foram comprados pelo Fed.)

Se seu único objetivo era evitar uma crise financeira, essas medidas foram um enorme sucesso. As ações subiram e, no início de agosto, estavam de volta em território positivo para o ano. Como fazia sentido intuitivamente, as ações das grandes empresas de tecnologia da informação foram responsáveis por grande parte da alta: a pandemia claramente serviu para acelerar várias tendências do mundo físico ao virtual. Com as condições de mercado distorcidas por políticas monetárias anteriormente vistas apenas em tempos de guerra mundial, essas "ações de crescimento" pareciam provavelmente manter suas múltiplas altas. Por outro lado, as implicações políticas do que acabara de ser feito eram surpreendentes. Era quase como se a pandemia houvesse tornado duas ideias até então radicais – teoria monetária moderna e renda básica universal – predominantes em poucos meses. Não foi muito discutido quanto tempo as pessoas comuns poderiam suportar ficar trancadas em suas casas, mesmo que estivessem recebendo benefícios de desemprego mais generosos do que o normal.

O forte instinto do presidente Trump era devolver a vida nos Estados Unidos o mais rápido possível à normalidade, de preferência na Páscoa. Na última semana de março, a aprovação pública para a forma como seu governo lidou com a crise era de 94% dos republicanos, 60% dos independentes e até 27% dos democratas.²⁵ Mas Trump entendeu que esse apoio evaporaria rapidamente se os *lockdowns* persistissem por muito tempo, especialmente nos estados ainda não muito afetados pela Covid-19, onde a lógica de suspender a vida econômica parecia menos do que óbvia. A partir de abril, as opiniões começaram a se afastar de Trump em direção aos governadores e autoridades de saúde pública mais proeminentes, principalmente Anthony Fauci.²⁶ O clima em meados de abril era de ansiedade pública: em uma pesquisa, dois terços dos entrevistados disseram estar mais preocupados com a possibilidade de os governos estaduais suspenderem as restrições à atividade pública muito mais cedo do que tarde demais. Quase três quartos temiam que o pior ainda estivesse por vir.²⁷ Uma divisão partidária rígida surgiu: os democratas continuaram a se preocupar com a Covid-19. E entre meados de abril e de maio, os republicanos pararam de fazê-lo.²⁸ Na verdade, como veremos, o pior da epidemia nos Estados Unidos havia passado em relação à mortalidade excessiva no início de junho. Mas as consequências econômicas da pandemia mal começavam a se fazer sentir.

VÍRUS DE SCHRÖDINGER

Foi nessa época que um sagaz cunhou a frase "vírus de Schrödinger", uma brincadeira com o famoso gato do físico Erwin Schrödinger que (para ilustrar um problema na mecânica quântica) estava simultaneamente vivo e morto:

> Todos nós temos o vírus de Schrödinger agora.
> Como não podemos fazer o teste, não podemos saber se temos o vírus ou não.
> Temos de agir como se tivéssemos o vírus para não o espalharmos para outras pessoas.
> Temos de agir como se nunca tivéssemos o vírus, porque, se não o tivéssemos, não estaríamos imunes.
> Portanto, temos e não temos o vírus.²⁹

Essa foi uma situação difícil que poderia ser suportada se a alternativa do contágio descontrolado fosse suficientemente aterrorizante. Em meados de março, lembre-se de que os epidemiologistas do Imperial College London alertaram sobre até 2,2 milhões de norte-americanos mortos sem distanciamento social e confinamento. Em um artigo, afirmaram que, "na ausência de intervenções, a

Covid-19 teria resultado em 7 bilhões de infecções e 40 milhões de mortes em todo o mundo neste ano".[30] Esses contrafactuais foram amplamente citados na imprensa, legitimando a dificuldade de abrigo no local com a ideia de dezenas de milhões de vidas salvas.[31] Mas o argumento era falacioso se "achatar a curva" apenas significasse adiar as mortes.[32] A única coisa que conseguiríamos era espalhar as mortes, o que poderia evitar sobrecarregar o sistema de saúde e, assim, salvar algumas vidas, mas claramente não salvaria a maioria delas. Logicamente, a atenuação e a supressão precisariam continuar até que uma vacina estivesse disponível. Mas isso podia demorar um ano ou mais. Quando os estudos da experiência europeia revisaram drasticamente o número de vidas salvas, as dúvidas sobre a sabedoria da estratégia de *lockdowns* começaram a crescer.[33]

Ao fazer seus cálculos, os epidemiologistas de Londres não se preocuparam com os custos dos INF, apenas com os benefícios. "Não consideramos", escreveram eles com leveza, "os custos sociais e econômicos mais amplos da supressão, que serão altos".[34] O quanto estava se tornando alto e rapidamente aparente. Em março, o vice-governador do Texas, Dan Patrick, que completou 70 anos no mês seguinte, fez a pergunta: "Como cidadão idoso, você está disposto a arriscar sua sobrevivência em troca de manter a América que toda a América ama para seus filhos e netos?... Se essa for a troca, estou dentro".[35] Em resposta, o governador de Nova York tuitou, indignado: "Minha mãe não é dispensável. Sua mãe não é dispensável. Não vamos atribuir um valor monetário à vida humana".[36] Sem dúvida, moralmente, cada vida não tem preço. Na prática, porém, os reguladores federais estimam o valor estatístico de uma vida em cerca de US$ 9 a US$ 10 milhões. (Dar um preço à vida do americano da classe média pode parecer insensível, mas essas estimativas são a base essencial para a análise de custo-benefício em políticas públicas.)[37] Alessandro Vespignani calculou que, até o fim de abril, seriam 53 mil mortes por Covid-19 nos Estados Unidos sob as restrições então atuais, em oposição a 584 mil sem mitigação, o que implica que cerca de meio milhão de vidas teriam sido salvas.[38] Mas a maior parte das que estavam sendo salvas, agora estava claro, eram de pessoas idosas, a maioria das quais tinha, no máximo, entre cinco e quinze anos de vida. Em outras palavras, menos anos de vida ajustados pela qualidade talvez estivessem em jogo do que em 1957.[39] Uma estimativa razoável do benefício econômico de evitar meio milhão de mortes, principalmente de idosos, pode, portanto, ficar em torno de US$ 625 bilhões, assumindo uma perda média de dez anos em uma expectativa de 80. Se um único mês de *lockdown* custasse US$ 500 bilhões, depois de um mês e meio os custos da apólice começariam a compensar os benefícios – e isso omitia do cálculo as muitas consequências adversas não intencionais do *lockdown*.[40] Outra estimativa, com base na análise em nível de condado, estima o custo de um mês de fechamento próximo a US$ 2,2 trilhões.[41] Somente se imaginássemos um número muito maior de mortes sendo evitadas, uma suspensão muito prolongada da vida econômica poderia ser justificada. No entanto, mesmo em meados de março, as estimativas centrais da maioria dos especialistas dos Estados Unidos sobre o total de mortes em 2020 estavam abaixo de 250 mil.[42] A incerteza dos epidemiologistas e a tendência das previsões de seus modelos de não coincidir com a realidade[43] alimentaram dúvidas, especialmente entre os republicanos, de que o número potencial de mortes sem *lockdowns* teria sido de 1 milhão, ou algo próximo a 2. De qualquer forma, os modelos pareciam concordar que o pico das mortes diárias havia sido atingido em meados de abril.

O ceticismo era justificado. Para o historiador, havia deixado de ser plausível em meados de março que estaríamos enfrentando outro 1918-1919. Considerando as idades das vítimas na China e na Itália (os primeiros países a produzir esses dados), o impacto da Covid-19 parecia provável estar muito mais próximo da pandemia de 1957-1958, quando quase não houve INFs e nenhuma interrupção econômica.[44] O excesso de dados de mortalidade confirma que, na maioria dos países desenvolvidos, a primeira onda da pandemia atingiu rapidamente o pico. Significativo foi o fato de que isso também era verdade na Suécia, que manteve a estratégia de imunidade de rebanho, contando com o distanciamento social e a proibição de eventos públicos, sem nenhum *lockdown*. O excesso de mortes na Europa não foi incomum nas primeiras 12 semanas do ano. Mesmo na semana 12, o excesso não foi excepcional. (O inverno de 2016-2017 foi igualmente ruim.) Apenas nas semanas 13 a 16 (23 de março a 19 de abril) houve um pico excepcional no excesso de mortes. Na semana 20 (11 a 17 de maio), a morte na Europa voltou ao normal, as três semanas subsequentes ainda abaixo do normal. Pessoas com 70 anos ou mais foram responsáveis por mais de 90% do excesso de mortes nas semanas 10 a 17.[45] Houve variação considerável entre os países, como vimos, com o pior excesso de mortalidade na Espanha (56% acima do normal), Reino Unido (45%), Itália (44%) e Bélgica (40%). Em comparação, a França (31%), os

Países Baixos (27%), a Suíça (26%) e a Suécia (24%) apresentaram desempenho moderado. Portugal (11%), Áustria (8%), Dinamarca (6%) e Alemanha (5%) tiveram bom desempenho. A Noruega e a Islândia não apresentaram nenhuma de mortalidade excessiva.[46] No Reino Unido, a mortalidade excessiva começou a aumentar na semana 13 (terminando em 27 de março). Naquela semana, a mortalidade total estava 10% acima da média de cinco anos. Nas três semanas subsequentes (terminando em 17 de abril), o excesso de mortalidade subiu dez vezes para 113 %, com quase 12 mil mortes em excesso, das quais três quartos foram atribuídos a Covid-19.[47] A taxa então diminuiu mais gradualmente do que havia aumentado, atingindo apenas 7% na semana que terminou em 5 de junho, sete semanas após o pico.[48] Devido a atrasos na coleta de dados, o pico real de mortalidade excessiva foi provavelmente por volta de 8 de abril.[49] Essa também foi a semana em que o número de pacientes que morreram em hospitais na Inglaterra e testaram positivo para a Covid-19 no momento da morte atingiu o pico de 5.486. Na semana que terminou em 19 de junho, o número era de 334.[50] Não há dúvida, então, de que a Grã-Bretanha teve seu pior excesso de mortalidade em cinco anos em abril e maio de 2020. Embora Londres tivesse a maior taxa de mortalidade excessiva entre todas as regiões, todo o Reino Unido foi afetado. Cerca de uma dúzia de cidades espanholas e italianas (por exemplo, Bergamo) tiveram taxas ainda mais altas do que Londres.[51] No entanto, em comparação com outros países o Reino Unido teve o maior excesso de moralidade em relação à população.[52] Ainda assim, em uma perspectiva de longo prazo, voltando a 1970, a pior semana da Grã-Bretanha para mortes em excesso em 2020 (semana 16) termina em 21º lugar. Os invernos de 1969-1970, 1989-1990 e 1975-1976 foram todos piores que a primavera de 2020. A taxa de mortalidade excessiva na primeira semana de 1970 foi um terço maior do que em meados de abril de 2020.[53]

Os Estados Unidos tiveram uma experiência semelhante à da Grã-Bretanha, mas menos severa, ou talvez fosse mais correto dizer que os estados do nordeste tiveram uma experiência semelhante, porque o resto da América seguiu um caminho diferente. Em meados de julho, o excesso de mortalidade cumulativo nos Estados Unidos foi estimado em 149.200, ou 23% acima do nível médio dos últimos anos. Era mais ou menos igual à taxa sueca.[54] Em relação à população, o excesso de mortalidade nos Estados Unidos ficou entre os números da Suíça e da Áustria.[55] Em relação aos quatro anos anteriores, abril-maio de 2020 se destacou pela proporção de mortes atribuídas a pneumonia, gripe e Covid-19.[56] As comparações da mídia com a gripe sazonal foram extremamente erradas: o número de mortes pela Covid-19 na semana que encerrou em 21 de abril foi entre 10 e 44 vezes maior que o número de mortes por gripe na semana de pico das sete temporadas de gripes anteriores.[57] Em seu pico, a Covid-19 foi a causa número um de mortes na América.[58] No entanto, nem todos os estados vivenciaram a mortalidade excessiva. E nem todo o excesso de mortalidade pode ser atribuído à Covid-19.[59] Como na Europa, a pandemia global ficou, em uma análise mais detalhada, fortemente concentrada em algumas regiões. Na Itália, foi em Bergamo e seus arredores.[60] Na Espanha, a mortalidade excessiva foi registrada em Aragão, Castela e Leão, Castela-La Mancha, Catalunha, Extremadura, Madri, País Basco, Navarra, La Rioja e Valência, mas não na Andaluzia, Astúrias, Ilhas Baleares, Canárias, Cantábria, Ceuta, Galiza ou Múrcia.[61] Na França foi Île de France e o extremo nordeste que mais sofreram. Nos Estados Unidos, um terço das mortes por Covid-19 ocorreram em Nova York e New Jersey.[62] A mortalidade excessiva na cidade de Nova York foi excepcionalmente alta. De 11 de março a 13 de abril de 2020, houve cerca de 3,6 vezes o número de mortes que seria esperado com base nas médias para as mesmas datas entre 2013 e 2017. Pouco menos de 17% de toda a mortalidade excessiva até meados de julho veio na cidade de Nova York, uma parcela semelhante à de Londres no total do Reino Unido (15%).[63] Houve concentração semelhante na Califórnia: 45% dos casos e 56% das mortes ocorreram em Los Angeles.[64]

A pandemia da Covid-19 nos Estados Unidos começou na semana encerrada em 28 de março e teve o pico na semana encerrada em 11 de abril, quando o excesso de mortalidade estava de 36 a 41% acima do normal, e parecia perto do fim na semana encerrada em 25 de junho (5 a 9% acima do normal). No entanto, ao contrário do Reino Unido e da Europa, o excesso de mortalidade não voltou totalmente ao normal. De uma baixa de 7 a 11% acima do normal em meados de junho, voltou a subir para 20 a 25% acima do normal no final de julho, diminuindo a partir daí, mas não retornando ao nível esperado.[65]

A impaciência de muitos americanos, especialmente eleitores republicanos em estados predominantemente "vermelhos" com poucos casos de Covid-19, era compreensível. Mesmo que suas fontes de informação fossem as melhores possíveis, a incerteza reinaria. Quantas pessoas contraíram o vírus? As primeiras estimativas foram amplamente diversas. De forma variada, 11 estudos sugeriram que os portadores assintomáticos podiam estar entre 18% e 86% de todas as pessoas infectadas. Com base em testes sorológicos, que obviamente variaram em sua precisão, as estimativas das porcentagens totais de infectados nas regiões europeias variaram de 0,33% na Áustria a 5% na Espanha, 36% em um abrigo para sem-teto em Boston e 73% em uma prisão em Ohio.[66] Em Nova York, 26% das pessoas testaram positivo no início de julho. No bairro de Corona, no Queens, o índice era de 68%.[67] As estimativas da taxa de mortalidade por infecção (IFR), todas importantes, foram dispersas de forma semelhante. Um estudo da Califórnia sugeriu 0,12% a 2,0%.[68] Os números europeus variaram de 0,05% (Islândia) a 1,18% (Espanha), com quase tudo entre os dois.[69] Um estudo do Reino Unido publicado em agosto sugeriu 0,3% ou 0,49%.[70] As pesquisas chegaram a intervalos inutilmente amplos, como 0,02% a 0,78%.[71] Em meados de 2020, algum tipo de consenso havia se formado em torno de 0,53% a 0,82%.[72] Mas estava claro que a variação nos IFRs entre os grupos de idade era enorme, com aqueles com mais de 65 anos dez vezes mais em risco do que a média, e os trabalhadores da saúde também eram muito mais vulneráveis (porque a gravidade da doença se correlaciona com a escala de carga viral, que geralmente é uma função da exposição).[73] Mesmo que os americanos não estivessem sob um bombardeio de notícias falsas sobre a "plandemia" de Covid-19, seria desculpável se pensassem que os *lockdowns* eram um exagero e que em 4 de julho, se não no Memorial Day (Dia da Memória que ocorre em 25 de maio), era hora de voltar à vida normal.

A TOLA REABERTURA

Os *lockdowns* foram um erro? Em abril, várias pessoas tentaram mostrar que o momento dos *lockdowns* havia sido crucial para limitar a extensão do contágio.[74] Essa correlação evaporou em um exame mais minucioso.[75] Pesquisadores da Blavatnik School of Government da Universidade de Oxford mostraram que não havia, de fato, nenhuma relação entre o rigor das medidas governamentais e o grau de contenção da doença.[76] "Embora a Alemanha tivesse restrições mais brandas do que a Itália", como observou um comentarista em maio, "ela teve muito mais sucesso em conter o vírus". Taiwan teve o menor rigor e o menor contágio. A relação estatisticamente significativa foi entre o rigor e a extensão do colapso econômico.[77] Um crescente corpo de pesquisas ofereceu uma interpretação alternativa. A contenção do contágio era função do distanciamento social em todas as suas formas.⁷⁸ Isso não precisava ser obrigatório, embora geralmente fosse mais eficaz quando era. Se o distanciamento social fosse feito de forma eficaz, os *lockdowns* seriam mais ou menos supérfluos. O fechamento de escolas e a proibição de reuniões públicas foram suficientes. Essa parecia ser a lição aprendida em Cingapura⁷⁹ e até na China.⁸⁰ O estudo mais abrangente até agora sobre medidas governamentais sugeriu que o distanciamento social obrigatório¹* era uma política muito mais eficaz do que fechar negócios e fazer com que todos trabalhassem em casa, incluindo todos aqueles que evidentemente não podiam.⁸¹ Outras medidas que deveriam ter sido adotadas mais amplamente teriam se concentrado em isolar os idosos e as populações vulneráveis.⁸² As medidas mais eficazes, entretanto, foram aquelas que colocaram os superespalhadores em quarentena e baniram os eventos que provocavam aglomeração. O *lockdown* era uma resposta indiscriminada a um vírus com fator de dispersão tão baixo quanto o do Sars-CoV-2.⁸³

Do meio ao final de abril, países como Áustria, Dinamarca, Alemanha, Noruega e Suíça começaram a reabertura parcial e gradual de lojas e escolas, seguidas posteriormente por cafés e restaurantes.⁸⁴ Em meados de junho, os dados de mobilidade sugeriam que o tráfego havia voltado ao normal em Berlim,

---

1 *O estudo em questão cobre uma infinidade de medidas sob a égide de "outro distanciamento social": "[1] Isolamento de algumas populações: recomendar ou ordenar o isolamento de populações como idosos, imunocomprometidos ou aqueles que voltaram recentemente de um cruzeiro. [2] Se estiverem fora de casa, [as pessoas] devem obedecer aos padrões de distanciamento social: exigir uma distância mínima de um metro e meio de outras pessoas quando estiver fora de casa, manter distância ao utilizar o transporte público, pedir que as empresas restrinjam o número de pessoas que entram em seus estabelecimentos, bem como restringir certos tipos de atividades que envolvem interação física com os clientes (por exemplo, empacotar mantimentos, aceitar pagamento em dinheiro). [3] Uso de máscara obrigatório: exigir que as pessoas usem máscara fora de casa. [4] Fechamento de instalações públicas: fechar bibliotecas, museus, feiras, locais históricos, memoriais e locais de votação. [5] Fechamento de instalações ao ar livre: fechar praias, parques estaduais, parques públicos, banheiros públicos, lagos e áreas de acampamento. [6] Restrição de distância social de visitação a certas instalações: restringir a visita a prisões, instalações de cuidados de longo prazo, creches e abrigos, interromper procedimentos médicos e veterinários eletivos e proibir acomodações para aluguel de curto prazo. [7] Suspensão de operações não críticas do estado/serviços governamentais: fechar prédios do governo, interromper reuniões pessoais de funcionários que trabalhem para o estado, suspender operações judiciais, renunciar ou estender o licenciamento e permitir que certos tipos de trabalho sejam realizados remotamente, quando normalmente não poderiam (por exemplo, de tabelionato, trabalho policial, licenciamento)." Algumas dessas restrições eram supérfluas em si. O fechamento de praias e parques deixou de fazer sentido quando ficou claro que quase toda a transmissão do vírus ocorria em ambientes fechados.

Genebra, Milão, Paris e Estocolmo (que nunca entraram em *lockdown*).[85] No verão, a Alemanha estava funcionando normalmente.[86] Houve saltos significativos no número de casos na Espanha, bem como em vários países do Leste Europeu, mas no geral a reabertura europeia estava indo razoavelmente bem quando as férias de verão se aproximavam do fim. O número de casos refletia testes positivos, não doenças, e não havia sinal de mortalidade excessiva. Em contraste, na Grã-Bretanha o fim da mortalidade excessiva não foi seguido por um retorno à normalidade. A mobilidade permaneceu excepcionalmente diminuída: cerca de 25% abaixo do nível pré-pandemia no fim de julho. Nem o governo nem o povo pareciam ter confiança para voltar a fazer algo parecido com os negócios normais.[87] Novas restrições às reuniões sociais tiveram de ser impostas em setembro.

Nos Estados Unidos, a história foi diferente. Lá, mesmo em abril, uma parcela cada vez maior de eleitores estava pronta para voltar ao trabalho "agora" – especialmente os republicanos e pessoas com idades entre 45 e 63 anos. (Com menos riscos, pessoas mais jovens eram mais relutantes em retornar à normalidade).[88] Como vimos, essa também foi a forte inclinação do presidente. No entanto, enquanto os europeus empreenderam uma reabertura qualificada durante o verão, mantendo as normas de distanciamento social e, em alguns lugares, aumentando o uso de máscaras, a abordagem americana era voltar precipitadamente ao velho normal. Em meados de junho, o distanciamento social havia cessado em grande parte na maior parte da América. A mobilidade aumentou quando os americanos – especialmente os republicanos – tomaram as estradas novamente.[89] Mas o país voltou à normalidade em uma base estadual, com governadores e prefeitos relaxando as restrições conforme considerassem adequado. Tudo isso foi feito sem os pré-requisitos aconselháveis de testes mais abrangentes e rápidos[90] e um sistema eficaz de rastreamento de contatos (talvez exceto em Massachusetts).[91] Como Tomas Pueyo apontou em uma frase vívida, a estratégia racional para governos contra a Covid-19 poderia ser caracterizada como "o Martelo e a Dança".[92] O que os Estados Unidos estavam tentando era golpear uma toupeira com uma venda nos olhos. Nada era mais fácil de prever, ou seja, que isso levaria a segundas ondas em muitos estados que haviam visto melhorias, e primeiras ondas contínuas na maioria dos demais. Foi o que aconteceu em junho e julho, especialmente no Sul (notavelmente na Geórgia, Flórida e Texas) e no Oeste (Arizona), onde as temperaturas do verão significavam que jantares, compras e socialização aconteciam em ambientes fechados com ar-condicionado.[93] A previsão do economista John Cochrane de uma "reabertura burra" foi cumprida.[94] Cochrane também estava certo ao afirmar que, quando o número de casos, hospitalizações e mortes aumentasse, o comportamento das pessoas se adaptaria novamente. A pesquisa confirmou sua hipótese. Foi o comportamento adaptativo, e não as ordens do governo, que determinou a trajetória do contágio americano.[95] Isso significou que, no início de agosto, o número de novos casos e hospitalizações novamente caiu e diminuiu. Mas também significou que um retorno à normalidade econômica completa se tornava cada vez menos provável.

Com frequência, economistas afirmaram na primeira metade de 2020 que os desastres naturais tendem a causar crises econômicas relativamente curtas, embora agudas. Portanto, o argumento era que as economias deveriam ver recuperações rápidas em forma de V quando a pandemia da Covid-19 terminasse – como uma cidade litorânea que fecha no inverno e reabre no início do verão.[96] Isso pode ter sido verdade para aqueles países onde, no verão de 2020, os números de novos casos caíram para níveis muito baixos. Mas não se aplicava a um país como os Estados Unidos, onde a pandemia ainda estava em curso e uma reabertura estúpida havia sido parcialmente abortada. O FMI, a Organização para Cooperação e Desenvolvimento Econômico e o Banco Mundial foram todos mais circunspectos, reconhecendo os riscos de uma segunda onda.[97] Alguns economistas acadêmicos foram ainda mais pessimistas, prevendo uma recessão longa e profunda impulsionada pela incerteza – uma "recessão de Frankenstein", combinando o tamanho da Grande Depressão, a velocidade do furacão Katrina e os custos de realocação de mão de obra da Segunda Guerra Mundial.[98] Enquanto os economistas debatiam, com crescente absurdo, se a recuperação seria em forma V, W, K, "Nike Swoosh" (recuperação batizada com o nome icônico do logotipo da marca de seleção) ou em forma de raiz quadrada inversa, minha sugestão no início de abril era de que ela teria a forma mais parecida com uma tartaruga gigante: conforme a vazão descia da concha, despencava para a base do pescoço da tartaruga, então subia, nivelando sua cabeça, alguma distância abaixo de seu ponto de partida no topo do casco. Wall Street havia sido resgatada (novamente), mas as políticas do Fed estavam fazendo pouco para ajudar as pequenas empresas – que estavam trabalhando com capacidade de metade a três quartos na segunda semana de maio: e até mesmo o Paycheck Protection Program (empréstimos perdoáveis para pequenas empresas para impedi-las de despedir trabalhadores) parecia ter ajudado bastante as grandes empresas.[99]

Os economistas mais conhecidos lutavam para dar sentido a tudo isso. Para o arquiliberal Paul Krugman, o *lockdown* era "o equivalente econômico de um coma induzido", mas o remédio keynesiano de endividamento governamental proporcionaria o alívio e o estímulo necessários. "Pode haver uma ligeira ressaca desse empréstimo", escreveu ele em 1º de abril, "mas não deve representar nenhum problema maior."[100] Em contraste, Kenneth Rogoff – nada keynesiano em questões fiscais – escreveu sobre uma "catástrofe econômica… que provavelmente rivalizará ou excederá qualquer recessão nos últimos 150 anos", com efeitos prolongados, potencialmente levando a uma "depressão global". A pandemia, argumentou Rogoff, era semelhante a uma "invasão alienígena".[101] A terrível metáfora defendida por Lawrence Summers era que "isolamento físico é quimioterapia e o objetivo é a remissão. O problema é que a quimioterapia fica… cada vez mais tóxica conforme o tempo passa". Ele previu uma "dinâmica semelhante à de um acordeão" até que uma vacina estivesse geralmente disponível.[102] John Cochrane, o comentarista mais perspicaz da Escola de Chicago, viu uma "grande *mudança* na demanda… da economia despreocupada para a economia permanentemente socialmente distanciada" e "um permanente choque tecnológico negativo".[103]

Todas essas especulações teriam se beneficiado de alguma história econômica. Uma pandemia não é como um furacão (ou, nesse caso, inverno em Cape Cod), porque sua duração é altamente incerta. A Covid-19 poderia desaparecer, como ocorreu com o Sars e Mers, se a humanidade modificasse seu comportamento de forma inteligente, ou poderia continuar entre nós por anos, assim como a aids, matando muito mais pessoas do que atualmente podemos imaginar. O principal ponto econômico era que uma recuperação relativamente rápida do lado da oferta poderia ser possível – a China já havia deixado isso claro –, mas fazer com que a demanda do consumidor se recuperasse em face de um risco contínuo mas nebuloso para a saúde pública seria muito mais difícil.[104] A propensão marginal a consumir (o conceito-chave na *Teoria geral* de Keynes, um livro mais citado que lido) foi duramente atingida pela pandemia e seu aumento associado de incerteza e insegurança. Em 1957-1958, em face de uma pandemia comparativamente perigosa, os americanos consideraram o excesso de mortalidade como um custo para fazer negócios. Não foi o que aconteceu em 2020. É verdade que o desemprego não atingiu a taxa da era da Depressão que quase todos os economistas haviam previsto, mas recuou para 13% em maio, 11% em junho,

10% em julho e 8% em agosto. A taxa de poupança pessoal disparou durante o *lockdown*, quando as pessoas não podiam gastar, mas permaneceu elevada em junho, em 19%, três vezes a média dos dezenove anos anteriores e mais do que o dobro da média desde 1959.[105] Muitas pessoas certamente queriam voltar à normalidade em junho.[106] Mas a segunda onda de casos no Cinturão Solar, junto às medidas de "novo fechamento" ou "pausa" em mais de 20 estados,[107] sufocou a recuperação do consumidor. Com base em meados de abril e meados de junho nos dados de mobilidade do Google, parecia que neste último citado as viagens de varejo e recreação voltariam ao seu nível básico em 10 de julho. No fim de julho, aquele caminho íngreme de volta aos bons velhos tempos havia se achatado em um platô entre 10 e 20% abaixo da linha de base. O número de passageiros do posto de controle da Administração de Segurança do Transporte ficou preso em um quarto do seu nível normal.[108] O tráfego de pedestres ainda estava 25 a 50% abaixo do normal em Washington, D.C., Miami, Seattle, Los Angeles, Boston, Nova York e San Francisco.[109] Mesmo dirigir ainda estava em queda de 10 a 16% em San Francisco.[110] Em 3 de agosto, a receita das pequenas empresas estava caindo 17% abaixo do nível de janeiro. Os gastos do consumidor estavam estagnados em 6% abaixo do nível de janeiro, com as famílias ricas diminuindo ao máximo.[111] Quando voltou-se brevemente ao normal, o consumo de eletricidade caiu 4% abaixo do nível pré-pandemia.[112]

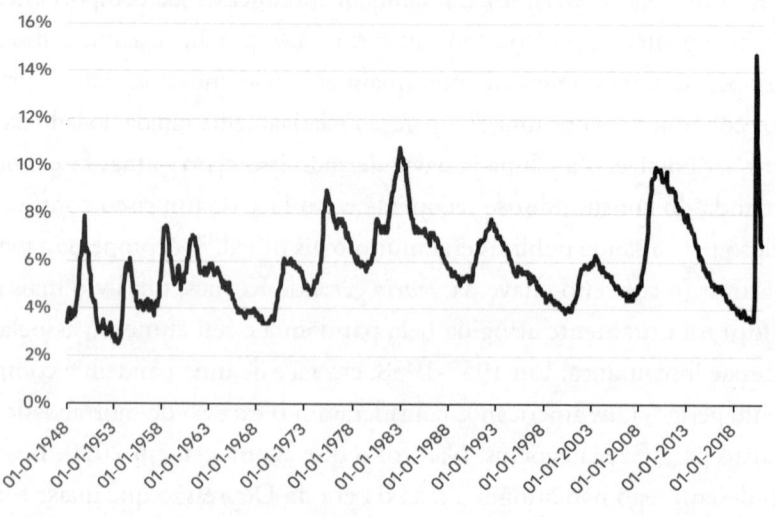

A taxa de desemprego dos Estados Unidos (ajustada sazonalmente) desde 1948.

Enquanto isso, a recuperação mais contraintuitiva do mercado de ações dos tempos modernos continuou, aparentemente alheia à pandemia contínua e ao fracasso da reabertura estúpida, apagando todas as perdas sofridas durante o ataque de pânico de março. Como explicar isso? A explicação óbvia era que medidas de alívio fiscal e monetário rápidas e expansivas mitigaram com sucesso os piores efeitos econômicos dos *lockdowns*, apoiando empresas e famílias norte-americanas com dezenas de milhões de cheques. A inquietação, no entanto, começou a crescer à medida que esse estranho verão avançava. Se a Covid-19 recusou-se a ir embora simplesmente porque muitos americanos estavam cansados dela, por quanto tempo o dinheiro do governo poderia sustentar a economia, quando cerca de um terço das perdas de empregos resultou do fechamento de pequenas empresas?[113] Será que as amargas inimizades partidárias do Congresso impediriam os resgates fiscais de tantos estados desesperadamente necessários para evitar demissões em massa de funcionários públicos?[114] Como o Tesouro deveria administrar sua dívida tão ampliada: com empréstimos de curto prazo ou títulos perpétuos ao estilo do século XIX?[115] O Federal Reserve havia perdido implicitamente sua independência, retornando a um estado de servidão por dívida anterior a 1951?[116] Era a estagnação secular que tínhamos de temer ou uma volta da inflação?[117] É verdade que, no curto prazo, a pandemia foi deflacionária.[118] Mas o crescimento monetário explosivamente rápido, uma medida do agregado monetário americano M3 estava crescendo 23% ao ano em junho, deve, em alguma data futura, ter consequências.[119] O comércio mundial caiu 12%, o investimento estrangeiro direto caiu ainda mais.[120] Se todas as restrições à política monetária e fiscal foram deixadas de lado sob um governo republicano, o que evitaria o enfraquecimento do dólar[121] semelhante ao que havia começado no fim dos anos 1960, quando as políticas keynesianas em uma escala muito mais modesta saíram do controle em face de crises gêmeas – a queda para a derrota no Vietnã e a crise na América urbana que o bem-estar da "Grande Sociedade" e seus programas não conseguiram resolver? O mercado de ações estava em uma bolha delirante inflada por operadores de *day trade* neófitos como Dave Portnoy?[2*,122]

---

2 'Portnoy tinha duas regras para ganhar dinheiro nas bolsas de valores. A primeira regra era que "as ações só sobem", como ele costumava lembrar a 1,5 milhão de seguidores no Twitter. A segunda regra: "Em caso de dúvida se deve comprar ou vender, consulte a regra um".

A GRANDE REPARAÇÃO

Como quase tudo na política dos Estados Unidos, exceto talvez a China, a Covid-19 tornou-se uma questão partidária. Entre os democratas, a preocupação com "um surto de coronavírus em sua área local" permaneceu alta (80% mais pessoas preocupadas do que despreocupadas, de acordo com a Civiqs [empresa de pesquisas de opinião]). Entre os republicanos, ela havia desaparecido em agosto (31% líquido despreocupado). Os independentes estavam no meio (25% líquidos envolvidos).[123] Em suma, em julho, os norte-americanos, exceto os obstinados republicanos pró-Trump, mudaram de ideia: longe de lidar bem com a pandemia, como haviam acreditado em abril, Trump fez tudo errado. As pesquisas, assim como os mercados de previsão, apontavam claramente para uma vitória de Joe Biden em 3 de novembro.[124] Tanto o impacto da pandemia quanto o impacto da recessão fizeram parecer cada vez mais difícil para Trump vencer nos "três grandes" estados cruciais que entregaram a Casa Branca a ele em 2016: Michigan, Pensilvânia e Wisconsin. Outros estados que pareciam estar em jogo incluíam Arizona, Flórida, Geórgia, Iowa, Carolina do Norte, Ohio e Texas. Parecia provável que, se Biden ganhasse a Casa Branca, os democratas também ganhariam o controle do Senado. Dada a perspectiva de uma varredura democrata e a crescente influência da esquerda progressista sobre o partido, também parecia razoável antecipar taxas de impostos corporativas mais altas em 2021. Além disso, como vimos, a Covid-19 levou os republicanos à normalização involuntária de políticas mais radicais, como a renda básica universal e a teoria monetária moderna. Uma "onda azul" significaria, portanto, mais estímulos fiscais para a economia.

Uma lição importante de 2016, no entanto, foi desconfiar das pesquisas como base para as previsões sobre as eleições presidenciais nos Estados Unidos. Resta saber se a equipe de campanha de Trump poderia ou não prejudicar a credibilidade de Biden como um presidente em potencial – a estratégia clássica para ganhar um segundo mandato desde que Bill Clinton derrotou Bob Dole em 1996 –, implantando as artes das trevas das mídias sociais que eram desconhecidas naqueles tempos. Não havia dúvida de que Trump estava muito à frente de seu rival em gastos com publicidade no Facebook.[125] Também foi significativo que, ao contrário de Jack Dorsey no Twitter, Mark Zuckerberg continuou a resistir à pressão para intervir editorialmente em anúncios políticos, apesar das intensas críticas de dentro e de fora do Facebook (incluindo um ataque frontal da campanha de Biden).[126] E, não importa o quando sua campanha manteve Biden invisível no verão de 2020, as preocupações dos eleitores sobre sua idade e aptidão mental continuaram.[127]

O principal problema para a campanha de Trump era simples: uma pandemia – especialmente se for exacerbada por bloqueios econômicos que desencadeiam uma recessão – prejudica muitas pessoas de várias maneiras. Alguns dos afetados nunca considerariam votar no Partido Republicano, mas as experiências de 2020 podiam torná-los mais propensos a votar no Partido Democrata. Isso pode ser especialmente verdade para os eleitores negros, cujo menor comparecimento foi uma das maiores diferenças entre 2012 e 2016. Por outro lado, alguns dos eleitores mais atingidos pela pandemia e a recessão foram conservadores ao longo da vida, mas as experiências de 2020 podiam torná-los menos propensos a votar nos republicanos, especialmente se fossem idosos confrontados com uma nova onda de Covid-19 na época das eleições.

O desastre pode aproximar as pessoas, aumentando seu comportamento altruísta, e há algumas evidências de que isso aconteceu em 2020.[128] Mas a pandemia norte-americana atingiu uma sociedade altamente desigual. Seu efeito, como se tornou comum observar, foi exacerbar a desigualdade.[129] No início da crise, quando parecia que apenas os ricos poderiam realizar o teste para detectar a Covid-19, Trump foi convidado a comentar o assunto. Ele expressou desaprovação, mas acrescentou: "Talvez essa seja a história da vida".[130] O *lockdown* era como uma panela de pressão. A criminalidade diminuiu, assim como os acidentes rodoviários, mas houve aumento da violência doméstica.[131] O excesso de mortalidade não se deve apenas ao Covid, mas para mortes acima do normal por comorbidades como diabetes e doenças cardíacas, provavelmente porque as pessoas estavam evitando hospitais e cirurgias.[132] Como na China, os problemas de saúde mental e hábitos de abuso de substâncias pioraram.[133] As suspeitas de *overdoses* por drogas aumentaram 18% em março, 29% em abril e 42% em maio.[134] Como na Inglaterra, as taxas de mortalidade em áreas mais carentes (como o Bronx) eram quase o dobro do que nas áreas ricas (como Manhattan).[135] A política econômica teve mais sucesso em reajustar os preços dos ativos financeiros, de propriedade desproporcional dos ricos. Isso pouco adiantou para aqueles que não tinham economias.[136] Não se tratava apenas de os negros americanos serem desproporcionalmente vulneráveis à Covid-19. Eles também foram mais afetados economicamente: a convergência pré-pandêmica das taxas de desemprego entre negros e brancos se reverteu abruptamente.[137] Os jovens também foram mais afetados economicamente que os mais velhos.[138] As mulheres têm maior probabilidade de perder seus empregos que os homens.[139]

Alguma coisa precisava acontecer. Às 20h de segunda-feira, 25 de maio, um homem negro chamado George Floyd entrou na loja Cup Foods, em Minneapolis, Minnesota. O balconista da loja alegou que ele pagou pelos cigarros com uma nota de US$ 20 falsificada e chamou a polícia. Derek Chauvin, um policial branco que acabou conhecendo Floyd pelo trabalho como segurança em uma boate local, ajoelhou-se em seu pescoço atrás de uma viatura da polícia do lado de fora da loja. Por oito minutos e quarenta e seis segundos, Chauvin pressionou o joelho no pescoço de Floyd em silêncio enquanto seu prisioneiro ofegava repetidamente por não conseguir respirar. Os espectadores imploraram para que Chauvin parasse, mas, como o vídeo feito com celular mostrou, ele continuou ajoelhado em Floyd por mais dois minutos e cinquenta e três segundos depois que esse último parou de se debater. Floyd foi declarado morto às 21h25. Quatro noites de caos em Minneapolis se seguiram.[140] O assassinato de Floyd por Chauvin parecia a ilustração perfeita da afirmação do movimento "Vidas Negras Importam" de que a polícia norte-americana usava desproporcionalmente violência letal contra negros por causa do racismo sistêmico. O que se seguiu foi um novo contágio, de um tipo que agora deve ser familiar ao leitor. De 26 de maio a 28 de junho, entre 15 e 26 milhões de pessoas participaram de manifestações em apoio ao movimento citado. Os protestos chegaram ao pico em 6 de junho, quando meio milhão de pessoas compareceram em cerca de 550 localidades em todo o país. Das 315 maiores cidades dos Estados Unidos, apenas 34 não tiveram um protesto. Dois quintos de todos os condados viram pelo menos alguma forma de manifestação. A escala dos protestos em seu pico foi menor do que os 3 a 5 milhões que compareceram em 21 de janeiro de 2017 na Marcha das Mulheres, mas os protestos de 2020 foram muito mais prolongados. Na verdade, dizia-se que excediam em tamanho todas as manifestações públicas desde o nascimento da República.[141] No entanto, ao contrário da Marcha das Mulheres, esses protestos foram organizados às pressas e muitas vezes de maneira indisciplinada. Em cerca da metade das cidades onde os manifestantes marcharam, houve relatos de violência.[142] Outro estudo enfatizou que apenas 7% dos protestos foram violentos, embora em Oregon (principalmente em

Portland) a proporção tenha subido de 17% para 42% depois que as forças federais foram posicionadas.[143]

O procurador-geral William Barr atribuiu grande parte dos problemas a "grupos extremistas anárquicos e... de extrema esquerda, usando táticas semelhantes às da Antifa".[144] Havia algumas evidências para apoiar isso, mas, no geral, os protestos se assemelhavam a movimentos de massa semelhantes em todo o mundo no ano anterior – de Hong Kong a Beirute e Santiago –, que eram, em essência, acéfalos. "Se você perguntasse a qualquer um quem estava liderando essas marchas, ficaria surpreso se alguém pudesse apontar", disse Eric Adams, administrador do bairro do Brooklyn e ex-capitão da polícia.[145] A outra característica fundamental dos protestos foi que em várias cidades houve colapsos abjetos de autoridade. Na noite de 28 de maio, o prefeito de Minneapolis, Jacob Frey, ordenou que a Terceira Delegacia de Polícia da cidade fosse evacuada. O prédio foi incendiado imediatamente. Em 29 de maio, o governador de Minnesota, Tim Walz, explicou que não estava mobilizando a Guarda Nacional para evitar parecer "opressor". O prefeito de Nova York, Bill de Blasio, pediu à polícia que usasse um "toque leve" em resposta à violência e vandalismo dos manifestantes.[146] As promessas de prefeitos como Eric Garcetti, de Los Angeles, de reduzir os orçamentos da polícia (uma resposta ao apelo dos manifestantes para "cortar os recursos da polícia") não ajudaram em nada para elevar o moral dos policiais sitiados.[147] Alguns locais em Portland descambaram para a anarquia.

Quem quer que aplique a lei das consequências não intencionais é perverso. Muitos temiam que realizar manifestações em massa em meio a uma pandemia espalharia o vírus ainda mais. Não foi o que aconteceu, porque o distanciamento social geral aumentou durante os protestos, já que a maioria das pessoas se trancava dentro de casa, especialmente onde havia denúncias de violência.[148] O que se espalhou foi a criminalidade. Em Minneapolis, 111 pessoas foram baleadas nas quatro semanas após a morte de George Floyd. A cidade de Nova York registrou 125 tiroteios nas três primeiras semanas de junho, o dobro do número no mesmo período em 2019. Em Chicago, mais de cem pessoas foram baleadas em um único fim de semana, o pior desde 2012.[149] Havia motivo para acreditar que os protestos e a onda de crimes poderiam ajudar Trump politicamente, como protestos violentos ajudaram Richard Nixon em 1968,[150] movendo o tópico nacional de conversa do despreparo pandêmico para o terreno político preferido de Trump: a guerra cultural. Apenas 38% das pessoas em uma pesquisa de 2 a 3 de junho disseram que desaprovavam os protestos, mas três quartos disseram desaprovar a destruição de propriedade.[151] Sem dúvida, o apoio ao "Vidas Negras Importam" cresceu em 2020, especialmente entre os jovens.[152] No entanto, havia motivos para duvidar dessas pesquisas. A crítica pública ao VNI era uma atividade que colocava em risco a carreira, uma vez que a "cultura de cancelamento" se espalhou da academia para a América corporativa. Quando Tucker Carlson investiu contra o VNI, algumas empresas retiraram a publicidade de seu programa. Mas suas avaliações aumentaram muito.[153]

Os protestos de junho de 2020 produziram algumas cenas estranhas, que lembram de alguma forma os atos religiosos de expiação ocorridos na Europa no auge da peste bubônica. Em um ritual em Cary, Carolina do Norte, em 8 de junho, vários policiais brancos lavaram os pés dos pastores Faith e Soboma Wokoma, da Igreja Legacy Center, após uma "caminhada pela unidade" do centro da cidade até a delegacia – uma "resposta multirracial, multiétnica, multicultural" à morte de Floyd.[154] Um jovem branco com sotaque inglês se ajoelhou e entoou por meio de um megafone: "Em nome de todos os brancos... de toda a nossa raça branca... Estamos aqui, Senhor, confessando arrependimento.... Senhor, peço seu perdão por colocar em nossos corações tanto ódio que perpetramos a escravidão, Senhor, que perpetramos injustiça, que perpetramos preconceito, até hoje, mesmo em nosso sistema jurídico, posso pedir o seu perdão?" Em Bethesda, os manifestantes se ajoelharam na calçada com os braços erguidos, entoando sua renúncia ao privilégio branco e todas as suas obras.[155] Em uma ocasião semelhante, manifestantes brancos se ajoelharam diante dos negros e oraram para pedir perdão (um gesto que foi correspondido).[156] Em outra, ativistas do VNI denunciaram os manifestantes brancos por se envolverem em autoflagelação (ou pelo menos pintar listras de chicote em suas costas).[157] Em um encontro surreal em Washington, D.C., uma jovem manifestante branca começou uma discussão com um grupo de policiais brancos e negros, aos quais ela começou a explicar o significado do racismo sistêmico. "A América tem um problema de pecado", respondeu um dos oficiais negros. "O mundo tem um problema de pecado, senhora. Ok? Jesus disse: 'Eu sou o Caminho, a Verdade e a Vida. Ninguém vem ao Pai a não ser por mim.' A América e o mundo têm um problema de pecado. É daí que vêm o racismo, a injustiça, o ódio, a raiva e a violência. Não se trata de racismo.

Leia a Bíblia. Leia a Bíblia. Leia a Bíblia, isso é real."¹⁵⁸ O Grande Despertar³* tinha encontrado seu par.

Além dessas manifestações religiosas, houve uma onda de iconoclastia. Como os protestantes no século XVI, os Taiping no século XIX, os bolcheviques e os maoístas no século XX, os manifestantes derrubaram ou vandalizaram estátuas. A maioria era de donos de escravos e generais confederados: John Breckenridge Castleman, em Louisville, Kentucky, Robert E. Lee, em Montgomery, Alabama, Raphael Semmes, em Mobile, Alabama e Edward Carmack em Nashville, Tennessee. Mas não foi o suficiente. Cristóvão Colombo também precisava ser removido de vista, Juan de Oñate em Albuquerque, Novo México, e George Washington em Portland, Oregon. Ulysses Grant não foi poupado, nem Theodore Roosevelt em Nova York, nem mesmo o Memorial da Emancipação de Lincoln, no Lincoln Park, de Washington.¹⁵⁹ Houve ataques semelhantes de iconoclastia na Inglaterra, ecoando inconscientemente uma tradição radical que remonta ao século XVI.¹⁶⁰ E, como nas revoluções anteriores, as crianças começaram a denunciar seus pais. Assim como Pavlik Morozov denunciou seu pai nas *gerasimovka* soviéticas, os adolescentes norte-americanos recorreram às redes sociais para acusar seus pais de racismo.¹⁶¹ Até mesmo os adultos desceram a esse nível. Um economista lançou a multidão do Twitter contra outro por ousar expressar ceticismo sobre o movimento Vidas Negras Importam.¹⁶² A lição da história é que os contágios biológicos e políticos frequentemente coincidem. Como vimos, a Guerra Civil Russa ocorreu mais ou menos em paralelo com a gripe espanhola de 1918-1919, sem falar do tifo galopante. Um fenômeno semelhante de contágios gêmeos ameaçou surgir no início de julho de 2020.

Para muitos americanos comuns, tudo isso era odioso. Em uma pesquisa feita pela empresa de pesquisas Rasmussen, 56% de todos os eleitores disseram que o governo deveria processar criminalmente aqueles que danificaram ou destruíram monumentos históricos. E 73% concordaram que "juntos fazemos parte de uma das maiores histórias já contadas, a história da América... o conto

---

3 * O Grande Despertar (The Great Awakening) foi um movimento de revivificação religiosa com impacto nas colônias inglesas nos Estados Unidos nas décadas de 1730 e 1740. À época, o racionalismo secular estava em voga, e a paixão pela religião, estagnada. Líderes cristãos peregrinavam de cidade em cidade, pregando o Evangelho, enfatizando a necessidade da expiação dos pecados e promovendo o entusiasmo pelo cristianismo. (N. T.)

épico de uma grande nação cujo povo arriscou tudo pelo que sabe que é certo", palavras de um discurso de Trump.[163] Preferências reveladas em uma área, pelo menos, contaram uma história muito diferente das pesquisas de manchete sobre a corrida presidencial. As estatísticas de verificação de antecedentes apontaram para um aumento na compra de armas em 2020. O Small Arms Analytics and Forecasting (consultoria de pesquisa com foco em negócios) colocou as vendas totais de armas de fogo em junho de 2020 em 2,4 milhões de unidades, 145% a mais do que em junho de 2019. A maioria eram revólveres.[164] A posse de armas foi um indicador muito preciso dos votos de Trump em 2016.[165] Não é de se surpreender que todo esse novo armamento também tenha sido associado a maior violência armada e acidentes com armas de fogo.[166]

Finalmente, uma ansiedade persistente no início de agosto de 2020 era que o resultado final da eleição dali a três meses pudesse acabar sendo igual ao dos anos 2000, com um resultado muito justo na noite das eleições, mas desta vez com os resultados em vários estados sendo questionados, ou 1876, quando o Senado e a Câmara não chegaram a um acordo sobre qual candidato havia vencido, um cenário não necessariamente descartado pela Lei de Contagem Eleitoral de 1887.[167] Os republicanos, liderados pelo presidente, já estavam difamando os votos pelo correio, uma questão em que a opinião pública estava dividida, ao longo, é claro, de linhas partidárias.[168] Os democratas reagiram com alegações de supressão deliberada dos eleitores nos estados vermelhos. Os ingredientes pareciam estar no lugar para um resultado que carecia de legitimidade, que, se ainda havia um problema de desordem urbana, para não falar de uma nova onda de Covid-19, talvez coincidindo com a gripe sazonal,[169] foi uma perspectiva menos animadora, se não exatamente o prelúdio da Segunda Guerra Civil temida por alguns.

ACHO QUE NÃO

Motivados por modelos epidemiológicos e contra os instintos iniciais do presidente Trump, os Estados Unidos tardiamente trilharam o caminho europeu (embora não o sueco) de supressão da Covid-19 através não apenas do distanciamento social, mas também de *lockdowns* econômicos. Essas medidas certamente limitaram a porcentagem da população que foi infectada e talvez tenham evitado que alguns hospitais americanos ficassem sobrecarregados, como o da Lombardia. No entanto, o choque econômico devido a *lockdowns* contínuos foi enorme. Uma estratégia mais racional teria sido manter empregada aquela parcela da população trabalhadora que não poderia trabalhar em casa e, ao mesmo tempo, exigir o distanciamento social, obrigando o uso de máscaras e o isolamento de pessoas mais velhas e vulneráveis à doença. Retornar ao trabalho sem nenhuma dessas precauções e com um sistema de testes, rastreamento de contatos e isolamento totalmente ineficaz tornou inevitável uma primeira onda contínua ou uma segunda onda significativa. No entanto, no início de agosto as segundas ondas pareciam estar chegando ao seu pico. No fim do mês, o período de mortalidade excessiva parecia estar chegando ao fim. Se não houvesse mais onda no outono, se uma ou mais vacinas passassem por seus testes de Fase III, se a economia acompanhasse o mercado de ações, Trump reivindicaria o crédito por ter evitado o desastre temido pelos epidemiologistas a um tolerável custo. A questão era se acreditariam nele ou simplesmente o culpariam pelas dificuldades econômicas e o caos dos protestos. Como Henry Kissinger apontou há muito, os líderes raramente são recompensados por desastres evitados e, com mais frequência, são culpados pelos dolorosos remédios profiláticos que recomendaram. O futuro político de Trump parecia claro em agosto: derrota em novembro. Em setembro e outubro, os eventos não correram do seu jeito: mais uma onda de casos de Covid-19 varreu o país, especialmente o Meio-Oeste. Nenhuma vacina poderia ser aprovada antes da eleição e o mercado de ações caiu apesar do forte crescimento no terceiro trimestre. No entanto, a análise política convencional, associada às metodologias de uma era passada, ainda tendia a subestimar o papel contínuo da desinformação *on-line*, nacional e estrangeira, e isso pode ajudar a explicar por que o resultado das eleições de 2020 se provou muito mais próximo do que as pesquisas previam. Em particular, ainda não estava claro qual papel, se houvesse, seria desempenhado na eleição pela escalada da guerra fria entre os Estados Unidos e a China; um confronto do qual Trump convenceu uma proporção significativa de americanos que era necessário. Como veremos no próximo e último capítulo, esse conflito de superpotências foi outra razão pela qual alguns comentaristas em 2020 previram um declínio e queda do dólar americano. No entanto, estavam esquecendo as duras lições que o mercado de câmbio estrangeiro ensinou uma vez a John Maynard Keynes.

Ele pode ter sido o maior economista do século XX, mas Keynes era um operador de Forex notavelmente medíocre. Não só ele quase faliu em 1920. Doze anos depois, cometeu também um erro de cálculo semelhante. Tendo vendido o dólar norte-americano de forma mais ou menos lucrativa entre outubro de 1932 e fevereiro de 1933, ele fechou sua posição em 2 de março de 1933, apenas oito dias antes da suspensão da conversibilidade do dólar em ouro. Keynes concluiu com tristeza: "As taxas de câmbio agora são dominadas por suposições".[170] E o que o quarto trimestre de 2020 traria – cuidado médico, econômico e político – era de fato uma incógnita.

11

O PROBLEMA DOS TRÊS CORPOS

Para obter uma imagem básica da sociologia cósmica você precisa de dois outros conceitos importantes: cadeias de suspeita e explosão tecnológica.

— Liu Cixin, *A floresta sombria*

OS PASSOS DE UMA GUERRA FRIA

No extraordinário romance de ficção científica de Liu Cixin, O *problema de três corpos*, a China cria imprudentemente, e depois resolve de forma engenhosa, uma ameaça existencial para a humanidade. Durante o caos da Revolução Cultural de Mao, Ye Wenjie, uma astrofísica, descobre a possibilidade de amplificar as ondas de rádio refletindo-as no sol e, dessa forma, enviar uma mensagem ao universo. Quando, anos depois, ela recebe uma resposta do planeta altamente instável e autoritário Trissolaris, assume a forma de um aviso para não enviar mais mensagens. Profundamente desiludida com a humanidade, ela a manda mesmo assim, revelando a localização da Terra aos trissolarianos, que buscam um novo planeta porque o seu está sujeito às caóticas forças gravitacionais exercidas por três sóis (daí o título do livro). Tão misantrópica que recebe bem uma invasão alienígena, Ye cofunda a Organização Terra-Trissolaris como uma espécie de quinta coluna, em parceria com um ambientalista norte-americano radical. Sua conspiração, no entanto, para ajudar os trissolarianos a conquistar a Terra e erradicar a humanidade, é engenhosamente frustrada pela dupla dinâmica de Wang Miao, um professor de nanotecnologia, e Shi Qiang, um policial rude, mas astuto, de Pequim.[1]

A ameaça não ficcional à humanidade que enfrentamos em 2020 não foi, obviamente, uma invasão alienígena. O coronavírus Sars-CoV-2 não veio do espaço sideral, embora compartilhasse com os trissolarianos o impulso de nos colonizar. O fato, porém, é que o primeiro caso de Covid-19 – a doença que o vírus causa – foi na China, assim como as primeiras mensagens para Trissolaris foram enviadas de lá. Mais ou menos como em *O problema dos três corpos*, a China causou este desastre – primeiro encobrindo o quão perigoso o novo vírus Sars-CoV-2 era e, então, atrasando as medidas que poderiam ter impedido sua propagação mundial. Mas depois – novamente como no romance de Liu Cixin – a China buscou reivindicar o crédito por salvar o mundo do desastre que havia começado exportando liberalmente *kits* de testes, máscaras faciais e ventiladores para países aflitos, e prometendo fazer o mesmo com qualquer vacina. Não apenas isso, mas o vice-diretor do Departamento de Informação do Ministério das Relações Exteriores da China chegou a endossar uma teoria da conspiração de que o coronavírus se originou nos Estados Unidos (ver capítulo 9).

Já era óbvio no início de 2019 que uma nova guerra fria – entre os Estados Unidos e a China – havia começado.[2] O que começou no início de 2018 como uma guerra comercial – um olho por olho sobre as tarifas enquanto os dois lados discutiam sobre o déficit comercial americano e a pirataria de propriedade intelectual chinesa – no fim daquele ano havia se metamorfoseado em uma guerra de tecnologia pelo domínio global da empresa chinesa Huawei em telecomunicações de rede 5G. Um confronto ideológico em resposta ao tratamento dado pelo Partido Comunista Chinês (PCC) à minoria uigur na região de Xinjiang e aos manifestantes pró-democracia em Hong Kong e uma escalada de antigos atritos sobre Taiwan e o Mar da China Meridional. Em novembro de 2019, o próprio Henry Kissinger – principal construtor da "coevolução" sino-americana desde 1971 – reconheceu a nova realidade quando o entrevistei no Bloomberg New Economy Forum em Pequim. "Estamos", disse ele, "no sopé de uma guerra fria."[3]

A pandemia da Covid-19 apenas intensificou a Segunda Guerra Fria, ao mesmo tempo que revelava sua existência para aqueles que antes duvidavam de que estivesse acontecendo. Estudiosos chineses como Yao Yang, professor do Centro de Pesquisa Econômica da China e reitor da Escola Nacional de Desenvolvimento da Universidade de Pequim, agora discutiam o assunto abertamente.[4] Os proponentes da era do "engajamento" Estados Unidos-China depois de 1971 agora escreveram o obituário do noivado, tristemente admitindo (nas palavras de Orville Schell) que havia naufragado "por causa da profunda ambivalência do PCCh (partido comunista da China) sobre a maneira como o engajamento de uma maneira verdadeiramente significativa pode levar a demandas por mais reformas e mudanças e seu último legado".[5] Um número crescente de observadores ocidentais da China agora aceitava o argumento do australiano John Garnaut de que Xi Jinping era na verdade o herdeiro doutrinário marxista-leninista de Stálin e Mao.[6] Os críticos do engajamento estavam ansiosos para dançar em seu túmulo, pedindo que a República Popular fosse economicamente "colocada em quarentena," seu papel nas cadeias de abastecimento globais drasticamente reduzido. Para citar Daniel Blumenthal e Nick Eberstadt, "O maglev (trem elétrico) de 'Revolução Cultural' a 'Sonho Chinês' não faz paradas em Locke Junction ou Tocqueville Town e não tem conexões com o Planeta Davos".[7] Os movimentos na direção da quarentena econômica começaram na primavera de 2020. A Câmara de Comércio da União Europeia na China disse que mais da metade de suas empresas membros estavam considerando mover cadeias de suprimentos para fora do país. O Japão destinou ¥ 240 bilhões (US$ 2,3 bilhões) para ajudar fabricantes a deixar a China. "As pessoas estão preocupadas com nossas cadeias de abastecimento", disse o primeiro-ministro Shinzo Abe em abril. "Devemos tentar realocar itens de alto valor agregado para o Japão. E para todo o resto, devemos diversificar para países como os da ASEAN (Associação das Nações do Sudeste Asiático)."[8] Nas palavras do senador republicano Josh Hawley, do Missouri: "A ordem internacional como a conhecemos há trinta anos está se rompendo. Agora a China imperialista procura refazer o mundo à sua própria imagem e dobrar a economia global à sua própria vontade. Devemos reconhecer que o sistema econômico projetado pelos formuladores de políticas ocidentais no final da Guerra Fria não serve aos nossos propósitos nesta nova era".[9] No início de maio, o procurador-geral de seu estado entrou com uma ação em um tribunal federal que pretendia responsabilizar Pequim pelo surto de coronavírus.[10]

Com certeza, muitas vozes se levantaram para argumentar contra uma segunda guerra fria. Yao Yang incentivou a China a adotar uma linha mais conciliatória em relação a Washington, reconhecendo o que havia dado errado em Wuhan em dezembro e janeiro e evitando a diplomacia nacionalista do "guerreiro lobo". Um argumento semelhante para a reconciliação a fim de evitar a "Armadilha de Tucídides" (de guerra entre um poder ascendente e um poder em exercício) foi feito pelos economistas Yu Yongding e Kevin Gallagher.[11] Arquitetos eminentes da estratégia de engajamento, notadamente Henry Paulson e Robert Zoellick, defenderam eloquentemente sua ressurreição.[12] Wall Street continuou tão viciada como sempre na simbiose financeira que Moritz Schularick e eu batizamos de "Chimerica" em 2007,[13] e os esforços de Pequim para atrair grandes empresas financeiras dos Estados Unidos, como American Express, Mastercard, JP Morgan, Goldman Sachs e BlackRock para o mercado chinês, avançaram rapidamente.[14] A tendência política, no entanto, em meados de 2020 era claramente em outra direção. Nos Estados Unidos, o sentimento público em relação à China se tornara nitidamente mais linha-dura desde 2017, especialmente entre os eleitores mais velhos.[15] Em 2020, havia poucos assuntos sobre os quais havia um consenso bipartidário genuíno nos Estados Unidos. A China foi praticamente a única. Às vésperas da Segunda Guerra Fria, 51% dos republicanos e 47% dos democratas tinham uma visão desfavorável da China. Em julho de 2020, essas ações haviam subido para, respectivamente, 83 e 68 %.[16]

É, portanto, óbvio que esta nova guerra fria será o maior desafio à ordem mundial, seja quem for empossado como presidente dos Estados Unidos em janeiro de 2020, durante a maior parte do mandato dessa pessoa. Armado com as novas memórias de John Bolton – que revelava que o presidente Donald Trump era particularmente mais conciliador com seu homólogo chinês, Xi Jinping, do que tinha sido em público –, a campanha de Joe Biden poderia alegar que seu homem seria mais duro com a China do que Trump.[17] De acordo com o *Global Times*, controlado por Pequim, internautas chineses começaram a zombar do presidente americano como Chuan Jianguo, ou "O Trump que ergue a China" – uma espécie de paródia do candidato da Manchúria.[18] Em contraste, a linguagem de alguns nomeados em potencial em nível de gabinete em um governo Biden era tão dura em 2020 que, em alguns lugares, não podia ser distinguida daquela do cada vez mais beligerante secretário de Estado Mike Pompeo. Um artigo de Michèle Flournoy à revista americana *Foreign Affairs* apresentava palavras de combate que poderiam muito bem ter sido ditas pelo falecido senador John McCain.[19] Na verdade, elas ecoaram os argumentos apresentados pelo ex-assessor de McCain, Christian Brose, em seu livro *The Kill Chain*.[20]

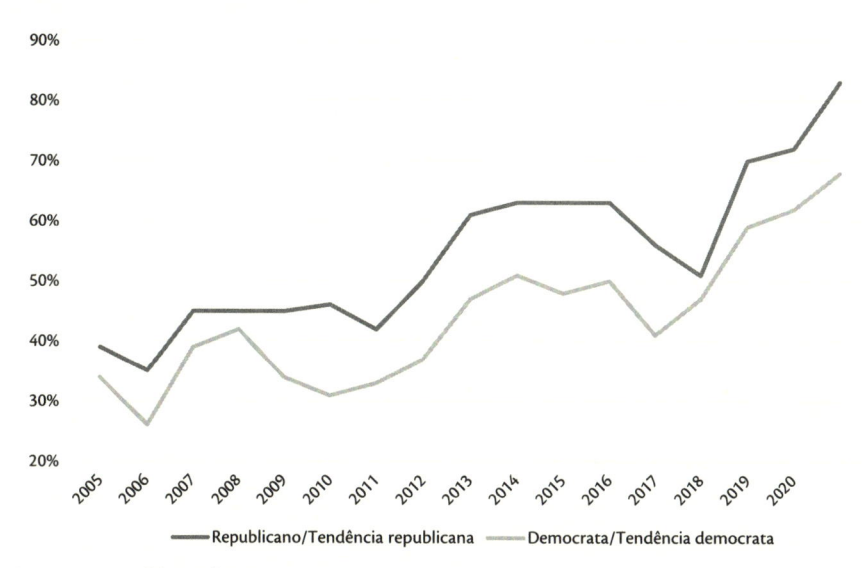

A única questão bipartidária. Porcentagens de republicanos e democratas que afirmavam ter uma opinião "desfavorável" sobre a China, pesquisa realizada de 16 de junho a 14 de julho de 2020.

Os comentaristas (e havia muitos) que duvidavam da capacidade dos Estados Unidos de se revigorar e se reafirmar implicavam, ou declaravam explicitamente, que essa era uma guerra fria que o poder comunista poderia vencer. "As superpotências esperam que outros os sigam", disse o ex-diplomata de Cingapura, Kishore Mahbubani, à revista *Der Spiegel* em abril de 2020. "Os Estados Unidos têm essa expectativa, e a China também, à medida que continua se fortalecendo".[21] Em uma entrevista para *The Economist*, ele foi mais longe: "A história virou a esquina. A era de dominação ocidental está acabando."[22] Essa visão há muito tem seus defensores entre intelectuais de esquerda ou sinófilos ocidentais, como Martin Jacques[23] e Daniel Bell.[24] A crise da Covid tornou-a mais popular. Sim, dizia o argumento, o vírus fatal pode ter se originado em Wuhan. No entanto, após uma sequência de eventos inicialmente desastrosa, o governo chinês controlou sua própria epidemia com notável rapidez, ilustrando os pontos fortes do "modelo chinês".[25]

Em contraste, os Estados Unidos estragaram gravemente sua resposta à pandemia. "Os Estados Unidos são os primeiros do mundo em mortes, os primeiros do mundo em infecções, e nos destacamos como um emblema da incompetência global", disse o ilustre diplomata William Burns ao *Financial Times* em maio de 2020. "O dano à influência e reputação da América será muito difícil de desfazer."[26] O editor-chefe da Bloomberg, John Micklethwait, e seu coautor, Adrian Wooldridge, escreveu de maneira semelhante em abril.[27] "Se o século XXI acabar sendo um século asiático como o XX foi americano", argumentou Lawrence Summers em maio, "a pandemia pode muito bem ser lembrada como o ponto de inflexão".[28] Nathalie Tocci, conselheira do alto representante da União Europeia (ministro das Relações Exteriores), comparou a crise do coronavírus de 2020 à crise de Suez de 1956.[29] A jornalista e historiadora americana Anne Applebaum lamentou: "Não há liderança americana no mundo… O contorno de um mundo pós-americano e pós-coronavírus muito diferente já está tomando forma… Um vácuo se abriu, e o regime chinês está liderando a corrida para preenchê-lo".[30] O historiador de Princeton Harold James chegou ao ponto de fazer uma analogia entre a América de Trump e o crepúsculo da União Soviética.[31] O antropólogo canadense Wade Davis escreveu sobre o "desenrolar" de "um estado falido, governado por um governo disfuncional e incompetente". "A dobradiça da história", concluiu ele, "se abriu para o século asiático".[32] Aqueles que tomaram o outro lado desse argumento – notavelmente Gideon Rachman e Joseph Nye – estavam em uma minoria distinta.[33] Até mesmo Richard Haass, que insistiu que "seja improvável que o mundo após a pandemia seja radicalmente diferente daquele que o precedeu", previu um futuro desanimador de "liderança americana em declínio, cooperação global vacilante, e discórdia entre as grandes potências".[34] Enquanto isso, aqueles que acreditavam em ciclos históricos, como o investidor que virou historiador financeiro Ray Dalio, já estavam dando o toque de morte de uma economia mundial dominada pelo dólar.[35] O historiador Peter Turchin apresentou um argumento semelhante com base na "teoria demográfica estrutural", prevendo em 2012 que o ano de 2020 seria "o próximo pico de instabilidade [de violência] nos Estados Unidos".[36] Quem, nas circunstâncias de 2020, poderia culpar o dramaturgo David Mamet por ser assombrado pelas profecias de Cassandra?[37] Mais uma vez, parecia que estávamos condenados.

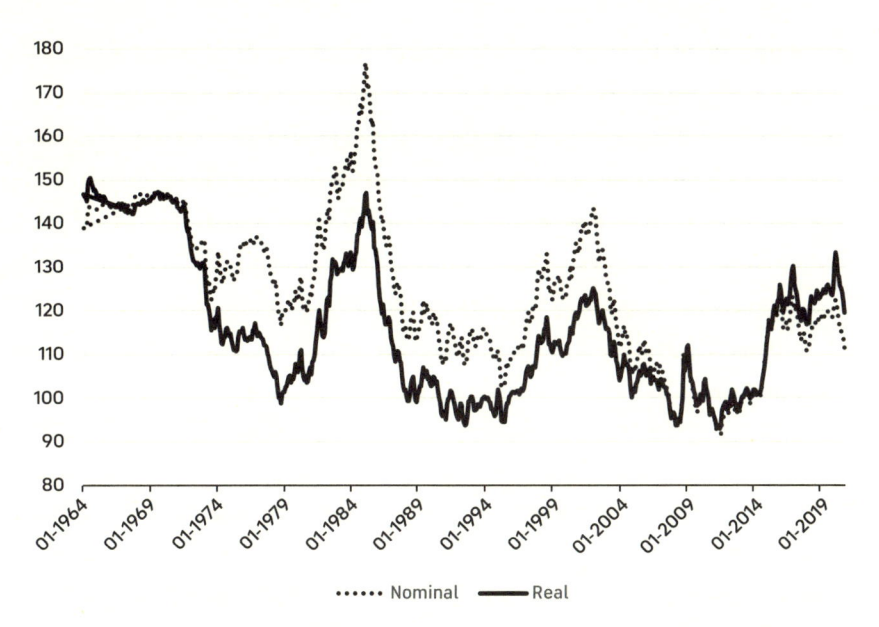

Dólar americano, taxa de câmbio efetiva ponderada pelo comércio nominal e real desde 1964.

Como Kissinger argumentou em um ensaio de abril, a pandemia "alteraria para sempre a ordem mundial... O mundo nunca mais será o mesmo depois do coronavírus". Mas como exatamente o sistema internacional mudaria? Uma resposta possível era que a Covid-19 lembrou a muitos países os benefícios da autoconfiança. Nas palavras de Kissinger:

> As nações são coerentes e prosperam na crença de que suas instituições podem prever calamidades, interromper seu impacto e restaurar a estabilidade. Quando a pandemia da Covid terminar, as instituições de muitos países serão consideradas como falidas. Se esse julgamento é objetivamente justo é irrelevante.[38]

Nem todos compartilharam a avaliação extática de Daniel Bell sobre o desempenho do Partido da Comunidade da China. É verdade que a Covid-19 provavelmente não seria o Chernobyl de Xi Jinping. Ao contrário do seu equivalente soviético em 1986, o Partido Comunista da China teve a capacidade de resistir à tempestade de um desastre e reiniciar o núcleo industrial de sua economia. No entanto, em meados de 2020 não havia maneira plausível de Xi cumprir sua meta acalentada de um produto interno bruto da China para 2020 que seria o dobro de 2010: a pandemia exigia o abandono da meta de crescimento necessária para alcançá-lo. Tampouco Xi parecia politicamente inatacável. Um segundo grande desastre, o colapso da Barragem das Três Gargantas quando as enchentes de verão estavam no auge, por exemplo, teria representado uma grande ameaça à posição dele e talvez até mesmo do PCCh: teria parecido como se o Mandato do Céu tivesse sido retirado. Era uma suposição ingênua de que a China seria o principal beneficiário geopolítico da pandemia.

Os Estados Unidos, no entanto, dificilmente pareciam sair da pandemia com sua primazia global intacta. Não foi apenas porque Trump fracassou em sua resposta à crise, embora certamente o tivesse feito. Muito mais preocupante foi perceber que as partes do governo federal que eram as principais responsáveis por lidar com essa crise também fracassaram. Como vimos, não foi por falta de legislação ou planos de preparação para uma pandemia. Como consequência, os Estados Unidos recuaram na cartilha de 1918-1919 do pluralismo pandêmico – os estados agiram de sua própria maneira. Em alguns estados, muitas pessoas morreram, mas combinadas com o manual de gestão de crises financeiras de 2009-2010. A muda reabertura aconteceu, seguida por uma desaceleração igualmente previsível da recuperação econômica. Enquanto esse desastre acontecia, às vezes eu sentia que estava assistindo a todas as minhas visões anteriores do fim do jogo do império americano, na trilogia *Colosso* (2004), *Civilização* (2011) e *A grande degeneração* (2012), mas acelerado.

UM CATÁLOGO DE CATÁSTROFES

A cada administração vem o desastre para o qual ela está menos preparada e mais merece. Essa, em todo caso, é uma forma de pensar a história americana desde o fim da Guerra Fria.

Em 1992, Bill Clinton foi eleito precisamente porque a disputa de quarenta anos com a União Soviética havia terminado no ano anterior. Com todas as expectativas de um "dividendo de paz", a população não precisava mais da excepcional experiência em guerras, diplomacia e inteligência de George H. W. Bush. Bush lutou na Segunda Guerra Mundial como piloto da Marinha, evitando por pouco a morte quando seu *Grumman Avenger* (avião-torpedeiro da marinha americana) foi abatido sobre Chichijima, ao norte de Iwo Jima.[39] Em contraste, Clinton fez o possível para evitar ser convocado durante a Guerra do Vietnã. Ele havia participado de protestos contra a guerra quando era bolsista Rhodes em Oxford. De volta aos Estados Unidos, ele tentou, sem sucesso, ingressar na Guarda Nacional ou na Força Aérea e se candidatou para ingressar no programa do Corpo de Treinamento de Oficiais da Reserva (ROTC) na Universidade de Arkansas apenas para evitar ser enviado ao Vietnã. Um galanteador saxofonista, consumidor voraz de *enchiladas* de frango, Clinton parecia perfeitamente qualificado para liderar os *baby-boomers* em uma festa de oito anos. A história entregou-lhe a dissolução da Iugoslávia e o genocídio de Ruanda.

O governo Clinton interveio para encerrar a guerra na Bósnia-Herzegovina somente depois de anos de procrastinação e não fez nada para impedir o massacre em Ruanda.[40] Quando a questão da Bósnia foi levantada durante a campanha presidencial de 1992, Clinton argumentou que as tropas americanas não deveriam ser enviadas "para um atoleiro que é essencialmente uma guerra civil" – de forma abreviada, para "outro Vietnã". Seu secretário de defesa, William Cohen, inadvertidamente deu luz verde aos ataques sérvios a Goražde ao declarar que os Estados Unidos não entrariam na guerra para evitar sua queda.[41] Só com a maior dificuldade Tony Lake, Richard Holbrooke e a imprensa cada vez mais negativa convenceram Clinton de que os Estados Unidos poderiam parar a guerra com um modesto esforço militar.[42] Naquela época, quase 100 mil pessoas haviam sido mortas e 2,2 milhões desabrigadas.[43] No caso de Ruanda, a atitude do governo Clinton mais uma vez foi determinada pelo medo das baixas americanas. A decisão de enviar uma força risivelmente pequena de 200 soldados americanos ao aeroporto de Kigali em 1994 foi baseada no cálculo repulsivo de que (como um oficial militar americano disse ao chefe da missão de paz da ONU) "uma baixa americana vale cerca de 85 mil ruandeses morto."[44] Entre meio milhão e 1 milhão de pessoas que morreram em Ruanda entre abril e julho de 1994, a maioria delas tutsis de etnia assassinada por seus conterrâneos hutus.

George W. Bush havia feito campanha em 2000 para reduzir os compromissos norte-americanos no exterior. Então, no primeiro ano de uma presidência que ele havia vencido por um fio de cabelo, veio o 11 de Setembro, um evento profetizado por Richard Clarke, entre outros. Em 1992, Clarke foi nomeado pelo pai de Bush para presidir o Grupo de Segurança Contra o Terrorismo e fazer parte do Conselho de Segurança Nacional. Bill Clinton manteve Clarke e até o promoveu a Coordenador Nacional de Segurança, Proteção de

Infraestrutura e Contraterrorismo. No entanto, apesar dos esforços repetidos Clarke não conseguiu persuadir os membros seniores da equipe de segurança nacional de Bush a priorizar a ameaça representada por Osama bin Laden e a Al-Qaeda. "A Al-Qaeda planeja grandes atos de terrorismo contra os Estados Unidos", disse ele em uma reunião de vice-secretários em abril de 2001. "Ela planeja derrubar governos islâmicos e estabelecer um califado multinacional radical." Paul Wolfowitz ficou indiferente. Clarke mais tarde argumentaria que Wolfowitz e seu chefe, o secretário de defesa Donald Rumsfeld, já haviam decidido intervir no Iraque, e o 11 de Setembro apenas forneceu o pretexto.[45] Imediatamente após os ataques a Nova York e Washington, o governo Bush embarcou em uma estratégia ambiciosa não apenas para penalizar o governo afegão por abrigar Bin Laden – ação que Al Gore também poderia ter tomado, caso tivesse sido eleito presidente –, mas também para remodelar o "Grande Oriente Médio" derrubando Saddam Hussein, ditador iraquiano. Típico da nova mentalidade foi um briefing dado em novembro de 2001 pelo diretor da CIA George Tenet, o vice-presidente Dick Cheney e a conselheira de Segurança Nacional Condoleezza Rice sobre o assunto potencial da Al-Qaeda ao conhecimento especializado em armas nucleares do Paquistão. Cheney observou que os Estados Unidos tiveram que enfrentar um novo tipo de ameaça, um "evento de baixa probabilidade e alto impacto" e, portanto, se houvesse "uma chance de 1% de os cientistas paquistaneses estarem ajudando a Al-Qaeda a construir ou desenvolver uma arma nuclear, teríamos que tratá-la como uma certeza em termos de nossa resposta. Não se trata de nossa análise... É sobre nossa resposta".[46] Aliada a essa "doutrina de 1%" estava a arrogância neocolonial por parte de alguns funcionários do governo. Como relatou o jornalista Ron Suskind, um conselheiro não identificado de Bush disse a ele que

> caras como eu estavam "no que chamamos de comunidade baseada na realidade", que ele definiu como pessoas que "acreditam que as soluções surgem de seu estudo criterioso da realidade discernível". Balancei a cabeça e murmurei algo sobre os princípios do iluminismo e empirismo. Ele me cortou. "Não é mais assim que o mundo realmente funciona", continuou ele. "Agora somos um império e, quando agimos, criamos nossa própria realidade. E enquanto você estuda essa realidade, judiciosamente, como fará, agiremos novamente, criando

outras realidades, que você também pode estudar, e é assim que as coisas se resolverão. Somos protagonistas da história... e vocês, todos vocês, serão deixados apenas para estudar o que estamos fazendo."[47]

Não era assim que a maioria dos norte-americanos comuns pensava, por mais que desejassem ver Bin Laden e seus confederados levados à justiça. "Acho que estamos tentando administrar demais os negócios do mundo", disse um fazendeiro do Kansas ao escritor britânico Timothy Garton Ash em 2003, "como os romanos costumavam fazer".[48] Para amenizar esses sentimentos de desconforto, o presidente Bush declarou em 13 de abril de 2004: "Não somos uma potência imperial... Somos uma potência libertadora".[49] O secretário de Defesa Rumsfeld concordou. "Não pegamos nossas forças e damos a volta ao mundo tentando tomar os bens imóveis ou os recursos de outras pessoas, seu petróleo", disse ele à Al Jazeera. "Isso não é o que os Estados Unidos fazem. Nunca o fizemos e nunca o faremos. Não é assim que as democracias se comportam."[50] Muito poucas pessoas fora dos Estados Unidos acreditaram em uma palavra dessas garantias.

Os custos da "guerra global contra o terrorismo" foram baixos para os padrões dos conflitos da Guerra Fria nos Estados Unidos. Na "Operação Liberdade do Iraque" (2003-2010), 3.490 militares dos Estados Unidos foram mortos em combate e 31.994 feridos. Outros 59 foram mortos no Oriente Médio nas operações subsequentes "New Dawn" [Nova Aurora] e "Inherent Resolve" [Determinação Inerente]. As vítimas mortas em combate no Afeganistão foram 1.847 e 20.149 feridos, além de outros 66 mortos e 571 feridos desde o final de 2014, quando a "Operação Liberdade Duradoura" terminou formalmente e a "Operação Sentinela da Liberdade" começou.[51] (Esses números devem ser comparados com os das guerras da Coréia e do Vietnã, que juntas deixaram 81.110 militares americanos mortos em combate e 245.437 feridos.) No entanto, hoje não é fácil argumentar que essas intervenções foram extremamente bem-sucedidas mesmo que os contrafactuais da não intervenção sejam difíceis de imaginar e muito menos computar. Se o objetivo era refazer o Iraque e o Afeganistão como democracias prósperas, certamente alinhadas diplomaticamente com os Estados Unidos, os resultados ficaram muito aquém. Em contraste, os custos humanos para os beneficiários dessas apólices foram muito mais altos do que o previsto. De acordo com o Iraq Body Count (registro de mortes de civis resultantes da invasão do Iraque), o número total de mortes violentas desde a invasão dos Estados Unidos foi de 288 mil, das quais entre 185 e 208 mil eram civis.[52] O número de mortos afegãos foi estimado em 157 mil, incluindo 43 mil civis.[53] O custo financeiro total dessas guerras para os Estados Unidos foi estimado em cerca de US$ 6,4 trilhões.[54] Ainda assim, a "doutrina do 1%" acabou se aplicando apenas a ameaças externas. Em agosto de 2005 o governo Bush foi pego de surpresa pelo furacão Katrina e falhou totalmente em antecipar a crise financeira que já era detectável no final de 2006, mas irrompeu em uma corrida total ao sistema bancário com a falência do Lehman Brothers em setembro de 2008. A gestão de risco estratégico e financeiro parecia existir em dois domínios completamente separados.[55]

Em uma entrevista coletiva em 12 de fevereiro de 2002, Rumsfeld foi questionado sobre a alegação central e quase certamente errônea do governo de que havia laços entre Saddam Hussein e Al-Qaeda. A troca foi reveladora:

> **JORNALISTA:** Em relação às armas de destruição em massa e terroristas do Iraque, há alguma evidência que indique que o país tentou ou está disposto a fornecer armas de destruição em massa aos terroristas? Porque há relatos de que não há evidências de uma ligação direta entre Bagdá e algumas dessas organizações terroristas.
> **RUMSFELD:** Relatórios que afirmam que algo não aconteceu sempre me interessam, porque, como sabemos, há os "conhecidos", aquilo que sabemos que conhecemos. Nós também sabemos que há "desconhecidos conhecidos", no sentido de que sabemos que há coisas que não conhecemos. Mas há também os "desconhecidos", aqueles que não sabemos que desconhecemos... E se olharmos ao longo da história do nosso país e de outros países livres, é esta última categoria que tende a ser difícil.[56]

A ideia de coisas que não conhecemos pode ser rastreada até um artigo de 1955 dos psicólogos Joseph Luft e Harrington Ingham.[57] O próprio Rumsfeld atribuiu isso ao administrador da NASA William Graham, com quem havia trabalhado na década de 1990 na Comissão do Congresso para avaliar a ameaça de mísseis balísticos aos Estados Unidos.[58] Como vimos no capítulo 8, os gerentes da NASA tinham bons motivos para se preocupar com coisas que desconhecemos. Como Rumsfeld, eles podem ter dedicado mais atenção aos "desconhecidos conhecidos" – perigos perfeitamente óbvios (como o risco de um anel de vedação ou uma insurgência no Iraque pós-Saddam) que os tomadores de decisão inconscientemente ignoram porque não concordam com seus preconceitos. Pouco mais de um ano depois, com Saddam morto e o Iraque já caindo na anarquia, Rumsfeld enfrentou novamente a imprensa. O saqueio em Bagdá, explicou Rumsfeld, foi o resultado de "sentimentos reprimidos" que logo diminuiriam. "A liberdade é desorganizada, e as pessoas livres são livres para cometer erros, cometer crimes e fazer coisas ruins", disse Rumsfeld. "Coisas acontecem."[59]

Com a aprovação de Bush reduzida a 25% em outubro de 2008, o senador calouro Barack Obama, que se opôs à invasão do Iraque, derrotou confortavelmente um candidato republicano mais conhecido por seu temperamento beligerante. (Em uma reunião que ocorreu na prefeitura de New Hampshire, John McCain não se conteve quando disse a um ativista antiguerra que os militares dos Estados Unidos poderiam ficar no Iraque por "talvez cem anos" e que "tudo bem para mim".[60]) No entanto, era mais fácil falar do que fazer para libertar a América do Oriente Médio. Em agosto de 2011, quando a revolução varreu o mundo árabe, Obama disse ao ditador sírio Bashar al-Assad para ele "se afastar". No entanto, o presidente se recusou a disponibilizar os meios para armar o Exército Sírio Livre. O máximo que ele faria, em 2012, seria aprovar o treinamento da CIA de 10 mil combatentes rebeldes, que na melhor das hipóteses se mostraram ineficazes. Entre julho de 2012 e agosto de 2013, a Casa Branca disse que, se Assad usasse armas químicas, seria considerado como se tivesse "cruzado a linha vermelha". De qualquer forma, armas químicas foram usadas, mas em 30 de agosto de 2013 – após consultar apenas Denis McDonough, seu chefe de gabinete – Obama, para desespero de sua equipe de segurança nacional, decidiu cancelar os ataques aéreos planejados. Ele então permitiu que o governo russo intermediasse um acordo pelo qual Assad entregou (algumas de) suas armas químicas. Em um discurso à nação em 10 de setembro de 2013, Obama anunciou que os Estados Unidos não eram mais os "policiais do mundo".[61] Menos de um ano depois, o grupo terrorista Estado Islâmico (ISIS), que emergiu das cinzas da Al-Qaeda no Iraque depois que Obama retirou as forças dos Estados Unidos, decapitou James Foley e outros reféns ocidentais, levando Obama a autorizar ataques aéreos conjuntos com os Estados do Golfo contra o ISIS na Síria. Em setembro de 2015, depois que uma proposta russa de ação conjunta foi rejeitada por Obama, o presidente Vladimir Putin enviou não apenas três dúzias de aeronaves, mas também 1.500 soldados para Latakia e navios de guerra para o Mar Cáspio.

Foi nessa época que a Casa Branca surgiu com o grosseiro slogan "Não faça nenhuma merda estúpida". (De acordo com Ben Rhodes, vice-conselheiro de segurança nacional de Obama para comunicação estratégica, "As perguntas que estávamos fazendo na Casa Branca eram 'Quem exatamente está na convenção partidária de merda? Quem é pró-estúpido de merda?'".) Deixar Putin entrar no conflito sírio foi referido por Rhodes e outros como a "abordagem de Tom Sawyer" – o que significa que, "se Putin quisesse gastar os recursos de seu regime pintando a cerca na Síria, os Estados Unidos deveriam deixá-lo."[62] As consequências, à medida que a Guerra Civil Síria se arrastava, foram um número superior a 500 mil mortos, quase metade deles civis.[63] Cerca de 13,4 milhões de pessoas deslocadas à força, 6,6 milhões delas agora fora da Síria[64] e uma enxurrada de 2 a 3 milhões de refugiados e migrantes – não apenas sírios, mas também pessoas de todo o mundo muçulmano que aproveitaram o momento – chegando à Europa. A escalada do conflito também teve graves consequências estratégicas, e a não menos importante delas foi o retorno da Rússia à região como um estrategista importante pela primeira vez desde o início dos anos 1970. Em suma, as consequências da não intervenção americana na Síria foram, em muitos aspectos, tão ruins quanto as consequências da intervenção americana no Iraque, embora muito menos vidas e dólares americanos tenham sido gastos.[65]

Havia uma rica ironia aqui. Em um de seus debates pré-eleitorais em 2012, Obama insultou o candidato republicano Mitt Romney: "A década de 1980 agora está ligando para pedir o retorno de sua política externa porque a Guerra Fria já passou há 20 anos." A alusão era à descrição de Romney da Rússia como "nosso inimigo geopolítico número um".[66] Um ano após sua segunda posse, em janeiro de 2014, Obama disse complacentemente ao editor do *The New Yorker*, "Eu nem mesmo preciso de George Kennan agora,"[67] uma alusão ao arquiteto da estratégia da Guerra Fria de "conter" a expansão soviética. Antes do fim do mês seguinte, as tropas russas ocuparam a Crimeia, cuja anexação ocorreu em 18 de março. As lutas por Donetsk e Lugansk, onde separatistas apoiados pela Rússia tomaram o controle de uma parte significativa do território ucraniano, continuam até hoje.

No entanto, o maior desastre da presidência de Obama não foi estrangeiro, e sim interno. Embora considerado pelos conservadores como um democrata de esquerda na época de sua eleição, Obama presidiu uma profunda crise socioeconômica que resultou em parte da confusão financeira que herdou e em parte de tendências de longo prazo. As medidas destinadas a estimular a recuperação econômica, notadamente o programa de "flexibilização quantitativa" da Reserva Federal, beneficiaram indiretamente os proprietários de ativos financeiros. A parcela do patrimônio líquido total detida pelo 1% do topo dos americanos aumentou de 26% no primeiro trimestre de 2009 para 32% no último trimestre de 2016.[68] Enquanto isso, os americanos brancos de classe média e baixa experimentaram não apenas estagnação econômica, mas uma epidemia do que a economista Anne Case, da Universidade de Princeton, e Angus Deaton chamaram de "mortes por desespero", principalmente *overdoses* de drogas, intoxicações por álcool e suicídios, bem como aumentos marcantes na deficiência, dor e insegurança. De acordo com Case e Deaton, se a taxa de mortalidade de brancos "continuasse caindo em sua taxa anterior (1979-1998) de declínio de 1,8% ao ano, 488.500 mortes teriam sido evitadas no período 1999-2013".[69] Três ondas de *overdoses* de opioides (primeiro de opioides prescritos, depois de heroína e, em seguida, de opioides sintéticos como o fentanil) produziram uma onda de mortes durante a presidência de Obama, mais do que dobrando a taxa de mortalidade relacionada a opioides de 6,4 por 100 mil em 2008 para 13,3 em 2016.[70] Mais de 365 mil americanos morreram de *overdose* de drogas entre 2009 e 2016. A cada ano via-se mais mortes do que no ano anterior. Os grupos etários mais afetados foram aqueles entre 25 e 54 anos, para os quais as taxas de *overdose* em 2016 foram entre 34 e 35 por 100 mil, o que significa que o total de anos de vida perdidos se aproximou dos da pandemia de gripe de 1918-1919.[71] Raramente foi apontado que a principal fonte de opioides sintéticos e precursores do fentanil era a China.[72]

Embora a mídia quase não atribuísse nenhuma culpa a Obama pelo fracasso de seu governo em lidar com a epidemia de opiáceos, essas tendências sociais ajudaram muito a explicar o sucesso de Donald J. Trump como um outsider populista em 2016, primeiro em ganhar a indicação republicana, depois em derrotar Hillary Clinton para ganhar a própria presidência. Seu argumento de que a América Central havia experimentado "carnificina" ressoou junto a muitos eleitores, especialmente eleitores-chave em estados indecisos do Meio

Oeste, como Michigan e Wisconsin. Sua habilidade era usar velhos tropos populistas para canalizar o ressentimento popular não contra os banqueiros – o alvo preferido dos populistas de esquerda – e sim contra a China (globalização), México (imigração) e a própria Clinton, a personificação de uma elite liberal rica, desconectada das preocupações de "pessoas reais", desdenhosamente rejeitando metade dos apoiadores de Trump como uma "cesta de deploráveis... racistas, sexistas, homofóbicos, xenófobos, islamafóbicos – você escolhe."[73] Os muitos admiradores de Obama nas elites burocráticas, acadêmicas e corporativas ficaram horrorizados com a eleição de Trump. As manifestações mais óbvias do horror da elite foram protestos como a Marcha das Mulheres de 2017, em que – de acordo com uma amostra – mais da metade das participantes tinha graduação e bacharelado.[74]

Mais sutil foi o fluxo constante de briefings contra Trump pelos nomeados de Obama. John MacWilliams, um ex-banqueiro de investimentos que se tornou oficial de risco do Departamento de Energia de Obama, alertou Michael Lewis sobre cinco riscos: uma "flecha quebrada" (um míssil ou bomba nuclear perdida ou danificada), agressão nuclear norte-coreana ou iraniana, um ataque à rede de energia elétrica e um "quinto risco": uma degradação da gestão do programa governamental. O quinto risco, explicou Lewis, era "o risco que uma sociedade corre quando adquire o hábito de responder aos riscos de longo prazo com soluções de curto prazo... 'Gerenciamento de programas' é a ameaça existencial que você nunca realmente imagina como um risco... É a inovação que nunca acontece e o conhecimento que nunca é criado, porque você deixou de lançar as bases para isso. É o que você nunca aprendeu que pode ter te salvado".[75] Era, em suma, o desconhecido desconhecido de Rumsfeld. Mas isso realmente explica o que deu errado em 2020, quando a Covid-19 atacou? Somente se tivermos uma visão um tanto ingênua de como o governo funciona. Pois se algum governo deveria estar pronto para uma ameaça feita na China que poderia ser mais bem enfrentada por controles rígidos de fronteira, foi o governo Trump anti-China e pró-fronteiras. A "gripe Wuhan" deveria ter sido o desastre ideal para um presidente populista.

Comentaristas para quem a vida é maravilhosamente simples culparam Trump, sem hesitação, pelo excesso de mortalidade em 2020 devido à Covid-19. Sem dúvida, a responsabilidade cessou com ele, como acontece com todo presidente. Mas argumentar que Trump poderia ter evitado o desastre de saúde pública é como dizer que Bill Clinton poderia ter evitado o desmembramento da Bósnia ou o genocídio de Ruanda. É como afirmar que Bush poderia ter salvado Nova Orleans do furacão Katrina ou evitado a crise financeira de 2008, ou que Obama tinha o poder de evitar ou encerrar rapidamente a Guerra Civil Síria – ou a capacidade de salvar centenas de milhares de americanos de *overdoses* de opioides. Todos esses argumentos são versões da falácia napoleônica de Tolstói que violam a complexidade do desastre político ao imaginar o presidente dos Estados Unidos como um executivo onipotente, em vez de um indivíduo empoleirado no topo de uma hierarquia burocrática que parece ter piorado cada vez mais no gerenciamento de desastres em um período de várias décadas.

O RETORNO DO NÃO ALINHAMENTO

A verdade é que a pandemia expôs as fragilidades de todos os grandes estrategistas do cenário mundial: não apenas os Estados Unidos, mas também a China e, nesse caso, a União Europeia.[76] Isso não deveria ter nos surpreendido. Como vimos, as pragas geralmente são ruins para grandes impérios, especialmente aqueles com fronteiras porosas (veja os reinados dos imperadores romanos Marco Aurélio e Justiniano). Cidades-estados e pequenos estados-nação estão mais bem posicionados para limitar o contágio. O ponto principal é que existem deseconomias de escala quando um novo patógeno está à solta. Ainda assim, Taiwan, Coréia do Sul, Cingapura, Nova Zelândia e (inicialmente) Israel – entre os Estados menores que lidam com a pandemia com competência – nunca poderiam ser mais do que o equivalente moderno de cidades-estados. O *status* de grande potência estava além de seu alcance. A questão permaneceu: quem ganharia com esta demonstração de que, em uma crise real, o pequeno é bonito? O estado de vigilância cada vez mais onisciente da China pode parecer ter provado sua superioridade sobre a cada vez menos competente democracia norte-americana no que diz respeito à contenção de uma pandemia. Por outro lado, o destino de Hong Kong dificilmente foi um anúncio atraente para a integração no panóptico imperial chinês. Além disso, as forças centrífugas desencadeadas pela pandemia representavam, pelo menos em teoria, uma ameaça mais profunda para um estado monolítico de partido único do que para um sistema federal que já precisava de alguma descentralização.

Como Kissinger observou, "Nenhum país pode, com um esforço puramente nacional, superar o vírus... A pandemia gerou um anacronismo, um renascimento da cidade murada em uma época em que a prosperidade depende do comércio global e da movimentação de pessoas". Em última análise, Taiwan não poderia prosperar isoladamente. A Coreia do Sul também não. "Atender às necessidades do momento", escreveu Kissinger, "deve, em última instância, acoplar-se a uma visão e um programa de colaboração global... Tirando lições do desenvolvimento do Plano Marshall e do Projeto Manhattan, os Estados Unidos são obrigados a realizar um grande esforço... [para] salvaguardar os princípios da ordem mundial liberal. "[77] Para muitos, isso pareceu um pensamento positivo. A reputação da administração Trump havia afundado no fundo do poço aos olhos da maioria dos estudiosos das relações internacionais muito antes da Covid-19. O presidente era visto como uma bola de demolição, dando golpes violentos nas mesmas instituições das quais a estabilidade global supostamente dependia, notadamente a Organização Mundial do Comércio e, mais recentemente, a Organização Mundial da Saúde, para não falar do Plano de Ação Conjunto Global sobre o Programa Nuclear do Irã e o Acordo de Paris sobre alterações climáticas. Ainda assim, perguntas razoáveis podem ser feitas sobre a eficácia de todas essas instituições e acordos com respeito à estratégia central do governo Trump de se engajar em uma "competição estratégica" com a China.[78] Se o governo fosse julgado por suas ações em relação a seus objetivos, e não por tuítes presidenciais em relação a alguma ordem internacional liberal amplamente mítica, um quadro bastante diferente emergiria.[79] Em quatro áreas distintas, a administração Trump havia alcançado, ou tinha chance de obter, pelo menos algum sucesso em sua competição com a China.

O primeiro foi financeiro. Por muitos anos, a China brincou com a ideia de tornar sua moeda conversível. Isso provou ser impossível por causa do reprimido aumento de demanda dos proprietários de riqueza da China por ativos fora do país. Mais recentemente, Pequim procurou aumentar sua influência financeira por meio de empréstimos em grande escala para países em desenvolvimento, alguns deles (embora não todos) por meio da iniciativa *One Belt One Road* (Um cinturão, uma rota). A crise desencadeada pela pandemia da Covid-19 apresentou aos Estados Unidos a oportunidade de reafirmar sua liderança financeira mundial. Em resposta à grave crise de liquidez global desencadeada em março, o Federal Reserve criou dois canais – linhas de swap cambial e *repo facility* (dispositivo que facilita a recompra de títulos por autoridades monetárias estrangeiras e internacionais – por meio dos quais outros bancos centrais poderiam acessar dólares. O primeiro já se aplicou à Europa, Reino Unido, Canadá, Japão e Suíça e foi estendido para mais nove países, entre eles Brasil, México e Coreia do Sul. Em seu pico, o montante de swaps pendentes era de US$ 449 bilhões.[80] Além disso, a nova linha de recompra disponibilizou dólares no curto prazo para 170 bancos centrais estrangeiros. Ao mesmo tempo, o Fundo Monetário Internacional – instituição que a administração Trump não mostrou inclinação para minar – atendeu a uma enxurrada de pedidos de ajuda de cerca de cem países, cancelando 6 meses de pagamentos de dívidas de 25 países de baixa renda como Afeganistão, Haiti, Ruanda e Iêmen, enquanto países do G20 concordaram em congelar as dívidas bilaterais de 66 países mais pobres em desenvolvimento.[81] Enquanto os credores internacionais se preparavam para uma sucessão de inadimplências, reescalonamentos ou reestruturações de países como Argentina, Equador, Líbano, Ruanda e Zâmbia, os Estados Unidos estavam em uma posição muito mais forte do que a China. Desde 2013, o total de empréstimos anunciados por instituições financeiras chinesas para projetos de *One Belt One Road* chegou a US$ 461 bilhões, tornando a China o maior credor individual o Federal Reserve mercados emergentes.[82] A falta de transparência que caracterizou esses empréstimos – a falta de publicação de seus termos e condições – havia despertado por algum tempo as suspeitas de estudiosos ocidentais, notadamente Carmen Reinhart, agora economista-chefe do Banco Mundial.[83]

Uma coisa era lamentar o domínio do dólar no sistema internacional de pagamentos, outra era imaginar uma maneira de reduzi-lo.[84] Ao contrário da década de 1940, quando o dólar dos Estados Unidos estava pronto para suplantar a libra esterlina como moeda de reserva internacional, o renminbi chinês permaneceu em 2020 longe de ser uma moeda conversível, como Henry Paulson e outros apontaram.[85] Os experimentos chineses e europeus com moedas digitais do banco central não representaram uma ameaça óbvia ao domínio do dólar. Quanto ao grande projeto do Facebook para uma moeda digital, Libra, como observou um comentarista sagaz, tinha "tanta chance de substituir o dólar quanto o esperanto tem de substituir o inglês".[86] O máximo que poderia ser dito em meados de 2020 era que os Estados Unidos estavam ficando para trás da Ásia, Europa e até mesmo da América Latina no que se refere à adoção de novas tecnologias financeiras. Mas era difícil ver como a alternativa mais ambiciosa ao dólar – uma projetada moeda digital do Leste Asiático, consistindo em renminbi, iene japonês, won sul-coreano e dólar de Hong Kong – jamais chegaria a ser concretizada, tendo em vista as profundas suspeitas que muitos em Tóquio e Seul sentiam em relação às ambições financeiras de Pequim.[87]

A segunda área em que o domínio dos Estados Unidos parecia provável (embora não certo) de ser reafirmado foi na corrida para encontrar uma vacina contra o vírus Sars-CoV-2.[88] De acordo com o Milken Institute, havia mais de 200 projetos de pesquisa de vacinas em andamento no momento em que este artigo foi escrito, cinco dos quais já estavam em fase III de testes em humanos. Sete candidatos – incluindo os de Oxford/Vaccitech, Moderna e Pfizer – estavam recebendo financiamento do governo dos Estados Unidos como parte da "Operação Warp Speed" (parceria americana que visa acelerar o desenvolvimento de vacinas contra Covid-19) da administração Trump.[89] É verdade que três das vacinas nos testes de Fase III eram chinesas, mas eram imunizantes de vírus inteiros inativados, uma geração anterior da ciência médica do que o mRNA-1273 da Moderna.[90] Como uma pesquisa da revista *Nature* de abril observou, "A maior parte da atividade de desenvolvimento da vacina contra a Covid-19 está na América do Norte, com 36 (46%) desenvolvedores das vacinas candidatas ativas confirmados em comparação com 14 (18%) na China, 14 (18%) na Ásia (excluindo China) e Austrália, e 14 (18 %) na Europa."[91] Era possível que um dos competidores chineses vencesse as adversidades e produzisse um imunizante. No entanto, valeu a pena lembrar os problemas recorrentes que a República Popular experimentou com a segurança e regulamentação da vacina, mais recentemente em janeiro de 2019, quando crianças na província de Jiangsu haviam recebido vacinas desatualizadas contra a poliomielite,[92] e antes disso, em julho de 2018, quando 250 mil doses de vacina contra difteria, tétano e coqueluche foram consideradas defeituosas.[93] Há apenas quatorze anos, Zheng Xiaoyu, o ex-chefe da Administração Estatal de Alimentos e Medicamentos da China, foi condenado à morte por aceitar subornos de oito empresas farmacêuticas domésticas.[94] Os projetos de vacinas chinesas e russas pareciam estar usando métodos de desenvolvimento e teste da década de 1950, com todos os riscos inerentes.

Terceiro, em 2020 os Estados Unidos estavam à frente da China na "guerra tecnológica". A pressão da administração Trump sobre os países aliados para não usarem hardware 5G produzido pela Huawei começou a render resultados. Na Alemanha, Norbert Röttgen, um membro proeminente da União Democrata

Cristã da chanceler Angela Merkel, ajudou a redigir um projeto de lei que impediria qualquer empresa "não confiável" de "redes centrais e periféricas".[95] Na Grã-Bretanha, o membro do Parlamento conservador Neil O'Brien, cofundador do Grupo de Pesquisas da China, e um grupo de 38 *tories* rebeldes, conseguiram mudar a opinião do primeiro-ministro Boris Johnson sobre a Huawei, para fúria dos editores do *China Daily*.[96] Mais significativas foram as regras do Departamento de Comércio dos Estados Unidos anunciadas em 15 de maio, e ainda mais rígidas em 17 de agosto, que, a partir de meados de setembro, cortaram a Huawei dos semicondutores avançados produzidos em qualquer parte do mundo usando tecnologia ou propriedade intelectual dos Estados Unidos. Isso incluiu os chips produzidos em Taiwan pela Companhia de Manufatura e Semicondutores do Taiwan (TSMC), o fabricante mais avançado do mundo. As novas regras dos Estados Unidos representavam uma ameaça potencialmente mortal para a HiSilicon, afiliada de semicondutores da Huawei.[97]

Finalmente, a liderança dos Estados Unidos na pesquisa de inteligência artificial, bem como na computação quântica, começou a parecer comandante, embora a decisão do presidente Trump de restringir os vistos H-1B para programadores de computador e outros trabalhadores qualificados ameaçou, em última análise, reduzir essa liderança.[98] Um estudo de 2020 mostrou que, embora "a China seja a maior fonte de pesquisadores de IA (inteligência artificial) de alto nível, a maioria desses pesquisadores chineses deixa a China para estudar, trabalhar e viver nos Estados Unidos".[99] Uma pesquisa de Oxford sobre a guerra tecnológica concluiu: "Se olharmos para as cem patentes mais citadas desde 2003, nenhuma vem da China... Um estado de vigilância com uma internet censurada, junto a um sistema de crédito social que promove conformidade e obediência, parece improvável que estimule a criatividade".[100] Se Yan Xuetong, reitor do Instituto de Relações Internacionais da Universidade de Tsinghua, estava certo de que a Segunda Guerra Fria seria uma competição puramente tecnológica, sem o poderio nuclear e as guerras por procuração que tornaram a Primeira Guerra Fria tão arriscada e cara, então os Estados Unidos devem ser os favoritos para vencer.[101]

Dificilmente se poderia alegar que a administração Trump estava "salvaguardando os princípios da ordem mundial liberal". Essa nunca foi sua razão de ser. No entanto, seria justo dizer que, na prática, o governo foi bastante eficaz em pelo menos algumas de suas etapas deu para atingir sua meta declarada de competir estrategicamente com a China. Havia, no entanto, uma falha potencial na estratégia. A grande conquista das várias estratégias de contenção perseguidas pelos Estados Unidos durante a Primeira Guerra Fria foi limitar e, em última instância, reverter a expansão do poder soviético sem precipitar uma terceira guerra mundial. A competição estratégica poderia ter menos sucesso nesse aspecto? Era possível. Primeiro, havia um perigo claro e presente de que a guerra de informação e as operações de guerra cibernética, aperfeiçoadas pelo governo russo e agora adotadas pela China, pudessem causar graves perturbações no sistema político e econômico dos Estados Unidos.[102] Em segundo lugar, os Estados Unidos podem ficar em desvantagem no caso de uma guerra convencional no Mar da China Meridional ou no Estreito de Taiwan, porque os grupos de porta-aviões dos Estados Unidos, com seus caças F-35, agora eram altamente vulneráveis às novas armas chinesas, como o DF-21D ("o matador de porta-aviões"), o primeiro míssil balístico antinavio operacional do mundo.[103] Pode-se imaginar sem muita dificuldade uma derrota naval americana e uma humilhação diplomática.[104] Isso seria um desastre em uma escala diferente da Covid-19, independentemente do número de mortos.

Terceiro, os Estados Unidos já acharam difícil corroborar palavras com ações. No verão de 2020, a China impôs novas leis de segurança nacional em Hong Kong, desferindo um golpe na autonomia do território e certamente violando os termos da Declaração Conjunta Sino-Britânica de 1984, que garantia o modelo de "um país, dois sistemas" até 2047. Adicionar várias agências e instituições chinesas à lista de entidades do Departamento de Comércio não impediu Pequim de seguir em frente. Nem as sanções econômicas mais amplas ameaçadas por senadores indignados. O Secretário de Estado Pompeo fez de tudo para mostrar simpatia ao governo de Taiwan em 2020, parabenizando publicamente o presidente Tsai Ing-wen por sua reeleição em janeiro. Até Richard Haass, um republicano pré-Trump e a personificação da estratégia estabelecida na Costa Leste, defendeu o fim da "ambiguidade" do compromisso dos Estados Unidos em defender Taiwan. "Esperar que a China avance sobre Taiwan antes de decidir se intervirá", escreveu Haass em setembro, "é uma receita para o desastre".[105] No entanto, com que eficácia os Estados Unidos poderiam contra-atacar se Pequim decidisse lançar uma invasão anfíbia surpresa na ilha? Tal medida foi abertamente proposta por escritores nacionalistas nas redes sociais chinesas como a solução para a ameaça de que a Huawei será desligada da

TSMC. Uma longa postagem sobre este assunto foi intitulada: "Reunificação dos dois lados, pegue a TSMC!"[106]

A reunificação de Taiwan e do continente foi e continuou sendo a ambição mais acalentada de Xi Jinping, além de ser uma das justificativas para sua remoção dos limites de mandato. Xi pode muito bem ter se perguntado se algum dia haveria um momento mais propício para forçar a questão do que no fim de 2020, com os Estados Unidos emergindo de uma recessão induzida pelo *lockdown* e com uma eleição profundamente divisora, improvável de reduzir os atritos internos do país. Enquanto o Pentágono permanecia cético quanto à capacidade da China de executar uma invasão bem-sucedida de Taiwan, o Exército de Libertação do Povo vinha aumentando rapidamente suas capacidades anfíbias.[107] Com bons motivos, Graham Allison de Harvard advertiu que a ambição do governo de "exterminar a Huawei" poderia desempenhar um papel semelhante às sanções impostas ao Japão entre 1939 e 1941, que culminaram no embargo do petróleo de agosto de 1941.[108] Foi essa e outras pressões econômicas que levaram o governo imperial de Tóquio a apostar na guerra que começou com o ataque surpresa a Pearl Harbor.[109] Se fossem os Estados Unidos que repentinamente se vissem separados da TSMC, a chuteira estaria do outro lado, já que a nova fundição da empresa taiwanesa no Arizona levaria anos para ser concluída e, em termos de tamanho, não seria um substituto para instalações muito maiores do que havia em Taiwan.[110]

As guerras frias podem diminuir no processo que lembramos como *détente* (palavra francesa que significa distensão ou relaxamento, utilizada em política internacional desde os anos 1970). Mas elas também podem se expandir: uma característica recorrente do período do fim da década de 1950 até o início da década de 1980 era o medo de que a temeridade pudesse levar ao Armagedom. Às vezes, como John Bolton deixou claro, o presidente Trump tendia a uma forma muito grosseira de *détente*. Houve membros importantes de sua administração que se inclinaram também nessa direção. Em meados de 2020, o acordo comercial da Fase Um anunciado no final de 2019 soava como música, apesar das abundantes evidências de que Pequim estava longe de cumprir seus compromissos de compra de produtos americanos.[111] No entanto, a linguagem do secretário de Estado americano tornou-se cada vez mais combativa. Para ter certeza, seu encontro com Yang Jiechi, o diretor do Escritório de Relações Exteriores do PCCh, no Havaí em 17 de junho foi notável pela dureza intransigente da linguagem usada no comunicado oficial chinês divulgado depois.[112] Mas isso pode ter sido exatamente o que o secretário Pompeo queria na véspera de seu discurso na Cúpula da Democracia em Copenhague, que visava claramente aumentar a consciência do público europeu sobre a ameaça chinesa.[113]

Qual era a probabilidade de que a Aliança Atlântica pudesse ser ressuscitada com o propósito de conter a China? Em alguns setores, nenhuma. O ministro das Relações Exteriores da Itália, Luigi Di Maio, foi um dos vários políticos italianos dispostos a engolir a ajuda e a propaganda de Pequim em março, quando a crise da Covid no norte da Itália foi especialmente grave. "Aqueles que zombaram de nossa participação na Belt and Road Initiative agora têm que admitir que investir nessa amizade nos permitiu salvar vidas na Itália", declarou Di Maio em uma entrevista.[114] O primeiro-ministro húngaro, Viktor Orbán, ficou igualmente entusiasmado. "No Ocidente, existe uma escassez de basicamente tudo", disse ele em uma entrevista à televisão estatal chinesa. "A ajuda que podemos obter vem do Oriente."[115] "A China é o único amigo que pode nos ajudar", disse o presidente sérvio Aleksandar Vučić, que beijou uma bandeira chinesa quando uma equipe de médicos voou de Pequim para Belgrado.[116] No entanto, o sentimento europeu dominante, especialmente na Alemanha e na França, reagiu de maneira muito diferente. "Ao longo desses meses, a China perdeu a Europa", declarou Reinhard Bütikofer, membro do Partido Verde alemão do Parlamento Europeu, em uma entrevista em abril.[117] "A atmosfera na Europa é bastante tóxica quando se trata da China", disse Jörg Wuttke, presidente da Câmara de Comércio da UE na China. Em 17 de abril, o editor-chefe do maior tabloide da Alemanha, o *Bild*, publicou uma carta aberta a Xi Jinping, intitulada "Você está colocando o mundo em perigo".[118] Na França, também, a "diplomacia do guerreiro lobo" saiu pela culatra sobre os lobos. No final do verão, uma viagem do ministro das Relações Exteriores da China, Wang Yi, pelas capitais europeias foi notavelmente outonal em sua atmosfera.[119] Os dados da pesquisa publicados no início de outubro mostraram que não foi apenas nos Estados Unidos, mas em todas as economias avançadas, incluindo os principais países da UE, que o sentimento antichinês surgiu em 2020.[120]

Uma razão para o fracasso da China em aumentar sua influência na Europa foi que, após um colapso inicial no começo de março, quando *sauve qui peut* estava na ordem do dia, as instituições europeias aceitaram o desafio imposto pela Covid-19.¹²¹ Em entrevista notável publicada em 16 de abril, o presidente francês declarou que a UE enfrentou um "momento da verdade" ao decidir que havia mais do que apenas um único mercado econômico. "Você não pode ter um único mercado onde alguns são sacrificados", disse Emmanuel Macron ao *Financial Times*. "Não é mais possível... Ter financiamento que não seja mutuado para os gastos que estamos empreendendo na batalha contra a Covid-19 e que teremos para a recuperação econômica... Se não pudermos fazer isso hoje, digo que os populistas vão vencer – hoje, amanhã, depois de amanhã, na Itália, na Espanha, talvez na França e em outros lugares".¹²² Seu homólogo alemão concordou. A Europa, declarou Angela Merkel, era uma "comunidade do destino" *(Schicksalsgemeinschaft)*. Para a surpresa de comentaristas céticos, o resultado foi muito diferente da avareza que caracterizou a resposta alemã à crise financeira global. O plano "Next Generation EU", apresentado pela Comissão Europeia em 27 de maio, propôs € 750 bilhões em subsídios e empréstimos adicionais, a serem financiados por meio de títulos emitidos pela UE e alocados às regiões mais afetadas pela pandemia.¹²³ Talvez ainda mais significativo, o governo federal alemão adotou um orçamento suplementar de € 156 bilhões (4,9% do PIB), seguido por um segundo pacote de estímulo fiscal no valor de € 130 bilhões (ou 3,8% do PIB), que – com grande escala em garantias de um novo fundo de estabilização econômica – se destinava a iniciar a recuperação com um "Kaboom!", nas palavras do ministro da Fazenda, Olaf Scholz.¹²⁴ Tais medidas fiscais, combinadas com compras de ativos em grande escala pelo Banco Central Europeu, dificilmente constituíram um "momento Hamilton" análogo à consolidação das dívidas dos estados pelo primeiro secretário do Tesouro dos Estados Unidos em 1790. O Fundo Europeu de Recuperação não fez quase nada para resolver a iminente crise da dívida italiana. Não era óbvio que poderia se repetir, se necessário, no caso de uma segunda onda de Covid-19 (que o outono trouxe devidamente com o retorno dos estudantes às universidades). No entanto, o FER ajudou a diminuir o apoio à direita populista na maioria dos estados-membros da UE.

Essa reafirmação bem-sucedida da solidariedade europeia, facilitada pela saída do Reino Unido da UE, teve uma consequência inesperada do ponto de vista de Washington. Os europeus – especialmente os jovens europeus e os alemães – nunca, desde 1945, ficaram mais desencantados com o relacionamento transatlântico. Isso foi verdade quase desde o momento da eleição de Trump.

Em uma pesquisa pan-europeia conduzida em meados de março, 53% dos jovens entrevistados disseram ter mais confiança em Estados autoritários do que nas democracias quando se trata de lidar com a crise climática.[125] Em uma pesquisa publicada pela Fundação Körber em maio, 73% dos alemães disseram que a pandemia havia piorado sua opinião sobre os Estados Unidos, mais do que o dobro do número de entrevistados que se sentiram assim em relação à China. Apenas 10% dos alemães consideram os Estados Unidos o parceiro mais próximo de seu país na política externa, em comparação com 19% em setembro de 2019. E a proporção de alemães que priorizaram as relações estreitas com Washington em vez das relações estreitas com Pequim diminuiu significativamente, de 50% em setembro de 2019 para 37%, aproximadamente a mesma proporção daqueles que preferiram a China aos Estados Unidos (36%).[126] Em outras palavras, o aumento do sentimento antichinês foi compensado pelo aumento do sentimento antiamericano.

Na Guerra Fria, às vezes se esquecia que, houve um movimento não alinhado, que teve suas origens na Conferência de Bandung de 1955, hospedada pelo presidente indonésio Sukarno e com a presença do primeiro-ministro indiano Jawaharlal Nehru, do presidente egípcio Gamal Abdel Nasser, seu colega iugoslavo, Josip Broz Tito, e o presidente de Gana, Kwame Nkrumah, bem como o presidente do Vietnã do Norte Ho Chi Minh, o primeiro-ministro chinês Zhou Enlai e o primeiro-ministro cambojano Norodom Sihanouk. Formalmente constituído em 1956 por Tito, Nehru e Nasser, o objetivo do MPNA era (nas palavras de um líder árabe que se juntou ao movimento) permitir que os países recém-livres do Terceiro Mundo "salvaguardassem sua independência e continuassem a ser uma força vocal em um mundo onde as regras são feitas pelas superpotências".[127] Para a maioria dos europeus ocidentais e muitos asiáticos do Leste e Sudeste, no entanto, o não alinhamento não era uma opção atraente. Em parte, isso se devia ao fato de que a escolha entre Washington e Moscou era bastante fácil, a menos que os tanques do Exército Vermelho estivessem entrando na capital de um país. Foi também porque o não alinhamento geopolítico do MPNA não foi acompanhado por um desalinhamento ideológico comparável, uma característica que se tornou mais proeminente com a ascensão do ditador cubano Fidel Castro na década de 1970, levando finalmente a uma quase ruptura do movimento com a invasão soviética do Afeganistão. O líder árabe mencionado acima era Saddam Hussein, que pretendia sediar a conferência MPNA de 1981, em Bagdá, um plano frustrado pela guerra de seu país com o Irã, igualmente não alinhado.

Em 2020, em contraste, a escolha entre Washington e Pequim parecia para muitos europeus como uma escolha entre a frigideira e o fogo ou, na melhor das hipóteses, a chaleira e a panela. Como a pesquisa Körber mencionada acima sugeriu, "O público [alemão] [estava] se inclinando para uma posição de equidistância entre Washington e Pequim". Até mesmo o governo de Cingapura deixou claro que "espera(va) fervorosamente não ser forçado a escolher entre os Estados Unidos e a China". "Os países asiáticos veem os Estados Unidos como uma potência residente com interesses vitais na região", escreveu o primeiro-ministro de Cingapura, Lee Hsien Loong, em *Foreign Affairs*. "Ao mesmo tempo, a China é uma realidade que está à sua porta. Os países asiáticos não querem ser forçados a escolher entre os dois. E se tentar forçar tal escolha – se Washington tentar conter a ascensão da China ou Pequim buscando construir uma esfera de influência exclusiva na Ásia –, eles iniciarão um curso de confronto que durará décadas e colocará o tão anunciado século asiático em perigo… é improvável que qualquer confronto entre essas duas grandes potências termine como a Guerra Fria, com o colapso pacífico de um país."[128]

Lee estava certo em pelo menos um aspecto. O fato de ambas as guerras mundiais terem tido o mesmo resultado – a derrota da Alemanha e seus aliados pela Grã-Bretanha e seus aliados – não significava que a Segunda Guerra Fria terminaria da mesma forma que a primeira – com a vitória dos Estados Unidos e seus aliados. As guerras frias são geralmente consideradas bipolares. Na verdade, são sempre problemas de três corpos, com duas alianças de superpotências e uma terceira rede não alinhada entre elas. Esta pode ser de fato uma verdade geral sobre a própria guerra: que raramente é simplesmente uma competição clausewitziana entre duas forças opostas, cada uma voltada para a subjugação da outra, mas mais frequentemente um problema de três corpos, em que ganhar a simpatia de terceiros neutros pode ser tão importante quanto infligir derrota ao inimigo.[129]

O maior problema que o presidente dos Estados Unidos enfrenta hoje, e enfrentará nos próximos anos, é que muitos aliados americanos antigos estão pensando seriamente no não alinhamento na Segunda Guerra Fria. E sem uma quantidade suficiente de aliados, para não falar de neutros solidários, Washington talvez veja essa Segunda Guerra Fria invencível.

A FLORESTA SOMBRIA

Em agosto de 2020, o ponto crucial da questão é o quanto o resto do mundo tem medo da China – ou pode ser persuadido a ter. Enquanto os europeus acreditarem que Donald Trump iniciou a Segunda Guerra Fria, o desejo de não se alinhar persistirá. No entanto, essa visão atribui muita importância à mudança na política externa dos Estados Unidos desde 2016, e não o suficiente para a mudança na política externa chinesa ocorrida quatro anos antes, quando Xi Jinping tornou-se secretário-geral do Partido Comunista Chinês. Os historiadores do futuro perceberão que o declínio e a queda da Chimérica começaram na esteira da crise financeira global, quando um novo líder chinês chegou à conclusão de que não havia mais necessidade de esconder a ambição da China que Deng Xiaoping tinha famosamente recomendado. Quando os Estados Unidos médios votaram em Trump em 2016, isso foi em parte uma reação contra as recompensas assimétricas do engajamento e seu corolário econômico, a globalização. Não apenas os benefícios econômicos da Chimérica foram desproporcionais para a China, não apenas seus custos foram suportados desproporcionalmente pelos americanos da classe trabalhadora, muitos de cujos empregos na indústria foram para lá, mas agora esses mesmos americanos também viram que seus líderes eleitos em Washington tinham atuado como parteira no nascimento de uma nova superpotência estratégica – um desafiador para a predominância global ainda mais formidável, pois era economicamente mais forte, do que a União Soviética.

Argumentei que esta nova guerra fria é inevitável e desejável, não menos porque ela sacudiu os Estados Unidos da complacência e em um esforço sério para não ser superado pela China em inteligência artificial, computação quântica e outras tecnologias estrategicamente cruciais. Ainda assim, permanece, principalmente na academia, uma resistência significativa à ideia de que devemos parar de nos preocupar e aprender a amar a Segunda Guerra Fria. Uma conferência em julho sobre "A ordem mundial depois da Covid-19", organizada pelo Centro Kissinger para Assuntos Globais da Universidade Johns Hopkins, uma clara maioria de palestrantes alertou sobre os perigos de uma nova guerra fria. Eric Schmidt, ex-presidente do Google, defendeu, em vez disso, um modelo de "parceria de rivalidade" de "coopetição", no qual as duas nações competiriam e cooperariam ao mesmo tempo, como a Samsung e a Apple têm feito há anos. Graham Allison concordou, dando como outro exemplo a "fraternidade" do século XI entre o imperador Song da China e o reino Liao na fronteira norte da China. A pandemia, argumentou Allison, tornou "incandescente a impossibilidade de identificar claramente a China como inimiga ou amiga. Parceria de rivalidade pode parecer complicada, mas a vida é complicada." "O estabelecimento de uma relação produtiva e previsível Estados Unidos-China", escreveu John Lipsky, ex-membro do Fundo Monetário Internacional, "é condição *sine qua non* para fortalecer as instituições de governança global". A última guerra fria lançou a "sombra de um holocausto global por décadas", observou James Steinberg, um ex-secretário de Estado adjunto. "O que pode ser feito para criar um contexto para limitar a rivalidade e criar espaço para cooperação?" Elizabeth Economy, da Hoover Instituition, tinha uma resposta: "Os Estados Unidos e a China poderiam fazer uma parceria para enfrentar um desafio global", a saber, as mudanças climáticas. Tom Wright, da Brookings Institution, adotou uma linha semelhante: "Focar apenas na competição entre as grandes potências e, ao mesmo tempo, ignorar a necessidade de cooperação não dará aos Estados Unidos uma vantagem estratégica duradoura sobre a China."[130]

Toda essa conversa de "coopetição" pode parecer certamente razoável, embora chocante em termos linguísticos, exceto por uma coisa. O Partido Comunista da China não é a Samsung, muito menos o reino Liao. Em vez disso – como foi verdade na Primeira Guerra Fria, quando (especialmente depois de 1968) os acadêmicos tendiam a ser pombos em vez de falcões –, os proponentes da "parceria de rivalidade" estão negligenciando a possibilidade de que os chineses não estejam interessados em ser "inimigos". Eles sabem muito bem que essa é uma guerra fria, porque eles a iniciaram. Em 2019, quando comecei a falar publicamente sobre a Segunda Guerra Fria em conferências, fiquei surpreso que nenhum delegado chinês me contradissesse. Em setembro, perguntei a um deles – o chefe chinês de uma grande instituição internacional – por que isso acontecia. "Porque eu concordo com você!", respondeu ele com um sorriso. Como professor visitante na Universidade Tsinghua, em Pequim, vi por mim mesmo a virada ideológica da maré sob Xi. Acadêmicos que estudam assuntos tabu, como a Revolução Cultural, encontram-se sujeitos a investigações ou coisas piores. Aqueles que esperam reviver o engajamento com Pequim subestimam a influência de Wang Huning, membro desde 2017 do Comitê Permanente do Politburo, o órgão mais poderoso da China, e o conselheiro mais influente de Xi. Em agosto de 1988, Wang passou seis meses nos Estados Unidos como acadêmico visitante, viajando para mais de 30 cidades e quase 20 universidades. Seu relato daquela viagem, *America against America* (publicado em 1991), é uma crítica – em alguns lugares mordaz – da democracia, capitalismo e cultura americanos. A divisão racial aparece com destaque no terceiro capítulo.

Para Ben Thompson, o autor do amplamente lido boletim informativo *Stratechery*, os eventos de 2019 e 2020 foram reveladores. Tendo previamente minimizado as motivações políticas e ideológicas do governo chinês, ele se apresentou em 2019 como um novo guerreiro frio. A visão da China sobre o papel da tecnologia, argumentou ele, era fundamentalmente diferente da do Ocidente e pretendia exportar sua visão antiliberal para o resto do mundo.[131] Quando Trump propôs a proibição do fútil aplicativo de vídeo e música de propriedade chinesa, o TikTok, em agosto de 2020, Thompson estava inclinado a concordar. "Se a China está na ofensiva contra o liberalismo não apenas dentro de suas fronteiras, mas dentro das nossas", escreveu ele em julho de 2020, "é do interesse do liberalismo cortar um vetor que se enraizou precisamente porque foi brilhantemente projetado para dar origem exatamente ao que eles querem."[132] Para avaliar o perigo de permitir que metade dos adolescentes americanos forneçam seus dados pessoais a um aplicativo chinês, considere como o Partido Comunista está usando a IA para construir um estado de vigilância que faz o Grande Irmão de Orwell parecer primitivo. (Como veremos, o panóptico de Xi é na verdade mais parecido com a distopia imaginada no romance dos anos 1920 de Ievguêni Zamiátin, *Nós*.) Nas palavras de Ross Andersen, "Em um futuro próximo, cada pessoa que entrar em um espaço público [na China] poderá ser identificada, instantaneamente, por IA, sendo comparada a um oceano de dados pessoais, incluindo todas as suas comunicações de texto e seu esquema de formação de proteína exclusiva do corpo. Com o tempo, os algoritmos serão capazes de reunir pontos de dados de uma ampla gama de fontes – registros de viagens, amigos e associados, hábitos de leitura, compras – para prever a resistência política antes que aconteça".[133] Muitas das *startups* de IA proeminentes da China são "parceiros comerciais voluntários" do Partido Comunista, o que nisso é ruim o suficiente. Mas a maior preocupação, como diz Andersen, é que toda essa tecnologia seja feita para exportação. Entre os países que estão comprando estão Bolívia, Equador, Etiópia, Quênia, Malásia, Ilhas Maurício, Mongólia, Sérvia, Sri Lanka, Uganda, Venezuela, Zâmbia e Zimbábue.

A resposta chinesa ao ataque americano ao TikTok entregou o jogo. No Twitter, Hu Xijin, editor-chefe do *Global Times*, controlado pelo governo, chamou a medida de "roubo aberto", acusou Trump de "transformar a outrora grande América em um país desonesto" e alertou que, "quando coisas semelhantes acontecem muitas vezes, os Estados Unidos darão passos para mais perto de seu declínio." Em um ensaio revelador publicado em abril passado, o teórico político chinês Jiang Shigong, professor da Escola de Direito da Universidade de Pequim, expôs o corolário do declínio norte-americano. "A história da humanidade é certamente a da competição pela hegemonia imperial", escreveu Jiang, "que gradualmente impulsionou a forma dos impérios de sua natureza local original em direção à tendência atual em direção a impérios globais e, finalmente, em direção a um único império mundial". De acordo com Jiang, a globalização de nosso tempo é o "'império mundial único' 1.0, o modelo de império mundial estabelecido pela Inglaterra e pelos Estados Unidos". Mas esse império anglo-americano está "se desfazendo" internamente, por causa de "três grandes problemas insolúveis: a crescente desigualdade criada pela economia liberal, a governança ineficaz causada pelo liberalismo político e a decadência e o niilismo criados pelo liberalismo cultural." Além disso, o Império Ocidental está sob ataque externo da "resistência russa e competição chinesa". Esta não é uma tentativa de criar um império eurasiano alternativo, mas "uma luta para se tornar o coração do império mundial".[134]

Se você duvida que a China esteja tentando assumir o império 1.0 e transformá-lo em império 2.0, com base na civilização iliberal da China, então você não está prestando atenção a todas as maneiras como essa estratégia está sendo executada. A China tornou-se com sucesso a oficina do mundo, como costumava ser o Ocidente. Ela agora tem sua versão da *Weltpolitik* da Alemanha guilhermina, na forma de *One Belt One Road*, um vasto projeto de infraestrutura que se parece muito com o imperialismo europeu, conforme descrito por J. A. Hobson em 1902.[135] A China usa o prêmio de acesso a seu mercado para pressionar as empresas norte-americanas a seguirem a linha de Pequim. Conduz "operações de influência" em todo o Ocidente, inclusive nos Estados Unidos.[136]

Uma das muitas maneiras pelas quais os Estados Unidos tentaram minar a União Soviética na Primeira Guerra Fria foi travando uma "guerra fria cultural".[137] Em parte, tratava-se de ser visto vencendo os soviéticos em seus próprios jogos – xadrez (Fischer *vs.* Spassky), balé (deserção de Rudolf Nureyev) e hóquei no gelo (o "Milagre no Gelo" de 1980). Mas se tratava principalmente de seduzir o povo soviético com as irresistíveis tentações da cultura popular norte-americana. Em 1986, o filósofo esquerdista francês e companheiro de armas de Che Guevara, Régis Debray, lamentou: "Há mais poder no *rock n' roll*, vídeos, *jeans*, *fast-food*, redes de notícias e satélites de TV do que em todo o Exército Vermelho".[138] A esquerda francesa zombou da "Coca-Colonização". Mas os parisienses também bebiam Coca-Cola. No entanto, agora a situação mudou. Em um debate que organizei em Stanford, em 2018, o bilionário da tecnologia Peter Thiel usou um aforismo memorável: "A IA é comunista, cripto[moeda] é libertária."[139] O TikTok valida a primeira metade disso. No fim dos anos 1960, durante a Revolução Cultural, as crianças chinesas denunciaram seus pais por desvio direitista.[140] Em 2020, quando adolescentes americanos postaram vídeos de si mesmos repreendendo seus pais por racismo, eles também o fizeram no TikTok.

O trabalho de Jiang Shigong e outros deixa claro que a China hoje entende que está em uma guerra fria que, como a última, é uma luta entre duas formas de império. No entanto, o livro que fornece o *insight* mais profundo sobre como a China vê os Estados Unidos e o mundo hoje não traz um texto político, mas é uma obra de ficção científica. *A floresta sombria* foi a sequência de Liu Cixin em 2008 de *O problema dos três corpos*. Seria difícil exagerar a influência de Liu na China contemporânea: ele é reverenciado pelas empresas de tecnologia de Shenzhen e Hangzhou e foi oficialmente endossado como uma das faces da criatividade chinesa do século XXI por ninguém menos que Wang Huning.[141] *A floresta sombria*, que continua a história da invasão da Terra pelos implacáveis e tecnologicamente superiores trissolarianos, apresenta os três axiomas da "sociologia cósmica" de Liu. Em primeiro lugar: "A sobrevivência é a necessidade primária da civilização". Em segundo: "A civilização cresce e se expande continuamente, mas a matéria total do universo permanece constante". Terceiro: "cadeias de suspeita" e o risco de uma "explosão tecnológica" em outra civilização significam que no espaço só pode haver a lei da selva. Nas palavras do herói do livro, o "Wallfacer" Luo Ji:

> O universo é uma floresta sombria. Cada civilização é um caçador armado espreitando por entre as árvores como um fantasma tentando pisar sem fazer barulho. O caçador tem de ter cuidado, porque em

toda a floresta há caçadores furtivos como ele. Se ele encontrar outra forma de vida, outro caçador, um anjo ou um demônio, uma criança delicada ou um velho cambaleante, uma fada ou um semideus, só há uma coisa que ele pode fazer: abrir fogo e eliminá-los. Nesta floresta, o inferno são as outras pessoas. Qualquer vida que exponha sua própria existência será rapidamente exterminada.[142]

Henry Kissinger é frequentemente considerado – em minha opinião, erroneamente – o supremo expoente americano da *Realpolitik*. Mas isso é algo muito mais implacável que o realismo. Isso é darwinismo intergaláctico. Não cabe a nós decidir se temos ou não uma guerra fria com a China, se ela já declarou guerra fria contra nós. Não apenas já estamos no sopé dessa nova guerra fria, mas aqueles contrafortes também estão impenetravelmente cobertos por uma floresta escura planejada pela China. A questão que permanece – e o melhor argumento a favor da Guerra Fria – é se podemos ou não evitar tropeçar em uma guerra quente nessa escuridão. Se cairmos na guerra, o resultado pode ser um desastre muito maior em seu impacto do que até mesmo o pior cenário para a Covid-19.

CONCLUSÃO:
CHOQUES FUTUROS

"Em suma", disse Mustapha Mond, *"o senhor reclama o direito de ser infeliz."*
"Então, tudo bem", disse o Selvagem em tom desafiador. *"Eu reclamo o direito de ser infeliz."*
— Aldous Huxley, *Admirável Mundo Novo*

O QUE NÃO ME MATA

"Pode ser verdade que países inteiros são devastados, nações inteiras aniquiladas por essas desordens da natureza? As vastas cidades da América, as planícies férteis do Hindustão, as moradias lotadas dos chineses, estão ameaçadas de ruína total. Onde tarde as multidões atarefadas se reuniam por prazer ou lucro, agora apenas é ouvido o som de lamento e miséria. O ar está envenenado, e cada ser humano inala a morte, mesmo quando na juventude e na saúde, suas esperanças estão na flor... A peste tornou-se a Rainha do Mundo."

Perto do final do livro de Mary Shelley, *O último homem* (1826), o herói está sozinho na costa, o único sobrevivente de uma pandemia catastrófica. Situado no final do século XXI, o romance descreve como uma nova peste negra, originada em Istambul e acompanhada por eventos climáticos extremos, conflitos civis e ondas de fanatismo religioso aniquilou a humanidade. Por quase duzentos anos

– do trabalho pioneiro de fantasia distópica de Shelley à trilogia *MaddAddão*, de Margaret Atwood – os escritores imaginaram que a raça humana acabaria de alguma forma. Certa vez, lemos esses livros como obras de ficção científica, não como profecias. Em meio a uma verdadeira pandemia, eles exerceram um apelo macabro, assim como filmes com o mesmo tema. Certamente não sou o único leitor que em 2020 comprou tardiamente o romance de Emily St. John Mandel *Estação Onze*, uma contribuição para o gênero da praga que até então eu havia ignorado. Nem, enquanto me preparava para deixar a cidade para um retiro rural, eu estava sozinho pensando desconfortavelmente na "Máscara da Morte Escarlate" de Edgar Allan Poe.

Mas a Covid-19 acabou não sendo a peste escarlate ou a peste negra ou mesmo a gripe espanhola. Pelo menos era o que parecia em agosto de 2020. Era mais como a gripe de 1957-1958, uma grande crise da saúde pública global na época, mas cinquenta anos depois em grande parte esquecida. Parecia que, com um regime de testes em massa, rastreamento de contato, distanciamento social e quarentena direcionada, um país poderia conter a propagação da Sars-CoV-2, visto que o vírus dependia fortemente de propagadores para sua transmissão e adoecia ou matava desproporcionalmente pessoas após a idade de aposentadoria. As chances eram de que uma vacina estivesse amplamente disponível no momento em que a edição de brochura deste livro fosse publicada, se não antes. Ao contrário da Primeira Guerra Mundial, esta pandemia pode até mesmo chegar ao fim no Natal. Da mesma forma, havia uma chance de que a economia mundial voltaria à vida assim que isso ficasse claro. É verdade que havia um cenário pior, mas mais plausível, em que passaríamos anos jogando "acerte a marmota" com um endêmico Sars-CoV-2, sem vacina que realmente funcionasse e sem imunidade que realmente durasse. Pelos padrões das pandemias anteriores, esta pode ainda estar em um estágio inicial, talvez nem mesmo no final do primeiro trimestre. Novas ondas não poderiam ser descartadas, se as grandes pandemias do passado servissem de guia.[1] E talvez a Covid-19 acabaria por causar danos mais duradouros àqueles que o a pegassem – mesmo quando eram jovens e saudáveis – do que ainda percebemos. Na primeira semana de agosto de 2020, o número de casos da Covid-19 estava aumentando em 64 países. Ainda assim, era difícil acreditar que algum dia ela se juntaria à elite das pandemias – as cerca de 20 na história registrada que mataram mais de 0,1% da humanidade.[2] Para alguns países, não houve desastre digno de nota. Apenas uma minoria experimentou excesso de mortalidade acima de 25% do normal, e apenas por algumas semanas. Apenas algumas das nações que lutaram na Segunda Guerra Mundial perderam mais pessoas por dia para a Covid do que para as potências do Eixo. Os Estados Unidos foram um desses países.[3] Isso ilustrou o ponto central deste livro: que todos os desastres são, em algum nível, desastres políticos causados pelo homem, mesmo que se originem de novos patógenos. A política explicava por que a Segunda Guerra Mundial matou vinte e cinco vezes mais alemães do que norte-americanos. A política explica por que a Covid-19 já matou dezoito vezes mais americanos do que alemães.

Essa praga começou como um rinoceronte cinza, previsto por muitos. Deu um susto em todos como um cisne negro, de alguma forma completamente imprevisto. Poderia se tornar um dragão-rei? Como vimos, desastres de qualquer tipo se transformam em eventos verdadeiramente históricos apenas se suas ramificações econômicas, sociais e políticas forem maiores do que o excesso de mortalidade que causam. Será que esse desastre de tamanho médio pode alterar nossas vidas de forma profunda e permanente? Deixe-me arriscar três suposições.

Primeiro, a Covid-19 será para a vida social o que a aids foi para a vida sexual: mudará nosso comportamento, embora isso não seja o suficiente para evitar um número significativo de mortes prematuras. Eu mesmo dou as boas-vindas a uma nova era de distanciamento social, mas sou um misantropo natural que odeia multidões e não sentirá muita falta de abraços e apertos de mão. Entretanto, a maioria das pessoas será incapaz de resistir às tentações do gregarismo pós-*lockdown*. Haverá socialização insegura, assim como ainda existe sexo inseguro, mesmo depois de mais de três décadas e 30 milhões de mortes por HIV.

E por esse motivo, em segundo lugar, a maioria das grandes cidades não "acabou". Vamos todos agora de Gotham ou do Great Wen (apelido depreciativo para Londres) para as aldeias, a fim de cultivar nossas hortas em esplêndido isolamento rústico? Quase metade de nós continua a trabalhar em casa, como fazíamos durante a pandemia – mais de três vezes mais do que antes?[4] Provavelmente não. Demora muito para se exterminar uma cidade. É verdade, pouco mais de um século depois que Thomas Mann escreveu *Morte em Veneza* (1912), Veneza está praticamente morta. Mas não foi a cólera que a matou – foi a mudança no padrão do comércio internacional. Da mesma forma que a Covid-19 não vai matar Londres ou Nova York. Ela apenas as tornará mais baratas, mais agressivas e mais jovens. Alguns bilionários não voltarão. Algumas empresas e muitas famílias se mudarão para os subúrbios ou até mesmo para mais longe. As receitas fiscais cairão. As taxas de criminalidade aumentarão. Como Gerald Ford supostamente fez em 1975, quando a cidade pediu um resgate federal, outro presidente pode dizer a Nova York para "cair morta". Mas a inércia é uma coisa poderosa. Os americanos hoje em dia se mudam menos do que antes. Apenas um terço dos trabalhos é realmente adequado para ser realizado em casa. Todos os outros ainda precisarão trabalhar em escritórios, lojas e fábricas. Os locais de trabalho serão diferentes – mais espaçosos e parecidos com um campus, pois já são assim no Vale do Silício. O deslocamento não será mais como estarmos enlatados como sardinhas no metrô.[5] Chega de intimidades indesejáveis em elevadores. Máscaras na maioria dos rostos. Chega de resmungos a hijab e niqab. Por força, agora somos todos modestos.

O que dizer do impacto da pandemia sobre os desequilíbrios geracionais que se tornaram tão intoleráveis em muitas sociedades em 2020? Seria a Covid-19 enviada por Freia, deusa da juventude, uma emancipação a fim de que a geração Y e a Z não arquem com a carga fiscal de um número excessivo de idosos? É tentador ficar maravilhado com esse vírus etarista. Nenhuma pandemia anterior foi tão discriminatória contra os idosos e a favor dos jovens. Mas, na verdade, o impacto da Covid-19 em termos de excesso de mortalidade provavelmente não será grande o suficiente para equilibrar as contas intergeracionais. A curto prazo, a maioria dos idosos permanecerá aposentada. Relativamente poucos morrerão prematuramente – quase nenhum nos países mais velhos, como o Japão. Os jovens, por sua vez, serão aqueles que lutam para encontrar empregos (que não sejam na Amazon) e para se divertir. Uma economia sem multidões não é um "novo normal". Pode ser mais parecido com a nova anomia, tomando emprestado o termo de Émile Durkheim para o sentido de desconexão que ele associava à modernidade. Para a maioria dos jovens, a palavra "diversão" é quase sinônimo de "multidão". A era do distanciamento será uma época de depressão, tanto no sentido psicológico quanto no econômico. A escuridão será especialmente profunda para a geração Z, cujas vidas sociais universitárias – metade do motivo de ir para a faculdade, se não mais – foram destruídas. Eles passarão ainda mais tempo em dispositivos eletrônicos, talvez uma hora a mais por dia do que antes da pandemia. Isso não os deixará mais felizes.

No momento em que escrevo, não podemos saber com certeza quais serão as consequências políticas e geopolíticas da pandemia. Será que a direita populista se beneficiará porque a importância vital das fronteiras nacionais não está mais em dúvida? Ou será que a esquerda agora será capaz de defender um governo ainda maior, apesar do fracasso notável de um governo grande (mas incompetente) nos Estados Unidos e no Reino Unido? Bruno Maçães tem razão ao afirmar que, na esteira da "grande pausa", passaremos a pensar na economia mais como um gigantesco computador a ser programado do que como um organismo natural?[6] Será que vamos reviver os "loucos anos 1920"? Ou estamos destinados a uma reprise dos anos 1970, com a promessa da teoria monetária moderna levando à decepção da leve estagflação?[7] O que as pessoas preferirão ao dólar: euro, ouro ou bitcoin? Quais serão as consequências, se houver, da onda de protestos que se seguiu ao assassinato de George Floyd em Minneapolis? A qualidade do policiamento americano vai melhorar ou piorar? A Segunda Guerra Fria entre a China e os Estados Unidos se intensificará? Isso se transforma em uma guerra quente pelo Taiwan? Após o surto de Covid-19, a Rússia e a Turquia criaram zonas de influência na Líbia, soldados chineses e indianos lutaram corpo a corpo em sua fronteira, e o Líbano metaforicamente (e o porto de Beirute literalmente) explodiu. A paz é iminente? Provavelmente não. A peste negra parou a Guerra dos Cem Anos? A gripe espanhola evitou a Guerra Civil Russa?

Pandemias, como guerras mundiais e crises financeiras globais, são as grandes interrupções da história. Quer as consideremos feitas pelo homem ou de ocorrência natural, sejam elas profetizadas ou disparem como raios do nada, elas também são momentos de revelação. Uma catástrofe nos divide em três grupos: os mortos prematuramente, os sobreviventes sortudos e os permanentemente feridos ou traumatizados. Uma catástrofe também separa o frágil do resistente e do antifrágil – a maravilhosa palavra de Nassim Taleb para descrever algo que ganha força sob estresse. (Lembre-se de Nietzsche: "O que não me mata me deixa mais forte".) Algumas cidades, corporações, estados e impérios entram em colapso sob a força do choque. Outros sobrevivem, embora enfraquecidos. Mas uma terceira, a categoria nietzschiana, emerge mais forte. Apesar das aparências, suspeito que os Estados Unidos estão na categoria dois, não um, enquanto a República Popular da China pode acabar provando estar na categoria um, não dois, muito menos na três. A República da China, Taiwan, está na categoria três – a menos que Pequim a anexe.

Se houver um progresso as pragas não irão interrompê-lo. A mesma Londres que sofreu o último grande surto de peste bubônica em 1665 (e o Grande Incêndio no ano seguinte) estava prestes a se tornar o centro de um extraordinário império comercial, uma colmeia fervilhante de inovação científica e financeira, a cidade central do mundo por aproximadamente dois séculos. Nenhum patógeno poderia impedir isso. Nossa praga provavelmente terá os maiores impactos disruptivos em lugares onde o progresso já havia cessado e a estagnação se instalou. Em primeiro lugar na fila para a ruptura devem estar as burocracias que em alguns países, incluindo a Grã-Bretanha e a América, falharam tanto em lidar com esta crise. Em seguida, deveriam ser as universidades que estivessem mais interessadas em propagar a ideologia do "despertar" do que em ensinar tudo o que pode ser proveitosamente aprendido da ciência e do passado humano. Espero, também, que o segundo contágio – de mentiras e absurdos sobre o primeiro – levará finalmente a um desafio à atual combinação de monopólio e anarquia que caracteriza a esfera pública norte-americana (e, portanto, grande parte da global). As Companhias das Índias Orientais da internet saquearam dados suficientes. Elas têm causado fome suficiente da verdade e pragas na mente. Finalmente, a pandemia deve forçar algumas mudanças nas organizações de mídia que insistiram em cobri-la, infantilmente, como se fosse tudo culpa de alguns presidentes e primeiros-ministros perversos. Se instituições estagnadas forem abaladas por esse desastre, há apenas uma chance de vermos um retorno ao progresso em lugares onde, até 2020, a tendência mais marcante era a degeneração. Ao eliminar as partes do nosso sistema que falharam neste teste, a Covid-19 pode apenas nos tornar mais fortes.

ROLETA-RUSSA

Que desastre virá para nos testar a seguir? Certamente não outra pandemia, isso seria óbvio demais para ser uma história plausível. No entanto, é possível. Uma nova cepa de gripe suína nunca está longe,[8] nem alguma nova doença respiratória asiática.[9] Micróbios resistentes a antibióticos, como *Staphylococcus aureus* já existem.[10] Aguardamos com ansiedade uma cepa da peste resistente a antibióticos.[11] Se não for um destes, ao lado do qual a Covid-19 pode um dia parecer uma enfermidade leve – então que risco catastrófico global será? Existem muitos para escolher.[12] Já, como um desastre tantas vezes gera outro, a Covid-19 – com a ajuda de enxames de gafanhotos – está causando uma potencial crise de nutrição na África e em partes do sul da Ásia. O Programa Mundial de Alimentos alertou que o número de pessoas que sofrem com a fome aguda pode dobrar de 135 milhões em 2019 para 265 milhões até o final de 2020.[13] As coisas estão piorando com a interrupção dos programas de vacinação estabelecidos. A difteria está se espalhando no Paquistão, Bangladesh e Nepal, a cólera no Sudão do Sul, Camarões, Moçambique, Iêmen e Bangladesh, o sarampo na República Democrática do Congo. A pólio pode até estar renascendo no Paquistão e no Afeganistão. A cólera está de volta ao Sudão do Sul, Camarões, Moçambique, Iêmen e Bangladesh. A Covid-19 também está interrompendo o tratamento de HIV/aids, tuberculose e malária.[14]

Depois, há o perigo contínuo de que o aumento constante das temperaturas globais possa levar a uma mudança climática desastrosa, como James Hansen e muitos outros advertiram.[15] Desde 2013-2014, quando o Painel Intergovernamental sobre Mudanças Climáticas publicou seu quinto relatório de avaliação, o pior de seus "caminhos de concentração representativos", RCP8.5, cresceu mais, não menos provável, implicando aumentos acelerados nas emissões de gases de efeito estufa ao longo deste século, temperaturas, precipitação e níveis do mar.[16] Argumentou-se que este é um problema lento que pode ser resolvido com medidas de mitigação acessíveis, e que alguns dos remédios drásticos apregoados por jovens milenares poderiam fazer muito mais mal do que bem.[17] Ainda assim, as incertezas que cercam o comportamento futuro do sistema complexo que é o clima do mundo argumentam fortemente contra a combinação atual de procrastinação e sinalização de virtude. No momento em que escrevo, grandes áreas da Califórnia estão em chamas, embora tanto por causa da má gestão crônica da floresta quanto por causa de temperaturas anormalmente altas.[18] Um verão excepcionalmente chuvoso na China representou uma ameaça significativa à integridade da Barragem das Três Gargantas.[19] Um pequeno terremoto poderia ter dado o golpe de misericórdia. Então, novamente, um grande terremoto na Califórnia poderia fazer os incêndios florestais parecerem um problema pequeno e não teria nada a ver com as emissões de CO_2. A erupção do supervulcão Yellowstone,[20] a caldeira que fica a menos de 160km de onde estou sentado, tornaria supérflua a discussão sobre a mudança climática causada pelo homem no breve período antes da extinção em massa.

Pode haver outras surpresas ainda maiores. Invasão alienígena – uma das favoritas dos teóricos da conspiração, bem como dos escritores científicos – é a menos provável deles. As distâncias envolvidas simplesmente parecem muito grandes.[21] Mais provavelmente são as ameaças extraterrestres representadas por flutuações na atividade solar ou estelar, como uma ejeção de massa coronal ou uma explosão de raios gama de uma supernova ou "hipernova".[22] Também concebível é outro grande ataque de asteroide que altera o clima.[23] Pequenos buracos negros podem engolir o planeta. Os *strangelets* (pequenos fragmentos de matéria estranha) estáveis com carga negativa – partículas hipotéticas de quarks subatômicos – poderiam catalisar a conversão de toda a matéria comum na Terra em "matéria estranha". A transição de fase de um vácuo pode fazer com que o universo se expanda exponencialmente.[24]

Além dessas ameaças exógenas, estão as várias tecnologias que nós, como espécie, concebemos ou estamos desenvolvendo e que têm o potencial de nos destruir. O mundo sempre foi vulnerável. Nós o tornamos ainda mais.[25] Desde o final da década de 1950, tivemos a capacidade de suicídio – ou pelo menos autodestruição catastrófica – por meio de armas nucleares. Uma guerra nuclear entre duas grandes potências ou um grande ato de terrorismo nuclear pode matar em questão de horas mais pessoas do que a Covid-19 fez em oito meses, e sem levar em conta a juventude. O inverno nuclear que se seguiria a uma guerra nuclear deixaria grandes partes do planeta inabitáveis.[26] As armas biológicas do tipo que a União Soviética contemplou poderiam ter consequências catastróficas comparáveis se fossem utilizadas ou lançadas acidentalmente.[27] A engenharia genética é uma inovação mais recente que, como a energia nuclear, pode ser usada para fins malignos e benignos. Foi uma descoberta revolucionária que os genes poderiam ser "editados" usando a proteína Cas9 e as "repetições palíndrômicas curtas agrupadas e regularmente interespaçadas" (CRISPR) que caracterizam o DNA.[28] O grande defeito da edição genética é que, ao contrário da fissão nuclear, é barato de fazer. Um "*kit* de laboratório doméstico de engenharia genética" estava disponível em 2020 por apenas US$ 1.845.[29] O perigo aqui não é que alguém sintetize a raça superior, mas que algum tipo de modificação facilmente reproduzível, mas indesejável, possa ser criada por engano.[30]

No domínio da tecnologia informática, novos perigos também surgiram ou poderão surgir em breve. A existente "internet das coisas" criou múltiplas vulnerabilidades no caso de guerra cibernética desenfreada, no sentido de que a infraestrutura crítica de poder, comando, controle e comunicação de um país pode ser total ou parcialmente desativada.³¹ Os sistemas de inteligência artificial já podem aprender a derrotar os campeões humanos em jogos como xadrez e go. No entanto, a inteligência artificial geral, um computador tão inteligente quanto um ser humano, ainda está provavelmente a cerca de meio século de distância. Eliezer Yudkowsky, que lidera o Machine Intelligence Research Institute (Instituto de Pesquisa de Inteligência de Máquinas) em Berkeley, argumenta que podemos criar involuntariamente uma IA hostil ou amoral que se volta contra nós – por exemplo, porque dizemos a ela para deter as mudanças climáticas e ela conclui que aniquilar o *Homo sapiens* é a solução ideal. Yudkowsky alerta sobre uma lei de Moore modificada: a cada dezoito meses, o QI mínimo necessário para destruir o mundo cai em um ponto.³² Um último cenário de pesadelo é que a nanotecnologia – manufatura molecular – leva a algum processo imparável que se autoperpetua, que nos afoga em meleca.³³ Uma tentativa corajosa de atribuir uma probabilidade a todos esses desastres potenciais que acabam com a humanidade a coloca em 1 em 6.³⁴ A própria vida acaba sendo uma roleta-russa, mas com muitos dedos diferentes puxando o gatilho aleatoriamente.

Vários autores propuseram maneiras pelas quais a humanidade pode se proteger contra a destruição e autodestruição, reconhecendo que, como atualmente constituído, poucos ou nenhum governo nacional é incentivado a fazer seguro significativo contra ameaças catastróficas de probabilidade e momento incertos.³⁵ Uma sugestão é que deveria haver Cassandras oficiais dentro de governos, órgãos internacionais, universidades e corporações, e um "Escritório Nacional de Advertências" encarregado de identificar os piores cenários, medir riscos e planejar estratégias de proteção (assumir uma posição comprada ou vendida em um derivativo), prevenção ou mitigação.³⁶ Outra proposta é "desacelerar a taxa de avanço em direção a tecnologias de aumento de risco em relação à taxa de avanço em tecnologias de proteção", garantindo que as pessoas envolvidas no desenvolvimento de uma nova tecnologia estejam de acordo sobre como usá-la para o bem, não para o mal, finaliza, e para "desenvolver a capacidade de governança intraestadual necessária para prevenir, com confiabilidade extremamente alta, qualquer indivíduo ou pequeno grupo de realizar qualquer ação que seja altamente ilegal."³⁷

No entanto, quando se considera o que tudo isso implica, acaba por ser uma ameaça existencial por si só: a criação de um "panóptico de alta tecnologia", completo com "policiamento preventivo com vigilância onipresente... governança global eficaz [e] algum tipo de mecanismo de vigilância e fiscalização que tornaria possível interditar as tentativas de realizar um ato destrutivo".[38] Este é o caminho para o totalitarismo – em uma época em que já existem as tecnologias que tornariam possível um estado de vigilância global. Nas palavras do economista Bryan Caplan: "Um cenário particularmente assustador para o futuro é que as preocupações exageradas do fim do mundo se tornem a razão para o governo mundial, abrindo caminho para uma catástrofe global imprevista: o totalitarismo. Aqueles que pedem que os países do mundo se unam contra as ameaças à humanidade devem considerar a possibilidade de que a própria unificação seja a maior ameaça".[39] De acordo com o historiador israelense Yuval Noah Harari, "assim que começarmos a contar com a IA para decidir o que estudar, onde trabalhar e com quem namorar ou mesmo casar, a vida humana deixará de ser um drama de tomada de decisão. Estamos agora criando humanos domesticados que produzem enormes quantidades de dados e funcionam como chips eficientes em um enorme mecanismo de processamento de dados." O avanço da inteligência artificial, argumenta ele, condena a humanidade a um novo totalitarismo, tornando "obsoletas" a democracia liberal e a economia de livre mercado. Em breve saberemos o que as vacas devem ordenhar.[40] E mesmo essa perspectiva sombria pode ser muito otimista. O histórico dos regimes totalitários é que eles matam e ordenham seus servos.

MUNDOS DISTÓPICOS

A todos esses desastres potenciais, é impossível anexar mais do que probabilidades fictícias. Como devemos imaginá-los, então? A melhor resposta parece ser que devemos nos esforçar para imaginá-los. Nos últimos dois séculos, desde Mary Shelley, esse tem sido o papel dos escritores de ficção científica. Uma praga letal é apenas uma das muitas formas que a desgraça da humanidade assumiu em sua imaginação.

A ficção distópica é lida como uma história do futuro, certamente uma contradição em termos. Na realidade, quer o propósito de seus autores fosse satirizar, provocar, fazer soar um aviso, ou simplesmente entreter, as distopias imaginárias ecoaram medos presentes – para ser mais preciso, as ansiedades da elite literária. Portanto, estudar ficção científica é obter uma compreensão das preocupações do passado, algumas das quais desempenharam papéis importantes na história. Uma vez Ray Bradbury disse: "Sou um previsor de futuros, não um impedidor".[41] Mas quantas decisões políticas foram influenciadas por visões distópicas? E com que frequência essas decisões acabaram sendo sábias? A política de apaziguamento, por exemplo, baseava-se parcialmente em um medo exagerado de que a Luftwaffe (ramo aéreo da Wehrmacht durante a Alemanha nazi) pudesse se igualar aos marcianos de Wells quando se tratasse da destruição de Londres. Mais frequentemente, as visões de pesadelo não conseguiram persuadir os formuladores de políticas a agir preventivamente. No entanto, a ficção científica também foi uma fonte de inspiração. Quando os pioneiros do Vale do Silício estavam pensando nas aplicações potenciais da internet, eles frequentemente se voltaram para escritores como William Gibson e Neal Stephenson em busca de ideias. Hoje, nenhuma discussão sobre as implicações da inteligência artificial está completa sem pelo menos uma referência aos filmes *2001: Uma Odisseia no Espaço* ou *O Exterminador do Futuro*, assim como quase todas as conversas sobre robótica incluem uma menção a *Androides sonham com ovelhas elétricas?*, de Philip K. Dick, ou ao filme que inspirou, *Blade Runner*.

Agora que a tão temida pandemia chegou – acompanhada do aumento do nível do mar, realidade virtual e pelo menos protótipos de carros voadores, sem mencionar os níveis de vigilância estatal jamais sonhados por George Orwell – podemos voltar à ficção científica e nos perguntar: Quem acertou mais o futuro? Pois a verdade é que a distopia é (pelo menos em alguns aspectos) agora, e não em alguma data futura. A história do futuro merece nossa atenção, em parte porque pode nos ajudar a pensar com mais rigor no que está por vir. Os dados históricos continuam sendo a base para todos os tipos de previsão. Modelos baseados em teoria podem funcionar, mas sem estatísticas anteriores não podemos verificá-los. As mudanças tecnológicas futuras, no entanto, não são fáceis de inferir do passado. A ficção científica nos fornece uma grande amostra de descontinuidades imaginárias que podem não ocorrer para nós se olharmos apenas para trás.

Em *Frankenstein*, de Mary Shelley (1818), o cientista homônimo cria um homem sintético, o primeiro de muitos experimentos desse tipo na literatura a dar desastrosamente errado. Como Prometeu, que roubou a tecnologia do fogo, Frankenstein é punido por sua presunção. Shelley seguiu isso com *O último homem* (1826), em que, como vimos, uma praga extermina todos, exceto um espécime da humanidade. Com sua visão de extinção em massa e um mundo despovoado, *O último homem* merece ser considerado o primeiro romance verdadeiramente distópico. Não foi um sucesso comercial. Entretanto, na década de 1890 H. G. Wells havia estabelecido a popularidade do gênero. Em *A máquina do tempo* (1895), Wells imaginou um pesadelo futuro na Terra – o ano é 802.701 – onde os elóis, um povo vegetariano sem curiosidades, são atacados pelos morlocks subterrâneos. Em outras palavras, a especiação ocorreu dividindo a humanidade em duas metades degeneradas: um gado cabeça de vento e trogloditas vorazes. Viajando cada vez mais adiante no tempo, o protagonista de Wells testemunha o último suspiro de vida em um planeta inerte. Em *A guerra dos mundos* (1898), a invasão de marcianos aniquila os londrinos com armamento assustadoramente reminiscente das guerras mundiais intraterrestres que ainda estavam por vir. Neste caso, a humanidade é salva por um patógeno contra o qual os invasores não têm imunidade.

Em nossa época, as ansiedades sobre as mudanças climáticas causadas pelo homem promoveram o desastre ambiental como um assunto para ficção distópica. *Oryx e Crake*, de Margaret Atwood (2003), reprisa o livro *O último homem*, de Shelley, mas com o confuso "boneco de neve" como um dos poucos sobreviventes de um mundo devastado pelo aquecimento global, engenharia genética imprudente e uma tentativa desastrosa de redução da população que resultou em uma praga global. Em *A estrada* (2006), de Cormac McCarthy, canibais vagam por um deserto devastado. *The Windup Girl* (2009) de Paolo Bacigalupi combina engenhosamente o aumento do nível do mar com o contágio galopante causado por engenharia genética que deu errado. Essas obras também têm seus precursores. Durante a Guerra Fria, as visões de desastres climáticos foram os principais motores dos movimentos antinucleares e ambientais. Em *On The Beach* (1957), de Nevil Shute, pessoas normais estão totalmente desamparadas em face das consequências da guerra nuclear que se espalham lentamente. Em *The Drowned World* (1962), livro de J. G. Ballard, o aumento da temperatura (devido à atividade solar, não à poluição) submergiu a maioria das cidades.

Finalmente, existem as distopias inspiradas pela migração em massa. Por exemplo, no romance de 2015 de Michel Houellebecq, *Submissão*, a esquerda francesa está ao lado de um partido fundamentalista islâmico, em vez de ajudar a frente nacional de direita a tomar o poder. O novo governo expurga os não muçulmanos de posições estaduais e acadêmicas, legaliza a poligamia e distribui esposas atraentes. O romance termina quando o protagonista se submete à nova ordem. Embora Houellebecq tenha sido amplamente acusado de islamofobia na época de sua publicação, o livro é na verdade uma sátira das instituições frágeis da França e do fracasso dos intelectuais urbanos em defendê-las.

O exemplo de *Submissão* sugere que grande parte da ficção científica está tão preocupada com catástrofes políticas quanto com a variedade natural ou tecnológica. Uma distopia recorrente desde os anos 1930 é a de uma América fascista. Este medo persistiu desde Sinclair Lewis em *Não vai acontecer aqui* (1935) a *Jogos Vorazes* (2008) de Suzanne Collins, passando por *O concorrente*, de Stephen King (1982), *O conto da aia*, de Margaret Atwood (1985) e *Complô contra a América* (2004), de Philip Roth. O pesadelo político alternativo era de um totalitarismo ao estilo de Stálin. Em *Anthem* (1937), de Ayn Rand, o herói ("Equality 7-2521 ") se revolta contra uma tirania igualitária, rejeitando seu destino como varredor de rua e lutando pela liberdade. *Love Among Ruins* (1953) de Evelyn Waugh descreve uma Inglaterra absurda de centros de encarceramento em massa e de eutanásia administrados pelo Estado. *Fahrenheit* 451, de Ray Bradbury, (publicado em 1953, mas ambientado em 1999) descreve uma América iliberal onde o governo proibiu todos os livros e o trabalho dos bombeiros é queimar literaturas proibidas. (Embora o romance às vezes seja interpretado como uma crítica ao macarthismo, a mensagem real de Bradbury era que a preferência das pessoas comuns pelo entretenimento vazio da televisão e a disposição das minorias religiosas de exigir censura juntas representavam uma ameaça crescente ao livro como forma de conteúdo sério.) No entanto, de todas essas visões distópicas do totalitarismo, nenhuma superou *1984* (1949) de George Orwell em seu número de leitores e influência.

Em uma carta notável escrita em outubro de 1949, Aldous Huxley – que havia sido o professor de francês do jovem Eric Blair em Eton – avisou Orwell que ele estava capturando seu próprio presente, e não o futuro provável. "A filosofia da minoria governante em 1984", escreveu Huxley, "é um sadismo que foi levado à sua conclusão lógica... Parece-me duvidoso se, na realidade, a política da 'bota no rosto' pode continuar indefinidamente. Minha convicção é que a oligarquia governante encontrará maneiras menos árduas e perdulárias de governar e de satisfazer sua ânsia de poder, e essas formas serão semelhantes às que descrevi em *Admirável Mundo* Novo."[42] No romance de Huxley de 1932, chegamos a uma distopia muito diferente (em 2540 d.C.): uma baseada no fordismo mais eugenia, não no stalinismo. Os cidadãos submetem-se a um sistema de castas de rígidas desigualdades estruturais, porque são condicionados a se contentar com a satisfação de seus desejos físicos superficiais. Automedicação ("soma"), entretenimento constante (os "feelies"), feriados regulares e excitação sexual onipresente são a base para a adesão em massa. A censura e a propaganda também desempenham um papel, como em *1984*, mas a coerção aberta raramente é visível. O Ocidente hoje parece muito mais Huxley que Orwell: há muito mais distração corporativa do que brutalidade estatal.

No entanto, existem outras e melhores congruências do que Huxley ou Orwell quando procuramos dar sentido às distopias de hoje. A China sob o comando de Xi Jinping cada vez mais lembra o extraordinário *Nós*, de Ievguêni Zamiátin, (escrito em 1921, mas suprimido pelo regime bolchevique). Ambientado em um futuro "Estado Único" liderado pelo "Benfeitor", retratamos um estado de vigilância mais assustadoramente eficaz do que o de Orwell (que inspirou parcialmente, assim como também inspirou *Anthem*, de Ayn Rand). Todas as "cifras" – que têm números, não nomes e usam "uniformes" padronizados – estão sob vigilância 24 horas por dia, e todos os apartamentos são feitos de vidro, com cortinas que podem ser fechadas apenas quando alguém possui licença estatal para sexo. Diante da insurreição, o todo-poderoso Benfeitor ordena a lobotomia em massa de todas as cifras, porque a única forma de preservar a felicidade universal é abolir a imaginação. "Para o que as pessoas, desde o berço, oraram, sonharam e agonizaram?", pergunta o Benfeitor. "Eles queriam que alguém, qualquer pessoa, lhes dissesse de uma vez por todas o que é felicidade, e depois os prendesse a essa felicidade com uma corrente."[43]

No entanto, em uma reflexão mais aprofundada, nenhum desses autores realmente previu todas as peculiaridades de nosso mundo em rede, que intrigantemente combinou uma velocidade crescente e penetração da tecnologia da informação do consumidor com uma desaceleração do progresso em outras áreas, como energia nuclear e degeneração da governança. Os verdadeiros profetas revelam-se, em uma inspeção mais detalhada, figuras menos familiares, por exemplo, John Brunner, cujo *Stand on Zanzibar* (1968) é ambientado em 2010, em um momento em que a pressão populacional levou ao aumento das divisões sociais e do extremismo político. Apesar da ameaça do terrorismo, corporações americanas como a General Technics estão crescendo, graças a um supercomputador chamado Shalmaneser. A China é o novo rival da América. A Europa se uniu. Brunner também prevê ação afirmativa, engenharia genética, Viagra, colapso de Detroit, TV via satélite, vídeo em voo, casamento gay, impressão a laser, carros elétricos, a descriminalização da maconha e o declínio do tabaco. Existe até um presidente progressista (embora de Benínia, não da América) chamado "Obomi".

Com presciência comparável, *Neuromancer* (1984) de William Gibson antecipa a internet e a inteligência artificial. Estreando no submundo distópico da cidade de Chiba, Japão, o romance tem como personagens centrais um hacker viciado em drogas, um samurai de rua sorrateiro e um oficial de operações especiais danificado. Mas o verdadeiro avanço imaginativo de Gibson é a rede global de computadores no ciberespaço chamada de "matriz", bem como o dispositivo de enredo central das inteligências artificiais gêmeas Wintermute e Neuromancer. Um livro especialmente popular entre os funcionários do Facebook nos primeiros anos da empresa, *Snow Crash* (1992) de Neal Stephenson prevê o alcance corporativo e a realidade virtual em uma América quase anárquica. O estado definhou na Califórnia, tudo foi privatizado, inclusive rodovias. O governo federal é um vestígio. A maioria das pessoas passa metade do tempo em um mundo de realidade virtual, onde seus avatares se divertem muito mais que no mundo real. Enquanto isso, vastas flotilhas de refugiados e migrantes se aproximam dos Estados Unidos via Pacífico. Esses cyberpunks norte-americanos parecem muito mais próximos dos Estados Unidos em 2020 do que as distopias autoritárias de Lewis, Atwood ou Roth.

Se os Estados Unidos são menos Gileade do que a cidade de Chiba, então em que medida a China moderna é realmente uma versão de *Nós*, de Zamiátin? Em *The Fat Years* (2009), de Chan Koonchung – que é proibido no continente – a água da torneira misturada com drogas torna as pessoas dóceis, mas com um custo. O mês de fevereiro de 2011 foi de alguma forma removido dos registros públicos e da memória popular. Acontece que este foi o mês em que uma série de medidas de emergência drásticas tiveram que ser introduzidas para estabilizar a economia chinesa, mas também para afirmar a primazia da China no Leste Asiático. Chan é um dos vários autores chineses recentes que tentaram imaginar o declínio dos Estados Unidos, o corolário da ascensão da China. *The Fat Years* se passa em um 2013 imaginário, depois que uma segunda crise financeira ocidental fez da China a economia número um do mundo. Em *2066: Red Star over*

America (2000), de Han Song, um ataque terrorista destrói o World Trade Center e o aumento do oceano varre Manhattan. E como vimos em *O problema dos três corpos* (2006) de Liu Cixin, trata-se de um especialista chinês em nanotecnologia e um policial de Pequim que lidera a defesa global contra uma invasão alienígena que é culpa de um físico chinês misantropo. Os norte-americanos da trilogia *A lembrança do passado Terra* são maliciosos ou incompetentes.

No entanto, mesmo os autores chineses baseados no continente estão cientes da natureza profundamente iliberal da República Popular, bem como da instabilidade recorrente da história política chinesa. O "problema" de *O problema dos três corpos* é apresentado ao leitor como um jogo de realidade virtual, ambientado em um mundo estranho e distante com três sóis em vez do familiar. As atrações gravitacionais mutuamente perturbadoras dos três sóis impedem que este planeta se estabeleça em uma órbita previsível com dias, noites e estações regulares. Tem ocasionais "eras estáveis", durante as quais a civilização pode avançar, mas com o mínimo de aviso, elas dão lugar a "eras caóticas" de intenso calor ou frio que tornam o planeta inabitável. O conceito central do romance de Liu é que a história da China tem o mesmo padrão do problema dos três corpos: períodos de estabilidade sempre terminam em períodos de caos (*dong luan*).

Leitores experientes também podem se perguntar se a ideologia do Movimento Trissolaris da Terra (MTT) – a organização radicalmente misantrópica dedicada a ajudar os trissolarianos a conquistar a Terra – é uma paródia sutil do maoísmo. Os membros do MTT "haviam abandonado toda esperança na civilização humana, odiavam e estavam dispostos a trair sua própria espécie e até acalentavam como seu maior ideal a eliminação de toda a raça humana, incluindo eles próprios e seus filhos". "Comece uma rebelião global!", eles gritam. "Viva o espírito de Trissolaris! Devemos perseverar como a grama teimosa que rebrota após cada incêndio!... Elimine a tirania humana!" Mal sabem esses colaboradores que os trissolarianos são ainda piores que os humanos. Como um dos alienígenas aponta, por causa da total imprevisibilidade de seu mundo, "tudo é dedicado à sobrevivência. Para permitir a sobrevivência da civilização como um todo, quase não há respeito pelo indivíduo. Alguém que não pode mais trabalhar é condenado à morte. A sociedade trissolariana existe sob um estado de autoritarismo extremo." A vida para o indivíduo consiste em "monotonia e dessecação". Isso se parece muito com a China de Mao.

É verdade que o herói da história é o policial de Pequim Shi Qiang, que fuma um cigarro atrás do outro. Os leitores chineses sem dúvida apreciam a cena em que ele dá uma aula a um general norte-americano pomposo sobre a melhor forma de salvar o mundo. Mas o significado mais profundo do livro é certamente que Trissolaris é a China. Os três corpos em disputa não são sóis, mas classes: governantes, intelectuais, massas. Os trissolarianos, como bons totalitários, são oniscientes. Seus "sófons" invisíveis fornecem-lhes vigilância completa da humanidade, permitindo-lhes prevenir efetivamente o progresso científico na Terra. Mas os invasores que se aproximam inexoravelmente acabam tendo um ponto fraco. Sua cultura de transparência completa – comunicação via pensamento não filtrado – impede trapacear ou mentir, então (como é revelado em *A floresta sombria*), eles não conseguem "acompanhar um pensamento estratégico complicado". Quatrocentos anos antes de sua chegada estimada, a humanidade tem tempo para preparar suas defesas e explorar esta vantagem única.

É demais ver aqui uma alegoria da mudança de lugar da China no mundo – talvez até da nova guerra fria entre os Estados Unidos e a República Popular? Caso contrário, é uma alegoria enervante – uma sugestão cativante de um futuro desastre geopolítico.

AINDA ESTOU VIVO

Se, como brincou Paul Samuelson, as quedas nos preços das ações dos Estados Unidos previram corretamente nove das últimas cinco recessões americanas, a ficção científica previu corretamente nove das últimas cinco inovações tecnológicas. Carros voadores permanecem no estágio de protótipo e as máquinas do tempo não estão em lugar nenhum. Os alienígenas ainda não se revelaram na floresta sombria. E, é claro, a ficção científica previu muito mais do que nove dos últimos zero fins do mundo. No entanto, a ficção científica pode desempenhar um papel importante em nos ajudar a pensar com clareza sobre o futuro.

Muito do que está por vir seguirá as antigas e perenes regras da história humana. Uma potência atual se sentirá ameaçada por uma potência ascendente. Um demagogo se sentirá frustrado com as restrições de uma constituição. O poder corromperá, e o poder absoluto corromperá totalmente. Isso nós sabemos da história e da grande literatura. Mas, em outros aspectos, por causa das mudanças na ciência, medicina e tecnologia, o futuro será diferente, e os historiadores não estão bem qualificados para prever esse tipo de descontinuidade, exceto para afirmar que ela acontece. Em *Fundação* (1951), Isaac Asimov imaginou a "psico-história" como uma disciplina ficcional que combinava história, sociologia e estatística matemática para fazer previsões gerais sobre o futuro. Embora o falecido presidente israelense Shimon Peres uma vez tivesse me assegurado que estudiosos israelenses haviam conseguido estabelecer uma versão do "Primeiro Radiante" de Asimov, não acredito que tal disciplina existirá. Se a contribuição final da cliodinâmica for apenas outra teoria cíclica da história, ela terá traído sua promessa inicial.

A história nos diz para esperar as grandes pontuações do desastre sem nenhuma ordem previsível. Os quatro cavaleiros do Livro do Apocalipse – Conquista, Guerra, Fome e a Morte, o cavaleiro pálido – galopam em intervalos aparentemente aleatórios para nos lembrar de que nenhuma quantidade de inovação tecnológica pode tornar a humanidade invulnerável. De fato, algumas inovações, como aquelas frotas de aviões a jato que transportaram tantas pessoas infectadas de Wuhan para o resto do mundo em janeiro de 2020, dão aos cavaleiros a oportunidade de viajar em seu turbilhão. No entanto, de alguma forma, a chegada dos cavaleiros sempre nos pega de surpresa. Por um momento, contemplamos o cenário de extinção total. Nós nos abrigamos no local, assistindo a *Contágio* ou lendo Atwood. Talvez o cisne negro se torne um dragão-rei e vire a vida de cabeça para baixo. Mas isso é muito raro. Principalmente, para muitos sortudos, a vida pós-desastre continua, mudou de algumas maneiras, mas, no geral, continua a mesma de maneira notável, reconfortante e enfadonha. Com velocidade surpreendente, deixamos nosso contato com a mortalidade para trás e continuamos alegremente, esquecidos daqueles que não tiveram a mesma sorte, independentemente do próximo desastre que está à espera. Pense, se você duvida da verdade disso, no poema ruim conclusivo de Daniel Defoe em seu *Um diário do ano da peste*:

Uma terrível peste esteve em Londres
no ano de 65,
que levou cem mil almas embora,
e eu ainda vivo![44]

POSFÁCIO

Vou fazer uma pausa aqui, vou sair do roteiro e refletir sobre o sentimento recorrente que tenho de desgraça iminente. ... agora estou com medo.
— Rochelle Walensky, CBS News, 30 de março de 2021

Dias felizes estão aqui novamente.
— Canção de Milton Ager e Jack Yellen, adotada pela campanha eleitoral de Franklin Roosevelt em 1932.

Esse foi um dos fios cruzados mais memoráveis da Guerra Fria. Questionado por Henry Kissinger em 1971 sobre sua opinião referente às consequências da Revolução Francesa, o *premiê* chinês Zhou Enlai respondeu que era "muito cedo para dizer". Aquilo pareceu profundo, uma expressão da capacidade chinesa de pensar a longo prazo, em séculos, em vez das semanas preferidas pelos estadistas ocidentais. Na verdade, como revelou o diplomata norte-americano Chas Freeman em 2011, Zhou achava que Kissinger estava se referindo aos protestos estudantis de 1968, não à revolução de 1789.

A crítica mais supérflua que pode ser feita em *Catástrofe* é o que foi escrito e publicado cedo demais, quando ainda era "muito cedo para dizer" quais seriam a magnitude e as consequências da pandemia da Covid-19. Como apenas 3 de seus 11 capítulos tratam da pandemia de 2020, uma crítica mais razoável seria que o livro foi publicado tarde demais. Que teria sido mais útil se tivesse sido escrito em 2019. Mas cedo demais? Argumentar que um livro precisa ser tão atualizado quanto um jornal obviamente é ridículo, mas argumentar que um historiador deva esperar até que um evento acabe antes de escrever sobre ele não é muito melhor. Pois quem pode dizer quando a pandemia acabará? Um argumento deste livro é que nem todos os desastres são eventos distintos. A peste bubônica atingiu Londres repetidamente entre 1348 e 1665. A gripe foi uma assassina em série no século XX. Nunca terminou de verdade. O que também é verdade para desastres políticos. Jules Michelet publicou seu *História da Revolução Francesa* no período entre 1847 – véspera de outra revolução – e 1853 –, um ano após outro Napoleão se autoproclamar imperador. No entanto, o livro é lido hoje com muito menos frequência do que *Reflexões sobre a revolução na França,* de Edmund Burke, com sua espantosa antecipação de que o assalto às instituições tradicionais terminaria em uma "oligarquia perversa e ignóbil" e, em última instância, em uma ditadura militar. Burke previu aonde o utopismo dos intelectuais franceses poderia levar: "No final de cada visão", profetizou ele, "você não vê nada além da força". Essas palavras foram publicadas pela primeira vez em novembro de 1790, mais de seis meses antes da fuga de Luís XVI para Varennes e mais de dois anos antes de sua execução. Burke publicou cedo demais?

O objetivo de escrever uma história de desastres que inclua um evento inacabado é que nunca é cedo demais para começar a aprender com nossos erros. Podemos estar cansados da pandemia de Covid-19 e ansiar por retornar à "vida normal", como crianças em uma longa viagem de carro que logo após a partida começam a perguntar "Já chegamos?". Mas há uma chance razoável de que o Sars-CoV-2 se torne endêmico e que jogaremos o equivalente ao "martelo maluco" nos próximos anos da saúde pública contra as novas variantes do vírus. Nesse caso, a hora de começar a abordar o que deu errado no ano passado é agora.

A teoria geral de desastres desenvolvida neste livro pode ser simplificada conforme segue. Primeiro, os desastres são inerentemente imprevisíveis. Estão no reino da incerteza. As tentativas de predizê-los falham quase sempre, embora ocasionalmente uma Cassandra tenha sorte. Em segundo lugar, não há dicotomia nítida entre desastres naturais e os causados pelo homem: o excesso de mortalidade é quase sempre uma função da ação humana. Portanto, "a política da catástrofe", que é a melhor explicação para o fato de que o mesmo vírus teve impactos tão diferentes em todo o mundo. Terceiro, o ponto crucial de falha na maioria dos desastres geralmente não está no topo, mas em algum lugar mais abaixo na cadeia de comando (o sempre indisponível "Sr. Kingsbury" de [Richard] Feynman na NASA), embora uma liderança inepta sempre possa tornar uma situação ruim ainda pior. Quarto, os contágios do corpo causados por patógenos frequentemente interagem de forma perturbadora com os da mente, da mesma forma que a vitória na guerra requer a destruição dos aspectos material e moral do inimigo. Finalmente, como não podemos prever desastres, é melhor ser geralmente paranoico do que estar burocraticamente preparado para a contingência errada. A rapidez da reação aos primeiros avisos é a chave para a resiliência, se não para a antifragilidade, e (como o surto de Covid em Taiwan ilustrou em maio de 2021), é fácil ser vítima do próprio sucesso se isso levar à complacência.

Por que tantos países ocidentais falharam tanto em limitar a disseminação do novo coronavírus em 2020, levando a um dos piores excessos de mortalidade que vimos desde os anos 1950? *Catástrofe* defende que é um erro colocar toda a culpa em alguns líderes populistas, embora sua liderança errática sem dúvida tenha adicionado um tanto de corpos à contagem. O que aconteceu foi uma falha sistêmica da burocracia da saúde pública – e isso também parece ter acontecido em países sem líderes populistas. Havia planos de preparação para uma pandemia que simplesmente não funcionaram. A capacidade de teste não foi desenvolvida com rapidez suficiente. O rastreamento de contato mal foi tentado, quarentenas não foram aplicadas, os vulneráveis (especialmente em lares de idosos) não foram protegidos, mas, sim, expostos. Em termos de perda de vidas, esses foram os erros mais custosos, e não é plausível que Donald Trump e Boris Johnson sejam pessoalmente culpados por algum deles. Michael Lewis chegou a uma avaliação semelhante por um caminho muito diferente em seu livro *A premonição*. Como uma de suas Cassandras observa, "Trump era uma comorbidade". Johnson também, se quisermos acreditar no relato de Dominic Cummings sobre o desastre de Londres. O ponto central do testemunho de Cummings, em maio de 2021, não foi que o primeiro-ministro era "inadequado para o trabalho", mas que todo o governo falhou: não apenas os políticos eleitos, mas funcionários e especialistas em saúde pública. Todos ficaram "desastrosamente aquém dos padrões que o público tem o direito de esperar".

Se dissermos a nós mesmos que haveria muito menos excesso de mortalidade com diferentes presidentes e primeiros-ministros, cometeremos um profundo erro. Ron Klain, chefe de gabinete de Joe Biden, reconheceu em 2019 que, se a gripe suína que atingiu os Estados Unidos em 2009 tivesse sido tão mortal quanto a Covid-19, o governo do presidente Barack Obama não teria se saído muito melhor: "Fizemos todas as coisas erradas possíveis. E... 60 milhões de norte-americanos contraíram o H1N1 nesse período. E é puramente uma casualidade que este não seja um dos grandes eventos de mortes em massa na história norte-americana. Não teve nada a ver com o fato de não estarmos fazendo nada certo. Só tinha a ver com sorte."

Catástrofe foi para impressão no final de outubro de 2020; depois desse ponto, eu só poderia fazer pequenas correções nas evidências. Nos sete meses seguintes, houve muitos acontecimentos novos e importantes, alguns dos quais eu antecipei, e outros não. Estava certo em estar otimista sobre as vacinas ocidentais, mas, mesmo em meus momentos de maior confiança, não ousei esperar uma eficácia acima de 90% da Moderna e da Pfizer-BioNTech. Também não previ a eficácia com que os governos que haviam feito uma contenção malfeita do vírus adquiririam e distribuiriam vacinas. Nesses aspectos, eu estava pessimista demais.

Por outro lado, fui muito otimista em pensar que a mortalidade total de Covid-19 terminaria mais ou menos onde terminou a pandemia de gripe asiática de 1957-1958, matando cerca de 0,04% da população mundial. O número de mortes já pode ser significativamente maior: de 0,095% até um máximo de 0,17%, de acordo com estimativas que se ajustam para subestimar as mortes relacionadas à pandemia em países em desenvolvimento. É verdade que o número relativo de mortes em 2020-2021 não será igual ao da gripe espanhola de 1918-1919, que matou cerca de 1,7% da população mundial, uma ordem de magnitude maior do que a estimativa de *The Economist*. Portanto, considerando o perfil de idade diferente das vítimas e o número de anos de vida perdidos, nossa pandemia de fato permanece mais próxima daquela de 1957 do que da 1918. No entanto, subestimei os problemas que seriam colocados por novas variantes capazes de reinfectar pessoas que já tinham versões anteriores do vírus, bem como de reduzir a eficácia da vacina e, portanto, subestimei o tamanho das ondas posteriores no Brasil, na Índia, na África do Sul e nos arredores.

O que vem a seguir? Em algumas frases de seu livro *Apollo's Arrow*, meu amigo Nicholas Christakis perguntou se, após a pandemia, poderíamos nos encontrar, como nossos bisavós e avós após a pandemia de gripe de 1918-1919, nos exuberantes anos 1920:

> O aumento da religiosidade e o reflexo dos períodos pandêmicos imediatos e intermediários podem dar lugar a expressões crescentes de assunção de riscos, intemperança ou *joie de vivre* no período pós--pandêmico. O grande apelo das cidades mais uma vez ficará evidente. As pessoas buscarão, de forma incansável, oportunidades de mistura social em uma escala maior em eventos esportivos, concertos e comícios políticos. E, depois de uma epidemia séria, as pessoas muitas vezes sentem não apenas um renovado senso de propósito, mas um renovado senso de possibilidade. A década de 1920 trouxe o uso generalizado do rádio, *jazz*, o renascimento do Harlem e o sufrágio feminino.

Ao mesmo tempo, essa foi a passagem menos profunda e mais citada de seu livro. Para dizer o mínimo, foi um esboço bastante lisonjeiro da década de 1920, uma década tão notável nos Estados Unidos por seus violentos criminosos quanto por suas melindrosas e, em outros lugares, memorável principalmente por hiperinflação, fome, bolchevismo e fascismo. Em qualquer caso, há boas razões para duvidar de que a década de 2020 fará barulho em qualquer sentido, seja bom ou ruim. Em vez disso, o restante da década pode se provar distintamente "entediante".

Surtos recorrentes e novas variantes (que continuarão a surgir enquanto uma grande parte da população mundial permanecer não vacinada) podem exigir que tomemos doses de reforço regulares da vacina, talvez com mais frequência do que a cada ano. Pode nos forçar a manter essas máscaras enfadonhas em nossos bolsos e pastas e nos obrigar a continuar a preencher formulários *on-line* que nos permitirão entrar em escritórios e aviões. Será igualmente enfadonho o modo como os países voltarão a lutar as suas velhas batalhas no minuto em que colocarem a Covid sob controle. O problema perene de Israel e dos palestinos é um bom exemplo: mísseis começaram a ser disparados contra Jerusalém a partir de Gaza quase assim que Israel se aproximou da imunidade coletiva, com mais de 58% da população totalmente vacinada. Menos sangrento, mas igualmente enfadonho, é o ressurgimento da independência escocesa como um problema, novamente quase simultaneamente com o número de mortes diárias da Covid britânica caindo para um dígito. Da mesma forma, em breve os europeus voltarão a discutir sobre a imigração. Na França isso já começou. E assim por diante.

No entanto, a possibilidade de ficarmos ainda mais entediados com uma doença infecciosa não impede mais desastres. Como eu mostro em *Catástrofe*, não é preciso muito para um "rinoceronte cinza" – o tipo de desastre fácil de prever – tornar-se um "cisne negro" repentinamente surpreendente quando o desastre realmente acontece. Mas é muito difícil para um cisne negro se tornar um "dragão-rei", no sentido de um desastre histórico cuja magnitude excede a contagem de corpos contaminados. Para que isso aconteça, o pico inicial de excesso de mortalidade precisa ter consequências econômicas, sociais, culturais, políticas e geopolíticas que, juntas, constituam uma cascata de desastres. Agora enquanto escrevo, no final de maio de 2021, já é evidente como tal cascata poderia ocorrer, precisamente quando nos sentimos mais entediados com a pandemia.

As consequências econômicas da pandemia ainda estavam longe de ser claras quando este livro foi para o prelo. "Era a estagnação secular que tínhamos que temer", perguntei, "ou uma volta da inflação?" Em fevereiro deste ano, Larry Summers – o economista que reviveu a ideia de estagnação secular em 2014 – respondeu a essa pergunta alertando que um estímulo fiscal desproporcionalmente grande no contexto de um hiato do produto relativamente pequeno provavelmente seria inflacionário nos Estados Unidos (a discrepância entre a resposta e a negligência política é menos pronunciada em outros lugares). A probabilidade de que a inflação desencadeada continue a aumentar pela política expansionista em um momento de restrições de oferta relacionadas à pandemia será mais que "transitória", como o Federal Reserve insiste, e que as expectativas de inflação soltem sua âncora, como aconteceu na segunda metade da década de 1960. "Francamente, saudamos uma inflação ligeiramente mais alta", disse o presidente do Federal Reserve, em palavras que podem voltar para assombrá-lo. "O tipo de inflação preocupante que pessoas como eu crescemos vendo parece improvável no contexto nacional e global em que vivemos há algum tempo." É verdade que, na ausência de um grande choque geopolítico – comparável com a perspectiva de derrota no Vietnã e as guerras árabe-israelenses no Oriente Médio, que desempenharam um papel na inflação do fim dos anos 1960 e início dos anos 1970 –, ainda não é garantido que a inflação mais alta persistirá a ponto de ultrapassar uma média de 2%. Talvez, como aconteceu na esteira da crise financeira, o dinheiro fácil apenas causará bolhas de ativos e não a inflação dos preços ao consumidor. Por outro lado, a extensão e a duração da interrupção do fornecimento global de alimentos e outras *commodities* permanecem incertas: quanto pior a crise de saúde pública nos países em desenvolvimento, maior o problema. A inflação provavelmente será um desafio maior fora dos Estados Unidos do que dentro dele.

As consequências políticas da pandemia eram, de certa forma, mais fáceis de se prever sete meses atrás. Donald Trump perdeu uma eleição presidencial que quase certamente teria vencido se a pandemia não tivesse acontecido. Boris Johnson teve a sorte de ter sua eleição geral em dezembro de 2019, às vésperas da destruição. Mesmo depois de todos os seus pecados de omissão e ordens de 2020, Trump ainda não foi derrotado em nada que se parecesse com uma avalanche. Os Estados Unidos não se transformaram na República de Weimar, nem uma segunda guerra civil estourou, apesar dos eventos de 6 de janeiro, quando uma multidão heterogênea de apoiadores de Trump e devotos do culto QAnon invadiram o Capitólio dos Estados Unidos e permitiram que aqueles que haviam previsto aqueles terríveis cenários reclamassem um desagravo. A campanha de Trump, que organizou o comício inicial no Ellipse, estava pensando seriamente em um golpe de estado? Ou foi uma tentativa de intimidar legisladores que simplesmente ficaram fora de controle porque havia poucos policiais lá? Estudos da multidão que invadiu o Capitólio revelaram que apenas uma pequena minoria tinha conexões com grupos ou milícias de extrema direita. Aqueles que enfrentaram acusações eram em sua maioria brancos, principalmente de classe média (embora um número significativo tivesse problemas financeiros), motivados principalmente por teorias de conspiração, como a QAnon disseminou por plataformas de redes sociais. Em janeiro, a pesquisa revelou que uma proporção muito grande de eleitores republicanos (cerca de 70%) não aceitou que Trump perdeu a eleição, mas apenas uma minoria teve uma visão favorável daqueles que invadiram a assembleia legislativa do país.

O verdadeiro significado dos eventos de 6 de janeiro foi duplo. Primeiro, deu às grandes empresas de tecnologia a oportunidade de excluir Trump das mídias sociais e, portanto, da moderna praça pública – um golpe muito mais eficaz do que aquele personificado pelo ridículo xamã QAnon. Em segundo lugar, a loucura de Trump em tentar contestar a eleição, que culminou com a tomada do Capitólio, encorajou a nova administração democrata. Biden concorreu e venceu como o candidato da normalidade, o veterano do meio-termo. No entanto, dentro de cem dias de sua posse, a máquina política bem oleada de seu partido apresentou uma série de medidas legislativas – o Plano de Resgate Americano, o Plano Americano de Empregos e o Plano de Famílias Americanas –, com um custo combinado de cerca de US$ 6 trilhões. Houve uma conversa precipitada sobre uma presidência "transformadora", amplificada por meios de comunicação partidários, que pareciam ignorar as magras maiorias dos democratas no Senado e na Câmara, um forte contraste com as amplas margens que permitiram que Franklin Roosevelt e Lyndon Johnson promulgassem seus programas nacionais. Não foi difícil prever as potenciais consequências não intencionais do exagero inicial de Biden: não apenas uma inflação mais alta, mas também uma onda de travessias ilegais da fronteira com o México em resposta ao abandono do muro de fronteira de Trump e um aumento contínuo de crimes violentos que datavam de antes das convulsões do verão de 2020, precipitadas pela morte de George Floyd.

A consequência mais importante da pandemia, no entanto, ainda me parece estar no reino da geopolítica, não na política interna. A Segunda Guerra Fria, que já havia começado antes da pandemia, dava sinais de que continuaria, apesar da mudança de administração em Washington, D.C. Conforme previsto no capítulo final deste livro, e como a campanha de Biden havia prometido, seu governo é em muitos aspectos mais duro com a China do que seu antecessor, ampliando suas críticas ao Partido Comunista Chinês para incluir questões de democracia e direitos humanos que nunca interessaram muito Trump, e buscando organizar aliados – notadamente Austrália, Índia e Japão – em algo como uma coalizão de equilíbrio contra a China, uma abordagem fundamentalmente diferente do protecionismo indiscriminado de Trump. Nenhuma reunião da era Trump teve mais atmosfera de guerra fria do que o encontro mal-humorado do secretário de Estado Anthony Blinken com seu homólogo chinês, Yang Jiechi, em Anchorage, no mês de março. Vale a pena lembrar que, em sua fase inicial, a Primeira Guerra Fria produziu uma guerra nitidamente calorosa na Coreia. Que um confronto semelhante pudesse escalar sobre Taiwan era um dos riscos mais óbvios do período pós-pandemia. Analistas que se esforçaram para entender por que *Catástrofe* termina com uma discussão sobre as incertezas de uma nova guerra fria não entenderam que as duas maiores causas de mortalidade excessiva na história – pandemias e guerras – com frequência se sucedem mutuamente, quando não marcham em sincronia.

Como Henry Kissinger disse uma vez: "Cada sucesso só compra um ingresso para um problema mais difícil". De fato, foi um grande sucesso abrir comunicações diplomáticas com a República Popular da China, o que Kissinger fez há exatamente cinquenta anos. Ainda assim, em última análise, ele comprou para os Estados Unidos um ingresso para uma segunda guerra fria. O fracasso também é uma espécie de ingresso. O fracasso dos governos ocidentais em conter o coronavírus com tanto sucesso quanto os taiwaneses e sul-coreanos os forçou a realizar a vacinação corretamente. A história, às vezes, pode parecer um maldito desastre após o outro, mas às vezes ela provoca uma resposta criativa, assim como o sucesso tende a gerar complacência. Ao deixar de lado este trabalho – este produto do ano da peste – para retornar ao desafio muito diferente da biografia, fico impressionado com o fato de que a observação de Kissinger seja tão verdadeira em nossos caminhos individuais ao longo da vida quanto no gerenciamento de desastres e na má administração ao longo da história.

AGRADECIMENTOS

Escrever um livro como este é responsabilidade de um único autor, mas escrevê-lo contrai inúmeras dívidas de gratidão. A assistência à pesquisa foi fornecida com muita habilidade e rapidez por Sarah Wallington e Kyle Kinnie.

Agradeço a todos os meus colegas da Hoover Instituition pelas ideias e inspiração, especialmente John Cochrane, Victor Davis Hanson, H. R. McMaster, Condoleezza Rice e Manny Rincon-Cruz.

Na Greenmantle, tenho o privilégio de trabalhar com um "grupo de cérebros" incrivelmente talentosos. Todas as pessoas a seguir contribuíram para este livro em nossas reuniões quinzenais para discutir os eventos que se desenrolavam em 2020: Pierpaolo Barbieri, Alice Han, Nicholas Kumleben, Phumlani Majozi, Jay Mens, Chris Miller, Stephanie Petrella, Emile Simpson, John Sununu, Dimitris Valatsas e Joseph de Weck. Em particular, Justin Stebbing foi um guia indispensável para a ciência médica relevante; Gil Highet foi de considerável ajuda no capítulo 7; e Daniel Lansberg-Rodríguez e Eyck Freymann contribuíram muito para a conclusão. Devo agradecimentos especiais àqueles que leram os primeiros rascunhos do livro. Além de Pierpaolo, Alice, Jay, Chris, Dimitris, Emile e Eyck, agradeço a Joe Lonsdale, Norman Naimark e Tim Simms. Também gostaria de agradecer a Piotr Brzezinski, Sahil Mahtani, Glen O'Hara, Ryan Orley, Jason Rockett e Sean Xu por seus *insights*. Embora seja a pessoa mais jovem a ser mencionada aqui, Thomas Ferguson também ajudou muito no capítulo 8.

Também foram úteis os muitos membros da rede de história aplicada em Stanford, Harvard e em outros lugares com quem tive a oportunidade de discutir partes do livro, notavelmente Graham Allison, Hal Brands, Francis Gavin, Charles Maier e Calder Walton.

Aos meus editores, Scott Moyers e Simon Winder, bem como ao meu agente literário, Andrew Wylie, também sou profundamente grato.

No *front* doméstico, os irmãos Jones – Collin, Kelsey e Kyle –, com alegria e criatividade, me capacitaram a enfrentar uma nova vida nas montanhas, assim como Nazha Schultz. Por último, mas não menos importante, minha esposa, Ayaan, e os meus filhos – Felix, Freya, Lachlan, Thomas e Campbell – merecem os mais sinceros agradecimentos por tolerar o humor monomaníaco necessário para que este livro fosse escrito, bem como por me inspirar de inúmeras maneiras.

NOTAS

Introdução

1. "Davos Man Is Cooling on Stockholm Girl Greta Thunberg". *Sunday Times*, 26 jan. 2020. Disponível em: https://www.thetimes.co.uk/edition/comment/davos-man-is-cooling-on- stockholm-girlgreta-thunberg-z2sqcx872.
2. "The Deadliest Virus We Face Is Complacency". *Sunday Times*, 2 fev. 2020. Disponível em: https://www.thetimes.co.uk/edition/comment/the-deadliest-virus-we-face-is-complacencywsp7xdr7s.
3. "Trump May Shrug Off Coronavirus. America May Not". *Sunday Times*, 1º mar. 2020. Disponível em: https://www.thetimes.co.uk/edition/comment/trump-may-shrug-off-coronavirus-americamay-not-bmvw9rqzd.
4. "'Network Effects' Multiply a Viral Threat". *Wall Street Journal*, 8 mar. 2020. Disponível em: https://www.wsj.com/articles/network-effects-multiply-a-viral-threat-11583684394.
5. Dados do Worldometer. Disponível em: https://www.worldometers.info/coronavirus/country/us.
6. "The First Coronavirus Error Was Keeping Calm". *Sunday Times*, 15 mar. 2020. Disponível em: https://www.thetimes.co.uk/edition/comment/the-first-coronavirus-error-was-keeping-calm-zvj28s0rp.
7. Richard J. Evans. *Death in Hamburg: Society and Politics in the Cholera Years, 1830-1910*. Oxford: Oxford University Press, 1987.

8. Niall Ferguson. *The Pity of War: Explaining World War I*. Nova York: Basic Books, 1999, p. 342 e seguintes. [*O horror da guerra*. São Paulo: Crítica, 2018.]
9. Niall Ferguson. *The War of the World: TwentiethCentury Conflict and the Descent of the West*. Nova York: Penguin Press, 2006, p. 144 e seguintes. [*A guerra do mundo*. São Paulo: Crítica, 2015.]
10. Niall Ferguson. *Empire: The Rise and Fall of the British World Order and the Lessons for Global Power*. Nova York: Penguin Press, 2006, p. 65. [*Império*. São Paulo: Crítica, 2017.]
11. Niall Ferguson. *Civilization: The West and the Rest*. Nova York: Penguin Press, 2011, p. 175. [*Civilização*. São Paulo: Crítica, 2017.]
12. Niall Ferguson. *The Great Degeneration: How Institutions Decay and Economies Die*. Nova York: Penguin Press, 2012, p. 144. [*A grande degeneração*. São Paulo: Planeta, 2013.]
13. Niall Ferguson. *The Square and the Tower: Networks and Power from the Freemasons to Facebook*. Nova York: Penguin Press, 2012, p. 203. [*A praça e a torre*. São Paulo: Crítica, 2019.]
14. SeroTracker, Agência de Saúde Pública do Canadá. Disponível em: https://serotracker.com/Dashboard.
15. Para os termos precisos da aposta, ver *Bet 9, Long Bets Project*. Disponível em: http://longbets.org/9/. Rees estava preocupado principalmente com o perigo do "bioerro", a ponto de dizer que "algo que tem o mesmo efeito que um ataque terrorista, mas surge da inadvertência, e não da intenção maligna". Há um tanto de ambiguidade quando se diz que "baixas" aqui significavam "fatalidades" apenas: "As baixas deveriam incluir, em termos ideais, 'vítimas que exigiram hospitalização', e não incluir mortes causadas pelo patógeno".
16. Patrick G. T. Walker *et al.* "The Global Impact of Covid-19 and Strategies for Mitigation and Suppression". *MRC Centre for Global Infectious Disease Analysis*, Imperial College London, Report 12, 26 mar. 2020.
17. Para uma introdução, cf. Ferguson, *A praça e a torre*.
18. Nassim Nicholas Taleb. *Antifragile: Things That Gain from Disorder*. Nova York: Random House, 2012. [*Antifrágil:* coisas que se beneficiam do caos. Rio de Janeiro: Objetiva, 2020.]
19. "South Africa's 'Doom Pastor' Found Guilty of Assault". BBC News, 9 fev. 2018. Disponível em: https://www.bbc.com/news/world-africa-43002701.
20. Nicole Sperling. "'Contagion,' Steven Soderbergh's 2011 Thriller, Is Climbing up the Charts". *The New York Times*, 4 mar. 2020. Disponível em: https://www.nytimes.com/2020/03/04/business/media/coronavirus-contagion-movie.html.

21. LouisFerdinand Céline. *Journey to the End of the Night.* trad. Ralph Manheim. Nova York: New Directions, 1983 [1934], p. 14. [*Viagem ao fim da noite*. São Paulo: Companhia das Letras, 2009.]
22. Marc Bloch. *L'étrange défaite: Témoignage écrit en 1940*. Paris: Gallimard, 1997 [1946].
23. Max H. Bazerman e Michael D. Watkins. *Predictable Surprises: The Disasters You Should Have Seen Coming, and How to Prevent Them*. 2. ed. Cambridge, MA: Harvard Business School Publishing, 2008; Michele Wucker. *The Gray Rhino: How to Recognize and Act on the Obvious Dangers We Ignore*. Nova York: Macmillan, 2016.
24. Nassim Nicholas Taleb. *The Black Swan: The Impact of the Highly Improbable*. Londres: Penguin/Allen Lane, 2007. [*A lógica do cisne negro*. Rio de Janeiro: BestSeller, 2015.]
25. Didier Sornette. "Dragon Kings, Black Swans and the Prediction of Crises". Swiss Finance Institute Research Paper Series, n. 0936 (2009). Disponível em SSRN: http://ssrn.com/abstract=1470006.
26. Keith Thomas. *Religion and the Decline of Magic: Studies in Popular Beliefs in Sixteenth and Seventeenth Century England*. Londres: Weidenfeld & Nicolson, 1971. [*Religião e o declínio da magia: crenças populares na Inglaterra: séculos XVI e XVII*. São Paulo: Companhia das Letras, 1991.]
27. Norman Dixon. *On the Psychology of Military Incompetence*. Londres: Pimlico, 1994. [*A psicologia da incompetência dos militares*. Lisboa: Dom Quixote, 2007.]
28. Christina Boswell. *The Political Uses of Expert Knowledge: Immigration Policy and Social Research*. Cambridge: Cambridge University Press, 2009.
29. Henry A. Kissinger. "Decision Making in a Nuclear World" (1963). Henry A. Kissinger papers, Parte II, Série I, Yale University Library, ref.: mssa.ms.1981/ref25093.
30. Richard Feynman. *"What Do You Care What Other People Think?". Further Adventures of a Curious Character*. Nova York: W. W. Norton, 1988, p. 179-184.
31. "House Approves Creation of Committee to Investigate Katrina Response". *Voice of America*, 31 out. 2009. Disponível em: https://www.voanews.com/archive/houseapproves-creation-committee- investigatekatrina-response.
32. J. R. Hampton. "The End of Medical History?". *Journal of the Royal College of Physicians of London 32*, n. 4, 1998, p. 366-375.
33. Larry Brilliant. "My Wish: Help Me Stop Pandemics". fev. 2006, vídeo do TED, 25:38. Disponível em: https://www.ted.com/talks/larry_brilliant_my_wish_help_me_stop_pandemics.
34. Cf., de forma geral, Nick Bostrom e Milan M. Ćirković, ed., *Global Catastrophic Risks*. Oxford: Oxford University Press, 2008.

35. Ricki Harris. "Elon Musk: Humanity Is a Kind of 'Biological Boot Loader' for AI". *Wired*, 1º set. 2019. Disponível em: https://www.wired.com/story/elonmuskhumanitybiologicalbootloader-ai/.

Capítulo 1 – O significado da morte

1. Calculadoras de expectative de vida: Retirement & Survivors Benefits: Life Expectancy Calculator, Social Security Administration. Disponível em: https://www.ssa.gov/cgi-bin/longevity.cgi; Life Expectancy Calculator, Office for National Statistics (UK). Disponível em: https://www.ons.gov.uk/peoplepopulationandcommunity/healthandsocialcare/healthandlifee xpectancies/articles/lifeexpectancycalculator/2019-06-07; Living to 100 Life Expectancy Calculator. Disponível em: https://www.livingtocem.com/calculator/age.
2. Max Roser, Esteban Ortiz-Ospina e Hannah Ritchie. "Life Expectancy". *Our World in Data*, 2013, última revisão out. 2019. Disponível em: https://ourworldindata.org/lifeexpectancy.
3. "Mortality Rate, Under-5 (Per 1,000 Live Births)". *World Bank Group*. Disponível em: https://data.worldbank.org/indicator/SH.DYN.MORT; "Mortality Rate Age 5-14". UN Interagency Group for Child Mortality Estimation. Disponível em: https://childmortality.org/data/Somalia.
4. Salvator Rosa (1615 1673) *L'Umana Fragilita* (A fragilidade humana), c. 1656. Museu Fitzwilliam, Cambridge. Cf.: https://www.fitzmuseum.cam.ac.uk/pharos/collection_pages/italy_pages/PD_53_1958/TXT_E-PD_53_1958.html.
5. Philippe Ariès. *The Hour of Our Death*. trad. Helen Weaver. Nova York: Alfred A. Knopf, 1981. [*O homem diante da morte*. São Paulo: Unesp, 2014.]
6. Adam Leith Gollner. "The Immortality Financiers: The Billionaires Who Want to Live Forever". *Daily Beast*, 20 ago. 2013, Disponível em: https://www.thedailybeast.com/the-immortality- financiers-the-billionaires-who-want-to-liveforever.
7. Jon Stewart. "Borges on Immortality". *Philosophy and Literature 17*, n. 2, out. 1993, p. 295-301.
8. Murray Gell-Mann. "Regularities in Human Affairs". *Cliodynamics: The Journal of Theoretical and Mathematical History 2 (2011)*, p. 53 e seguintes.
9. Cynthia Stokes Brown. *Big History: From the Big Bang to the Present*. Nova York: New Press, 2007, p. 53 e seguintes. [*A grande história*. Rio de Janeiro: Civilização Brasileira, 2010.] Cf. também Fred Spier. *Big History and the Future of Humanity*. Chichester, Reino Unido: Blackwell, 2011, p. 68.

10. Nick Bostrom e Milan M. Ćirković. "Introduction". In: *Global Catastrophic Risks*, ed. Nick Bostrom e Milan M. Ćirković. Oxford: Oxford University Press, 2008, p. 9.
11. Bostrom e Ćirković. "Introduction", p. 8.
12. Cf., em geral, Tom Holland. *Dominion: How the Christian Revolution Remade the World*. Nova York: Basic Books, 2019.
13. Richard Landes. *Heaven on Earth: The Varieties of Millennial Experience*. Nova York e Oxford: Oxford University Press, 2011, p. 426 e seguintes. Cf. também Paul Casanova. *Mohammed et la fin du monde: étude critique sur l'Islam primitive*. Paris: P. Geuthner, 1911, p. 17 e seguintes.
14. Norman Cohn. *The Pursuit of the Millennium*. Oxford: Oxford University Press, 1961 [1957], p. 106 e seguintes.
15. Holland. *Dominion*, p. 300.
16. James J. Hughes. "Millennial Tendencies in Responses to Apocalyptic Threats". In: *Global Catastrophic Risks*, ed. Nick Bostrom e Milan M. Ćirković. Oxford: Oxford University Press, 2008, p. 9, 78, 83.
17. Holland. *Dominion*, p. 451.
18. Robert Service. *Lenin: A Biography*. Londres: Pan Macmillan, 2011, p. 538, 539, 594. Cf. também Robert C. Williams. "The Russian Revolution and the End of Time: 1900-1940". *Jahrbücher für Geschichte Osteuropas, Neue Folge*, 43, n. 3 (1995), p. 364-401.
19. "Lenin Opposed as Antichrist by Peasants in Old Russia". *The New York Times*, 21 jun. 2019. Disponível em: https://www.nytimes.com/1919/06/21/archives/leninopposed-as-antichrist-by-peasants-in-oldrussia.html.
20. Eric Voegelin. *The New Science of Politics: An Introduction*. 4. ed. Chicago: University of Chicago Press, 1962, p. 120 e seguintes.
21. Voegelin. *The New Science*, p. 124.
22. Voegelin. *The New Science*, p. 122, 129, 131 e seguintes.
23. Landes. *Heaven on Earth*, p. 470.
24. James A. Hijiya. "The Gita of J. Robert Oppenheimer". *Proceedings of the American Philosophical Society 144*, n. 2 (jun. 2000).
25. Doomsday Clock, *Bulletin of the Atomic Scientists*. Disponível em: https://thebulletin.org/doomsdayclock/.
26. Sewell Chan. "Doomsday Clock Is Set at 2 Minutes to Midnight, Closest Since 1950s". *The New York Times*, 25 jan. 2018. Disponível em: https://www.nytimes.com/2018/01/25/world/americas/doomsday-clock-nuclear scientists.html.

27. Bulletin of the Atomic Scientists Science and Security Board. "Closer than Ever: It Is 100 Seconds to Midnight". ed. John Mecklin, *Bulletin of the Atomic Scientists*, 23 jan. 2020. Disponível em: https://thebulletin.org/doomsday-clock/current-time/.
28. Matthew Connelly. "How Did the 'Population Control' Movement Go So Terribly Wrong?". *Wilson Quarterly* (verão de 2008). Disponível em: https://www.wilsonquarterly.com/quarterly/summer-2008-saving-theworld/howdidpopulation-control-movement-go-so-terriblywrong/. Cf. também também Matthew Connelly. *Fatal Misconception: The Struggle to Control World Population*. Cambridge, MA: Harvard University Press,2008.
29. Greta Thunberg. *No One Is Too Small to Make a Difference*. Londres: Penguin, 2019, p. 46. [*Nossa casa está em chamas: ninguém é pequeno demais para fazer a diferença*. Rio de Janeiro: BestSeller, 2019.]
30. William Cummings. "'The World Is Going to End in 12 Years If We Don't Address Climate Change,' OcasioCortez Says". *USA Today*, 22 jan. 2019, Disponível em: https://www.usatoday.com/story/news/politics/onpolitics/2019/01/22/ocasio-cortez-climate-change-alarm/2642481002/.
31. "Greta Thunberg's Remarks at the Davos Economic Forum". *The New York Times*, 21 jan. 2020. Disponível em: https://www.nytimes.com/2020/01/21/climate/greta-thunberg-davostranscript.html.
32. Leonard Lyons. "Loose-Leaf Notebook". *Washington Post*. 20 jan. 1947.
33. "*Der Krieg? Ich kann das nicht so schrecklich finden! Der Tod eines Menschen: das ist eine Katastrophe. Hunderttausend Tote: das ist eine Statistik!*" [A guerra? Não consigo achar tão terrível assim. A morte de um homem: isso é uma catástrofe. Cem mil mortos: isso é uma estatística!"]
34. Eliezer Yudkowsky. "Cognitive Biases Potentially Affecting Judgement of Global Risks". In: *Global Catastrophic Risks*, ed. Nick Bostrom e Milan M. Ćirković. Oxford: Oxford University Press, 2008, p. 114.
35. Pasquale Cirillo e Nassim Nicholas Taleb. "Tail Risk of Contagious Diseases" (documento de trabalho, 2020); Lee Mordechai, Merle Eisenberg, Timothy P. Newfield, Adam Izdebski, Janet E. Kay e Hendrik Poinar. "The Justinianic Plague: An Inconsequential Pandemic?". *Proceedings of the National Academy of Sciences of the United States of America* (daqui em diante *PNAS*) 116, n. 51 (2019), p. 25546-25554. Disponível em: https://doi.org/10.1073/pnas.1903797116.
36. Para uma boa discussão de contribuição de Richardson, cf. Brian Hayes, "Statistics of Deadly Quarrels". *American Scientist 90* (jan./fev. 2002), p. 10-15.

37. As obras-padrão são Lewis F. Richardson, *Statistics of Deadly Quarrels*, ed. Quincy Wright e C. C. Lienau. Pittsburgh: Boxwood Press, 1960, e Jack S. Levy, War in the Modern Great Power System, 1495-1975. Lexington: University of Kentucky Press, 1983. Mais publicações recentes importantes incluem Pasquale Cirillo e Nassim Nicholas Taleb. "On the Statistical Properties and Tail Risk of Violent Conflicts". *Tail Risk Working Papers* (2015), arXiv:1505.04722v2; Cirillo e Taleb. "The Decline of Violent Conflicts: What Do the Data Really Say?". In: *The Causes of Peace: What We Know Now*, ed. Asle Toje e Bård Nikolas Vik Steen. Austin: Lioncrest, 2020, p. 51-77; Bear F. Braumoeller. *Only the Dead: The Persistence of War in the Modern Age*, Oxford: Oxford University Press, 2019; Aaron Clauset. "On the Frequency and Severity of Interstate Wars". In: *Lewis Fry Richardson: His Intellectual Legacy and Influence in the Social Sciences* (*Pioneers in Arts, Humanities, Science, Engineering, Practice*, v. 27), ed. Nils Gleditsch. Berlim: Springer, 2020, p. 113-127.
38. Cirillo e Taleb. "Statistical Properties".
39. Alfred W. Crosby. *Ecological Imperialism: The Biological Expansion of Europe, 900-1900*. Nova York: Cambridge University Press, 1993. Para uma crítica da visão de Crosby do "Intercâmbio colombiano", que enfatiza os efeitos de exploração e escravização sobre a mortalidade indígena, cf. David S. Jones. "Virgin Soils Revisited". *William and Mary Quarterly 60*, n. 4 (2003), p. 703-742. Cf. também Noble David Cook. *Born to Die: Disease and New World Conquest, 1492-1650*. Nova York: Cambridge University Press, 1998.
40. Para uma discussão abrangente, cf. Niall Ferguson, *The War of the World: History's Age of Hatred*. Londres: Penguin Press, 2006, apêndice, p. 647-654. [*A guerra do mundo*. São Paulo: Crítica, 2015.]
41. Hayes. "Statistics of Deadly Quarrels". p. 12.
42. Robert J. Barro. "Rare Disasters and Asset Markets in the Twentieth Century". *Quarterly Journal of Economics 121*, n. 3 (2006): 823-866, tabela 1.
43. John A. Eddy. "The Maunder Minimum". *Science 192*, n. 4245 (18 jun. 1976), p. 1189-1202. Cf. também Stephanie Pain. "1709: The Year That Europe Froze". *New Scientist*. 4 fev. 2009, Disponível em: https://www.newscientist.com/article/mg20126942-100-1709-the-year-that-europe-froze/.
44. Nicholas Dimsdale, Sally Hills e Ryland Thomas. "The UK Recession in Context – What Do Three Centuries of Data Tell Us?". *Bank of England Quarterly Bulletin* (4T 2010), p. 277-291. Cf. também David Milliken e Andy Bruce. "Bank of England Sees Worst Slump in 300 Years as Coronavirus Bites". Reuters, 6 maio

2020. Disponível em: https://www.reuters.com/article/us-health-coronavirus--britain-boe/bank-of-england-sees-worst-slump-in-300years-as-coronavirus-bites-idUSKBN22I3BV.

45. Gita Gopinath. "Reopening from the Great Lockdown: Uneven and Uncertain Recovery". *IMFBlog*, 24 jun. 2020, Disponível em: https://blogs.imf.org/2020/06/24/reopening-from-the-great-lockdown-uneven-and-uncertain-recovery/.

46. Cf. também Leandro Prados de la Escosura. "Output per Head in Pre-Independence Africa: Quantitative Conjectures". *Universidad Carlos III de Madrid Working Papers in Economic History* (nov. 2012).

47. "Global Data". Fragile States Index, Fund for Peace. Disponível em: https://fragilestatesindex.org/data/

48. Leandro Prados de la Escosura. "World Human Development: 1870-2007". *EHES Working Paper* n. 34 (jan. 2013).

49. Allison McCann, Jin Wu e Josh Katz. "How the Coronavirus Compares with 100 Years of Deadly Events". *The New York Times*, 10 jun. 2020, Disponível em: https://www.nytimes.com/interactive/2020/06/10/world/coronavirus-history.html. Cf. também Jeremy Samuel Faust, Zhenqiu Lin e Carlos del Rio, "Comparison of Estimated Excess Deaths in New York City During the COVID19 and 1918 Influenza Pandemics". *JAMA Network Open 3*, n. 8 (2020). Disponível em: https://jamanetwork.com/journals/jamanetworkopen/fullarticle/2769236.

50. Edgar Jones. "The Psychology of Protecting the UK Public Against External Threat: Covid-19 and the Blitz Compared". *Lancet*, 27 ago. 2020. Disponível em: https://doi.org/10.1016/S2215-0366(20)30342-4.

Capítulo 2 – Ciclos e tragédias

1. Lucrécio. *On the Nature of the Universe*, trad. R. E. Latham, rev. ed. Harmondsworth, Reino Unido: Penguin, 1994, p. 64 e seguintes.

2. Herbert Butterfield. *The Origins of History*. ed. J. H. Adam Watson Londres: Eyre Methuen 1981, p. 207.

3. Políbio. *The Rise of the Roman Empire*, trad. Ian Scott-Kilvert. Harmondsworth, Reino Unido: Penguin, 1979, p. 41, 44; Tácito. *The Histories*, trad. Kenneth Wellesley. Harmondsworth, Reino Unido: Penguin, 1975, p. 17.

4. Butterfield. *Origins of History*, p. 125.

5. Michael Puett. "Classical Chinese Historical Thought". In: *A Companion to Global Historical Thought*, ed. Prasenjit Duara, Viren Murthy e Andrew Sartori. Hoboken,

NJ: John Wiley, 2014, p. 34-46. Cf. também Edwin O. Reischauer. "The Dynastic Cycle". In: *The Pattern of Chinese History*, ed. John Meskill. Lexington, KY: D.C. Heath, 1965, p. 31-33.

6. Giambattista Vico. "The New Science". In: *Theories of History*, ed. Patrick Gardiner. Nova York: Free Press, 1959, p. 18 e seguinte.
7. Pieter Geyl e Arnold Toynbee. "Can We Know the Pattern of the Past? A Debate". In: *Theories of History*, ed. Patrick Gardiner. Nova York: Free Press, 1959, p. 308 e seguintes. Sobre *A Study of History*, de Toynbee, obra monumental, influente por um breve período e atualmente quase ignorada, cf. Arthur Marwick, *The Nature of History*, 3. ed. Londres: Palgrave Macmillan, 1989, p. 287 e seguinte.
8. Karl Marx. *Das Kapital: A Critique of Political Economy*, trad. Serge L. Levitsky. Nova York: Simon & Schuster, 2012, v. I, capítulo 32. [*O capital*. São Paulo: Boitempo, 2011.]
9. David C. Baker. "The Roman Dominate from the Perspective of Demographic-Structure Theory". *Cliodynamics 2*, n. 2 (2011), p. 217-251.
10. Leonid Grinin. "State and SocioPolitical Crises in the Process of Modernization". *Cliodynamics 3*, n. 1 (2012).
11. A. Korotayev *et al.* "A Trap at the Escape from the Trap? Demographic-Structural Factors of Political Instability in Modern Africa and West Asia". *Cliodynamics 2*, n. 2 (2011), p. 289.
12. H. Urdal. "People *vs.* Malthus: Population Pressure, Environmental Degradation, and Armed Conflict Revisited". *Journal of Peace Research 42*, n. 4 (jul. 2005), p. 430; H. Urdal. "A Clash of Generations? Youth Bulges and Political Violence". *International Studies Quarterly 50* (set. 2006), p. 617, 624.
13. Jack A. Goldstone *et al.* "A Global Model for Forecasting Political Instability". *American Journal of Political Science*, 54, 1 (jan. 2010), p. 190-208. Cf. também J. A. Goldstone, *Revolution and Rebellion in the Early Modern World*. Berkeley: University of California Press, 1991.
14. Arthur M. Schlesinger Jr. *The Cycles of American History*. Nova York: Houghton Mifflin Harcourt, 1986.
15. William Strauss e Neil Howe. *The Fourth Turning: What the Cycles of History Tell Us About America's Next Rendezvous with Destiny*. Nova York: Three Rivers Press, 2009 [1997].
16. Robert Huebscher. "Neil Howe – The Pandemic and the Fourth Turning". *Advisor Perspectives*, 20 maio 2020. Disponível em: https://www.advisorperspectives.com/articles/2020/05/20/neil-howe-the-pandemic-and-the-fourth-turning.

17. Cf., p. ex., W. R. Thompson. "Synthesizing Secular, Demographic-Structural, Climate, and Leadership Long Cycles: Moving Toward Explaining Domestic and World Politics in the Last Millennium". *Cliodynamics 1*, n. 1 (2010), p. 26-57.
18. Ian Morris. "The Evolution of War". *Cliodynamics 3*, n. 1 (2012). Cf. também S. Gavrilets, David G. Anderson e Peter Turchin. "Cycling in the Complexity of Early Societies". *Cliodynamics 1*, n. 1 (2010), p. 58-80.
19. Qiang Chen. "Climate Shocks, Dynastic Cycles, and Nomadic Conquests: Evidence from Historical China". School of Economics, Shandong University (out. 2012).
20. Cf., p. ex., Michael J Storozum *et al.* "The Collapse of the North Song Dynasty and the AD 1048-1128 Yellow River Floods: Geoarchaeological Evidence from Northern Henan Province, China". *Holocene 28*, n. 11 (2018). Disponível em: https://doi.org/10.1177/0959683618788682.
21. Peter Turchin. *Historical Dynamics: Why States Rise and Fall.* Princeton, NJ: Princeton University Press, 2003, p. 93.
22. Peter Turchin. *War and Peace and War: The Rise and Fall of Empires.* Nova York: Plume, 2006, p. 163.
23. Peter Turchin e Sergey A. Nefedov. *Secular Cycles.* Princeton, NJ: Princeton University Press, 2009.
24. Turchin e Nefedov. *Secular Cycles*, p. 314.
25. Peter Turchin. "Arise 'Cliodynamics'". *Nature 454* (2008), p. 34-35.
26. Peter Turchin. *Ages of Discord: A Structural-Demographic Analysis of American History.* Chaplin, CT: Beresta Books, 2016, p. 11.
27. Peter Turchin *et al.* "Quantitative Historical Analysis Uncovers a Single Dimension of Complexity That Structures Global Variation in Human Social Organization". *PNAS 115*, n. 2 (2018), p. E144-E151.
28. Jaeweon Shin *et al.* "Scale and InformationProcessing Thresholds in Holocene Social Evolution". *Nature Communications 11*, n. 2394 (2020), p. 1-8, Disponível em: https://doi.org/10.1038/s41467-02016035-9.
29. Shin. "Scale and InformationProcessing Thresholds", p. 7.
30. Turchin e Nefedov. *Secular Cycles*.
31. Turchin, *Ages of Discord*, p. 243 e seguinte. Cf. também Peter Turchin. "Dynamics of Political Instability in the United States, 1780-2010". *Journal of Peace Research 49*, n. 4 (jul. 2012), p. 12. Cf. também Laura Spinney. "History as Science". *Nature*, 2 ago. 2012.
32. Turchin. *Ages of Discord*, p. 72 e seguintes, 86 e seguintes, 91, 93, 104 e seguintes, 109 e seguinte, 201-239.

33. Turchin. *Ages of Discord*, fig. 6.1.
34. Ray Dalio. "The Changing World Order: Introduction". *Principles* (*blog*), Disponível em: https://www.principles.com/thechangingworldorder/#introduction.
35. Dalio. "Changing World Order."
36. Michael Sheetz. "Ray Dalio Says 'Cash Is Trash' and Advises Investors Hold a Global, Diversified Portfolio". CNBC, 21 jan. 2020. Disponível em: https://www.cnbc.com/2020/01/21/ray-dalio-at-davos-cash-is-trash-as-everybodywants-in-on-the-2020market.html.
37. Andrea Saltelli *et al.* "Five Ways to Ensure That Models Serve Society: A Manifesto". *Nature*, 24 jun. 2020. Cf. também D. Sarewitz, R. A. Pielke e R. Byerly. *Prediction: Science, Decision Making, and the Future of Nature*. Washington, DC: Island Press, 2000.
38. Jared Diamond. *Collapse: How Societies Choose to Fall or Survive*. Londres: Penguin, 2011, p. 11. [*Colapso*. Rio de Janeiro: Record, 2005.]
39. Diamond. *Collapse*, p. 509.
40. Diamond, *Collapse*, p. 118 e seguinte.
41. Benny Peiser. "From Genocide to Ecocide: The Rape of Rapa Nui". *Energy and Environment 16*, n. 3-4 (2005); Terry L. Hunt e Carl P. Lipo. "Late Colonization of Easter Island". *Science*, 9 mar. 2006; Hunt e Lipo. *The Statues That Walked: Unraveling the Mystery of Easter Island*. Berkeley, CA: Counterpoint Press, 2012. Para a reação de Diamond, cf. Mark Lynas. "The Myths of Easter Island – Jared Diamond Responds". 22 set. 2011, *Mark Lynas* (blog). Disponível em: https://www.marklynas.org/2011/09/the-myths-of-easterislandjareddiamondresponds/. Cf. também Paul Bahn e John Flenley. "Rats, Men – or Dead Ducks?". *Current World Archaeology 49* (2017), p. 8 e seguinte.
42. Catrine Jarman. "The Truth About Easter Island". *The Conversation*, 12 out. 2017. Disponível em: https://theconversation.com/the-truth-about-easter-island-a-sustainable-society-has-been-falsely-blamed-for-its-own-demise-85563.
43. Jared Diamond. *Upheaval: How Nations Cope with Crisis and Change*. Londres: Allen Lane, 2019. [*Reviravolta*. Rio de Janeiro: Record, 2019.]
44. David Mamet. "The Code and the Key". *National Review*, 14 maio 2020. Disponível em: https://www.nationalreview.com/magazine/2020/06/01/the-code-and-the-key/.
45. Ésquilo. *Agamemnon*. In: *The Oresteia*, trad. Ian Johnston. Arlington, VA: Richer Resources, 2007, loc. 599, Kindle. [*Oréstia: Agamêmnon, Coéforas, Eumênides*. Rio de Janeiro: Zahar, 1991.]

46. Ésquilo. *Agamemnon,* loc. 599, 617.
47. Ésquilo. *Agamemnon,* loc. 689.
48. Ésquilo. *Agamemnon,* loc. 727, 748.
49. Ésquilo. *The Libation Bearers.* In: *The Oresteia,* trad. Ian Johnston Arlington, VA: Richer Resources, 2007, loc. 1074, Kindle. [*Oréstia: Agamemnon, Coéforas, Eumênides.* Rio de Janeiro: Zahar, 1991.]
50. Ésquilo. *The Kindly Ones.* In: *The Oresteia,* trad. Ian Johnston (Arlington, VA: Richer Resources, 2007), loc. 2029, Kindle. [*Oréstia: Agamemnon, Coéforas, Eumênides.* Rio de Janeiro: Zahar, 1991.]
51. Sófocles. *Oedipus Rex,* tran. Francis Storr. Londres: Heinemann, 1912. [*Édipo Rei.* Rio de Janeiro: Zahar, 2018.]
52. Richard A. Clarke e R. P. Eddy. *Warnings: Finding Cassandras to Stop Catastrophes.* Nova York: HarperCollins, 2018.
53. Clarke e Eddy. *Warnings,* p. 171-176.
54. Clarke e Eddy. *Warnings,* p. 177-181.
55. Nick Bostrom. *Anthropic Bias: Observation Selection Effects in Science and Philosophy.* New York: Routledge, 2002; Charles S. Taber e Milton Lodge, "Motivated Skepticism in the Evaluation of Political Beliefs". *American Journal of Political Science 50,* n. 3 (2006), p. 755-769.
56. Frank H. Knight. *Risk, Uncertainty and Profit.* Boston: Houghton Mifflin, 1921. Cf. também John A. Kay e Mervyn A. King. *Radical Uncertainty: Decision-Making Beyond the Numbers.* Nova York: W. W. Norton, 2020.
57. John Maynard Keynes. "The General Theory of Employment". *Quarterly Journal of Economics 51,* n. 2 (1937), p. 214. [*Teoria geral do emprego, do juro e da moeda.* São Paulo: Saraiva, 2014.]
58. Daniel Kahneman e Amos Tversky. "Prospect Theory: An Analysis of Decision Under Risk". *Econometrica 47,* n. 2 (mar. 1979), p. 263-292.
59. Eliezer Yudkowsky. "Cognitive Biases Potentially Affecting Judgment of Global Risks". In: *Global Catastrophic Risks,* ed. Nick Bostrom e Milan Ćirković. Oxford: Oxford University Press, 2008, p. 91-119.
60. Leon Festinger. *A Theory of Cognitive Dissonance.* Stanford, CA: Stanford University Press, 1957, p. 2 e seguinte. [*Teoria da dissonância cognitiva.* Rio de Janeiro: Zahar, 1975.]
61. Gilbert Ryle. *The Concept of Mind.* Chicago: University of Chicago Press, 1949, p. 17.
62. Ryle. *Concept of Mind,* p. 15 e seguinte.

63. Keith Thomas. *Religion and the Decline of Magic: Studies in Popular Beliefs in Sixteenth and Seventeenth Century England*. Londres: Weidenfeld & Nicolson, 1971. [*Religião e o declínio da magia: crenças populares na Inglaterra – séculos XVI e XVII*. São Paulo: Companhia das Letras, 1991.]
64. Thomas S. Kuhn. *The Structure of Scientific Revolutions*. Chicago: University of Chicago Press, 2006 [1962]. [*A estrutura das revoluções científicas*. São Paulo: Perspectiva, 2013.]
65. Cf., p. ex., R. M. Szydlo, I. Gabriel, E. Olavarria e J. Apperley. "Sign of the Zodiac as a Predictor of Survival for Recipients of an Allogeneic Stem Cell Transplant for Chronic Myeloid Leukaemia (CML): An Artificial Association". *Transplantation Proceedings 42* (2010), p. 3312-3315.
66. Philip W. Tetlock e Dan Gardiner. *Superforecasting: The Art and Science of Prediction*. Nova York: Crown, 2015. [*Superprevisões: a arte e a ciência de antecipar o futuro*. Rio de Janeiro: Objetivo, 2016.]
67. Scott Alexander. *Slate Star Codex* (blog), 14 abr. 2020. Disponível em: https://slatestarcodex.com/2020/04/14/a-failure-but-not-of-prediction/.
68. Edward Verrall Lucas. *The Vermilion Box*. Nova York: George H. Doran Company, 1916, p. 343.
69. Lucas. *Vermilion Box*, p. 342 e seguinte.
70. Lucas. *Vermilion Box*, p. 346.
71. Carl Werthman. "The Police as Perceived by Negro Boys". In: *The American City: A Source Book of Urban Imagery*, ed. Anselm L. Strauss. Chicago: Aldine, 1968, p. 285.

Capítulo 3 – Rinocerontes cinza, cisnes negros e dragões-reis

1. Kevin Rawlinson. "'This Enemy Can Be Deadly': Boris Johnson Invokes Wartime Language". *Guardian*, 17 mar. 2020; Donald J. Trump (@realDonaldTrump), "The Invisible Enemy will soon be in full retreat!" [Em breve, o Inimigo Invisível recuará por completo!] Twitter, 10 abr. 2020, 9h15, Disponível em: https://twitter.com/realdonaldtrump/status/1248630671754563585.
2. Lawrence Freedman. "Coronavirus and the Language of War". *New Statesman*, 11 abr. 2020. Disponível em: https://www.newstatesman.com/science-tech/2020/04/coronavirus-and-languagewar; Karl Eikenberry e David Kennedy Tuesday. "World War Covid-19: Who Bleeds, Who Pays?". *Lawfare* (blog), 28 abr. 2020. Disponível em: https://www.lawfareblog.com/world-war- covid-19-who-bleeds-who-pays.

3. Anne Curry. *The Hundred Years War*. 2. ed. Basingstoke, UK: Palgrave Macmillan, 2003, p. 5.
4. Izabella Kaminska. "Man Group's Draaisma Notes Inflation Paradigm Shift Is Possible". *Financial Times*, 20 mar. 2020. Disponível em: https://ftalphaville.ft.com/2020/03/20/1584698846000/Man-Group-s-Draaisma-notes- inflation-paradigm-shift-ispossible/.
5. John Authers, "And Now for Something Completely Different". *Bloomberg*, 19 mar. 2020. Disponível em: https://www.bloomberg.com/opinion/articles/2020-0319/lagardesecb-bazookaneeds-fiscal-support-from-governments.
6. "Coronavirus Tracked". *Financial Times*, 10 jul. 2020. Disponível em: https://www.ft.com/content/a26fbf7e-48f8-11ea-aeb3-955839e06441. Cf. também Giuliana Viglione. "How Many People Has the Coronavirus Killed?". *Nature 585*, 1º set. 2020, p. 22-24. Disponível em: https://www.nature.com/articles/d41586-020-02497-w.
7. Patrick G. T. Walker *et al*. "The Global Impact of Covid-19 and Strategies for Mitigation and Suppression". *MRC Centre for Global Infectious Disease Analysis*, Imperial College London, Report 12, 26 mar. 2020. Disponível em: https://www.imperial.ac.uk/mrc-global-infectious-disease analysis/covid-19/report-12-global-impact-covid-19/.
8. Michele Wucker. *The Gray Rhino: How to Recognize and Act on the Obvious Dangers We Ignore*. Nova York: Macmillan, 2016.
9. Nassim Nicholas Taleb. *The Black Swan: The Impact of the Highly Improbable*. Londres: Penguin/Allen Lane, 2007. [*A lógica do cisne negro*. Rio de Janeiro: BestSeller, 2015.]
10. Peter Taylor. "Catastrophes and Insurance". In: *Global Catastrophic Risks*, ed. Nick Bostrom e Milan M. Ćirković. Oxford: Oxford University Press, 2008, p. 181. Cf. também Didier Sornette. *Critical Phenomena in Natural Sciences: Chaos, Fractals, Self-Organization and Disorder: Concepts and Tools*, 2. ed. Berlim: Springer, 2004.
11. Mark Buchanan. *Ubiquity: Why Catastrophes Happen.* Nova York: Penguin Random House, 2002.
12. Brian Hayes. "Statistics of Deadly Quarrels". *American Scientist 90* (jan./fev. 2002), p. 10-15.
13. Céline Cunen, Nils Lid Hjort e Håvard Mokleiv Nygård. "Statistical Sightings of Better Angels: Analysing the Distribution of Battle-Deaths in Interstate Conflict Over Time". *Journal of Peace Research 57*, n. 2 (2020), p. 221-234.
14. Edward D. Lee *et al*. "A Scaling Theory of Armed Conflict Avalanches". 29 abr. 2020, arXiv:2004.14311v1.

15. Didier Sornette. "Dragon Kings, Black Swans and the Prediction of Crises". *Swiss Finance Institute Research Paper Series 09*, 36 (2009). Disponível em: http://ssrn.com/abstract=1470006.
16. Edward Lorenz. "Deterministic Nonperiodic Flow". *Journal of the Atmospheric Sciences*, 20 (1963), p. 130, 141.
17. Edward Lorenz. "Predictability: Does the Flap of a Butterfly's Wings in Brazil Set Off a Tornado in Texas?", apresentado à American Association for the Advancement of Science [Associação Americana do Avanço da Ciência], 29 dez. 1972.
18. Simon Kennedy e Peter Coy. "Why Are Economists So Bad at Forecasting Recessions?". Bloomberg Businessweek, 27 mar. 2019. Disponível em: https://www.bloomberg.com/news/articles/2019-03-28/economists-are-actually-terrible-at-forecasting-recessions.
19. Christopher G. Langton. "Computation at the Edge of Chaos: Phase Transitions and Emergent Computation". *Physica D: Nonlinear Phenomena 42*, n. 1-3 (1990), p. 12-37.
20. Taleb. *Black Swan*. p. 62-84.
21. Lawrence Wright. *The Looming Tower: Al-Qaeda and the Road to 9/11*. Nova York: Knopf, 2006.
22. Paul Krugman. "Disaster and Denial". *The New York Times*, December 13, 2009.
23. Melanie Mitchell. *Complexity: A Guided Tour*. Nova York: Oxford University Press, 2009.
24. M. Mitchell Waldrop. *Complexity: The Emerging Science at the Edge of Chaos*. Nova York: Simon & Schuster, 1992.
25. Cf. John H. Holland. *Hidden Order: How Adaptation Builds Complexity*. Nova York: Perseus, 1995. [*A ordem oculta: como a adaptação gera a complexidade*. Lisboa: Gradiva, 1997.]
26. Cf., p. ex., Stuart Kauffman. *At Home in the Universe: The Search for the Laws of SelfOrganization and Complexity*. Nova York: Oxford University Press, 1995, p. 5.
27. Holland. *Hidden Order*, p. 5. Cf. também John H. Holland. *Emergence: From Chaos to Order*. Reading, MA: Perseus, 1998.
28. Nassim Nicholas Taleb. "The Fourth Quadrant: A Map of the Limits of Statistics". *Edge*, 15 set. 2008.
29. Niall Ferguson. *The Ascent of Money: A Financial History of the World*. Nova York: Penguin Press, 2008. [*A ascensão do dinheiro: a história financeira do mundo*. São Paulo: Crítica, 2020.]

30. Yacov Haimes. "Systems-Based Risk Analysis". In: *Global Catastrophic Risks*, ed. Nick Bostrom e Milan M. Ćirković. Oxford: Oxford University Press, 2008, p. 161 e seguinte.

31. D. C. Krakauer. "The Star Gazer and the Flesh Eater: Elements of a Theory of Metahistory". *Cliodynamics,* 2, n. 1 (2011), p. 82-105; Peter J. Richerson. "Human Cooperation Is a Complex Problem with Many Possible Solutions: Perhaps All of Them Are True!" *Cliodynamics*, 4, n. 1 (2013), p. 139-152.

32. W. R. Thompson. "Synthesizing Secular, Demographic-Structural, Climate, and Leadership Long Cycles: Explaining Domestic and World Politics in the Last Millennium". *Annual Meeting of the International Studies Association*, São Francisco (2008).

33. "The World Should Think Better About Catastrophic and Existential Risks". *Economist*, 25 jun. 2020. Disponível em: https://www.economist.com/ briefing/2020/06/25/the-world-should-thinkbetter-about-catastrophic-and-existential-risks.

34. John A. Eddy. "The Maunder Minimum". *Science 192*, n. 4245 (jun. 1976), p. 1189-1202. Disponível em: https://doi:10.1126/science.192.4245.1189.

35. William Napier. "Hazards from Comets and Asteroids". In: *Global Catastrophic Risks*, ed. Nick Bostrom e Milan M. Ćirković. Oxford: Oxford University Press, 2008, p. 230-235.

36. Michael M. Rampino. "Super-Volcanism and Other Geophysical Processes of Catastrophic Import". In: *Global Catastrophic Risks*, ed. Nick Bostrom e Milan M. Ćirković. Oxford: Oxford University Press, 2008, p. 214 e seguinte.

37. Joseph R. McConnell *et al.* "Extreme Climate After Massive Eruption of Alaska's Okmok Volcano in 43 BCE and Effects on the Late Roman Republic and Ptolemaic Kingdom". *PNAS* 117, n. 27 (2020), p. 15443-15449. Disponível em: https://doi.org/10.1073/pnas.2002722117.

38. Giuseppe Mastrolorenzo *et al.* "The Avellino 3780-yr-B.P. Catastrophe as a Worst-Case Scenario for a Future Eruption at Vesuvius". *PNAS* 103, n. 12 (21 mar. 2006), p. 4366-4370. Disponível em: https://doi.org/10.1073/pnas.0508697103.

39. "Two Letters Written by Pliny the Younger about the Eruption of Vesuvius". *Pompeii Tours*. Disponível em: http://www.pompeii.org.uk/s.php/tour-the-two-letters-written-by-pliny-the-elderabout-the-eruption-of-vesuvius-in-79-a-d-history-of-pompeii-en-238-s.htm.

40. Catherine Connors. "In the Land of the Giants: Greek and Roman Discourses on Vesuvius and the Phlegraean Fields". *Illinois Classical Studies* 40, n. 1 (2015), p.

121-137. Cf. também Andrew WallaceHadrill. "Pompeii – Portents of Disaster". *BBC History*, última atualização em 29 mar. 2011. Disponível em: http://www.bbc.co.uk/history/ancient/romans/pompeii_portents_01.shtml.

41. "Two Letters Written by Pliny the Younger about the Eruption of Vesuvius." [Duas cartas escritas por Plínio, o Jovem, sobre a erupção do Vesúvio.]
42. "Two Letters Written by Pliny the Younger about the Eruption of Vesuvius."
43. Giuseppe Mastrolorenzo *et al.* "Herculaneum Victims of Vesuvius in AD 79". *Nature* 410, n. 6830 (12 abr. 2001), p. 769-770. Disponível em: https://doi.org/10.1038/35071167.
44. Boris Behncke. "The Eruption of 1631". *Geological and Mining Engineering and Sciences, Michigan Tech*, 14 jan. 1996. Disponível em: http://www.geo.mtu.edu/volcanoes/boris/mirror/mirrored_html/VESUVIO_1631.html.
45. Catherine Edwards. "Italy Puzzles Over How to Save 700,000 People from Wrath of Vesuvius". *The Local*, 13 out. 2016. Disponível em: https://www.thelocal.it/20161013/evacuation-planfor-vesuvius-eruption-naples-campania-will-be-ready-by-october.
46. F. Lavigne *et al.* "Source of the Great A.D. 1257 Mystery Eruption Unveiled, Samalas Volcano, Rinjani Volcanic Complex, Indonesia". *PNAS* 110, n. 42 (2013), p. 16742-16747. Disponível em: https://doi.org/10.1073/pnas.1307520110.
47. Aatish Bhatia. "The Sound So Loud That It Circled the Earth Four Times". *Nautilus*, 29 set. 2014. Disponível em: http://nautil.us/blog/the-sound-so-loud-that-it-circled-the-earth-four-times.
48. Tom Simkin e Richard S. Fiske. *Krakatau 1883: The Volcanic Eruption and Its Effects*. Washington, DC: Smithsonian Institute Press, 1983.
49. I. Yokoyama. "A Geophysical Interpretation of the 1883 Krakatau Eruption." *Journal of Volcanology and Geothermal Research* 9, n. 4 (mar. 1981), p. 359. Disponível em: https://doi.org/10.1016/0377-0273(81)90044-5. Cf. também Simon Winchester, *Krakatoa: The Day the World Exploded*. Londres: Penguin, 2004 [*Krakatoa: o dia em que o mundo explodiu*. Rio de Janeiro: Objetiva, 2004.]; Benjamin Reilly. *Disaster and Human History: Case Studies in Nature, Society and Catastrophe*, Jefferson, NC, e Londres: McFarland, 2009, p. 44 e seguinte.
50. Reilly. *Disaster and Human History*, p. 44 e seguinte.
51. K. L. Verosub and J. Lippman. "Global Impacts of the 1600 Eruption of Peru's Huaynaputina Volcano". *Eos* 89, n. 15 (2008), p. 141-148.
52. William S. Atwell. "Volcanism and Short-Term Climatic Change in East Asian and World History, c.1200-1699". *Journal of World History* 12, n. 1 (2001), p. 29-98.

53. T. De Castella. "The Eruption That Changed Iceland Forever". *BBC News*, 16 abr. 2010. Disponível em: http://news.bbc.co.uk/1/hi/8624791.stm; J. Grattan *et al.* "Volcanic Air Pollution and Mortality in France 1783-1784". *C. R. Geoscience* 337, n. 7 (2005), p. 641-651.
54. B. de Jong Boers. "Mount Tambora in 1815: A Volcanic Eruption in Indonesia and Its Aftermath". *Indonesia* 60 (1995), p. 37-60.
55. Raymond S. Bradley. "The Explosive Volcanic Eruption Signal in Northern Hemisphere Continental Temperature Records". *Climatic Change* 12 (1988), p. 221-243. Disponível em: http://www.geo.umass.edu/faculty/bradley/bradley1988.pdf.
56. Mary Bagley. "Krakatoa Volcano: Facts About 1883 Eruption". *LiveScience*, 15 set. 2017. Disponível em: https://www.livescience.com/28186-krakatoa.html; Stephen Self e Michael R. Rampino. "The 1883 Eruption of Krakatau". *Nature* 294 (24 dez. 1981), p. 699. Disponível em: https://doi.org/10.1038/294699a0.
57. Alexander Koch *et al.* "Earth System Impacts of the European Arrival and Great Dying in the Americas After 1492". *Quaternary Science Reviews* 207 (2019), p. 13-36. Para uma crítica severa, cf. Alberto Borettia. "The European Colonization of the Americas as an Explanation of the Little Ice Age". *Journal of Archaeological Science*: Reports 29 (fev. 2020).
58. John A. Matthews e Keith R. Briffa. "The 'Little Ice Age': Re-Evaluation of an Evolving Concept". *Geografiska Annaler* 87 (2005), p. 17-36.
59. M. Kelly e Cormac Ó Gráda. "The Economic Impact of the Little Ice Age". UCD School of Economics Working Paper Series, WP10/14 (2010), p. 1-20. Cf. Tom de Castella. "Frost Fair: When an Elephant Walked on the Frozen River Thames". *BBC News Magazine*, 28 jan. 2014. Disponível em: https://www.bbc.com/news/magazine-25862141.
60. Atwell. "Volcanism". p. 53, 69; Verosub e Lippman, "Global Impacts".
61. G. Neale. "How an Icelandic Volcano Helped Spark the French Revolution". *Guardian*, 15 abr. 2010. Disponível em: http://www.guardian.co.uk/world/2010/apr/15/iceland-volcano-weather-french revolution/print.
62. De Jong Boers. "Mount Tambora in 1815".
63. Robert Coontz. "Comparing Earthquakes, Explained". *Science*, 15 mar. 2011. Disponível em: https://www.sciencemag.org/news/2011/03/comparing-earthquakes-explained.
64. U.S. Geological Survey. "Preferred Magnitudes of Selected Significant Earthquakes". 24 jun. 2013. Disponível em: https://earthquake.usgs.gov/data/sign_eqs.pdf.

65. Eduard G. Reinhardt *et al.* "The Tsunami of 13 December A.D. 115 and the Destruction of Herod the Great's Harbor at Caesarea Maritima, Israel". *Geology* 34, n. 12 (dez. 2006), p. 1061-1064. Disponível em: https://doi.org/10.1130/G22780A.1.
66. Mohamed Reda Sbeinati, Ryad Darawcheh e Mikhail Mouty. "The Historical Earthquakes of Syria: An Analysis of Large and Moderate Earthquakes from 1365 B.C. to 1900 A.D.". *Annals of Geophysics* 48 (jun. 2005), p. 355. Disponível em: https://www.earthprints.org/bitstream/2122/908/1/01Sbeinati.pdf.
67. H. Serdar Akyuz *et al.* "Historical Earthquake Activity of the Northern Part of the Dead Sea Fault Zone, Southern Turkey". *Tectonophysics* 426, n. 3-4 (nov. 2006), p. 281.
68. Mischa Meier. "Natural Disasters in the Chronographia of John Malalas: Reflections on Their Function – An Initial Sketch". *Medieval History Journal* 10, n. 1-2 (out. 2006), p. 242. Disponível em: https://doi.org/10.1177/097194580701000209.
69. Lee Mordechai. "Antioch in the Sixth Century: Resilience or Vulnerability?". In: *Environment and Society in the Long Late Antiquity*, ed. Adam Izdebski e Michael Mulryan. Leiden: Koninklijke Brill, 2018, p. 25-41.
70. G. Magri e D. Molin. *Il terremoto del dicembre 1456 nell'Appeninno centro-meridionale.* Roma: Energia Nucleare ed Energie Alternative (ENEA), 1983), p. 1-180.
71. Umberto Fracassi e Gianluca Valensise. "Frosolone Earthquake of 1456". *Istituto Nazionale di Geofisica e Vulcanologia* (INGV) *Database of Individual Seismogenic Sources*, 4 ago. 2006, p. 20. Cf. também C. Meletti *et al.* "Il Terremoto del 1456 e la sua interpretazione nel quadro sismotettonico dell'Appennino Meridionale". In: *Il Terremoto del 1456. Osservatorio Vesuviano, Storia e Scienze della Terra*, ed. B. Figliuolo (1998), p. 71-108; Gruppo di Lavoro CPTI. "Catalogo Parametrico dei Terremoti Italiani, versione 2004 (CPTI04)". *Istituto Nazionale di Geofisica e Vulcanologia* (2004). Disponível em: http://emidius.mi.ingv.it/CPTI; Enzo Boschi *et al.* "Catalogue of Strong Italian Earthquakes from 461 B.C. to 1997". *Annals of Geophysics* 43, n. 4 (2000), p. 609-868. Disponível em: https://doi.org/10.4401/ag-3668.
72. C. Nunziata e M. R. Costanzo. "Ground Shaking Scenario at the Historical Center of Napoli (Southern Italy) for the 1456 and 1688 Earthquakes". *Pure and Applied Geophysics* 177 (jan. 2020), p. 3175-3190. Disponível em: https://doi.org/10.1007/s00024-020-02426-y.
73. A. Amoruso *et al.* "Spatial Reaction Between the 1908 Messina Straits Earthquake Slip and Recent Earthquake Distribution". *Geophysical Research Letters* 33, n. 17 (set. 2006), p. 4. Disponível em: https://doi.org/10.1029/2006GL027227.

74. Giuseppe Restifo. "Local Administrative Sources on Population Movements After the Messina Earthquake of 1908". *Istituto Nazionale di Geofisica e Vulcanologia* (INGV) *Annals of Geophysics* 38, n. 5-6 (nov./dez. 1995), p. 559-566. Disponível em: https://doi.org/10.4401/ag-4058; Heather Campbell. "Messina Earthquake and Tsunami of 1908". *Encyclopaedia Britannica*, 29 jan. 2020. Disponível em: https://www.britannica.com/event/Messina-earthquake-and-tsunami-of-1908.
75. Emanuela Guidoboni. "Premessa a terremoti e storia". *Quaderni Storici* 20, n. 60 (3) (dez. 1985), p. 653-664. Disponível em: https://www.jstor.org/stable/43777325.
76. Giacomo Parrinello. "Post-Disaster Migrations and Returns in Sicily: The 1908 Messina Earthquake and the 1968 Belice Valley Earthquake". *Global Environment* 9 (2012), p. 26-49. Disponível em: http://www.environmentandsociety.org/sites/default/files/key_docs/ge9_parrinello.pdf.
77. A. S. Pereira. "The Opportunity of a Disaster: The Economic Impact of the 1755 Lisbon Earthquake". *Journal of Economic History* 69, n. 2 (jun. 2009), p. 466-499.
78. Pereira. "Opportunity of a Disaster". p. 487 e seguinte.
79. Gregory Clancey. "The Meiji Earthquake: Nature, Nation, and the Ambiguities of Catastrophe". *Modern Asian Studies* 40, n. 4 (2006), p. 920.
80. Gregory Clancey. "Japanese Seismicity and the Limits of Prediction". *Journal of Asian Studies* 71, n. 2 (maio 2012), p. 335.
81. Christopher Sholz. "What Ever Happened to Earthquake Prediction?". *Geotimes* 17 (1997), p. 16-19.
82. Ishibashi Katsuhiko. "Why Worry? Japan's Nuclear Plans at Growing Risk from Quake Damage". *International Herald Tribune*, 11 ago. 2007, republicado no *Asia-Pacific Journal: Japan Focus*. Disponível em: http://www.japanfocus.org/-Ishibashi-Katsuhiko/2495.
83. Richard A. Clarke e R. P. Eddy. *Warnings: Finding Cassandras to Stop Catastrophes*. Nova York: HarperCollins, 2018, p. 76 e seguintes, 92, 96 e seguinte.
84. Peter Symonds. "The Asian Tsunami: Why There Were No Warnings". *World Socialist Web Site*, 3 jan. 2005. Disponível em: https://www.wsws.org/en/articles/2005/01/warn-j03.html.
85. "Scientist Who Warned of Tsunamis Finally Heard". *NBC News*, 1º nov. 2005. Disponível em: https://www.nbcnews.com/id/wbna6813771. Cf. também Natalie Muller. "Tsunami Warning: Why Prediction Is So Hard'". *Australian Geographic*, 11 maio 2012. Disponível em: https://www.australiangeographic.com.au/topics/science-environment/2012/05/tsunami-warning-why-prediction-is-so-hard/.

86. Becky Oskin. "Two Years Later: Lessons from Japan's Tohoku Earthquake". *LiveScience*, 10 mar. 2013. Disponível em: https://www.livescience.com/27776-tohoku-two-years-later-geology.html
87. Clarke e Eddy. *Warnings*, pp. 81-82.
88. Ari M. Beser. "One Man's Harrowing Story of Surviving the Japan Tsunami". *National Geographic*, 23 mar. 2016. Disponível em: https://blog.nationalgeographic.org/2016/03/23/exclusive-one-mans-harrowing-story-of-surviving-the-japan-tsunami/.
89. *Clancey*. "Japanese Seismicity", p. 333.
90. Harrison Salisbury. *The Great Black Dragon Fire*. Nova York: Little, Brown, 1989.
91. Rev. Peter Pernin e Stephen J. Pyne. *The Great Peshtigo Fire: An Eyewitness Account*. Madison: Wisconsin Historical Society Press, 1999, Kindle ed., loc. 273-275. Estima-se que o maior dos incêndios da Califórnia em 2020, o "August Complex", queimou mais de 1 milhão de acres, mas não chegou perto do de Peshtigo.
92. Erin Blakemore. "Why America's Deadliest Wildfire Is Largely Forgotten Today". *History*, 4 ago. 2017 (atualizado em 1º set. 2018). Disponível em: https://www.history.com/news/why-americas- deadliest-wildfire-is-largely-forgotten-today.
93. Pernin e Pyne. *Great Peshtigo Fire*, loc. 273-275.
94. Pernin e Pyne. *Great Peshtigo Fire*, 413-414.
95. Pernin e Pyne. *Great Peshtigo Fire*, loc. 437-447. Cf. também Tom Hultquist. "The Great Midwest Fire of 1871". Disponível em: https://www.weather.gov/grb/peshtigofire2.
96. A. Korotayev *et al*. "A Trap at the Escape from the Trap? Demographic-Structural Factors of Political Instability in Modern Africa and West Asia". *Cliodynamics* 2, n. 2 (2011), p. 276-303.
97. Thayer Watkins. "The Catastrophic Dam Failures in China in August 1975". *San José State University Department of Economics*, n.d., Disponível em: https://www.sjsu.edu/faculty/watkins/aug1975.htm.
98. Yi Si. "The World's Most Catastrophic Dam Failures: The August 1975 Collapse of the Banqiao and Shimantan Dams". In: *The River Dragon Has Come!*, ed. Dai Qing. Nova York: M. E. Sharpe, 1998.
99. Eric Fish. "The Forgotten Legacy of the Banqiao Dam Collapse". Economic Observer, 8 fev. 2013. Disponível em: http://www.eeo.com.cn/ens/2013/0208/240078.shtml; Justin Higginbottom. "230,000 Died in a Dam Collapse That China Kept Secret for Years". Ozy, 17 fev. 2019. Disponível em: https://www.ozy.com/true-and-stories/230000-died-in-a-dam-collapse-that-china-keptsecret-for-years/91699/; Kenneth Pletcher

and Gloria Lotha. "Typhoon Nina – Banqiao Dam Failure". *Encyclopaedia Britannica* (2014). Disponível em: https://www.britannica.com/event/Typhoon-Nina-Banqiao-dam-failure. Cf. também N. H. Ru e Y. G. Niu. *Embankment Dam – Incidents and Safety of Large Dams*. Pequim: Water Power Press, 2001 (em chinês).

100. Yi. "World's Most Catastrophic Dam Failures."

101. "The Three Gorges Dam in China: Forced Resettlement, Suppression of Dissent and Labor Rights Concerns". *Human Rights Watch* 7, n. 1 (fev. 1995), Disponível em: https://www.hrw.org/reports/1995/China1.htm.

102. David Schoenbrod. "The Lawsuit That Sank New Orleans". *Wall Street Journal*, 26 set. 2005. Disponível em: http://online.wsj.com/article/SB112769984088951774.html.

103. Lawrence H. Roth. "The New Orleans Levees: The Worst Engineering Catastrophe in US History – What Went Wrong and Why". Seminário apresentado na Auburn University College of Engineering, 5 abr. 2007. Disponível em: https://web.archive.org/web/20071015234208/, http:// eng.auburn.edu/admin/marketing/seminars/2007/l-roth.html.

104. Rawle O. King. "Hurricane Katrina: Insurance Losses and National Capacities for Financing Disaster Risks". *Congressional Research Service Report for Congress*, 31 jan. 2008, tabela 1.

105. John Schwartz. "One Billion Dollars Later, New Orleans Is Still at Risk". *The New York Times*, 17 ago. 2007; Michael Lewis. "In Nature's Casino". *New York Times Magazine*, 26 ago. 2007.

106. Clarke e Eddy. *Warnings*, p. 41-45.

107. Louise K. Comfort. "Cities at Risk: Hurricane Katrina and the Drowning of New Orleans". *Urban Affairs Review* 41, n. 4 (mar. 2006), p. 501-516.

108. Comfort. "Cities at Risk", p. 47-54.

109. U.S. House of Representatives. *A Failure of Initiative: Final Report of the Select Bipartisan Committee to Investigate the Preparation for and Response to Hurricane Katrina* (Washington, DC: U.S. Government Printing Office, 2006). Disponível em: https://www.nrc.gov/docs/ML1209/ML12093A081.pdf.

110. Neil L. Frank e S. A. Husain. "The Deadliest Tropical Cyclone in History?". *Bulletin of the American Meteorological Society* 52, n. 6 (jun. 1971), p. 441.

111. "A Brief History of the Deadliest Cyclones in the Bay of Bengal". *Business Standard*, 19 maio 2020. Disponível em: https://tbsnews.net/environment/brief-history-deadliest-cyclones-bay-bengal-83323.

112. Frank e Husain. "Deadliest Tropical Cyclone", p. 443.
113. Jack Anderson. "Many Pakistan Flood Victims Died Needlessly". *Lowell Sun*, 31 jan. 1971. Disponível em: https://www.newspapers.com/clip/2956402/many-pakistan-flood-victims-died/.
114. N. D. Kondratieff e W. F. Stolper. "The Long Waves in Economic Life". *Review of Economics and Statistics* 17, n. 6 (nov. 1935), p. 105-115.
115. Paul Schmelzing. "Eight Centuries of Global Real Rates, R-G, and the 'Suprasecular Decline,' 1311-2018" (tese de PhD., Harvard University), ago. 2019. Cf., para um resumo, Paul Schmelzing. "Eight Centuries of Global Real Interest Rates, R-G, and the 'Suprasecular' Decline, 1311-2018". *Bank of England Staff Working Paper*, n. 845 (jan. 2020). Disponível em: https://www.bankofengland.co.uk/working-paper/2020/eight-centuries-of-global-realinterest-rates-r-g-and-the-suprasecular-decline-1311-2018.

Capítulo 4 – O mundo em rede

1. George R. Havens. "The Conclusion of Voltaire's Poème sur le désastre de Lisbonne". *Modern Language Notes* 56 (jun. 1941), p. 422-426. Cf. também Peter Gay. *The Enlightenment: An Interpretation*, v. I. Nova York: Norton, 1995, p. 51 e seguinte.
2. Voltaire. "The Lisbon Earthquake". *in Candide, or Optimism*, trad. Tobias Smollett. Londres: Penguin, 2005. [*Cândido, ou o otimismo*. São Paulo: Companhia das Letras, 2012.]
3. John T. Scott. "Pride and Providence: Religion in Rousseau's Lettre á Voltaire sur la providence", *in Rousseau and l'Infâme: Religion, Toleration, and Fanaticism in the Age of Enlightenment*, ed. Ourida Mostefai e John T. Scott. Amsterdã e Nova York: Editions Rodopi, 2009, p. 116-132.
4. Catriona Seth. "Why Is there an Earthquake in Candide?". Oxford University. Disponível em: https://bookshelf.mml.ox.ac.uk/2017/03/29/why-is-there-an-earthquake-in-candide/.
5. Maria Teodora *et al.* "The French Enlightenment Network". *Journal of Modern History* 88, (set. 2016), p. 495-534.
6. Julie Danskin. "The 'Hotbed of Genius': Edinburgh's Literati and the Community of the Scottish Enlightenment". *eSharp*, ed. especial 7: *Real and Imagined Communities* (2013), p. 1-16.
7. Adam Smith. The Theory of Moral Sentiments. Los Angeles: Enhanced Media Publishing, 2016 [1759], p. 157. [*Teoria dos sentimentos morais*. São Paulo: WMF Martins Fontes, 2015.]

8. Claud Cockburn. *In Time of Trouble: An Autobiography*. Londres: Hart-Davis, 1957, p. 125.
9. "'Times' Not Amused by Parody Issues". *New York*, 30 jul. 1979, p. 8. Disponível em: https://books.google.com/books?id=bNECAAAAMBAJ&pg=PA8&lpg=PA8& dq=colgrave+%22no t+the+times%22&source=bl& ots=HPc47oSltE& sig=bMp0 qCbaXE62rqAa6RHmmdQvbso& hl= en& sa=X& ei=RV CUdnUF8X20gW_lI D4Dw&ved=0CDMQ6AEwAA#v=onepage&q=colgrave%20%22not%20th 20times%22&f=false.
10. Geoffrey West. *Scale: The Universal Laws of Growth, Innovation, Sustainability, and the Pace of Life in Organisms, Cities, Economies, and Companies*. Nova York: Penguin Press, 2017.
11. Steven H. Strogatz. "Exploring Complex Networks". *Nature* 410 (8 mar. 2001), p. 268-276.
12. Duncan J. Watts. "Networks, Dynamics, and the Small-World Phenomenon". *American Journal of Sociology* 105, n. 2 (1999), p. 515.
13. Geoffrey West. "Can There Be a Quantitative Theory for the History of Life and Society?". *Cliodynamics* 2, n. 1 (2011), p. 211 e seguinte.
14. Guido Caldarelli e Michele Catanzaro. *Networks: A Very Short Introduction*. Oxford: Oxford University Press, 2011, p. 23 e seguinte.
15. Joseph Henrich. *The Secret of Our Success: How Culture Is Driving Human Evolution, Domesticating Our Species, and Making Us Smarter*. Princeton, NJ: Princeton University Press, 2016, p. 5.
16. R. I. M. Dunbar. "Coevolution of Neocortical Size, Group Size and Language in Humans". *Behavioral and Brain Sciences* 16, n. 4 (1993), p. 681-735.
17. Nicholas A. Christakis e James H. Fowler. *Connected: The Surprising Power of Our Social Networks and How They Shape Our Lives*. Nova York: Little, Brown, 2009, p. 239.
18. Michael Tomasello *et al.* "Two Key Steps in the Evolution of Human Cooperation: The Interdependence Hypothesis". *Current Anthropology* 53, n. 6 (2012), p. 673-692.
19. Douglas S. Massey. "A Brief History of Human Society: The Origin and Role of Emotion in Social Life". *American Sociological Review* 67 (2002), p. 3-6.
20. J. R. McNeill e William McNeill. *The Human Web: A Bird's-Eye View of Human History*. Nova York e Londres: W. W. Norton, 2003.
21. Niall Ferguson. *The Square and the Tower: Networks and Power from the Freemasons to Facebook*. Nova York: Penguin Press, 2012. [*A praça e a torre*. São Paulo: Crítica, 2019.]

22. Shin-Kap Han. "The Other Ride of Paul Revere: The Brokerage Role in the Making of the American Revolution". *Mobilization: An International Quarterly* 14, n. 2 (2009), p. 143-162.
23. Duncan J. Watts. *Six Degrees: The Science of a Connected Age*. Londres: Vintage, 2004, p. 134. [*Seis graus de separação*. São Paulo: Hemus, 2010.]
24. Albert-László Barabási. *Linked: How Everything Is Connected to Everything Else and What It Means for Business, Science, and Everyday Life*. Nova York: Basic Books, 2014, p. 29. [*Linked. A nova ciência dos networks*. São Paulo: Hemus, 2009.]
25. Miller McPherson, Lynn Smith-Lovin, and James M. Cook. "Birds of a Feather: Homophily in Social Networks". *Annual Review of Sociology* 27 (2001), p. 419.
26. Mark Granovetter. "The Strength of Weak Ties". *American Journal of Sociology* 78, n. 6 (1973), p. 1360-1380.
27. Mark Granovetter. "The Strength of Weak Ties: A Network Theory Revisited". *Sociological Theory* 1 (1983), p. 202.
28. Andreas Tutic e Harald Wiese. "Reconstructing Granovetter's Network Theory". *Social Networks* 43 (2015), p. 136-148.
29. Duncan J. Watts e Steven H. Strogatz. "Collective Dynamics of 'Small-World' Networks". *Nature* 393 (4 jun. 1998), p. 400-442.
30. Watts. "Networks, Dynamics, and the Small-World Phenomenon", p. 522.
31. Nicholas A. Christakis e James H. Fowler. *Connected: The Surprising Power of Our Social Networks and How They Shape Our Lives* (New York: Little, Brown, (2009), p. 97. [*O poder das conexões*. Rio de Janeiro: Campus, 2009.]
32. Eugenia Roldán Vera e Thomas Schup. "Network Analysis in Comparative Social Sciences". *Comparative Education* 43, n. 3, p. 418 e seguinte.
33. Matthew O. Jackson. "Networks in the Understanding of Economic Behaviors". *Journal of Economic Perspectives* 28, n. 4 (2014), 3-22, p. 8.
34. Alison L. Hill *et al.* "Emotions as Infectious Diseases in a Large Social Network: The SISa Model". *Proceedings of the Royal Society B: Biological Sciences* (2010), p. 1-9.
35. Peter Dolton. "Identifying Social Network Effects". *Economic Report* 93, sup. S1 (2017), p. 1-15.
36. Christakis e Fowler. *Connected*, p. 22.
37. Charles Kadushin. *Understanding Social Networks: Theories, Concepts, and Findings*. Nova York: Oxford University Press, 2012, p. 209 e seguinte.
38. Karine Nahon e Jeff Hemsley. *Going Viral*. Cambridge, Reino Unido: Polity, 2013.

39. Damon Centola e Michael Macy. "Complex Contagions and the Weakness of Long Ties". *American Journal of Sociology* 113, n. 3 (2007), p. 702-734.
40. Watts. *Six Degrees*, p. 249.
41. Sherwin Rosen. "The Economics of Superstars". *American Economic Review* 71, n. 5 (1981), p. 845-858.
42. Albert-László Barabási e Réka Albert. "Emergence of Scaling in Random Networks". *Science* 286, n. 5439 (1999), p. 509-512.
43. Barabási. *Linked*, p. 33-34, 66, 68 e seguinte, 204.
44. Barabási. *Linked*, p. 221.
45. Barabási. *Linked*, p. 103, 221. Para uma crítica importante de Barabási e da alegação central de Albert de que as redes sem escala são comuns, cf. Anna D. Broido e Aaron Clauset. "ScaleFree Networks Are Rare", 9 jan. 2018, arXiv:1801.03400v1.
46. Vittoria Colizza, Alain Barrat, Marc Barthélemy e Alessandro Vespignani. "The Role of the Airline Transportation Network in the Prediction and Predictability of Global Epidemics". *PNSAS* 103, n. 7 (2006), p. 2015-2020.
47. Dolton. "Identifying Social Network Effects."
48. Romualdo Pastor-Satorras e Alessandro Vespignani. "Immunization of Complex Networks". *Abdus Salam International Centre for Theoretical Physics*, 1º fev. 2008.
49. Strogatz. "Exploring Complex Networks."
50. Niall Ferguson. "Complexity and Collapse: Empires on the Edge of Chaos". *Foreign Affairs* 89, n. 2 (mar./abr. 2010), p. 18-32.
51. Barabási. *Linked*, p. 113-118.
52. Barabási. *Linked*, 135.
53. Dorothy H. Crawford. *Deadly Companions: How Microbes Shaped Our History*. Oxford: Oxford University Press, 2007.
54. Angus Deaton. *The Great Escape: Health, Wealth, and the Origins of Inequality*. Princeton, NJ: Princeton University Press, 2015.
55. Edward Jenner. *An Inquiry into the Causes and Effects of the Variolae Vaccinae* (1798), mencionado em Daniel J. Sargent, "Strategy and Biosecurity: An Applied History Perspective", trabalho preparado para a Hoover History Working Group, 18 jun. 2020.
56. Crawford. *Deadly Companions*, p. 13 e seguinte.
57. M. B. A. Oldstone. *Viruses, Plagues, and History: Past, Present and Future*. Oxford and New York: Oxford University Press, 2010.

58. M. B. A. Oldstone e J. C. De La Torre. "Viral Diseases of the Next Century". *Transactions of the American Clinical and Climatological Association* 105 (1994), p. 62-68.
59. A. Moya *et al*. "The Population Genetics and Evolutionary Epidemiology of RNA Viruses". *Nature Reviews* 2 (2004), p. 279-288; P. Simmonds. "Virus Evolution". *Microbiology Today* (maio 2009), p. 96-99; R. Ehrenberg. "Enter the Viros: As Evidence of the Influence of Viruses Escalates, Appreciation of These Master Manipulators Grows". *Science News* 176, n. 8 (10 out. 2009), p. 22-25; G. Hamilton. "Viruses: The Unsung Heroes of Evolution". *New Scientist* 2671 (ago. 2008), p. 38-41. Disponível em: http://www.newscientist.com/article/mg19926711.600-viruses-the--unsung- heroes-of-evolution.html.
60. Crawford. *Deadly Companions*, p. 25, 43.
61. M. Achtman *et al*. "Yersinia pestis, the Cause of Plague, Is a Recently Emerged Clone of Yersinia pseudotuberculosis". *PNAS* 96, n. 24 (1999), p. 14043-48. Cf. também G. Morelli *et al*. "Yersinia pestis Genome Sequencing Identifies Patterns of Global Phylogenetic Diversity". *Nature Genetics* 42, n. 12 (2010), p. 1140-1143.
62. Crawford, *Deadly Companions*, p. 96 e seguinte. Cf. também Richard E. Lenski. "Evolution of the Plague Bacillus". *Nature* 334 (ago. 1988), p. 473 e seguinte; Stewart T. Cole e Carmen Buchrieser. "A Plague o' Both Your Hosts". *Nature* 413 (2001), p. 467 e seguinte; Thomas V. Inglesby *et al*. "Plague as a Biological Weapon". *Journal of the American Medical Association* 283, n. 17 (2000), p. 2281-2290.
63. R. Rosqvist, Mikael Skurnik e Hans Wolf-Watz. "Increased Virulence of Yersinia pseudotuberculosis by Two Independent Mutations". *Nature* 334 (ago. 1988), p. 522-525.
64. S. Ayyadurai *et al*. "Body Lice, Yersinia pestis Orientalis, and Black Death". *Emerging Infectious Diseases* 16, n. 5 (2010), p. 892-893.
65. Stephen M. Kaciv, Eric J. Frehm e Alan S. Segal. "Case Studies in Cholera: Lessons in Medical History and Science". *Yale Journal of Biology and Medicine* 72 (1999), p. 393-408.
66. Crawford. *Deadly Companions*, p. 96 e seguinte, 109.
67. World Health Organization. "Yellow Fever Fact Sheet n. 100" (maio 2013). Disponível em: http://www.who.int/mediacentre/factsheets/fs100/en/.
68. Alice F. Weissfeld. "Infectious Diseases and Famous People Who Succumbed to Them". *Clinical Microbiology Newsletter* 31, n. 22 (2009), p. 169-172.
69. Nathan D. Wolfe *et al*. "Origins of Major Human Infectious Diseases". *Nature* 447, n. 7142 (2007), p. 279-83. Disponível em: http://www.ncbi.nlm.nih.gov/books/

NBK114494/; Robin A. Weiss. "The Leeuwenhoek Lecture, 2001: Animal Origins of Human Infectious Diseases". *Philosophical Transactions of the Royal Society Biological Sciences* 356 (2001), p. 957-977.

70. David Quammen. *Spillover: Animal Infections and the Next Human Pandemic*. Nova York: W. W. Norton, 2012. [*Contágio: infecções de origem animal e a evolução das pandemias*. São Paulo: Companhia das Letras, 2020.]

71. L. Dethlefsen *et al.* "An Ecological and Evolutionary Perspective on Human-Microbe Mutualism and Disease". *Nature* 449 (out. 2007), p. 811-818.

72. Tucídides. *The History of the Peloponnesian War*, trad. Richard Crawley (Project Gutenberg, 2009), livro I, cap. 1. [*História da guerra do Peloponeso*. São Paulo: WMF Martins Fontes, 2013.]

73. Kyle Harper. *The Fate of Rome: Climate, Disease, and the End of an Empire*. Princeton, NJ: Princeton University Press, 2017.

74. Edward Gibbon. *The Decline and Fall of the Roman Empire*. Nova York: Harper & Bros., 1836, v. I, cap. 10, parte IV. [*Declínio e queda do Império Romano*. São Paulo: Companhia das Letras, 2005.]

75. Guido Alfani e Tommy E. Murphy. "Plague and Lethal Epidemics in the Pre-Industrial World". *Journal of Economic History* 77, n. 1 (mar. 2017), p. 316 e seguinte.

76. R. P. Duncan-Jones. "The Impact of the Antonine Plague". *Journal of Roman Archaeology* 9 (1996), p. 108-136. Disponível em: https://doi:10.1017/S1047759400016524; R. P. Duncan-Jones. "The Antonine Plague Revisited". *Arctos* 52 (2018), p. 41-72.

77. Rodney Stark. "Epidemics, Networks, and the Rise of Christianity". *Semeia* 56 (1992), p. 159-175.

78. Gibbon. *The Decline and Fall*, v. IV, cap. 43, parte IV.

79. Gibbon. *The Decline and Fall*.

80. Lee Mordechai *et al.* "The Justinianic Plague: An inconsequential Pandemic?". *PNAS* 116, n. 51 (2019), p. 25546-25554. Disponível em: https://doi.org/10.1073/pnas.1903797116.

81. Elizabeth Kolbert. "Pandemics and the Shape of Human History". *New Yorker*, 30 mar. 2020. Disponível em: https://www.newyorker.com/magazine/2020/04/06/pandemics-and-theshape-of-human-history.

82. Gibbon, *Decline and Fall*, v. IV, cap. 43, parte IV.

83. Matthew O. Jackson, Brian W. Rogers e Yves Zenou. "Connections in the Modern World: NetworkBased Insights". *VoxEU & CEPR*, 6 mar. 2015. Disponível em: https://voxeu.org/article/network-based-insights-economists.

84. J. Theilmann e Frances Cate. "A Plague of Plagues: The Problem of Plague Diagnosis in Medieval England". *Journal of Interdisciplinary History* 37, n. 3 (2007), p. 371-393.
85. M. Drancourt *et al.* "Yersinia pestis Orientalis in Remains of Ancient Plague Patients". *Emerging Infectious Diseases* 13, n. 2 (2007), p. 332-333; S. Haensch *et al.* "Distinct Clones of Yersinia pestis Caused the Black Death". *PLOS Pathogens* 6, n. 10 (2010), p. 1-8.
86. Manny Rincon Cruz. "Contagion, Borders, and Scale: Lessons from Network Science and History". *Hoover History Working Group*, 24 jun. 2020.
87. Mark Bailey. "After the Black Death: Society, Economy and the Law in Fourteenth-Century England". *James Ford Lectures*, 2019, Lecture 1: "Old Problems, New Approaches". Disponível em: https://www.history.ox.ac.uk/event/the-james-ford-lectures-old-problems-new- approaches.
88. Mark Bailey. "After the Black Death". Lecture 2: "Reaction and Regulation". Disponível em: https://www.history.ox.ac.uk/event/the-james-ford-lectures-reaction-and-regulation.
89. N. C. Stenseth *et al.* "Plague Dynamics Are Driven by Climate Variation". *PNAS* 103, n. 35 (2006), p. 13110-13115.
90. Mark R. Welford e Brian H. Bossak. "Validation of Inverse Seasonal Peak Mortality in Medieval Plagues, Including the Black Death, in Comparison to Modern Yersinia pestis-Variant Diseases". *PLOS One* 4, n. 12 (2009), p. 1-6.
91. Stenseth *et al.* "Plague Dynamics".
92. Stenseth *et al.* "Plague Dynamics". Cf. também Ayyadurai *et al.* "Body Lice".
93. Ferguson. *Square and the Tower*, p. 431.
94. Rincon Cruz. "Contagion, Borders, and Scale." Cf. também Mark Koyama, Remi Jedwab e Noel Johnson. "Pandemics, Places, and Populations: Evidence from the Black Death". *Centre for Economic Policy Research Discussion Paper* n. 13523 (2019).
95. Maarten Bosker, Steven Brakman, Harry Garretsen, Herman De Jong e Marc Schramm. "Ports, Plagues and Politics: Explaining Italian City Growth 1300-1861". *European Review of Economic History* 12, n. 1 (2008), p. 97-131. Disponível em: https://doi.org/10.1017/S1361491608002128.
96. Ricardo A. Olea e George Christakos. "Duration of Urban Mortality for the 14th-century Black Death Epidemic". *Human Biology* 77, n. 3 (2005), p. 291-303. Disponível em: https://doi.org/10.1353/hub.2005.0051.
97. José M. Gómez e Miguel Verdú. "Network Theory May Explain the Vulnerability of Medieval Human Settlements to the Black Death Pandemic". *Nature Scientific Reports*, 6 mar. 2017, Disponível em: https://www.nature.com/articles/srep43467.

98. Oscar Jorda, Sanjay R. Singh e Alan M. Taylor. "Longer-Run Economic Consequences of Pandemics". *Federal Reserve Bank of San Francisco Working Paper 2020-09* (mar. 2020).
99. Gregory Clark. A Farewell to Alms: A Brief Economic History of the World. Princeton, NJ: Princeton University Press, 2007. [Um adeus às esmolas. Lisboa: Bizâncio, 2008.] Cf. também Paul Schmelzing. "Eight Centuries of Global Real Rates, R-G, and the 'Suprasecular Decline', 1311-2018" (tese de PhD, Harvard University, ago. 2019).
100. Mark Bailey. "A Mystery Within an Enigma: The Economy, 1355-1375". *Ford Lectures 2019, Lecture 3*. Disponível em: https://www.history.ox.ac.uk/event/the-james-fordlectures-a-mysterywithin-an-enigma-the-economy-1355-75.
101. Mark Bailey. "The End of Serfdom and the Rise of the West". *Ford Lectures 2019, Lecture 6*. Disponível em: https://www.history.ox.ac.uk/event/the-james-ford-lectures-the-end-of-serfdom-andthe-rise-of-the-west.
102. Mark Bailey. "Injustice and Revolt". *Ford Lectures 2019, Lecture 4*. Disponível em: https://www.history.ox.ac.uk/event/the-james-ford-lectures-injustice-and-revolt.
103. Mark Bailey. "A New Equilibrium". *Ford Lectures 2019, Lecture 5*, https://www.history.ox.ac.uk/event/the-james-ford-lectures-a-new-equilibrium-c.1375-1400.
104. Bailey. "The End of Serfdom". *Ford Lectures 2019, Lecture 6*.
105. Alexander Lee. "What Machiavelli Knew About Pandemics". *New Statesman*, 3 jun. 2020. Disponível em: https://www.newstatesman.com/2020/06/what-machiavelli-knew-about-pandemics; Eleanor Russell e Martin Parker. "How Pandemics Past and Present Fuel the Rise of MegaCorporations". *The Conversation*, 3 jun. 2020. Disponível em: https://theconversation.com/howpandemics-past-and-present-fuel-the-rise-of-mega-corporations-137732; Paula Findlen. "What Would Boccaccio Say About Covid-19?". *Boston Review*, 24 abr. 2020. Disponível em: http://bostonreview.net/arts-society/paula-findlen-what-would-boccaccio-say-about-covid-19.
106. Richard Trexler. *Public Life in Renaissance Florence*. Nova York: Academic Press, 1980, p. 362.
107. Norman Cohn. *The Pursuit of the Millennium*. Nova York: Oxford University Press, 1961 [1957], p. 132 e seguinte.
108. Nico Voigtlander e Hans-Joachim Voth. "Persecution Perpetuated: The Medieval Origins of Anti-Semitic Violence in Nazi Germany". *Quarterly Journal of Economics* 127, n. 3 (ago. 2012), p. 1339-1392. Disponível em: https://www.jstor.org/stable/23251987.
109. Samuel K. Cohn Jr. "The Black Death and the Burning of Jews". *Past and Present* 196 (ago. 2007), p. 3-36.

110. Cohn. "The Black Death". p. 87, 136-140.
111. M. W. Flinn "Plague in Europe and the Mediterranean Countries". *Journal of European Economic History* 8, n. 1 (1979), p. 134-147.
112. Stephen Greenblatt. "What Shakespeare Actually Wrote About the Plague". *New Yorker*, 7 maio 2020.
113. Daniel Defoe. *A Journal of the Plague Year*. Londres: Penguin, 2003 [1722]. [*Um diário do ano da peste*. Porto Alegre: Artes e Ofícios, 2002.]
114. Charles F. Mullett. "The English Plague Scare of 1720-30". *Osiris* 2 (1936), p. 484-516.
115. Defoe. *Journal*, p. 18 e seguinte.
116. Defoe. *Journal*, p. 172.
117. Defoe. *Journal*, p. 66.
118. Gibbon. *Decline and Fall*, v. IV, cap. 43, parte IV.
119. Defoe. *Journal*, p. 9.
120. Defoe. *Journal*, p. 40 e seguinte.

Capítulo 5 – A ilusão da ciência

1. Mencionado em Roy MacLeod e M. Lewis, ed. *Disease, Medicine and Empire: Perspectives on Western Medicine and the Experience of European Expansion*. Londres e Nova York: Routledge, 1988, p. 7.
2. Niall Ferguson. *Civilization: The West and the Rest*. Nova York: Penguin Press, 2011. [*Civilização*. São Paulo: Crítica, 2017.]
3. John Jennings White III. "Typhus: Napoleon's Tragic Invasion of Russia, the War of 1812". In: *Epidemics and War: The Impact of Disease on Major Conflicts in History*, ed. Rebecca M. Seaman. Santa Barbara, CA: ABC-CLIO, 2018, p. 74 e seguinte.
4. Richard Bonney. *The Thirty Years' War 1618-1648*. Nova York: Bloomsbury, 2014.
5. T. Nguyen-Hieu *et al*. "Evidence of a Louse-Borne Outbreak Involving Typhus in Douai, 1710-1712 During the War of the Spanish Succession". *PLoS One* 5, n. 10 (2010), p. 1-8. Cf., em geral, Joseph M. Conlon. "The Historical Impact of Epidemic Typhus" (2009). Disponível em: www.entomology.montana.edu/history-bug/TYPHUS-Conlon.pdf.
6. Dominic Lieven. *Russia Against Napoleon: The True Story of the Campaigns of War and Peace*. Nova York: Penguin Publishing Group, 2010.
7. D. Raoult *et al*. "Evidence for Louse-Transmitted Diseases in Soldiers of Napoleon's Grand Army in Vilnius". *Journal of Infectious Diseases* 193 (2006), p. 112-120.

8. Alfred W. Crosby. *Ecological Imperialism: The Biological Expansion of Europe, 900-1900*. Nova York: Cambridge University Press, 1993); Noble David Cook. *Born to Die: Disease and New World Conquest, 1492-1650*. Nova York: Cambridge University Press, 1998. Para uma crítica da estrutura do "solo virgem", enfatizando os efeitos da exploração e da escravização sobre a mortalidade indígena, cf. David S. Jones. "Virgin Soils Revisited". *William and Mary Quarterly* 60, n. 4 (2003), p. 703-742.
9. Angus Chen. "One of History's Worst Epidemics May Have Been Caused by a Common Microbe". *Science*, 16 jan. 2018. Disponível em: https://doi.org/10.1126/science.aat0253.
10. Niall Ferguson. *Empire: How Britain Made the Modern World*. Londres: Penguin, 2003, p. 65. [*Império: como os britânicos fizeram o mundo moderno*. São Paulo: Crítica, 2017.]
11. John E. Lobdell e Douglas Owsley, "The Origin of Syphilis". *Journal of Sex Research* 10, n. 1 (1974), p. 76-79; Bruce M. Rothschild *et al.* "First European Exposure to Syphilis: The Dominican Republic at the Time of Columbian Contact". *Clinical Infectious Diseases* 31, n. 4 (2000), p. 936-941; Robert M. May *et al.* "Infectious Disease Dynamics: What Characterizes a Successful Invader?". *Philosophical Transactions of the Royal Society* 356 (2001), p. 901-910; Bruce M. Rothschild. "History of Syphilis". *Clinical Infectious Diseases* 40, n. 10 (2005), p. 1454-1463; George J. Armelagos *et al.* "The Science Behind Pre-Columbian Evidence of Syphilis in Europe: Research by Documentary". *Evolutionary Anthropology* 21 (2012), p. 50-57.
12. Dorothy H. Crawford, *Deadly Companions: How Microbes Shaped Our History*. Oxford: Oxford University Press, 2007, p. 129 e seguintes.
13. J. R. McNeill. *Mosquito Empires: Ecology and War in the Greater Caribbean, 1620-1914*. Nova York: Cambridge University Press, 2010; Jason Sharman. *Empires of the Weak: The Real Story of European Expansion and the Creation of the New World Order*. Princeton, NJ: Princeton University Press, 2019.
14. M. B. A. Oldstone, Viruses, Plagues, and History: Past, Present and Future (Oxford and New York: Oxford University Press, 2010), p. 103. Cf. também J. R. McNeill, "Yellow Jack and Geopolitics: Environment, Epidemics, and the Struggles for Empire in the American Tropics, 1650-1825". *OAH Magazine of History*, abr. 2004, p. 9-13.
15. McNeill. "Yellow Jack".
16. Emmanuel Le Roy Ladurie. "A Concept: The Unification of the Globe by Disease". In: *The Mind and Method of the Historian*. Chicago: University of Chicago Press, 1981, p. 28-91.

17. Ferguson. *Empire*, p. 70, 170.
18. Ferguson. *Civilization*, p. 168.
19. Louis-Ferdinand Céline. *Journey to the End of the Night*, trans. Ralph Manheim (New York: New Directions, 2006 [1934]), p. 126. [*Viagem ao fim da noite*. São Paulo: Companhia das Letras, 2009.]
20. Ferguson. *Empire*, p. 167-170.
21. Infelizmente ignorado em William Dalrymple. *The Anarchy: The East India Company, Corporate Violence and the Pillage of an Empire*. Nova York: Bloomsbury, 2019.
22. Stephen M. Kaciv, Eric J. Frehm and Alan S. Segal. "Case Studies in Cholera: Lessons in Medical History and Science". *Yale Journal of Biology and Medicine* 72 (1999), p. 393-408. Cf. também Jim Harris. "Pandemics: Today and Yesterday". *Origins* 13, n. 10 (2020).
23. R. E. McGrew. "The First Cholera Epidemic and Social History". *Bulletin of the History of Medicine* 34, n. 1 (jan./fev. 1960), p. 61-73.
24. Richard J. Evans. *Death in Hamburg: Society and Politics in the Cholera Years, 1830-1910*. Oxford: Oxford University Press, 1987, p. 313.
25. M. Echenberg. "Pestis Redux: The Initial Years of the Third Bubonic Plague Pandemic, 1894-1901". *Journal of World History* 13, n. 2 (2002), p. 429-449.
26. Ballard C. Campbell. *Disasters, Accidents, and Crises in American History: A Reference Guide to the Nation's Most Catastrophic Events*. Nova York, 2008, p. 182-184.
27. Sarah F. Vanneste. "The Black Death and the Future of Medicine" (dissertação de mestrado não publicada, Wayne State University, 2010), p. 41, 77.
28. Alexander Lee. "What Machiavelli Knew About Pandemics". *New Statesman*, 3 jun. 2020. Disponível em: https://www.newstatesman.com/2020/06/what-machiavelli-knew-about-pandemics.
29. Nancy G Siraisi. *Medieval and Early Renaissance Medicine: An Introduction to Knowledge and Practice*. Chicago: University of Chicago Press, 1990; Ismail H. Abdalla. "Diffusion of Islamic Medicine into Hausaland". In: *The Social Basis of Health and Healing in Africa*, ed. Steven Feierman e John M. Janzen. Berkeley: University of California Press, 1992.
30. Richard Palmer. "The Church, Leprosy, and Plague in Medieval and Early Modern Europe". In: *The Church and Healing*, ed. W. J. Shiels. Oxford: Basil Blackwell, 1982, p. 96.
31. S. White. "Rethinking Disease in Ottoman History". *International Journal of Middle East Studies* 42 (2010), p. 554.

32. Manny Rincon Cruz. "Contagion, Borders, and Scale: Lessons from Network Science and History". *Hoover History Working Group*, 24 jun. 2020.
33. Gianfranco Gensini, Magdi H. Yacoub e Andrea A. Conti. "The Concept of Quarantine in History: From Plague to Sars". *Journal of Infection* 49, n. 4 (1º nov. 2004), p. 257-61; Eugenia Tognotti. "Lessons from the History of Quarantine, from Plague to Influenza A". *Emerging Infectious Diseases* 19, n. 2 (fev. 2013), p. 254-259.
34. Frank M. Snowden. *Epidemics and Society: From the Black Death to the Present*. New Haven, CT: Yale University Press, 2019, p. 70. [*Epidemias e sociedade da peste negra ao presente*. Lisboa: Edições 70, 2020.]
35. Cf. John Henderson. *Florence Under Siege: Surviving Plague in an Early Modern City*. New Haven, CT: Yale University Press, 2019.
36. Rincon Cruz. "Contagion, Borders, and Scale".
37. Alexander William Kinglake. *Eothen, or Traces of Travel Brought Home from the East*. Nova York: D. Appleton, 1899 [1844], p. 1.
38. A. Wess Mitchell e Charles Ingrao. "Emperor Joseph's Solution to Coronavirus". *Wall Street Journal*, 6 abr. 2020. Disponível em: https://www.wsj.com/articles/emperor-josephssolution-to-coronavirus-11586214561; Snowden, Epidemics and Society, p. 72-73; Gunther Rothenberg. "The Austrian Sanitary Cordon and the Control of the Bubonic Plague: 1710-1871". *Journal of the History of Medicine and Allied Sciences* 28, n. 1 (1973), p. 15-23.
39. Simon Schama. "Plague Time: Simon Schama on What History Tells Us". *Financial Times*, 10 abr. 2020. Disponível em: https://www.ft.com/content/279dee4a-740b-11ea-95fe-fcd274e920ca.
40. Norman Howard-Jones. "Fracastoro and Henle: A Re-Appraisal of Their Contribution to the Concept of Communicable Diseases". *Medical History* 21, n. 1 (1977), p. 61-68, https://doi.org/10.1017/S0025727300037170; V. Nutton, "The Reception of Fracastoro's Theory of Contagion: The Seed That Fell Among Thorns?". *Osiris* 6 (1990), p. 196-234.
41. Ferguson. *Empire*, p. 9.
42. Cary P. Gross e Kent A. Sepkowitz. "The Myth of the Medical Breakthrough: Smallpox, Vaccination, and Jenner Reconsidered". *International Journal of Infectious Disease* 3 (1998), p. 54-60; S. Riedel, "Edward Jenner and the History of Smallpox and Vaccination". *Baylor University Medical Center Proceedings* 18 (2005), p. 21-25.
43. John D. Burton. "'The Awful Judgements of God upon the Land': Smallpox in Colonial Cambridge, Massachusetts". *New England Quarterly* 74, n. 3, (2001), p.

495-506. Cf. também Elizabeth A. Fenn. *Pox Americana: The Great Smallpox Epidemic of 1775-82*. Nova York: Farrar, Straus and Giroux, 2002.
44. Gross and Sepkowitz. "Myth of the Medical Breakthrough", p. 57.
45. Burton. "Awful Judgements of God", p. 499.
46. Edward Edwardes. *A Concise History of Small-pox and Vaccination in Europe*. Londres: H.K. Lewis, 1902.
47. Charles E. Rosenberg. *The Cholera Years: The United States in 1832, 1849, and 1866*. Chicago e Londres: University of Chicago Press, 1987, p. 66 e seguinte.
48. Dona Schneider e David E. Lilienfeld. "History and Scope of Epidemiology". In: *Lilienfeld's Foundations of Epidemiology*, 4. ed. Oxford: Oxford University Press, 2015, p. 1-53.
49. V. Curtis. "Dirt, Disgust and Disease: A Natural History of Hygiene". *Journal of Epidemiology and Community Health* 61 (2007), p. 660-664; M. Best e D. Neuhauser. "Ignaz Semmelweis and the Birth of Infection Control". *Quality and Safety in Health Care* 13 (2004), p. 233-234; K. Codell Carter. "Ignaz Semmelweis, Carl Mayrhofer, and the Rise of Germ Theory". *Medical History* 29 (1985), p. 33-53; K. Codell Carter. "Koch's Postulates in Relation to the Work of Jacob Henle and Edwin Klebs". *Medical History* 29 (1985), p. 353-374.
50. Muhammad H. Zaman. *Biography of Resistance: The Epic Battle between People and Pathogens*. Nova York: HarperWave, 2020.
51. Sheldon Watts. *Epidemics and History*. New Haven, CT: Yale University Press, 1997, p. xii.
52. A. Lustig e A. J. Levine. "One Hundred Years of Virology". *Journal of Virology* 66, n. 2 (1992), p. 4629-4631.
53. J. Erin Staples e Thomas P. Monath. "Yellow Fever: 100 Years of Discovery". *Journal of the American Medical Association* 300, n. 8, (2008), p. 960-962.
54. J. Gordon Frierson. "The Yellow Fever Vaccine: A History". *Yale Journal of Biological Medicine* 83, n. 2 (jun. 2010), p. 77-85.
55. Ferguson. *Civilization*, p. 147.
56. Ferguson. *Civilization*, p. 169 e seguinte, 174.
57. Frierson. "Yellow Fever Vaccine."
58. McGrew. "First Cholera Epidemic", p. 72.
59. Theodore H. Friedgut. "Labor Violence and Regime Brutality in Tsarist Russia: The Iuzovka Cholera Riots of 1892". *Slavic Review* 46, n. 2 (verão de 1987), p. 245-265.
60. Richard L. Stefanik. "The Smallpox Riots of 1894". *Milwaukee County Historical Society Historical Messenger* 26, n. 4 (dez. 1970), p. 1-4.

61. Echenberg. "Pestis Redux", p. 443 e seguinte.
62. Valeska Huber. "The Unification of the Globe by Disease? The International Sanitary Conferences on Cholera, 1851-1894". *Historical Journal* 49, n. 2 (2006), p. 453-76. Cf. também Andrew Ehrhardt. "Disease and Diplomacy in the 19th Century". *War on the Rocks* (*blog*), 30 abr. 2020. Disponível em: https://warontherocks.com/2020/04/disease-and-diplomacy-in-the-nineteenth- century/.
63. Peter Baldwin. *Contagion and the State in Europe, 1830-1930*. Cambridge: Cambridge University Press, 1999.
64. Echenberg. "Pestis Redux", p. 443 e seguinte,
65. Mahatma Gandhi. *Hind Swaraj*. Nova Déli: Rajpal & Sons, 2010, p. 30.
66. Ferguson. *Civilization*, p. 146.
67. Ferguson. *Civilization*, p. 171 e seguinte, 175.
68. William H. McNeill. *Plagues and Peoples*. Garden City, NY: Anchor, 1998 [1976], p. 182.
69. James C. Riley. "Insects and the European Mortality Decline". *American Historical Review* 91, n. 4 (out. 1986), p. 833-858.
70. Rosenberg. Cholera Years, p. 206-210.
71. David Cutler e Grant Miller. "The Role of Public Health Improvements in Health Advances: The 20th Century United States". *NBER Working Paper* n. 10511 (maio 2004).
72. George Bernard Shaw. *The Doctor's Dilemma*. Londres: Penguin, 1946, p. 64 e seguinte.
73. Ian Gazeley e Andrew Newell. "Urban Working-Class Food Consumption and Nutrition in Britain in 1904". *Economic History Review* 68, n. 1 (fev.2015), p. 17.
74. Andrew T. Newell e Ian Gazeley. "The Declines in Infant Mortality and Fertility: Evidence from British Cities in Demographic Transition". *IZA Discussion Paper* n. 6855 (out. 2012), p. 17.
75. V. Huber. "The Unification of the Globe by Disease? The International Sanitary Conferences on Cholera, 1851-1894". *The Historical Journal* 49, n. 2 (2006), p. 466 e seguinte.
76. Nigel Jones. *Rupert Brooke: Life, Death and Myth*. Londres: Head of Zeus, 2015, p. 60.
77. Victoria Y. Fan, Dean T. Jamison e Lawrence H. Summers. "Pandemic Risk: How Large Are the Expected Losses?". *Bulletin of the World Health Organization* 96 (2018), p. 129-134. Disponível em: http://dx.doi.org/10.2471/BLT.17.199588.

78. D. E. Kilbourne. "Influenza Pandemics of the 20th Century". *Emerging Infectious Diseases* 12, n. 1 (2006), p. 9-14.
79. Niall Ferguson. "Black Swans, Dragon Kings and Gray Rhinos: The World War of 1914-1918 and the Pandemic of 2020-?". *Hoover History Working Paper 2020-1* (maio 2020).
80. Christopher Clark. *The Sleepwalkers: How Europe Went to War in 1914*. Nova York: HarperCollins, 2012. [*Os sonâmbulos: como eclodiu a Primeira Guerra Mundial*. São Paulo: Companhia das Letras, 2014.]
81. Niall Ferguson. *The War of the World: Twentieth-Century Conflict and the Descent of the West*. Nova York: Penguin Press, 2006. [*A guerra do mundo*. São Paulo: Crítica, 2015.]
82. Charles S. Maier. Recasting Bourgeois Europe: Stabilization in France, Germany, and Italy in the Decade After World War I. Princeton, NJ: Princeton University Press, 1975.
83. Barry Eichengreen. *Golden Fetters: The Gold Standard and the Great Depression, 1919-1939*. New York and Oxford: Oxford University Press, 1992.
84. Charles P. Kindleberger. *The World in Depression, 1929-1939*. Berkeley: University of California Press, 2013 [1973].
85. Niall Philip Alan Sean Johnson. "Aspects of the Historical Geography of the 1918-1919 Influenza Pandemic in Britain" (tese de PhD não publicada). Cambridge University, 2001, p. 116.
86. Jeffery K. Taubenberger e David M. Morens. "1918 Influenza: The Mother of All Pandemics". *Emerging Infectious Diseases* 12, n. 1 (jan. 2006), p. 15-22.
87. Edwin D. Kilbourne. "Influenza Pandemics of the 20th Century". *Emerging Infectious Diseases* 12, n. 1 (2006), p. 9-14.
88. Alfred W. Crosby. *America's Forgotten Pandemic: The Influenza of 1918*. 2. ed. Cambridge: Cambridge University Press, 2003, p. 19; Eugene Opie *et al.* "Pneumonia at Camp Funston". *Journal of the American Medical Association* 72 (January 1919), p. 114 e seguinte.
89. Niall Ferguson. *The Pity of War: Understanding World War I* (New York: Basic Books, 1998), p. 342 e seguinte. [*O horror da guerra*. São Paulo: Crítica, 2018.]
90. Johnson. "Aspects of the Historical Geography", p. 177 e seguintes, 355.
91. Crosby. *America's Forgotten Pandemic*, p. 37.
92. Alexander W. Peters, "Influenza and the Press in 1918". *Concord Review* 14, n. 2 (inverno de 2003). Disponível em: https://www.tcr.org/Influenza/.

93. Niall P. A. S. Johnson e Juergen Mueller. "Updating the Accounts: Global Mortality of the 1918-1920 'Spanish' Influenza Pandemic". *Bulletin of the History of Medicine* 76 (2002), p. 105-15. Cf. também Robert J. Barro, José F. Ursúa e Joanna Weng. "The Coronavirus and the Great Influenza Pandemic: Lessons from the 'Spanish Flu' for the Coronavirus's Potential Effects on Mortality and Economic Activity". *NBER Working Paper* n. 26866 (2020).
94. Johnson. "Aspects of the Historical Geography", p. 76, 234.
95. Carol R. Byerly, "War Losses (USA)". *International Encyclopedia of the First World War*, 8 out. 2014. Disponível em: https://encyclopedia.1914-1918 online.net/article/war_losses_usa/2014-10-08.
96. T. A. Garrett. "Economic Effects of the 1918 Influenza Pandemic Implications for a Modern-Day Pandemic". *Federal Reserve Bank of St. Louis* (nov. 2007).
97. Elizabeth Brainard e Mark V. Siegler. "The Economic Effects of the 1918 Influenza Epidemic". *Centre for Economic Policy Research Discussion Paper* n. 3791 (fev. 2003).
98. Katherine Ann Porter. "Pale Horse, Pale Rider". In: *Pale Horse, Pale Rider: Three Short Novels*. Nova York: Literary Classics, 2008.
99. Johnson. "Aspects of the Historical Geography", p. 298, 314.
100. Johnson. "Aspects of the Historical Geography", p. 423.
101. Johnson. "Aspects of the Historical Geography", p. 258n., 269, 283.
102. Crosby. *America's Forgotten Pandemic*, p. 64 e seguinte.
103. Brainard e Siegler. "Economic Effects".
104. Garrett. "Economic Effects", tabelas 1 e 3, p. 13-15.
105. Sergio Correia, Stephan Luck e Emil Verner. "Pandemics Depress the Economy, Public Health Interventions Do Not: Evidence from the 1918 Flu". 26 mar. 2020. Disponível em SSRN: https://ssrn.com/abstract=3561560; Andrew Lilley, Matthew Lilley e Gianluca Rinaldi. "Public Health Interventions and Economic Growth: Revisiting the Spanish Flu Evidence". 2 maio 2020. Disponível em SSRN: https://ssrn.com/abstract=3590008; Sergio Correia, Stephan Luck e Emil Verner. "Response to Lilley, Lilley, and Rinaldi (2020)". 15 maio 2020. Disponível em: https://almlgr.github.io/CLV_response.pdf.
106. Crosby. *America's Forgotten Pandemic*, p. 52 e seguinte.
107. Francesco Aimone. "The 1918 Influenza Epidemic in New York City: A Review of the Public Health Response". *Public Health Reports* 125, sup. 3 (2010), p. 71-79, doi:10.1177/00333549101250S310.
108. Peters. "Influenza and the Press."

109. H. Markel et al. "Nonpharmaceutical Interventions Implemented by U.S. Cities During the 1918-1919 Influenza Pandemic". *JAMA* 298, n. 6 (2007), p. 644-654, doi:10.1001/jama.298.6.644.
110. Crosby. *America's Forgotten Pandemic*, p. 93-119.
111. Paul Roderick Gregory. "Coronavirus and the Great Lockdown: A Non-Biological Black Swan". *RealClear Markets*, 5 maio 2020. Disponível em: https://www.realclear-markets.com/articles/2020/05/05/coronavirus_and _the_great_lockdown_a_non-biological_black_swan_490756.html.
112. Barro, Ursúa e Weng. "Coronavirus and the Great Influenza Pandemic".
113. Dave Donaldson e Daniel Keniston. "How Positive Was the Positive Check? Investment and Fertility in the Aftermath of the 1918 Influenza in India". 24 out. 2014. Disponível em: http://citeseerx.ist.psu.edu/viewdoc/download?doi=10.1.1.7 04.7779&rep=rep1&type=pdf.
114. Amanda Guimbeauy, Nidhiya Menonz e Aldo Musacchio. "The Brazilian Bombshell? The Short and Long-Term Impact of the 1918 Influenza Pandemic the South American Way". 21 nov. 2019. Disponível em SSRN: https://ssrn.com/abstract=3381800 ou http://dx.doi.org/10.2139/ssrn.3381800.
115. Garrett. "Economic Effects".
116. François R. Velde. "What Happened to the U.S. Economy During the 1918 Influenza Pandemic? A View Through High-Frequency Data". Federal Reserve Bank of Chicago, 10 abr. 2020.
117. Christina D. Romer. "World War I and the Postwar Depression: A Reinterpretation Based on Alternative Estimates of GDP". *Journal of Monetary Economics* 22 (1988), p. 91-115.
118. Brainard e Siegler. "Economic Effects".
119. Douglas Almond. "Is the 1918 Influenza Pandemic Over? Long-Term Effect of In Utero Influenza Exposure in the Post-1940 U.S. Population". *Journal of Political Economy* 114, n. 4 (2006), p. 673.
120. Mikko Myrskylä, Neil K. Mehta e Virginia W. Chang. "Early Life Exposure to the 1918 Influenza Pandemic and Old-Age Mortality by Cause of Death". *American Journal of Public Health* 103, n. 7 (jul. 2013), p. E83-E90.
121. Tommy Bengtsson e Jonas Helgertz. "The Long-Lasting Influenza: The Impact of Fetal Stress During the 1918 Pandemic on Socioeconomic Attainment and Health in Sweden 1968-2012". *IZA Discussion Paper* n. 9327 (set. 2015), p. 1-40.

122. Richard E. Nelson. "Testing the Fetal Origins Hypothesis in a Developing Country: Evidence from the 1918 Influenza Pandemic". *Health Economics* 19, n. 10 (out. 2010), p. 1181-1192. Disponível em: https://onlinelibrary.wiley.com/doi/full/10.1002/hec.1544; Ming-Jen Lin e Elaine M. Liu. "Does In Utero Exposure to Illness Matter? The 1918 Influenza Epidemic in Taiwan as a Natural Experiment". *NBER Working Paper* 20166 (maio 2014). Disponível em: https://www.nber.org/papers/w20166.pdf; Sven Neelsen e Thomas Stratmann. "Long-Run Effects of Fetal Influenza Exposure: Evidence from Switzerland". *Social Science & Medicine* 74, n. 1 (2012), p. 58-66. Disponível em: https://ideas.repec.org/a/eee/socmed/v74y2012i1p58-66.html.

123. Marco Le Moglie *et al.* "Epidemics and Trust: The Case of the Spanish Flu". *Innocenzo Gasparini Institute for Economic Research Working Paper Series* n. 661 (mar. 2020), p. 1-32.

124. Crosby. *America's Forgotten Pandemic*, p. 86, 100-104.

125. Crosby. *America's Forgotten Pandemic*, p. 12-16.

126. Johnson. "Aspects of the Historical Geography", p. 76.

127. Schama. "Plague Time."

128. George Morton-Jack. *Army of Empire: The Untold Story of the Indian Army in World War I*. Nova York: Basic Books, 2018.

129. Robert Skidelsky. *John Maynard Keynes: Hopes Betrayed, 1883-1920*. Londres: Penguin, 1986, p. 378.

130. John M. Barry. *The Great Influenza: The Story of the Deadliest Pandemic in History*. Nova York: Penguin, 2018, p. 386. [*A grande gripe. A história da Gripe Espanhola, a pandemia mais mortal de todos os tempos*. Rio de Janeiro: Intrínseca, 2020.]

131. Crosby. *America's Forgotten Pandemic*, p. 175.

132. Emily Willingham. "Of Lice and Men: An Itchy History". *Scientific American*, 14 fev. 2011. Disponível em: https://blogs.scientificamerican.com/guest-blog/oflice-and-menanitchy-history/.

133. Ian Kershaw. *Hitler: 1889-1936: Hubris*. Nova York: W.W. Norton, 1998, p. 152. [*Hitler*. volume único. São Paulo: Companhia das Letras, 2010.]

134. Adolf Hitler. *Mein Kampf*, trad. Ralph Manheim. Boston/Nova York: Mariner, 1999, p. 305.

135. Richard A. Koenigsberg. "Genocide as Immunology: Hitler as the Robert Koch of Germany". *Library of Social Science*, n.d. Disponível em: https://www.libraryofsocialscience.com/newsletter/posts/2018/2018-12-11-immunology.html.

136. Michael Burleigh e Wolfgang Wippermann. *The Racial State: Germany 1933-1945*. Cambridge: Cambridge University Press, 1991.

Capítulo 6 – A psicologia da incompetência política

1. Norman Dixon. *On the Psychology of Military Incompetence*. Londres: Pimlico, 1994. [*A psicologia da incompetência dos militares*. Lisboa: Dom Quixote, 2007.]
2. Dixon. *Psychology of Military Incompetence*, p. 19, 162 e seguintes, 306.
3. Dixon. *Psychology of Military Incompetence*, p. 152-153.
4. Dixon. *Psychology of Military Incompetence*, p. 155.
5. R. Collins. "A Dynamic Theory of Battle Victory and Defeat". *Cliodynamics* 1, n. 1 (2010), p. 3-25.
6. Liev Tolstói. *War and Peace*, trad. Louise e Aylmer Maude. Londres: Wordsworth, 1993), livro IX, cap. 1. [*Guerra e paz*. 2 vol. São Paulo: Companhia das Letras, 2017.]
7. Christina Boswell. *The Political Uses of Expert Knowledge: Immigration Policy and Social Research*. Cambridge: Cambridge University Press, 2009.
8. Henry Kissinger. *White House Years*. Nova York: Simon & Schuster, p. 43.
9. Christopher Guyver. *The Second French Republic 1848-1852: A Political Reinterpretation*. Nova York: Palgrave Macmillan, 2016, p. 196.
10. Amartya Sen. *Poverty and Famines: An Essay on Entitlement and Deprivation*. Oxford: Oxford University Press, 1983.
11. Amartya Sen. *Development as Freedom*. Oxford: Oxford University Press, 1999, p. 16. [*Desenvolvimento como liberdade*. São Paulo: Companhia das Letras, 2010.]
12. Amartya Sen. "How Is India Doing?". *New York Review of Books*, 16 dez. 1982. Disponível em: https://www.nybooks.com/articles/1982/12/16/how-is-india-doing/.
13. Adam Smith. An Inquiry into the Nature and Causes of the Wealth of Nations, v. II. Oxford: Clarendon Press, 1976 [1776], p. 102. [*A riqueza das nações*. 2 vol. São Paulo: WMF Martins Fontes, 2016.]
14. Marcel Lachiver. *Les années de misère: La famine au temps du Grand Roi*. Paris: Fayard, 1991.
15. Rajat Datta. *Society, Economy and the Market: Commercialisation in Rural Bengal, c. 1760-1800*. Nova Déli: Manohar, 2000, p. 264. Cf. William Dalrymple. *The Anarchy: The East India Company, Corporate Violence and the Pillage of an Empire*. Nova York: Bloomsbury, 2019, p. 259-304.
16. Tyler Goodspeed. *Famine and Finance: Credit and the Great Famine of Ireland*. Cham, Suíça: Palgrave Macmillan, 2017.
17. "Introduction". *The Great Irish Famine Online, Geography Department, University College Cork and Department of Culture, Heritage and the Gaeltacht*. Disponível em: https://dahg.maps.arcgis.com/apps/MapSeries/index.html?appid=8de2b863f4454c bf93387da cb5cb8412.

18. K. Theodore Hoppen. "The Franchise and Electoral Politics in England and Ireland 1832-1885". *History* 70, n. 299 (jun. 1985), p. 202-217.
19. Angus D. Macintyre. *The Liberator: Daniel O'Connell and the Irish Party, 1830-1847*. Londres: Hamish Hamilton, 1965, p. 292.
20. Thomas Keneally. *Three Famines: Starvation and Politics*. Nova York: PublicAffairs, 2011, p. 64.
21. Niall Ferguson. *The House of Rothschild*, v. I: *Money's Prophets: 1798-1848*. Nova York: Penguin, 1999, p. 443, 449.
22. Christine Kinealy. "Peel, Rotten Potatoes and Providence: The Repeal of the Corn Laws and the Irish Famine". In: *Free Trade and its Reception, 1815-1960*, ed. Andrew Marrison. Londres: Routledge, 2002.
23. *The Times*, 22 set. 1846.
24. *Debate on the Labouring Poor (Ireland) Bill, House of Commons*, 1º fev. 1847, Hansard, v. 89, cc615-90. Disponível em: https://api.parliament.uk/historichansard/commons/1847/feb/01/labouring-poor-ireland-bill. Cf. Tim Pat Coogan. *The Famine Plot: England's Role in Ireland's Greatest Tragedy*. Nova York: St. Martin's Griffin, 2012, p. 229.
25. Roman Serbyn. "The First Man-Made Famine in Soviet Ukraine, 1921-23". *Ukrainian Weekly* 56, n. 45 (6 nov. 1988). Disponível em: http://www.ukrweekly.com/old/archive/1988/458814.shtml.
26. Anne Applebaum. *Red Famine: Stalin's War on Ukraine*. Londres: Penguin, 2018, p. 67-69. [*Fome vermelha: a guerra de Stálin na Ucrânia*. Rio de Janeiro: Record, 2019.]
27. Applebaum. *Red Famine*, p. 166 e seguinte.
28. Applebaum. *Red Famine*, p. 229 e seguinte.
29. Sergei Nefedov e Michael Ellman. "The Soviet Famine of 1931-1934: Genocide, a Result of Poor Harvests, or the Outcome of a Conflict Between the State and the Peasants?". *Europe-Asia Studies* 71, n. 6 (jul. 2019), p. 1048-1065.
30. Michael Ellman. "The Role of Leadership Perceptions and of Intent in the Soviet Famine of 1931-1934". *Europe-Asia Studies* 57, n. 6 (set. 2005), p. 824.
31. Benjamin I. Cook, Ron L. Miller e Richard Seager. "Amplification of the North American 'Dust Bowl' Drought Through Human-Induced Land Degradation". *PNAS* 106, n. 13 (31 mar. 2009), p. 4997-5001.
32. Ben Cook, Ron Miller e Richard Seager. "Did Dust Storms Make the Dust Bowl Drought Worse?". *Lamont-Doherty Earth Observatory*. Columbia University Earth Institute. Disponível em: http://ocp.ldeo.columbia.edu/res/div/ocp/drought/dust_storms.shtml.

33. Timothy Egan. *The Worst Hard Time: The Untold Story of Those Who Survived the Great American Dustbowl*. Boston e Nova York: Mariner/Houghton Mifflin Harcourt, 2006, p. 5.
34. Robert A. McLeman et al. "What We Learned from the Dust Bowl: Lessons in Science, Policy, and Adaption". *Population and Environment* 35 (2014), p. 417-40. Cf. também D. Worster. *Dust Bowl: The Southern Plains in the 1930s*. Nova York: Oxford University Press, 1979.
35. Cook, Miller e Seager. "Amplification of the North American 'Dust Bowl' Drought", p. 4997.
36. Egan. *Worst Hard Time*, p. 8.
37. "Honoring 85 Years of NRCS – A Brief History". *Natural Resources Conservation Service*, USDA. Disponível em: https://www.nrcs.usda.gov/wps/portal/nrcs/detail/national/about/history/?cid=nrcs143_021 392
38. Mike Davis. *Late Victorian Holocausts: El Niño Famines and the Making of the Third World*. Londres e Nova York: Verso, 2001. [*Holocaustos coloniais: clima, fome e imperialismo na formação do Terceiro Mundo*. Rio de Janeiro: Record, 2002.]
39. Tirthankar Roy. *The Economic History of India, 1857-1947*. Déli: Oxford University Press, 2000, p. 22, 219 e seguinte, 254, 285, 294. Cf. Michelle Burge McAlpin. *Subject to Famine: Food Crises and Economic Change in Western India, 1860-1920*. Princeton, NJ: Princeton University Press, 1983.
40. Christopher Bayly e Tim Harper. *Forgotten Armies: Britain's Asian Empire and the War with Japan*. Londres: Penguin, 2005.
41. Cormac Ó Gráda. "'Sufficiency and Sufficiency and Sufficiency': Revisiting the Great Bengal Famine, 1943-1944". In: *Eating People Is Wrong, and Other Essays on Famine, Its Past, and Its Future*. Princeton, NJ: Princeton University Press, 2015, p. 90.
42. Arthur Herman. *Gandhi and Churchill: The Rivalry That Destroyed an Empire and Forged Our Age*. Londres: Hutchinson, 2008, p. 513.
43. Keneally. *Three Famines*, p. 93.
44. Herman. *Gandhi and Churchill*, p. 515.
45. Andrew Roberts. *Churchill: Walking with Destiny*. Londres: Allen Lane, 2018, p. 788. [*Churchill: caminhando com o destino*. São Paulo: Companhia das Letras, 2020.]
46. Keneally. *Three Famines*, p. 95.
47. Bayly e Harper. *Forgotten Armies*, p. 284-287.
48. Frank Dikötter. *Mao's Great Famine: The History of China's Most Devastating Catastrophe, 1958-1962*. Londres: Bloomsbury, 2017, p. 333 [*A grande fome de Mao.*

Rio de Janeiro: Record, 2017]; Andrew G. Walder. *China Under Mao: A Revolution Derailed*. Cambridge, MA: Harvard University Press, p. 173.
49. Dali L. Yang. *Calamity and Reform in China: State, Rural Society, and Institutional Change Since the Great Leap Famine*. Stanford, CA: Stanford University Press, 1996.
50. Xin Meng, Nancy Qian e Pierre Yared. "The Institutional Causes of China's Great Famine, 1959-1961". *NBER Working Paper* n. 16361 (set. 2010).
51. Dikötter. *Mao's Great Famine*, p. 39 e seguinte.
52. Dikötter. *Mao's Great Famine*, p. 113 e seguinte, 133.
53. Dikötter. *Mao's Great Famine*, p. 178 e seguintes, 276, 301 e seguinte.
54. Cormac Ó Gráda. "Eating People Is Wrong: Famine's Darkest Secret?". In: *Eating People Is Wrong*, p. 11-37.
55. Estatísticas de Bengala de Tim Dyson. *Population History of India: From the First Modern People to the Present Day*. Oxford: Oxford University Press, 2018, e Stephen Devereux. "Famine in the Twentieth Century". *IDS Working Paper* 105 (2000). Estatísticas da Irlanda de Joel Mokyr. *Why Ireland Starved: A Quantitative and Analytical History of the Irish Economy, 1800-1850*. Londres: Allen & Unwin, 1983.
56. Theodore M. Vestal. "Famine in Ethiopia: Crisis of Many Dimensions". *Africa Today* 32, n. 4 (1984), p. 7-28.
57. Mark R. Jury. "Climatic Determinants of March-May Rainfall Variability over Southeastern Ethiopia". *Climate Research* 66, n. 3 (dez. 2015), p. 201-210.
58. Alex de Waal. *Evil Days: Thirty Years of War and Famine in Ethiopia*. Nova York e Londres: Human Rights Watch, 1991; Peter Gill. *Famine and Foreigners: Ethiopia Since Live Aid*. Oxford: Oxford University Press, 2010.
59. Keneally. *Three Famines*, p. 125.
60. David Rieff. "The Humanitarian Aid Industry's Most Absurd Apologist". *New Republic*, 28 nov. 2010. Disponível em: https://newrepublic.com/article/79491/humanitarian-aid-industrys-most-absurd-apologist-geldof.
61. Chandler Collier. "London Coal Fog of 1880". Disponível em: https://prezi.com/fbho-h7ba7f5/london- coal-fog-of-1880/.
62. The Hon. R. Russell, London Fogs. Gloucester: Dodo Press, 2009 [1880], p. 5-6. Disponível em: https://www.victorianlondon.org/weather/londonfogs.htm.
63. Christopher Klein. "The Great Smog of 1952". *History*, 5 dez. 2012, atualizado em 22 ago. 2018. Disponível em: https://www.history.com/news/the-killer-fog-that-blanketed-london-60-years-ago.

64. Camila Domonoske. "Research on Chinese Haze Helps Crack Mystery of London's Deadly 1952 Fog". *The Two-Way, NPR*, 23 nov. 2016. Disponível em: https://www.npr.org/sections/thetwo-way/2016/11/23/503156414/research-on-chinese-haze-helps-crack-mystery-of-londonsdeadly-1952-fog; Jane Onyanga-Omara. "Mystery of London Fog That Killed 12,000 Finally Solved". *USA Today*, 13 dez. 2016. Disponível em: https:// eu.usatoday.com/story/news/world/2016/12/13/scientists-say-theyve-solvedmystery-1952-london-killer-fog/95375738/.
65. Peter Thorsheim. *Inventing Pollution: Coal, Smoke, and Culture in Britain Since 1800*. Athens: Ohio University Press, 2017, p. 161.
66. H. Ross Anderson *et al.* "Health Effects of an Air Pollution Episode in London, December 1991". *Thorax* 50 (1995), p. 1188-1193.
67. Winston S. Churchill. *The World Crisis, 1911-1914*. Nova York: Charles Scribner's Sons, 1923, p. 41.
68. David Lloyd George. *War Memoirs*, v. I. Londres: Odhams Press, 1938, p. 32, 34 e seguinte.
69. Samuel Hynes. *A War Imagined: The First World War and English Culture*. Londres: Pimlico, 1990, p. 106.
70. Alan Clark. *The Donkeys*. Londres: Random House, 2011 [1961]; John Laffin. *British Butchers and Bunglers of World War One*. Stroud, Reino Unido: Sutton, 1992.
71. John Terraine. *Douglas Haig: The Educated Soldier*. Londres: Cassell, 1963.
72. Gary Sheffield. "An Exercise in Futility". *History Today* 66, n. 7 (2016), p. 10-18. Cf. também Gary Sheffield. *The Somme*. Londres: Cassell, 2003.
73. William Philpott. *Bloody Victory: The Sacrifice on the Somme and the Making of the Twentieth Century*. Londres: Abacus, 2016.
74. Gary Sheffield. *The Chief: Douglas Haig and the British Army*. Londres: Aurum Press, 2012, p. 166.
75. Robin Prior e Trevor Wilson. *Command on the Western Front: The Military Career of Sir Henry Rawlinson, 1914-18*. Oxford: Basil Blackwell, 1992, p. 78.
76. David French. "The Meaning of Attrition". *English Historical Review* 103, n. 407 (1986), p. 403.
77. Trevor Wilson. *The Myriad Faces of War: Britain and the Great War, 1914-1918*. Cambridge: Cambridge University Press, 1986, p. 309; Prior e Wilson. *Command on the Western Front*, p. 150 e seguinte.
78. Sheffield. "Exercise in Futility".

79. Prior e Wilson. *Command on the Western Front*, p. 153, 163-166.
80. Ernst Jünger. *The Storm of Steel: From the Diary of a German Storm-Troop Officer on the Western Front*, trad. Basil Creighton. Londres: Chatto & Windus, 1929, p. 92 e seguintes, 106 e seguinte. [*Tempestades de aço*. São Paulo: Cosac & Naify, 2013.]
81. John Terraine. *The First World War*. Londres: Secker and Warburg, 1984, p. 172.
82. French. "Meaning of Attrition", p. 386.
83. Niall Ferguson. *The Pity of War: Understanding World War I*. Nova York: Basic Books, 1998, p. 332 e seguinte. [*O horror da guerra*. São Paulo: Crítica, 2018.]
84. R. H. Tawney. "Some Reflections of a Soldier". In: *The Attack and Other Papers*. Londres: Allen & Unwin, 1953.
85. Nicholas Reeves. "Film Propaganda and Its Audience: The Example of Britain's Official Films During the First World War". *Journal of Contemporary History* 18, n. 3 (1983), p. 464-494.
86. Brian Bond. *British Military Policy Between the Two World Wars*. Oxford: Clarendon, 1980, p. 24.
87. James Neidpath. *The Singapore Naval Base and the Defence of Britain's Eastern Empire*, 1919-1941. Oxford: Clarendon, 1981, p. 131.
88. Bond. *British Military Policy*, p. 217.
89. Para um relato detalhado, cf. Niall Ferguson. *The War of the World: Twentieth-Century Conflict and the Descent of the West*. Nova York: Penguin Press, 2006, p. 312-382. [*A guerra do mundo*. São Paulo: Crítica, 2015.]
90. Winston Churchill. "The Munich Agreement". Discurso à Câmara dos Comuns, 5 dez. 1938. International Churchill Society. Disponível em: https://winstonchurchill.org/resources/speeches/1930-1938-the-wilderness/the-munich-agreement.
91. Randolph Spencer Churchill e Martin Gilbert. *Winston S. Churchill*, vol. V: *The Prophet of Truth, 1922-1939*. Nova York: Houghton Mifflin, 1966, p. 1002. [*Winston Churchill – Uma vida*, v. II. São Paulo: Leya, 2016.]
92. Roberts. *Churchill*, p. 438.
93. Roberts. *Churchill*, p. 696.
94. Barnaby Crowcroft. "The End of the British Empire of Protectorates, 1945-1960" (tese de PhD, Harvard University, 2019).
95. Marechal de Campo Lord Alanbrooke. *Alanbrooke War Diaries 1939-1945*. Londres: Orion, 2015, 11-18 fev. 1942.
96. "'The Buck Stops Here' Desk Sign". Harry S. Truman Library and Museum. Disponível em: https://www.trumanlibrary.gov/education/trivia/buck-stops-here-sign.

97. Adrian Goldsworthy. *How Rome Fell: Death of a Superpower*. (New Haven, CT: Yale University Press, 2009. [*O fim do império romano: o lento declínio da superpotência*. Lisboa: Esfera dos Livros, 2010.]
98. Peter Heather. *The Fall of the Roman Empire: A New History*. Londres: Pan, 2006.
99. Bryan Ward-Perkins. *The Fall of Rome and the End of Civilization*. Oxford: Oxford University Press, 2005.
100. Dennis O. Flynn and Arturo Giraldez. "Arbitrage, China, and World Trade in the Early Modern Period". *Journal of the Economic and Social History of the Orient* 38, n. 4 (1995), p. 429-448.
101. Patricia Buckley Ebrey. *The Cambridge Illustrated History of China*. Cambridge: Cambridge University Press, 1996, esp. p. 215.
102. Para um bom resumo, cf. Jack Goody. *Capitalism and Modernity: The Great Debate*. Cambridge: Polity Press, 2004, p. 103-117.
103. Hanhui Guan and Li Daokui. "A Study of GDP and Its Structure in China's Ming Dynasty". *China Economic Quarterly* 3 (2010).
104. Cf., p. ex., L. Brandt, Debin Ma e Thomas G. Rawski. "From Divergence to Convergence: Re-Evaluating the History Behind China's Economic Boom". *University of Warwick Working Paper* Series n. 117 (fev. 2013).
105. Friedrich Percyval Reck-Malleczewen. *Diary of a Man in Despair*. Richmond, UK: Duckworth, 2000 [1947], p. 31.
106. Stephen Kotkin. *Armageddon Averted: The Soviet Collapse, 1970-2000*. Oxford: Oxford University Press, 2008.
107. Leon Aron. "Everything You Think You Know About the Collapse of the Soviet Union Is Wrong". *Foreign Policy*, 20 jun. 2011. Disponível em: https://foreignpolicy.com/2011/06/20/everythingyou-think-you-know-about-the-collapse-of-the-soviet-union-is-wrong/.
108. Charles King. "How a Great Power Falls Apart". *Foreign Affairs*, 30 jun. 2020. Disponível em: https://www.foreignaffairs.com/articles/russia-fsu/2020-06-30/how-great-power-falls-apart.
109. Cf., em geral, Samir Puri. *The Great Imperial Hangover: How Empires Have Shaped the World*. Londres: Atlantic Books, 2020.
110. Eyck Freymann. *One Belt One Road: Chinese Power Meets the World*. Cambridge, MA: Harvard University Press, 2021, p. 42, 62, 100.
111. Cf. seu discurso na cúpula CIS informal, São Petersburgo, 20 dez. 2019, *site* do Presidente da Rússia. Disponível em: http://en.kremlin.ru/events/president/news/62376; e seu discurso sobre "Responsabilidade compartilhada da história e do

nosso futuro". Moscou, 19 jun. 2020, *site* do Presidente da Rússia. Disponível em: http://en.kremlin.ru/events/president/news/63527.
112. Manmohan Singh, discurso de aceitação de um título honorário da Oxford University, 8 jul. 2005. Disponível em: https://archivepmo.nic.in/drmanmohansingh/speech-details.php?nodeid=140.
113. Michael Colborne e Maxim Edwards. "Erdoğan Is Making the Ottoman Empire Great Again". *Foreign Policy*, 22 jun. 2018. Disponível em: https://foreignpolicy.com/2018/06/22/erdogan-is-making-the-ottoman-empire-great-again/. Cf. também Abdullah Bozkurt. "Erdoğan's Secret Keeper Says Lausanne Treaty 'Expired,' Turkey Free to Grab Resources". *Nordic Monitor*, 24 fev. 2020. Disponível em: https://www.nordicmonitor.com/2020/02/erdogans-secret-keeper-says-lausanne-treatyinvalid-turkey-free-to-grab-resources/; Sinan Baykent. "Misak-i Millî or the 'National Oath': Turkey's New Foreign Policy Compass?". *Hurriyet Daily News*, 31 out. 2016. Disponível em: https://www.hurriyetdailynews.com/misak-i-mill-or-the-national-oath-turkeys-newforeign-policy-compass-105529.
114. Michael Morell. "Iran's Grand Strategy Is to Become a Regional Powerhouse". *Washington Post*, 3 abr. 2015. Disponível em: https://www.washingtonpost.com/opinions/irans-grandstrategy/2015/04/03/415ec8a8-d8a3-11e4-ba28-f2a685dc7f89_story.html.

Capítulo 7 – Da gripe Boogie Woogie ao ebola na cidade

1. Pasquale Cirillo e Nassim Nicholas Taleb. "Tail Risk of Contagious Diseases". *Nature Physics 16* (2020), p. 606-613.
2. Niall P. A. S. Johnson e Juergen Mueller. "Updating the Accounts: Global Mortality of the 1918-1920 'Spanish' Influenza Pandemic". *Bulletin of the History of Medicine* 76 (2002), p. 105-115.
3. "Eisenhower Seeks Fund to Fight Flu". *The New York Times*, 8 ago. 1957. Disponível em: https://timesmachine.nytimes.com/timesmachine/1957/08/08/90831582.html.
4. Presidential Approval Ratings – Gallup Historical Statistics and Trends, Gallup. Disponível em: https://news.gallup.com/poll/116677/presidential-approval-ratings-gallup-historicalstatistics-trends.aspx.
5. Para a teoria de que a pandemia de 1889 foi, na verdade, causada por um coronavírus, cf. Nicholas A. Christakis. *Apollo's Arrow: The Profound and Enduring Impact of Coronavirus on the Way We Live*. Nova York: Little, Brown Spark, 2020, p. 309 e seguinte.

6. D. A. Henderson, Brooke Courtney, Thomas V. Inglesby, Eric Toner e Jennifer B. Nuzzo. "Public Health and Medical Responses to the 1957-1958 Influenza Pandemic". *Biosecurity and Bioterrorism: Biodefense Strategy, Practice, and Science* (set. 2009), p. 265-273.
7. Cécile Viboud *et al.* "Global Mortality Impact of the 1957-1959 Influenza Pandemic". *Journal of Infectious Diseases* 213 (2016), p. 738-745.
8. Viboud *et al.* "Global Mortality Impact", p. 744.
9. "1957-1958 Pandemic (H2N2 Virus)". *Centers for Disease Control and Prevention* (daqui em diante CDC). Disponível em: https://www.cdc.gov/flu/pandemic-resources/1957-1958-pandemic.html.
10. Christakis. *Apollo's Arrow*, p. 62 e seguinte; Robert J. Barro, José F. Ursúa, and Joanna Weng. "The Coronavirus and the Great Influenza Pandemic: Lessons from the 'Spanish Flu' for the Coronavirus's Potential Effects on Mortality and Economic Activity". *NBER Working Paper* n. 26866 (2020).
11. Elizabeth Brainard e Mark V. Siegler. "The Economic Effects of the 1918 Influenza Epidemic". *Centre for Economic Policy Research Discussion Paper* n. 3791 (fev. 2003).
12. Patrick G. T. Walker *et al.* "The Global Impact of Covid-19 and Strategies for Mitigation and Suppression". *Imperial College Covid-19 Response Team Report 12* (26 mar. 2020). Disponível em: https://doi.org/10.25561/77735.
13. Para uma nova pesquisa que é um tanto mais otimista que eu sobre a possível taxa de fatalidade, cf. John P. A. Ioannidis. "The Infection Fatality Rate of Covid-19 Inferred from Seroprevalence Data". 19 maio 2020, *MedRxiv*. Disponível em: https://doi.org/10.1101/2020.05.13.20101253.
14. Elizabeth W. Etheridge. *Sentinel for Health: A History of the Centers for Disease Control.* Berkeley: University of California Press, 1992, p. 85.
15. Robert E. Serfling, Ida L. Sherman e William J. Houseworth. "Excess Pneumonia-Influenza Mortality by Age and Sex in Three Major Influenza A2 Epidemics, United States, 1957-1958, 1960 and 1963". *American Journal of Epidemiology* 88, n. 8 (1967), p. 433-442.
16. Eskild Petersen *et al.* "Comparing Sars-CoV2 with Sars-CoV and Influenza Pandemics". *Lancet Infectious Diseases* 20, n. 9 (set. 2020), tabela 3. Disponível em: https://doi.org/10.1016/S14733099(20) 30484-9.
17. "Influenza 1957". *American Journal of Public Health and the Nation's Health* 47, n. 9 (set. 1957), p. 1141 e seguinte.

18. Lina Zeldovich. "How America Brought the 1957 Influenza Pandemic to a Halt". *JSTOR Daily*, 7 abr. 2020. Disponível em: https://daily.jstor.org/how-america-brought-the-1957-influenza-pandemic-to-a-halt/.
19. Henderson *et al.* "Public Health and Medical Responses", p. 266.
20. Henderson *et al.* "Public Health and Medical Responses", p. 271.
21. Henderson *et al.* "Public Health and Medical Responses."
22. Edwin D. Kilbourne. "Influenza Pandemics of the 20th Century". *Emerging Infectious Diseases* 12, n. 1 (jan. 2006), p. 10.
23. Albert-László Barabási. *Network Science*. Cambridge: Cambridge University Press, 2016, esp. cap. 10.
24. Etheridge. *Sentinel for Health*, p. 85.
25. Etheridge. *Sentinel for Health*, p. 269.
26. Jere Housworth e Alexander D. Langmuir. "Excess Mortality from Epidemic Influenza, 1957-1966". *American Journal of Epidemiology* 100, n. 1 (1974), p. 40-49.
27. Cécile Viboud *et al.* "Multinational Impact of the 1968 Hong Kong Influenza Pandemic: Evidence for a Smoldering Pandemic". *Journal of Infectious Diseases* 192 (2005), p. 233-248; Petersen *et al.* "Comparing Sars-CoV-2 with Sars-CoV and Influenza", tabela 3.
28. Jack M. Holl. "Young Eisenhower's Fight with the 1918 Flu at Camp Colt". Brewminate, 5 maio 2020. Disponível em: https://brewminate.com/young-eisenhowers-fight-with-the-1918-flu-at-camp-colt/.
29. Henderson *et al.* "Public Health and Medical Responses", p. 266.
30. Henderson *et al.* "Public Health and Medical Responses", p. 270.
31. Fred M. Davenport. "Role of the Commission on Influenza". *Studies of Epidemiology and Prevention* 73, n. 2 (fev. 1958), pp. 133-139.
32. Henderson *et al.* "Public Health and Medical Responses", p. 270.
33. "Hong Kong Battling Influenza Epidemic". *The New York Times*, 16 abr. 1957.
34. Henderson *et al.* "Public Health and Medical Responses", p. 270.
35. Zeldovich. "1957 Influenza Pandemic."
36. Etheridge. *Sentinel for Health*, p. 84.
37. Henderson *et al.* "Public Health and Medical Responses", p. 270.
38. Kilbourne. "Influenza Pandemics", p. 10.
39. Paul A. Offit. *Vaccinated: One Man's Quest to Defeat the World's Deadliest Diseases*. Washington, DC: Smithsonian, 2007, p. 128-131.
40. Milton Friedman e Anna Jacobson Schwartz. *A Monetary History of the United States, 1867-1960*. Princeton, NJ: Princeton University Press, 2008, p. 615.

41. Federal Reserve Bank of St. Louis. "The 1957-1958 Recession: Recent or Current?". *FRBSL Monthly Review* 40, n. 8 (ago. 1958), p. 94-103.
42. Henderson *et al.* "Public Health and Medical Responses". p. 269 e seguinte.
43. U.S. Congressional Budget Office. "A Potential Influenza Pandemic: Possible Macroeconomic Effects and Policy Issues", 8 dez. 2005 (revisado em 27 jul. 2006). Disponível em: http://www.cbo.gov/ftpdocs/69xx/doc6946/12-08-BirdFlu.pdf.
44. "Democrats Widen Congress Margin". *The New York Times*, 5 nov. 1958.
45. Heidi J. S. Tworek. "Communicable Disease: Information, Health, and Globalization in the Interwar Period". *American Historical Review*, jun. 2019, p. 823, 836.
46. Tworek. "Communicable Disease", p. 838.
47. Tworek. "Communicable Disease", p. 841.
48. Frank Furedi. "Why the WHO Should Be Scrapped". *Spiked*, 27 abr. 2020. Disponível em: https://www.spiked-online.com/2020/04/27/why-the-who-should-be-scrapped/.
49. Franklin D. Roosevelt, discurso em Chicago, 5 out. 1937. Disponível em: https://www.presidency.ucsb.edu/documents/address-chicago.
50. Elizabeth Borgwardt. *A New Deal for the World: America's Vision for Human Rights*. Cambridge, MA: Harvard University Press, 2005.
51. Julia Emily Johnsen. *Plans for a Post-War World*. Nova York: H. W. Wilson, 1942, p. 115.
52. Odd Arne Westad. *The Global Cold War: Third World Interventions and the Making of Our Times*. Nova York: Cambridge University Press, 2005.
53. Sargent. "Strategy and Biosecurity."
54. Calculado a partir de dados do Prêmio Nobel. Disponível em: http://www.nobelprize.org/prizes/.
55. S. Jayachandran, Adriana Lleras-Muney e Kimberly V. Smith. "Modern Medicine and the 20th Century Decline in Mortality: New Evidence on the Impact of Sulfa Drugs". *Online Working Paper Series*, California Center for Population Research, UCLA (2008), p. 1-48.
56. Thomas McKeown, R. G. Record e R. D. Turner. "An Interpretation of the Decline of Mortality in England and Wales During the Twentieth Century". *Journal of Population Studies* 29, n. 3 (1975), p. 391-422.
57. Christakis. *Apollo's Arrow*, p. 111.
58. David Cutler e Ellen Meara. "Changes in the Age Distribution of Mortality Over the 20th Century". *NBER Working Paper* n. 8556 (out. 2001).
59. Hampton. "End of Medical History", p. 367-371.

60. Joel Slemrod. "Post-War Capital Accumulation and the Threat of Nuclear War". *NBER Working Paper* n. 887 (1982); Joel Slemrod. "Fear of Nuclear War and Intercountry Differences in the Rate of Saving". *NBER Working Paper* n. 2801 (1988); Bruce Russett e Joel Slemrod. "Diminished Expectations of Nuclear War and Increased Personal Savings: Evidence from Individual Survey Data" *NBER Working Paper* n. 4031 (1992).

61. *John Farley, Brock Chisholm, the World Health Organization and the Cold War*. Vancouver and Toronto: UBC Press, 2008, p. 56.

62. Meredith Reid Sarkees. "The Correlates of War Data on War: An Update to 1997". *Conflict Management and Peace Science* 18, n. 1 (2000), p. 123-144.

63. Max Roser. "War and Peace After 1945". *Our World in Data* (2015). Disponível em: http://ourworldindata.org/data/war-peace/war-and-peace-after-1945/.

64. Center for Systemic Peace. "Assessing the Qualities of Systemic Peace". Disponível em: https://www.systemicpeace.org/conflicttrends.html.

65. Peter J. Hotez. "Vaccines as Instruments of Foreign Policy". *European Molecular Biology Organization Reports* 2, n. 10 (2001), p. 862-868.

66. David M. Oshinsky. *Polio: An American Story*. Oxford: Oxford University Press, 2005, p. 252 e seguinte.

67. Erez Manela. "Smallpox Eradication and the Rise of Global Governance". In: *The Shock of the Global: The 1970s in Perspective*, ed. Niall Ferguson *et al*. Cambridge, MA: Harvard University Press, 2010, p. 256-257.

68. Jared Diamond. "Lessons from a Pandemic". *Financial Times*, 25 maio 2020. Disponível em: https://www.ft.com/content/71ed9f88-9f5b-11ea-b65d-489c67b0d85d.

69. "Biological Weapons in the Former Soviet Union: An Interview with Dr. Kenneth Alibek". *Nonproliferation Review*, primavera/verão 1999, p. 1-10.

70. Clark Whelton. "Say Your Prayers and Take Your Chances: Remembering the 1957 Asian Flu Pandemic". *City Journal*, 13 mar. 2020. Disponível em: https://www.city--journal.org/1957-asian-flu-pandemic.

71. Henderson *et al*. "Public Health and Medical Responses", p. 270, 272.

72. Justin McCarthy. "Americans Differ Greatly in Readiness to Return to Normal". *Gallup*, 30 abr. 2020. Disponível em: https://news.gallup.com/poll/309578/americans-differ-greatly-readiness-return- normal.aspx.

73. R. J. Reinhart. "Roundup of Gallup COVID-19 Coverage", 19 out. 2020. Disponível em: https://news.gallup.com/opinion/gallup/308126/roundup-gallup--covid-coverage.aspx.

74. Michele Gelfand *et al.* "Cultural and Institutional Factors Predicting the Infection Rate and Mortality Likelihood of the Covid-19 Pandemic". *PsyArXiv*, 1º abr. 2020. Disponível em: https://doi.org/10.31234/osf.io/m7f8a.
75. Charles Murray. *Coming Apart: The State of White America, 1960-2010*. Nova York: Crown Forum, 2012.
76. U.S. Bureau of Labor Statistics. "All Employees, Federal [CES9091000001]", recuperado de FRED: Federal Reserve Bank of St. Louis. Disponível em: https://fred.stlouisfed.org/series/CES9091000001.
77. U.S. Bureau of Labor Statistics. "All Employees, Government [USGOVT]", recuperado de FRED: Federal Reserve Bank of St. Louis. Disponível em: https://fred.stlouisfed.org/series/USGOVT.
78. U.S. Bureau of Labor Statistics. "All Employees, Government."
79. Federal Reserve Bank of St. Louis and U.S. Office of Management and Budget. "Gross Federal Debt as Percent of Gross Domestic Product [GFDGDPA188S]", recuperado de FRED: Federal Reserve Bank of St. Louis. Disponível em: https://fred.stlouisfed.org/series/GFDGDPA188S.
80. "Budget Projections: Debt Will Exceed the Size of the Economy This Year". *Committee for a Responsible Federal Budget*, 13 abr. 2020. Disponível em: http://www.crfb.org/blogs/budget-projectionsdebt-will-exceed-size-economy-year.
81. Oshinsky. *Polio: An American Story*, p. 8.
82. Oshinsky. *Polio: An American Story*, p. 53.
83. Oshinsky. *Polio: An American Story*, p. 162.
84. Oshinsky. *Polio: An American Story*, p. 204.
85. Oshinsky. *Polio: An American Story*, p. 218.
86. Oshinsky. *Polio: An American Story*, p. 219.
87. Oshinsky. *Polio: An American Story*, p. 268.
88. Richard Krause. "The Swine Flu Episode and the Fog of Epidemics". *Emerging Infectious Diseases* 12, n. 1 (jan. 2006), p. 40-43. Disponível em: https://doi.org/10.3201/eid1201.051132.
89. Homeland Security Council, National Strategy for Pandemic Influenza (nov. 2005). Disponível em: https://www.cdc.gov/flu/pandemic-resources/pdf/pandemic-influenza-strategy-2005.pdf.
90. David C. Morrison. "Pandemics and National Security". Great Decisions (2006), p. 93-102. Disponível em: https://www.jstor.org/stable/43682459.

91. James Fallows. "The 3 Weeks That Changed Everything". *Atlantic*, 29 jun. 2020. Disponível em: https://www.theatlantic.com/politics/archive/2020/06/how-white-house-coronavirusresponse-went-wrong/613591/.
92. Anna Mummert *et al.* "A Perspective on Multiple Waves of Influenza Pandemics". *PLOS One*, 23 abr. 2013. Disponível em: https://doi.org/10.1371/journal.pone.0060343.
93. Petersen *et al.* "Comparing Sars-CoV-2 with Sars-CoV and Influenza." Cf. também "2009 H1N1 Pandemic (H1N1pdm09 Virus)". CDC. Disponível em: https://www.cdc.gov/flu/pandemic-resources/2009-h1n1-pandemic.html.
94. Gabinete Executivo do Presidente dos Estados Unidos. "Playbook for Early Response to High-Consequence Emerging Infectious Disease Threats and Biological Incidents". n.d. Disponível em: https://assets.documentcloud.org/documents/6819268/Pandemic-Playbook.pdf.
95. A. Moya *et al.* "The Population Genetics and Evolutionary Epidemiology of RNA Viruses". *Nature Reviews* 2 (2004), p. 279-288.
96. Randy Shilts. *And the Band Played On: Politics, People and the AIDS Epidemic*. Londres: Souvenir Press, 2011.
97. Shilts. *And the Band Played On*, p. 68 e seguinte.
98. Shilts. *And the Band Played On*, p. 73 e seguinte.
99. Shilts. *And the Band Played On*, p. 165.
100. Shilts. *And the Band Played On*, p. 229.
101. Shilts. *And the Band Played On*, p. 242 e seguinte.
102. "How HIV/AIDS Changed the World". *Economist*, 25 jun. 2020. Disponível em: https://www.economist.com/books-and-arts/2020/06/25/how-hiv/aids-changed-theworld.
103. Natasha Geiling. "The Confusing and At-Times Counterproductive 1980s Response to the AIDS Epidemic". *Smithsonian*, 4 dez. 2013. Disponível em: https://www.smithsonianmag.com/history/the-confusing-and-at-times-counterproductive-1980s--response-to-the-aids-epidemic-180948611/.
104. Shilts. *And the Band Played On*, p. 129.
105. Shilts. *And the Band Played On*, 319 e seguinte, 450 e seguintes.
106. Shilts. *And the Band Played On*, p. 593.
107. Laurie Garrett. "Ebola's Lessons: How the WHO Mishandled the Crisis". *Foreign Affairs* 94, n. 5 (set./out. 2015), p. 84 e seguinte.

108. Peter Piot. *No Time to Lose: A Life in Pursuit of Deadly Viruses*. Nova York and London: W.W. Norton, 2012, p. 183 e seguinte.
109. Piot. *No Time to Lose*, p. 100, 191
110. Piot. *No Time to Lose*, p. 108 e seguinte, 167.
111. Cf., p. ex., Romualdo Pastor-Satorras e Alessandro Vespignani. "Immunization of Complex Networks". *Abdus Salam International Centre for Theoretical Physics*, 1º fev. 2008.
112. David M. Auerbach *et al*. "Cluster of Cases of the Acquired Immune Deficiency Syndrome. Patients Linked by Sexual Contact". *American Journal of Medicine* 76, n. 3 (1984), p. 487-492. Disponível em: https://doi.org/10.1016/0002-9343(84)90668-5. Dugas mais tarde foi erroneamente identificado como "paciente zero", o primeiro caso de aids nos Estados Unidos. Na verdade, os autores do trabalho de 1984 tinham chamado originalmente de "Paciente O" de "Out-of-California" [Fora da Califórnia, em inglês].
113. Filio Marineli *et al*. "Mary Mallon (1869-1938) and the History of Typhoid Fever". *Annals of Gastroenterology* 26, n. 2 (2013), p. 132-34. Disponível em: https://www.ncbi.nlm.nih.gov/pmc/articles/PMC3959940/.
114. "Trends in Sexual Behavior and the HIV Pandemic". *American Journal of Public Health* 82, n. 11 (1992), p. 1459.
115. Cf., em geral, Jonathan Engel. *The Epidemic: A Global History of AIDS*. Washington, DC: Smithsonian Books, 2006.
116. "How HIV/AIDS Changed the World". *Economist*.
117. Calder Walton. "Intelligence and Coronavirus: Rethinking US National Security: An Applied History Analysis". Trabalho não publicado, Harvard University (maio 2020).
118. UNAIDS. *How AIDS Changed Everything: MDG 6: 15 Years, 15 Lessons of Hope from the AIDS Response*. Nova York: United Nations, 2016. Disponível em: https://www.unaids.org/en/resources/documents/2015/MDG6_15years- 15lessonsfromtheAIDSresponse.
119. Marshall H. Becker e Jill G. Joseph. "AIDS and Behavioral Change to Reduce Risk: A Review". *American Journal of Public Health* 78, n. 4 (1988), p. 394-410.
120. Joel A. Feinleib e Robert T. Michael. "Reported Changes in Sexual Behavior in Response to AIDS in the United States". *Preventive Medicine* 27, n. 3 (May 1998), p. 400-411. Disponível em: https://doi.org/10.1006/pmed.1998.0270.
121. Muazzam Nasrullah *et al*. "Factors Associated with Condom Use Among Sexually Active U.S. Adults, National Survey of Family Growth, 2006-2010 and 2011-2013".

Journal of Sexual Medicine 14, n. 4 (abr. 2017), p. 541-50. Disponível em: https://doi.org10.1016/j.jsxm.2017.02.015. Cf. também Wenjia Zhu, Samuel A. Bazzi e Angel R. Bazzi. "Behavioral Changes Following HIV Seroconversion During the Historical Expansion of HIV Treatment in the United States". *AIDS 33*, n. 1 (2 jan. 2019), p. 113-121. Disponível em: https://journals.lww.com/aidsonline/fulltext/2019/01020/behavioral_changes_following_hiv_ sero conversion.12.aspx.

122. Gus Cairns. "Behaviour Change Interventions in HIV Prevention: Is There Still a Place for Them?". *NAM AIDS Map*, 12 abr. 2017. Disponível em: https://www.aidsmap.com/news/apr2017/behaviour-change-interventions-hiv-prevention-there-still-place-them.

123. UNAIDS. *How AIDS Changed Everything*, p. 33.

124. Tony Barnett e Justin Parkhurst. "HIV/AIDS: Sex, Abstinence, and Behaviour Change". *Lancet*, set. 2005. Disponível em: https://doi.org/10.1016/S1473-3099(05)70219-X; Emily Oster. "HIV and Sexual Behavior Change: Why Not Africa?". *Journal of Health Economics* 31, n. 1 (jan. 2012), p. 35-49. Disponível em: https://www.sciencedirect.com/science/article/abs/pii/S016762961100172X.

125. Brooke E. Wells e Jean M. Twenge. "Changes in Young People's Sexual Behavior and Attitudes, 1943-1999: A Cross-Temporal Meta-Analysis". *Review of General Psychology* 9, n. 3 (set. 2005), p. 249-261.

126. Nicholas H. Wolfinger. "Nine Decades of Promiscuity". *Institute for Family Studies*, 6 fev. 2018. Disponível em: https://ifstudies.org/blog/nine-decades-of-promiscuity.

127. Steven Reinberg. "Only About One-Third of Americans Use Condoms: CDC". *WebMD*, 10 ago. 2017. Disponível em: https://www.webmd.com/sex/news/20170810/only-about-one-third-of-americans-usecondoms-cdc#1; Rachael Rettner. "US Men's Condom Use Is on the Rise". *LiveScience*, 10 ago. 2017. Disponível em: https://www.livescience.com/60095-condom-use-men.html.

128. Peter Ueda, Catherine H. Mercer e Cyrus Ghaznavi. "Trends in Frequency of Sexual Activity and Number of Sexual Partners Among Adults Aged 18 to 44 Years in the US, 2000-2018". *JAMA Network Open* 3, n. 6 (2020). Disponível em: https://doi.org/10.1001/jamanetworkopen.2020.3833.

129. *National Survey of Sexual Attitudes and Lifestyles*, Natsal. Disponível em: http://www.natsal.ac.uk/home.aspx.

130. Kaye Wellings *et al.* "Changes in, and Factors Associated with, Frequency of Sex in Britain: Evidence from three National Surveys of Sexual Attitudes and Lifestyles (Natsal)". *BMJ* 365, n. l1525 (2019), p. 1-9. Disponível em: https://doi.org/10.1136/bmj.l1525.

131. Ueda, Mercer e Ghaznavi. "Trends in Frequency of Sexual Activity", eTable 6.
132. CDC. "HIV in the United States and Dependent Areas". Disponível em: https://www.cdc.gov/hiv/statistics/overview/ataglance.html.
133. CDC. "2018 STD Surveillance Report". Disponível em: https://www.cdc.gov/nchhstp/newsroom/2019/2018-STD-surveillance-report.html.
134. James Gorman. "Are Face Masks the New Condoms?". *The New York Times*, 18 abr. 2020. Disponível em: https://www.nytimes.com/2020/04/18/health/coronavirus-mask-condom.html.
135. Para a entrevista "Long Now" de Rees sobre o assunto em 2010, cf. FORA.tv. "Biotech Disaster by 2020? Martin Rees Weighs the Risks", 14 set. 2010, video de YouTube, 3:50. Disponível em: https://www.youtube.com/watch?v=zq-OBNft2OM.
136. Detalhes da aposta podem ser encontrados em Bet 9, Long Bets Project, Disponível em: http://longbets.org/9/.
137. Steven Pinker. *Enlightenment Now: The Case for Reason, Science, Humanism, and Progress.* Nova York: Viking, 2018, p. 142, 301, 307. [*O novo Iluminismo: em defesa da razão, da ciência e do humanismo.* São Paulo: Companhia das Letras, 2018.]
138. Laurie Garrett. "The Next Pandemic". *Foreign Affairs*, jul./ago. 2005. Disponível em: https://www.foreignaffairs.com/articles/2005-07-01/next-pandemic.
139. Dan Balz. "America Was Unprepared for a Major Crisis. Again". *Washington Post*, 4 abr. 2020. Disponível em: https://www.washingtonpost.com/graphics/2020/politics/america-was-unprepared-for-a-major-crisis-again/.
140. Michael Osterholm. "Preparing for the Next Pandemic". *Foreign Affairs*, jul./ago. 2005. Disponível em: https://www.foreignaffairs.com/articles/2005-07-01/preparing-next-pandemic.
141. Larry Brilliant. "My Wish: Help Me Stop Pandemics", fev. 2006, vídeo do TED, 25:38. Disponível em: https://www.ted.com/talks/larry_brilliant_my_wish_help_me_stop_pandemics.
142. Ian Goldin e Mike Mariathasan. *The Butterfly Defect: How Globalization Creates Systemic Risks and What to Do About It.* Princeton, NJ: Princeton University Press, 2014, cap. 6.
143. Bill Gates. "The Next Outbreak: We're Not Ready", mar. 2015, vídeo do TED, 8:25. Disponível em: https://www.ted.com/talks/bill_gates_the_next_outbreak_we_re_not_ready.
144. Robert G. Webster. *Flu Hunter: Unlocking the Secrets of a Virus.* Otago, Nova Zelândia: University of Otago Press, 2018.

145. Ed Yong. "The Next Plague Is Coming. Is America Ready?". *Atlantic*, jul./ago. 2018. Disponível em: https://www.theatlantic.com/magazine/archive/2018/07/when-the-next-plague- hits/561734/.
146. Thoughty2. "This Is the New Killer Virus That Will End Humanity". 15 nov. 2019, vídeo do YouTube, 15:35. Disponível em: https://www.youtube.com/watch?v=-Jhz0pVSKtI&app=desktop.
147. Lawrence Wright. *The End of October*. Nova York: Random House, 2020. Este livro possivelmente foi concluído em 2019.
148. Peter Frankopan. "We Live in the Age of the Pandemic. This Is What We Need to Do About It". *Prospect*, 8 dez. 2019. Disponível em: https://www.prospectmagazine.co.uk/magazine/pandemic-likelihood-preparedness-uk-who-global.
149. A. S. Fauci. "Infectious Diseases: Considerations for the 21st Century". *IDSA lecture, Clinical Infectious Diseases* 32 (2001), p. 675-678. Sobre as dificuldades com as vacinas de tuberculose, cf. Morven E. M. Wilkie e Helen McShane. "TB Vaccine Development: Where Are We and Why Is It So Difficult?". *Thorax* 70 (2015), p. 299-301. Disponível em: https://doi.org/10.1136/thoraxjnl-2014-205202.
150. David M. Morens *et al*. "The Challenge of Emerging and Re-Emerging Infectious Diseases". *Nature* 430 (8 jul. 2004), p. 242-49; Robin A. Weiss. "The Leeuwenhoek Lecture, 2001: Animal Origins of Human Infectious Diseases". *Philosophical Transactions of the Royal Society Biological Sciences* 356 (2001), p. 957-977. Cf. também Dorothy H. Crawford. *Deadly Companions: How Microbes Shaped Our History*. Oxford: Oxford University Press, 2007, p. 214 e seguinte.
151. K. E. Jones *et al*. "Global Trends in Emerging Infectious Diseases". *Nature* 451 (fev. 2008), p. 990-994.
152. Vittoria Colizza *et al*. "The Role of the Airline Transportation Network in the Prediction and Predictability of Global Epidemics". *PNAS* 103, n. 7 (2006), p. 2015-2020. Cf. também *Globalization 101*. "Health and Globalization". SUNY Levin Institute. Disponível em: http://www.globalization101.org.
153. Stephen S. Morse. "Emerging Viruses: Defining the Rules for Viral Traffic". *Perspectives in Biology and Medicine* 34, n. 3 (1991), p. 387-409; Joshua Lederberg. "Infectious Diseases as an Evolutionary Paradigm". *Emerging Infectious Diseases* 3, n. 4 (dez. 1997), p. 417-423. Cf. também Mark Honigsbaum. *The Pandemic Century: A History of Global Contagion from the Spanish Flu to Covid-19*. Londres: Penguin, 2020, p. 165 e seguinte.
154. D. Campbell-Lendrum. "Global Climate Change: Implications for International Public Health Policy". *Bulletin of the World Health Organization* 85, n. 3 (2007),

p. 235-237. Cf. também *World Health Organization, Climate Change and Human Health: Risks and Responses, Summary*. Geneva: WHO, 2003.

155. Kristian G. Andersen *et al.* "The Proximal Origin of Sars-CoV-2". *Nature Medicine* 26 (2020), p. 450-452. Disponível em: https://www.nature.com/articles/s41591-020-0820-9.
156. Petersen *et al.* "Comparing Sars-CoV2 with Sars-CoV and Influenza."
157. Barabási. *Network Science*, cap. 10.
158. J. O. Lloyd-Smith *et al.* "Superspreading and the Effect of Individual Variation on Disease Emergence". *Nature* 438 (2005), p. 355-359. Disponível em: https://www.nature.com/articles/nature04153.
159. Cf., em geral, Thomas Abraham. *Twenty-First Century Plague: The Story of SARS*. Baltimore: John Hopkins University Press, 2007.
160. Abraham. *Twenty-First Century Plague*, p. 87.
161. Abraham. *Twenty-First Century Plague*, p. 101-104.
162. Richard D. Smith. "Responding to Global Infectious Disease Outbreaks: Lessons from Sars on the Role of Risk Perception, Communication and Management". *Social Science and Medicine* 63 (2006), p. 3113-3123.
163. V. Rossi and John Walker. "Assessing the Economic Impact and Costs of Flu Pandemics Originating in Asia". *Oxford Economic Forecasting Group* (2005), p. 1-23.
164. "COVID-19 Science Update for March 27th: Super-Spreaders and the Need for New Prediction Models". *Quillette*, 27 mar. 2020. Disponível em: https://quillette.com/2020/03/27/covid-19-science-update-for-march-27-super-spreaders-and-the-need-for-new-prediction-models/.
165. Petersen *et al.* "Comparing Sars-CoV-2 with Sars-CoV and Influenza", tabela 1.
166. David Quammen. *Ebola: The Natural and Human History*. Londres: Bodley Head, 2014, loc. 702-715, Kindle; Richard Preston. *The Hot Zone*. Nova York: Random House, 1994, p. 68. [*Zona quente*. Rio de Janeiro: Rocco, 1995.]
167. Laurie Garrett. "Ebola's Lessons: How the WHO Mishandled the Crisis". *Foreign Affairs* 94, n. 5 (set./out. 2015), p. 80-107.
168. Honigsbaum. *Pandemic Century*, p. 202 e seguinte.
169. Garrett. "Ebola's Lessons", p. 94 e seguinte.
170. Garrett. "Ebola's Lessons", p. 97.
171. Zeynep Tufekci. "Ebola: The Real Reason Everyone Should Panic". Medium, 23 out. 2014. Disponível em: https://medium.com/message/ebola-the-real-reason-everyone-should-panic-889f32740e3e.

172. John Poole. "'Shadow' and 'D-12' Sing an Infectious Song About Ebola". *Morning Edition*, NPR, 19 ago. 2014. Disponível em: https://www.npr.org/sections/goatsandsoda/2014/08/19/341412011/shadow-and-d-12-sing-an-infectious-song-about-ebola.

Capítulo 8 – A geometria fractal do desastre

1. *Airline Accident Fatalities Per Year, 1946-2017*. Aviation Safety Network. Disponível em: https://aviation-safety.net/graphics/infographics/Airliner-Accident-Fatalities-Per-Year-1946-2017.jpg.
2. *Airliner Accidents Per 1 Million Flights, 1977-2017*. Aviation Safety Network. Disponível em: https://aviation-safety.net/graphics/infographics/Fatal-Accidents-Per-Mln-Flights-19772017.jpg.
3. Sebastian Junger. *The Perfect Storm*. Nova York: W. W. Norton, 1997. [*A tormenta: a história real de uma luta de homens contra o mar*. Rio de Janeiro: Ediouro, 1998.]
4. "Meteorologists Say 'Perfect Storm' Not So Perfect". Science Daily, 29 jun. 2000. Disponível em: https://www.sciencedaily.com/releases/2000/06/000628101549.htm.
5. James Reason. *Human Error*. Cambridge: Cambridge University Press, 1990, p. 175.
6. Jens Rasmussen. "The Definition of Human Error and a Taxonomy for Technical Systems Design", *in New Technology and Human Error*, ed. J. Rasmussen, K. Duncan e J. Leplat. Londres: Wiley, 1987, p. 23-30.
7. James B. Battles. "Disaster Prevention: Lessons Learned from the Titanic". *Baylor University Medical Center Proceedings* 14, n. 2 (abr. 2001), p. 150-153.
8. Roy Mengot. "Titanic and the Iceberg". *Titanic Research and Modeling Association*. Disponível em: https://web.archive.org/web/20130920234448/http://titanicmodel.com/db/db-02/rm-db-2.html.
9. "Did Anyone Really Think the Titanic Was Unsinkable?". *Britannica*. Disponível em: https://www.britannica.com/story/did-anyone-really-think-the-titanic-was-unsinkable.
10. History.com. "The Titanic: Sinking & Facts". 9 nov. 2009, atualizado em 10 mar. 2020. Disponível em: https://www.history.com/topics/early-20th-century-us/titanic.
11. Battles. "Disaster Prevention", p. 151.
12. Andrew Wilson. *Shadow of the Titanic: The Extraordinary Stories of Those Who Survived*. Nova York; Atria, 2012, p. 7. Cf. também Frances Wilson. *How to Survive the Titanic, or The Sinking of J. Bruce Ismay*. Londres: Bloomsbury, 2012.

13. Atlanticus. "The Unlearned Lesson of the Titanic". *Atlantic* (ago. 1913). Disponível em: https://www.theatlantic.com/magazine/archive/1913/08/the-unlearned-lesson-of-the-titanic/308866/.
14. Mikael Elinder e Oscar Erixson. "Every Man for Himself! Gender, Norms and Survival in Maritime Disasters". *IFN Working Paper* n. 913 (2 abr. 2012). Research Institute of Industrial Economics (Stockholm).
15. Bob Vosseller. "Remembering the Hindenburg Is Important for All". *Jersey Shore Online*, 6 maio 2017. Disponível em: https://www.jerseyshoreonline.com/ocean-county/remembering-hindenburg-passion-important/.
16. National Geographic Channel. *Seconds from Disaster: The Hindenburg* (2005), dir. de Yavar Abbas, vídeo do YouTube, 1:06:29. Disponível em: https://www.youtube.com/watch?v=mCQ0uk3AWQ8&t=2811s.
17. Joanna Walters. "The Hindenburg Disaster, 80 Years On: A 'Perfect Storm of Circumstances.'" *Guardian*, 7 maio 2017. Disponível em: https://www.theguardian.com/us-news/2017/may/07/hindenburg-disaster-80th-anniversary.
18. Karl E. Weick. "The Vulnerable System: An Analysis of the Tenerife Air Disaster". *Journal of Management* 16, n. 3 (1990), p. 573.
19. Diane Tedeschi. "Crash in the Canary Islands". *Air & Space Magazine*, jun. 2019. Disponível em: https://www.airspacemag.com/history-offlight/reviews-crashincanary-islands- 180972227/.
20. John David Ebert. "The Plane Crash at Tenerife: What It Unconceals", *in The Age of Catastrophe: Disaster and Humanity in Modern Times*. Jefferson, NC, e Londres: McFarland & Co., 2012, loc. 60, 598-612, Kindle.
21. Weick. "Vulnerable System", p. 573.
22. Tedeschi. "Crash in the Canary Islands."
23. Weick. "Vulnerable System", p. 587.
24. Terence Hunt. "NASA Suggested Reagan Hail Challenger Mission in State of Union". *Associated Press*, 12 mar. 1986. Disponível em: https://apnews.com/00a395472559b3afcd22de473da2e65f.
25. Margaret Lazarus Dean. "The Oral History of the Space Shuttle Challenger Disaster". *Popular Mechanics*, 28 jan. 2019. Disponível em: https://www.popularmechanics.com/space/a18616/an-oral-history-of-the-space-shuttle-challenger-disaster/.
26. John Schwartz e Matthew L. Ward. "NASA's Curse? 'Groupthink' Is 30 Years Old and Still Going Strong". *The New York Times*, 9 mar. 2003. Disponível em:

https://www.nytimes.com/2003/03/09/weekinreview/the-nation-nasa-s-curse--groupthink-is-30-years-old-and-still-going-strong.html.
27. Richard A. Clarke e R. P. Eddy. *Warnings: Finding Cassandras to Stop Catastrophes*. Nova York: HarperCollins, 2018, 11-13.
28. Wade Robison, Roger Boisjoly, David Hoeker e Stefan Young. "Representation and Misrepresentation: Tufte and the Morton Thiokol Engineers on the Challenger". *Science and Engineering Ethics* 8, n. 1 (2002), p. 72.
29. Roger Boisjoly. "Ethical Decisions – Morton Thiokol and the Space Shuttle Disaster". *ASME Proceedings*, 13-18 dez. 1987, p. 4.
30. Cf. também Diane Vaughan. *The Challenger Launch Decision*. Chicago: University of Chicago Press, 1996, p. 155, 343.
31. Joe Atkinson. "Engineer Who Opposed Challenger Launch Offers Personal Look at Tragedy". *Researcher News* (Langley Research Center, Hampton, VA), out. 2012. Disponível em: https://www.nasa.gov/centers/langley/news/researchernews/rn_Colloquium1012.html.
32. Lazarus Dean. "Oral History of the Space Shuttle Challenger Disaster."
33. Richard Feynman. *"What Do You Care What Other People Think?". Further Adventures of a Curious Character*. Nova York: W. W. Norton, 1988.
34. Feynman. "What Do You Care", p. 138 e seguintes.
35. Feynman. "What Do You Care", p. 179 e seguinte.
36. Feynman. "What Do You Care", p. 181-184.
37. Richard Feynman. "Personal Observations on the Reliability of the Shuttle". Apêndice F para o *Rogers Commission report*. Disponível em: https://science.ksc.nasa.gov/shuttle/missions/51-l/docs/rogers-commission/Appendix-F.txt.
38. Feynman. "What Do You Care", p. 212.
39. Feynman. "What Do You Care", p. 213-217.
40. Allan J. McDonald e James R. Hansen. *Truth, Lies, and O-Rings: Inside the Space Shuttle Challenger Disaster*. Gainesville, FL: University Press of Florida, 2009, p. 91 e seguinte.
41. McDonald e Hansen. *Truth, Lies, and O-Rings*, p. 102-110.
42. WJXT. "Challenger: A Rush to Launch", publicado por Jason Payne, 28 jan. 2016, vídeo do YouTube, 50:21. Disponível em: https://www.youtube.com/watch?v=2FehGJQlOf0.
43. McDonald e Hansen. *Truth, Lies, and O-Rings*, p. 107.

44. Serhii Plokhy. *Chernobyl: History of a Tragedy*. Londres: Penguin, 2018, p. 347. [*Chernobyl: a história de uma catástrofe nuclear*. Lisboa: Presença, 2019.]
45. "The Real Chernobyl". dir. de Stephanie DeGroote, Sky News (2019).
46. Plokhy. *Chernobyl*, p. 46-49, 321-322, 347.
47. World Nuclear Association. "Chernobyl Accident 1986". Disponível em: https://www.worldnuclear.org/information-library/safety-and-security/safety-of-plants/chernobyl-accident.aspx.
48. Plokhy. *Chernobyl*, p. 321-322.
49. World Nuclear Association. "Chernobyl Accident 1986."
50. Plokhy. *Chernobyl*, p. 46-49.
51. Plokhy. *Chernobyl*, p. 347.
52. World Nuclear Association. "RBMK Reactors – Appendix to Nuclear Power Reactors". Disponível em: https://www.world-nuclear.org/information-library/nuclear-fuel-cycle/nuclear-powerreactors/appendices/rbmk-reactors.aspx.
53. United Nations Scientific Committee on the Effects of Atomic Radiation. *UNSCEAR Report to the General Assembly: Sources and Effects of Ionizing Radiation*. Nova York: Nações Unidas, 2018, p. 5, 15-17.
54. International Atomic Energy Agency. "Chernobyl's Legacy: Health, Environmental and Socio-Economic Impacts". In: *The Chernobyl Forum*, 2003-2005, 2. versão rev. (Viena, 2006), p. 8. Disponível em: http://www.iaea.org/Publications/Booklets/Chernobyl/chernobyl.pdf. Cf. também *UN Chernobyl Forum Expert Group "Health". Health Effects of the Chernobyl Accident and Special Health Care Programmes* (Genebra: Organização Mundial da Saúde, 2006).
55. J. Little. "The Chernobyl Accident, Congenital Anomalies and Other Reproductive Outcomes". *Paediatric and Perinatal Epidemiology* 7, n. 2 (abr. 1993), p. 121-151. Disponível em: https://doi.org/10.1111/j.1365-3016.1993.tb00388.x.
56. Story Hinckly. "Chernobyl Will Be Uninhabitable for At Least 3,000 Years, Say Nuclear Experts". *Christian Science Monitor*, 24 abr. 2016. Disponível em: https://www.csmonitor.com/World/Global-News/2016/0424/Chernobyl- will-be-unhabitable-for-at-least-3-000-years-say-nuclear-experts.
57. Yu A. Izrael *et al.* "The Atlas of Caesium-137 Contamination of Europe After the Chernobyl Accident". *Joint Study Project of the CEC/CIS Collaborative Programme on the Consequences of the Chernobyl Accident* (n.d.). Disponível em: https://inis.iaea.org/collection/NCLCollectionStore/_Public/31/056/31056824.pdf.
58. "The Real Chernobyl."

59. United States Nuclear Regulatory Commission. "Backgrounder on the Three Mile Island Accident" (jun. 2018). Disponível em: https://www.nrc.gov/reading-rm/doc-collections/fact-sheets/3mile-isle.html.
60. Three Mile Island Special Inquiry Group, Human Factors Evaluation of Control Room Design and Operator Performance at Three Mile Island-2, *NUREG/CR-1270*, v. I. Washington, DC: United States Nuclear Regulatory Commission, jan. 1980), v-vi. Disponível em: https://www.osti.gov/servlets/purl/5603680.
61. Erin Blakemore. "How the Three Mile Island Accident Was Made Even Worse by a Chaotic Response". *History.com*, 24 mar. 2019. Disponível em: https://www.history.com/news/three-mile-island-evacuation-orders-controversy.
62. Federal Emergency Management Agency. *Evacuation Planning in the TMI Accident*. Washington, DC: FEMA, jan. 1980, p. 167-170. Disponível em: https://apps.dtic.mil/dtic/tr/fulltext/u2/a080104.pdf.
63. "A Presidential Tour to Calm Fears". *Washington Post*, 10 abr. 1979. Disponível em: https://www.washingtonpost.com/wp-srv/national/longterm/tmi/stories/ch10.htm.
64. Charles B. Perrow. "The President's Commission and the Normal Accident". In: *Accident at Three Mile Island: The Human Dimensions*, ed. D. Sils, C. Wolf e V. Shelanski. Boulder, CO: Westview Press, 1982, p. 173-184.
65. Tayler Lonsdale. "Complexity Kills: What Regulators Should Learn from the Grenfell Tower Fire", 13 jul. 2017. Disponível em: https://medium.com/@tayler_lonsdale/complexity-kills-what-regulators-should-learn-from-the-grenfell-tower-fire-21ec3cdfde47.
66. Cf. Mary Douglas e Aaron Wildavsky. *Risk and Culture: An Essay on the Selection of Technical and Environmental Dangers*. Berkeley: University of California Press, 1982. [*Risco e cultura: um ensaio sobre a seleção de riscos tecnológicos e ambientais*. Rio de Janeiro: Elsevier, 2021.]; Ulrich Beck. *Risikogesellschaft: Auf dem Wege in eine andere Moderne*. Frankfurt am Main: Suhrkamp, 1982. [*Sociedade de risco: rumo a uma outra modernidade*. São Paulo: Editora 34, 2011.]

Capítulo 9 – As pragas

1. Bulletin of the Atomic Scientists Science and Security Board. "Closer than Ever: It Is 100 Seconds to Midnight". ed. John Mecklin. Disponível em: https://thebulletin.org/doomsday-clock/current-time/.
2. "Greta Thunberg's Remarks at the Davos Economic Forum". *The New York Times*, 23 jan. 2020. Disponível em: https://www.nytimes.com/2020/01/21/climate/greta-thunberg-davos-transcript.html.

3. M. Bauwens et al. "Impact of Coronavirus Outbreak on NO_2 Pollution Assessed Using TROPOMI and OMI Observations". *Geophysical Research Letters* 47, n. 11 (6 maio 2020), p. 1-9. Disponível em: https://doi.org/10.1029/2020GL087978.
4. Ben Goldfarb. "Lockdowns Could Be the 'Biggest Conservation Action' in a Century". *Atlantic*, 6 jul. 2020. Disponível em: https://www.theatlantic.com/science/archive/2020/07/pandemicroadkill/613852/.
5. "Facts + Statistics: Mortality Risk". *Insurance Information Institute*. Disponível em: https://www.iii.org/fact- statistic/facts-statistics-mortality-risk; Kenneth D. Kochanek *et al.* "Deaths: Final Data for 2017". National Vital Statistics *Reports* 68, n. 9 (24 jun. 2019), p. 1-77, Disponível em: https://www.cdc.gov/nchs/data/nvsr/nvsr68/nvsr68_09-508.pdf.
6. CDC Wonder. "About Underlying Cause of Death, 1999-2018". Disponível em: https://wonder.cdc.gov/ucd-icd10.html.
7. *COVID-19 Dashboard*. Center for Systems Science and Engineering (CSSE), Johns Hopkins University. Disponível em: https://gisanddata.maps.arcgis.com/apps/opsdashboard/index.html#/bda7594740fd40299423467b48e9ecf6.
8. "United States Coronavirus Cases". Worldometers. Disponível em: https://www.worldometers.info/coronavirus/country/us/.
9. "Covid-19 Projections: United States of America". *Institute for Health Metrics and Evaluation* (IHME), 6 ago. 2020. Disponível em: https://covid19.healthdata.org/united-states-of-america; "United States Covid-19 Simulator". *Massachusetts General Hospital (MGH) Institute for Technology Assessment*, 10 ago. 2020. Disponível em: https://analyticstools.shinyapps.io/covid19simulator06/.
10. Andrew Clark *et al.* "Global, Regional, and National Estimates of the Population at Increased Risk of Severe Covid-19 Due to Underlying Health Conditions in 2020: A Modelling Study". *Lancet Global Health* 8, n. 8 (15 jun. 2020), p. E1003-E1017. Disponível em: https://doi.org/10.1016/S2214-109X(20)30264-3
11. Josh Rogin. "State Department Cables Warned of Safety Issues at Wuhan Lab Studying Bat Coronaviruses". *Washington Post*, 14 abr. 2020. Disponível em: https://www.washingtonpost.com/opinions/2020/04/14/state-department-cables-warnedsafety-issues-wuhan-lab-studying-bat-coronaviruses/; Adam Sage. "Coronavirus: China Bars Safety Experts from Wuhan Lab". *Times* (Londres), 22 abr. 2020. Disponível em: https://www.thetimes.co.uk/edition/news/coronavirus-china-bars-safety-experts-fromwuhan-lab-brbm9rwtm.

12. Wu Fan *et al.* "A New Coronavirus Associated with Human Respiratory Disease in China". *Nature* 579 (3 fev. 2020), p. 265-269. Disponível em: https://doi.org/10.1038/s41586-020-2008-3.
13. Kristian G. Andersen *et al.* "The Proximal Origin of Sars-CoV-2". *Nature Medicine* 26 (17 mar. 2020), p. 450-452. Disponível em: https://doi.org/10.1038/s41591-020-0820-9; Li Xiaojun *et al.* "Emergence of Sars-CoV-2 Through Recombination and Strong Purifying Selection". *Science Advances* 6, n. 27 (1º jul. 2020), p. 1-11. Disponível em: https://doi.org/10.1126/sciadv.abb9153.
14. Os dois parágrafos seguintes são baseados em Julia Belluz. "Did China Downplay the Coronavirus Outbreak Early On?". *Vox*, 27 jan. 2020. Disponível em: https://www.vox.com/2020/1/27/21082354/coronavirus-outbreak-wuhan-chinaearly-on-lancet; Dali L. Yang. "China's Early Warning System Didn't Work on Covid-19. Here's the Story". *Washington Post*, 24 fev. 2020. Disponível em: https://www.washingtonpost.com/politics/2020/02/24/chinas-early-warning-system-didntwork-covid-19-heres-story/; Zhuang Pinghui. "Chinese Laboratory That First Shared Coronavirus Genome with World Ordered to Close for 'Rectification,' Hindering Its Covid-19 Research". *South China Morning Post*, 28 fev. 2020. Disponível em: https://www.scmp.com/news/china/society/article/3052966/chinese-laboratory-first-sharedcoronavirus-genome-world-ordered; Sue-Lin Wong e Yuan Yang. "China Tech Groups Censored Information About Coronavirus". 3 mar. 2020. Disponível em: https://www.ft.com/content/35d7c414-5d53-11ea-8033-fa40a0d65a98; Sharri Markson. "Coronavirus NSW: Dossier Lays Out Case Against China Bat Virus Program". *Daily Telegraph*, 4 maio 2020. Disponível em: https://www.dailytelegraph.com.au/coronavirus/bombshell-dossier-lays-out-case-against-chinese-bat-virus-program/newsstory/55add857058731c9c71c0e96ad17da60.
15. Nicholas A. Christakis. *Apollo's Arrow: The Profound and Enduring Impact of Coronavirus on the Way We Live*. Nova York: Little, Brown Spark, 2020, p. 5.
16. "China Delayed Releasing Coronavirus Info, Frustrating WHO". *Associated Press*, 2 jun. 2020. Disponível em: https://apnews.com/3c061794970661042b18d5aeaaed9fae.
17. Elaine Okanyene Nsoesie *et al.* "Analysis of Hospital Traffic and Search Engine Data in Wuhan China Indicates Early Disease Activity in the Fall of 2019". *Harvard Medical School Scholarly Articles* (2020), p. 1-10. Disponível em: https://dash.harvard.edu/handle/1/42669767. Para críticas desse trabalho, cf. Christopher Giles, Benjamin

Strick e Song Wanyuan. "Coronavirus: Fact- Checking Claims It Might Have Started in August 2019". *BBC News*, 15 jun. 2020. Disponível em: https://www.bbc.com/news/world-asia-china-53005768; e Zhao Yusha e Leng Shumei. "Doctors Reject 'Error-Filled' Harvard Paper". *Global Times*, 10 jun. 2020. Disponível em: https://www.globaltimes.cn/content/1191172.shtml.

18. Lanhee J. Chen. "Lost in Beijing: The Story of the WHO". *Wall Street Journal*, 8 abr. 2020. Disponível em: https://www.wsj.com/articles/lost-in-beijing-the-story-of-the-who-11586365090; Dan Blumenthal e Nicholas Eberstadt. "China Unquarantined". *National Review*, 22 jun. 2020. Disponível em: https://www.nationalreview.com/magazine/2020/06/22/our-disastrous-engagement-of-china/#slide-1.

19. Katsuji Nakazawa. "China's Inaction for 3 Days in January at Root of Pandemic". *Nikkei Asian Review*, 9 mar. 2020. Disponível em: https://asia.nikkei.com/Editor-s-Picks/China-up-close/China-s-inaction-for-3-days-in-January-at-root-of-pandemic.

20. Wu Jin *et al.* "How the Virus Got Out". *The New York Times*, 22 mar. 2020. Disponível em: https://www.nytimes.com/interactive/2020/03/22/world/coronavirus-spread.html.

21. Li Ruiyun *et al.* "Substantial Undocumented Infection Facilitates the Rapid Dissemination of Novel Coronavirus (SARS-CoV-2)". *Science* 368, n. 6490 (1º maio 2020), p. 489-493. Disponível em: https://doi.org/10.1126/science.abb3221. Cf. também Wang Chaolong *et al.* "Evolving Epidemiology and Impact of Non-Pharmaceutical Interventions on the Outbreak of Coronavirus Disease 2019 in Wuhan, China". *MedRxiv*, 6 mar. 2020, p. 1-30. Disponível em: https://doi.org/10.1101/2020.03.03.20030593.

22. Steven Sanche *et al.* "High Contagiousness and Spread of Severe Acute Respiratory Syndrome Coronavirus 2". *Emerging Infectious Diseases* 26, n. 7 (jul. 2020), p. 1470-1477. Disponível em: https://doi.org/10.3201/eid2607.200282.

23. Zheng Ruizhi *et al.* "Spatial Transmission of Covid-19 Via Public and Private Transportation in China". *Travel Medicine and Infectious Disease* 34 (mar./abr. 2020). Disponível em: https://doi.org/10.1016/j.tmaid.2020.101626.

24. Benjamin F. Maier e Dirk Brockmann. "Effective Containment Explains Sub-Exponential Growth in Confirmed Cases of Recent Covid19 Outbreak in Mainland China". *MedRxiv*, 20 fev. 2020, p. 1-9. Disponível em: https://doi.org/10.1101/2020.02.18.20024414.

25. Maier e Brockmann. "Effective Containment Explains Sub-Exponential Growth; Tian Huaiyu *et al.* "An Investigation of Transmission Control Measures During the First 50 Days of the Covid-19 Epidemic in China". *Science* 368, n. 6491 (8 maio 2020), p. 638-642. Disponível em: https://doi.org/10.1126/science.abb6105.
26. Peter Hessler. "How China Controlled the Coronavirus". *New Yorker*, 10 ago. 2020. Disponível em: https://www.newyorker.com/magazine/2020/08/17/how-china--controlled-the coronavirus.
27. "Readyscore Map". Prevent Epidemics. Disponível em: https://preventepidemics.org/map.
28. "2019 Global Health Security Index". Disponível em: https://www.ghsindex.org/.
29. Sawyer Crosby *et al.* "All Bets Are Off for Measuring Pandemic Preparedness". *Think Global Health*, 30 jun. 2020. Disponível em: https://www.thinkglobalhealth.org/article/all-bets-are-measuring-pandemic-preparedness.
30. "Coronavirus Health Safety Countries Ranking". *Deep Knowledge Group*, 2 abr. 2020. Disponível em: https://www.dkv.global/covid-19-health-safety.
31. Christakis. *Apollo's Arrow*, p. 13-16.
32. Hamada S. Badr *et al.* "Association Between Mobility Patterns and Covid-19 Transmission in the USA: A Mathematical Modelling Study". *Lancet Infectious Diseases*, 1º jul. 2020, p. 1-8. Disponível em: https://doi.org/10.1016/S1473-3099(20)30553-3. Cf. também Stan Oklobdzija. "Visualization of NYT Covid-19 Data". University of California, San Diego, 14 ago. 2020. Disponível em: http://acsweb.ucsd.edu/~soklobdz/covid_map.html.
33. Hassani M. Behroozh e Yutong (Yuri) Song. "Covid-19 Application". *ShinyApps*. Disponível em: https://behroozh.shinyapps.io/COVID19/.
34. Denise Lu. "The True Coronavirus Toll in the U.S. Has Already Surpassed 200,000". *The New York Times*, 13 ago. 2020. Disponível em: https://www.nytimes.com/interactive/2020/08/12/us/covid-deaths-us.html.
35. National Center for Health Statistics. "Excess Deaths Associated with Covid-19". Disponível em: https://www.cdc.gov/nchs/nvss/vsrr/covid19/excess_deaths.htm.
36. Charles Tallack. "Understanding Excess Mortality: Comparing Covid-19's Impact in the UK to Other European Countries". *Health Foundation*, 30 jun. 2020. Disponível em: https://www.health.org.uk/news-and-comment/charts-and-infographics/comparing-covid-19-impact-in-the-uk-to-european-countries.

37. "Coronavirus Tracked: The Latest Figures as Countries Fight Covid-19 Resurgence". *Financial Times*, 14 ago. 2020. Disponível em: https://www.ft.com/content/a2901ce8-5eb7-4633-b89ccbdf5b386938.
38. Era Iyer. "Some Are Winning – Some Are Not: Which States and Territories Do Best in Beating Covid19?". *End Coronavirus*. Disponível em: https://www.endcoronavirus.org/states?itemId=wja54gdfp032z0770ls4y81fw8cq66.
39. Tomas Pueyo. "Coronavirus: Why You Must Act Now". *Medium*, 10 mar. 2020. Disponível em: https://medium.com/@tomaspueyo/coronavirus-act-today-or-people-will-die-f4d3d9cd99ca.
40. Jacob B. Aguilar *et al.* "A Model Describing Covid-19 Community Transmission Taking into Account Asymptomatic Carriers and Risk Mitigation". *MedRxiv*, 11 ago. 2020, p. 1-32. Disponível em: https://doi.org/10.1101/2020.03.18.20037994; Sanche *et al.* "High Contagiousness."
41. Eskild Petersen *et al.* "Comparing SARS-CoV2 with SARS-CoV and Influenza Pandemics". *Lancet Infectious Diseases* 20, n. 9 (set. 2020), p. E238-E244. Disponível em: https://doi.org/10.1016/S1473-3099(20)30484-9.
42. Cf., p. ex., Arnaud Fontanet *et al.* "Cluster of Covid-19 in Northern France: A Retrospective Closed Cohort Study". *MedRxiv*, 23 abr. 2020, p. 1-22. Disponível em: https://doi.org/10.1101/2020.04.18.20071134.
43. "Covid-19 Pandemic Planning Scenarios". *CDC*, 10 jul. 2020. Disponível em: https://www.cdc.gov/coronavirus/2019-ncov/hcp/planning-scenarios.html.
44. Kim Jeong-min *et al.* "Identification of Coronavirus Isolated from a Patient in Korea with Covid19". *Osong Public Health and Research Perspectives* 11, n. 1 (fev. 2020), p. 3-7. Disponível em: https://doi.org/10.24171/j.phrp.2020.11.1.02; Joshua L. Santarpia *et al.* "Aerosol and Surface Transmission Potential of SARSCoV-2". *MedRxiv*, 3 jun. 2020, p. 1-19. Disponível em: https://www.medrxiv.org/content/10.1101/2020.03.23.20039446v2.
45. Valentyn Stadnytskyi *et al.* "The Airborne Lifetime of Small Speech Droplets and Their Potential Importance in Sars-CoV-2 Transmission". *PNAS* 117, n. 22 (2 jun. 2020), p. 11875-11877. Disponível em: https://doi.org/10.1073/pnas.2006874117; Lydia Bourouiba. "Turbulent Gas Clouds and Respiratory Pathogen Emissions: Potential Implications for Reducing Transmission of Covid-19". *Journal of the American Medical Association* (daqui em diante JAMA) 323, n. 18 (26 mar. 2020), p. 1837-1838. Disponível em: https://doi.org/10.1001/jama.2020.4756.

46. Jonathan Kay. "Covid-19 Superspreader Events in 28 Countries: Critical Patterns and Lessons". *Quillette*, 23 abr. 2020. Disponível em: https://quillette.com/2020/04/23/covid-19-superspreader-events-in-28-countries -critical-patterns-and-lessons/; Lidia Morawska e Donald K. Milton. "It Is Time to Address Airborne Transmission of Covid-19". *Clinical Infectious Diseases*, 6 jul. 2020, p. 1-9. Disponível em: https://doi.org/10.1093/cid/ciaa939.

47. Kimberly A. Prather, Chia C. Wang e Robert T. Schooley. "Reducing Transmission of Sars-CoV-2". *Science* 368, n. 6498, 26 jun. 2020, p. 1422-1424. Disponível em: https://doi.org/10.1126/science.abc6197; Richard O. J. H. Stutt *et al.* "A Modelling Framework to Assess the Likely Effectiveness of Facemasks in Combination with 'Lock-Down' in Managing the Covid-19 Pandemic". *Proceedings of the Royal Society* 476, n. 2238 (10 jun. 2020), p. 1-21. Disponível em: https://doi.org/10.1098/rspa.2020.0376. Para o argumento nada convincente contra as máscaras, cf. Graham P. Martin, Esmée Hanna e Robert Dingwall, "Face Masks for the Public During Covid-19: An Appeal for Caution in Policy". *SocArXiv*, 25 abr. 2020, p. 1-7. Disponível em: https://doi.org/10.31235/osf.io/uyzxe.

48. Qian Hua *et al.* "Indoor Transmission of SARS-CoV-2". *MedRxiv*, 7 abr. 2020, p. 1-22. Disponível em: https://doi.org/10.1101/2020.04.04.20053058.

49. Jordan Peccia *et al.* "Sars-CoV-2 RNA Concentrations in Primary Municipal Sewage Sludge as a Leading Indicator of Covid-19 Outbreak Dynamics". *MedRxiv*, 12 jun. 2020, p. 1-12. Disponível em: https://doi.org/10.1101/2020.05.19.20105999; Li Yun-yun, Wang Ji-xiang e Chen Xi. "Can a Toilet Promote Virus Transmission? From a Fluid Dynamics Perspective". *Physics of Fluids* 32, n. 6, 16 jun. 2020, p. 1-15. Disponível em: https://doi.org/10.1063/5.0013318.

50. Vários trabalhos acompanharam essa hipótese provavelmente errônea: cf. Wang Jingyuan *et al.* "High Temperature and High Humidity Reduce the Transmission of Covid-19", 22 maio 2020, p. 1-33. Disponível em SSRN: http://dx.doi.org/10.2139/ssrn.3551767; Ma Yueling *et al.* "Effects of Temperature Variation and Humidity on the Mortality of Covid-19 in Wuhan". *MedRxiv*, 18 mar. 2020, p. 1-13. Disponível em: https://doi.org/10.1101/2020.03.15.20036426; Qi Hongchao *et al.* "Covid-19 Transmission in Mainland China Is Associated with Temperature and Humidity: A Time-Series Analysis". *MedRxiv*, 30 mar. 2020, p. 1-19. Disponível em: https://doi.org/10.1101/2020.03.30.20044099; Mohammad M. Sajadi *et al.* "Temperature, Humidity and Latitude Analysis to Predict Potential Spread and Seasonality for Covid-19", 6 abr. 2020, p. 1-18. Disponível em SSRN: http://dx.doi.org/10.2139/

ssrn.3550308; Kyle Meng. "Research: Working Papers". Disponível em: http://www.kylemeng.com/research; Qasim Bukhari e Yusuf Jameel. "Will Coronavirus Pandemic Diminish by Summer?", 18 abr. 2020, p. 1-15. Disponível SSRN: http://dx.doi.org/10.2139/ssrn.3556998; Mohammad M. Sajadi *et al.* "Temperature, Humidity and Latitude Analysis to Estimate Potential Spread and Seasonality of Coronavirus Disease 2019 (Covid-19)". *JAMA Network Open* 3, n. 6 (11 jun. 2020), p. 1-11. Disponível em: https://doi.org/10.1001/jamanetworkopen.2020.11834.

51. Cristina Menni *et al.* "Real-Time Tracking of Self-Reported Symptoms to Predict Potential Covid-19". *Nature Medicine* 26, 11 maio 2020, p. 1037-1040. Disponível em: https://doi.org/10.1038/s41591-020-0916-2; Tyler Wagner *et al.* "Augmented Curation of Medical Notes from a Massive EHR System Reveals Symptoms of Impending Covid-19 Diagnosis". *MedRxiv*, 11 jun. 2020, p. 1-13. Disponível em: https://doi.org/10.1101/2020.04.19.20067660.

52. Henrik Salje *et al.* "Estimating the Burden of Sars-CoV-2 in France". *Science* 369, n. 6500, 10 jul. 2020), p. 208-11. Disponível em: https://doi.org/10.1126/science.abc3517.

53. Liu Xiaoqing *et al.* "Covid-19 Does Not Lead to a 'Typical' Acute Respiratory Distress Syndrome". *American Journal of Respiratory and Critical Care Medicine* 201, n. 10, 15 maio 2020), p. 1299-1300. Disponível em: https://doi.org/10.1164/rccm.202003-0817LE.

54. Derek Thompson. "Covid-19 Cases Are Rising, So Why Are Deaths Flatlining?". *Atlantic*, 9 jul. 2020. Disponível em: https://www.theatlantic.com/ideas/archive/2020/07/why-covid-death-rate- down/613945/.

55. Maximilian Ackermann *et al.* "Pulmonary Vascular Endothelialitis, Thrombosis, and Angiogenesis in Covid-19". *New England Journal of Medicine* (daqui em diante NEJM) 383 (9 jul. 2020), p. 120-28. Disponível em: https://doi.org/10.1056/NEJMoa2015432.

56. Jennifer Beam Dowd *et al.* "Demographic Science Aids in Understanding the Spread and Fatality Rates of Covid-19". *PNAS* 117, n. 18 (5 maio 2020), p. 9696-9698. Disponível em: https://doi.org/10.1073/pnas.2004911117.

57. Jason Douglas e Daniel Michaels. "New Data Reveal Just How Deadly Covid-19 Is for the Elderly". *Wall Street Journal*, 27 jun. 2020. Disponível em: https://www.wsj.com/articles/new-data-revealjust-how-deadly-covid-19-is-for-the-elderly-11593250200.

58. Graziano Onder, Giovanni Rezza e Silvio Brusaferro. "Case-Fatality Rate and Characteristics of Patients Dying in Relation to Covid-19 in Italy". *JAMA 323*,

n. 18 (March 23, 2020), p. 1775-1776. Disponível em: https://doi.org/10.1001/jama.2020.4683; Giacomo Grasselli *et al.* "Baseline Characteristics and Outcomes of 1591 Patients Infected with Sars-CoV-2 Admitted to ICUs of the Lombardy Region, Italy". *JAMA 323*, n. 16, 6 abr. 2020, p. 1574-1581. Disponível em: https://doi.org/10.1001/jama.2020.5394.

59. Annemarie B. Docherty *et al.* "Features of 16,749 Hospitalised UK Patients with Covid-19 Using the ISARIC WHO Clinical Characterisation Protocol". *MedRxiv*, 28 abr. 2020, p. 1-21. Disponível em: https://doi.org/10.1101/2020.04.23.20076042; Elizabeth Williamson *et al.* "OpenSAFELY: Factors Associated with Covid-19-Related Hospital Death in the Linked Electronic Health Records of 17 Million Adult NHS Patients". *MedRxiv*, 7 maio 2020, p. 1-22. Disponível em: https://doi.org/10.1101/2020.05.06.20092999. Cf. também Tom Whipple and Kat Lay. "Diabetes Sufferers Account for Quarter of Hospital Coronavirus Deaths". *Times* (Londres), 15 maio 2020. Disponível em: https://www.thetimes.co.uk/article/diabetes-sufferers-account-for-quarter-of-hospitalcoronavirus-deaths-lpf2rnkpf.

60. Petersen *et al.* "Comparing Sars-CoV-2"; Christopher M. Petrilli *et al.* "Factors Associated with Hospitalization and Critical Illness Among 4,103 Patients with Covid-19 Disease in New York City". *MedRxiv*, 11 abr. 2020, p. 1-25. Disponível em: https://doi.org/10.1101/2020.04.08.20057794. Cf. também Paul Overberg and Jon Kamp. "U.S. Deaths Are Up Sharply, Though Covid-19's Precise Toll Is Murky". *Wall Street Journal*, 15 maio 2020. Disponível em: https://www.wsj.com/articles/covid-19s-exact-toll-is-murky-though-u-s-deaths-are-up-sharply-11589555652.

61. Dilip DaSilva. "Introducing the Proximity Solution: A Strategy to Win the Covid-19 War". *Medium*, 14 abr. 2020. Disponível em: https://medium.com/@dilip.dasilva/introducing-the-proximity-solution-a-strategy-to-win-the-covid-19-war--70d5d109a9fa.

62. "When Covid-19 Deaths Are Analysed by Age, America Is an Outlier". *Economist*, 24 jun. 2020. Disponível em: https://www.economist.com/graphic-detail/2020/06/24/when-covid-19-deaths-are-analysed-by-age-america-is-an-outlier; "Adult Obesity Facts". *CDC*. Disponível em: https://www.cdc.gov/obesity/data/adult.html.

63. Paolo Perini *et al.* "Acute Limb Ischaemia in Young, Non-Atherosclerotic Patients with Covid-19". *Lancet* 395, n. 10236, 5 maio 2020, p. 1546. Disponível em: https://doi.org/10.1016/S01406736(20)31051-5; Alexander E. Merkler *et al.* "Risk of Ischemic Stroke in Patients with Coronavirus Disease 2019 (Covid-19) vs. Patients with Influenza". *JAMA Neurology*, 2 jul. 2020. Disponível em: https://doi.

org/10.1001/jamaneurol.2020.2730; Ariana Eujung Cha. "Young and MiddleAged People, Barely Sick with Covid-19, Are Dying of Strokes". *Washington Post*, 25 abr. 2020. Disponível em: https://www.washingtonpost.com/health/2020/04/24/strokes-coronavirus-youngpatients/; Ariana Eujung Cha. "'Frostbite' Toes and Other Peculiar Rashes May Be Signs of Hidden Coronavirus Infection, Especially in the Young". *Washington Post*, 29 abr. 2020. Disponível em: https://www.washingtonpost.com/health/2020/04/29/coronavirus-rashes-toes/.

64. Chris Smith. "Coronavirus Can Harm Your Body Even If You're Asymptomatic". *Boy Genius Report (BGR) Media*, 17 jun. 2020. Disponível em: https://bgr.com/2020/06/17/coronavirus-asymptomatic-spread-virus-can-harm-lungs-immune-system/.

65. Angelo Carfì *et al.* "Persistent Symptoms in Patients After Acute Covid-19". *JAMA 324*, n. 6, 9 jul. 2020, p. 603-605. Disponível em: https://doi.org/10.1001/jama.2020.12603.

66. Silvia Garazzino *et al.* "Multicentre Italian Study of Sars-CoV-2 Infection in Children and Adolescents, Preliminary Data as at 10 April 2020". EuroSurveillance 25, n. 18, 7 maio 2020). Disponível em: https://doi.org/10.2807/1560-7917.ES.2020.25.18.2000600; Julie Toubiana *et al.* "KawasakiLike Multisystem Inflammatory Syndrome in Children During the Covid-19 Pandemic in Paris, France: Prospective Observational Study". *BMJ* 369 (3 jun. 2020), p. 1-7. Disponível em: https://doi.org/10.1136/bmj.m2094.

67. Florian Götzinger *et al.* "Covid-19 in Children and Adolescents in Europe: A Multinational, Multicentre Cohort Study". *Lancet Child and Adolescent Health*, 25 jun. 2020, p. 1-9. Disponível em: https://doi.org/10.1016/S2352-4642(20)30177-2.

68. John Eligon *et al.* "Black Americans Face Alarming Rates of Coronavirus Infection in Some States". *The New York Times*, 14 abr. 2020. Disponível em: https://www.nytimes.com/2020/04/07/us/coronavirus-race.html; Overberg e Kamp. "U.S. Deaths Are Up Sharply."

69. Elizabeth J. Williamson *et al.* "Factors Associated with Covid-19-Related Death Using OpenSAFELY". *Nature*, 8 jul. 2020, p. 1-17. Disponível em: https://doi.org/10.1038/s41586-020-2521-4. Cf. também William Wallis. "How Somalis in East London Were Hit by the Pandemic". *Financial Times*, 21 jun. 2020. Disponível em: https://www.ft.com/content/aaa2c3cd-eea6-4cfa-a918 9eb7d1c230f4.

70. Neeraj Bhala *et al.* "Sharpening the Global Focus on Ethnicity and Race in the Time of Covid-19". *Lancet* 395, n. 10238, 8 maio 2020, p. P1673-P1676. Disponível em: https://doi.org/10.1016/S0140-6736(20)31102-8. Cf. também "The Covid-19 Racial

Data Tracker". *Atlantic Covid Tracking Project*. Disponível em: https://covidtracking.com/race.

71. David A. Martinez *et al*. "SARS-CoV-2 Positivity Rate for Latinos in the Baltimore-Washington, D.C. Area". *JAMA* 324, n. 4, 18 jun. 2020), p. 392-395. Disponível em: https://doi.org/10.1001/jama.2020.11374; Samantha Artiga e Matthew Rae. "The Covid-19 Outbreak and Food Production Workers: Who Is At Risk?". *Kaiser Family Foundation News*, 3 jun. 2020. Disponível em: https://www.kff.org/coronavirus-covid-19/issue-brief/the-covid-19-outbreak-and-food-production--workers-who-is-at-risk/; Jonathan M. Wortham *et al*. "Characteristics of Persons Who Died with Covid-19 – United States, February 12-May 18, 2020". *CDC Morbidity and Mortality Weekly Report* (MMWR) 69, n. 28, 17 jul. 2020, p. 923-929. Disponível em: http://dx.doi.org/10.15585/mmwr.mm6928e1. Sobre nativos norte-americanos, cf. James Bikales. "Native American Tribal Nations Take Tougher Line on Covid-19 as States Reopen". *The Hill*, 21 jun. 2020. Disponível em: https://thehill.com/homenews/state-watch/503770-native-american-tribal-nations-take--tougher-line-on-covid-19-as-states, mas também Ryan M. Close e Myles J. Stone. "Contact Tracing for Native Americans in Rural Arizona". *NEJM* 383, n. 3, 16 jul. 2020, p. E15-E16. Disponível em: https://doi.org/10.1056/NEJMc2023540.

72. Nasar Meer et al. "The Social Determinants of Covid-19 and BAME Disproportionality". *Justice in Global Health Emergencies and Humanitarian Crises*, 5 maio 2020. Disponível em: https://www.ghe.law.ed.ac.uk/the-social-determinants-of-covid-19-and-bame-disproportionality-repost-by-nasar-meer-and-colleagues/. Cf. também Wallis. "Somalis in East London", e Hugo Zeberg and Svante Pääbo, "The Major Genetic Risk Factor for Severe Covid-19 Is Inherited from Neandertals". *BioRxiv*, 3 jul. 2020. Disponível em: https://www.biorxiv.org/content/10.1101/2020.07.03.186296v1.

73. Gideon Meyerowitz-Katz, "Here's Why Herd Immunity Won't Save Us from the Covid-19 Pandemic". *Science Alert*, 30 mar. 2020. Disponível em: https://www.sciencealert.com/why-herdimmunity-will-not-save-us-from-the-covid-19-pandemic; Haley E. Randolph e Luis B. Barreiro. "Herd Immunity: Understand-ing Covid-19". *Immunity* 52, n. 5, 19/maio/2020, p. 737-741. Disponível em: https://doi.org/10.1016/j.immuni.2020.04.012.

74. Liu Tao *et al*. "Prevalence of IgG Antibodies to Sars-CoV-2 in Wuhan—Implications for the Ability to Produce Long-Lasting Protective Antibodies Against SARS-CoV-2". *MedRxiv*, 16 jun. 2020, p. 1-30. Disponível em: https://doi.org/10.1101/2020.0

6.13.20130252; Henry M. Staines *et al.* "Dynamics of IgG Seroconver sion and Pathophysiology of Covid-19 Infections". MedRxiv, 9 jun. 2020, p. 1-21. Disponível em: https://doi.org/10.1101/2020.06.07.20124636; Long Quan-Xin *et al.* "Clinical and Immunological Assessment of Asymptomatic Sars-CoV-2 Infections". *Nature Medicine* 26, 18 jun. 2020), p. 1200-1204. Disponível em: https://doi.org/10.1038/s41591-020-0965-6; F. Javier Ibarrondo *et al.* "Rapid Decay of Anti-Sars-CoV-2 Antibodies in Persons with Mild Covid-19". *NEJM*, 21 jul. 2020, p. 1-2. Disponível em: https://doi.org/10.1056/NEJMc2025179.

75. Bao Linlin *et al.* "Reinfection Could Not Occur in Sars-CoV-2 Infected Rhesus Macaques". *BioRxiv*, 14 mar. 2020, p. 1-20. Disponível em: https://doi.org/10.1101/2020.03.13.990226; Deng Wei *et al.* "Primary Exposure to Sars-CoV-2 Protects Against Reinfection in Rhesus Macaques". *Science* 369, n. 6505, 14 ago. 2020, p. 818-823. Disponível em: https://doi.org/10.1126/science.abc5343; "News Room: Press Release". *Korean Centers for Disease Control.* Disponível em: https://www.cdc.go.kr/board/board.es?mid=a30402000000&bid=0030; Roman Woelfel *et al.* "Clinical Presentation and Virological Assessment of Hospitalized Cases of Coronavirus Disease 2019 in a Travel-Associated Transmission Cluster". *MedRxiv*, 8 mar. 2020, p. 1-16. Disponível em: https://doi.org/10.1101/2020.03.05.20030502 ; Ania Wajnberg *et al.* "Humoral Immune Response and Prolonged PCR Sensitivity in a Cohort of 1343 Sars-CoV-2 Patients in the New York City Region". *MedRxiv*, 5 maio 2020, p. 1-17. Disponível em: https://doi.org/10.1101/2020.04.30.20085613 . No entanto, cf. Apoorva Mandavilli. "First Documented Coronavirus Reinfection Reported in Hong Kong". *The New York Times*, 24 ago. 2020. Disponível em: https://www.nytimes.com/2020/08/24/health/coronavirus-reinfection.html.

76. Paul K. Hegarty *et al.* "BCG Vaccination May Be Protective Against Covid-19", mar. 2020, p. 1-8, *Research Gate*. Disponível em: https://doi.org/10.13140/RG.2.2.35948.10880; Martha K. Berg *et al.* "Mandated Bacillus Calmette-Guérin (BCG) Vaccination Predicts Flattened Curves for the Spread of Covid-19". *MedRxiv*, 12 jun. 2020, p. 1-15. Disponível em: https://doi.org/10.1101/2020.04.05.20054163; Akiko Iwasaki and Nathan D. Grubaugh. "Why Does Japan Have So Few Cases of Covid-19?". *European Molecular Biology Organization (EMBO) Molecular Medicine* 12, n. 5, 8 maio 2020, p. 1-3. Disponível em: https://doi.org/10.15252 / emmm.202012481; Luis E. Escobar, Alvaro Molina-Cruz e Carolina Barillas-Mury. "BCG Vaccine Protection from Severe Coronavirus Disease 2019 (Covid-19)". *PNAS*, 9 jun. 2020, p. 1-7. Disponível em: https://doi.org/10.1073/pnas.2008410117.

77. Zhao Jiao *et al.* "Relationship Between the ABO Blood Group and the Covid-19 Susceptibility". *MedRxiv*, 27 mar. 2020, p. 1-18. Disponível em: https://doi.org/10.1101/2020.03.11.20031096; David Ellinghaus *et al.* "Genomewide Association Study of Severe Covid-19 with Respiratory Failure". *NEJM*, 17/jun./ 2020, p. 1-13. Disponível em: https://doi.org/10.1056/NEJMoa2020283; Gabi Zietsman. "One Blood Type Seems to Be More Resistant Against Covid-19". *Health24 Infectious Diseases*, 15 jun. 2020. Disponível em: https://www.health24.com/Medical/ Infectious-diseases/Coronavirus/one-blood-typeseems-to-be-more-resistant-against-covid-19-20200613-2.

78. Takuya Sekine *et al.* "Robust T Cell Immunity in Convalescent Individuals with Asymptomatic or Mild Covid-19". *BioRxiv*, 29 jun. 2020, p. 1-35. Disponível em: https://doi.org/10.1101/2020.06.29.174888; Li Junwei *et al.* "Mapping the T Cell Response to Covid-19". *Nature Signal Transduction and Targeted Therapy* 5, n. 112, 2 jul. 2020, p. 1-2. Disponível em: https://doi.org/10.1038/s41392-020-00228-1; Alessandro Sette e Shane Crotty. "Pre-Existing Immunity to SARS-CoV-2: The Knowns and Unknowns". *Nature Reviews Immunology* 20, 7 jul. 2020, p. 457-458. Disponível em: https://doi.org/10.1038/s41577-0200389-z; Floriane Gallaise *et al.* "Intrafamilial Exposure to Sars-CoV-2 Induces Cellular Immune Response Without Seroconversion". *MedRxiv*, 22 jun. 2020, p. 1-15. Disponível em: https://doi.org/10.1101/2020.06.21.20132449; Paul W. Franks e Joacim Rocklöv, "Coronavirus: Could It Be Burning Out After 20% of a Population Is Infected?". *The Conversation*, 29 jun. 2020. Disponível em: https://theconversation.com/coronavirus-could-it-be-burning--out-after-20-of-a-population-is-infected-141584; Julian Braun *et al.* "Presence of Sars-CoV-2 Reactive T Cells in Covid-19 Patients and Healthy Donors". *MedRxiv*, 22 abr. 2020, p. 1-12. Disponível em: https://doi.org/10.1101/2020.04.17.20 061440; Kevin W. Ng *et al.* "Pre-Existing and De Novo Humoral Immunity to Sars-CoV-2 in Humans". *BioRxiv*, 23 jul. 2020, p. 1-38. Disponível em: https://doi.org/10.1101/2020.05.14.095414; Nikolai Eroshenko *et al.* "Implications of Antibody-Dependent Enhancement of Infection for Sars-CoV-2 Countermeasures". *Nature Biotechnology* 38, 5 jun. 2020, p. 789-791. Disponível em: https://doi.org/10.1038/s41587-020-0577-1.

79. UnHerd. "Karl Friston: Up to 80% Not Even Susceptible to Covid-19", 4 jun. 2020, vídeo do YouTube, 34:14. Disponível em: https://youtu.be/dUOFeVIrOPg; Laura Spinney. "Covid-19 Expert Karl Friston: 'Germany May Have More Immunological Dark Matter'." *Guardian*, 31 maio 2020.

Disponível em: https://www.theguardian.com/world/2020/may/31/covid-19-expert-karl-friston-germanymay-have-more-immunological-dark-matter.
80. Jia Yong *et al.* "Analysis of the Mutation Dynamics of Sars-CoV-2 Reveals the Spread History and Emergence of RBD Mutant with Lower ACE2 Binding Affinity". *BioRxiv*, 11 abr. 2020, p. 1-17. Disponível em: https://doi.org/10.1101/2020.04.09.034942; B. Korber *et al.* "Spike Mutation Pipeline Reveals the Emergence of a More Transmissible Form of Sars-CoV-2". *BioRxiv*, 30 abr. 2020, p. 1-33. Disponível em: https://doi.org/10.1101/2020.04.29.069054. Cf. também Stephen Chen. "Coronavirus's Ability to Mutate Has Been Vastly Underestimated, and Mutations Affect Deadliness of Strains, Chinese Study Finds". *South China Morning Post*, 20 abr. 2020. Disponível em: https://www.scmp.com/news/china/science/article/3080771/coronavirus-mutations-affectdeadliness-strains-chinese-study.
81. Joshua Geleris *et al.* "Observational Study of Hydroxychloroquine in Hospitalized Patients With Covid-19". *NEJM*, 18 jun. 2020. Disponível em: https://www.nejm.org/doi/full/10.1056/nejmoa2012410; Alexandre B. Cavalcanti *et al.* "Hydroxychloroquine With or Without Azithromycin in Mild-to-Moderate Covid-19". *NEJM*, 23 jul. 2020. Disponível em: https://www.nejm.org/doi/full/10.1056/NEJMoa2019014; David R. Boulware *et al.* "A Randomized Trial of Hydroxychloroquine as Postexposure Prophylaxis for Covid-19". *NEJM*, 23 jul. 2020. Disponível em: https://www.nejm.org/doi/full/10.1056/NEJMoa2016638.
82. "Covid-19 Vaccine Tracker". *Faster Cures, Milken Institute*, 14 ago. 2020. Disponível em: https://www.covid-19vaccinetracker.org/. See, in general, Tung Thanh Le *et al.* "The Covid-19 Vaccine Development Landscape". *Nature Reviews Drug Discovery* 19, 9 abr. 2020, p. 305-306. Disponível em: https://doi.org/10.1038/d41573-020-00073-5.
83. Stuart A. Thompson. "How Long Will a Vaccine Really Take?". *The New York Times*, 30 abr. 2020. Disponível em: https://www.nytimes.com/interactive/2020/04/30/opinion/coronavirus-covid- vaccine.html.
84. Nicholas Kumleben, R. Bhopal, T. Czypionka, L. Gruer, R. Kock, Justin Stebbing e F. L. Stigler. "Test, Test, Test for Covid19 Antibodies: The Importance of Sensitivity, Specificity and Predictive Powers". *Public Health* 185, ago. 2020, p. 88-90. Disponível em: https://doi.org/10.1016/j.puhe.2020.06.006.
85. Albert-László Barabási. *Network Science*. Cambridge: Cambridge University Press, 2016, cap. 10.

86. Devo essa questão à Cecilia Mascolo, da Universidade Cambridge.
87. Matthew J. Ferrari *et al.* "Network Frailty and the Geometry of Herd Immunity". *Proceedings of the Royal Society B: Biological Sciences* 273, n. 1602, 7 nov. 2006, p. 2743-2748. Disponível em: https://doi.org/10.1098/rspb.2006.3636. Cf. também M. Gabriela Gomes *et al.* "Individual Variation in Susceptibility or Exposure to SARS-CoV-2 Lowers the Herd Immunity Threshold". *MedRxiv*, 21 maio 2020, p. 1-10. Disponível em: https://doi.org/10.1101/2020.04.27.20081893.
88. Tom Britton, Frank Ball e Pieter Trapman. "The Disease-Induced Herd Immunity Level for Covid-19 Is Substantially Lower than the Classical Herd Immunity Level". *Quantitative Biology: Populations and Evolution*, 8 maio 2020, p. 1-15. Disponível em: https://arxiv.org/abs/2005.03085. Cf. também Ricardo Aguas *et al.* "Herd Immunity Thresholds for Sars-CoV-2 Estimated from Unfolding Epidemics". *MedRxiv*, 24 jul. 2020. Disponível em: https://doi.org/10.1101/2020.07.23.20160762.
89. Charles Musselwhite, Erel Avineri e Yusak Susilo. "Editorial JTH 16 – The Coronavirus Disease Covid-19 and Its Implications for Transport and Health". *Journal of Transport & Health 16,* mar. 2020. Disponível em: https://doi.org/10.1016/j.jth.2020.100853.
90. Michael Laris. "Scientists Know Ways to Help Stop Viruses from Spreading on Airplanes. They're Too Late for This Pandemic". *Washington Post*, 29 abr. 2020. Disponível em: https://www.washingtonpost.com/local/trafficandcommuting/scientists-think-they-knowwaystocombat-virusesonairplanes-theyre-too-late-for-thispandemic/2020/04/20/83279318-76ab-11ea-87da-77a8136c1a6d_story.html.
91. U.S. Department of Commerce, ITA, National Travel and Tourism Office.
92. "Historical Flight Status". FlightStats by Cerium. Disponível em: https://www.flightstats.com/v2/historical-flight/subscribe.
93. Para meu debate sobre este assunto com Daniel Bell, cf. Daniel A. Bell. "Did the Chinese Government Deliberately Export Covid-19 to the Rest of the World?". *Danielabell.com*, 21 abr. 2020. Disponível em: https://danielabell.com/2020/04/21/did-the-chinese-government-deliberatelyexport-covid-19-to-the-rest-of-the-world/; Niall Ferguson. "Six Questions for Xi Jinping: An Update". *Niallferguson.com*, 21 abr. 2020. Disponível em: http://www.niallferguson.com/blog/sixquestions-for-xi-jinping-an-update; Niall Ferguson. "Six Questions for Xi Jinping: Another Update". *Niallferguson.com*, 26 maio 2020. Disponível em: http://www.niallferguson.com/blog/six-questions-for-xi-jinping-another-update.

94. Matteo Chinazzi *et al*. "The Effect of Travel Restrictions on the Spread of the 2019 Novel Coronavirus (2019-nCoV) Outbreak". *MedRxiv*, 11 fev. 2020, p. 1-12. Disponível em: https://doi.org/10.1101/2020.02.09.20021261.
95. Steve Eder *et al*. "430,000 People Have Traveled from China to U.S. Since Coronavirus Surfaced". *The New York Times*, 4 abr. 2020. Disponível em: https://www.nytimes.com/2020/04/04/us/coronavirus-china-travel-restrictions.html.
96. Phillip Connor. "More than Nine-in-Ten People Worldwide Live in Countries with Travel Restrictions amid Covid-19". *Fact Tank, Pew Research Center*, 1º abr. 2020. Disponível em: https://www.pewresearch.org/fact-tank/2020/04/01/more-than-nine-in-ten-peopleworldwide-live-in-countries-with-travel-restrictions-amid-covid-19/; Anthony Faiola. "The Virus That Shut Down the World". *Washington Post*, 26 jun. 2020, Disponível em: https://www.washingtonpost.com/graphics/2020/world/coronavirus-pandemic-globalization/?itid=hp_hp-banner-main_virus-shutdown--630pm.
97. "Relative Risk of Importing a Case of 2019-nCoV". *Google Data Studio*, 17 ago. 2020. Disponível em: https://datastudio.google.com/u/0/reporting/3ffd36c3-0272-4510-a140-39e288a9f15c/page/U5lCB. Cf. também Matteo Chinazzi *et al*. "Estimating the Risk of Sustained Community Transmission of Covid-19 Outside Mainland China", 11 mar. 2020, p. 1-11. Disponível em: https://www.mobs-lab.org/uploads/6/7/8/7/6787877/estimating_the_risk_of_sustained_ community_transmission_of_covid-19_outside_china.pdf.
98. Javier Salas and Mariano Zafra. "An Analysis of Three Covid-19 Outbreaks: How They Happened and How They Can Be Avoided". *El País English: Science & Tech*, 17 jun. 2020. Disponível em: https://english.elpais.com/spanish_news/2020-06-17/an-analysis-of-threecovid-19-outbreaks-how-they-happened-and-how-they-can-be-avoided.html; Liu Xiaopeng e Zhang Sisen. "Covid-19: Face Masks and Human-to-Human Transmission". *Influenza and Other Respiratory Viruses* 14, n. 4, 29 mar. 2020, p. 472-473. Disponível em: https://doi.org/10.1111/irv.12740.
99. Lara Goscé e Anders Johansson. "Analysing the Link Between Public Transport Use and Airborne Transmission: Mobility and Contagion in the London Underground". *Environmental Health* 17, n. 84, 4 dez. 2018), p. 1-11. Disponível em: https://doi.org/10.1186/s12940-0180427-5; Jeffrey E. Harris. "The Subways Seeded the Massive Coronavirus Epidemic in New York City". *NBER Working Paper* n. 27021, ago. 2020. Disponível em: https://doi.org/10.3386/w27021; Stephen M. Kissler *et al*. "Reductions in Commuting Mobility Predict Geographic Differences in

Sars-CoV-2 Prevalence in New York City". *Harvard School of Public Health Scholarly Articles* (2020), p. 1-15. Disponível em: http://nrs.harvard.edu/urn-3:HUL.InstRepos:42665370.

100. Bi Qifang *et al.* "Epidemiology and Transmission of Covid-19 in 391 Cases and 1286 of Their Close Contacts in Shenzhen, China: A Retrospective Cohort Study". *Lancet Infectious Diseases*, 20, 8, 1º ago. 2020, p. P911-P919. Disponível em: https://doi.org/10.1016/S14733099(20)30287-5.

101. Christian Bayer e Moritz Kuhn. "Intergenerational Ties and Case Fatality Rates: A CrossCountry Analysis". *VoxEU & CEPR*, 20 mar. 2020. Disponível em: https://voxeu.org/article/intergenerational-ties-and-case-fatality-rates.

102. Liu Jingtao, Huang Jiaquan e Xiang Dandan. "Large Sars-CoV-2 Outbreak Caused by Asymptomatic Traveler, China". *Emerging Infectious Diseases* 26, n. 9, 30 jun. 2020. Disponível em: https://doi.org/10.3201/eid2609.201798.

103. Terry C. Jones *et al.* "An Analysis of SARS-CoV-2 Viral Load by Patient Age". *MedRxiv*, 9 jun. 2020, p. 1-19. Disponível em: https://doi.org/10.1101/2020.06.08.20125484. Cf. também Gretchen Vogel e Jennifer Couzin-Frankel. "Should Schools Reopen? Kids' Role in Pandemic Still a Mystery". *Science*, 4 maio 2020. Disponível em: https://doi.org/10.1126/science.abc6227.

104. Didier Jourdan, Nicola Gray e Michael Marmot. "Re-Opening Schools: What Knowledge Can We Rely Upon?". *UNESCO Chair Global Health and Education*, 4 maio 2020. Disponível em: https://unescochair-ghe.org/2020/05/04/re-opening-schools-what-knowledgecan-we-rely-upon/.

105. "Amid Surge in Israeli Virus Cases, Schools in Outbreak Areas to Be Shuttered". *Times of Israel*, 30 maio 2020. Disponível em: https://www.timesofisrael.com/amid-spikeinvirus-cases-schoolsinoutbreak-areas-setto-shutter/. Para outros surtos em escolas, cf. Q. J. Leclerc *et al.* "What Settings Have Been Linked to Sars-CoV-2 Transmission Clusters?". *Wellcome Open Research* 5, 83 (2020), p. 83. Disponível em: https://wellcomeopenresearch.org/articles/5-83.

106. Faris Mokhtar. "How Singapore Flipped from Virus Hero to Cautionary Tale". *Bloomberg*, 21 abr. 2020. Disponível em: https://www.bloomberg.com/news/articles/2020-0421/how-singapore-flipped-from-virus-hero-to-cautionary-tale.

107. Tomas Pueyo. "Coronavirus: The Basic Dance Steps Everybody Can Follow". *Medium*, 23 abr. 2020. Disponível em: https://medium.com/@tomaspueyo/coronavirus-the--basic-dance-steps-everybody-can-follow-b3d216daa343. Cf. também Julie Scagell. "Study Finds Spikes in Coronavirus Cases Linked to In-Person Restaurant Dining".

Yahoo! Life, 4 jul. 2020. Disponível em: https://www.yahoo.com/lifestyle/study-finds-spikes-coronavirus-cases-161559634.html.

108. Yuki Furuse *et al.* "Clusters of Coronavirus Disease in Communities, Japan, January-April 2020". *Emerging Infectious Diseases* 26, n. 9, 10 jun. 2020). Disponível em: https://doi.org/10.3201/eid2609.202272.

109. Shin Young Park *et al.* "Coronavirus Disease Outbreak in Call Center, South Korea". *Emerging Infectious Diseases* 26, n. 8, 23 abr. 2020. Disponível em: https://doi.org/10.3201/eid2608.201274.

110. Leclerc *et al.* "What Settings Have Been Linked to Sars-CoV-2 Transmission Clusters?" Cf. também Kay. "Covid-19 Superspreader Events."

111. David Pegg, Robert Booth e David Conn. "Revealed: The Secret Report That Gave Ministers Warning of Care Home Coronavirus Crisis". *Guardian*, 7 maio 2020. Disponível em: https://www.theguardian.com/world/2020/may/07/revealed-the-secret-report-that-gaveministers-warning-of-care-home-coronavirus-crisis; Richard Coker. "'Harvesting' Is a Terrible Word – But It's What Has Happened in Britain's Care Homes". *Guardian*, 8 maio 2020. Disponível em: https://www.theguardian.com/commentisfree/2020/may/08/care-home-residentsharvested-left-to-die-uk-government-herd-immunity; Robert Booth. "Coronavirus: Real Care Home Death Toll Double Official Figure, Study Says". *Guardian*, 13 maio 2020. Disponível em: https://www.theguardian.com/world/2020/may/13/coronavirus-real-care-home-deathtoll-double-official-figure-study-says. Cf. Tom McTague. "How the Pandemic Revealed Britain's National Illness". *Atlantic* (ago. 2020). Disponível em: https://www.theatlantic.com/international/archive/2020/08/why-britain-failed-coronavirus-pandemic/615166/.

112. Gregg Girvan. "Nursing Homes and Assisted Living Facilities Account for 45% of Covid-19 Deaths". *Foundation for Research on Equal Opportunity*, 7 maio 2020. Disponível em: https://freop.org/the-covid-19-nursing-home-crisis-by-the-numbers-3a47433c3f70. Cf. também Jessica SilverGreenberg e Amy Julia Harris. "'They Just Dumped Him Like Trash': Nursing Homes Evict Vulnerable Residents". *The New York Times*, 23 jul. 2020. Disponível em: https://www.nytimes.com/2020/06/21/business/nursing-homes-evictions-discharges-coronavirus.html, e Karen Yourish *et al.* "One-Third of All U.S. Coronavirus Deaths Are Nursing Home Residents or Workers". *The New York Times*, 11 maio 2020. Disponível em: https://www.nytimes.com/interactive/2020/05/09/us/coronavirus-cases-nursinghomes-us.html.

113. Joaquin Sapien e Joe Sexton. "'Fire Through Dry Grass': Andrew Cuomo Saw Covid-19's Threat to Nursing Homes. Then He Risked Adding to It". *ProPublica*, 16 jun. 2020. Disponível em: https://www.propublica.org/article/fire-through-dry-grass-andrew-cuomo-sawcovid-19-threat-to-nursing-homes-then-he-risked-adding-to-it.
114. Números de meados de junho. Adelina Comas-Herrera. "Mortality Associated with Covid-19 Outbreaks in Care Homes: Early International Evidence". *International Long Term Care Policy Network*, 26 jun. 2020. Disponível em: https://ltccovid.org/wp-content/uploads/2020/06/Mortality-associated-with-COVID-among-people-who-use-long-term-care-26-June-1.pdf.
115. F. A. Hayek. *The Constitution of Liberty: The Definitive Edition*, ed. Ronald Hamowy, v. 17 de *The Collected Works of F.A. Hayek*. Abingdon, Reino Unido: Routledge, 2011 [1960], p. 421.
116. Jamie Lloyd-Smith (@jlloydsmith). "Couldn't resist such nice data and dusted off my old code". [Não consegui resistir a esses dados lindos e tirei a poeira do meu antigo código.] Twitter, 20 maio 2020, 00h11. Disponível em: https://twitter.com/jlloydsmith/status/1262989192948146176; Kai Kupferschmidt, "Why Do Some Covid-19 Patients Infect Many Others, Whereas Most Don't Spread the Virus at All?". *Science*, 19 maio 2020. Disponível em: https://www.sciencemag.org/news/2020/05/why-do-some-covid-19-patients-infectmany-others-whereas-most-don-t-spread-virus-all.
117. Akira Endo *et al.* "Estimating the Overdispersion in Covid-19 Transmission Using Outbreak Sizes Outside China". *Wellcome Open Research* 5, n. 67, 10 jul. 2020. Disponível em: https://doi.org/10.12688/wellcomeopenres.15842.1.
118. Dillon Adam *et al.* "Clustering and Superspreading Potential of Severe Acute Respiratory Syndrome Coronavirus 2 (Sars-CoV-2) Infections in Hong Kong", 21 maio 2020 p. 1-27, *Research Square*. Disponível em: https://doi.org/10.21203/rs.3.rs-29548/v1.
119. Michael Worobey *et al.* "The Emergence of Sars-CoV-2 in Europe and the U.S.". *BioRxiv*, 23 maio 2020, p. 1-26. Disponível em: https://doi.org/10.1101/2020.05.21.109322; Carl Zimmer. "Coronavirus Epidemics Began Later Than Believed, Study Concludes". *The New York Times*, 27 maio 2020. Disponível em: https://www.nytimes.com/2020/05/27/health/coronavirus-spread-united-states.html.
120. Merle M. Böhmer *et al.* "Investigation of a Covid-19 Outbreak in Germany Resulting from a Single Travel-Associated Primary Case: A Case Series". *Lancet Infectious Diseases* 20, nº 8, 1º ago. 2020), p. P920-P928. Disponível em: https://doi.org/10.1016/S1473-3099(20)30314-5.

121. Haroon Siddique. "'Super-Spreader' Brought Coronavirus from Singapore to Sussex via France". *Guardian*, 10 fev. 2020. Disponível em: https://www.theguardian.com/world/2020/feb/10/super-spreader-brought-coronavirusfrom-singapore-to-sussex-via-france.
122. Marco Hernandez, Simon Scarr e Manas Sharma. "The Korean Clusters: How Coronavirus Cases Exploded in South Korean Churches and Hospitals". Reuters, 20 mar. 2020. Disponível em: https://graphics.reuters.com/CHINA-HEALTH-SOUTHKOREACLUSTERS/0100B5G33SB/index.html.
123. Eric Reguly. "Italy Investigates a Hospital That Failed to Catch a Coronavirus Super-Spreader as Infection Cases Rise". *Globe and Mail* (Toronto), 11 mar. 2020. Disponível em: https://www.theglobeandmail.com/world/article-italy-investigates-hospital-thatfailed-to-catch-a-coronavirus-super/.
124. Carey Goldberg. "Single Conference Linked to Most Mass. Coronavirus Cases Looks Like a 'Superspreading Event'." *WBUR News*, 12 mar. 2020. Disponível em: https://www.wbur.org/commonhealth/2020/03/12/coronavirus-outbreak-biogenconference-superspreading; Drew Karedes. "Hotel at Center of Biogen Meeting Linked to Covid19 Outbreak in Boston Closed Indefinitely". *Boston 25 News*, 12 mar. 2020. Disponível em: https://www.boston25news.com/news/hotel-center-biogen-meeting-linked-covid-19-outbreak-boston-closed-indefinitely/B3UTQ553RBF2BLK4A7AK4T77UI/.
125. Jonathan Saltzman. "Biogen Conference Likely Led to 20,000 Covid-19 Cases in Boston Area, Researchers Say". *Boston Globe*, 25 ago. 2020. Disponível em: https://www.bostonglobe.com/2020/08/25/business/biogen-conference-likely-led-20000covid-19-cases-boston-area-researchers-say/. Cf. também Jacob Lemieux *et al.* "Phylogenetic Analysis of Sars-CoV-2 in the Boston Area Highlights the Role of Recurrent Importation and Superspreading Events". *MedRxiv*, 25 ago. 2020. Disponível em: https://www.medrxiv.org/content/10.1101/2020.08.23.20178236v1.
126. Lea Hamner *et al.* "High Sars-CoV-2 Attack Rate Following Exposure at a Choir Practice – Skagit County, Washington, March 2020". *CDC Morbidity and Mortality Weekly Report* (MMWR) 69, n. 19, 12 maio 2020), p. 606-610. Disponível em: http://dx.doi.org/10.15585/mmwr.mm6919e6.
127. Per Block *et al.* "Social Network-Based Distancing Strategies to Flatten the Covid-19 Curve in a PostLockdown World", 27 maio 2020, p. 1-28, *ArXiv*. Disponível em: https://arxiv.org/abs/2004.07052; Jose Parra-Moyano e Raquel Rosés. "The Network and the Curve: The Relevance of Staying at Home".

Medium, 16 mar. 2020. Disponível em: https://medium.com/@raquelroses2/the-network-and-the-curve-therelevance-of-staying-at-home-a65bb73f3893.

128. Theresa Kuchler, Dominic Russel e Johannes Stroebel. "The Geographic Spread of Covid-19 Correlates with the Structure of Social Networks as Measured by Facebook". *NBER Working Paper* n. 26990, ago. 2020, p. 1-22. Disponível em: http://www.nber.org/papers/w26990.

129. Jaron Lanier e E. Glen Weyl. "How Civic Technology Can Help Stop a Pandemic". *Foreign Affairs*, 20 mar. 2020. Disponível em: https://www.foreignaffairs.com/articles/asia/2020-03-20/how-civic-technology-can-help-stop-pandemic; Lee Yimou. "Taiwan's New 'Electronic Fence' for Quarantines Leads Waves of Virus Monitoring". *Reuters: Technology News*, 20 mar. 2020. Disponível em: https://www.reuters.com/article/us-health-coronavirus-taiwan-/mar.surveillanc/taiwans-newelectronic-fence-for-quarantines-leads-wave-of-virus-monitoring-idUSKBN2170SK; Tomas Pueyo. "Coronavirus: Learning How to Dance". *Medium*, 20 abr. 2020. Disponível em: https://medium.com/@tomaspueyo/coronavirus-learning-how-to-dance-b8420170203e.

130. Chen-Hua Chen *et al.* "Taipei Lockdown: Three Containment Models to Flatten the Curve". *Tianxia (CommonWealth)*, 7 abr. 2020. Disponível em: https://web.cw.com.tw/covid19-taipei-lockdown-en/index.html.

131. Dennis Normile. "Coronavirus Cases Have Dropped Sharply in South Korea. What's the Secret to Its Success?". *Science*, 17 mar. 2020. Disponível em: https://www.sciencemag.org/news/2020/03/coronavirus-cases-have-dropped-sharply-south-korea-whats-secret-its-success. Cf. também Max Fisher e Choe Sang-Hun. "How South Korea Flattened the Curve". *The New York Times*, 10 abr. 2020. Disponível em: https://www.nytimes.com/2020/03/23/world/asia/coronavirus-south-korea-flatten-curve.html, e Juhwan Oh *et al.* "National Response to Covid-19 in the Republic of Korea and Lessons Learned for Other Countries". *Health Systems & Reform* 6, n. 1, 29 abr. 2020, p. 1-10. Disponível em: https://www.tandfonline.com/doi/full/10.1080/23288604.2020.1753464.

132. Zeynep Tufekci. "How Hong Kong Did It". *Atlantic*, 12 maio 2020. Disponível em: https://www.theatlantic.com/technology/archive/2020/05/how-hong-kong-beatingcoronavirus/611524/.

133. Aravind Sesagiri Raamkumar *et al.* "Measuring the Outreach Efforts of Public Health Authorities and the Public Response on Facebook During the Covid-19 Pandemic in Early 2020: A Cross-Country Comparison". *Journal of Medical Internet Research* 22, 5 (2020), p. 1-12. Disponível em: https://www.jmir.org/2020/5/e19334/pdf. Para

uma pesquisa sobre os aplicativos de rastreamento de contato asiáticos, cf. Huang Yasheng, Sun Meicen e Sui Yuze. "How Digital Contact Tracing Slowed Covid-19 in East Asia". *Harvard Business Review*, 5 abr. 2020. Disponível em: https://hbr.org/2020/04/how-digital-contact-tracing-slowed-covid-19-in-east-asia.

134. John Authers. "Stocks Rally Suggests Turning Point in Coronavirus Fight". *Bloomberg Opinion*, 6 abr. 2020. Disponível em: https://www.bloomberg.com/opinion/articles/2020-04-07/stocksrally-suggests-turning-pointincoronavirus-fight.

135. Michael Worobey *et al.* "The Emergence of Sars-CoV-2 in Europe and North America". *Science*, 10 set. 2020. Disponível em: https://science.sciencemag.org/content/early/2020/09/11/science.abc8169.

136. Stephen Grey e Andrew MacAskill. "Special Report: Johnson Listened to His Scientists About Coronavirus – But They Were Slow to Sound the Alarm". *Reuters*, 7 abr. 2020. Disponível em: https://www.reuters.com/article/us-health-coronavirus-britain-path-speci/special-reportjohnson-listened-to-his-scientists-about-coronavirus-but-they-were-slow-to-soundthe-alarm-idUSKBN21P1VF.

137. James Forsyth. "Boris Johnson Knows the Risk He Is Taking with His Coronavirus Strategy". *Spectator*, 14 mar. 2020. Disponível em: https://www.spectator.co.uk/article/Boris-Johnson-knows-the-risk-he-is-taking-with-his-coronavirus-strategy.

138. Neil Ferguson *et al.* "Report 9: Impact of Non-Pharmaceutical Interventions (NPIs) to Reduce Covid-19 Mortality and Healthcare Demand". *Imperial College Covid-19 Response Team*, 16 mar. 2020. Disponível em: https://spiral.imperial.ac.uk:8443/handle/10044/1/77482. Cf. também, para estimativas semelhantes em um briefing vazado da Saúde Pública da Inglaterra, "UK Coronavirus Crisis 'to Last Until Spring 2021 and Could See 7.9m Hospitalised'." *Guardian*, 15 mar. 2020. Disponível em: https://www.theguardian.com/world/2020/mar/15/uk-coronavirus-crisis-to-last-untilspring-2021-and-could-see-79m-hospitalised.

139. Sarah Knapton. "Two Thirds of Coronavirus Victims May Have Died This Year Anyway, Government Adviser Says". *Daily Telegraph*, 15 mar. 2020. Disponível em: https://www.telegraph.co.uk/news/2020/03/25/two-thirds-patients-die-coronaviruswould-have-died-year-anyway/.

140. Sue Denim. "Code Review of Ferguson's Model". *Lockdown Sceptics*, 10 mar. 2020. Disponível em: https://lockdownsceptics.org/code-review-of-fergusons-model/; David Richards e Konstantin Boudnik. "Neil Ferguson's Imperial Model Could Be the Most Devastating Software Mistake of All Time". *Daily Telegraph*, 16 maio

2020. Disponível em: https://www.telegraph.co.uk/technology/2020/05/16/neil-fergusons-imperial-model-could-devastating-software-mistake/.
141. Alistair Haimes. "Ignoring the Covid Evidence". The Critic, July-August 2020. Disponível em: https://thecritic.co.uk/issues/july-august-2020/ignoring-the-covid--evidence/; McTague. "How the Pandemic Revealed Britain's National Illness."
142. Para uma compilação completa, cf. Democratic Coalition. "Trump Lied, Americans Died". 8 maio 2020, vídeo do YouTube, 6:20. Disponível em: https://www.youtube.com/watch?time_continue=8&v=dzAQnD0Oz14. Cf. também Christakis. *Apollo's Arrow*, p. 153, 156 e seguinte.
143. Bob Woodward. *Rage*. Nova York: Simon & Schuster, 2020. [*Raiva*. São Paulo: Todavia, 2020.]
144. James Fallows. "The 3 Weeks That Changed Everything". *Atlantic*, 29 jun. 2020. Disponível em: https://www.theatlantic.com/politics/archive/2020/06/how-white-house-coronavirusresponse-went-wrong/613591/.
145. Michael D. Shear *et al.* "Inside Trump's Failure: The Rush to Abandon Leadership Role on the Virus". *The New York Times*, 18 jul. 2020. Disponível em: https://www.nytimes.com/2020/07/18/us/politics/trump-coronavirus -response-failure-leadership.html; David Crow e Hannah Kuchler. "US Coronavirus Surge: 'It's a Failure of National Leadership'." *Financial Times*, 17 jul. 2020. Disponível em: https://www.ft.com/content/787125ba-5707-4718-858b-1e912fee0a38.
146. Zeynep Tufekci. "It Wasn't Just Trump Who Got It Wrong". *Atlantic*, 24 mar. 2020. Disponível em: https://www.theatlantic.com/technology/archive/2020/03/what-really-doomed-americascoronavirus-response/608596/.
147. "President Trump Job Approval". *Real Clear Politics*. Disponível em: https://www.realclearpolitics.com/epolls/other/president_trump_job_approval-6179.html.
148. Pandemic and All-Hazards Preparedness and Advancing Innovation Act of 2019. S.1379, 116th Cong. (2019). Disponível em: https://www.congress.gov/bill/116th-congress/senate-bill/1379.
149. "A National Blueprint for Biodefense: Leadership and Major Reform Needed to Optimize Efforts". *Bipartisan Report of the Blue Ribbon Study Panel on Biodefense*, out. 2015. Disponível em: https://biodefensecommission.org/reports/a-national-blueprint-for-biodefense/.
150. "News". *Bipartisan Commission on Defense*. Disponível em: https://biodefensecommission.org/news/.

151. White House. National Biodefense Strategy. Washington, D.C.: Government Printing Office, 2018. Disponível em: https://www.whitehouse.gov/wp-content/uploads/2018/09/National-Biodefense-Strategy.pdf.

152. Judge Glock. "Why Two Decades of Pandemic Planning Failed". *Medium*, 9 abr. 2020. Disponível em: https://medium.com/@judgeglock/why-two-decades-of-pandemic-planning-failed-a20608d05800.

153. "Evolution of Biodefense Policy with Dr. Robert Kadlec". *Robert Strauss Center*, 18 out. 2018. Disponível em: https://www.youtube.com/watch?list=UUPLAYER_RobertStraussCenter&v=6U4e4029SpE.

154. Niall Ferguson. *The Great Degeneration: How Institutions Decay and Economies Die*. Londres: Allen Lane, 2012. [*A grande degeneração*. São Paulo: Planeta, 2013.]

155. Josh Margolin and James Gordon Meek. "Intelligence Report Warned of Coronavirus Crisis as Early as November: Sources". *ABC News*, 8 abr. 2020. Disponível em: https://abcnews.go.com/Politics/intelligence-report-warned--coronavirus-crisis-early-november-sources/story?id=70031273; Fallows. "3 Weeks That Changed Everything."

156. Michael D. Shear, Sheri Fink e Noah Welland. "Inside the Trump Administration, Debate Raged over What to Tell Public". *The New York Times*, 9 mar. 2020. Disponível em: https://www.nytimes.com/2020/03/07/us/politics/trump-coronavirus.html; Jonathan Swan e Margaret Talev. "Navarro Memos Warning of Mass Coronavirus Death Circulated in January". *Axios*, 7 abr. 2020. Disponível em: https://www.axios.com/exclusive-navarro-deathscoronavirus-memos-january-da3f08fb-dce1-4f69-89b5-ea048f8382a9.html; Philip A. Wallach e Justus Myers. "The Federal Government's Coronavirus Response – Public Health Timeline". *Brookings*, 31 mar. 2020, https://www.brookings.edu/research/the-federalgovernments-coronavirus-actions-and-failures-timeline-and-themes/.

157. Paul Kane. "Early On, Cheney and Cotton Warned About the Coronavirus. They Still Face Pushback in the GOP". *Washington Post*, 4 abr. 2020. Disponível em: https://www.washingtonpost.com/powerpost/early-on-cheney-and-cotton-warned-aboutthe-coronavirus-they-still-face-push-back-in-the-gop/2020/04/04/d6676200-75df11ea-87da-77a8136c1a6d_story.html.

158. Robert Costa e Philip Rucker. "Woodward Book: Trump Says He Knew Coronavirus Was 'Deadly'." *Washington Post*, 9 set. 2020. Disponível em: https://www.washingtonpost.com/politics/bob-woodward-rage-booktrump/2020/09/09/0368fe3c-efd2-11ea-b4bc-3a2098fc73d4_story.html.

159. Greg Miller, Josh Dawsey e Aaron C. Davis. "One Final Viral Infusion: Trump's Move to Block Travel from Europe Triggered Chaos and a Surge of Passengers from the Outbreak's Center". *Washington Post*, 23 maio 2020. Disponível em: https://www.washingtonpost.com/world/national-security/one-final-viral-infusion-trumps-move-to-block-travel-from-europe-triggered-chaos-and-a-surge-of-passengers-from-the-outbreaks-center/2020/05/23/6-4836a00- 962b-11ea-82b4-c8db161ff6e5_story.html.
160. Fallows. "3 Weeks That Changed Everything."
161. Anne Applebaum. "The Coronavirus Called America's Bluff". *Atlantic*, 15 mar. 2020. Disponível em: https://www.theatlantic.com/ideas/archive/2020/03/coronavirus-showed-america-wasnt-task/608023/; Jon Cohen. "The United States Badly Bungled Coronavirus Testing – But Things May Soon Improve". *Science*, 28 fev. 2020. Disponível em: https://www.sciencemag.org/news/2020/02/united-states-badly-bungled-coronavirus-testing-things-may-soon-improve.
162. Robinson Meyer e Alexis C. Madrigal. "Exclusive: The Strongest Evidence Yet That America Is Botching Coronavirus Testing". *Atlantic*, 6 mar. 2020. Disponível em: https://www.theatlantic.com/health/archive/2020/03/how-many-americans-have-beentested-coronavirus/607597/; Christopher Weaver, Betsy McKay e Brianna Abbott. "America Needed Coronavirus Tests. The Government Failed". *Wall Street Journal*, 19 mar. 2020. Disponível em: https://www.wsj.com/articles/how-washington-failed-to-build-a-robust-coronavirus-testing-system-11584552147; Lazaro Gamio, Cai Weiyi e Adeel Hassan. "Where the U.S. Stands Now on Coronavirus Testing". *The New York Times*, 27 mar. 2020. Disponível em: https://www.nytimes.com/interactive/2020/03/26/us/coronavirus-testing-states.html.
163. Joel Eastwood, Paul Overberg e Rob Barry. "Why We Don't Know How Many Americans Are Infected with Coronavirus – And Might Never Know". *Wall Street Journal*, 4 abr. 2020. Disponível em: https://www.wsj.com/articles/why-we-dont-know-how-many-americans-areinfected-with-coronavirusand-might-never-know-11586005200.
164. Veronique de Rugy. "The Monumental Failure of the CDC". *American Institute for Economic Research*, 11 abr. 2020. Disponível em: https://www.aier.org/article/the-monumental-failure-of-the-cdc/; Bret Stephens. "Covid-19 and the Big Government Problem". *The New York Times*, 10 abr. 2020. Disponível em: https://www.nytimes.com/2020/04/10/opinion/coronavirus-FDA.html.

165. Eric Lipton *et al.* "The C.D.C. Waited 'Its Entire Existence for This Moment.' What Went Wrong?". *The New York Times*, 3 jun. 2020. Disponível em: https://www.nytimes.com/2020/06/03/us/cdc-coronavirus.html.

166. Sheri Fink. "Worst-Case Estimates for U.S. Coronavirus Deaths". *The New York Times*, 13 mar. 2020. Disponível em: https://www.nytimes.com/2020/03/13/us/coronavirus-deaths-estimate.html. Cf. também Lydia Ramsey Pflanzer. "One Slide in a Leaked Presentation for U.S. Hospitals Reveals That They're Preparing for Millions of Hospitalizations as the Outbreak Unfolds". *Business Insider*, 6 mar. 2020. Disponível em: https://www.businessinsider.com/presentation-us-hospitals-preparing-for- millions-of-hospitalizations-2020-3.

167. Li Ruoran *et al.* "The Demand for Inpatient and ICU Beds for COVID-19 in the U.S.: Lessons from Chinese Cities". *Harvard Library Office for Scholarly Communication* (mar. 2020), p. 1-17. Disponível em: https://dash.harvard.edu/ bitstream/handle/1/42599304/Inpatient%20ICU%20beds%20needs%20for%20COVID19%20medRxiv.pdf?sequence=1&isAll owed=y; Margot Sanger-Katz, Sarah Kliff e Alicia Parlapiano. "These Places Could Run Out of Hospital Beds as Coronavirus Spreads". *The New York Times*, 17 mar. 2020. Disponível em: https://www.nytimes.com/interactive/2020/03/17/upshot/hospital-bed-shortages -coronavirus.html.

168. Demographia, Demographia World Urban Areas: 16th Annual Edition (jun. 2020), p. 1-94. Disponível em: http://demographia.com/db-worldua.pdf.

169. "TSA Travel Checkpoint Numbers for 2020 and 2019". U.S. Transportation Security Administration. Disponível em: https://www.tsa.gov/coronavirus/passenger-throughput.

170. Tony Romm, Elizabeth Dwoskin e Craig Timberg. "U.S. Government, Tech Industry Discussing Ways to Use Smartphone Location Data to Combat Coronavirus". *Washington Post*, 17 mar. 2020. Disponível em: https://www.washingtonpost.com/technology/2020/03/17/white-houselocation-data-coronavirus/.

171. Fred Sainz. "Apple and Google Partner on Covid-19 Contact Tracing Technology", 10 abr. 2020. Disponível em: https://www.apple.com/newsroom/2020/04/apple-and-googlepartner-on-covid-19-contact-tracing-technology/.

172. Patrick McGree. "Apple and Google Announce New Contact-Tracing Tool". *Financial Times*, 1º set. 2020. Disponível em: https://www.ft.com/content/0ed38c49-fafe-4e7b-bd57-44c705ba52f7.

173. Derek Watkins *et al.* "How the Virus Won". *The New York Times*, 25 jun. 2020. Disponível em: https://www.nytimes.com/interactive/2020/us/coronavirus-spread.

html; Benedict Carey e James Glanz. "Travel from New York City Seeded Wave of U.S. Outbreaks". *The New York Times*, 16 jul. 2020. Disponível em: https://www.nytimes.com/2020/05/07/us/new-york-city-coronavirusoutbreak.html.

174. Google. "Covid-19 Community Mobility Reports". Disponível em: https://www.google.com/covid19/mobility/; SafeGraph. "Shelter in Place Index: The Impact of Coronavirus on Human Movement". Disponível em: tps://www.safegraph.com/dashboard/covid19shelter-in-place.

175. Wang Shuo. "U.S. Ventilator Data Tells Me Wuhan Really Took a Bullet for China". Caixin Global, 29 mar. 2020. Disponível em: https://www.caixinglobal.com/2020-03-29/as-us-sits-on-ample-ventilator-supply-china-wages-must-win-battle-to-contain-covid-19-in-hubei101535747.html; Sharon Begley. "With Ventilators Running Out, Doctors Say the Machines Are Overused for Covid-19". *STAT News*, 8 abr. 2020. Disponível em: https://www.statnews.com/2020/04/08/doctors-say-ventilators-overused-for-covid-19/.

176. Joe Sexton e Joaquin Sapien. "Two Coasts. One Virus. How New York Suffered Nearly 10 Times the Number of Deaths as California". *ProPublica*, 16 maio 2020. Disponível em: https://www.propublica.org/article/two-coasts-one-virus-how-new-york-suffered-nearly-10-times-the-number-of-deaths-as-california. Cf. também Britta L. Jewell e Nicholas P. Jewell. "The Huge Cost of Waiting to Contain the Pandemic". *The New York Times*, 14 abr. 2020. Disponível em: https://www.nytimes.com/2020/05/20/us/coronavirus-distancing-deaths.html.

177. Badr *et al.* "Association Between Mobility Patterns." Cf. também Unacast. "Social Distancing Scoreboard". Disponível em: https://www.unacast.com/covid19/social-distancing-scoreboard.

178. Ding Wenzhi *et al.* "Social Distancing and Social Capital: Why U.S. Counties Respond Differently to Covid-19". *NBER Working Paper* n. 27393 (jun. 2020), p. 1-33. Disponível em: https://www.nber.org/papers/w27393.

179. Christopher DeMuth. "Can the Administrative State Be Tamed?". *Journal of Legal Analysis* 8, n. 1 (primavera de 2016), p. 121-190.

180. Philip Zelikow. "To Regain Policy Competence: The Software of American Public ProblemSolving". *Texas National Security Review* 2, n. 4 (ago. 2019), p. 110-127. Disponível em: http://dx.doi.org/10.26153/tsw/6665.

181. Francis Fukuyama. *Political Order and Political Decay: From the Industrial Revolution to the Globalisation of Democracy*. Londres: Profile Books, 2014, p. 469. [*Ordem e decadência política: da revolução industrial à globalização da democracia*. Rio de Janeiro: Rocco, 2018.]

182. Marc Andreesen. "It's Time to Build". Andreesen Horowitz, 18 abr. 2020. Disponível em: https://a16z.com/2020/04/18/its-time-to-build/; Ezra Klein. "Why We Can't Build". *Vox*, 22 abr. 2020. Disponível em: https://www.vox.com/2020/4/22/21228469/marc-andreessen-build-governmentcoronavirus; Steven M. Teles. "Kludgeocracy: The American Way of Policy". *New America Foundation*, dez. 2012, p. 1-11. Disponível em: https://static.newamerica.org/attachments/4209-kludgeocracy-the-american-way-of-policy/Teles_Steven_Kludgeocracy_NAF_Dec2012.d8a805aa40e34bca9e2fecb018a3dcb0.pdf.

183. Para apenas um dos muitos exemplos: Jeff Horwitz e Deepa Seetharaman. "Facebook Executives Shut Down Efforts to Make the Site Less Divisive". *Wall Street Journal*, 26 maio 2020. Disponível em: https://www.wsj.com/articles/facebook-knows-it-encourages-division-top-executives-nixed-solutions-11590507499.

184. "Coronavirus: How a Misleading Map Went Global". *BBC News*, 19 fev. 2020.

185. Lena H. Sun. "CDC to Cut by 80 Percent Efforts to Prevent Global Disease Outbreak". *Washington Post*, 1º fev. 2018. Disponível em: https://www.washingtonpost.com/news/to-yourhealth/wp/2018/02/01/cdc-to-cut-by-80-percent-efforts-to-prevent-global-diseaseoutbreak/; Glenn Kessler. "No, Trump Didn't Shut Down 37 of 47 Global Anti-Pandemic Programs". *Washington Post*, 4 mar. 2020. Disponível em: https://www.washingtonpost.com/politics/2020/03/04/no-trump-didnt-shut-down-37-47-global-anti-pandemic-programs/.

186. Leonardo Bursztyn *et al.* "Misinformation During a Pandemic". *Becker Friedman Institute for Economics Working Paper* n. 2020-044 (jun. 2020), p. 1-118. Disponível em: https://bfi.uchicago.edu/wpcontent/uploads/BFI_WP_202044.pdf.

187. Andrey Simonov *et al.* "The Persuasive Effect of Fox News: Non-Compliance with Social Distancing During the Covid-19 Pandemic". *NBER Working Paper* n. 27237 (jul. 2020), p. 1-70. Disponível em: http://www.nber.org/papers/w27237.

188. Lijian Zhao (@zlj517). "CDC was caught on the spot". [CDC foi pego no flagra.] Twitter, 12 mar. 2020, 8h37. Disponível em: https://twitter.com/zlj517/status/1238111898828066823.

189. Steven Lee Myers. "China Spins Tale That the U.S. Army Started the Coronavirus Epidemic". *The New York Times*, 13 mar. 2020. Disponível em: https://www.nytimes.com/2020/03/13/world/asia/coronavirus-china-conspiracy-theory.html.

190. Edward Wong. Matthew Rosenberg e Julian E. Barnes. "Chinese Agents Helped Spread Messages That Sowed Virus Panic in U.S., Officials Say". *The New York Times*,

22 abr. 2020. Disponível em: https://www.nytimes.com/2020/04/22/us/politics/coronavirus-china-disinformation.html.

191. Virginia Alvino Young. "Nearly Half of the Twitter Accounts Discussing 'Reopening America' May Be Bots". *Carnegie Mellon University School of Computer Science*, 20 maio 2020. Disponível em: https://www.cs.cmu.edu/news/nearly-half-twitter-accounts-discussing-reopeningamerica-may-be-bots.

192. "Analysis of June 2020 Twitter Takedowns Linked to China, Russia and Turkey". *Stanford Internet Observatory Cyber Policy Center blog*, 11 jun. 2020. Disponível em: https://cyber.fsi.stanford.edu/io/news/june-2020-twitter-takedown#china.

193. Dominic Kennedy. "British Academics Sharing Coronavirus Conspiracy Theories Online". *Times*, 11 abr. 2020. Disponível em: https://www.thetimes.co.uk/article/british-academics-sharingcoronavirus-conspiracy-theories-online-v8nn99zmv.

194. Ben Norton (@BenjaminNorton). "@TheGrayzoneNews we published the exposé many people have asked for". [@TheGrayzoneNews publicamos a exposição que muitas pessoas pediram.] Twitter, 9 jul. 2020, 11h15. Disponível em: https://twitter.com/BenjaminNorton/status/1281275778316095491; Jeremy Loffredo e Michele Greenstein. "Why the Bill Gates Global Health Empire Promises More Empire and Less Public Health". *The Gray Zone*, 8 jul. 2020. Disponível em: https://thegrayzone.com/2020/07/08/bill-gates-global-health-policy/.

195. Kevin Roose. "Get Ready for a Vaccine Information War". *The New York Times*, 3 jun. 2020. Disponível em: https://www.nytimes.com/2020/05/13/technology/coronavirus-vaccine-disinformation.html.

196. Karen Kornbluh, Ellen P. Goodman e Eli Weiner. "Safeguarding Democracy Against Disinformation". *German Marshall Fund of the United States*, 24 mar. 2020. Disponível em: http://www.gmfus.org/publications/safeguarding-democracy-against-disinformation.

197. Neil F. Johnson *et al.* "The Online Competition Between Pro- and Anti-Vaccination Views". *Nature* 582, 13 maio 2020, p. 230-233. Disponível em: https://www.nature.com/articles/s41586020-2281-1; Ari Sen e Brandy Zadrozny. "QAnon Groups Have Millions of Members on Facebook, Documents Show". *NBC News*, 10 ago. 2020. Disponível em: https://www.nbcnews.com/tech/tech-news/qanon-groups-have-millions-members-facebook-documents-show-n1236317.

198. "Conspiracies of Corona". *Pulsar Platform*. Disponível em: https://www.pulsarplatform.com/resources/the-conspiracies-of-corona/.

199. Horwitz e Seetharaman. "Facebook Executives Shut Down Efforts."

200. Kathleen Hall Jamieson e Dolores Albarracín. "The Relation Between Media Consumption and Misinformation at the Outset of the Sars-CoV-2 Pandemic in the U.S.". *Harvard Kennedy School Misinformation Review* 1 (20 abr. 2020), p. 1-22. Disponível em: https://misinforeview.hks.harvard.edu/article/the-relation-between-media-consumptionand-misinformation-at-the-outset-of-the-sars-cov-2-pandemic-in-the-us/.

201. "On Coronavirus and Conspiracies". *Public Policy and the Past* (*blog*), 17 abr. 2020. Disponível em: http://publicpolicypast.blogspot.com/2020/04/on-coronavirus--and-conspiracies.html. Mas cf. também Stephen Cushion *et al.* "Coronavirus: Fake News Less of a Problem Than Confusing Government Messages – New Study". *The Conversation*, 12 jun. 2020. Disponível em: https://theconversation.com/coronavirus-fake-news-less-of-a-problem-than-confusinggovernment-messages-new-study-140383.

202. Andrew Romano. "New Yahoo News/YouGov Poll Shows Coronavirus Conspiracy Theories Leading on the Right May Hamper Vaccine Efforts". *Yahoo! News*, 22 maio 2020. Disponível em: https://news.yahoo.com/new-yahoo-news-you-gov-poll-shows-coronavirus-conspiracytheories-spreading-on-the-right-may-hamper-vaccine-efforts-152843610.html.

203. Katarina Rebello *et al.* "Covid-19 News and Information from State-Backed Outlets Targeting French, German and Spanish-Speaking Social Media Users: Understanding Chinese, Iranian, Russian and Turkish Outlets". *Computational Propaganda Project* (COMPROP). *Oxford Internet Institute*, Universidade de Oxford. Disponível em: https://kq.freepressunlimited.org/evidence/covid-19-news-and-information-from-state-backed-outlets-targeting-french-german-and-spanish-speaking-social-media-usersunderstanding-chinese-iranian-russian-and-turkish-outlets/.

204. Rex Chapman (@RexChapman). "This angry Florida woman argued today against the mask mandate". [Essa mulher furiosa da Flórida brigou hoje contra a ordem de uso de máscara.] Twitter, 24 jun. 2020, 16h01. Disponível em: https://twitter.com/RexChapman/status/1275912010555932672.

205. Will Sommer. "Trump's New Favorite Covid Doctor Believes in Alien DNA, Demon Sperm, and Hydroxychloroquine". *Daily Beast*, 28 jul. 2020. Disponível em: https://www.thedailybeast.com/stellaimmanuel-trumps-new-covid-doctor-believes-in-alien-dna-demon-sperm-andhydroxychloroquine.

Capítulo 10 – As consequências econômicas da praga

1. John Maynard Keynes. *The Economic Consequences of the Peace*. Nova York: Harcourt, Brace, and Howe: 1920. [*As consequências econômicas da paz*. Imprensa Oficial, 2002.]
2. Keynes. *Economic Consequences of the Peace*, p. 268.
3. Olivier Accominotti e David Chambers. "If You're So Smart: John Maynard Keynes and Currency Speculation in the Interwar Years". *Journal of Economic History* 76, n. 23 (2016), p. 342-386. Disponível em: https://doi.org/10.1017/S0022050716000589.
4. Fundo Monetário Internacional. "A Crisis Like No Other, an Uncertain Recovery". *World Economic Outlook Update*, jun. 2020. Disponível em: https://www.imf.org/en/Publications/WEO/Issues/2020/06/24/WEOUpdate June2020; "A Long and Difficult Asscent" (out. 2020). Disponível em: https://www.imf.org/en/Publications/WEO/Issues/2020/06/24/WEOUpdateJune2020.
5. Chris Giles. "BoE Warns UK Set to Enter Worst Recession for 300 Years". *Financial Times*. 7 maio 2020. Disponível em: https://www.ft.com/content/734e604b-93d9-43a6-a6ec-19e8b22dad3c.
6. A primeira vez que Summers usou esta frase foi em um evento na Kennedy School of Government de Harvard, em nov. 2019.
7. Andrew Edgecliffe-Johnson. "U.S. Supply Chains and Ports Under Strain from Coronavirus". *Financial Times*, 2 mar. 2020. Disponível em: https://www.ft.com/content/5b5b8990-5a98-11ea-a528-dd0f971febbc.
8. Yuan Yang *et al.* "Hidden Infections Challenge China's Claim Coronavirus Is Under Control". *Financial Times*, 26 mar. 2020. Disponível em: https://www.ft.com/content/4aa35288-3979-44f7-b204-b881f473fca0.
9. Mike Bird, John Emont e Shan Li. "China Is Open for Business, but the Postcoronavirus Reboot Looks Slow and Rocky". *Wall Street Journal*, 26 mar. 2020. Disponível em: https://www.wsj.com/articles/china-is-open-for-business-but-the-post-coronavirus-reboot-looks-slow-and-rocky-11585232600; Keith Bradsher. "China's Factories Are Back. Its Consumers Aren't". *The New York Times*, 28 abr. 2020. Disponível em: https://www.nytimes.com/2020/04/28/business/china-coronavirus-economy.html.
10. John Liu *et al.* "China Abandons Hard Growth Target, Shifts Stimulus Focus to Jobs". *Bloomberg*, 22 maio 2020. Disponível em: https://www.bloomberg.com/news/articles/2020-05-22/china-to-abandon-numericalgrowth-target-amid-virus-uncertainty.
11. Frank Tang. "Coronavirus: China's Central Bank, Finance Ministry at Odds over Funding for Economic Recovery". *South China Morning Post*, 6 maio 2020. Disponível em: https://www.scmp.com/economy/china-economy/

article/3083193/coronavirus-chinas- central-bank-finance-ministry-odds-over; Frank Tang. "China's Top Bank Regulator Sees Surge of Bad Loans Straining Financial System in 2020, 2021". *South China Morning Post*, 13 ago. 2020. Disponível em: https://www.scmp.com/economy/china-economy/article/3097229/chinas-top-bank-regulator-sees-surge-bad-loans-straining.

12. Anthony Faiola. "The Virus That Shut Down the World". *Washington Post*, 26 jun. 2020. Disponível em: https://www.washingtonpost.com/graphics/2020/world/coronavirus-pandemicglobalization/?itid=hp_hp-banner-main_virus-shutdown--630pm.

13. Clara Ferreira Marques. "The Coronavirus Is a Human Credit Crunch". *Bloomberg*, 4 mar. 2020. Disponível em: https://www.bloomberg.com/opinion/articles/2020-03-04/coronavirus-is-a-humanversion-of-the-credit-crunch.

14. "The State of the Restaurant Industry". *OpenTable by Booking.com*. Disponível em: https://www.opentable.com/state-of-industry.

15. SafeGraph. "The Impact of Coronavirus (Covid19) on Foot Traffic". 18 ago. 2020. Disponível em: https://www.safegraph.com/dashboard/covid19-commerce-patterns.

16. Justin Baer. "The Day Coronavirus Nearly Broke the Financial Markets". *Wall Street Journal*, 20 maio 2020. Disponível em: https://www.wsj.com/articles/the-day-coronavirus-nearly-broke-the-financial- markets-11589982288.

17. John Plender. "The Seeds of the Next Debt Crisis". *Financial Times*, 3 mar. 2020. Disponível em: https://www.ft.com/content/27cf0690-5c9d-11ea-b0ab-339c2307bcd4.

18. Eva Szalay. "Dollar Surge Stirs Talk of Multilateral Move to Weaken It". *Financial Times*, 24 mar. 2020. Disponível em: https://www.ft.com/content/931ddba6-6dd2-11ea-9bca-bf503995cd6f.

19. Andreas Schrimpf, Hyun Song Shin e Vladyslav Sushko. "Leverage and Margin Spirals in Fixed Income Markets During the COVID-19 Crisis". *Bank of International Settlements Bulletin* 2, 2 abr. 2020. Disponível em: https://www.bis.org/publ/bisbull02.htm.

20. Gavyn Davies. "A Strategy for the Dysfunctional U.S. Treasuries Market". *Financial Times*, 22 mar. 2020. Disponível em: https://www.ft.com/content/8df468f2-6a4e-11ea-800d-da70cff6e4d3.

21. Nick Timiraos e John Hilsenrath. "The Federal Reserve Is Changing What It Means to Be a Central Bank". *Wall Street Journal*, 27 abr. 2020. Disponível em: https://www.wsj.com/articles/fate-and-history-the-fed-tosses-the-rules-to-fight-coronavirus--downturn-11587999986.

22. Lev Menand. "Unappropriated Dollars: The Fed's Ad Hoc Lending Facilities and the Rules That Govern Them". *European Corporate Governance Institute (ECGI)-Law Working Paper* n. 518/2020, 22 maio 2020, disponível em SSRN: http://dx.doi.org/10.2139/ssrn.3602740.
23. Joshua Jamerson, Andrew Duehren e Natalie Andrews. "Senate Approves Nearly $2 Trillion in Coronavirus Relief". *Wall Street Journal*, 26 mar. 2020. Disponível em: https://www.wsj.com/articles/trump-administration-senate-democrats-said-to-reach-stimulus-bill-deal-11585113371.
24. "Budget Projections: Debt Will Exceed the Size of the Economy This Year". *Committee for a Responsible Federal Budget blog*, 13 abr. 2020. Disponível em: http://www.crfb.org/blogs/budget-projections-debt-will-exceed-size-economy-year.
25. Jeffrey M. Jones. "President Trump's Job Approval Rating Up to 49%". *Gallup*, 24 mar. 2020. Disponível em: https://news.gallup.com/poll/298313/president-trump-job-approval-rating.aspx.
26. Francis Wilkinson. "Gavin Newsom Declares California a 'Nation-State,'" *Bloomberg*, 9 abr. 2020. Disponível em: https://www.bloomberg.com/opinion/articles/2020-04-09/california-declares- independence-from-trump-s-coronavirus-plans; Scott Clement e Dan Balz. "Many Governors Win Bipartisan Support for Handling of Pandemic, but Some Republicans Face Blowback over Reopening Efforts". *Washington Post*, 12 maio 2020. Disponível em: https://www.washingtonpost.com/politics/many-governors-win-bipartisan-support-for-handling-of-pandemic-but-some-republicans-face-blowback-over-reopeningefforts/2020/05/11/8e98500e-93d2-11ea-9f5e-56d8239bf9ad_story.html; "April 14-19 Washington Post-U. Md. Poll". *Washington Post*, 5 maio 2020. Disponível em: https://www.washingtonpost.com/context/april-14-19-washington-post-u-md-poll/4521bb45-b844-4dbd-b72d-0a298cf7539a; "NBC News/Wall Street Journal Survey Study #200203". *Hart Research Associates/Public Opinion Strategies*, 13-15 abr. 2020. Disponível em: https://www.documentcloud.org/documents/6842659-200203-NBCWSJ-April-Poll-4-19-20-Release.html.
27. "Most Americans Say Trump Was Too Slow in Initial Response to Coronavirus Threat". *Pew Research Center*, 16 abr. 2020. Disponível em: https://www.people-press.org/2020/04/16/mostamericans-say-trump-was-too-slow-in-initial-response-to-coronavirus-threat/.
28. "Coronavirus: Outbreak Concern". *Civiqs*. Disponível em: https://civiqs.com/results/coronavirus_concern?uncertainty.
29. Mat Krahn. "We all have Schrodinger's Virus now". Facebook, 30 mar. 2020. Disponível em: https://www.facebook.com/mat.krahn/posts/3076953808995462.

30. Patrick G. T. Walker *et al.* "The Global Impact of Covid-19 and Strategies for Mitigation and Suppression". *Imperial College Covid-19 Response Team Report* 12, 26 mar. 2020. Disponível em: https://doi.org/10.25561/77735.
31. Nicholas Kristof e Stuart A. Thompson. "Trump Wants to 'Reopen America.' Here's What Happens If We Do". *The New York Times*, 25 mar. 2020. Disponível em: https://www.nytimes.com/interactive/2020/03/25/opinion/coronavirus-trump-reopenamerica.html.
32. Maria Chikina e Wesley Pegden. "A Call to Honesty in Pandemic Modeling". *Medium*, 29 mar. 2020. Disponível em: https://medium.com/@wpegden/a-call-to-honesty-in-pandemic-modeling-5c156686a64b.
33. Seth Flaxman *et al.* "Estimating the Number of Infections and the Impact of Non-Pharmaceutical Interventions on Covid-19 in 11 European Countries". *Imperial College Covid-19 Response Team Report* 13, 30 mar. 2020. Disponível em: https://doi.org/10.25561/77731.
34. Walker *et al.* "The Global Impact of Covid-19".
35. Felicia Sonmez. "Texas Lt. Gov. Dan Patrick Comes Under Fire for Saying Seniors Should 'Take a Chance' on Their Own Lives for Sake of Grandchildren During Coronavirus Crisis". *Washington Post*, 24 mar. 2020. Disponível em: https://www.washingtonpost.com/politics/texas-lt-gov-dan-patrick-comes-underfire-for-saying-seniors-should-take-a-chance-on-their-own-lives-for-sake-of-grandchildren-during-coronavirus-crisis/2020/03/24/e6f64858-6de6-11ea-b148-e4ce3fbd85b5_story.html.
36. Andrew Cuomo (@NYGovCuomo). "My mother is not expendable. Your mother is not expendable". [Minha mãe não é dispensável. Sua mãe não é dispensável.] Twitter, 24 mar. 2020, 9h43. Disponível em: https://twitter.com/NYGovCuomo/status/1242477029083295746.
37. Thomas J. Kniesner e W. Kip Viscusi. "The Value of a Statistical Life". *Vanderbilt Law Research Paper* n. 19-15 (16 maio 2019). Disponível em SSRN: http://dx.doi.org/10.2139/ssrn.3379967.
38. Greg Ip. "Economics vs. Epidemiology: Quantifying the Trade-Off". *Wall Street Journal*, 5 abr. 2020. Disponível em: https://www.wsj.com/articles/economics-vs-epidemiology-quantifying-the-trade-off-11586982855.
39. Andrew Scott. "How Aging Societies Should Respond to Pandemics". *Project Syndicate*, 22 abr. 2020. Disponível em: https://www.project-syndicate.org/commentary/how-aging-societies-should-respond-to-pandemics-by-andrew-scott-2020-04.

40. Agradeço a Edward Lazear por sua orientação sobre essa questão. Para a visão alternativa que "de uma perspectiva econômica, nossa reação foi proporcional à ameaça posta pelo vírus", cf. Nicholas A. Christakis. *Apollo's Arrow: The Profound and Enduring Impact of Coronavirus on the Way We Live*. Nova York: Little, Brown Spark, 2020, p. 304 e seguinte.

41. Christos A. Makridis e Jonathan Hartley. "The Cost of Covid-19: A Rough Estimate of the 2020 U.S.GDP Impact". *Mercatus Center Special Edition Policy Brief*, 23 mar. 2020. Disponível em SSRN: http://dx.doi.org/10.2139/ssrn.3559139.

42. Jay Boice. "Experts Say the Coronavirus Outlook Has Worsened, But the Trajectory Is Still Unclear". *FiveThirtyEight*, 26 mar. 2020. Disponível em: https://fivethirtyeight.com/features/experts-say-the-coronavirus-outlook-has-worsened-but-the-trajectory-is-still-unclear/.

43. Roman Marchant *et al.* "Learning as We Go: An Examination of the Statistical Accuracy of Covid-19 Daily Death Count Predictions", 26 maio 2020. Disponível em: https://arxiv.org/abs/2004.04734. Para uma crítica dos modelos, cf. Andrea Saltelli *et al.* "Five Ways to Ensure That Models Serve Society: A Manifesto". *Nature* 582 (24 jun. 2020), p. 482-484. Disponível em: https://doi.org/10.1038/d41586-020-01812-9.

44. Eskild Petersen *et al.* "Comparing Sars-CoV-2 with SARS-CoV and Influenza Pandemics". *Lancet Infectious Diseases* 20, n. 9, set. 2020, p. E238-E244. Disponível em: https://doi.org/10.1016/S1473-3099(20)30484-9.

45. "EuroMOMO Bulletin". *European Mortality Monitoring Project*. Disponível em: http://www.euromomo.eu/; "Weekly Death Statistics: Dramatic Rise in Deaths in Early Spring". *Eurostat*, 21 jul. 2020. Disponível em: https://ec.europa.eu/eurostat/statisticsexplained/index.php?title=Weekly_death_statistics&stable#Dramatic_rise_in_deaths_in_earl y_spring.

46. "Tracking Covid-19 Excess Deaths Across Countries". *Economist*, 15 jul. 2020. Disponível em: https://www.economist.com/graphic-detail/2020/04/16/tracking-covid-19-excess-deathsacross-countries; Jin Wu *et al.* "Missing Deaths: Tracking the True Toll of the Coronavirus Outbreak". *The New York Times*, 31 jul. 2020. Disponível em: https://www.nytimes.com/interactive/2020/04/21/world/coronavirus-missing-deaths.html; "Coronavirus Tracked: The Latest Figures as Countries Fight Covid-19 Resurgence". *Financial Times*, 18 ago. 2020. Disponível em: https://www.ft.com/content/a26fbf7e-48f8-11ea-aeb3-955839e06441.

47. Sobre a questão problemática de atribuição de morte por Covid-19 e outras causas de mortalidade em excesso, cf. John Lee. "The Way 'Covid Deaths' Are Being

Counted Is a National Scandal". *Spectator*, 30 maio 2020. Disponível em: https://www.spectator.co.uk/article/the-way-covid-deaths-are-being-counted-is-a-national-scandal, e David Spiegelhalter. "Covid and 'Excess Deaths' in the Week Ending April 10th". *Medium*, 24 abr. 2020. Disponível em: https://medium.com/wintoncentre/covid-and-excess-deaths-in-the-week-ending-april-10th-20ca7d355ec4.

48. Sarah Caul *et al.* "Deaths Registered Weekly in England and Wales, Provisional: Week Ending 27 March 2020". UK Office for National Statistics, 7 abr. 2020. Disponível em: https://www.ons.gov.uk/peoplepopulationandcommunity/birthsdeathsandmarriages/deaths/bulletins/deathsregisteredweeklyinenglandandwalesprovisional/weekending27march2020#de-aths-registered-by-week.

49. Chris Giles. "UK Coronavirus Deaths More than Double Official Figure, According to FT Study". *Financial Times*, 21 abr. 2020. Disponível em: https://www.ft.com/content/67e6a4ee-3d05-43bc-ba03-e239799fa6ab.

50. "Covid-19 Daily Deaths". *NHS England*. Disponível em: https://www.england.nhs.uk/statistics/statistical-work-areas/covid-19-daily-deaths/.

51. Lewis Goodall (@lewis_goodall). "Looking through @ONS data on European deaths, it is v Clear how poor the performance in England". [Fuçando nos dados de @ONS sobre morte na Europa, fica claro como foi ruim o desempenho na Inglaterra.] Twitter, 30 jul. 2020, 11h15. Disponível em: https://twitter.com/lewis_goodall/status/1288886067039535104.

52. John Burn-Murdoch e Chris Giles. "UK Suffers Second-Highest Death Rate from Coronavirus". *Financial Times*, 28 maio 2020. Disponível em: https://www.ft.com/content/6b4c784e-c2594ca4-9a82-648ffde71bf0.

53. Harry Kennard (@HarryKennard). "ONS have updated their weekly mortality figures up to April 10th for England and Wales." [ONS atualizou seus números semanais de mortalidade até 10 de abril para Inglaterra e País de Gales.]

54. "Coronavirus Tracked". *Financial Times*.

55. Burn-Murdoch e Giles. "UK Suffers Second-Highest Death Rate".

56. "Pneumonia and Influenza Surveillance from the National Center for Health Statistics Mortality Surveillance System". *CDC FluView Interactive*. Disponível em: https://gis.cdc.gov/grasp/fluview/mortality.html; "COVIDView Weekly Summary". *COVIDView*, CDC. Disponível em: https://www.cdc.gov/coronavirus/2019-ncov/covid-data/covidview/index.html?CDC_AA_refVal=https%3A%2F%2Fwww.cdc.gov%2Fcoronavirus %2F2019-ncov%2Fcovid-data%2Fcovidview.html. Cf. também Paul Overberg e Jon Kamp.

"U.S. Deaths Are Up Sharply, Though Covid-19's Precise Toll Is Murky". *Wall Street Journal*, 15 maio 2020. Disponível em: https://www.wsj.com/articles/covid-19s-exact-toll-is-murky-though-u-s-deathsare-up-sharply-11589555652.

57. Jeremy Samuel Faust e Carlos del Rio. "Assessment of Deaths from Covid-19 and from Seasonal Influenza". *JAMA Internal Medicine* 180, n. 8 (14 maio 2020), p. 1045-1046. Disponível em: https://doi.org/10.1001/jamainternmed.2020.2306.
58. Robin Martin. "Covid vs. U.S. Daily Average Cause of Death". *Flourish*, 21 abr. 2020. Disponível em: https://public.flourish.studio/visualisation/1712761/.
59. Steven H. Woolf *et al*. "Excess Deaths from Covid-19 and Other Causes, March-April 2020". *JAMA* 324, n. 5, 1º jul. 2020, p. 510-13. Disponível em: https://doi.org/10.1001/jama.2020.11787.
60. Claudio Cancelli e Luca Foresti. "The Real Death Toll for COVID19 Is At Least 4 Times the Official Numbers". *Corriere della Sera*, 26 mar. 2020. Disponível em: https://www.corriere.it/politica/20_marzo_26/the-real-death-toll-for-covid-19-is-at-least-4-times-the-official-numbers-b5af0edc-6eeb-11ea-925b-a0c3cdbe1130.shtml.
61. Centro Nacional de Epidemiología (ISCIII). "Vigilancia de los excesos de mortalidad por todas las causas", 19 abr. 2020. Disponível em: https://www.isciii.es/QueHacemos/Servicios/VigilanciaSaludPublicaRENAVE /EnfermedadesTransmisibles/MoMo/Documents/informesMoMo2020/MoMo_Situacion%20a %2019%20de%20abril_CNE.pdf.
62. Josh Katz e Margot Sanger-Katz. "Deaths in New York City Are More than Double the Usual Total". *The New York Times*, 10 abr. 2020. https://www.nytimes.com/interactive/2020/04/10/upshot/coronavirus-deaths-new-york-city.html.
63. Josh Kovensky. "How Many People Have Died in NYC During the Covid Pandemic?". *Talking Points Memo Muckraker*, 14 abr. 2020. Disponível em: https://talkingpointsmemo.com/muckraker/how-many-people-have-died-in-nyc-during--the-covid-pandemic. Cf. também "Coronavirus Tracked". *Financial Times*, e Jin Wu *et al.* "Missing Deaths".
64. "COVID-19 Data and Tools". California State Government. Disponível em: https://public.tableau.com/views/COVID-19CasesDashboard_15931020425010/Cases. Sobre os problemas no Sul da Califórnia, cf. James Temple. "There's Not One Reason California's Covid-19 Cases Are Soaring – There Are Many". *MIT Technology Review*, 30 jun. 2020. Disponível em: https://www.technologyreview.com/2020/06/30/1004696/theres-not-one-reason-californias-covid-19-cases-are-soaring-there-are-many/.

65. "Excess Deaths Associated with Covid-19". CDC National Center for Health Statistics, 12 ago. 2020. Disponível em: https://www.cdc.gov/nchs/nvss/vsrr/covid19/excess_deaths.htm.

66. "Estudio ENE-COVID19: Primera ronda: Estudio nacional de sero-epidemiología de la infección por Sars-CoV-2 en España: Informe preliminar". Gobierno de España Ministerio de Ciencia e Innovación/Ministerio de Sanidad, 13 maio 2020. Disponível em: https://www.ciencia.gob.es/stfls/MICINN/Ministerio/FICHEROS/ENECOVID_Informe_prelimina r_cierre_primera_ronda_13Mayo2020.pdf; Travis P. Baggett *et al.* "Covid-19 Outbreak at a Large Homeless Shelter in Boston: Implications for Universal Testing". *MedRxiv*, 15/abr./2020. Disponível em: https://doi.org/10.1101/2020.04.12.20059618; Bill Chappell e Paige Pfleger. "73% of Inmates at an Ohio Prison Test Positive for Coronavirus". *Coronavirus Live Updates, NPR*, 20 abr. 2020. Disponível em: https://www.npr.org/sections/coronavirus-liveupdates/2020/04/20/838943211/73-of-inmates-at-an-ohio-prison-test-positive-for-coronavirus.

67. Joseph Goldstein. "68% Have Antibodies in This Clinic. Can a Neighborhood Beat a Next Wave?". *The New York Times*, 10 jul. 2020. Disponível em: https://www.nytimes.com/2020/07/09/nyregion/nyc-coronavirus-antibodies.html.

68. Eran Bendavid *et al.* "Covid-19 Antibody Seroprevalence in Santa Clara County, California". *MedRxiv*, 30 abr. 2020. Disponível em: https://doi.org/10.1101/2020.04.14.20062463.

69. "Covid-19 in Iceland – Statistics from 15 June 2020". Ministry of Health of Iceland. Disponível em: https://www.covid.is/data; "Estudio ENE-Covid-19: Primera ronda."

70. Daniel Howdon, Jason Oke e Carl Heneghan. "Estimating the Infection Fatality Ratio in England". Centre for Evidence-Based Medicine, 21 ago. 2020. Disponível em: https://www.cebm.net/covid-19/estimating-the-infection-fatality-ratio-in-england/.

71. John P. A. Ioannidis. "The Infection Fatality Rate of Covid-19 Inferred from Seroprevalence Data". *MedRxiv*, 14 jul. 2020. Disponível em: https://doi.org/10.1101/2020.05.13.20101253; "Covid-19 Pandemic Planning Scenarios". CDC, 10 jul. 2020. Disponível em: https://www.cdc.gov/coronavirus/2019-ncov/hcp/planning-scenarios.html; Lucy C. Okell *et al.* "Have Deaths in Europe Plateaued Due to Herd Immunity?". *Lancet* 395, n. 10241, 11 jun. 2020, p. E110-E111. Disponível em: https://doi.org/10.1016/S0140-6736(20)31357-X; Smriti Mallapaty. "How Deadly Is the Coronavirus? Scientists Are Close to an Answer". *Nature* 582, 16 jun. 2020, p. 467-468, https://doi.org/10.1038/d41586-020-01738-2.

72. Gideon Meyerowitz-Katz e Lea Merone. "A Systematic Review and Meta-Analysis of Published Research Data on Covid-19 Infection-Fatality Rates". *MedRxiv*, 7 jul. 2020. Disponível em: https://doi.org/10.1011/2020.05.03.20089854; Brianna Abbott e Jason Douglas. "How Deadly Is Covid-19? Researchers Are Getting Closer to an Answer". *Wall Street Journal*, 21 jul. 2020. Disponível em: https://www.wsj.com/articles/how-deadly-is-covid-19-researchers-are-getting- closer-to-an-answer-11595323801.
73. Javier Perez-Saez *et al.* "Serology-Informed Estimates of Sars-CoV-2 Infection Fatality Risk in Geneva, Switzerland". OSF Preprints, 15 jun. 2020. Disponível em: https://doi.org/10.31219/osf.io/wdbpe.
74. John Burn-Murdoch. "Some Fresh Analysis of the Factors That Do—and Do Not – Appear to Influence the Pace of Countries' Covid-19 Outbreaks". 13 abr. 2020. Disponível em: https://threadreaderap.com/thread/1249821596199596034.html. Cf. também Okell *et al.* "Have Deaths in Europe Plateaued?".
75. T. J. Rodgers. "Do Lockdowns Save Many Lives? In Most Places, the Data Say No". *Wall Street Journal*, 26 abr. 2020. Disponível em: https://www.wsj.com/articles/do-lockdowns-save-many-lives-is-most-places-the-data-say-no-11587930911. Cf. também a pesquisa por Marko Kolanavic, do J. P. Morgan.
76. "Coronavirus Government Response Tracker". Oxford University Blavatnik School of Government, 6 ago. 2020. Disponível em: https://www.bsg.ox.ac.uk/research/research-projects/oxford-covid-19-government-response-tracker; Thomas Hale *et al.* "Variation in Government Responses to Covid-19". Blavatnik School of Government (BSG) *Working Paper Series* BSG-WP-2020/032, v. 6.0, 27 maio 2020. Disponível em: https://www.bsg.ox.ac.uk/sites/default/files/2020-05/BSGWP2020-032-v6.0.pdf.
77. Elaine He. "The Results of Europe's Lockdown Experiment Are In". *Bloomberg*, 19 maio 2020. Disponível em: https://www.bloomberg.com/graphics/2020-opinion-coronavirus-europe-lockdownexcess-deaths-recession. Cf. também James Scruton *et al.* "GDP First Quarterly Estimate, UK: January to March 2020". *UK Office for National Statistics*, 13 maio 2020. Disponível em: https://www.ons.gov.uk/economy/grossdomesticproductgdp/bulletins/gdpfirstquarterlyestim ateuk/januarytomarch2020; JohannesBorgen (@jeuasommenulle), "This is v. interesting – basically oxford econ did a huge database of world lockdown measures And ONS regressed it against known GDP prints". [Isso é mt. interessante – basicamente a econ. de Oxford fez um banco de dados imenso das medidas de *lockdown* mundiais e ONS o regrediu frente aos conhecidos padrões do PIB.] Twitter, 13 maio 2020, 2h11, https://twitter.com/jeuasommenulle/status/1260482683936915456.

78. Okell *et al.* "Have Deaths in Europe Plateaued?".
79. Joseph A. Lewnard e Nathan C. Lo. "Scientific and Ethical Basis for Social-Distancing Interventions Against Covid-19". *Lancet Infectious Diseases* 20, n. 6, 1º jun. 2020, p. P631-P633. Disponível em: https://doi.org/10.1016/S1473-3099(20)30190-0.
80. Lai Shengjie *et al.* "Effect of Non-Pharmaceutical Interventions for Containing the Covid-19 Outbreak in China". *MedRxiv*, 13 mar. 2020. Disponível em: https://doi.org/10.1011/2020.03.03.20029843; Zhang Juanjuan *et al.* "Changes in Contact Patterns Explain the Dynamics of the Covid-19 Outbreak in China". *Science* 368, n. 6498, 26 jun. 2020), p. 1481-1486. Disponível em: https://doi.org/10.1126/science.abb8001.
81. Solomon Hsiang *et al.* "The Effect of Large-Scale Anti-Contagion Policies on the Covid-19 Pandemic". *Nature* 584. 8 jun. 2020, p. 262-267. Disponível em: https://doi.org/10.1038/s41586-020-2404-8.
82. Amnon Shashua e Shai Shalev-Shwartz. "The Day After Covid-19 Lockdown: Need to Focus on the Vulnerable". *Medium*, 27 abr. 2020. Disponível em: https://medium.com/@amnon.shashua/the-day-after-covid-19-lockdown-need-to-focus-on-the-vulnerable-42c0a360a27; Alexander Chudik, M. Hashem Pesaran e Alessandro Rebucci. "Mandated and Targeted Social Isolation Policies Flatten the Covid-19 Curve and Can Help Mitigate the Associated Employment Losses". *VoxEU & CEPR*, 2 maio 2020. Disponível em: https://voxeu.org/article/mandated-targeted--social-isolation-can-flatten-covid-19-curve-and-mitigate-employment-losses; Alexander Chudik, M. Hashem Pesaran e Alessandro Rebucci. "Voluntary and Mandatory Social Distancing: Evidence on Covid-19 Exposure Rates from Chinese Provinces and Selected Countries". *Carey Business School Research Paper* n. 20-03, Johns Hopkins University (15 abr. 2020). Disponível em SSRN: https://ssrn.com/abstract=3576703. Cf. também M. Gabriela Gomes *et al.* "Individual Variation in Susceptibility or Exposure to Sars-CoV-2 Lowers the Herd Immunity Threshold". *MedRxiv*, 2 maio 2020. Disponível em: https://doi.org/10.1101/2020.04.27.20081893.
83. Greg Ip. "New Thinking on Covid Lockdowns: They're Overly Blunt and Costly". *Wall Street Journal*, 24 ago. 2020. Disponível em: https://www.wsj.com/articles/covid-lockdowns-economy-pandemic-recession-business-shutdown-sweden-coronavirus-11598281419.
84. Flavia Rotondi, Boris Groendahl e Stefan Nicola. "Europe's Reopening Road Map: How 11 Countries Are Beginning to Lift Lockdowns". *Fortune*, 4/maio/ 2020. Disponível em: https://fortune.com/2020/05/04/reopen-economy-europe-italy-spain-france/.

85. Karin Modig e Marcus Ebeling. "Excess Mortality from Covid-19: Weekly Excess Death Rates by Age and Sex for Sweden". *MedRxiv*, 15 maio 2020. Disponível em: https://doi.org/10.1101/2020.05.10.20096909.
86. "Mobilitätsindikatoren auf Basis von Mobilfunkdaten: Experimentelle Daten" [Indicadores de mobilidade com base em dados de rede celular: dados experimentais]. Statistisches Bundesamt (Destatis), 3 ago. 2020. Disponível em: https://www.destatis.de/DE/Service/EXDAT/Datensaetze/mobilitaetsindikatorenmobilfunkdaten.html.
87. Alistair Haimes. "It's Hurting but It's Just Not Working". *The Critic*, 24 abr. 2020. Disponível em: https://thecritic.co.uk/its-hurting-but-its-just-not-working/; Fraser Nelson. "The Threat Has Passed, So Why Are Our Civil Liberties Still Suspended?". *Daily Telegraph*, 18 abr. 2020. Disponível em: https://www.telegraph.co.uk/politics/2020/06/18/threat-has-passed-civil-liberties-stillsuspended/.
88. Justin McCarthy. "Americans Differ Greatly in Readiness to Return to Normal". *Gallup*, 30 abr. 2020. Disponível em: https://news.gallup.com/poll/309578/americans-differ-greatly-readiness-return- normal.aspx.
89. Apple Maps. "Mobility Trends Reports". Disponível em: https://www.apple.com/covid19/mobility. Sobre a diferença de comportamento entre Democratas e Republicanos, cf., p. ex., Marcus Painter e Tian Qiu. "Political Beliefs Affect Compliance with Covid-19 Social Distancing Orders". *VoxEU & CEPR*, 11 maio 2020. Disponível em: https://voxeu.org/article/political-beliefs-and-compliance-social-distancing-orders.
90. Matthew Cleevely *et al.* "Stratified Periodic Testing: A Workable Testing Strategy for Covid-19". *VoxEU & CEPR*, 6 maio 2020. Disponível em: https://voxeu.org/article/stratified-periodic-testing-covid19; Edward Luce. "Inside Trump's Coronavirus Meltdown". *Financial Times*, 13 maio 2020. Disponível em: https://www.ft.com/content/97dc7de6-940b-11ea-abcd-371e24b679ed; Abbott e Douglas. "How Deadly Is Covid-19?"
91. Luca Ferretti *et al.* "Quantifying SARS-CoV-2 Transmission Suggests Epidemic Control with Digital Contact Tracing". *Science* 368, n. 6491 (8 maio 2020). Disponível em: https://doi.org/10.1126/science.abb6936; https://hbr.org/2020/04/how-digital-contact-tracing-slowed-covid-19-in-east-asia; Huang Yasheng, Sun Meicen e Sui Yuze. "How Digital Contact Tracing Slowed Covid-19 in East Asia". *Harvard Business Review*, 15 abr. 2020. Disponível em: https://www.bmj.com/content/369/bmj.m1890; Sharon Otterman. "N.Y.C. Hired 3,000 Workers for Contact Tracing. It's Off to a Slow Start". *The New York Times*, 21 jun. 2020. Disponível em: https://www.nytimes.com/2020/06/21/nyregion/nyc-contact-tracing.html; I. Glenn

Cohen, Lawrence O. Gostin e Daniel J. Weitzner. "Digital Smartphone Tracking for Covid-19: Public Health and Civil Liberties in Tension". *JAMA* 323, n. 23, 27 maio 2020, p. 2371-2372. Disponível em: https://jamanetwork.com/journals/jama/fullarticle/2766675; Swathikan Chidambaram *et al.* "Observational Study of UK Mobile Health Apps for COVID-19". *Lancet Digital Health* 2, 24 jun. 2020, p. E388-E390. Disponível em: https://doi.org/10.1016/S2589-7500(20)30144-8.

92. Tomas Pueyo. "Coronavirus: The Hammer and the Dance". *Medium*, 19 mar. 2020. Disponível em: https://medium.com/@tomaspueyo/coronavirus-the-hammer-and-the-dance-be9337092b56.

93. Derek Watkins *et al.* "How the Virus Won". *The New York Times*, 25 jun. 2020. Disponível em: https://www.nytimes.com/interactive/2020/us/coronavirus-spread.html.

94. John H. Cochrane. "Dumb Reopening Just Might Work". *The Grumpy Economist* (*blog*), 4 maio 2020. Disponível em: https://johnhcochrane.blogspot.com/2020/05/dumb-reopening-might-justwork.html; John H. Cochrane. "An SIR Model with Behavior". *The Grumpy Economist* (*blog*), 4 maio 2020. Disponível em: https://johnhcochrane.blogspot.com/2020/05/an-sir-model-with-behavior.html.

95. Austan Goolsbee e Chad Syverson. "Fear, Lockdown, and Diversion: Comparing Drivers of Pandemic Economic Decline 2020". *NBER Working Paper* n. 27432 (jun. 2020). Disponível em: https://doi.org/10.3386/w27432.

96. Chetan Ahya. "The Coronavirus Recession: Sharper but Shorter". *Morgan Stanley Ideas*, 12 maio 2020. Disponível em: https://www.morganstanley.com/ideas/coronavirus-impact-on-global-growth; Gavyn Davies. "After Lockdowns, Economic Sunlight or a Long Hard Slog?". *Financial Times*, 3 maio 2020. Disponível em: https://www.ft.com/content/f2b79b3a-8ae5-11ea-9dcb-fe6871f4145a.

97. Gita Gopinath. "The Great Lockdown: Worst Economic Downturn Since the Great Depression". *IMFBlog*, 14 abr. 2020. Disponível em: https://blogs.imf.org/2020/04/14/the-great-lockdown-worst-economic-downturn-since-the-great-depression/; Gita Gopinath. "Reopening From the Great Lockdown: Uneven and Uncertain Recovery". *IMFBlog*, 24 jun. 2020. Disponível em: https://blogs.imf.org/2020/06/24/reopening-from-the-great-lockdown-uneven-anduncertain-recovery/; James Politi. "Emerging Economies Forecast to Shrink for First Time in 60 Years". *Financial Times*, 8 jun. 2020. Disponível em: https://www.ft.com/content/47998ee3-b2d3-4066-a914-edbf60b797b5; "The World Economy on a Tightrope". *OECD Economic Outlook* (jun. 2020). Disponível em: https://www.oecd.org/economic-outlook/.

98. Scott R. Baker, Nicholas Bloom, Steven J. Davis, Stephen J. Terry. "Covid-Induced Economic Uncertainty". *NBER Working Paper* n. 26983 (abr. 2020). Disponível em: https://www.nber.org/papers/w26983.
99. "Real-Time Data: The State of Hourly Work at U.S. Small Businesses". *Homebase*. Disponível em: https://joinhomebase.com/data/covid-19; Laura Noonan. "'Where Is My Loan?' Small Businesses Miss Out on U.S. Rescue Funds". *Financial Times*, 20 abr. 2020. Disponível em: https://www.ft.com/content/e6a06f94-5d2f-43a0-8aac-c7adddca0b0e; Neil Barofsky. "Why the Small-Business Bailout Went to the Big Guys". *Bloomberg*, 30 abr. 2020. Disponível em: https://www.bloomberg.com/opinion/articles/2020-04-30/why-small-business-bailout-went-to-shake-shack-and-ruth-s-chris.
100. Paul Krugman. "Notes on the Coronacoma (Wonkish), *The New York Times*, 1º abr. 2020. Disponível em: https://www.nytimes.com/2020/04/01/opinion/notes-on-the-coronacoma-wonkish.html; Cf. também Noah Smith. "Paul Krugman Is Pretty Upbeat About the Economy". *Bloomberg*, 27 maio 2020. Disponível em: https://www.bloomberg.com/opinion/articles/2020-05-27/paul-krugman-is-pretty-upbeat-about-coronavirus-economic-recovery.
101. Kenneth Rogoff. "Mapping the Covid-19 Recession". Project Syndicate, 7 abr. 2020. Disponível em: https://www.project-syndicate.org/commentary/mapping-covid19-global-recession-worst-in-150-years-by-kenneth-rogoff-2020-04.
102. "Fed Injection Postponing Economic Problems, Not Solving: Summers". *Bloomberg*, 9 abr. 2020. Disponível em: https://www.bloomberg.com/news/videos/2020-04-10/fed-injection-postponing- economic-problems-not-solving-summers-video.
103. John Cochrane. "Whack-a-Mole: The Long Run Virus". *The Grumpy Economist* (*blog*), 4 abr. 2020. Disponível em: https://johnhcochrane.blogspot.com/2020/04/whack-mole-long-run-virus.html.
104. Enda Curran e Hong Jinshan. "Chinese Factories Humming Doesn't Mean Anyone Is Buying". *Bloomberg*, 30 maio 2020. Disponível em: https://www.bloomberg.com/news/articles/2020-05-30/chinese-factories-humming-doesn-t-mean-anyone-is-buying.
105. U.S. Bureau of Economic Analysis. "Personal Saving Rate [PSAVERT]". retrieved from FRED: Federal Reserve Bank of St. Louis. Disponível em: https://fred.stlouisfed.org/series/PSAVERT.
106. Greg Ip. "Signs of a V-Shaped Early-Stage Economic Recovery Emerge". *Wall Street Journal*, 13 jun. 2020. Disponível em: https://www.wsj.com/articles/signs-of-a-v-shaped-early-stage-economic-recovery-emerge-11592040600.

107. Jennifer Calfas, Brianna Abbott e Andrew Restuccia. "Texas Pauses Reopening, as CDC Says Millions More May Have Had Coronavirus". *Wall Street Journal*, 25 jun. 2020. Disponível em: https://www.wsj.com/articles/coronavirus-latest--news-06-25-2020-11593070962; Greg Ip. "A Recovery That Started Out Like a V Is Changing Shape". *Wall Street Journal*, 1º jul. 2020. Disponível em: https://www.wsj.com/articles/a-reverse-square-root-recovery-11593602775.
108. "TSA Checkpoint Travel Numbers for 2020 and 2019". U.S. Transportation Security Administration. Disponível em: https://www.tsa.gov/coronavirus/passenger-throughput.
109. SafeGraph. "The Impact of Coronavirus (Covid19) on Foot Traffic", 17 ago. 2020. Disponível em: https://www.safegraph.com/dashboard/covid19-commerce-patterns.
110. Apple Maps. "Mobility Trends Reports"; TomTom. "San Francisco Traffic". Disponível em: https://www.tomtom.com/en_gb/traffic-index/san-francisco-traffic/.
111. Raj Chetty *et al.* "Opportunity Insights Economic Tracker". https://tracktherecovery.org/; Emily Badger e Alicia Parlapiano. "The Rich Cut Their Spending. That Has Hurt All the Workers Who Counton It". *The New York Times*, 17 jun. 2020. Disponível em: https://www.nytimes.com/2020/06/17/upshot/coronavirus-spending-rich-poor.html; Ip. "Recovery That Started Out Like a V".
112. "Impact of Covid-19 on Electricity Consumption and Particulate Pollution". *Energy Policy Institute at the University of Chicago* (EPIC), 14 jun. 2020. Disponível em: https://epic.uchicago.edu/area-of-focus/covid-19/.
113. Gavyn Davies. "Big Data Suggests a Difficult Recovery in U.S. Jobs Market". *Financial Times*, 5 jul. 2020. Disponível em: https://www.ft.com/content/607f24f5-71ed-452c-b68e-716145584e3d.
114. Alexandre Tanzi. "N.Y. Seen with 40% Drop in Tax Revenue, Steepest Fall in U.S.". *Bloomberg*, 15 jun. 2020. Disponível em: https://www.bloomberg.com/news/articles/2020-06-15/economistsforecast-at-least-30-tax-decline-for-10-u-s-states; David Harrison. "Recession Forces Spending Cuts on States, Cities Hit by Coronavirus". *Wall Street Journal*, 8 jul. 2020. Disponível em: https://www.wsj.com/articles/recession-forces-spending-cuts-on-states-citieshit-by-coronavirus-11594200600.
115. Gavyn Davies. "Managing Covid Debt Mountains Is a Key Task for the Next Decade". *Financial Times*, 7 jun. 2020. Disponível em: https://www.ft.com/content/a371909e-a3fe-11ea-92e2-cbd9b7e28ee6; John Cochrane. "Perpetuities, Debt Crises, and Inflation". *The Grumpy Economist* (*blog*), 8 jun. 2020. Disponível em: https://johnhcochrane.blogspot.com/2020/06/perpetuities-debt-crises-and-inflation.html.

116. Timiraos e Hilsenrath. "Federal Reserve Is Changing What It Means".
117. Charles Goodhart e Manoj Pradhan. "Future Imperfect After Coronavirus". *VoxEU by CEPR*, 27 mar. 2020. Disponível em: https://voxeu.org/article/future-imperfect-after-coronavirus; Willem Buiter. "Paying for the Covid-19 Pandemic Will Be Painful". *Financial Times*, 15 maio 2020. Disponível em: https://www.ft.com/content/d9041f04-9686-11ea-899a-f62a20d54625.
118. Ryan Banerjee, Aaron Mehrotra, and Fabrizio Zampolli. "Inflation At Risk from Covid-19". *BIS Bulletin* n. 28, 23 jul. 2020. Disponível em: https://www.bis.org/publ/bisbull28.htm.
119. "News Release: CFS Divisia Monetary Data for the United States". Center for Financial Stability, 22 jul. 2020. Disponível em: http://www.centerforfinancialstability.org/amfm/Divisia_Jun20.pdf.
120. Faiola. "Virus That Shut Down the World".
121. Stephen Roach. "A Crash in the Dollar Is Coming". *Bloomberg*, 8 jun. 2020. Disponível em: https://www.bloomberg.com/opinion/articles/2020-06-08/a-crash-in-the- dollar-is-coming.
122. Katie Martin, Richard Henderson e Eric Platt. "Markets: The 'Retail Bros' Betting on a Quick Recovery from the Pandemic". *Financial Times*, 12 jun. 2020. Disponível em: https://www.ft.com/content/dd6c7674-d0ed-4865-82ed-48ee169bc6cc; Richard Henderson. "Zero-Fee Trading Helps Citadel Securities Cash In on Retail Boom". *Financial Times*, 21 jun. 2020. Disponível em: https://www.ft.com/content/4a43939888ab-442a-9927-e743a3ff609b.
123. "Coronavirus: Outbreak Concern". Civiqs. Cf. Christos A. Makridis e Jonathan T. Rothwell. "The Real Cost of Political Polarization: Evidence from the Covid-19 Pandemic", 29 jun. 2020. Disponível em SSRN: https://ssrn.com/abstract=3638373.
124. "President Trump Job Approval". *Real Clear Politics*. Disponível em: https://www.realclearpolitics.com/epolls/other/president_trump_job_approval-6179.html; "General Election: Trump vs. Biden". *Real Clear Politics*. Disponível em: https://www.realclearpolitics.com/epolls/2020/president/us/general_election_trump_vs_bide n-6247.html; "Who Will Win the 2020 U.S. Presidential Election". PredictIt. Disponível em: https://www.predictit.org/mar kets/detail/3698/Who-will-win-the-2020-US-presidential-election.
125. Ian Bogost e Alexis C. Madrigal. "How Facebook Works for Trump". *Atlantic*, 17 abr. 2020. Disponível em: https://www.theatlantic.com/technology/archive/2020/04/how-facebooks-ad-technology-helps-trump-win/606403/.

126. Sheera Frenkel *et al.* "Facebook Employees Stage Virtual Walkout to Protest Trump Posts". *The New York Times*, 1º jun. 2020. Disponível em: https://www.nytimes.com/2020/06/01/technology/facebook-employee-protest-trump.html; Mike Isaac. "Early Facebook Employees Disavow Zuckerberg's Stance on Trump Posts". *The New York Times*, 30 jun. 2020. Disponível em: https://www.nytimes.com/2020/06/03/technology/facebook-trump-employees-letter.html; Kayla Gogarty e John Whitehouse. "Facebook Finally Removed Trump Campaign Ads with Inverted Red Triangle – An Infamous Nazi Symbol". *Media Matters*, 18 jun. 2020. Disponível em: https://www.mediamatters.org/facebook/facebook-let-trump-campaign-run-ads-inverted-red-triangle-infamous-nazi-symbol; Megan Graham. "The Facebook Ad Boycotts Have Entered the Big Leagues. Now What?". *CNBC News*, 29 jun. 2020. Disponível em: https://www.cnbc.com/2020/06/27/the-facebook-ad-boycotts-have-entered-the-bigleagues-now-what.html.

127. Paul Bedard. "Poll: 20% of Democrats 'Think Biden Has Dementia,' 38% Among All Voters". *Washington Examiner*, 29 jun. 2020. Disponível em: https://www.washingtonexaminer.com/washington-secrets/poll-20-of-democrats-thinkbiden-has-dementia-38-among-all-voters.

128. Christakis. *Apollo's Arrow*, p. 208-213.

129. George Packer. "We Are Living in a Failed State". *Atlantic* (jun. 2020), https://www.theatlantic.com/magazine/archive/2020/06/underlying-conditions/610261/.

130. "Remarks by President Trump, Vice President Pence, and Members of the Coronavirus Task Force in Press Briefing", 18 mar. 2020. Disponível em: https://www.whitehouse.gov/briefings-statements/remarks-president-trump-vice-president-pence-members-coronavirus-task-force-press-briefing-5/.

131. "Domestic Violence Has Increased During Coronavirus Lockdowns". *Economist*, 22 abr. 2020. Disponível em: https://www.economist.com/graphic-detail/2020/04/22/domestic-violence-has-increased-during-coronavirus lockdowns?fsrc=scn/tw/te/bl/ed/dailychartdomesticviolencehasincreasedduringcoro naviruslockdownsgraphicdetail; Ryan Heath e Renuka Rayasam. "Covid's War on Women". *Politico*, 29 abr. 2020. Disponível em: https://www.politico.com/newsletters/politico-nightly-coronavirus-special-edition/2020/04/29/covids-war-on-women-489076; Amanda Taub e Jane Bradley. "As Domestic Abuse Rises, U.K. Failings Leave Victims in Peril". *The New York Times*, 2 jul. 2020. Disponível em: https://www.nytimes.com/interactive/2020/07/02/world/europe/uk-coronavirus-domestic-abuse.html.

132. Giuliana Viglione. "How Many People Has the Coronavirus Killed?". *Nature* 585, 1º set. 2020), p. 22-24. Disponível em: https://www.nature.com/articles/d41586-020-02497-w.
133. Shi Le *et al.* "Prevalence of and Risk Factors Associated with Mental Health Symptoms Among the General Population in China During the Coronavirus Disease 2019 Pandemic". *JAMA Network Open* 3, n. 7, 1º jul. 2020. Disponível em: https://doi.org/10.1001/jamanetworkopen.2020.14053; Sun Yan *et al.* "Brief Report: Increased Addictive Internet and Substance Use Behavior During the Covid-19 Pandemic in China". *American Journal on Addictions* 29, n. 4, 4 jun. 2020, p. 268-270. Disponível em: https://doi.org/10.1111/ajad.13066.
134. William Wan and Heather Long. "'Cries for Help': Drug Overdoses Are Soaring During the Coronavirus Pandemic". Disponível em: https://www.washingtonpost.com/health/2020/07/01/coronavirus-drug-overdose/.
135. Michael Holden. "Covid-19 Death Rate in Deprived Areas in England Double That of Better-Off Places: ONS". *Reuters*, 1/maio/2020. Disponível em: https://www.reuters.com/article/us-health-coronavirus-britain-deprived-idUSKBN22D51O; Rishi K. Wadhera *et al.* "Variation in Covid-19 Hospitalizations and Deaths Across New York City Boroughs". *JAMA* 323, n. 21, 29 abr. 2020), p. 2192-2195. Disponível em: https://doi.org/10.1001/jama.2020.7197.
136. Robert Armstrong. "Rising Markets and Inequality Grow from the Same Root". *Financial Times*, 8 jun. 2020. Disponível em: https://www.ft.com/content/a25bf8b6-a962-11ea-a766-7c300513fe47.
137. Megan Cassella. "Mounting Unemployment Crisis Fuels Racial Wealth Gap". *Politico*, 5 jun. 2020. Disponível em: https://www.politico.com/news/2020/06/04/unemployment-race-gap-301984.
138. Sean Illing. "Millennials Are Getting Screwed by the Economy. Again". *Vox*, 21 abr. 2020. Disponível em: https://www.vox.com/policy-and-politics/2020/4/21/21221273/coronavirus-millennials-great-recession-annie-lowrey.
139. Sarah Chaney. "Women's Job Losses from Pandemic Aren't Good for Economic Recovery". *Wall Street Journal*, 21 jun. 2020. Disponível em: https://www.wsj.com/articles/womens-job-losses-from-pandemic-arent-good-for-economic-recovery-11592745164.
140. Tim Arango *et al.* "Fiery Clashes Erupt Between Police and Protesters over George Floyd Death". *The New York Times*, 10 jun. 2020. Disponível em: https://www.nytimes.com/2020/05/30/us/minneapolis-floyd-protests.html.

141. Larry Buchanan, Quoctrung Bui e Jugal K. Patel. "Black Lives Matter May Be the Largest Movement in U.S. History". *The New York Times*, 3 jul. 2020. Disponível em: https://www.nytimes.com/interactive/2020/07/03/us/george-floyd-protests-crowd-size.html.

142. Dhaval M. Dave *et al.* "Black Lives Matter Protests, Social Distancing, and Covid-19". *NBER Working Paper* n. 27408 (jun. 2020). Disponível em: https://doi.org/10.3386/w27408.

143. Roudabeh Kishi e Sam Jones. "Demonstrations and Political Violence in America: New Data for Summer 2020". *Armed Conflict Location & Event Data Project (ACLED)*, set. 2020. Disponível em: https://acleddata.com/2020/09/03/demonstrations-political-violence-in-america- new-data-for-summer-2020/.

144. Maggie Haberman. "Trump Threatens White House Protesters with 'Vicious Dogs' and 'Ominous Weapons'". *The New York Times*, 30/maio/2020. Disponível em: https://www.nytimes.com/2020/05/30/us/politics/trump-threatens-protesters-dogsweapons.html; Neil MacFarquhar. "Many Claim Extremists Are Sparking Protest Violence. But Which Extremists?". *The New York Times*, 22 jun. 2020. Disponível em: https://www.nytimes.com/2020/05/31/us/george-floyd-protests-white-supremacists-antifa.html.

145. Jan Ransom e Annie Correal. "How the New York Protest Leaders Are Taking On the Establishment". *The New York Times*, 12 jun. 2020. Disponível em: https://www.nytimes.com/2020/06/11/nyregion/nyc-george-floyd-protests.html.

146. Heather Mac Donald. "Darkness Falls: The Collapse of the Rule of Law Across the Country, Intensified by Antifa Radicals, Is Terrifying". *City Journal*, 31 maio 2020. Disponível em: https://www.cityjournal.org/terrifying-collapse-of-the-rule-of-law.

147. James Rainey, Dakota Smith e Cindy Chang. "Growing the LAPD Was Gospel at City Hall. George Floyd Changed That". *Los Angeles Times*, 5 jun. 2020. Disponível em: https://www.latimes.com/california/story/2020-0605/eric-garcetti-lapd-budget-cuts-10000-officers-protests.

148. Dave *et al.* "Black Lives Matter Protests, Social Distancing, and Covid-19".

149. Ashley Southall e Neil MacFarquhar. "Gun Violence Spikes in N.Y.C., Intensifying Debate over Policing". *The New York Times*, 17 jul. 2020. Disponível em: https://www.nytimes.com/2020/06/23/nyregion/nyc-shootings-surge.html.

150. Omar Wasow. "Agenda Seeding: How 1960s Black Protests Moved Elites, Public Opinion and Voting", envio futuro à *American Political Science Review* (2020). Disponível em: http://omarwasow.com/APSR_protests3_1.pdf.

151. Nexstar Media Wire. "Exclusive Poll Shows Support for George Floyd Protests, Disapproval of Trump's Response". *KXAN News*,

3 jun. 2020. Disponível em: https://www.kxan.com/news/exclusive-pollshows-support-for-george-floyd-protests-disapproval-oftrumps-response/.
152. Nate Cohn e Kevin Quealy. "How Public Opinion Has Moved on Black Lives Matter". *The New York Times*, 10 jun. 2020. Disponível em: https://www.nytimes.com/interactive/2020/06/10/upshot/black-lives-matter-attitudes.html; Amy Mitchell *et al.* "In Protest Response, Americans Say Donald Trump's Message Has Been Wrong, News Media Coverage Good". *Pew Research Center*, 12 jun. 2020. Disponível em: https://www.journalism.org/2020/06/12/in-protest-response-americans-say-donald-trumps-message-has-been-wrong-news-media-coverage-good/.
153. Mark Joyella. "Tucker Carlson Has Highest-Rated Program in Cable News History". *Forbes*, 30 jun. 2020. Disponível em: https://www.forbes.com/sites/markjoyella/2020/06/30/tucker-carlson-has-highest-rated-program-in-cable-news-history/#61b7e0056195.
154. Theresa Braine. "White Cops and Community Members Wash Black Faith Leaders' Feet at Protest". *New York Daily News*, 9 jun. 2020. Disponível em: https://www.nydailynews.com/news/national/ny-white-cops-community-wash-black-faith-leaders-feet-forgiveness-20200609-yl4gmoau4nclvgndlldgeqlj3ystory.html.
155. Maria Viti (@selfdeclaredref). "Bethesda". Twitter, 2 jun. 2020, 2h11, Disponível em: https://twitter.com/selfdeclaredref/status/1267911752462843904.
156. Shaggie (@Shaggie_Tweets). "A powerful show of unity and support" [Uma exibição ponderosa de unidade e apoio.]. Twitter, 31 maio 2020, 19h53. Disponível em: https://twitter.com/shaggie_tweets/status/1267273066461007872.
157. Para um bom comentário sobre "Terceira Onda Antirracismo", cf. John McWhorter. "Kneeling in the Church of Social Justice". *Reason*, 29 jun. 2020. Disponível em: https://reason.com/2020/06/29/kneeling-in-the-church-of-social-justice/.
158. Dominick Mastrangelo. "'Systemically, Racism Can Only Be White': Demonstrator Confronts Police in D.C.". *Washington Examiner*, 25 jun. 2020, https://www.washingtonexaminer.com/news/systemically-racism-can-only-be-whitedemonstrator-confronts-police-in-dc.
159. Hannah Natanson *et al.* "Protesters Denounce Abraham Lincoln Statue in D.C., Urge Removal of Emancipation Memorial". *Washington Post*, 26 jun. 2020. Disponível em: https://www.washingtonpost.com/local/protesters-denounce-abraham-lincoln-statue-in-dc-urge-removal-of-emancipation-memorial/2020/06/25/02646910-b704-11ea-a510-55bf26485c93_story.html.
160. James Simpson. *Under the Hammer: Iconoclasm in the Anglo-American Tradition*. Oxford: Oxford University Press, 2010.

161. Hanna Lustig. "Teens on TikTok Are Exposing a Generational Rift Between Parents and Kids over How They Treat Black Lives Matter Protests". *Insider*, 3 jun. 2020. Disponível em: https://www.insider.com/tiktok-george-floyd-black-lives-matter-teens-parents-racist-views-2020-6.
162. Justin Wolfers (@JustinWolfers). "This Chicago economist has angered a lot of his fellow econs" [Este economista de Chicago irritou um monte de seus colegas economistas]. Twitter, 9 jun. 2020, 14h05. Disponível em: https://twitter.com/JustinWolfers/status/1270446931668500480.
163. "Most Want to Prosecute Historic Statue Vandals". *Rasmussen Reports*, 9 jul. 2020. Disponível em: https://www.rasmussenreports.com/public_content/politics/current_events/racism/most_wa nt_to_prosecute_historic_statue_vandals.
164. Federal Bureau of Investigation. "NICS Firearms Checks: Month/Year". Disponível em: https://www.fbi.gov/file-repository/nics_firearm_checks_-_month_year.pdf/view.
165. Nate Cohn and Kevin Quealy. "Nothing Divides Voters Like Owning a Gun". *The New York Times*, 5 out. 2017. Disponível em: https://www.nytimes.com/interactive/2017/10/05/upshot/gun-ownership-partisan-divide.html.
166. Julia P. Schleimer *et al.* "Firearm Purchasing and Firearm Violence in the First Months of the Coronavirus Pandemic in the United States". *MedRxiv*, 4 jul. 2020. Disponível em: https://doi.org/10.1011/2020.07.02.20145508.
167. Larry Diamond e Edward B. Foley. "The Terrifying Inadequacy of American Election Law". *Atlantic*, 8 set. 2020. Disponível em: https://www.theatlantic.com/ideas/archive/2020/09/terrifying-inadequacy-americanelection-law/616072/.
168. Dan Balz e Emily Guskin. "Biden Leads Trump in Post-ABC Poll as President's Coronavirus Rating Slips". *Washington Post*, 30/maio/2020. Disponível em: https://www.washingtonpost.com/politics/biden-leads-trump-in-post-abc-poll-as-presidents-coronavirus-rating-slips/2020/05/29/37c0dac8-a1d1-11ea-9590-1858a893bd59_story.html; "Two-Thirds of Americans Expect Presidential Election Will Be Disrupted by Covid-19". *Pew Research Center*, 28 abr. 2020. Disponível em: https://www.people- press.org/2020/04/28/two-thirds-of-americans-expect-presidential-election-will-be-disrupted-by-covid-19/.
169. Xu Shunqing e Li Yuanyuan. "Beware the Second Wave of Covid-19". *Lancet* 395, n. 10233, 25 abr. 2020, p. P1321-P1322. Disponível em: https://www.thelancet.com/journals/lancet/article/PIIS0140-6736(20)30845-X/fulltext. Cf. também Lena H. Sun. "CDC Director Warns Second Wave of Coronavirus Is Likely to Be Even

More Devastating". *Washington Post*, 21 abr. 2020. Disponível em: https://www.washingtonpost.com/health/2020/04/21/coronavirus-secondwave- cdcdirector/.
170. Accominotti e Chambers. "If You're So Smart".

Capítulo 11 – O problema dos três corpos

1. Liu Cixin. *The Three-Body Problem*, trad. Ken Liu. New York: Tor Books, 2014. [*O problema dos três corpos*. Rio de Janeiro: Suma, 2016.]
2. Niall Ferguson. "Donald Trump's Trade War Is Now a Tech War". *Sunday Times*, 3 fev. 2019. Disponível em: http://www.niallferguson.com/journalism/politics/donald-trumps-trade- war-is-now-a-tech-world-war.
3. Andrew Browne. "Foothills of a Cold War". *Bloomberg*, 21 nov. 2020. Disponível em: https://www.bloomberg.com/news/newsletters/2019-11-21/-foothills-of-a-cold-war.
4. Yao Yang. "Is a New Cold War Coming?" (entrevista) *Beijing Cultural Review*, 28 abr. 2020. Disponível em *Reading the China Dream*: https://www.readingthechinadream.com/yao-yangthe-new-cold-war.html.
5. Orville Schell. "The Death of Engagement". *The Wire China*, 7 jun. 2020. Disponível em: https://www.thewirechina.com/2020/06/07/the-birth-life-and-death-of-engagement/.
6. John Garrnaut. "Ideology in Xi Jinping's China". *Sinocism newsletter*, 16 jan. 2020. Disponível em: https://sinocism.com/p/engineers-of-the-soul-ideology-in.
7. Dan Blumenthal e Nicholas Eberstadt. "China Unquarantined". *National Review*, 4 jun. 2020. Disponível em: https://www.nationalreview.com/magazine/2020/06/22/our-disastrous-engagement-of-china/#slide-1.
8. Katsuji Nakazawa. "Xi Fears Japan-Led Manufacturing Exodus from China". *Nikkei Asian Review*, 16 abr. 2020. Disponível em: https://asia.nikkei.com/Editor-s-Picks/China-up-close/Xi-fears-Japan-led-manufacturing-exodus-from-China.
9. Dave Lawlor. "Josh Hawley Crafts the Case against China". *Axios*, 20 maio 2020. Disponível em: https://www.axios.com/josh-hawley-china-policy-f9e1fc01-2883--4db7-a721-fbb3f7aeacb8.html.
10. Steven Erlanger. "Global Backlash Builds Against China over Coronavirus". *The New York Times*, 3 maio 2020. Disponível em: https://www.nytimes.com/2020/05/03/world/europe/backlash-china coronavirus.html.
11. Yu Yongding e Kevin P. Gallagher. "Covid-19 and the Thucydides Trap". *Project Syndicate*, 24 abr. 2020. Disponível em: https://www.project-syndicate.org/commentary/covid-thucydidestrap-by-yu-yongding-and-kevin-p-gallagher-2020-04.

12. Robert B. Zoellick. "The U.S. Doesn't Need a New Cold War". *Wall Street Journal*, 18 maio 2020. Disponível em: https://www.wsj.com/articles/the-u-s-doesnt-need-a-new-cold-war-11589842987.
13. Niall Ferguson e Moritz Schularick. "Chimerical? Think Again". *Wall Street Journal*, 5 fev. 2007. Disponível em: https://www.wsj.com/articles/SB117063838651997830.
14. "China Opens $45 Trillion Financial Market as U.S. Closes". *People's Daily*, 15 jun. 2020. Disponível em: http://en.people.cn/n3/2020/0615/c90000-9700486.html.
15. Kat Devlin, Laura Silver e Christine Huang. "U.S. Views of China Increasingly Negative amid Coronavirus Outbreak". *Pew Research Center*, 21 abr. 2020. Disponível em: https://www.pewresearch.org/global/2020/04/21/u-s-views-of-china-increasingly- negative-amid-coronavirus-outbreak/; Craig Kafura. "Are Millennials China Doves or China Hawks?". *Chicago Council on Foreign Affairs*, 7 abr. 2020. Disponível em: https://www.thechicagocouncil.org/blog/running-numbers/lcc/are-millennials-chinadoves-or-china-hawks.
16. Laura Silver, Kat Devlin e Christine Huang. "Americans Fault China for Its Role in the Spread of Covid-19". *Pew Research Center*, 30 jul. 2020. Disponível em: https://www.pewresearch.org/global/2020/07/30/americans-fault-china-for-itsrole-in-the-spread-of-covid-19/.
17. John Bolton. *The Room Where It Happened.* New York: Simon & Schuster, 2020, mencionado em "John Bolton: The Scandal of Trump's China Policy". *Wall Street Journal*, 17 jun. 2020. Disponível em: https://www.wsj.com/articles/john-bolton-the-scandal-of-trumps-china-policy- 11592419564.
18. "Chaguan". "Elites in Beijing See America in Decline, Hastened by Trump". *Economist*, 11 jun. 2020. Disponível em: https://www.economist.com/china/2020/06/11/elites-in-beijing-see- america-in-decline-hastened-by-trump.
19. Michèle A. Flournoy. "How to Prevent a War in Asia". *Foreign Affairs*, 18 jun. 2020. Disponível em: https://www.foreignaffairs.com/articles/united-states/2020-06-18/how-prevent-war-asia.
20. Christian Brose. *The Kill Chain: Defending America in the Future of High-Tech Warfare.* Nova York: Hachette, 2020.
21. Bernhard Zand. "Kishore Mahbubani: 'There Are Better Ways to Deal with Asia and China'". *Der Spiegel*, 8 abr. 2020. Disponível em: https://www.spiegel.de/international/world/political-scientist-kishore-mahbubani-on-the-asian-century-a-79680d54- -17be-4dd2-bc8c-796101581f31.

22. Kishore Mahbubani. "Kishore Mahbubani on the Dawn of the Asian Century". *Economist*, 20 abr. 2020. Disponível em: https://www.economist.com/open-future/2020/04/20/by-invitation-kishore-mahbubani.
23. Martin Jacques. When China Rules the World: The End of the Western World and the Birth of a New Global Order, 2. ed. Londres: Penguin, 2012.
24. Daniel Bell. *The China Model: Political Meritocracy and the Limits of Democracy*. Princeton, NJ: Princeton University Press, 2016. [*O modelo chinês: a meritocracia política e os limites da democracia.* Lisboa: Gradiva, 2017.]
25. Cf., p. ex., "Pro-People Policies, Dutiful Citizens Effective in China's Covid-19 Fight" (entrevista com Daniel Bell), *Global Times*, 2 maio 2020. Disponível em: https://www.globaltimes.cn/content/1187304.shtml.
26. Edward Luce. "Inside Trump's Coronavirus Meltdown". *Financial Times*, 13 maio 2020. Disponível em: https://www.ft.com/content/97dc7de6-940b-11ea-abcd-371e24b679ed.
27. John Micklethwait e Adrian Wooldridge. "The Virus Should Wake Up the West". *Bloomberg*, 13 abr. 2020. Disponível em: https://www.bloomberg.com/opinion/articles/2020-04-13/coronaviruspandemic-is-wake-up-call-to-reinvent-the-state.
28. Lawrence Summers. "Covid-19 Looks Like a Hinge in History". *Financial Times*, 14 maio 2020. Disponível em: https://www.ft.com/content/de643ae8-9527-11ea-899a-f62a20d54625.
29. Patrick Wintour. "Coronavirus: Who Will Be Winners and Losers in New World Order". *Guardian*, 11 abr. 2020. Disponível em: https://www.theguardian.com/world/2020/apr/11/coronavirus-who-will-be-winners-and-losers-in-new-world-order.
30. Anne Applebaum. "The Rest of the World Is Laughing at Trump". *Atlantic*, 3 maio 2020. Disponível em: https://www.theatlantic.com/ideas/archive/2020/05/time-americans-are-doingnothing/611056/.
31. Harold James. "Late Soviet America". *Project Syndicate*, 1º jul. 2020. Disponível em: https://www.projectsyndicate.org/commentary/american-decline-under-trump-lessons-from-sovietunion-by-harold-james-2020-07.
32. Wade Davis. "The Unraveling of America". *Rolling Stone*, 6 ago. 2020. Disponível em: https://www.rollingstone.com/politics/political-commentary/covid-19-end-of-american-era-wade-davis-1038206/.
33. Gideon Rachman. "Coronavirus and the Threat to U.S. Supremacy". *Financial Times*, 13 abr. 2020. Disponível em: https://www.ft.com/content/2e8c8f76-7cbd-11ea-8fdb-7ec06edeef84; Joseph S. Nye Jr. "Coronavirus Will Not Change the

Global Order". *Foreign Policy*, 16 abr. 2020. Disponível em: https://foreignpolicy.com/2020/04/16/coronavirus-pandemic-china-united-states-powercompetition/.

34. Richard Haass. "The Pandemic Will Accelerate History Rather Than Reshape It". *Foreign Affairs*, 7 abr. 2020. Disponível em: https://www.foreignaffairs.com/articles/united-states/2020-04-07/pandemic-will-accelerate-history-rather-reshape-it.

35. Ray Dalio. *The Changing World Order: Where We Are and Where We're Going*. Nova York: Avid Reader Press. No prelo. Disponível em: https://www.principles.com/the-changing-world-order/.

36. Peter Turchin. "Dynamics of Political Instability in the United States, 1780-2010". *Journal of Peace Research* 49, n. 4 (2012). Cf. também: Peter Turchin. *Ages of Discord: A Structural-Demographic Analysis of American History*. Chaplin, CT: Beresta Books, 2016, esp. 241 e seguinte.

37. David Mamet. "The Code and the Key". *National Review*, 1º jun. 2020. Disponível em: https://www.nationalreview.com/magazine/2020/06/01/the-code-and-the-key/.

38. Henry A. Kissinger. "The Coronavirus Pandemic Will Forever Alter the World Order". *Wall Street Journal*, 3 abr. 2020. Disponível em: https://www.wsj.com/articles/the-coronavirus-pandemic-will-forever-alter-the-world-order-11585953005.

39. Jon Meacham. *Destiny and Power: The American Odyssey of George Herbert Walker Bush*. Nova York: Random House, 2015, p. 60.

40. Niall Ferguson. *Colossus: The Rise and Fall of the American Empire*. Nova York: Penguin, 2004, p. 148 e seguinte, 339 e seguinte. [*Colosso: ascensão e queda do império americano*. São Paulo: Planeta, 2011.]

41. Brendan Simms. *Unfinest Hour: Britain and the Destruction of Bosnia*. Londres: Allen Lane, 2001, p. 56.

42. Para um relato vívido, cf. George Packer. *Our Man: Richard Holbrooke and the End of the American Century*. Nova York: Knopf Doubleday, 2019.

43. "Bosnia War Dead Figure Announced". *BBC*, 21 jun. 2007, mencionando o Centro de Pesquisa e Documentação em Saraievo. Disponível em: http://news.bbc.co.uk/2/hi/europe/6228152.stm.

44. Samantha Power. "A Problem from Hell": *America and the Age of Genocide*. Londres: HarperCollins, 2003, p. 381. Cf. também William Shawcross. *Deliver Us from Evil: Warlords and Peacekeepers in a World of Endless Conflict*. Nova York: Simon & Schuster, 2000.

45. Richard A. Clarke. *Against All Enemies: Inside America's War on Terror – What Really Happened*. Nova York: Free Press, 2004, p. 232. Cf. também p. 28-32, p. 227 e seguintes.

46. Ron Suskind. *The One Percent Doctrine*. Nova York: Simon & Schuster, 2008.
47. Ron Suskind, citando um "consultor sênior" do Presidente Bush, em "Without a Doubt: Faith, Certainty and the Presidency of George W. Bush". *New York Times Magazine*, 17 out. 2004. Disponível em: https://www.nytimes.com/2004/10/17/magazine/faith-certainty-and-the- presidency-of-george-w-bush.html.
48. Timothy Garton Ash. *Free World: America, Europe, and the Surprising Future of the West*. Nova York: Knopf Doubleday, 2005, p. 102.
49. "Text of President Bush's Press Conference". *The New York Times*, 13 abr. 2004.
50. Kathleen T. Rhem. "U.S. Not Interested in Iraqi Oil, Rumsfeld Tells Arab World". *American Forces Press Service*, 26 fev. 2003. Disponível em: https://archive.defense.gov/news/newsarticle.aspx?id=29374.
51. "Immediate Release: Casualty Status". U.S. Department of Defense, 17 ago. 2020. Disponível em: https://www.defense.gov/casualty.pdf.
52. "The Public Record of Violent Deaths Following the 2003 Invasion of Iraq". *Iraq Body Count*, acessada em 16 ago. 2020. Disponível em: https://www.iraqbodycount.org/.
53. "Costs of War: Afghan Civilians". *Watson Institute of International and Public Affairs*, Brown University (jan. 2020). Disponível em: https://watson.brown.edu/costsofwar/costs/human/civilians/afghan.
54. Neta C. Crawford. "United States Budgetary Costs and Obligations of Post-9/11 Wars Through FY2020: $6.4 Trillion". *Watson Institute*, Brown University, 13 nov. 2019. Disponível em: https://watson.brown.edu/costsofwar/files/cow/imce/papers/2019/US%20Budgetary%20Cost s%20of%20Wars%20November%202019.pdf.
55. Niall Ferguson. "Applying History in Real Time: A Tale of Two Crises". Série de palestras *Impact of the Past*, Institute of Advanced Study, Princeton, NJ, 10 out. 2018.
56. "DoD News Briefing – Secretary Rumsfeld and Gen. Myers". U.S. *Department of Defense Online Archive*, 12 fev. 2002. Disponível em: https://archive.defense.gov/Transcripts/Transcript.aspx?TranscriptID=2636.
57. J. Luft e H. Ingham. "The Johari Window, a Graphic Model of Interpersonal Awareness". *Proceedings of the Western Training Laboratory in Group Development* (1955).
58. Donald Rumsfeld. *Known and Unknown: A Memoir*. Nova York: Penguin, 2011, p. xvi. Sobre a utilidade das distinções nas ciências naturais, cf. David C. Logan. "Known Knowns, Known Unknowns, Unknown Unknowns and the Propagation of Scientific Enquiry". *Journal of Experimental Botany* 60, n. 3 (2009), p. 712-714. Disponível em: https://doi.org/10.1093/jxb/erp043.

59. Sam Loughlin. "Rumsfeld on Looting in Iraq: 'Stuff Happens,'" CNN, 23 abr. 2003. Disponível em: https://www.cnn.com/2003/US/04/11/sprj.irq.pentagon/.
60. David Corn. "McCain in NH: Would Be 'Fine' to Keep Troops in Iraq for 'A Hundred Years'". *Mother Jones*, 4 jan. 2008. Disponível em: https://www.motherjones.com/politics/2008/01/mccain-nhwouldbefine-keep-troops-iraq-hundred-years/.
61. "America Is Not the World's Policeman: Text of Barack Obama's Speech on Syria". *Associated Press*, 11 set. 2013. Disponível em: https://www.ndtv.com/world-news/america-is-not-the-worlds-policeman-text-of-barack-obamas-speech-on-syria-534239.
62. Jeffrey Goldberg. "The Obama Doctrine". *Atlantic*, abr. 2016. Disponível em: https://www.theatlantic.com/magazine/archive/2016/04/the-obama-doctrine/471525/.
63. "Death Tolls". *I Am Syria*, acessado em 16 ago. 2020. Disponível em: http://www.iamsyria.org/death-tolls.html.
64. "Refugee Statistics: Global Trends at-a-Glance". *United Nations High Commissioner for Refugees*, acessado em 16 ago. 2020. Disponível em: https://www.unrefugees.org/refugee-facts/statistics/.
65. Niall Ferguson. "Barack Obama's Revolution in Foreign Policy". *Atlantic*, 13 mar. 2016. Disponível em: https://www.theatlantic.com/international/archive/2016/03/obama-doctrinerevolution/473481/.
66. Arthur Delaney. "Obama Dings Romney on Russia Remark: The 1980s Are Going to Ask for Their Foreign Policy Back". *Huffington Post*, 22 out. 2012. Disponível em: http://www.huffingtonpost.com/2012/10/22/obama-romney-russia_n_2003927.html.
67. David Remnick. "Going the Distance". *New Yorker*, 27 jan. 2014. Disponível em: https://www.newyorker.com/magazine/2014/01/27/going-the-distance-david-remnick.
68. Board of Governors of the Federal Reserve System. "Share of Total Net Worth Held by the Top 1% (99th to 100th Wealth Percentiles)", recuperado de FRED: Federal Reserve Bank of St. Louis. Disponível em: https://fred.stlouisfed.org/series/WFRBST01134.
69. Anne Case e Angus Deaton. "Rising Morbidity and Mortality in Midlife Among White Non-Hispanic Americans in the 21st Century". *PNAS* 112, n. 49, 8 dez. 2015. Disponível em: www.pnas.org/cgi/doi/10.1073/pnas.1518393112; Anne Case e Angus Deaton. "Mortality and Morbidity in the 21st Century". *Brookings Papers on Economic Activity*, primavera/2017, p. 397-476.
70. CDC Wonder. "Overdose Death Rates Involving Opioids, by Type, United States, 1999-2018". *CDC*, 2020. Disponível em: https://www.cdc.gov/drugoverdose/images/data/2018-OpioidDeaths-By-Type-US.png.

71. Holly Hedegaard, Margaret Warner e Arialdi M. Miniño. "Drug Overdose Deaths in the United States, 1999-2016". *NCHS Data Brief* n. 294 (dez. 2017). Cf. também Rose A. Rudd *et al.* "Increases in Drug and Opioid-Involved Overdose Deaths – United States, 2010-2015". *Morbidity and Mortality Weekly Report* 65 (2016), p. 1445-1452. Disponível em: http://dx.doi.org/10.15585/mmwr.mm655051e1. Para comparação com 1918-1919, cf. Christakis. *Apollo's Arrow*, fig. 16.
72. Bryce Pardo. "Evolution of the U.S. Overdose Crisis: Understanding China's Role in the Production and Supply of Synthetic Opioids". Testemunho apresentado ao Subcomitê de Relações Estrangeiras sobre África, Saúde Global, Direitos Humanos Globais e Organizações Internacionais, 6 set. 2018, RAND Corporation. Disponível em: https://www.rand.org/pubs/testimonies/CT497.html.
73. Katie Reilly. "Hillary Clinton's 'Basket of Deplorables' Remarks About Donald Trump Supporters". *Time*, 10 set. 2016. Disponível em: https://time.com/4486502/hillary-clintonbasket-of-deplorables-transcript/.
74. Dana R. Fisher *et al.* "The Science of Contemporary Street Protest: New Efforts in the United States". *Science Advances* 5, n. 1, 23 out. 2019, tabela 1. Disponível em: https://doi.org.10.1126/sciadv.aaw5461; Dana R. Fisher. *American Resistance: From the Women's March to the Blue Wave*. Nova York: Columbia University Press, 2019.
75. Michael Lewis. *The Fifth Risk*. Nova York: W. W. Norton, 2018. [*O quinto risco*. Rio de Janeiro: Intrínseca, 2019.]
76. Niall Ferguson. "Europe's 'Hamilton Moment' Is a Flop. That's Fine". *Bloomberg*, 19 jul. 2020. Disponível em: https://www.bloomberg.com/opinion/articles/2020-07-19/coronavirus-and-theeconomy-europe-shamilton-momentisaflop.
77. Kissinger. "The Coronavirus Pandemic Will Forever Alter the World Order".
78. White House, *National Security Strategy of the United States of America* (dez. 2017). Disponível em: https://www.whitehouse.gov/wp-content/uploads/2017/12/NSS-Final-12-18-2017-0905.pdf.
79. Nadia Schadlow. "The End of American Illusion". *Foreign Affairs*, set./out. 2020. Disponível em: https://www.foreignaffairs.com/articles/americas/2020-08-11/end-american-illusion.
80. "Central Bank Liquidity Swap Operations". Federal Reserve Bank of New York, acessado em 16 ago. 2020. Disponível em: https://apps.newyorkfed.org/markets/autorates/fxswap.

81. Robin Wigglesworth. "A Solution to the Looming Debt Crisis in Emerging Markets". *Financial Times*. 3 maio 2020. Disponível em: https://www.ft.com/content/b97eb604-4f6b-49bc-b350-3287bbde00c9.

82. James Kynge e Sun Yu. "China Faces Wave of Calls for Debt Relief on 'Belt and Road' Projects". *Financial Times*, 30 abr. 2020. Disponível em: https://www.ft.com/content/5a3192be-27c6-4fe7-87e7-78d4158bd39b.

83. Sebastian Horn, Carmen M. Reinhart e Christoph Trebesch. "China's Overseas Lending". *NBER Working Paper* n. 26050 (maio 2020). Disponível em: http://papers.nber.org/tmp/15188-w26050.pdf.

84. Gita Gopinath *et al.* "Dominant Currency Paradigm". *NBER Working Paper* n. 22943 (dez. 2016). Disponível em: https://www.nber.org/papers/w22943.pdf.

85. Henry M. Paulson Jr. "The Future of the Dollar". *Foreign Affairs*, 19 maio 2020. Disponível em: https://www.foreignaffairs.com/articles/2020-05-19/future-dollar.

86. John Paul Koning (@jp_koning), "Facebook isn't a real threat". [O Facebook não é uma ameaça real.] Twitter, 6 fev. 2020, 6h56. Disponível em: https://twitter.com/jp_koning/status/1225418083323568129. Cf. Huw van Steenis. "The New Digital-Payments Race". *Project Syndicate*, 21 abr. 2020. Disponível em: https://www.projectsyndicate.org/onpoint/central-banks-digital-payments-by-huw-van-steenis-2020-04.

87. Hiroyuki Nishimura. "China Takes Battle for Cryptocurrency Hegemony to New Stage". *Nikkei Asian Review*, 14 jun. 2020. Disponível em: https://asia.nikkei.com/Spotlight/Comment/China-takes-battle-for-cryptocurrency-hegemony-to-new-stage.

88. "Covid-19 Treatment and Vaccine Tracker". Milken Institute, 18 ago. 2020. Disponível em: https://covid-19tracker.milkeninstitute.org/.

89. Manas Mishra e Shounak Dasgupta. "U.S. Narrows List of Promising Covid-19 Vaccine Candidates to About 7". *Financial Post*, 16 jun. 2020. Disponível em: https://business.financialpost.com/pmn/business-pmn/u-s-narrows-list-of--promisingcovid-19-vaccine-candidates-to-about-7-2.

90. Josephine Ma. "Can China Win Covid-19 Vaccine Race with Old School Technology?". *South China Morning Post*, 18 jun. 2020. Disponível em: https://www.scmp.com/news/china/science/article/3089356/can-china-win-covid-19-vaccine-race-old-school-technology.

91. Tung Thanh Le *et al.* "The Covid-19 Vaccine Development Landscape". *Nature Reviews Drug Discovery* 19, 9 abr. 2020), p. 305-306. Disponível em: https://doi.org/10.1038/d41573-020-00073-5.

92. Wee Sui-Lee and Elsie Chen. "China Investigates Latest Vaccine Scandal After Violent Protests". *The New York Times*, 14 jan. 2019. Disponível em: https://www.nytimes.com/2019/01/14/business/china-vaccine-scandal-protests.html.
93. Javier C. Hernández. "In China, Vaccine Scandal Infuriates Parents and Tests Government". *The New York Times*, 23 jul. 2018. Disponível em: https://www.nytimes.com/2018/07/23/world/asia/china-vaccines-scandal-investigation.html.
94. Jane Parry. "China Sentences Former Drug Regulatory Chief to Death". *BMJ* 334, n. 7605 (9 jun. 2007), p. 1183. Disponível em: https://doi.org/10.1136/bmj.39234.428449.DB.
95. Natalie Liu. "German Decision on Huawei 5G 'Imminent,' Says Ambassador". *Voice of America News*, 11 fev. 2020. Disponível em: https://www.voanews.com/europe/german-decisionhuawei-5g-imminent-says-ambassador.
96. Katy Balls e James Forsyth. "The MP Demanding a New Approach to China". *Spectator*, 16 maio 2020. Disponível em: https://www.spectator.co.uk/article/the-mp-demanding-a-new-approach-to-china; Jonathan Schieber. "UK Government Reverses Course on Huawei's Involvement in 5G Networks". *Tech Crunch*, 23/maio/2020. Disponível em: https://techcrunch.com/2020/05/23/uk-government--reverses-course-on-huaweis -involvement-in-5g-networks/; "UK Will Pay Price If It Carries Out Decision to Exclude Huawei: China Daily Editorial". *China Daily*, 24 maio 2020. Disponível em: http://www.chinadaily.com.cn/a/202005/24/WS5eca6650a310a8b241158044.html.
97. Kathrin Hille. "Huawei Says New U.S. Sanctions Put Its Survival at Stake". *Financial Times*, 18 maio 2020. Disponível em: https://www.ft.com/content/3c532149-94b2-4023-82e0-b51190dc2c46.
98. Michael D. Shear e Miriam Jordan. "Trump Suspends Visas Allowing Hundreds of Thousands of Foreigners to Work in the U.S.". *The New York Times*, 23 jul. 2020. Disponível em: https://www.nytimes.com/2020/06/22/us/politics/trump-h1b-work-visas.html.
99. Ishan Banerjee e Matt Sheehan. "America's Got AI Talent: U.S.' Big Lead in AI Research Is Built on Importing Researchers". *Macro Polo*, 9 jun. 2020. Disponível em: https://macropolo.org/americas-got-ai-talent-us-big-lead-in-ai-research-is-built-on-importing-researchers/.
100. Carl Benedikt Frey e Michael Osborne. "China Won't Win the Race for AI Dominance". *Foreign Affairs*, 19 jun. 2020. Disponível em: https://www.foreignaffairs.com/articles/united-states/2020-06-19/china-wont-win-race-ai-dominance.
101. Lu Zhenhua, Wang Zili e Xu Heqian. "China and U.S. to Fight for Tech Primacy, Not War: Tsinghua Expert". *Nikkei Asian Review*, 18

maio 2020. Disponível em: https://asia.nikkei.com/Spotlight/Caixin/China-and-UStofight-for-tech-primacy-not-war-Tsinghua-expert.

102. Ariel E. Levite e Lyu Jinghua. "Travails of an Interconnected World: From Pandemics to the Digital Economy". *Lawfare* (*blog*), 30 abr. 2020. Disponível em: https://www.lawfareblog.com/travails-interconnected-world-pandemics-digital-economy.

103. Brose. *Kill Chain*.

104. Michael R. Auslin. "The Sino-American Littoral War of 2025: A Future History". In: *Asia's New Geopolitics: Essays on Reshaping the Indo-Pacific*. Stanford, CA: Hoover Institution Press, 2020, p. 185-228.

105. Richard Haass. "American Support for Taiwan Must Be Unambiguous". *Foreign Affairs*, 2 set. 2020. Disponível em: https://www.foreignaffairs.com/articles/united-states/american-support-taiwan-must-be-unambiguous.

106. Brother Mao. "U.S. Punishing Huawei Is a Strategic Trap". *Brother Mao's World* (*blog*). Disponível em: https://mp.weixin.qq.com/s/X3rYjXgAdtVxA4CE8_5TWg.

107. Grant Newsham. "Can the PLA Get Across the Taiwan Strait?". *Asia Times*, 13 maio 2019. Disponível em: https://asiatimes.com/2019/05/can-the-pla-get-across-the-taiwan-strait/.

108. Salvatore Babones. "Boris Johnson's Huawei 5G Decision Is a Massive Mistake". *National Interest*, 28 jan. 2020. Disponível em: https://nationalinterest.org/blog/buzz/boris-johnsons-huawei-5g-decision-massive-mistake-118016.

109. Graham Allison. "Could Donald Trump's War Against Huawei Trigger a Real War with China?". *National Interest*, 11 jun. 2020. Disponível em: https://nationalinterest.org/feature/could-donaldtrump%E2%80%99s-war-against-huawei-trigger-real-war-china-162565.

110. Steve Blank. "The Chip Wars of the Twenty-First Century". *War on the Rocks*, 11 jun. 2020. Disponível em: https://warontherocks.com/2020/06/the-chip-wars-of-the-21st-century/.

111. Jenny Leonard. "Lighthizer Says He Feels 'Very Good' About Phase One China Deal". *Bloomberg*, 4 jun. 2020. Disponível em: https://www.bloomberg.com/news/articles/2020-06-04/lighthizer-says-he-feels-very-good-about-phase-one-china-deal-kb16qm1v; "China Halts Some U.S. Farm Imports, Threatening Trade Deal". *Bloomberg*, 1º jun. 2020. Disponível em: https://www.bloomberg.com/news/articles/2020-06-01/china-halts-some-u-s-farm-imports-threatening-trade-deal.

112. "Foreign Ministry Spokesperson Zhao Lijian's Remarks on Yang Jiechi's Meeting with U.S. Secretary of State Mike Pompeo". *Ministry of Foreign Affairs of the People's*

Republic of China, 18 jun. 2020. Disponível em: https://www.fmprc.gov.cn/mfa_eng/xwfw_665399/s2510_665401/t1789798.shtml.

113. Michael R. Pompeo. "'Europe and the China Challenge': Speech at the Virtual Copenhagen Democracy Summit". U.S. Department of State, 19 jun. 2020. Disponível em: https://www.state.gov/secretary-michael-r-pompeo-at-the-virtual-copenhagendemocracy-summit.

114. M5sParlamento. "Luigi Di Maio ospite a TG2 Post Rai 2 24 03 2020". 24 mar. 2020, vídeo do YouTube video, 22:31. Disponível em: https://www.youtube.com/watch?v=0W7JRf6qaog.

115. Philip Wen e Drew Hinshaw. "China Asserts Claim to Global Leadership, Mask by Mask". *Wall Street Journal*, 1º abr. 2020. https://www.wsj.com/articles/china-asserts-claim-to-global-leadership-mask-by-mask-11585752077.

116. Mattia Ferraresi. "China Isn't Helping Italy. It's Waging Information Warfare". *Foreign Policy*, 31 mar. 2020. Disponível em: https://foreignpolicy.com/2020/03/31/china-isnt-helping-italy-its-waging-information-warfare/.

117. Alan Crawford e Peter Martin. "China's Coronavirus Diplomacy Has Finally Pushed Europe Too Far". *Taipei Times*, 26 abr. 2020. Disponível em: https://www.taipeitimes.com/News/editorials/archives/2020/04/26/2003735306.

118. Julian Reichelt. "'You Are Endangering the World': BILD Editor-in-Chief Julian Reichelt Responds to the Chinese President Xi Jinping". *Bild*, 17 abr. 2020. Disponível em: https://www.bild.de/politik/international/bild-international/bild--chief-editor-responds-to-the-chinese-president-70098436.bild.html. Cf. Joseph de Weck. "China's Covid19 Diplomacy Is Backfiring in Europe". *Foreign Policy Research Institute*, 21 abr. 2020. Disponível em: https://www.fpri.org/article/2020/04/chinas-covid19diplomacyisbackfiringineurope/.

119. Stuart Lau. "Chinese Foreign Minister Sees Only Limited Diplomatic Gains from European Trip". *South China Morning Post*, 3 set. 2020. Disponível em: https://www.scmp.com/news/china/diplomacy/article/3100003/chinese-foreign-ministersees-only-limited-diplomatic-gains.

120. Laura Silver, Kat Devlin e Christine Huang. "Unfavorable Views of China Reach Historic Highs in Many Countries". *Pew Research Center*, 6 out. 2020. Disponível em: https://www.pewresearch.org/global/2020/10/06/unfavorable-views-of-china-reachhistoric-highs-in-many-countries/.

121. Joseph de Weck e Dimitris Valatsas. "The European Union Will Survive Covid-19". *Foreign Policy Research Institute*, 30 abr. 2020. Disponível em: https://www.fpri.org/article/2020/04/theeuropean-union-will-survive-covid-19/.

122. Victor Mallet and Roula Khalaf. "Macron Warns of EU Unravelling Unless It Embraces Financial Solidarity". *Financial Times*, 16 abr. 2020. Disponível em: https://www.ft.com/content/d19dc7a6-c33b-4931-9a7e-4a74674da29a.

123. "Europe's Moment: Repair and Prepare for the Next Generation". European Commission Press Corner, 27 maio 2020. Disponível em: https://ec.europa.eu/commission/presscorner/detail/en/ip_20_940.

124. Guy Chazan. "German Stimulus Aims to Kick-Start Recovery 'With a Ka-Boom,'". *Financial Times*, 4 jun. 2020. Disponível em: https://www.ft.com/content/335b5558-41b5-4a1e-a3b91440f7602bd8.

125. Timothy Garton Ash e Antonia Zimmermann. "In Crisis, Europeans Support Radical Positions". Eupinions, 6 maio 2020. Disponível em: https://eupinions.eu/de/text/in-crisis-europeans-support-radical-positions.

126. Ronja Scheler e Joshua Webb. "Keeping an Equidistance". *Berlin Policy Journal*, 18 maio 2020. Disponível em: https://berlinpolicyjournal.com/keeping-an-equidistance/.

127. "Inaugural Lecture on Behalf of H. E. Saddam Hussein". In: *The Principles of Non-Alignment*, ed. Hans Köhler. Viena: Third World Centre, 1982, p. 5.

128. Lee Hsien Loong. "The Endangered Asian Century: America, China, and the Perils of Confrontation". *Foreign Affairs*, jul./ago. 2020. Disponível em: https://www.foreignaffairs.com/articles/asia/2020-06-04/lee-hsien-loong-endangeredasian-century.

129. Emile Simpson. *War from the Ground Up: Twenty-First Century Combat as Politics*. Oxford: Oxford University Press, 2012.

130. Hal Brands e Francis J. Gavin, ed. *Covid-19 and World Order: The Future of Conflict, Competition, and Cooperation*. Baltimore: Johns Hopkins University Press, 2020.

131. Ben Thompson. "China, Leverage, and Values". *Stratechery*, 21 maio 2019. Disponível em: https://stratechery.com/2019/china-leverage-and-values/; Ben Thompson. "The China Cultural Clash". *Stratechery*, 8 out. 2019, Disponível em: https://stratechery.com/2019/the-china-cultural-clash/.

132. Ben Thompson. "The TikTok War". *Stratechery*, 14 jul. 2020. Disponível em: https://stratechery.com/2020/the-tiktok-war/.

133. Ross Andersen. "The Panopticon Is Already Here". *Atlantic*, set. 2020. Disponível em: https://www.theatlantic.com/magazine/archive/2020/09/china-ai-surveillance/614197/.

134. Jiang Shigong. "Empire and World Order". trad. David Ownby, em Reading the China Dream. Disponível em: https://www.readingthechinadream.com/jiang-shigong--empire-and-world-order.html.

135. Barry Eichengreen, Pei Minxin, Kevin Rudd e Elizabeth Sidiropoulos. "Xi's Weltpolitik". *Project Syndicate*, 14 ago. 2018. Disponível em: https://www.project-syndicate.org/bigpicture/xi-s-weltpolitik.

136. Larry Diamond, Orville Schell *et al. Chinese Influence & American Interests: Promoting Constructive Vigilance – Report of the Working Group on Chinese Influence Activities in the United States*. Stanford, CA: Hoover Institution Press, 2018. Disponível em: https://www.hoover.org/sites/default/files/research/docs/chineseinfluence_americaninterest s_fullreport_web.pdf.

137. Frances Stonor Saunders. *The Cultural Cold War: The CIA and the World of Arts and Letters*. Nova York: Free Press, 2001.

138. Régis Debray. "The Third World: From Kalashnikovs to God and Computers". *New Perspectives Quarterly* 3, n. 1, primavera de 1986, p. 43.

139. Hoover Institution. "Cardinal Conversations: Reid Hoffman and Peter Thiel on 'Technology and Politics'". 31 jan. 2018, vídeo do YouTube, 1:31:25. Disponível em: https://www.youtube.com/watch?v=J2klGJRrjqw. Cf. também Ali Yahya. "The Long-Tail Problem of AI, and How Autonomous Markets Can Solve It". *Andreesen Horowitz*, 24 jul. 2020. Disponível em: https://a16z.com/2020/07/24/long-tail-problem-in-a-i/.

140. *Guardian*. "Chinese Cultural Revolution: The Boy Who Denounced His Mother", 29 mar. 2013, vídeo do YouTube, 3:35. Disponível em: https://www.youtube.com/watch?v=CCA6ME81RLQ.

141. "China Uses Sci-Fi to Try to Spark a Tech Boom". *Straits Times*, 22 set. 2018. Disponível em: https://www.straitstimes.com/asia/east-asia/china-uses-sci-fito-trytosparkatech-boom. Cf. também Rebecca Davis. "China Issues Guidelines on Developing a Sci-Fi Film Sector". *Variety*, 17 ago. 2020. Disponível em: https://variety.com/2020/film/news/china-guidelines-science-fiction-1234737913/.

142. Liu Cixin. *The Dark Forest*, trad. Joel Martinsen. Nova York: Tom Doherty, 2015), p. 484. [*A floresta sombria*. Rio de Janeiro: Suma, 2017.]

Conclusão – Choques futuros

1. Stephen M. Kissler *et al.* "Projecting the Transmission Dynamics of Sars-CoV-2 Through the Postpandemic Period". *Science* 368, n. 6493 (maio 2020), p. 860-868. Disponível em: https://science.sciencemag.org/content/368/6493/860/tab-pdf; Eskild Petersen *et al.* "Comparing Sars-CoV2 with Sars-CoV and Influenza Pandemics".

Lancet Infectious Diseases 20, n. 9 (set. 2020), p. E238-E244. Disponível em: https://doi.org/10.1016/S14733099(20)30484-9.

2. Pasquale Cirillo and Nassim Nicholas Taleb. "Tail Risk of Contagious Diseases" (documento de trabalho, 2020).

3. Scott Galloway. "The Great Distancing". *No Mercy, No Malice* (*blog*), 7 ago. 2020. Disponível em: https://www.profgalloway.com/the-great-distancing.

4. Erik Brynjolfsson *et al.* "Covid-19 and Remote Work: An Early Look at US Data". *NBER Working Paper* n. 27344 (jun./2020). Disponível em: http://www.nber.org/papers/w27344.

5. Nicholas Bloom. "How Working from Home Works Out". *SIEPR Policy Brief* (jun. 2020). Disponível em: https://siepr.stanford.edu/research/publications/how-working-home-works-out.

6. Bruno Maçães. "The Great Pause Was an Economic Revolution". *Foreign Policy*, 22 jun. 2020. Disponível em: https://foreignpolicy.com/2020/06/22/the-great-pause-was-an-economic-revolution%e2%80%a8/.

7. Sebastian Mallaby. "The Age of Magic Money". *Foreign Affairs*, jul./ago. 2020. Disponível em: https://www.foreignaffairs.com/articles/united-states/20200529/pandemic-financial-crisis.

8. Jon Cohen. "Swine Flu Strain with Human Pandemic Potential Increasingly Found in Pigs in China". *Science*, 29 jun. 2020. Disponível em: https://www.sciencemag.org/news/2020/06/swine-flu-strain- human-pandemic-potential-increasingly-found-pigs-china.

9. Jessie Yeung, Philip Wang e Martin Goillandeau. "Kazakhstan Denies Chinese Government Report That Country Has 'Unknown Pneumonia' Outbreak More Deadly than Covid-19". *CNN*, 10 jul. 2020. Disponível em: https://amp.cnn.com/cnn/2020/07/10/asia/kazakhstan-pneumonia-intl-hnk-scli-scn/index.html.

10. Dorothy H. Crawford. *Deadly Companions: How Microbes Shaped Our History*. Oxford: Oxford University Press, 2007, p. 195-196.

11. Marc Galimand *et al.* "Multidrug Resistance in Yersinia Pestis Mediated by a Transferable Plasmid". *NEJM* 337, n. 10 (1997), p. 677-680.

12. Nick Bostrom e Milan M. Ćirković, ed. *Global Catastrophic Risks*. Oxford: Oxford University Press, 2008, p. 2-4.

13. World Food Programme. "Covid-19 Will Double Number of People Facing Food Crises Unless Swift Action Is Taken". 21 abr. 2020. Disponível em: https://www.wfp.org/news/covid-19-willdouble-number-people-facing-food-crises-unless-swift-action-taken.

14. "Slowing the Coronavirus Is Speeding the Spread of Other Diseases". *The New York Times*, 14 jun. 2020. Disponível em: https://www.nytimes.com/2020/06/14/health/coronavirus-vaccines-measles.html; Peter Sands. "HIV, Tuberculosis, and Malaria: How Can the Impact of Covid-19 Be Minimised?". *Lancet*, 13 jul. 2020. https://www.thelancet.com/journals/langlo/article/PIIS2214-109X(20)30317-X/fulltext.
15. James Hansen *et al.* "Ice Melt, Sea Level Rise and Superstorms: Evidence from Paleoclimate Data, Climate Modeling, and Modern Observations That 2oC Global Warming Is Highly Dangerous". *Atmospheric Chemistry and Physics Discussions* 15, n. 14, 23 jul. 2015, p. 20059-20179.
16. IPCC. *Climate Change 2014: Synthesis Report: Contribution of Working Groups I, II and III to the Fifth Assessment Report of the Intergovernmental Panel on Climate Change.* Ed. Core Writing Team, R. K. Pachauri e L. A. Meyer. Genebra: IPCC, 2014. Disponível em: https://www.ipcc.ch/site/assets/uploads/2018/02/SYR_AR5_FINAL_full.pdf. Cf. Christopher R. Schwalm, Spencer Glendon e Philip B. Duffy. "RCP8.5 Tracks Cumulative CO2 Emissions". *PNAS* 117, n. 33, 18 ago. 2020, p. 19656-19657. Disponível em: https://www.pnas.org/content/117/33/19656.
17. David Frame e Myles R. Allen. "Climate Change and Global Risk". In: *Global Catastrophic Risks*, ed. Nick Bostrom e Milan Ćirković. Oxford: Oxford University Press, 2008, p. 279-281. Cf. também Bjorn Lomborg. *False Alarm: How Climate Change Panic Costs Us Trillions, Hurts the Poor, and Fails to Fix the Planet*. Nova York: Basic Books, 2020; Michael Shellenberger. *Apocalypse Never: Why Environmental Alarmism Hurts Us All*. Nova York: HarperCollins, 2020.
18. Elizabeth Weil. "They Know How to Prevent Megafires. Why Won't Anybody Listen?". *ProPublica*, 28 ago. 2020. Disponível em: https://www.propublica.org/article/they-know-how-to-prevent-megafires-why-wont-anybody-listen.
19. Chingy Tse-Cheng. "Expert Warns China's Three Gorges Dam in Danger of Collapse". *Taiwan News*, 22 jun. 2020. Disponível em: https://www.taiwannews.com.tw/en/news/3951673; Keoni Everington. "Videos Show Massive Flooding in S. China, Three Gorges Dam Next". *Taiwan News*, 23 jun. 2020. Disponível em: https://www.taiwannews.com.tw/en/news/3952434.
20. Jacob B. Lowenstern *et al.* "Steam Explosions, Earthquakes, and Volcanic Eruptions – What's in Yellowstone's Future?". *U.S. Geological Survey and National Park Service* (2005). Disponível em: https://pubs.usgs.gov/fs/2005/3024/fs2005-3024.pdf.

21. Milan Ćirković. "Observation Selection Effects and Global Catastrophic Risks". In: *Global Catastrophic Risks*, ed. Nick Bostrom e Milan Ćirković. Oxford: Oxford University Press, 2008, p. 135-137.
22. Arnon Dar. "Influence of Supernovae, Gamma-Ray Bursts, Solar Flares, and Cosmic Rays on the Terrestrial Environment", *in Global Catastrophic Risks*, ed. Nick Bostrom e Milan Ćirković. Oxford: Oxford University Press, 2008, p. 259.
23. Richard A. Clarke e R. P. Eddy. *Warnings: Finding Cassandras to Stop Catastrophes*. Nova York: HarperCollins, 2018, p. 322. Cf. também "The World Should Think Better About Catastrophic and Existential Risks". *Economist*, 25 jun. 2020. Disponível em: https://www.economist.com/briefing/2020/06/25/the-world-should-think-better-aboutcatastrophic-and-existential-risks.
24. Frank Wilczek. "Big Troubles, Imagined and Real". In: *Global Catastrophic Risks*, ed. Nick Bostrom e Milan Ćirković. Oxford: Oxford University Press, 2008, p. 356 e seguinte. Cf. também Katsuhiko Sato. "First-Order Phase Transition of a Vacuum and the Expansion of the Universe". *Monthly Notices of the Royal Astronomical Society* 195 (maio 1981), p. 467-479.
25. Nick Bostrom. "The Vulnerable World Hypothesis". Documento de trabalho, v. 3.42, Future of Humanity Institute, University of Oxford (2018).
26. Joseph Cirincione. "The Continuing Threat of Nuclear War", e William C. Potter e Gary Ackerman. "Catastrophic Nuclear Terrorism: A Preventable Peril". In: *Global Catastrophic Risks*, ed. Nick Bostrom e Milan Ćirković. Oxford: Oxford University Press, 2008. Cf. também Clarke e Eddy. *Warnings*, p. 278 e seguinte.
27. Ali Nouri e Christopher F. Chyba. "Biotechnology and Biosecurity". In: *Global Catastrophic Risks*, ed. Nick Bostrom e Milan Ćirković. Oxford: Oxford University Press, 2008, p. 456 e seguinte.
28. Martin Jinek *et al.* "A Programmable Dual-RNA-Guided-DNA Endonuclease in Adaptive Bacterial Immunity". *Science* 337, n. 6096, 17 ago. 2012), p. 816-821. Cf. também Jennifer Kahn. "The CRISPR Quandary". *New York Times Magazine*, 9 nov. 2015. Disponível em: www.nytimes.com/2015/11/15/magazine/the-cripsr--quandary.html.
29. "Biotech: DIY Disaster Zone". *Financial Times*, 23 jun. 2020. Disponível em: https://www.ft.com/content/7c0d9214-938d-4931-868e-e3533b8da70a.
30. Christopher Wills. *Children of Prometheus: The Accelerating Pace of Human Evolution*. Reading, MA: Perseus, 1998.
31. Clarke and Eddy. *Warnings*, p. 292-299.

32. Eliezer Yudkowsky. "AI as a Positive and Negative Factor in Global Risk". In: *Global Catastrophic Risks*, ed. Nick Bostrom e Milan Ćirković. Oxford: Oxford University Press, 2008, p. 201-207. Cf. também James J. Hughes. "Millennial Tendencies in Responses to Apocalyptic Threats". In: *Global Catastrophic Risks*, ed. Nick Bostrom e Milan Ćirković. Oxford: Oxford University Press, 2008, p. 79-81.
33. Chris Phoenix e Mike Treder. "Nanotechnology as Global Catastrophic Risk". In: *Global Catastrophic Risks*, ed. Nick Bostrom e Milan Ćirković. Oxford: Oxford University Press, 2008, p. 488 e seguinte. Cf. K. E. Drexler. *Nanosystems: Molecular Machinery, Manufacturing, and Computation*. Nova York: Wiley Interscience, 1992.
34. Toby Ord. *The Precipice: Existential Risk and the Future of Humanity*. Nova York: Hachette, 2020.
35. Richard A. Posner. "Public Policy Towards Catastrophe". In: *Global Catastrophic Risks*, ed. Nick Bostrom e Milan Ćirković. Oxford: Oxford University Press, 2008, p. 186 e seguinte. Para algumas sugestões criativas sobre como superar isso, cf. Bina Venkataraman. *The Optimist's Telescope*. Nova York: Penguin, 2019, e Margaret Heffernan. *Uncharted: How to Map the Future Together*. Londres: Simon & Schuster, 2020.
36. Clarke e Eddy. *Warnings*, p. 356, 362-364.
37. Bostrom. "Vulnerable World Hypothesis", p. 17-23.
38. Bostrom. "Vulnerable World Hypothesis", p. 23, 28. Argumentos semelhantes foram feitos por outros colaboradores do mesmo livro: Christopher Wills. "Evolutionary Theory and the Future of Humanity", e Robin Hanson. "Catastrophe, Social Collapse, and Human Extinction". In: *Global Catastrophic Risks*, ed. Nick Bostrom e Milan Ćirković. Oxford: Oxford University Press, 2008, p. 67, 373 e seguinte.
39. Bryan Caplan. "The Totalitarian Threat". In: *Global Catastrophic Risks*, ed. Nick Bostrom e Milan Ćirković. Oxford: Oxford University Press, 2008, p. 511-514.
40. Yuval Noah Harari. "Why Technology Favors Tyranny". *Atlantic*, out. 2018. Disponível em: https://www.theatlantic.com/magazine/archive/2018/10/yuval-noah-harari-technologytyranny/568330/.
41. Steven L. Aggelis, ed. *Conversations with Ray Bradbury*. Jackson: University Press of Mississippi, 2004, p. 99.
42. Huxley para Orwell, 21 out. 1949, em *Letters of Note: An Eclectic Collection of Correspondence Deserving of a Wider Audience*, v. 2, ed. Shaun Usher. San Francisco: Chronicle, 2016, p. 33.
43. Iêvgueni Zamiátin. *We*, trad. Natasha S. Randall. Nova York: Modern Library, 2006, p. 187. [*Nós*. São Paulo: Aleph, 2017.]

44. Daniel Defoe. *A Journal of the Plague Year*. Londres: Penguin, 2003 [1722], p. 218. [*Um diário do ano da peste*. Porto Alegre: Artes e Ofícios, 2002.]

**Acreditamos
nos livros**

Este livro foi composto em Adobe Garamond Pro
e Bliss Pro e impresso pela Geográfica para a
Editora Planeta do Brasil em setembro de 2021.